HISTOIRE
DE LA
VILLE DE GAP
ET DU GAPENÇAIS

PAR

Théodore GAUTIER

Ancien Secrétaire général du Département des Hautes-Alpes

PUBLIÉE
POUR LA PREMIÈRE FOIS
D'APRÈS LE MANUSCRIT ORIGINAL, AVEC NOTES, DOCUMENTS INÉDITS ET TABLES

Par l'abbé Paul GUILLAUME

*Chanoine honoraire de Gap, Archiviste des Hautes-Alpes
Correspondant du Ministère de l'Instruction publique pour les travaux historiques*

TOME Ier

GAP

IMPRIMERIE & LIBRAIRIE ALPINES, RUE CARNOT, 13

1909

ARCHIVES HISTORIQUES DES HAUTES-ALPES

IX

HISTOIRE
DE LA
VILLE DE GAP
ET DU GAPENÇAIS

PRINCIPALES PUBLICATIONS
DE L'ABBÉ PAUL GUILLAUME.

	Prix net.
DESCRIZIONE STORICA E ARTISTICA DI MONTE CASSINO, 1re édit., 1874, in-16 de 290 p.; 2° éd., 1880, in-16 de 284 p. (Epuisé.)	
ESSAI HISTORIQUE SUR L'ABBAYE DE CAVA (près Naples), d'après des documents inédits. Naples, 1877, in-8° de 626 p.	10 »
LE MYSTÈRE DE SANT ANTHONI DE VIENNES, publié d'après une copie de 1503. Gap, 1884, in-8° de CXX-224 p. et fac-simile (presque épuisé).	6 »
LE MYSTÈRE DE SAINT PIERRE ET SAINT PAUL, publié d'après un ms. du XVe siècle. Gap, 1887, in-8 de XX-236 p.	5 »
LE MYSTÈRE DE SANCT PONCZ, publié d'après un ms. du XVe siècle Gap, 1888, in-8° de XVI-243 p. (Epuisé).	
LE MYSTÈRE DE SAINT EUSTACHE JOUÉ EN 1504, avec une traduction française, 2° édition. Montpellier, 1891, in-8° de 180 pages (quelques exemplaires).	5 »
POUILLÉS DE 1516 OU RÔLES DES DÉCIMES DES DIOCÈSES DE GAP ET D'EMBRUN, publiés d'après le ms. latin 12730 de la Bibliothèque nationale. Gap, 1888, in-8° de 94 p. (Epuisé).	
CHARTES DE N.-D. DE BERTAUD, SECOND MONASTÈRE DE FEMMES DE L'ORDRE DES CHARTREUX, DIOCÈSE DE GAP (1188-1449). Gap, 1888, in-8° de LVI-368 p.	6 »
CHARTES DE DURBON, QUATRIÈME MONASTÈRE DE L'ORDRE DES CHARTREUX, DIOCÈSE DE GAP (1116-1452), Montreuil-sur-Mer, 1893, in-8° de XXX-904 p. et une vue.	10 »
HISTOIRE GÉNÉRALE DES ALPES-MARITIMES OU COTTIÈNES ET PARTICULIÈREMENT D'AMBRUN, LEUR MÉTROPOLITAINE, par le P. Marcellin Fornier, Tournonois. Paris, 1890-92, 3 vol. grand in-8°, LVI-816, IV-779, XXIV-559-176* p.	28 »
LA PÉRIODE RÉVOLUTIONNAIRE DANS LES HAUTES-ALPES, par Théod. Gautier, 1790-1830. Gap, 1895, in-8° de IV-190 p.	5 »
INVENTAIRE SOMMAIRE DES ARCHIVES DÉPARTEMENTALES DES HAUTES-ALPES, séries A, B, C. Gap, 1887, in-4° de XVIII-414 p.	12 »
Idem. Série G. t. I (Archidiocèse d'Embrun). Gap, 1891, in-4° de XXXIV-502 p.	12 »
Idem. Série G. t. II. (Diocèse de Gap). Gap, 1895, in-4° de XX-491 p.	12 »
Idem. Série G, t. III (Évêché de Gap). Gap, 1897, in-4° de L-468 p.	12 »
Idem. Série G, t. IV (Secrétariat de l'Évêché et Chapitre de Gap). — Gap, 1901, in-4° de XLIV-478 p.	12 »
Idem. Série G. t. V (Chapitre et Université de l'église de Gap). — Gap, 1904, in-4° de XXVIII-504 p.	12 »
Idem. Série H supplément (Hospices de Briançon, d'Embrun et de Gap). — Gap, 1899, in-4° de IV-619 p.	12 »
Idem. Arch. Communales: Ville de Guillestre. Gap, 1906, in-4° de CXXIV-512 p. et 1 carte au 1/100.000°.	12 »
Idem. Arch. Communales: Ville de Gap. Gap, 1908, in-4° de XXVIII-444 p.	12 »
Idem. Série G, t. VI (Clergé diocésain, etc.) — Sous presse.	

HISTOIRE
DE LA
VILLE DE GAP
ET DU GAPENÇAIS

PAR

THÉODORE GAUTIER

Ancien Secrétaire général du Département des Hautes-Alpes

PUBLIÉE
POUR LA PREMIÈRE FOIS
D'APRÈS LE MANUSCRIT ORIGINAL, AVEC NOTES, DOCUMENTS INÉDITS ET TABLES

Par l'abbé Paul GUILLAUME

Chanoine honoraire de Gap, Archiviste des Hautes-Alpes
Correspondant du Ministère de l'Instruction publique pour les travaux historiques

TOME Iᵉʳ

GAP

IMPRIMERIE & LIBRAIRIE ALPINES, RUE CARNOT, 13

1909

NOTE DE L'ÉDITEUR.

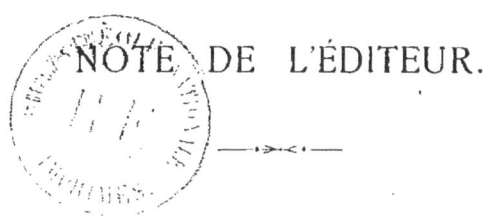

L'*Histoire de la ville de Gap et du Gapençais* est le fruit des recherches poursuivies, par Théodore Gautier, durant près de quinze années, avec une patience digne de tous éloges.

Pierre-François-*Théodore* Gautier, né à La Saulce, canton de Tallard, arrondissement de Gap, le 28 décembre 1780, était fils d'Antoine, notaire, et de Lucrèce Combassive. De bonne heure, il suivit les cours de l'ancien collège de Gap, puis de l'École centrale des Hautes-Alpes. Le 14 juillet 1792, lors de la fête de la Fédération à Gap, il servit une des quatre messes « célébrées simultanément sur un autel de 4 faces », celle de son compatriote l'abbé Pellenc (Jean-François), de La Saulce [1]. Le 31 décembre 1795, il était « commis sans appointemens au Département ». L'adresse aux Cinq-Cents sur l'emprunt forcé de l'an IV, transcrite au registre de l'administration, « est de son écriture », ainsi qu'il nous l'apprend lui-même [2]. Le 10 messidor an 6 [28 juin 1798], il assista à « l'étrange cérémonie », connue sous le nom de *Fête de l'Agriculture* », dans

---

[1] *Bull. Soc. d'étud. des Hautes-Alpes*, 1891, p. 237. — L'abbé Pellenc, nommé 1er vicaire de Gap par le curé Escallier, le 12 déc. 1790 (*Arch. des Htes-Alpes*, série V, 48), fut « l'un des premiers à propager la Révolution à Gap ».

[2] *Période révolutionnaire.* Gap, 1895, p. 48.

« le Champ du Camp », à Gap, où l'administrateur Eyraud traça un sillon, « en chancelant et tout de travers, de manière à exciter l'hilarité des spectateurs » [1].

Gautier épousa, le 10 août 1803, à Gap, Suzanne-Rose Céaly, fille d'Antoine, orfèvre, et de Rose Nicolas [2], née le 8 octobre 1782, à Gap, où elle est décédée le 3 février 1873, à l'âge de 91 ans.

Il ne cessa pas, dès lors, d'appartenir à l'administration départementale des Hautes-Alpes. Par ordonnance du 27 sept. 1814, il fut nommé membre du Comité de l'Instruction publique et du collège de Gap, et il en exerça les fonctions jusqu'à sa mort [3]. Il fut, en particulier, chargé de la liquidation des dépenses extraordinaires supportées par les communes des Hautes-Alpes pendant l'occupation étrangère en 1814 et 1815; il fit ensuite un travail de longue haleine sur la perception de l'impôt dans le Département, travail qui lui valut la croix de la Légion d'honneur, en 1827.

Peu après, il devint conseiller de préfecture, secrétaire général et, en cette qualité, il fit maintes fois l'*intérim* des préfets absents [4]. Il s'occupa, en outre, de l'organisation des archives de la Préfecture et il rédigea un catalogue des séries anciennes, qui lui mérita de la part du Ministre de l'Intérieur, le 7 déc. 1842, une lettre des plus élogieuses. Enfin, de 1831 à 1846 il fut conservateur de la bibliothèque de la ville de Gap, dont il a été « pour ainsi dire le créateur » [5].

Vers 1831, Théodore Gautier, à la suite de circonstances pénibles, qu'il nous fait connaître (ci-après,

---

[1] *Période révolutionnaire*. Gap, 1895, p. 81.
[2] Registre de catholicité de la paroisse St-Arnoux de Gap.
[3] Ladoucette, *Hist. des Hautes-Alpes*, 1848, p. 277; Ad. Rochas, *Biog. du Dauphiné*, t. I, 1856, p. 412.
[4] Ladoucette, *op. cit.* p. 277.
[5] Abbé Gaillaud, *Ephémérides pour servir à l'Hist. des Hautes-Alpes*, 1874, p. 463.

p. XIX), entreprit ses travaux historiques, dont plusieurs fragments furent communiqués en 1837, à Augustin Thierry, l'auteur célèbre des *Lettres sur l'histoire de France* (1827), afin de figurer dans le *Recueil des monuments de l'histoire du Tiers-État* (1849-56); à Théodore Massot, avocat général près la cour royale de Grenoble, pour l'*Album du Dauphiné;* et à Jules Ollivier, juge à Valence, rédacteur principal de la *Revue du Dauphiné.* C'est dans ce dernier recueil qu'ont paru, de 1837 à 1839, plusieurs lettres sur les guerres civiles du XVIe siècle, que l'on trouvera à la fin de ce volume [1]).

Ces quelques lettres, détachées d'un travail de longue haleine, entrepris sur le modèle des *Lettres sur l'histoire de France* d'Augustin Thierry, devaient, dans la pensée de Théod. Gautier, embrasser l'histoire entière de Gap et du Gapençais et former, en définitive, 3 volumes in-8º [2]).

Pour composer ce travail considérable et qui n'avait pas de précédent, Théod. Gautier s'entoura de nombreux ouvrages imprimés et d'une énorme quantité de documents manuscrits, grâce surtout à sa situation privilégiée, soit comme conseiller de préfecture et secrétaire général, soit en qualité de bibliothécaire de la ville de Gap et de membre du Comité de l'Instruction publique. Il rechercha en particulier avec grand soin tous les ouvrages historiques manuscrits composés avant lui sur Gap et le Gapençais. Il en rencontra plusieurs et non des moindres, qu'il prit la peine de transcrire, de son écriture si élégante et si facile à lire. Ses copies se conservent aujourd'hui en partie aux archives départementales des Hautes-Alpes. Parmi le nombre, mentionnons ici les ouvrages suivants:

1. Le *Rolle des évesques de Gap*, par Artus ou

---

[1]) Ces lettres, au nombre de 9, vont de 1516 à 1601 (voir, ci-après, p. 530 et suiv.).

[2]) Voir, plus loin, p. XLI.

Arthur de Lyonne, évêque de Gap (1639-62), dont François Vallon-Corse nous a également conservé une bonne copie (G. 1500).

2. Les *Mémoires, Notes autographes* et *Histoire du Dauphiné*, de Raymond Juvénis (1628-1705).

3. Le *Livre des Annales des Capucins de Gap* (1658-1705), aux archives des Hautes-Alpes.

4. L'*Abrégé historique de l'église et des évêques de Gap*, par l'abbé de St-Geniès, prieur de Dromon (1728), dont une copie se conserve parmi les manuscrits de Vallon-Corse aux archives des Hautes-Alpes (G. 1504).

5. Les *Mémoires* de Joseph-Dominique de Rochas (1732-1807), actuellement à la bibliothèque de Grenoble.

6. Quelques pages des nombreux travaux du gapençais François Vallon - Corse (1715, † 1791, 1er juil.).

7. Une très belle copie de l'*Histoire des Alpes Maritimes et Cottiennes* du père jésuite Marcellin Fournier, ou mieux Fornier, de Tournon (1591, † 31 déc. 1649). Cette copie, en 2 vol. in-folio, faite sur celle de Raymond Juvénis, se conserve aux archives des Hautes-Alpes.

8. Une grande quantité de documents divers, provenant soit des archives de la ville de Gap *(Livre rouge,* chartes originales, registres des délibérations, procès, comptes), soit des archives départementales des Hautes-Alpes, dont Gautier était chargé de par ses fonctions de secrétaire général.

Comme résultat de ce labeur, les archives des Hautes-Alpes conservent de Théodore Gautier quatre gros volumes in-4° de *Mémoires* autographes, datant de 1834 à 1842 [1]).

Gautier, ainsi qu'il a soin de nous le faire connaître (voir, ci-après, p. XX), est également l'auteur d'un travail qu'il cite souvent sous le nom de *Procession*

---

[1]) Série F, art. 3 à 8.

du Saint-Sacrement (1744), et qui n'est qu'une adroite et spirituelle « supercherie littéraire ». La minute ou copie de ce travail nous est inconnue. On le rencontrera souvent reproduit dans le cours de cette histoire.

Quant aux ouvrages imprimés, consultés ou utilisés par Gautier, le nombre en est assez considérable. Comme plus fréquemment cités par lui, mentionnons les suivants :

Nostradamus, *Hist. de Provence* (1614), in-f°.

Videl, *Hist. du Connétable de Lesdiguières*. Paris, 1638, in-f°.

Acta sanctorum, des Bollandistes (1643-1794), 58 vol. in-folio.

Chorier, *Histoire générale du Dauphiné* (1661-72), 2 vol. in-4°.

Bouche, *La chorographie ou description de Provence* (1664), 2 vol. in-f°.

Gallia christiana (1715-1765), 16 vol. in-f°.

Valbonnais, *Hist. du Dauphiné* (1722), 2 vol. in-f°.

[L'abbé Albert, curé de Seyne,] *Hist. du diocèse d'Embrun* [Embrun, Moïse,] 1783, 2 vol. in-8°.

Les *Annuaires des Hautes-Alpes*, par Ant. Farnaud, an XII, an XIII, 1806, 1807 et 1808, 5 vol. petit in-12.

Ladoucette, *Hist. des Hautes-Alpes*, édit. de 1820 et 1834, in-16 et in-8°.

Reinaud, *Invasion des Sarrasins en France*, 1836, in-8°.

Laplane, *Hist. de Sisteron*, 1843, 2 vol. in-8°.

La rédaction de l'*Histoire de la ville de Gap et du Gapençais* était entièrement terminée en 1843 [1]).

A cause des difficultés que Gautier rencontra lorsqu'il voulut faire imprimer son travail et devant l'impossibilité de trouver un éditeur qui voulût se charger des frais de l'impression, il se résigna à

---

[1]) L'auteur fit cependant quelques additions à son œuvre en 1845 et peut-être même en 1846, à la veille de sa mort.

donner au public, par souscription, un résumé de ce long travail, sous le titre de *Précis sur l'histoire de la ville de Gap, suivi de notes et éclaircissements et de Notices biographiques sur les évêques de cette ville* [1]).

Théodore Gautier ne survécut guère à la publication de ce volume, pour lequel il n'avait négligé ni recherches ni labeur. Il mourut à Gap le 13 octobre 1846. Le Préfet, M. Curel, écrivit alors au Ministre de l'Intérieur une lettre très élogieuse pour Gautier, dont voici un extrait : « L'administration fait en lui « une perte sérieuse. Il était certainement un des « meilleurs conseillers de préfecture de France. « Homme d'une grande capacité, éclairé, intègre, « très laborieux ; une grande partie de son temps « était consacrée à prêter un utile concours à l'ins- « truction des affaires. Cette perte sera vivement « sentie dans ce département, où il a rendu de « longs et incontestables services » [2]).

Après la mort de Théodore Gautier, ses manuscrits restèrent en la possession de sa veuve, Madame Gautier, née Céaly. Elle les communiqua généreusement à Charles Charronnet, archiviste des Hautes-Alpes, qui forma, en 1853, le projet de publier par souscription, en « 2 beaux volumes grand in-8° », et sous le nom même de Mme Gautier, l'*Histoire de la ville de Gap*. Charronnet fit annoncer son projet dans les journaux du Département. Voici ce que nous lisons dans le *Courrier des Alpes* du 3 juillet 1853 (n° 211) :

« Le mouvement des esprits vers les recherches historiques et les souvenirs glorieux de la patrie

---

[1]) Gap, Alfred Allier, 1844, in-8°, de xv-399 pages. La Liste alphabétique des souscripteurs occupe les pages 393 à 399 ; les volumes souscrits sont au nombre de 362.
[2]) Ladoucette, *Hist. des Hautes-Alpes*, 1848, p. 278.

s'est manifesté depuis 40 ans dans presque toutes les provinces françaises. A de nombreuses publications sur l'histoire générale, ont succédé des ouvrages plus spéciaux dont le sujet n'embrasse qu'une famille ou un monument. Toutes ces productions ont un but : arracher les traditions nationales, les faits et gestes des ancêtres, les luttes, les douleurs, les joies de la ville natale, à l'oubli qui menace de les engloutir.

« La ville de Gap, elle aussi, possède son historien, et plus que tout autre ville du Dauphiné elle est digne d'en avoir un. Luttes avec ses seigneurs, qu'ils portent la crosse ou l'épée ; active participation aux dissentions, aux guerres religieuses ; revendication courageuse et opiniâtre de ses libertés municipales : ces faits sont assez importants pour exciter puissamment l'intérêt et faire de la monographie de Gap une histoire pleine d'enseignements. Aujourd'hui surtout que s'élabore avec une si admirable patience l'histoire du Tiers-État, Gap ne devait pas rester en arrière, elle devait réclamer avec énergie son rang parmi les autres cités françaises ; elle l'a fait par la voix de M. Gautier.

« Ce n'est rien apprendre de nouveau aux concitoyens de cet homme de bien, de dire qu'il a consacré de longues années à rechercher, à recueillir, à transcrire même les monuments les plus précieux pour l'histoire de sa patrie. Cédant aux sollicitations de ses amis, il a publié en 1844 son *Précis de l'histoire de Gap,* admis par l'Académie des Inscriptions et Belles-Lettres au concours des Antiquités nationales ; et nous devons dire que ces fragments trop courts ne donnent aucune idée de son long travail.

« Ce précis, disait-il dans sa préface, est le résultat
« d'un long ouvrage sur la ville de Gap, à la rédac-
« tion duquel l'auteur s'est livré pendant ces der-
« nières années, après les plus minutieuses recher-
« ches ». C'est ce long ouvrage que nous nous proposons de publier.

« Tout prospectus est superflu quand il donne des éloges ; aussi celui-ci n'en contiendra-t-il pas. Je me bornerai à rappeler au lecteur ces quelques *Lettres sur l'histoire de la ville de Gap au 16ᵉ siècle*, publiées dans la *Revue du Dauphiné*, à Valence. Cette publication valut à M. Gautier de nombreuses et illustres approbations. On louait l'auteur de son talent à faire revivre avec une si minutieuse vérité les mœurs et les coutumes de cette époque reculée ; on le louait de s'être arrêté avec complaisance à la peinture des luttes municipales et des guerres religieuses, les deux traits les plus saillants de l'histoire de Gap, du 12ᵉ au 17ᵉ siècle. On connaît d'ailleurs le style de l'auteur, parfois légèrement ironique, toujours piquant et spirituel. Ces quelques lettres, qui ont produit dans le temps une vive sensation, sont des fragments du grand ouvrage que nous annonçons aujourd'hui.

« Une contrée doit être fière de rencontrer un de ces hommes patients et laborieux qui se dévouent à faire connaître leur patrie aux étrangers ; son devoir est de donner aux écrits du savant la plus éclatante publicité ; elle montre ainsi qu'elle sait honorer ses gloires et apprécier les hommes de talent qu'elle a produits.

« C'est pour une œuvre de ce genre que nous venons faire appel aux habitants des Hautes-Alpes. Les frais d'impression de cet ouvrage devant être considérables, il ne sera publié que lorsqu'un certain nombre de souscriptions aura été atteint. Nous espérons que le travail de M. Gautier ne restera pas enseveli dans l'oubli, et que les concitoyens de l'auteur et les amis des lettres donneront une dernière marque d'affection à la mémoire de l'homme de bien et du savant modeste » [1]).

---

[1]) D'après les « conditions de la souscription », l'*Histoire de la ville de Gap* devait former 2 volumes grand in-8º de 500 à 600 pages chacun, imprimés en caractères neufs et sur beau papier. « L'ouvrage complet, dit l'annonce imprimée que nous avons sous

Malheureusement les souscriptions, même au prix de **1 franc** (?!), furent insuffisantes pour couvrir les frais d'une impression coûteuse, et ni Mme Gautier, ni Charronnet ne donnèrent suite à leurs idées de publication.

Nous avons été conduit à reprendre l'idée de publier le travail de Gautier, le jour où le Conseil général des Hautes-Alpes, en suite de nos propositions du 6 nov. 1882, 18 avril 1884 et 10 mars 1885, voulut bien faire l'acquisition de sept volumes manuscrits de ses œuvres [1]). Malheureusement, parmi ces manuscrits, il ne s'est trouvé que le tome Ier de l'*Histoire de la ville de Gap*. Mais, quelques temps auparavant (26 mars 1884), une personne généreuse avait fait don au Département des Hautes-Alpes de la minute autographe du *Précis de l'histoire de Gap* et de celle du tome II° de l'*Histoire de la ville de Gap*, et il nous fut facile de tirer de cette minute une bonne copie pour l'impression.

Notre projet de faire imprimer l'*Histoire de Gap*, d'abord soumis à quelques amis, fut vivement encouragé. Peu après, le Conseil général des Hautes-Alpes n'hésita pas à souscrire à 30 exemplaires et ensuite la ville de Gap à 10 exemplaires. D'autres souscriptions vinrent peu à peu s'ajouter aux précédentes.

Nous hésitions, cependant encore, à nous lancer dans une dépense d'impression assez élevée. Mais nous nous sommes décidé à commencer cette impression le jour où un admirateur ardent de nos montagnes, le Révérend W.-A.-B. Coolidge, alpiniste des plus méritants, voulut bien, — d'une façon

---

les yeux, *coûtera 1 fr.* (sic). Les prix de port et d'emballage seront à la charge des souscripteurs. L'ouvrage ne sera publié que lorsqu'on aura atteint le chiffre de **600** souscriptions ». On souscrivait à Gap, chez P. Jouglard, imprimeur, en face de la Préfecture.

[1]) *Procès-verbaux du Conseil général des Hautes-Alpes,* session d'avril 1885, p. 56.

XIV HISTOIRE DE GAP ET DU GAPENÇAIS.

tout à fait spontanée, — nous fournir en partie les moyens de faire les frais de l'édition. Nous présentons ici à ce généreux donateur l'expression de notre cordiale gratitude.

Dans notre édition de l'*Histoire de la ville de Gap*, nous respectons la rédaction de Gautier. Son manuscrit est scrupuleusement suivi, sauf pour quelques corrections orthographiques ou pour quelques erreurs par trop choquantes, provenant évidemment de simples distractions de l'auteur '). D'ailleurs, nos additions sont faciles à reconnaître : elles sont entre crochets [...]. Les suppressions à faire, fort peu nombreuses du reste, sont entre parenthèses (...). Ajoutons que les notes de Gautier sont indiquées entre parenthèses (1). Celles de l'éditeur sont marquées par une seule parenthèse ').

Ces dernières notes ont surtout pour but de compléter ou de rectifier certains faits et diverses dates du texte de Gautier.

Depuis la mort de Gautier, de nombreux travaux relatifs à Gap et au Gapençais ont vu le jour, bien des documents nouveaux et inédits ont été publiés; dans une certaine mesure, il convenait d'en tenir compte dans notre édition.

Parmi les ouvrages parus depuis 1846, nous mentionnerons surtout les suivants :

Histoire... des Hautes-Alpes, par J.-C.-F. Ladoucette, 3e édit. Paris, Gide, 1848, in-8º.

Aperçu sur les illustrations gapençaises à propos du Précis sur l'histoire de la ville de Gap..., par Jules Chérias. Gap, Delaplace, 1849, in-8º.

Histoire hagiographique du diocèse de Gap, par Mgr Depéry. Gap, Delaplace, 1852, in-8º.

¹) Dans la *Préface*, quelques considérations sur un « système historique et humanitaire » auraient dû peut-être disparaître. On a préféré les laisser subsister, comme indice des idées en cours à Gap vers 1843. C'est encore de l'histoire.

Les guerres de religion... dans les Hautes-Alpes, par Ch. Charronnet. Gap, P. Jouglard, 1861, in-8º.

Notice historique sur l'ancienne communauté de Tallard (Grenoble, 1868) ; — *Le pouvoir temporel des évêques de Gap* (ib., 1872), par M. de Taillas.

Éphémérides pour servir à l'histoire des Hautes-Alpes, par M. l'abbé Guillaud. Gap, P. Jouglard, 1874, in-8º.

Sigillographie du diocèse de Gap (Paris, Grenoble, 1870) ; — *Répertoire archéologique du dép^t des Hautes-Alpes* (Paris, 1888) ; — *Tableau historique de ce même département* (Paris, Grenoble, 2 parties, 1887 et 1890) ; — *Histoire de la ville de Gap* (Gap, 1892) et autres publications de M. J. Roman.

La charte communale de Veynes (Paris, 1886) ; — *Histoire de Grenoble* (Grenoble, 1888) ; — *Inventaire sommaire des archives départementales de l'Isère*, tomes II et III (Grenoble, 1884 et 1899), et autres publications de M. Prudhomme.

Le royaume d'Arles et de Vienne, par Paul Fournier. Paris, 1891, in-8º.

Le connétable de Lesdiguières, par Ch. Dufayard. Paris, Hachette, 1892.

Histoire générale des Alpes Maritimes et Cottiennes, du père Marcellin Fornier, Tournonois (notre édition. Gap et Paris, 1890-92, 3 vol. in-8º).

Chartes de N.-D. de Bertaud. Gap, 1888, in-8º.

Chartes de Durbon. Montreuil-sur-Mer, 1893, in-8º.

Gallia christiana novissima, par le chanoine Albanès, t. Ier. Montbéliard, 1895.

Le royaume de Provence sous les Carolingiens, par M. Poupardin. Paris, E. Bouillon, 1901, in-8º.

Études sur le droit privé des hautes vallées alpines de Provence et de Dauphiné au Moyen Age, par Henri Pécout. Paris, Larose et Tenin, 1907, in-8º.

Le nom et les deux premières enceintes de Gap (Gap, 1905) ; — *Les fouilles de Faudon* (Gap, 1908) ; — *La Provence du Ier au XIIe siècle* (Paris, Picard, 1908) et autres travaux de M. G. de Manteyer.

Recueil des réponses faites par les communautés de l'Élection de Gap au Questionnaire envoyé par la

Commission intermédiaire des États du Dauphiné [en 1789]. Paris, impr. nat., 1908, in-8°.

Inventaires sommaires des Archives des Hautes-Alpes, dont la collection forme actuellement 10 vol. in-4°, Gap, 1887-1908.

Enfin, un certain nombre de mémoires, études et notes, par divers auteurs, dans les *Bulletins de la Société d'études des Hautes-Alpes* (depuis 1882), et dans les *Annales des Alpes* (depuis 1897).

Autant que possible, nous avons fait bénéficier notre édition de ces nombreux et importants travaux. Aussi croyons-nous que l'*Histoire de la ville de Gap et du Gapençais*, par Théodore Gautier, présente actuellement un tableau d'ensemble sur le passé de Gap et du Gapençais, qui n'est pas sans quelque mérite. Si le public, assez restreint, auquel ce travail est destiné [1]), partage notre appréciation, nous nous estimerons suffisamment payé des peines que nous avons prises pour le lui présenter, et cela, à l'honneur de notre cher pays des Alpes et à la gloire de celui qui a eu le mérite de concevoir et de rédiger, le premier entre tous, ce remarquable travail historique sur Gap et le Gapençais.

Gap, 8 décembre 1908.

P. G.

---

[1]) Il n'est tiré qu'à 300 exemplaires, plus 10 exemplaires sur papier de Hollande.

PRÉFACE.

La première lettre servant d'introduction à cette histoire fait connaître, avec assez de détails, les recherches auxquelles je me suis livré et les résultats dont elles ont été suivies. Elle énumère les ouvrages que j'ai consultés et la foule de documents inédits que je trouvai dans nos archives et dont la plupart étaient restés inconnus aux explorateurs qui m'avaient précédé, trompés qu'ils avaient été par les titres insignifiants écrits sur les dossiers des procès soutenus par la ville de Gap contre ses évêques, ou par l'un de ceux-ci contre un gouverneur félon; lesquels dossiers, exactement feuilletés et décomposés, ont produit, après deux ans de recherches, les originaux ou les copies des titres invoqués de part et d'autre et qui ne se voyaient nulle autre part, et des traités dont la plupart se trouvaient cependant aux archives de l'hôtel de ville [1].

[1] Le lecteur pourra facilement retrouver la plupart des documents consultés par Théodore Gautier, grâce aux dates précises qu'il donne et aussi grâce aux *Inventaires sommaires des archives départementales des Hautes-Alpes*, publiés à ce jour et dont la collection forme actuellement une 10⁰ de volumes (série A. B. C., I vol., 1887; série G, VI vol., 1891-1909; série H supplément, I vol. 1899; séries E et L, en cours d'impression, etc.), et surtout grâce à l'*Inventaire sommaire des archives communales de la ville de Gap*, dont le tome I⁰ᵉ a été publié en 1908 et dont le tome II⁰ sera imprimé incessamment.

Cette longue histoire était presque entièrement mise au net, lorsque un document précieux m'est tombé sous la main : il consiste en deux cahiers de petite dimension et de forme inégale, écrits en entier de la main de Juvénis et n'ayant d'autre titre que le mot *Mémoires*. Aucun ordre chronologique ne se montre dans ces cahiers. A la première page, Juvénis cite un passage du registre latin tenu par M⁰ Chérubin Rambaud, notaire et secrétaire de la ville pendant une grande partie du XVI⁰ siècle ; dans la suivante, il est question de saint Arey, ce qui nous remonte au VI⁰ ; dans la troisième, il redescend au XV⁰ ; puis il passe au XIII⁰, et ainsi de suite. Aussi, pour me servir de ce travail avec quelque avantage, ai-je été obligé d'en dresser une table chronologique. Bien que cet ouvrage de Juvénis porte le titre de *Mémoires,* il diffère de celui que j'ai cité sous le même titre dans l'introduction et dans un grand nombre de pages de l'*Histoire de Gap*, en ce que ce dernier renferme des notions sur les divers prélats qui ont siégé dans cette ville, tandis que les cahiers ne parlent que de Charles-Salomon du Serre, et, certes, d'une manière fort peu recommandable pour la mémoire de cet évêque. Ce double cahier, auquel j'ai cru devoir donner le titre de *Notes autographes de Raymond Juvénis,* n'est que le rudiment des véritables *Mémoires* de cet auteur, rédigés avec quelque prétention, comme ces derniers ne renferment que les éléments de l'*Histoire de Dauphiné,* dans laquelle il étale toute son érudition. Cependant, les *Notes autographes* donnent parfois le texte des documents consultés par Juvénis, tandis que ses *Mémoires* n'en présentent souvent que l'analyse ; comme elles rapportent même quelques événements dont il n'est fait aucune mention dans les *Mémoires,* je me suis vu forcé, pour ne rien omettre de ce qui peut être survenu dans notre ville, aux diverses époques de son existence, de rejeter

PRÉFACE. XIX

dans des notes ou dans des appendices, à la fin de chaque lettre, les faits nouveaux qui m'étaient révélés par les précieux cahiers, si ce n'est dans la première partie, où j'ai pu les faire entrer dans le texte.

Après avoir parlé de ce bienfait de notre grand chroniqueur [1], me sera-t-il permis de consigner ici les considérations qui m'ont porté à me livrer à un travail qui, jusqu'à ces dernières années, était resté presque étranger à mes occupations ordinaires ?

Cette bonne ville de Gap, qui possède au plus haut degré toutes mes affections, dans laquelle, hélas! n'a pas retenti mon premier cri de détresse lorsque je vins à la lumière, mais qui fut le berceau de mon enfance, le lieu *où pour l'amour soupira ma jeunesse*, celui où vraisemblablement

« .... je dirai à l'aurore :
« Le jour que tu fais éclore
« Est le dernier de mes jours » ;

cette bonne ville, disons-nous, sembla accueillir cependant, comme l'aurait fait toute autre petite ville, les calomnies aussi infâmes qu'absurdes qui vinrent m'assaillir, lorsque déjà je touchais aux confins de la vieillesse [2]. Rien n'était plus facile

---

[1] Raymond Juvénis, fils de Gaspar, neveu d'autre Raymond Juvénis, procureur du Roi en 1637, consul de Gap en 1643, mort vers 1655, avec lequel on a souvent confondu notre chroniqueur (Rochas, *Biogr. du Dauphiné*, I, 463), était né en 1628, à Gap, où il est mort le 7 janvier 1705. Il fut lui-même procureur du Roi, comme son oncle, dès le 3 sept. 1671, et premier consul de Gap en 1690-91 ; subdélégué de l'intendant Bouchu, en 1694-1704. Toute sa vie, il s'occupa de l'histoire de Gap (voir les lettres à lui adressées, en 1662, par les pères Régis et Mercier, dans *Bull. Soc. d'étud. des H*tes*-Alpes*, 1886, p. 153-8). Son *Histoire du Dauphiné* se conserve à la bibliothèque de Carpentras et s'arrête au 25 févr. 1720 (un vol. de 1256 et 356 pages). J'ai publié naguère (1892) dans Fornier, *Histoire générale des Alpes Maritimes*, sa Continuation de ce travail (t. III, p. 1-94). Cf. G. 1786, 2151 ; H suppl. 274 ; Arch. de Gap, BB. 50, etc.

[2] Peut-être aurai-je l'occasion de publier quelques détails sur « les calomnies aussi infâmes qu'absurdes » dont se plaint ici Théod. Gautier, et qui semblent être une spécialité, pour certaines « honorables personnes », en notre ville de Gap.

que de confondre la calomniatrice : des lettres autographes et d'une écriture *non contrefaite* m'en assuraient les moyens; mais, cédant aux sollicitations de quelques personnes bienveillantes, qui portaient aussi un intérêt, bien peu mérité, à cette ennemie tout à la fois audacieuse, effrontée et hypocrite, et qui me firent promettre de ne pas déchirer le triple masque dont elle couvrait son front, je laissai la calomnie répandre ses venins à grands flots, courbant la tête devant ce torrent d'iniquités, mais soutenu par ma conscience et par de véritables amis *(il en est jusqu'à trois que je pourrais nommer!)*, qui, sans autre preuve, d'abord, que ma parole, repoussèrent les infamies dont j'étais l'objet, avec autant de force que de conviction. C'est alors que je cherchai dans un travail assidu, de tous les moments, un soulagement aux peines dont j'étais abreuvé.

A cette époque, je ne connaissais sur notre histoire locale que les *Mémoires* de Juvénis; mais, dans ma jeunesse, j'avais souvent entendu des vieillards, contemporains de M. de Condorcet [1]), cet « ami de la vaine gloire », selon l'expression de M. Rochas [2]), parler de son épiscopat, de quelques faits qui s'y rattachent, et, surtout, des rapports de ce prélat avec l'infant d'Espagne et le prince de Conti, au moment où l'armée Franco-Espagnole était campée sous nos murs. L'idée me vint de les faire figurer, avec les magistrats, les corporations et le clergé de cette ville, dans une *Procession du Saint-Sacrement*, qui, probablement, n'eut jamais lieu, et d'y rattacher les faits saillants de notre histoire et, surtout, d'y présenter l'époque dramatique

---

[1]) Jacques-Marie de Caritat de Condorcet, évêque de Gap (1741-1754), puis évêque d'Auxerre, mort évêque de Lisieux (1761, † 21 sept. 1783, à 80 ans).

[2]) Joseph Dominique de Rochas, avocat, né en 1732, mort le 27 août 1807, consul de Gap en 1762-63, juge à Gap pendant plus de 37 ans, historiographe, dont les manuscrits sont à la bibliothèque de Grenoble.

des guerres de religion. De là, les recherches auxquelles je fus obligé de me livrer. Une étude sur Farel, notre grand hérésiarque [1], devint principalement l'objet de mes occupations, et je vis avec plaisir qu'aucun de ses nombreux biographes n'avait parlé de ses prédications dans sa ville natale.

En ce même temps paraissaient dans notre province deux publications, dont l'une, purement artistique, s'imprimait à Grenoble, sous le titre d'*Album du Dauphiné*; l'autre, simplement littéraire, s'imprimait à Valence et paraissait tous les mois sous le nom de *Revue du Dauphiné*. Pour l'*Album*, je rédigeai des notices historiques sur la ville de Gap et le château de Tallard ; je les envoyai à M. Théodore Massot, alors avocat général près la cour royale de Grenoble, pour l'aider à rédiger celles qu'il fit insérer dans ce recueil et qui sont écrites avec le talent supérieur qui le distingue [2]. Pour la *Revue*, je livrai à M. Colomb de Batines [3], ami de M. Jules Ollivier, juge à Valence et principal rédacteur de cet ouvrage, une lettre dans laquelle je signalais l'origine des guerres religieuses dans nos contrées, ainsi que les traits saillants de la vie de Farel, que je supposais extraits du manuscrit de la *Procession du Saint-Sacrement* découvert par moi dans les ruines d'un vieux monastère...

J'avais peut-être assez bien imité le ton, le style

---

[1] Guillaume Farel, fils d'Antoine, notaire, né à Gap, place St-Étienne (actuellement place Jean-Marcellin), vers 1490, mort à Neuchâtel (Suisse), le 13 sept. 1565 (voir plus loin, p. 537 et suiv.).
[2] *Album du Dauphiné*, t. I, p. 159, et t. II, p. 21.
[3] Le vicomte Paul Colomb de Batines, fils de Jean-Paul-Cyrus, avocat général à Aix, et de Marie-Jeanne-Françoise Blanc, né à Gap en 1811, mort à Florence le 14 janvier 1855, à qui l'on doit un *Règlement provisoire et catalogue de la bibliothèque publique établie à Gap* (Gap, Allier, 1829, in-8° de 33 p.); la *Bibliographie des patois de Dauphiné* (Grenoble, Prudhomme, 1835, in-8° de 16 p.), etc. Voir Ad. Rochas, *Biographie du Dauphiné*, t. I, 1856, p. 235-267.

de l'époque où je plaçais la procession (1744), car bien des personnes crurent à la découverte du manuscrit, quoique, pour l'authenticité, je l'eusse assimilé à ceux que l'abbé Barthélemy et M. de Lanlié avaient trouvés dans les ruines d'Herculanum; il semblait même à un ancien commissaire de Gap qu'il avait aperçu autrefois, dans les combles de l'hôtel de ville, les fragments du tableau qui reproduisit les faits et gestes de notre grand réformateur. Un savant historien d'une ville voisine (M. de Laplane, de Sisteron,) ne fut arrêté que par quelques expressions, par trop modernes, qui s'étaient glissées dans la relation ; mais M. Ollivier ne fut nullement dupe de cette petite supercherie littéraire. Au lieu de se servir de ma lettre comme d'un canevas, pour rédiger lui-même un article sur l'histoire de la ville de Gap, ce jeune et savant magistrat se contenta d'en corriger quelques mots, et il la fit insérer telle quelle dans la *Revue du Dauphiné*. Voilà l'origine de cette correspondance historique, qui, sur la demande de M. Ollivier, fut continuée jusqu'à extinction de la *Revue*, laquelle cessa de paraître quelque temps après que cet habile écrivain eut quitté Valence pour habiter Grenoble, où il est mort l'année dernière à la fleur de ses ans [1]).

Les neuf lettres sur l'histoire de Gap, insérées dans la *Revue du Dauphiné* [1837-39], embrassent la période de la réformation et des guerres civiles qui en furent la suite, c'est-à-dire le XVIe siècle presque tout entier : elles furent lues par quelques personnes et donnèrent lieu à des critiques et à des plaintes auxquelles je vais tâcher de répondre.

Je dois faire observer, d'abord, que ce n'est ni sur le style, ni sur la longueur et l'insignifiance de plusieurs détails, ni sur l'appréciation morale et

[1]) Jules Ollivier, né à Valence le 24 février 1801, est mort le 20 avril 1841, à l'âge de 37 ans.

philosophique des faits que portent les reproches ; tout cela est réellement au-dessous de la critique et ne saurait être justifié. Mais deux respectables ecclésiastiques et un ministre protestant, président d'un consistoire, se plaignirent, les uns du peu de respect avec lequel je parlais de certains prélats, qui, à diverses époques, désolèrent leurs diocésains en leur qualité de hauts et puissants seigneurs temporels, ainsi que d'un système historique et humanitaire, aussi bizarre qu'ingénieux, auquel je faisais allusion sans lui donner mon adhésion ; l'autre, de l'irrévérence avec laquelle je parlais de Gabriel de Clermont [1527-63] et de son apostasie, et, au surplus, de la complaisance que j'avais mise à rappeler les excès auxquels les protestants se livrèrent dans nos contrées.

De ces reproches, partis de deux points si opposés, l'on pourrait conclure que j'ai été d'une impartialité rigoureuse dans l'exposé des faits et l'appréciation de leur moralité, à quelque secte religieuse qu'appartinssent les auteurs des méfaits signalés.

Je commence par M. le Président du consistoire de Mens [1]), homme rempli d'amabilité et d'instruction, mais qui, dans ces derniers temps, s'est livré avec trop de vivacité, peut-être, à une controverse religieuse qui rappelle la polémique du XVIe siècle. — C'était sur la place de St-Arnoux et en présence du vénérable auteur de l'*Essai sur l'histoire de Sisteron*, ouvrage couronné par l'Institut, que M. Blanc m'adressait des observations, sentant le reproche, sur la manière dont je traitais les protestants en général, et Gabriel de Clermont en particulier, dans mes Lettres sur l'histoire de Gap, publiées par la

---

[1]) André Blanc, né au Villar-St-Pancrace, près Briançon, le 14 mai 1790, nommé pasteur à La Motte-d'Aigues (Vaucluse) le 11 sept. 1816, transféré, le 14 mai 1817, à Mens (Isère), où il se trouvait encore en 1856. J'ignore l'époque de sa mort (cf. Ad. Rochas, *Biogr. du Dauphiné*, t. I, p. 142).

Revue du Dauphiné. Nous nous trouvions précisément en face de cette vieille cathédrale, tant bien que mal restaurée, et sur le sol où brillait jadis, d'un éclat inconnu de nos jours, le superbe temple de Saint-Jean-le-Rond, et ma réponse se borna à lui montrer cette triste et irrégulière chapelle de Pénitents transformée en théâtre, qui a remplacé le monument romain, détruit en 1577 par ses coreligionnaires ; du doigt, je signalais les démolitions encore appréciables de la basilique du moyen âge, élevée par la piété de nos ancêtres, et qui tomba également, avec tous nos monastères et l'ancienne maison épiscopale, sous les coups redoublés des modernes iconoclastes ! Quant à Gabriel de Clermont et à l'acrimonie avec laquelle est décrite son apostasie, j'en rejetais la faute sur Raymond Juvénis, dont j'avais cité textuellement les paroles, car je déclarais, à la fin de la 1re [XXIIe] lettre [p. 557[, ne point partager le zèle, par trop intolérant, qu'il avait montré, ne doutant nullement de la sincérité de notre vieil évêque, lorsqu'il embrassa les nouvelles doctrines, bien qu'il eût vendu son évêché à son successeur moyennant une pension viagère, ce qui sentait quelque peu la simonie, si souvent anathématisée par l'Église primitive, à laquelle on prétendait nous ramener ; et, d'ailleurs, avais-je applaudi aux massacres de la Saint-Barthélemy, aux dragonnades des Cévennes, à la révocation de l'édit de Nantes ?... Du reste, il existe, dit-on, une ancienne apologie de la conduite tenue par l'évêque apostat en ces temps désastreux, apologie que M. le pasteur de Mens avait promis de me communiquer et que j'attends encore.

Voyons maintenant les incriminations d'une autre espèce.

M. l'abbé Aucel, alors desservant de la paroisse de St-André-lès-Gap et aujourd'hui directeur de l'hospice royal du Mont-Genèvre et chanoine honoraire de l'église de Gap [1]), s'occupait, à l'époque où parurent mes neuf lettres, de l'ouvrage fort intéressant qu'il a publié sous le titre de *Recueil des circulaires, mandements, etc., de Monseigneur Arbaud, évêque de Gap* (J. Allier et fils, 1833). Il eut la bonté de citer (page XXVII) mon opinion sur les suppressions faites par M. de Pérouse [2]) dans son *Bréviaire*, et de faire de mes lettres un éloge peu mérité, en ajoutant toutefois, pour l'acquit de sa conscience, la note suivante :

« Il faut pourtant ajouter que l'on serait bien aise de ne pas y trouver certaines réflexions qui, quoique expliquées avec toute la bienveillance que mérite leur auteur, se rapprochent toujours beaucoup trop du sentiment de ces rationalistes modernes, qui veulent, à toute force, *que le Christianisme ait fait son temps, qu'il soit mort;* et qu'il faut absolument une nouvelle religion pour rétablir les bases de la société ».

Ayant eu connaissance de cette note avant la publication de l'ouvrage, je priai M. Aucel de me dire dans quel endroit de mon informe travail, je m'étais beaucoup trop rapproché des rationalistes modernes; il eut la bonté de me signaler le passage suivant de la 1re [XXII] lettre [p. 556], qu'il avait pris au sérieux : « Dans ma prochaine lettre, j'aurai l'honneur de vous montrer les suites déplorables *du cri de Luther:* je dis déplorables, mais seulement pour ceux qui en furent les acteurs ou les témoins; car il est écrit, aux livres de la perfectibilité indéfinie, que l'organisme nouveau est toujours supérieur à l'organisme ancien. *C'est ce que je souhaite*

---

[1]) Joseph Aucel, né aux Thures, diocèse de Suse (Piémont), le 11 déc. 1792, prêtre le 28 mai 1825, vicaire du Monétier-de-Briançon, curé de La Salle (1828), d'Ancelle (1833), de St-André de Gap (1834), secrétaire de l'évêché (1838), curé et directeur de l'hospice du Mont-Genèvre (1844), mort le 10 juin 1863.

[2]) Pierre-Annet de Pérouse, évêque de Gap (1754, † 22 juil. 1763). Cf. G. III, p. XXIII-IV.

de tout mon cœur à la génération future, lorsqu'elle parviendra, je l'espère, à ressaisir l'unité par le panthéisme, ou par le néo-christianisme ou mieux encore par l'ancien ».

Disons maintenant à quel système philosophique je faisais allusion en m'exprimant de la sorte.

Je ne connaissais guère le Saint-Simonisme et la religion du progrès prêchée par les adeptes, lorsque je lus, dans la *Nouvelle encyclopédie* de Courtin, le mot *Société* (1). La manière si neuve et si pittoresque dont l'histoire de l'humanité est présentée dans cet article de l'encyclopédie m'engagea à faire un résumé de la doctrine qu'il renferme et que j'avais en vue, en écrivant le passage que je viens de transcrire de ma lettre sur Farel. Pour plus de clarté, je transcris ici cette analyse, en la faisant précéder d'un passage des Saintes Écritures qui contredit formellement, sous le rapport de la foi, quelques-unes des propositions qu'elle contient.

« Car si le ministère qui devait finir a été glorieux, *celui qui durera toujours* doit l'être bien davantage » (II Corinth. ch. III, v. 11).

But et fin de la société. — Le but et la fin de toute société est l'amélioration de la condition humaine.

Décroissance. — D'abord, supériorité de la force matérielle sur la force spirituelle, d'où découlent *la guerre, l'esclavage et l'héritage.*

Croissance. — Ensuite, suprématie de l'esprit sur la matière, d'où dérivent *la paix, la liberté et l'égalité.*

L'organisation sociale du passé est fondée sur la force matérielle et la race.

L'organisation sociale à venir est basée sur la force morale seule et l'égalité de naissance.

L'humanité emploie deux modes de raisonnement pour accomplir ses progrès :

(1) Tome 21, p. 233-253, art. signé A. B. (Boulland). J'avais pourtant lu l'extravagante *Théorie des quatre mouvements*, de Fourier.

1º Celui de la synthèse, époque organique ou religieuse ;

2º Celui de l'analyse, époque critique ou irreligieuse.

ÉPOQUE ORGANIQUE.

Division du travail, hiérarchie, pouvoir : car, sans unité, pas de société.

Ceux-là doivent être les directeurs moraux de la société qui peuvent le mieux comprendre quel en est le but, et qui désirent le plus que la société y arrive, afin que le progrès ou l'amélioration du plus grand nombre en résulte.

Fait général. Les artistes ou les prêtres sont les directeurs sociaux des époques organiques.

ÉPOQUE CRITIQUE.

Les époques critiques présentent une disposition inverse dans toutes les conditions d'organisation sociale. Négation de tout pouvoir, de toute hiérarchie ; la dissolution et l'individualisme.

Époques religieuses. — Amour de Dieu et des hommes, et tous les dévouements qui en sont la suite.

Époques irreligieuses. — Sentiments restreints, depuis les sentiments de patrie et de famille, jusqu'à l'égoïsme et toutes ses infirmités.

Dans les temps de synthèse, les savants, associés dans un but de perfectionnement scientifique, travaillent sous l'influence de la même idée générale.

Dans les temps d'analyse, les savants sont isolés les uns des autres, et font un grand mépris des hypothèses.

Dans les époques organiques, tout homme a fonction dans la société ; toute industrie concourt au bien-être humain.

Dans les temps de critique, des hommes vivent oisifs et sans but d'utilité commune. Ceux qui travaillent sont en lutte et en guerre continuelle ; la concurrence ne permet qu'à l'individualisme de se faire jour au milieu des chutes de l'impéritie.

Les époques organiques et critiques se succèdent périodiquement et par gradation dans la marche de l'humanité.

L'époque organique présente quatre périodes :

1º Élaboration philosophique du dogme ;

2º Prédication religieuse ;

3º Établissement politique ;

4º Décadence. — Commencement de l'époque critique.

L'époque critique a trois périodes :

1º Lutte des prêtres entre eux ; époque protestante : Républiques semi-religieuses. — Premier temps des Juifs, de la Grèce et de Rome.

2º Monarchie. Lutte des militaires contre les prêtres. Subordination de ceux-ci.

3º Les chartes. Lutte des esclaves contre les maîtres. Dernier effort du passé expirant contre l'avenir qui le détruit. Élaboration du dogme religieux de l'époque suivante.

L'humanité descendue aux dernières profondeurs de l'analyse tend à remonter aux plus hautes sommités de la synthèse et *vice-versa*.

Antiques civilisations présentant le caractère organique ou religieux : les Égyptiens, les Éthiopiens, les Assyriens, les Hindous, les Chinois, les Thibétains, les Celtes, les Pélasges, les Étrusques, les Parsis, les Mexicains et les Péruviens.

La division du travail existe aussi dans l'humanité tout entière, et chaque peuple y remplit une fonction spéciale pour l'accomplissement du travail général de l'espèce, ainsi :

L'Inde, sentiments et beaux-arts ;

L'Égypte, élément scientifique ;

Les Celtes, fonction industrielle, qui était la guerre.

ORGANISATION SOCIALE DE CES ANTIQUES CIVILISATIONS.

Théologie. — Un grand Dieu spirituel, immatériel, éternel, ayant à côté de lui le principe femelle de l'Univers ou la matière divinisée, des dieux visibles ou sensibles. Création, ou action de Dieu sur la matière. Dans l'homme, deux vies, l'une spirituelle, l'autre temporelle, unies dans le temps et séparées dans l'éternité.

Politique. — Hiérarchie où chaque caste est placée suivant sa relation avec Dieu. Ces castes sont les prêtres, les guerriers, les chefs industriels, les fermiers et les esclaves. La loi religieuse domine la loi politique. Les deux premières classes possèdent tout, et les autres sont possédées comme instrument de travail.

Arrivent les réformateurs, qui, en se séparant de la communion, emportent l'idée d'unité, et qui, tous, sont panthéistes, car le panthéisme est le passage du spiritualisme au matérialisme.

Tels étaient *Moïse qui fonda la société juive,* Boudha dans l'Inde, Zoroastre en Perse, Orphée en Grèce, Numa à Rome.

Les réformateurs sortis, plus tard, de la société organique, au moment de la critique, sont les auteurs du polythéisme de la seconde époque de la Grèce et de Rome (période monarchique). Le matérialisme ne tarde pas à succéder.

CARACTÈRE DE L'ÉPOQUE CRITIQUE.

Lutte des classes inférieures contre les classes supérieures, des esclaves contre les maîtres ; perfectionnement analytique dans les sciences ; progrès pratiques dans les beaux-arts.

Le but des époques critiques est la formation

d'une nouvelle époque organique. — Division du travail.

La Perse et la Judée sont chargées de la fonction poétique et religieuse ;

La Grèce, de la fonction scientifique ;

Rome, de la fonction militaire ;

La Judée fournit le Dieu ; la Grèce, la science ; Rome, le terrain pour l'établissement du nouveau dogme.

C'est à Alexandrie que s'élabore le Christianisme annoncé par un être surnaturel, dont l'âme brûlante, a compris et senti tous les besoins de l'humanité, dont le génie profond a prévu son avenir. Interprète sacré de la volonté divine, il résume dans une doctrine sublime les progrès faits pendant l'époque critique qui l'a précédé, et donnant la sanction religieuse aux progrès moraux, scientifiques et industriels de la société, il s'établit au pouvoir en disant : *Je suis celui qui suis*, et fonde une hiérarchie dont l'organisation sociale nouvelle doit être le résultat ; c'est le Catholicisme qui embrasse, à lui seul, plus d'hommes que plusieurs des civilisations autochtones de l'antiquité, et qui a pour but d'enlever à la force matérielle la direction sociale, pour la transporter à la force purement morale, et de faire disparaître toutes les conséquences de l'organisation fondée sur l'héritage et la force matérielle. Toute la lutte, si longue et si pénible, du pouvoir temporel et du pouvoir spirituel n'est, en effet, autre chose que la guerre faite par la société sacerdotale catholique apportant le dogme chrétien de l'égalité, contre la société féodale, organisée d'après l'ancienne base de l'héritage et de la force brutale.

Le catholicisme transige avec la force matérielle ; il oublie sa mission ; dès lors commence la décadence de cette admirable doctrine. Dans cette époque critique, se succèdent rapidement la période protestante, puis la période monarchique, enfin celles des chartes.

Les nations modernes ont à conquérir et à civiliser le monde entier. Voici comment elles se sont divisées ce travail et comment il s'opèrera :

La Germanie élaborera l'élément poëtique et religieux ;

La France, l'élément scientifique ;

La Russie et l'Angleterre, l'action matérielle ; l'une, par la guerre, l'autre, par l'industrie.

« L'humanité entière se réunira dans une nouvelle synthèse. L'époque organique nouvelle réunira tous les progrès faits depuis l'existence de l'homme, redonnera la sanction religieuse à l'affranchissement de tous les hommes, qui ont passé successivement par l'état d'esclaves, de serfs et de salariés ; procèdera à la disparition complète de tout privilège de naissance : privilège moral, sous le nom de noblesse ; privilège physique, sous le nom d'hérédité ; elle fondera, enfin, une société où la loi religieuse et la loi politique seront une seule et même loi ; où la division du travail sera basée sur l'emploi des hommes suivant leur capacité ; le pouvoir, sur la supériorité naturelle des facultés de l'homme ; une société où la force matérielle sera subalternisée à toujours et dirigée par la force morale ; où la guerre disparaîtra à jamais. Tels sont les progrès de l'humanité ; tel est son avenir ; tel doit être l'esprit qui doit la guider dans sa marche vers le but pour lequel elle a été créée » (1).

La lettre que j'écrivis à M. l'abbé Aucel pour me justifier de ses reproches, et dont il a publié quelques fragments (p. LXXXVII), montre de quelle manière j'appréciais, selon mes faibles lumières, les doctrines de M. Boulland ; c'est ce qui me force à

(1) Voir la note A, à la fin de la *Préface*.

la transcrire en entier, car les fragments quelque peu décousus insérés dans l'ouvrage de ce digne ecclésiastique n'en donnent qu'une idée imparfaite.

« *Gap, le 19 décembre 1838.*

« Monsieur le chanoine, il m'a été impossible jusqu'à ce jour de répondre à la lettre que vous m'avez fait l'honneur de m'écrire le 13 de ce mois. Je dois d'abord vous remercier de la bienveillance avec laquelle vous avez accueilli mes barbouillages historiques sur la ville de Gap, et de la manière dont vous les citez dans l'ouvrage important que vous faites imprimer en ce moment.

« Je suis étonné toutefois que, dans le passage qui vous a paru contraire au dogme catholique, vous n'ayez pas aperçu que l'auteur faisait allusion aux divers systèmes philosophiques et historiques, qui, à l'époque actuelle, divisent les esprits, et qu'il n'a parlé du retour à l'Unité par le panthéisme ou néo-christianisme que pour s'en moquer. Vous savez, Monsieur, que l'une des opinions les plus singulières, ou, si vous le voulez, les plus bizarres qui aient été exprimées, dans ces derniers temps, est celle de la perfectibilité sociale basée sur les faits historiques. L'on a soutenu que les sociétés, d'abord à l'état organique imparfait, passaient, à travers des époques critiques plus ou moins longues, pour arriver à un état supérieur, dans l'ordre physique comme dans l'ordre moral ; qu'ainsi Moïse, sortant de l'organisme égyptien, devint panthéiste, d'abord, et qu'après quarante ans de méditations dans le désert, il parvint enfin à formuler un organisme nouveau, bien supérieur à celui de l'Égypte. Moïse panthéiste vous paraîtra quelque peu surprenant ; mais cela a été écrit dans l'*Encyclopédie* de Courtin, où vous trouverez encore que des novateurs israélites, ayant miné sourdement ou bien ouvertement le sublime édifice élevé par le législateur sorti du pays de Misraïm, Jésus-Christ en fonda un bien plus magnifique, bien plus parfait que celui dont la base reposait sur le Sinaï. Ainsi Luther, au XVI° siècle ; Saint-Simon, Fourrier et Owen, dans le nôtre, sont-ils présentés comme des *perfectibilisateurs* bien supérieurs aux anciens, des lumières desquels ils ont pu profiter. Voilà, monsieur, d'où découle ce nouveau christianisme que nul n'a su formuler encore, tellement l'esprit philosophique est peu propre à établir l'Unité, et surtout à imposer des croyances.

« Pour moi, je crois, avec un auteur récent,

« Que le *Néo-christianisme n'est qu'une appellation sonore, mais creuse, inventée, en attendant la chose;*

« Que le *progrès humanitaire n'est qu'un mot chrétien, faussé par des hyperboles menteuses ; et que le mot humanité, inconnu, dans son acception moderne, à toute l'antiquité païenne, n'a été trouvé que par l'Église.*

« Il me reste à justifier le mot *ancien* accolé au mot *Christianisme*. Vous auriez peut-être dû n'y voir qu'une antithèse ; mais en prenant le mot à la lettre, que peut-il signifier, si ce n'est le Christianisme des apôtres et de leurs successeurs ; celui de l'Église catholique, celui de tous les temps ? C'est l'idée que j'avais en l'écrivant : car, plus que personne, je suis convaincu que le dogme révélé, (et je n'en admets pas d'autre,) est immuable de sa nature et n'est susceptible que de développements, et encore par une nouvelle révélation divine, ainsi que l'établit le plus orthodoxe des écrivains de notre siècle (le comte de Maistre), qui, voyant où nous a conduit le rationalisme, croit à l'imminence d'une quatrième révélation pour amener les esprits, et non l'Église, à l'Unité.

« De tout ce qui précède, il résulte que, dans le

passage *incriminé*, l'ironie n'est pas assez transparente, et voilà tout.

« D'où il suit encore que la note que vous avez eu la bonté de me communiquer et qui sera imprimée dans votre ouvrage, trop louangeuse au commencement, finit par m'attribuer une opinion diamétralement opposée à celles que j'ai toujours professées, puisque toujours j'ai cru à la *perpétuité* du Christianisme.

« D'où il suit, enfin, que dans une note subséquente, vous pourriez dire qu'en souhaitant aux générations futures un organisme supérieur à celui établi par le divin fondateur du Christianisme, je me suis un peu moqué d'elles et des *utilitaires* qui le leur ont promis.

« Agréez, etc. »

Telles sont les explications que M. l'abbé Ancel voulut bien trouver satisfaisantes et orthodoxes, tout en persistant à soutenir qu'on n'eût jamais soupçonné une ironie dans le passage qu'il a transcrit; aussi me suis-je attaché à faire ressortir davantage cette maudite figure de rhétorique dans une nouvelle rédaction de mes lettres sur le XVIe siècle, lesquelles, considérablement augmentées, surtout en ce qui concerne notre Guillaume Farel, ne sont pas devenues meilleures pour cela.

Toute controverse n'est pas terminée; il me reste encore à parler du peu de ménagement avec lequel j'ai traité quelques prélats, et de l'invitation qui m'a été faite, à deux reprises, d'être plus circonspect à l'avenir envers ces princes de l'Église.

Je réponds aujourd'hui, comme je le fis au moment où elle me fut adressée : Donnez-moi des Arigius [579-610] et des Arnoux de Vendôme [1065-78], des Artus de Lionne [1639-62] et des Berger de Malissoles [1706-38], des La Broue de Vareilles [1784-

1801], et des Arbaud [1823-36], et vous verrez si je n'exalte pas, de tout mon pouvoir, la pureté de leurs mœurs, leur science, la sainteté de leur vie et toutes les vertus chrétiennes qui les ont distingués. Cependant, le jeune chanoine, mon interlocuteur, n'avait lu que mes lettres sur les guerres de religion, où ne se trouvait flétrie, en me servant des termes de Juvénis, que la conduite de Gabriel de Clermont, dont il ne s'avisera pas de justifier l'apostasie, lui, si fervent catholique. Je m'étais permis, je l'avoue, de trouver quelques défauts dans la personne de l'évêque guerrier Paparin de Chaumont [1572-1600] et de rappeler, sans aucun détail, le nom de quelques oppresseurs de la cité, qui l'avaient précédé dans l'épiscopat. Mais, bon Dieu ! que dirait-il aujourd'hui si, parcourant cette histoire, il me voyait déverser, sans haine et sans crainte, et quelquefois avec indignation, le blâme sur les violences d'Othon II [1251-81] et la guerre cruelle qu'il fit à nos ancêtres ; les vengeances d'Henri de Poitiers [1349-53], conquérant son évêché, le glaive d'une main et le bâton pastoral de l'autre ; les exigences outrées de Jacques Artaud [1366-99] ; les tracasseries incessantes de Léger d'Eyrargues [1411-29] ; les cruautés inouies de Gaucher de Forcalquier [1442-84], et les excès commis par quelques autres prélats, devenus seigneurs temporels par la grâce de Frédéric-Barberousse !

On l'a dit avec raison, et je le répète : *Des égards aux vivants ; la vérité aux morts.*

Infidèle à ce vieil adage, devais-je altérer la vérité, parce que les personnages mis en scène appartenaient à l'Église ?

Outrage-t-on la Religion quand on signale les vices de quelques-uns de ses ministres ?

En ce cas, prenez-vous en, d'abord, à un saint prélat, à Grégoire de Tours [538-595], à qui nous de-

XXXVI HISTOIRE DE GAP ET DU GAPENÇAIS.

vons la connaissance des méfaits de deux évêques des Alpes, Salonius et Sagittaire [1]);

A saint Paulin [353-431], qui s'est permis des allusions quelque peu satiriques au vagabondage des moinillons mendiants du IV⁰ siècle :

 « *Qualia vagari per maria et terras solent*
 « *Avara mendicabula* » ;

A Sulpice Sévère [ap. 353- v. 410], qui, dans sa biographie de saint Martin, déplore les scandales de la vie monastique de son époque ;

A saint Bernard [1091-1153], se plaignant avec amertume des basses passions et des actes ignominieux qui avaient pénétré dans le temple : « On court après les ordres sacrés, s'écrie ce père de l'Église, on prend sans réflexion et sans respect le ministère, redouté même des esprits évangéliques... et cependant, chez ces audacieux, l'avarice règne, l'ambition domine, l'orgueil possède un trône, l'iniquité réside, la luxure commande... » ;

A Gerson [1363-1429], qui, au concile de Pise de l'an 1409, osait attribuer les malheurs de l'Église à la dépravation du clergé, qui voyait, dans les sommités de la hiérarchie, des hommes plus avides d'accroître leurs revenus que de gagner des âmes, des hommes circonvenant les potentats, promettant de l'argent, intimidant, corrompant, spoliant le peuple, semant les dissensions, s'engageant dans les intrigues, se souillant de lubricités, faisant succéder aux actes impurs les paroles impures. « J'ai vu tous ces malheurs et mille autres, ajoute l'immortel auteur de l'*Imitation*, et j'ai versé des larmes amères » ;

A Baronius [1538-1607], que vous ne suspectez pas de partialité en faveur des détracteurs de la religion et qui, pourtant n'hésitait pas à dire : Qu'au lieu de

---

[1]) Salonius, évêque d'Embrun (554-582), et Sagittaire, son frère, évêque de Gap (560-579).

rester *apostolique*, cette religion sainte était devenue *apostate*. Ce zélé partisan du Saint-Siège n'a-t-il pas avoué, en parlant des scandales du X° siècle, qui ont donné naissance au conte ridicule de la papesse Jeanne [1]), que « Jésus-Christ dormait du plus profond sommeil dans sa barque au milieu de cette tempête ; qu'alors, des courtisanes disposaient de la chaire de saint Pierre » ?

Je ne parlerai pas de Dante, qui, très injustement sans doute, s'est permis de jeter un pape dans son enfer ; ni de Pétrarque, qui, bien que couronné à Rome, s'est livré, dans ses poésies, à tant de satyres contre la papauté.

Vous le voyez, je n'ai cherché des exemples, ni dans les écrits des protestants, ni dans les sarcasmes des philosophes du XVIII° siècle. Mais les prétendus réformateurs, et notre Farel à leur tête, n'ont fait que répéter, d'une manière aussi inconvenante que brutale, ce que des saints et des écrivains religieux avaient déjà dit et publié sur l'immoralité de Rome et la dépravation du clergé, à certaines époques de l'ère chrétienne ; ils l'avaient dit et ils l'avaient publié, parce que l'histoire doit dire la vérité, toute la vérité, pour être soumise au jugement de la postérité et lui servir de leçon, si toutefois les fautes des pères ne sont pas trop souvent perdues pour la postérité.

En voilà, je pense, plus qu'il n'en faut pour justifier ce que j'ai pu écrire sur l'ambition, les exigences et les persécutions de quelques-uns de nos prélats, et, parfois, sur les mœurs tant soit peu relâchées de quelques-uns de nos ecclésiastiques, sans qu'il soit nécessaire de m'appuyer sur nos deux chroniqueurs Raymond Juvénis et Joseph-Dominique Rochas, qui, eux aussi, n'ont pas hésité

---

[1]) Sur l'anglaise Jeanne, papesse « supposée », qui aurait siégé en 855, on pourra consulter les ouvrages énumérés par M. Chevalier (*Répertoire des sources historiques. Bio-bibl.*, col. 1257-59).

à condamner, hautement et vertement, la vanité, l'orgueil et l'ambition de nos pontifes, lorsque ces défauts et ces vices se sont montrés à leurs yeux ; et, cependant, jamais la ville de Gap n'a possédé de citoyens plus respectables, plus instruits et plus pieux que Rochas et Juvénis. Entraîné par la force de la vérité, je n'ai fait que répéter, sans l'exagérer et quelquefois en l'excusant, ce qui ressort abondamment de nos chartes et de nos chroniques.

Je terminerais ici cette longue préface, si, en composant l'*Histoire de Gap*, je ne m'étais parfois demandé de quelle utilité pourrait être le résultat de mes recherches, quels enseignements en pourrait retirer la génération actuelle et sa postérité, si jamais elle était publiée.

Quelques-uns peut-être : du moins cet essai, tout informe qu'il est, pourrait satisfaire ce sentiment qui nous attache à nos pères, ce désir d'apprendre ce qu'ils ont fait et ce qu'ils ont été, bien que, dans notre agreste contrée, nous ne poussions pas jusqu'à l'idolâtrie le culte des ancêtres. Si l'histoire est au genre humain ce que la mémoire est à l'individu, dites-moi ce que serait l'homme sans la mémoire ? Un être sentant, presque incapable de raisonner. Aussi vit-il dans le passé, qui lui a transmis ses mœurs, ses croyances, ses arts et ses connaissances, longuement acquises, comme dans l'avenir embelli par son imagination de perfections infinies et d'illusions, hélas ! presque toujours décevantes.

Si la vivacité et l'intérêt d'une histoire sont, comme on l'a avancé, en raison inverse de sa généralité, la nôtre, qui ne s'attache qu'à la famille gapençaise devrait se montrer palpitante d'intérêt ! Les faits en sont assez intéressants, quelques-uns assez dramatiques, pour qu'elle devînt telle sous la plume d'un Châteaubriand, d'un Thierry ou d'un Michelet. Outre l'intérêt, ils en feraient ressortir

PRÉFACE. XXXIX

d'utiles et de brillantes leçons, dont nos neveux profiteraient sans doute, si nous n'en jugeons pas par ce qui se passe sous nos yeux. Mais, moi, pauvre et ignorant écrivain, que fait mon nom à côté de ces noms illustres? Ai-je d'autre mérite que d'avoir rassemblé et consulté un grand nombre de documents, et de n'avoir rien négligé pour satisfaire les lecteurs gapençais et ceux des villes, des bourgs et des villages qui nous environnent?

En effet, je me suis livré à un travail aussi long que fastidieux, en dressant avec le plus grand soin trois tables alphabétiques que j'ai placées à la suite de cette préface. La première présente le nom des villes et villages mentionnés dans les deux volumes; la seconde, le nom de tous les citoyens de Gap et de ceux qui ont exercé des emplois dans cette ville; la troisième, celui des personnages quelque peu éminents, qui, étrangers à la ville de Gap, appartiennent, néanmoins, au département des Hautes-Alpes, et dont cette histoire mentionne quelquefois les faits et gestes, ou rappelle tout au moins le souvenir [1]).

Ma narration ne présente ni le ton grave et cicéronien des auteurs du XVIIᵉ siècle, ni le ton rogue et sentencieux des historiens du siècle philosophique, ni le brillant éclat de l'époque actuelle; je n'aurais pu m'élever à de pareilles hauteurs; je me suis restreint à raconter les événements dont nos bons aïeux furent les acteurs ou les témoins, dans des lettres familières, qui n'ont rien de commun, hélas! avec les modèles du genre épistolaire appliqué à l'histoire, présentés à la France par l'illustre auteur des *Époques mérovingiennes*.

Comme celle des autres villes du Dauphiné et de la Provence, l'histoire de la ville de Gap embrasse des temps obscurs et *mythiques*, qui ont donné lieu

---

[1]) Ces *Tables*, dans le manuscrit original (t. Iᵉʳ), occupent les pages XXIX à ICIX (*sic*) de l'*Introduction*. Voir à la fin du tome II.

à de savantes dissertations de la part de Juvénis et surtout de M. Pierquin de Gembloux, dont j'ai longuement analysé les élucubrations, dans la IV⁰ lettre de la première partie.

Viennent, ensuite, la domination romaine, la publication du Christianisme, l'invasion des barbares, et l'occupation de notre pays par les Sarrasins.

A l'époque des Croisades, le Gapençais perd ses comtes particuliers, pour passer sous la domination des comtes de Forcalquier, et notre petite ville passerait presque inaperçue, à travers ces dominations diverses, si, de temps à autre, nous ne voyions apparaître, dans les Annales ecclésiastiques, et si un contemporain ne nous eût transmis la vie miraculeuse de saint Arey, et le P. Mabillon, celle du glorieux saint Arnoux.

Une nouvelle période, celle des chartes, commence vers le XII⁰ siècle, époque où nos prélats deviennent seigneurs temporels ; elle abonde en matériaux intéressants et présente le détail des longues luttes que la ville eut à soutenir contre ses évêques, qui, de temps à autre, veulent attenter aux vieilles libertés de la cité. Ici encore, l'on voit des discordes naître dans le sein du bercail, entre le pasteur et les brebis: je veux parler des différends qui s'élevèrent entre les évêques et leur chapitre, et qui n'eurent de terme qu'au siècle absolutiste de Louis XIV ; l'on y voit, enfin, la ville de Gap, à la souveraineté de laquelle aspirèrent les évêques, les comtes de Provence et les Dauphins de Viennois, réunie définitivement au Dauphiné, par un premier traité intervenu entre elle et le roi Louis XII, et par un second, entre ce même roi et le seigneur évêque.

L'époque suivante, d'un si haut intérêt, comprend la publication de l'hérésie dans nos montagnes, la longue participation de nos frères aux guerres civiles du XVIe siècle, l'union momentanée de la ville et du seigneur évêque, pour combattre la nouvelle doctrine et ses partisans; la reprise des hostilités entre le pouvoir municipal et la puissance épiscopo-seigneuriale, aussitôt que la paix est donnée à la France par l'édit de Nantes; hostilités qui se prolongent à travers la réaction catholique, jusqu'en l'année 1622, où un traité dicté par le président Expilly vient mettre un terme à une lutte de quarante ans.

Peu après, tout pouvoir politique est centralisé dans les mains du roi de France, ce qui nous amène à l'année 1789, à la Révolution qu'elle vit éclore et sur laquelle j'ai glissé légèrement; mais qui sera traitée en détail dans un troisième volume, si Dieu le permet.

Tels sont les faits saillants, *accompagnés de plusieurs autres*, qui se trouvent longuement développés dans cet essai. Il est bien entendu que, si jamais il pouvait être livré à l'impression, il conviendrait de fondre dans le texte les appendices dont j'ai déjà parlé, de supprimer les faits insignifiants et un grand nombre de puérilités qui le déparent, et surtout d'en corriger avec soin le style, qui me paraît rempli d'imperfections, comme il le paraîtrait à tout lecteur, quelque bénin qu'il pût être.

Gap, le 3 septembre 1842.

NOTE A, de la page XXXI.

La ville de Gap qui, à toutes les époques, se trouva en tête du mouvement social, qui ne transigea avec la féodalité qu'en lui montrant sans cesse les dents; qui arborait la bannière de Forcalquier, lorsqu'on voulait la rendre Dauphinoise, qui plantait le panonceau delphinal, lorsqu'on voulait la faire Provençale ; qui vit naître dans son sein le plus fougueux des réformateurs du XVIe siècle, celui qui devança peut-être Luther et fut, sans aucun doute, le précurseur de Calvin ; cette ville qui embrassa avec enthousiasme les principes de 89, qui, par opposition, fut douce et humaine sous la Terreur, fière et dédaigneuse sous l'Empire; qui, sous la Restauration, fredonna sans relâche les refrains de Béranger; qui, au moment où j'écris ces lignes, fait plus que jamais de l'opposition contre son évêque, lequel, par ordonnance, vient de supprimer cette tant vieille confrérie des Pénitents qui avait survécu aux guerres de religion, qui avait traversé, sans altération, le philosophisme du dernier siècle, qui n'avait pas même courbé la tête sous les révolutions de 1789 et de 1830, et dont je me suis plu à rappeler les hauts faits dans les lettres suivantes (1) ; cette ville, disons-nous, fut accusée, dans ces derniers temps, par un zélé Saint-Simonien (M. Genevois, de La Mure,) de se trouver dans un arriéré épouvantable. Cet adepte, en écrivant à M. Félix Meyer, alors sous-bibliothécaire de

(1) Voir le mémoire pour les Pénitents de la ville de Gap contre Mgr Rossat, rédigé par M. Xavier Blanc, avocat, Gap, J. Allier, 1842.

la ville, paraissait très étonné de voir, dans cette
chétive bicoque, une bibliothèque publique, et en
comparait le gardien au bibliomane dont parle La
Bruyère. La lettre de M. Genevois, saupoudrée
d'idées Saint-Simoniennes, de progrès social et
d'économie domestique, donna lieu à une réponse
qui dut nous réhabiliter dans son esprit. Fut-elle
prise au sérieux comme les quelques lignes de ma
lettre sur la réformation le furent plus tard par
M. le directeur du Mont-Genèvre? Pourquoi non?
Elle ne renferme rien que de très orthodoxe en fait
de progrès. Du reste, en voici la copie :

« Gap, le novembre 1832.

« Votre dédain pour notre pays est superbe, mon
cher Genevois, et votre application de La Bruyère
passablement... singulière! Je tiens à ma personne
et à la bonne petite ville qui m'a vu naître par des
liens trop doux, pour que je ne cherche pas à
détruire vos préjugés à l'égard de l'un et de l'autre.

Et, d'abord, par humilité, — sentiment qui tient
encore un peu aux vieux lambeaux de la morale
chrétienne, — je vous dirai qu'il faut en rabattre un
peu du titre dont vous voulez bien me gratifier. Je
ne suis, hélas! que sous-bibliothécaire de notre
jolie bibliothèque, avec de très faibles appointe-
ments et une assiduité forcée, qui ne me permet
pas de lire et relire ce que jadis d'autres transforma-
teurs de la société écrivirent, pour faire disparaître
les sales haillons du paganisme. Ils triomphèrent,
et nous triompherons, mon cher ami, car, comme
vous et plus que vous, peut-être, j'appartiens à
cette verte et active jeunesse qui, dédaigneuse d'un
passé très passé, cherche à le forcer jusque dans
ses derniers retranchements. Artisan infatigable de
l'époque critique où nous sommes encore, je pousse

la génération actuelle à travers les débris du monde ancien, et ne cesse de lui crier comme vous et Bossuet : Marche ! marche ! Pour aller où ? me disent, parfois, quelques trainards, partisans d'un organisme usé jusqu'à la corde. A l'Eldorado des cerveaux poétiques ; à la station sociale la plus parfaite quoique indéterminée ; en un mot, à l'UNITÉ.

« Voilà pour moi ; voici pour la Ville.

« Eh, quoi ! Parce qu'elle s'avise, un peu tard, d'ouvrir à ses habitants les trésors de la science ; qu'elle ne peut encore offrir à leur active capacité que dix milliers de volumes, s'ensuit-il qu'elle est encore entortillée dans les langes du moyen âge ? que l'ancienne pépinière des instituteurs primaires ne saurait produire un lecteur à notre établissement littéraire, et que le gardien de ces remèdes de l'âme est comparable aux enfants de la race africaine, chargés de veiller constamment sur la fragile vertu des superbes Circassiennes, sans jamais y toucher !...

Eh bien ! détrompez-vous ; je ne suis pas l'eunuque de la science. Nous y touchons chaque jour, comme nous toucherions aux beautés du harem, si la sublime porte en était comme ouverte à nos désirs. Nous suivons pas à pas toutes les transformations qu'a subies la société humaine, de toutes les sociétés la seule perfectible (et c'est, quoiqu'en dise Antonio, ce qui nous distingue des autres bêtes). Nous voyons comment l'époque organique a constamment précédé et suivi l'époque critique ; comment la synthèse a fait place à l'analyse, et l'analyse à la synthèse. Nous apprenons à constater notre actualité, et nous voyons, sans étonnement, les cent instruments divers de destruction, représentés par les cent bouches du journalisme, concourir, sans s'en douter, peut-être, à l'immense rénovation qui se prépare.

« Nous apercevons, d'un autre côté, quelques savants modestes et presque inaperçus par la foule, élaborer patiemment l'élément scientifique, théologique, politique et industriel ; je dis industriel, car Smith et Say ne sont plus de ce monde, et leur système, tout imprégné de matérialisme, ne peut plus convenir au siècle qui m'entend, et, surtout, au siècle futur qui nous réclame. Nous apprécions, sans trop d'enthousiasme, la théorie des quatre mouvements, car Fourier ne nous est pas plus étranger que Lerminier et Boulland. Enfin, nous nous dépouillons chaque jour de l'habit d'arlequin, pour essayer la robe nouvelle, la robe unicolore qui doit le remplacer dans cet organisme que nous appelons de toutes les forces de notre âme.

« Après cela, croirez-vous qu'une blibliothèque est une innovation superflue dans la ville de Gap, et que l'on s'y inquiète beaucoup de savoir si le four de M. Borel cuit ou ne cuit pas ! Ce qui y cuit, ce qui fait bouillonner toutes les têtes, c'est l'espoir d'y voir arriver ces chers missionnaires de Saint-Simon, avec lesquels nous désirons nous relier étroitement, afin d'abattre ce vieux pan de mur qui reste encore debout, bien que la maison nouvelle ne soit pas encore édifiée; sauf à dire à ceux qui seront expulsés de la vieille masure : En attendant, *entre en cet antre, ou crève sur ce roc, ou passe la noire onde ;* et va, fossile presque inorganisé, va achever de te pétrifier chez l'immobile chinois, nation retardataire, s'il en fut jamais, composée de magots et non d'hommes perfectibles, et qui, seule, suffit pour faire admettre la différence des races ! »

« Signé, MEYER, et plus bas : ...., *secrétaire* ».

Quelque temps après, il nous arriva, en effet, des missionnaires Saint-Simoniens que leur *capacité* avait placés dans le rang des terrassiers. Ils furent employés et *rétribués, selon leurs œuvres*, par M. F..., le plus *avancé* de tous les Gapençais. Le soir, après avoir quitté la bêche ou le hoyau, ils se rendaient au café de la Pépinière, où ils prêchaient la doctrine progressive et humanitaire du nouveau Messie à quelques *femmes libres* et aux ouvriers et artisans de la ville, qui s'y portaient en foule. Ils répondaient, avec autant d'aplomb que de sang-froid et de dignité, aux objections qui leur étaient soumises, et tout annonçait un progrès inouï dans la refonte des idées Gapençaises, lorsque le Saint-Simonien, le Fouriériste et, qui plus est, l'Azaïste qui les employait, et qui, en même temps, était un grand économiste, s'avisa de trouver que les *œuvres* ne balançaient nullement la *rétribution*, et il les congédia. Nos zélés missionnaires partirent pour l'Orient, où les avait devancés le Père Enfantin, alors en quête de la MÈRE qui devait révéler à ce bas univers le dogme religieux si mal élaboré, jusqu'à ce jour, par les savants de notre belle France, ou plutôt de la patiente Germanie.

Iʳᵉ LETTRE.

INTRODUCTION.

Malgré mes refus réitérés, vous persistez donc, Monsieur, à me demander une histoire de la ville de Gap, depuis les temps barbares, où les Gals vinrent en jeter les fondements au sein des Alpes, jusques à l'époque civilisée et progressive où nous sommes parvenus. Pour m'exciter, vous me montrez l'exemple que nous ont donné et nous donnent, chaque jour, d'habiles écrivains, de savants explorateurs, de patients archéologues, qui, après avoir fouillé dans tous les coins et recoins de leurs archives, n'ont pas manqué de s'écrier, avec le premier d'entr'eux [1]: « Non, parmi les villes les plus obscures, il n'en est pas une qui n'ait eu ses jours d'énergie », et de publier, ensuite, les Annales de leur ville, grande, petite ou tenant le juste milieu, afin de corroborer la judicieuse remarque de l'illustre auteur de l'Histoire de France.

En vain, je vous ai renvoyé aux manuscrits de Raymond Juvénis et de Joseph-Dominique Rochas, que possède la bibliothèque de Grenoble; aux anciens annuaires des Hautes-Alpes, si bien rédigés, si élégamment écrits par M. Farnaud, ancien secrétaire général de ce département; à l'intéressant ouvrage sur l'histoire, la topographie et

---

[1] Aug. Thierry, XXIᵉ Lettre sur l'histoire de France. Cf. Précis de l'histoire de la ville de Gap, 1844, p. 1.

les antiquités de la même contrée, publié pour la seconde fois en 1834, par M. le baron de Ladoucette : ouvrages si souvent copiés, abrégés, analysés, tant bien que mal, par cette foule de publications à deux ou trois sous la livraison, dont nous sommes inondés.

Vous avez répondu que, malgré leur mérite incontestable, aucun de ces auteurs n'avaient écrit, en entier ou en détail, l'histoire de notre cité ; qu'ils n'avaient pu consulter un grand nombre de documents, soustraits aux regards profanes avant la révolution de 1789 ; que Juvénis a manqué de temps pour terminer son histoire du Dauphiné, dans laquelle la nôtre se serait trouvée confondue ; que cette histoire arrive seulement aux premières années du XIIe siècle [1], bien que, dans des mémoires très succints et bien différents de son grand ouvrage, il soit parvenu au commencement de l'épiscopat de Paparin de Chaumont [2] ; que M. Rochas, très patient explorateur de nos archives municipales et continuateur de Juvénis, n'avait à sa disposition que le cartulaire et les manuscrits de l'hôtel de ville ; que ses recherches ne remontent pas au-delà du XIIe siècle, et que, d'ailleurs, son travail manque d'ordre et de méthode ; que les derniers nommés ont à peine effleuré la matière et ne nous ont pas même initié aux faits les plus saillants de l'histoire de cette ville ; qu'ils nous ont laissé ignorer entièrement les temps qui suivirent la publication de l'Évangile ; que, dans leurs ouvrages, l'époque intéressante du moyen-âge, où durent fleurir nos libertés municipales, ainsi que cette période, si dramatique, où nos ancêtres eurent à défendre leur ancienne croyance contre l'hérésie du XVIe siècle

---

[1] Actuellement à la bibliothèque de Carpentras, ms. petit in-f° de 1500 pages.
[2] Évêque *élu* de Gap au moins dès le 5 mai 1572 (G. 485). Ses bulles sont du 27 août de la même année (G. 1369).

et les partisans de l'immense révolution qu'elle opéra dans le monde chrétien, l'influence qu'elle exerça dans nos contrées et les suites qu'elle eut dans notre ville, pendant la dernière moitié du même siècle, y sont à peine ébauchés; que la réaction catholique, qui se manifesta dans le siècle suivant, y est passée sous silence, de même que la perte progressive de nos vieilles franchises et de nos libertés municipales, lesquelles tombèrent pièce à pièce devant le despotisme des temps modernes, qui réduisit, enfin, la ville de Gap à n'être qu'une portioncule de la grande unité monarchique.

Eh bien! Monsieur, après quatre ans d'hésitations et de recherches, me voilà prêt à vous satisfaire, mais ce sera à vos risques et périls. Pas un détail ne vous sera épargné: et si, après m'avoir lu, vous trouverez, avec raison, que mon travail dépasse toutes les proportions de l'histoire, vous aurez, du moins, sous la main, le complément des matériaux nécessaires à l'érection d'un monument durable en l'honneur et à la gloire de la vieille cité des Tricoriens.

Or, comme ces paroles par trop présomptueuses, de la part d'une personne qui, durant sa vie, a écrit beaucoup plus de chiffres arabes qu'elle n'a tracé de caractères romains, pourraient vous étonner, permettez-moi de vous dire confidentiellement qu'un hasard des plus heureux m'a fait découvrir dans les décombres d'un vieux monastère un manuscrit, pour le moins aussi authentique que ceux trouvés dans les ruines d'Herculanum ou de Pompéia par les auteurs d'Anacharsis et d'Anténor. Il a pour titre: *La procession du Saint-Sacrement*, chronique gapençaise du XVIII° siècle, extraite des mémoires de l'un des continuateurs de Raymond Juvénis, année 1744. L'auteur y rappelle les faits les plus intéressants de l'histoire de notre ville, et principalement les événements survenus pendant les guerres de religion. L'ouvrage est divisé en deux parties : la première est consacrée à la relation de la brillante cérémonie de la Fête-Dieu ; dans la seconde, l'auteur fait parler messire François Barbier, avocat et premier consul de la ville de Gap[1]), qui s'adresse au prince de Conti, commandant l'armée française, campée sous ses murs avec l'armée espagnole. Ce magistrat avait accompagné le jeune guerrier sur le monticule de Saint-Mens, qui s'élève au sud-est de la ville. Pendant la route et même sur le point culminant, maître Barbier ne cesse de raconter les événements remarquables qui n'ont pu trouver place dans la première partie de l'ouvrage ; et le prince écoute, bénévolement et sans l'interrompre, le babil intarissable du consul de l'illustre cité de Gap. Je crois que, sans se gêner, l'auteur a puisé à pleines mains dans les mémoires et dans l'histoire du Dauphiné de ce Juvénis qu'il nomme en tête et dans le courant de sa relation. C'est ce qu'il avait de mieux à faire ; et, puisqu'il a pillé Juvénis, je me permettrai de le piller lui-même, à mon tour, en vous prévenant, toutefois, de vous mettre en garde contre l'enthousiasme qui le pénètre lorsqu'il s'agit de la gloire de la cité ; voire contre l'exaltation religieuse qui le pousse à une intolérance et à des invectives qui ne sont plus de notre siècle ; et même contre une pointe de jansénisme, qui perce de temps à autre dans les récits du digne consul de 1744.

Lorsque la relation de la fête du Saint-Sacrement vint à ma connaissance, j'éprouvai quelques doutes sur la vérité et l'exactitude des faits qu'elle contient ; je voulus n'en conserver aucun ; et, après

---

[1]) François Barbier, élu 1er consul de Gap, d'abord le 1er janvier 1733 (*Inv. des Archives de la ville de Gap*, 1908, p. 308'), et de nouveau, le 1er janvier 1741 (ib., pp. 311'-4), encore en fonctions en 1744.

INTRODUCTION. 5

d'exactes recherches, je parvins à découvrir que rien n'était de l'invention de l'auteur, tout se trouva justifié jusques aux plus minces particularités. Ces recherches, qui avaient un but spécial, me portèrent à en faire de nouvelles et à consulter tous les ouvrages manuscrits et imprimés qui ont daigné parler de notre ville. Ainsi j'ouvris avec respect le Livre des libertés de la ville de Gap, si connu sous le nom de *Livre rouge*[1]: je tirai de son étui vermoulu la grande et magnifique charte de l'année 1378, digne, par son importance et son étendue, de figurer en première ligne dans l'histoire municipale de la France (2), et je consultai les autres documents qui se trouvent en grand nombre dans les archives de l'hôtel de ville; je parvins à me procurer le prototype de tous les ouvrages qui ont été, qui sont ou qui seront composés sur l'état ecclésiastique du diocèse: je veux parler du *Rôle des évêques de Gap*, écrit par M. de Lionne, à la requête du clergé de France et des frères de Ste-Marthe; — l'*Histoire* manuscrite *des Alpes Maritimes* du P. Marcellin Fournier, traduite[3] et continuée par Raymond Juvénis; — les *Mémoires* et l'*Histoire* incomplète *du Dauphiné*, de ce dernier auteur; — le *Livre des annales des Capucins*, ayant pour titre: « Livre des archives du couvent des pères capucins

---

[1] Longuement analysé dans l'*Invent. des Archives de la ville de Gap*, AA 1, pp. 1 à 19. Il renferme nombre de documents, des années 1178 à 1774.

(2) Une copie de cette charte a été envoyée, en 1837, à M. Augustin Thierry, avec une notice historique sur la ville de Gap de 40 pages environ. Je ne doute point que cet habile historien ne la fasse figurer parmi les *Monuments inédits de l'histoire du Tiers-État*, qu'il a été chargé de recueillir et de publier au nom du Gouvernement. [Augustin Thierry a utilisé, mais non publié la Grande Charte de Gap de 1378; elle vient seulement d'être éditée en entier, par Henri Pecout, dans ses remarquables *Études sur le droit privé des hautes vallées de Provence et de Dauphiné au Moyen-Age*. Paris, L. Larose et L. Tenin, 1907, in-8°, pp. 235-263.]

[3] Ou plus exactement *copiée, transcrite* (voir notre édition de l'*Histoire générale des Alpes*, etc., parue en 1890-92, en 3 vol. in-8°.

de la ville et cité de Gap », etc., fait en l'année 1658 ; l'*Abrégé historique de l'église et des évêques, comtes et seigneurs de Gap*, ouvrage anonyme dédié à M. de Malissoles¹) ; — les *Mémoires* de Joseph-Dominique Rochas, pour servir de continuation à l'histoire de M. Juvénis.

Je passe sous silence un grand nombre de documents inédits, que j'aurai soin de citer lorsqu'ils serviront d'appui à mes relations, pour vous apprendre que, voulant remonter aux sources où avaient puisé tous nos chroniqueurs, je trouvai dans de gros sacs, couverts de huit doigts de poussière, que personne n'avait ouverts, depuis qu'ils y avaient été entassés pêle-mêle, une foule d'actes et de mémoires originaux sur la ville et le diocèse de Gap, depuis le XII siècle jusqu'à la fin du XVIII, dont la plupart avaient échappé aux recherches d'Artus de Lionne lui-même. Deux fois je suis venu à la charge, et j'ai réuni par ordre chronologique toutes les pièces qui m'ont paru présenter quelque intérêt historique. Le nombre est grand encore, surtout en ce qui se rattache aux troubles que suscita, au commencement du XVI siècle, la réunion de Gap au Dauphiné ; aux différends survenus entre l'évêque Paparin de Chaumont et Balthasar de Comboursier, gouverneur de la ville et des montagnes, au commencement des guerres civiles ; Étienne de Bonne, baron d'Auriac, et le vibailli Benoît Olier ; au procès, qu'après l'édit de pacification de Henri IV, ce même évêque suscita à la ville ; à celui qui fut repris et mené à terme, après vingt ans de poursuites, par son successeur Charles-Salomon du Serre ; à la grande querelle qui, pendant la plus

---

¹) Ce travail, dont les archives des Hautes-Alpes possèdent trois copies, dont une faite par Vallon-Corse (G. 1503-1505), est de l'abbé François-Augustin de Gombert, curé de Reynier, nommé prieur de *Saint-Geniès de Dromon* le 27 septembre 1718 (G. 811), vivant le 14 juillet 1723 (G. 1924) et en oct. 1729 (G. 874, cf. G. 1898).

grande partie du règne de Louis XIV, divisa les gouverneurs et les évêques, sur le droit, réclamé par chacun d'eux, d'allumer les feux de joie, et qui ne put être terminé que par l'intervention de ce puissant monarque. Enfin, pour ce qui se passa dans notre ville pendant l'époque révolutionnaire et celle qui l'a suivie, j'ai pu consulter les registres de la société populaire et du comité de surveillance de Gap, ainsi que les registres du directoire, de l'administration centrale et des préfets du Département.

A mesure que ces documents venaient à ma connaissance, vous ne sauriez croire combien j'étais surpris de voir, qu'en ces temps prétendus barbares, qui suivirent l'expulsion des Sarrasins de nos contrées, la ville, constituée comme elle avait pu l'être sous la domination romaine, jouissait d'un grand nombre de droits civils et politiques, dont elle se trouve privée, même depuis la charte de 1830 et les lois organiques qui l'ont précédée ou qui en ont été la conséquence. De sages règlements, fruits de l'expérience, venaient, selon les besoins, perfectionner son administration municipale. Tous les citoyens étaient appelés à l'élection des consuls et des conseillers municipaux ; tous, sans distinction de rang, étaient soumis à l'impôt, voté librement par les représentants de la cité ; et, lorsqu'il plut aux empereurs d'Allemagne d'aliéner, en faveur des évêques, une prétendue souveraineté, qu'ils n'avaient jamais exercée, tout en confirmant les libertés et les privilèges de la ville, nos syndics et nos consuls ne cessèrent de veiller à leur maintien, et de les défendre, à main armée ou devant les tribunaux, jusques à ce que la puissance royale eût dépouillé nos évêques de leur demi-souveraineté et nos municipes de leurs privilèges. Aussi, à mesure que les documents historiques, dont j'ai signalé une partie dans les lignes qui précèdent, tombaient en mon pouvoir ou parvenaient à ma connaissance, je m'empressais de transcrire en entier les plus plus importants, et d'analyser, avec plus ou moins d'étendue, ceux qui présentaient un moindre intérêt.

Non content de ce travail sur des pièces inédites, j'ai eu recours à l'histoire générale de France et à celles de notre province, pour en extraire ce qui concerne notre cité et le diocèse dont elle est la ville épiscopale, sans omettre les 52 volumes in-f° des *Acta Sanctorum*, où les Bollandistes ont épuisé leur science pour nous faire connaître les faits miraculeux de nos évêques canonisés. De tout cela sont résultés quatre gros volumes [1], avec lesquels j'entre dans la lice, au risque de vous écraser sous le poids de mon érudition d'emprunt. De votre côté, armez-vous de patience, car j'ai hérité de mon digne bisaïeul, le consul de 1744, la manie des détails.

Que n'ai-je hérité, en même temps, de sa brillante faconde, pour me faire écouter avec l'indulgence dont paraissait abondamment pourvu Monseigneur le prince de Conti.

Gap, le 29 octobre 1840.

---

[1] De mémoires et de notes, manuscrits, acquis naguère par le Conseil général des Hautes-Alpes des héritiers de Théodore Gautier et, actuellement (1908), conservés aux Archives départementales des Hautes-Alpes (série F, art. 3 à 6).

II° LETTRE.

DESCRIPTION DE LA VILLE DE GAP ET DE SON TERRITOIRE, AVANT ET DEPUIS LA RÉVOLUTION DE 1789.

Gap avant 1789. — Son ancien nom, ses murailles, sa position et sa population. — Ses anciens monuments — Sa constance à défendre sa religion et ses libertés municipales. — Étendue et délimitation du territoire. — Rivières et torrents. — Dissertation sur l'Alluye. — Montagnes. — Climat. — Productions végétales. — Latitude et longitude de la ville. — Sa forme. — La *coucouare*. — Composition du corps municipal. — Qualités, mœurs et professions des habitants. — Gouvernement militaire de la ville. — Administration de la justice. — L'élection des montagnes. — Subdélégation de l'intendance. — État ecclésiastique du diocèse.

Je devrais commencer par la statistique et la description de la ville de Gap, telle qu'elle se présente à nos regards ; mais je ne puis me soustraire à l'ascendant qu'exerce sur moi l'auteur de la *Procession du Saint-Sacrement*. Dans l'introduction de son ouvrage, il nous montre la ville comme elle nous apparaissait dans notre enfance, avant que la Révolution vînt l'accroître et l'embellir. Après avoir lu cette espèce de préface, vous n'hésiterez plus à nous croire, moralement, intellectuellement et matériellement perfectibles, à un degré supérieur à celui des Hurons et des Samoyèdes ; et vous serez étonné de l'heureuse métamorphose qui s'est opérée, depuis 1744, dans l'ancienne capitale des Tricoriens, des Siconiens ou des Tricoloriens, à votre choix.

« Dans cette partie des Alpes, qui se rapproche de la Provence et dont autrefois elle fit partie, l'on trouve, au milieu d'une vallée, entourée de montagnes fort élevées et sur lesquelles resplendit la blancheur de la neige durant une partie de l'année, une ville dont l'origine se perd dans la nuit des temps.

« Sous la domination romaine, elle fit partie, d'abord, de la Province proprement dite, et, ensuite, de la Seconde Narbonaise : à cette époque, elle était connue sous le nom de *Vapincum*. L'on ignore en quel temps et pour quel motif cette ville changea de nom : à cet égard nous renverrons le lecteur à la dissertation que feu messire Raymond Juvénis, notre savant compatriote, a insérée dans son *Histoire du Dauphiné,* et pour laquelle il emprunte tour à tour la langue d'Athènes, de Rome et de Jérusalem (1).

« La ville de Gap, — tel est le nom de l'ancienne *Vapincum*, — a subi, depuis lors, de bien étranges vicissitudes. Aujourd'hui les murailles qui l'entourent tombent en ruines ; ses maisons, détruites lors de l'invasion de 1692, ne se relèvent que d'une manière imparfaite ; le chaume, qui en couvre une grande partie, atteste la misère dans laquelle les habitants furent plongés par cet affreux incendie ; et la population de cette ville, qui, avant les guerres religieuses du XVIᵉ siècle, la peste qui la désola en 1630, les guerres de Louis XIV, la révocation de l'Édit de Nantes, et l'invasion des troupes alliées sous le commandement du duc de Savoie, s'élevait à plus de dix mille âmes, est réduite, de nos jours, de plus d'un tiers (2).

« Hélas ! le fléau qui vient de nous frapper d'une

(1) Juvénis, natif de Gap et procureur du Roi au bailliage de cette ville, y est mort le 7 janvier 1705. Une notice lui sera consacrée dans le cours de cette histoire.

(2) L'auteur du *Livre des annales des Capucins* de Gap, qui écrivait en l'année 1658, porte à 15.000 âmes la population de la ville et de sa banlieue (page 66). M. Rochas, qui rédigeait ses

manière si cruelle, pendant l'automne dernier et l'hiver de la présente année 1744, et qui nous a enlevé plus de 1.200 habitants, sans compter 10.000 soldats environ des troupes françaises et espagnoles, campées sous nos murs, ne permettra de longtemps de réparer les pertes qu'elle a successivement éprouvées aux époques que nous venons d'indiquer.

Anciens monuments. — « Au temps des guerres de religion, la fureur des Calvinistes détruisit les monuments que les dévastations précédentes avaient laissés debout ; ils abattirent ce temple, de forme sphérique, d'une structure merveilleuse, en pierres de diverses couleurs, où l'on voyait une ouverture par laquelle s'échappait la fumée des sacrifices, dont l'autel, également de forme ronde, était placé au centre de l'édifice, et qui fut changé en cathédrale, lorsque les lumières du christianisme vinrent éclairer nos ancêtres. Là, reposaient les restes de nos martyrs et de nos saints prélats et particulièrement de saint *Demetrius*, dont le corps fut découvert un peu avant les guerres de religion. Une nouvelle cathédrale, érigée à une époque bien reculée, fit changer en paroisse le temple sphéri-

Mémoires dans la dernière moitié du siècle suivant, dit que la communauté comptait encore de son temps environ 8.000 habitants (page 161, 2ᵉ série). L'un et l'autre ont fort exagéré leurs évaluations, car les recensements faits, aux diverses époques de la Révolution, de l'Empire et de la Restauration, ont prouvé que la population n'était, d'abord, que de 6.000 âmes environ, bien qu'elle se soit élevée progressivement à 7.854 habitants. Tel est le résultat du dénombrement fait en 1836. Quant aux évaluations pour les époques qui ont précédé les désastres signalés dans le texte, il y a encore une exagération évidente : M. Farnaud, dans ses *Annuaires*, et M. Ladoucette, dans son ouvrage sur les Hautes-Alpes, ont porté à 16.000 le nombre des habitants de Gap ; et M. Rochas, qui avait d'abord écrit 15.000, a surchargé ce chiffre et l'a réduit à 10.000, en le faisant précéder des mots *plus de*, pour l'acquit de sa conscience. [Cf. *Mouvement de la population au XIXᵉ siècle*, dans *Bull. Soc. d'études*, p. 210].

que, qui, de sa forme, prit le nom de St-Jean-le-Rond ; et, sur ses ruines, s'éleva la chétive chapelle que nous y voyons aujourd'hui [1]).

« C'est encore aux iconoclastes du XVIe siècle que nous devons la destruction de cette magnifique cathédrale du moyen-âge, dont la structure, la forme, l'architecture élégante et surtout le clocher, d'une élévation prodigieuse, et qui était posé sur le presbytère, annonçaient l'ouvrage d'un monarque puissant : aussi croyait-on qu'il était dû à la munificence de Charlemagne [2]).

« Mais si le temps, les révolutions des empires et des calamités particulières ont fait de la plus brillante cité des Alpes une bourgade mal bâtie, veuve de ses monuments, réduite dans sa population, et presque aussi pauvre que la petite ville qui, à deux lieues de nous, étale sa misère sur les bords de la Durance, l'esprit religieux et le patriotisme de ses habitants n'a subi aucune altération. Ils savent que, sous la conduite d'un prélat belliqueux, leurs ancêtres repoussèrent l'invasion des Lombards et sauvèrent ainsi la Gaule méridionale des plus funestes dévastations ; ils se rappellent que, sous leurs murs, les Sarrasins virent se terminer une puissance qui avait pesé, pendant plus d'un siècle, sur le Dauphiné et sur la Provence ; ils n'ont pas oublié ces longues et interminables querelles avec la puissance ecclésiastique et féodale tout à la fois, qui chercha à leur ravir ces libertés, ces immunités et cette indépendance dont les Gapençais de toutes les époques se montrèrent si jaloux. Et si, pendant les guerres civiles du XVIe siècle, leurs aïeux mon-

---

[1] Cette chapelle, connue sous le nom de *Chapelle des Pénitents*, convertie en salle de réunion durant la Révolution, puis en théâtre, et, en 1866, en cathédrale provisoire, tandis que s'élevait la splendide cathédrale actuelle, a été complètement démolie jusqu'au ras du sol en 1898, afin d'agrandir la place St-Arnoux.

[2] Il datait de la fin du XIIIe siècle et du commencement du XIVe (*Invent. des arch. départ.* Série G, t. III, p. xxxiii).

trèrent un courage si brillant, dans les mille combats qu'ils livrèrent aux hérétiques, et, surtout dans cette fatale rencontre du Buzon, qui rappelle le dévouement des Spartiates aux Thermopyles, n'était-ce pas pour défendre leur religion et leurs libertés municipales, violemment attaquées par ces gentilshommes et ces novateurs qui avaient ravagé leurs temples, ruiné leurs monastères et saccagé leur ville? Leur constance inébranlable a arraché cet éloge à celui qui s'est fait le panégyriste plutôt que l'historien de Lesdiguières: « Il n'y avoit point « de ville qui lui résistât avec plus de vigueur que « fesait celle-là, et c'étoit une pierre d'achoppement « à la pluspart de ses entreprises » (1).

« De nos jours, il est vrai, il ne nous reste guère à défendre qu'un vain cérémonial, que de futiles préséances ; Richelieu et le Grand Roi nous ont ravi le reste; et, dans ce moment même, n'avons-nous pas à subir la présence d'un magistrat, imposé par le monarque actuellement régnant ou par ses ministres, qui, sous le titre de Conseiller-Consul, prétend diriger l'administration municipale avec nos magistrats librement élus! Hélas! notre grande charte de 1378 n'est plus qu'un document historique, gisant, sans force et sans vertu, dans la poussière de nos archives!

Étendue et délimitation du territoire. — « Le territoire de la communauté de Gap est d'une vaste étendue. Sa plus grande largeur, du nord au midi, depuis le hameau des Fareaux jusques à l'extrémité des bois de Cristaye, est de quatre lieues communes de France ; mais, du levant au couchant, depuis le hameau des Fauvins jusqu'à la chapelle de Sainte-Anne, vous n'avez plus que deux lieues environ à parcourir. Il est borné, au levant, par

(1) Louis Videl, *Histoire du Connestable de Lesdiguières.* Liv. III, chap. 3.

ceux des communautés de St-Laurent, de Romette, de Rambaud et de Jarjayes ; au midi, par ceux de Châteauvieux et de Lettret ; au couchant, par ceux de Neffes, de La Freissinouse, de La Roche, de Rabou et de Chaudun ; et au nord, par celui de Laye.

Rivières et torrents. — « Sa principale rivière est la *Luye* ou l'*Alluye*, qui traverse le territoire du sud-est au sud-ouest jusques à la ville. De ce point, elle incline vers le midi, jusques vers les bois de Cristaye ; puis elle tourne au levant, jusques à l'extrémité du territoire, au-dessous du hameau des Tourriers. Arrivée sur ce point, elle tourne brusquement au midi et va se perdre dans la Durance, au-dessous de l'ancienne chapelle de la Madeleine.

« A l'occasion de cette petite rivière, que Juvénis nomme l'*Alluye* et non la *Luye*, ainsi qu'on l'écrit à présent, il est convenable de rapporter ce qu'en dit cet auteur, afin de vous montrer quelle était son érudition sur les plus minces sujets, et l'erreur inconcevable dans laquelle il est tombé, au sujet de la direction de ce paisible cours d'eau : « Ce torrent, « dit-il, *Elogia*, dans un acte de 1209 ; *Alogia*, en « deux autres chartes fort anciennes, qui sont dans « un cartulaire du prieuré de Saint-André proche de « Gap, et *Alodia*, en d'autres plus récents. Le mot « *Alluye* semble dériver du verbe latin *alluo*, qui « est mouiller et arrouser ; *Elogia* vient du grec « ἕλος, qui est *spira*. *Alogia* est encore un terme « grec, qui signifie la privation de raison ou la « négligence et le peu de souci, et ἔνυδρος est le même « qu'humide ou marécageux. Peut-être que ces « noms lui ont été donnés, ou parce que ce ruis- « seau mouille une partie du terroir de Gap, ou « pour ses fréquentes inondations, ou, enfin, à « cause de sa nature humide et de la tourbe qu'il « a en quelques endroits. Ce torrent perd son nom

« en un autre plus grand qui s'appelle Rosines,
« lequel entre dans la Durance au-dessous des
« Pilles, qui est un fief de Tallard et La Saulce, qui
« avait appartenu aux Templiers » (1).

« Nous pouvons bien passer au docte Juvénis la dénomination de ruisseau, sous laquelle il ravale notre pauvre rivière, et celle de torrent, qui ne convient ni à ses eaux pérennes ni à son cours paisible ; mais comment notre digne compatriote a-t-il pu écrire que l'Alluye allait se joindre à Rosines, de laquelle elle est séparée par une crête longue et élevée, sur laquelle est bâtie cette vieille tour des Maures qu'on nomme la Tour-Ronde ? En quels temps et de quelle manière notre petite rivière a-t-elle pu sortir du profond ravin où elle est encaissée ; franchir le monticule, et passer, du vallon qu'elle traverse à présent, dans celui où coule le torrent de Rosines ? L'aspect des lieux démontre d'une manière évidente que toujours, même avant le déluge de Sainte-Marthe, la Luye s'est dirigée, par Cristaye et la Madeleine, vers la Durance, sans perdre son nom, grec ou latin, jusques à son embouchure dans cette formidable rivière.

« Les affluents de la Luye sont, du levant au couchant, 1º le torrent du *Buzon*, qui prend sa source dans la montagne de Bayard, sépare notre communauté de celle de Romette, et se jette dans cette rivière vers l'ancien manoir de la dame de Beau-Château ; 2º le torrent de *Bonne*, qui, comme le précédent, coule du nord au midi, prend sa source à l'extrémité nord de la montagne de Bayard, de là, descend dans la vallée par une pente très rapide, et mêle ses eaux à celles de la Luye près du couvent des Frères Mineurs, vis-à-vis le moulin de la Blache ; 3º le ruisseau du *Turellet*, qui sort du flanc de la

(1) Juvénis, *Histoire du Dauphiné*. Préface.

montagne de Charance, se jette dans le grand bassin placé derrière le château de Monseigneur de Gap, en sort pour descendre vers la ville, rase le jardin des RR. PP. Capucins et se perd dans la Luye, quelques trois cents toises plus bas.

« Sur la rive gauche, notre rivière n'a guère pour affluents que le *Chapellet*, le *Riou-Tort* et le *Partiment*. Le premier n'est qu'un faible ruisseau, qui descend du marais de la Palue et se jette dans la Luye au-dessous de la ferme de *Mange-Tomes*. Le Riou-Tort est formé par deux autres ruisseaux, qui ont leur source dans le même marais de la Palue et sur un autre point du territoire de Rambaud et qui se réunissent à la chapelle de Treschâtel; il coule ensuite derrière St-Meins; son cours devient tortueux lorsqu'il approche du domaine du séminaire, où il a creusé des bains dans le roc, et se perd dans la Luye vers la partie basse dudit domaine. Le troisième, enfin, sépare notre territoire de celui de Jarjayes, ce qui lui a valu le nom de *Partiment*, et se jette dans notre rivière au-dessous du hameau des Tourriers, après avoir coulé au bas des vignes de *Colombis* et de *La Brunière*.

« Le reste ne vaut pas l'honneur d'être nommé.

« La seconde rivière un peu considérable est celle *Rosines*, que nous avons déjà mentionnée. Elle descend, comme Bonne et le Turellet, de la montagne de Charance. La source s'en trouve à cette grande déchirure appelée *Grosse-Vache*; elle prend le nom de *Male-Combe* entre les quartiers de Charance et de La Carde, n'acquiert son véritable nom qu'après avoir reçu les eaux du torrent de *la Selle*, qui, sur un point, limite notre territoire, et va, en effet, se réunir à la Durance au-dessous du fief des Pilles.

Montagnes. — « La seule montagne digne de ce nom, qui se trouve dans l'enclave de la communauté, est celle de *Charance*, dont le sommet nous sépare des territoires de Rabou et de Chaudun. Elle s'élève majestueusement derrière le château épiscopal, jusques à 800 toises au-dessus de la mer. Ainsi je m'abstiens de parler du *Mont-Bayard*, sur lequel sont placés les villages de Chauvet et des Farels, et, à plus forte raison, de *St-Meins*, de *Puymore*, de *Cristaye*, de *Côte-Folle*, de *Puy-Ponson* et des autres monticules, en grand nombre, qui s'élèvent sur plusieurs points de la vallée de la Luye (1).

Climat. — « Pour se faire une idée exacte du climat de la communauté de Gap, il est nécessaire d'en diviser le territoire en trois zones. Au nord, sur le plateau de Bayard et dans les hameaux qui se trouvent au-dessous, ou qui s'étendent au bas de la montagne de Charance, il est fort âpre en hiver et très frais durant la belle saison : c'est notre zone glaciale. Au centre, il est tempéré, bien que la ville soit plus que rafraîchie par le vent du nord ou la bise, qui y souffle trop souvent, tandis que les hameaux de Charance et de La Garde se trouvent à l'abri de son influence ; mais, en revanche, ces hameaux reçoivent les rudes atteintes du vent du nord-ouest ou vent de Rabou, ou bien encore Grosvent, qui, sur son passage, renverse et brise tout : c'est donc là notre zone tempérée. Au midi, enfin, où l'on éprouve, pendant l'été, toutes les ardeurs de la canicule, nous plaçons notre zone torride.

Productions végétales. — « De cette différence de climats résulte nécessairement une grande variété dans les productions du sol. Dans le nord, vous trouverez d'excellents pâturages, des frênes, des

---

(1) L'élévation exacte de la montagne de Charance est de 1559 mètres, celle de Bayard, de 1248 mètres, et celle de la ville de Gap de 750.

fayards, quelques bouquets de pins, un peu de froment, beaucoup de seigle et beaucoup plus encore d'avoine. Au centre, une foule de noyers ombragent le fond de la vallée, ainsi que les coteaux et les gradins du vaste amphithéâtre qui l'enserre; les pommiers et les poiriers y donnent des fruits excellents. Si la vigne y produit du vin en petite quantité et de médiocre qualité sur le coteau de Puymore, au revers de St-Meins et au quartier de Paluel, les prairies y donnent un herbage recherché, les champs toutes sortes de grains, et les jardins les racines et les herbes potagères les plus succulentes. La vigne abonde et domine dans le midi. Les coteaux de Colombis produisent un vin très potable: à La Draye, il est meilleur encore; mais quelle boisson pourrons-nous comparer aux vins de La Brunière et des Tourriers? La Roche-de-Jarjayes, Lettret et Tallard ne sauraient en produire de meilleurs.

Situation de la ville de Gap. — « La ville, bâtie au centre de la vallée, entre les monticules de St-Meins et de Puymore, tout près de la Luye et des torrents de Bonne et du Turellet, se trouve au 44ᵉ degré 35 minutes 9 secondes de latitude boréale, à peu près à mi-chemin du pôle à l'équateur, et vers le 23ᵉ degré 44 minutes 23 secondes de longitude. Elle est à une distance presque égale de Vienne, de Tunis, de Madrid, de Londres et d'Amsterdam, ainsi que vous pourrez vous en assurer en présence d'une carte d'Europe, en décrivant un vaste cercle de cette position considérée comme centre.

Sa forme, etc. — « Elle forme un pentagone irrégulier, ceint de murailles flanquées de nombreuses tours, qui, comme elles, menacent ruine en divers endroits. Six portes donnent accès aux habitants, pour se diriger sur les divers points du territoire et dans les villes voisines, lorsque leurs affaires les y appellent. Deux de ces portes regardent le levant : ce sont la porte *Jaussaude* et la porte *Lignole*, par où l'on sort ordinairement pour se rendre à Grenoble et à Embrun. Les chemins, qui y aboutissent, se rencontrent vers le pont de Burle, sur le torrent de Bonne, et se séparent ensuite pour se diriger, l'un vers la métropole des Alpes Maritimes ; l'autre, vers la capitale du Dauphiné. La troisième porte, située au sud-est, a le nom de *Chauchières* ou porte des tanneries ; l'on en sort pour se rendre à ces fabriques et sur le chemin de Barcelonnette. Celle du midi est la porte *Colombe*, à laquelle aboutit le chemin de Provence. La cinquième porte le nom de *Saint-Arey,* l'un de nos plus illustres prélats ; elle regarde le couchant et donne accès au chemin de Veynes. La sixième, enfin, qui est tournée vers le nord se nomme porte *Garcine* et s'ouvre sur le chemin des hameaux de Charance et du village de Chaudun.

La Coucouare. — « Les divers quartiers de la ville avaient autrefois le nom de ces six portes : l'une formée des maisons qui se trouvent à proximité des portes Chauchières, Colombe et St-Arey ; l'autre par celles aboutissant aux portes Garcine, Jaussaude et Lignolle. Les enfants et les jeunes hommes des deux quartiers rivaux, dans l'enceinte de la ville, deviennent ennemis lorsqu'ils en ont franchi les murailles, autour desquelles se livrent des combats acharnés, connus sous le nom baroque de *Coucouare*, dont le savant Juvénis a dédaigné de nous apprendre l'étymologie. Ces combats, qui paraissent remonter aux guerres de religion et en être une suite, n'admettent qu'une arme : la fronde ; un seul projectile : le caillou. C'est surtout au printemps et dans l'arrière-saison que le nombre des combattants est considérable. Le plus hardi devient le chef de la troupe, sans y être appelé par une délibération préalable. Le combat s'engage en désordre ; il est précédé et suivi d'invectives semblables à celles que les héros d'Homère se jetaient à la tête, sous les murs de Troie. Nos magistrats, qui craignent les suites de ces jeux meurtriers, envoyent les cavaliers de la maréchaussée, sur le champ de bataille, pour disperser les combattants : alors, les guerriers des deux sections de la ville suspendent leurs querelles et leurs invectives, se réunissent, vont se ranger en bataille sur les flancs ou sur la sommité de Puymore, font tomber sur la tête des cavaliers une grêle de pierres, accompagnées de sarcasmes, et les forcent à rentrer.

Composition du corps municipal. — « Le corps municipal est composé de trois consuls, d'un grand conseil ou conseil général, comprenant soixante notables, divisés en trois colonnes, et d'un conseil particulier, choisi parmi les membres du conseil général, au nombre de vingt-quatre. Dans ce dernier conseil figurent nécessairement deux députés de l'université de l'église cathédrale. Je ne parle pas de ce magistrat qui, sous le nom de conseiller-consul, vient de nous être imposé par l'autorité souveraine et dont la durée sera aussi éphémère, il faut l'espérer, que celle du maire perpétuel que Louis XIV nous avait donné sur la fin de son règne[1]. Les consuls et les conseillers sont élus, chaque année, dans le courant du mois de janvier. Parmi les trois consuls, l'un est choisi dans la banlieue et porte le nom de consul forain. Dans chacune des colonnes du conseil général, ainsi que dans le conseil particulier, figurent également trois conseillers forains, pris dans les divers hameaux du territoire. Avant la

[1] Voy. la *Liste des consuls, maires et adjoints*, dans *l'Inv. des Archives de la ville de Gap*, 1908, p. x et suiv.

révocation de l'Édit de Nantes, le second consul et douze des conseillers particuliers devaient être choisis parmi les habitants qui professaient la Religion Prétendue Réformée ; mais, heureusement, depuis cette époque, l'hérésie n'a plus osé se montrer dans l'enceinte de la ville.

Qualités, professions et mœurs des habitants. — « Comme dans le dernier siècle, et ainsi que l'écrivit, en 1658, le révérend auteur des *Annales des Capucins,* dont j'emprunte les paroles: « La ville est « peuplée de gentilshommes nobles (1), docteurs en « droit et médecine, bourgeois, marchands, artisans « en grand nombre, fort endeptés et incommodés « par les tailles, subsides et logements continus « des gens de guerre, qui y prennent les estapes et, bien souvent, le quartier d'hyver et le « séjour, pour aller en Piedmont, ou en revenant, « estant fort à commodité sur le grand chemin. Le « peuple y est assez docile, honneste et civil, et les « gentilshommes des environs y viennent passer « volontiers le temps d'hyver, auquel temps y a « ordinairement bonne compagnie » (2).

Gouverneur de la ville. — « Après les guerres civiles et jusques en 1633, il y eut un gouverneur et une garnison au château de Puymore, éminence qui domine la ville du côté du nord-ouest. A cette époque, le roi Louis XIII en fit démolir les fortifications et en supprima le gouverneur et la garnison 3) ; mais la ville est toujours pourvue d'un gouverneur, qui ne réside guère, et d'un major, qui s'absente assez souvent pour habiter la campagne : car l'un et l'au-

---

(1) Lors du dénombrement des nobles familles du Royaume, fait sous le règne de François Ier, l'on trouva dans le Gapençais 87 familles d'ancienne noblesse (Chorier).
(2) *Livre des Annales des Capucins* de Gap, page 66.
3) Voir *Arch. de Gap*, BB, 47; cf. *Annales des Alpes*, IV, 1900-1, p. 63.

tre n'ont plus de soldats sous leurs ordres, et n'ont aucune autorité sur la milice urbaine.

Administration de la justice. — « La justice est exercée en première instance, dans le Gapençais, par un bailliage, dont le ressort s'étend sur une grande partie du diocèse ; il est composé d'un vibailli, d'un lieutenant particulier, d'assesseurs, d'un procureur du Roi, d'avocats, de procureurs et de greffiers ; mais les villes de Gap et de Tallard ne sont pas soumises à sa juridiction. Dans l'une comme dans l'autre, la justice est exercée, sauf les cas royaux, par des juges nommés, l'un, par l'évêque et, l'autre, par le duc de Tallard. Le premier connaît de toutes les causes des habitants de Gap et de son territoire ; le second, de tous les différends qui s'élèvent parmi les habitants de l'ancienne vicomté. L'appel de ces deux juridictions ressortit, en droite ligne, du parlement de Grenoble, en vertu des traités conclus avec Louis XII, dans les premières années du XVIe siècle.

Subdélégué de l'intendance. — « C'est aussi dans notre ville que réside le subdélégué de l'Intendant du Dauphiné.

État ecclésiastique du diocèse. — « L'église de Gap,
« dit un auteur récent, ne cède pas aux plus illus-
« tres des Gaules par son ancienneté et par la
« sainteté de ceux qui l'ont gouvernée. Plusieurs
« évêques l'ont arrosée de leur sang ; les autres
« l'ont rendue célèbre par la sainteté de leur vie
« et par la pratique des plus célèbres vertus, qui
« leur ont attiré, pendant leurs jours et après leur
« mort, la vénération publique des peuples. Cette
« église a passé par l'épreuve des persécutions des
« empereurs payens ; elle a été ravagée par les
« Lombards et désolée par les Mores ; et lorsqu'on

« la croyoit opprimée et que toute sa beauté parais-
« soit éclipsée, on l'a vue renaître plus glorieuse
« de ses cendres; car vos prédécesseurs (1) ont eu
« entre leurs mains les deux glaives, spirituel et
« temporel. Ils ont fait des traités avec les têtes
« couronnées; ils ont vu à leurs pieds les dauphins
« de Viennois et les comtes de Forcalquier, qui
« leur ont rendu hommage pour les terres qu'ils
« possédoient dépendantes de leur église. L'hérésie
« de ces derniers siècles a bien pu mettre plusieurs
« fois l'abomination sur les débris de ses autels;
« mais elle n'a jamais pu jouir paisiblement des
« malheureux fruits de ses erreurs et de ses cri-
« mes. L'attachement inviolable que les fidèles de
« ce diocèse ont toujours eu pour la religion catho-
« lique les a fait mille fois mépriser leurs biens et
« exposer leur vie pour chasser les loups qui s'ef-
« forçaient d'entrer dans leur bercail, pour arracher
« de leur cœur le sacré dépôt de la foi... » (2).

« L'auteur, que nous venons de citer, passe sous silence les discordes qu'entraînèrent les prétentions de nos évêques à l'exercice du pouvoir temporel le plus absolu: car, si la plupart d'entre eux furent remplis de l'esprit évangélique, il en est quelques-uns qui signalèrent leur pouvoir usurpé, par des violences et des cruautés, que l'implacable histoire s'est chargée de recueillir: nos véridiques annales le témoignent presque à toutes les pages. Comme dans les autres villes du royaume de Bourgogne, ils firent battre monnaie et purent se donner le titre de princes du Saint-Empire romain (et non de comtes de Gap, qui est une usurpation récente),

---

(1) L'auteur [François-Augustin de Gombert de. *St-Geniès de Dromon*, *prieur*-curé de Reynier en 1716-1729. Cf. G. 1503 et 1898] s'adresse à M. de Malissoles qui occupait alors le siège de Gap.

(2) *Abrégé de l'église, des évêques, comtes et seigneurs de Gap* par St-G. D. D. P. Dédicace.

depuis que Frédéric Barberousse leur eut cédé les droits de régale qu'il prétendait avoir dans toute la contrée.

« Le diocèse est fort considérable ; il comprend, non seulement les paroisses qui se trouvent : dans les ressorts du bailliage de Grenoble jusqu'à Pont-Haut ; dans la Provence, jusques aux portes de Sisteron par les paroisses de Mison et de La Baume, et tout près de Digne, jusques et y compris la paroisse de Malijai, et, enfin, par delà Orpierre, jusques à Balons, Mévouillon, Montbrun, Sainte-Euphémie inclusivement. Il n'a que deux abbayes, à savoir : Clausonne et Souribes ; une prévôté : celle de Chardavon ; une chartreuse : celle de Durbon ; trois commanderies : celles de Gap, de Bannes et de Déoules ; mais on y trouve deux cent neuf cures, dont 127 à portion congrue et 82 à la dîme ; soixante-dix-neuf prieurés, et quatre-vingt-dix chapelles, sans compter un grand nombre de succursales [1]).

« Oh ! combien était grand le zèle des personnes pieuses qui contribuèrent à la fondation des maisons religieuses répandues dans la vaste étendue du diocèse, et de celles qui embrassèrent la vie cénobitique ! Les restes de ces anciens monuments semblent nous reporter au temps des laures de la Thébaïde. L'ordre de St-Benoît y possédait un grand nombre de monastères. La ville de Gap renfermait dans son enceinte, outre le chapitre, jadis si célèbre, l'église de Saint-Jean-de-Jérusalem, desservie par plusieurs prêtres, qui, avant la suppression des chevaliers du Temple, avait appartenu à cet ordre. Aujourd'hui, les vestiges du superbe monastère de Saint-Martin, qui s'élevait dans le champ de la Com-

---

[1]) Voir l'*Inv. des Arch. départ. des Hautes-Alpes*, série G, t. II, pp. v-xvi, t. VI, p. ix et suiv.

manderie, tout près de la ville[1], et qui fut démoli en 1303 par ordre de Philippe-le-Bel, ont disparu ; mais on voit encore les restes de l'église des Templiers, située près de la porte Colombe, dans la rue de St-Jean-de-Jérusalem[2]. Le commandeur de ce 1er ordre jouissait à Gap de revenus considérables avant les guerres de religion.

« Les PP. de St-Antoine, qui y étaient également établis, disparurent pendant ces grands troubles, ainsi que les bénédictins du couvent de Saint-André et les chanoines réguliers de Saint-Augustin qui desservaient le prieuré de Saint-Arey (3).

« De nos jours, l'on y voit encore les Frères Prêcheurs, les Mineurs conventuels, les Capucins, les religieuses de Sainte-Ursule, les pères de la Doctrine chrétienne, qui dirigent le collège et le séminaire, les religieuses de St-Joseph, qui desservent l'hôpital Sainte-Claire, et celles qui ont soin des pauvres orphelins, dans la maison de Charité.

« *Romette*, village éloigné de Gap d'une petite lieue, voyait fleurir autrefois son fameux monastère, dépendant de l'abbaye St-Victor de Marseille. Aujourd'hui, c'est un simple prieuré, considérable encore par ses revenus et par la nomination à plusieurs bénéfices curiaux, et desservi par deux religieux, l'un sacristain, et l'autre pitancier, qui ne résident guère, malgré les réclamations que les habitants de Romette ne cessent d'adresser à nos évêques. Louis XII ne sut mieux reconnaître les services dont il était redevable à la maison de Trivulce, illustre famille du Milanais, attachée à la

---

[1] En face du cimetière actuel de Gap. (Voy. *Origine des chevaliers de Malte et Rôle des donations de la commanderie de Gap*. Paris, Picard, 1881, in-8°, p. 6 et suiv.).

[2] Autrefois sur l'emplacement de l'hôtel de la Préfecture et des Archives départementales.

(3) Ce prieuré n'avait qu'un prieur et deux chanoines réguliers. V. le P. Fournier, p. 251 de la traduction [copie] de Juvénis.

France, qu'en disposant en faveur du cardinal Augustin de Trivulce, du prieuré de Romette[1]).

« Celui d'*Orcières*, possédé à présent par les RR. PP. Jésuites du collège d'Embrun, et la sacristie de Saint-Bonnet, ne témoignent-ils pas qu'il existait autrefois des couvents dans ces lieux arrosés par le Drac ? Et sur la verdoyante montagne qui s'élève au-dessus de *Valserres* et qui porte le nom du chef de la légion Thébaine, n'y avait-il pas jadis un célèbre monastère de bénédictins, qui jouissait de plusieurs droits seigneuriaux dans le voisinage ? Il n'y reste plus, à la vérité, que de rares vestiges, dédiés sans doute à saint Maurice : mais, le second jour de la Pentecôte, n'y voit-on pas toujours accourir les populations d'alentour pour invoquer la protection du glorieux martyr ?

« Cependant, parmi un si grand nombre de maisons religieuses, l'abbaye de *Clausonne* tenait sans conteste le premier rang. Sa situation dans un vallon, entouré d'une belle forêt et d'une montagne élevée, entre la ville de Serres et la vallée de Vitrolles, l'éloignait des regards profanes et la séparait d'un monde corrompu. L'ancienneté de cette abbaye était fort grande. Les moines, au nombre de douze, non compris les frères convers, étaient soumis également à la règle de saint Benoît et peuplaient seuls cette pieuse retraite. L'abbé, le prieur, le sacristain et le célérier, dont les noms se trouvent dans un acte du 29 septembre 1304 (2) étaient de ce nombre. Ce fameux monastère brillait encore de tout son éclat en 1570 ; mais il tomba, quelque temps après, comme tant d'autres, sous les coups des Religionnaires ; il devint alors la proie des flammes, et les

[1] Voy. l'Introduction de l'Invent. G. VI, en cours d'impression (avril 1908).

(2) Cet acte, reçu par Guigues Aymar, notaire de Ventavon, commence en ces termes : *Reverendus in Christo pater dominus Pontius de Monte Lauro, humilis abbas ecclesiæ Beatæ Mariæ de Clausona, Vapincensis diocesis*, etc.

seigneurs du voisinage, devenus les partisans intéressés des novateurs, ne manquèrent pas de porter leur main gantelée sur le temporel de l'abbaye et de se saisir de ses revenus [1]. Hélas! dans le sort de ce monastère et de plusieurs autres, dont à peine le nom est venu jusqu'à nous, les Jérémies trouveraient de puissants motifs à verser des larmes abondantes, et à faire retentir nos montagnes du cri de leurs lamentations!

« Mais à ces lamentables clameurs succéderaient bientôt des cris de joie et d'admiration, s'ils tournaient leurs regards vers le désert de Durbon. La piété des anges qui l'habitent semble avoir convié la Providence à veiller sur la conservation de la maison religieuse qu'y ont établie, dans le XIIe siècle, les RR. PP. Chartreux. La sainteté de ces enfants de saint Bruno, leur austérité, parvenue jusqu'à nous sans la moindre altération, ont toujours été l'objet de l'admiration des fidèles, et leur ont jadis attiré les libéralités des seigneurs du voisinage, des comtes de Die et de Forcalquier et des évêques voisins, principalement de ceux de notre ville [2].

« Maintenant, si nous parcourons la partie du diocèse qui s'étend sur la Provence, nous ne serons pas moins édifiés de la piété qui y régnait dans les anciens jours.

« La Baume-lès-Sisteron était une forteresse qui n'avait rien de commun avec cette ville ; c'était une communauté particulière, qui ne fut réunie à Sisteron que pendant le règne du roi René. Là se trouvaient établis les religieux de saint Antoine, et l'on y voit encore les chanoines réguliers de Notre-Dame de Chardavon, de l'ordre de Saint-Augustin, ainsi

---

[1] Cf. l'Introduction de G. VI, p. LXIX.
[2] Voir *Chartes de Durbon, quatrième monastère de l'ordre des Chartreux (1116-1452)*, Paris, Alph. Picard, 1893, in-8°, de XXVIII-904 pages et une vue de cette chartreuse célèbre.

qu'un couvent de Frères Prêcheurs. Les murs de l'ancienne église, qui subsistent toujours, témoignent de la munificence de la reine Béatrix, qui l'avait fait construire, au commencement du XIIIᵉ siècle, et nous donnent lieu de regretter les grandes pertes éprouvées par ce dernier monastère, pendant les guerres de religion. Combien n'eut-il pas à souffrir des prises et reprises de Sisteron, dont La Baume n'est séparée que par la Durance, et des sièges que firent subir, tour à tour, à cette ville, et Montbrun, et Lesdiguières, et les comtes de Tende !

« Les religieuses bénédictines établies à Souribes, lieu distant de La Baume de deux petites lieues, avaient à leur tête une abbesse qui en était la dame et qu'on appelait l'abbesse de Saint-Pierre-de-Souribes. Leur monastère fut réuni, dans le XVᵉ siècle, à celui de Sainte-Claire de Sisteron.

« On voyait aussi des bénédictins à Valernes et à Thèze, où l'on découvre encore les restes d'un couvent.

« Les PP. de la Trinité avaient à La Motte-du-Caire un couvent, dont la fondation remontait aux premières années du XIIIᵉ siècle.

« Dans la paroisse du Caire, on admire la structure d'une vieille église, et des vestiges d'un vaste bâtiment.

« Le couvent du Pin, situé dans le territoire de Rousset, hameau de la paroisse de Curban, érigé en prieuré par une bulle de l'antipape Benoît XIII, en faveur des religieux de l'ordre de Saint-Jérôme, quoiqu'il portât déjà le nom de prieuré en l'année 1230, fut aussi ruiné au temps des guerres de religion ; mais l'église de ces religieux subsiste encore. Durant les troubles de la Ligue, le chevalier de Saint-Véran se saisit du prieuré et de la maison monacale qui, ayant été ensuite ruinée et abandonnée par les religieux, tomba, après des vicissitudes, en la jouissance des RR. PP. Jésuites du collège d'Embrun.

« Dans le territoire de Saint-Geniès, sur une petite montagne en forme de demi-lune, située à l'orient de cette paroisse, on découvre les restes de l'ancien château de Dromon ; il était inaccessible de trois côtés, à cause du roc qui lui servait de muraille, et vers le bas duquel l'on voit sortir, avec admiration, une source abondante, où l'on ne peut se rendre que du côté nord par un talus gazonné. Du même côté et au bas du monticule, il existe une ancienne église à deux nefs, dédiée à Notre-Dame de Dromon, construite d'après toutes les règles de l'architecture, et sous laquelle se trouve une autre église souterraine. Elle est environnée de plusieurs restes d'un bâtiment religieux, sur lequel la tradition ne donne aucune notice, à moins que l'on n'admette que les peuples du voisinage venaient, à l'abri du château, y assister au service divin, pendant les incursions des Sarrasins, aux IXe et Xe siècles.

« La vie érémitique et solitaire était aussi en grande estime dans le diocèse de Gap. Sans recourir aux siècles écoulés, l'on voit encore, dans les environs de cette ville, trois ermites perchés sur les hauteurs de Charance, de La Rochette et de Rambaud. Le premier habite vers le sommet de la montagne, où ses prédécesseurs ont creusé dans le roc et au-dessous d'une corniche le triste réduit, d'où il peut admirer diverses vallées entourées des plus âpres montagnes des Alpes. Le second dort en paix sous la roche pelée qui s'élève au-dessus de l'église de La Rochette. Le troisième reçoit avec reconnaissance et humilité les aumônes des fidèles qui, pendant la belle saison, vont faire leurs dévotions dans la sainte chapelle du Laus ; car cet ermitage est placé à la cime d'un mont, qui sépare notre diocèse de celui d'Embrun et d'où l'on aperçoit en même temps la vallée de Gap et celle de la Vance.

« D'après ce que nous venons d'exposer, l'on peut juger de la beauté de l'église de Gap, avant que le glaive des hérétiques, l'incendie des lieux sacrés, l'enlèvement et la rapine des biens ecclésiastiques, en eussent terni l'éclat. La religion catholique y a cependant toujours dominé; et, si quelques particuliers et un assez bon nombre de gentilshommes n'ont pas été fermes dans la foi dont leurs ancêtres les avaient rendus dépositaires, c'est, pour me servir de l'expression d'un historien du Dauphiné, qu'ils s'étaient pris d'un violent amour pour la graisse de la terre.

« Terminons ce long préambule par ce qui se rattache plus spécialement à la ville de Gap.

« L'église cathédrale de Gap est dédiée, tout à la fois, à l'Assomption de Notre-Dame et à saint Arnoux, patron du diocèse. L'évêque a ajouté au titre de seigneur, dont il se contentait avant les guerres de religion, celui de comte de Gap ; il met aujourd'hui, à côté de ses armoiries, l'épée et la crosse en pal. Le chapitre est composé d'un doyen, d'un archidiacre, d'un prévôt, d'un sacristain et de douze chanoines, au nombre desquels se trouve le théologal et le capiscol[1]. Cette église a, de plus, douze bénéficiers, qu'on appelait anciennement panetiers, et dont la nomination appartient au chapitre. Les révolutions du XVIe siècle ont singulièrement diminué les revenus de cette église et l'ont fait déchoir de son ancienne splendeur. Les évêques étaient puissants par leurs richesses; mais, après les désastres des guerres civiles, et les aliénations qu'ils se virent contraints de subir, sous Charles IX et Henri III, pour subvenir aux besoins de l'État, en suite des édits de ces rois et des indults

[1] On trouvera la liste des dignitaires du chapitre de Gap dans l'Introduction de l'Inventaire de la série G, t. IV, 1901, pp. xv–xxxiii.

des souverains pontifes, leur temporel est devenu bien différent de ce qu'il était avant les grands troubles que nous avons été, tant de fois, dans le cas de déplorer » (1).

Ainsi se termine l'espèce d'introduction que l'auteur inconnu de la *Procession du Saint-Sacrement* a placée en tête de sa relation. Vous la trouverez un peu longue, mais vous devez vous estimer heureux qu'il ne nous ait pas présenté l'état politique et les merveilles que renferme le diocèse, comme il vous en a montré la situation ecclésiastique. C'est un soin que j'ai cru devoir me réserver et duquel je m'acquitterai dans la lettre suivante, avec une concision que vous n'auriez pas obtenue de notre auteur. Cette lettre sera terminée par la statistique actuelle de la ville de Gap ; je tâcherai de l'abréger encore davantage, afin de ne pas trop abuser de votre patience, dans le cas où vous auriez le courage de ne pas sauter vingt feuillets, pour en trouver la fin.

Gap, le 2 novembre 1840.

---

(1) Quelque confiance que m'inspire l'auteur de la *Procession du Saint-Sacrement*, je n'en dois pas moins corroborer son écrit par des autorités ou des documents irrécusables. C'est ainsi que j'en userai dans la suite, lorsque j'aurai occasion d'emprunter quelques passages à ce précieux ouvrage. Pour ce qui précède, voyez Juvénis, *Hist. du Dauphiné*, page 93 et suivantes du manuscrit de la Bibliothèque de Grenoble ; — Louis Videl, *Hist. du connétable de Lesdiguières*, livre III, ch. 3 ; — le *Livre des Annales des Capucins de Gap*, pag. 64-66 ; — l'*Abrégé historique de l'Eglise et des évêques*, pages VII et 63 et suiv ; — Chorier, *Etat ecclésiastique du diocèse de Gap* ; — Moréri, *in verbo* Gap ; — encore l'*Abrégé historique*, pages 6 et 7 ; — les *Rôles et départements du diocèse*, années 1787 et antérieures ; — et divers autres manuscrits, qu'il serait trop long de citer. [On en trouvera bon nombre analysés dans l'*Inventaire sommaire* de la série G, t. II à VI inclus.]

IIIᵉ LETTRE.

GAP ET SON TERRITOIRE.

Suite du même sujet. — La fontaine de Chauchières. — Les fontaines salées. — La fontaine miraculeuse de L'Épine. — Le ruisseau de St-Philippe et les casses de Faudon. — La motte tremblante de Pelleautier. — Céüse et le trou Sigaud. — La montagne du Brézier. — Le puits de St-Disdier. — Anecdote sur la vertu de ses eaux. — Les trois fontaines Giraudes. — La fontaine de La Sapière. — Plantes et fleurs des Alpes. — Anecdote sur une plante merveilleuse de la montagne de Larche. — La ville de Gap depuis 1789. — Ses rues. — La caserne. — L'hôtel de ville. — Le palais de justice. — Le séminaire. — L'hôtel de la préfecture. — Le palais épiscopal. — L'église cathédrale. — L'hôpital. — La salle de spectacle. — Le mausolée de Lesdiguières — Les sociétés savantes. — La bibliothèque publique. — Le territoire de la commune. — Ses hameaux. — Ses chemins — L'avenue de porte Colombe. — La pépinière départementale. — Le futur canal d'irrigation. — État moral et intellectuel des habitants. — Note sur la topographie et l'état financier de la commune.

Sans trop s'écarter de son sujet, l'auteur de la *Procession du Saint-Sacrement* n'aurait-il pas pu, en effet, vous parler :

La fontaine de Chauchières. — 1º De la fontaine de la porte Chauchières, dans l'intérieur de la ville, dont les eaux croissent et décroissent comme les jours.

Les fontaines salées. — 2º Des fontaines salées de La Saulce, d'Aspres et d'Aspremont, et surtout de celle de L'Épine, où les peuples se rendaient en procession durant les longues sécheresses et les ardentes chaleurs de l'été ? Alors une jeune vierge, dépouillée de tous ses vêtements, hors sa chemise, entrait dans le bassin de cette fontaine miraculeuse, pendant que ses compagnes continuaient leurs chants religieux ; elle en nettoyait le lit, avec respect, et, aussitôt, le ciel répandait abondamment sur la terre la pluie qui devait la reverdir (1).

Le ruisseau de St-Philippe et les casses de Faudon. — 3º D'un ruisseau qui sortait de la montagne de St-Philippe et de ses énormes débris, qu'on nomme les *Casses de Faudon*, lequel coulait du côté de La Bâtie-Neuve et dont l'eau était si bourbeuse et si noire, qu'elle ressemblait à celle de l'Achéron ? Dans tous le pays, on était persuadé que les démons y travaillaient et qu'un évêque de Gap, trop curieux de nouvelles, voulut en apprendre de ces esprits infernaux et leur donna ce lieu en partage. « contes ridicules, dit Juvénis, qu'on a inventés pour effrayer les petits enfans » (2).

La motte tremblante de Pelleautier. — 4º De l'une des sept merveilles du Dauphiné et de la vicomté

---

(1) Chorier, *Hist. abrégée du Dauphiné*, liv. 1, pp. 5, 6 et 7.
(2) Juvénis, *Hist. du Dauphiné*, préface, p. 24. Ce conte est développé dans le manuscrit de la bibliothèque de Carpentras, car celui de Grenoble présente un grand nombre de lacunes. Or, une espèce de devin se présenta un jour à la maison épiscopale de Gap et proposa, à l'évêque et à ses chanoines réunis, de faire apparaître sur une toile blanche appendue au mur le sujet qu'il leur plairait d'indiquer. A cette époque, le sultan de Constantinople était en guerre avec le scha de Perse, et il fut demandé au sorcier de montrer ce qui se passait, en ce moment, entre leurs deux armées. C'était celui d'une bataille sanglante et d'une furieuse mêlée ; le carnage vint se retracer sur la toile avec une exactitude effrayante. L'évêque et les chanoines ne purent attribuer la terrible apparition qu'à la puissance infernale. Les démons exorcisés demandèrent en grâce d'être envoyés dans les casses de Faudon et dans le petit lac qui les domine. L'évêque les y envoya, et voilà pourquoi les eaux de ce lac sont sulfureuses (voir la relation de Juvénis à la fin du volume).

de Tallard? Je veux parler de cette motte tremblante, placée au milieu d'un lac qui se trouve dans le territoire de Pelleautier, tout près de celui de La Freissinouse et du château semi-féodal de la famille des Queyrel, laquelle traitait jadis avec les vicomtes de Clermont-Tallard ; de cette motte tremblante qui fit assez de bruit dans le monde, pour exciter la curiosité des savants, et, entre autres de Godefroy de Tilisbery, connétable du royaume d'Arles, qui, pourtant, ne sut voir qu'une croûte au milieu du lac ; motte tremblante ou pré tremblant, comme l'appelle Juvénis, qui a été pour cet auteur une occasion de développer son immense érudition, et de citer Hérodote, Pline, Pomponius Méla, Ortélius, Simon Majot, Macrobe et François Lopez de Gomas, auteurs, qui, comme lui, ont parlé de prés tremblants et d'îles flottantes. Mais, hélas! cette motte tremblante de Pelleautier n'est plus qu'une motte ferme, depuis que d'avides cultivateurs, insensibles à l'aspect des merveilles de la nature et de l'extase dans laquelle elles plongeaient les Hérodote et les Juvénis, ont fait, il y a quelques années, une large saignée à l'extrémité du lac, pour le mettre à sec, et en cultiver le fond comme le reste du territoire ! (1).

La montagne de Céüse et le trou Sigaud. — 5° De la montagne de Céüse ²) qui s'élève tout près du lac dont je viens de parler. On pénétrait dans le sein de cette montagne par une ouverture étroite, appelée le *Trou-Sigaud*, qui avait une longueur de plus d'une demi-lieue. Elle était terminée par une grotte spacieuse, où régnait sans cesse un vent impétueux. Là, on était mouillé d'une pluie fort menue, et étourdi par un bruit capable d'émouvoir les plus intrépides ; et, ce qui était digne de merveille, ce

(1) Juvénis, *Hist. du Dauphiné*, pag. 25 et suivantes.
²) Ou mieux Séñse, cf. *Seusa, Secusia*, etc. (*Charles de Durbon*, 1893, pp. 889-890).

vent ne passait point au-dehors, bien qu'il eût pleine et entière liberté d'y passer (1).

La montagne du Brésier. — 6° De la montagne du Brésier, entre Serres et Laragne, près du village de Saint-Genis, laquelle vomissait des flammes, de temps à autre, par une ouverture de cinq pieds de diamètre, et les poussait dans l'air avec une violence extrême. C'était le gibel du Dauphiné, moins malfaisant toutefois que celui de Sicile (2).

Le puits de St-Didier. — 7° Du puits de St-Didier en Dévoluy, creusé dans une caverne, et dont les eaux sont salées et chaudes, si bien que les enfants du village vont s'y baigner au cœur de l'hiver. La caverne pénètre si avant dans le rocher qu'il a été impossible d'en découvrir l'étendue, car les flambeaux et les torches que l'on y porte sont éteints par le vent qui sort du puits sans discontinuer. Elle est peuplée de crapauds, de serpents et d'autres reptiles, que la chaleur du rocher, celle des eaux et la corruption y engendrent. On dit qu'aux temps anciens, l'on s'y rendait en procession, toutes les années, et que la station avait lieu dans l'église de Saint-Jacques de Malemort, paroisse dépendant alors de Saint-André-de-Gap. L'on ajoute qu'un jeune homme s'étant abandonné avec une femme dans le sein de la caverne, cet acte de débauche fit cesser la dévotion et perdre aux eaux de la fontaine la vertu, dont elles étaient douées, de guérir un grand nombre de maladies. Mais les habitants des environs persistent toujours à croire qu'elles sont encore un remède efficace contre la gale et quelques autres maux. Le puits déborde parfois :

---

(1) Chorier, *Hist. abrégée du Dauphiné*, liv. 1, pag. 14.
(2) Chorier, *Hist. abrégée du Dauphiné*, liv. 1, p. 15. [Montagne non mentionnée dans le *Dict. topogr.* de Charronnet, mss. aux Arch. des Hautes-Alpes.]

l'on est certain alors que la peste, la guerre, la stérilité, les méchantes récoltes, la mortalité des animaux et toutes les calamités publiques sont une suite inévitable de ces débordements, ainsi que le remarquèrent les habitants en 1540, 1589, 1629, 1630, 1631, 1643, 1661, 1662 et 1673. Ils sont précédés d'un vent si impétueux que les ordures, les immondices, les crapauds, les serpents et les autres insectes qui encombrent la caverne en sont expulsés violemment. Les eaux sortent avec tant de force qu'elles s'élancent jusqu'à une caverne supérieure, qu'on appelle *Baume* dans le pays, et, quelquefois, jusqu'à la cime du rocher ; puis, retombant, elles se précipitent dans la *Solloise*, torrent qui en est si fort augmenté qu'il déborde dans la plaine de Pélafol et dans les autres lieux qui le bordent, jusqu'à ce qu'il se perde dans le Drac, au-dessous de Corps. Le 15 avril 1662, il sortit, pendant huit jours, une si grande quantité d'eau de ce puits merveilleux, que la Solloise en avait plus que la Durance ; ce qui causa de grands ravages dans la campagne de Grenoble (1).

Les fontaines Giraudes. — 8º Des trois fontaines Giraudes²) que l'on voit au-dessus de Saint-Didier, vers Malemort et Pélafol, deux sont au-delà et la troisième en deçà de la Solloise. Les premières ont peu d'eau ; la seconde est presque toujours à sec ; mais, le jour qui précède les débordements du puits, les trois sources deviennent abondantes. Au mois de juillet 1673, elles répandirent de l'eau avec tant de profusion, pendant vingt-quatre heures, que le Drac chargé de les recevoir de la Solloise causa dans Grenoble une inondation telle que l'on était obligé d'aller en bateau dans plusieurs quartiers de la ville. Il est vrai que, de son côté, le puits déborda,

(1) Juvénis, *Hist. du Dauphiné*, pp. 27, 28 et 29.
²) Connues aussi sous le nom de *Gillardes*.

non seulement de la caverne, mais de toutes les fissures du rocher. Les grands sinistres, dont ces débordements étaient les précurseurs, ne manquèrent pas de s'accomplir. Tout le voisinage perdit, d'abord, sa récolte ; puis, dans les premiers jours de septembre, une grêle si horrible vint tomber dans les territoires de St-Didier et de St-Étienne, que les personnes qui s'étaient laissées surprendre, dans la campagne, avec leurs bestiaux, en furent dangereusement blessées ; car plusieurs grelons étaient entrés fort avant dans la terre ; on en ramassa même qui étaient gros comme les deux poings, ainsi que l'affirme Juvénis, sans appréhender que ce fait puisse être révoqué en doute (1).

La fontaine de la Sapière. — 9° Enfin, la fontaine de la Sapière, située dans le territoire de St-Étienne, et qui, comme les fontaines Giraudes, verse une quantité d'eau extraordinaire, lorsque le puits de St-Didier en est à ses débordements, bien qu'elle en soit éloignée d'une lieue et demie (2).

Plantes et fleurs des Alpes. — Notre auteur anonyme n'aurait-il pas dû également nous parler des plantes qui couvrent nos montagnes ; nous montrer dans tout leur éclat ces tulipes, ces anémones rouges, violettes et jaunes, ces lis, ces narcisses, ces martagons et toutes ces autres fleurs que Juvénis trouvait si grandes, si belles, si odorantes, et qui, parfois, lui semblaient percer la neige et les glaces en naissant : ce qui donnait plus d'éclat et de vivacité à leurs couleurs ? Il en est une bien extraordinaire, qui se trouve, ou plutôt qui se trouvait, dans la vallée de Barcelonnette, sur la montagne de Larche, et dont notre historien n'a pas dédaigné de parler, quoique cette vallée ne soit ni

(1-2) Juvénis, *Hist. du Dauphiné*, pp. 27, 28 et 29.

dans l'enclave de ce diocèse, ni même dans le Dauphiné. Un médecin espagnol se trouvant dans la paroisse de Larche, vers l'année 1672, s'enquit du curé du lieu, si, dans un certain endroit de la montagne qu'il désigna, l'on ne trouvait pas une grande plante, qui devait son accroissement à un filet d'eau qui coulait tout près d'elle. Sur la réponse affirmative du pasteur, il se fit conduire dans la montagne, y aperçut la plante, leva les mains au ciel, se mit à genoux et rendit grâces à Dieu. Après plusieurs témoignages d'admiration, il coupa la plante ras terre, en attacha les racines à une petite corde, qu'il serra par l'autre bout au cou d'un chien qu'il avait amené. L'innocent quadrupède, pressé par les coups redoublés que le médecin assénait sur son dos, fit un grand effort, arracha la racine et mourut sur le champ. Puis, le docteur espagnol mit la plante et la racine dans un sac, et partit sans donner le mot de cette énigme. C'est ainsi que le raconta le curé de Larche, successeur de celui qui en fut témoin, à M. de Genlis, archevêque d'Embrun, lors de la visite pastorale qu'il fit dans cette paroisse avant l'année 1675 ; et c'est de la bouche même de ce digne prélat que Raymond Juvénis tenait cette anecdote (1).

Qu'elle était donc cette plante rare et merveilleuse, si recherchée et si cruellement arrachée du rocher de Larche? Notre savant historien ne nous l'apprend pas. Ne pourrait-on pas conjecturer sans être trop crédule, que c'était *la Mandragore qui chante*, de la « Fée aux Miettes » ? (2)

Voilà donc, Monsieur, Gap et son diocèse tels, à peu près, qu'ils se trouvaient dans le dernier siècle. Mais ce chapitre vous paraîtrait incomplet si je n'esquissais rapidement le tableau de leur situation actuelle.

(1) Juvénis, *Hist. du Dauphiné*, pp. 40 et 41.
(2) Voyez le charmant conte fantastique publié sous ce titre par Charles Nodier.

LA VILLE DE GAP DEPUIS LA RÉVOLUTION.

La ville de Gap, en élargissant ses flancs, a fait crouler ces vieux remparts et les tours énormes qui les flanquaient, à de faibles distances, et qui, déjà menaçaient ruine au temps de Juvénis.

Ses rues. — Les rues en sont toujours étroites et tortueuses, comme les sentiers d'un beau jardin paysager, à l'exception de la rue Neuve [1], qui forme un grand arc de cercle, depuis la porte Lignole jusqu'à la porte Colombe. Grâce à l'administration des ponts et chaussées, cette rue n'a pu franchir les limites de la route royale, sur le bord de laquelle s'élèvent ses maisons, d'inégale hauteur, d'une architecture élégante ou pitoyable, selon le goût ou les facultés pécuniaires des personnes qui les ont fait construire; de sorte que, malgré sa grande largeur, elle se trouve en harmonie avec le reste de la ville.

La caserne. — Vous parlerai-je maintenant de la superbe caserne [2], que le voyageur aperçoit, avant d'entrer dans la ville, par les routes de Grenoble et d'Embrun, et qui comprend tout l'espace qui se trouve entre la porte Jaussaude et la porte Lignole?

L'Hôtel de Ville. — De l'élégant hôtel de ville, que nos architectes oublient toujours de prendre pour modèle, en dressant le plan de leurs constructions?

---

[1] Aujourd'hui rue Carnot.
[2] Ou caserne Ladoucette, à cause de la statue de notre ancien préfet, qui s'élève, depuis le 23 sept. 1866, sur la place voisine, en face de l'avenue d'Embrun.

Le Palais de Justice. — Du Palais de Justice, en deux volumes, sur la place Grenette ; l'un, s'élevant sur les débris du couvent des Frères Prêcheurs, et l'autre, sur l'emplacement qu'occupait la maison des dames de Charité ?

Le Séminaire. — Du vaste séminaire, divisé aussi en deux parties, dont la première, longeant la vieille rue Droite, rajeunie sous le nom de rue de Provence, fut construite sous l'épiscopat de Charles-Bénigne d'Hervé ; et dont la seconde, hélas ! (ainsi s'exclame un auteur moderne), a envahi le superbe musée mentionné, comme existant dans toute sa splendeur, par la *France pittoresque* et l'*Encyclopédie* à deux sous la livraison, bien qu'il n'ait jamais eu de réalité que dans les murs d'enceinte ; musée qui devait renfermer une innombrable quantité de végétaux, de minéraux et d'animaux proprement empaillés ; plus, la Vénus pudique, l'indécent Hermaphrodite, le superbe Apollon du Belvédère ; le tout en plâtre blanc, comme la neige qui, en toute saison, couvre la cime du Pelvoux ; plus, même, des inscriptions grecques et romaines, des statuettes tirées des ruines de *Mons Seleucus*, de *Cathurigæ*, d'*Alamonte*, lesquels et lesquelles devaient y faire pâmer d'aise les archéologues de la ville et de sa banlieue ?... Vaine fumée, qui s'est dissipée avec la gloire de l'Empire et qui s'est en allée

> « .... où va toute chose,
> « Où va la feuille de rose
> « Et la feuille de laurier ! »

L'hôtel de la Préfecture. — Notre ville renferme encore quelques monuments modernes, dignes d'occuper l'attention des voyageurs, pendant que l'on change les chevaux de la diligence, et, entre autres, le nouvel hôtel de la préfecture, qui, bien que relégué dans l'honorable quartier de St-Arey, ne présente pas moins une masse imposante, une architecture sévère et un jardin fort élégamment dessiné [en 1836].

Le Palais Épiscopal. — L'ancien palais épiscopal [1], auquel des réparations récentes ont donné une tournure toute gapençaise, surtout en remplaçant le toit à la Mansard, qui s'élevait sur le pavillon de l'ouest, par une toiture qui l'écrase, et qui fait pousser des gémissements lamentables au clergé et aux artistes innés de la cité.

L'église Cathédrale. — L'église cathédrale, laquelle ne présente aucune trace de cette superbe basilique dont parle Juvénis, et sur les ruines de laquelle elle s'élève aujourd'hui, sans grâce à l'extérieur, et avec ses lourds pilastres à l'intérieur [2].

L'Hôpital. — Le riant hôpital civil et militaire qui, sur les bords du Turellet, occupe, depuis bien des années, le couvent et le jardin des pères Capucins.

La Salle de spectacle. — Je pourrais citer, par surérogation, d'autres monuments, pour lesquels il m'est impossible de trouver une épithète, et surtout pour notre salle de spectacle, pour laquelle je n'en trouverais que trop [3].

La Crapaudière. — Mais, à l'exemple de l'auteur déjà mentionné, je ne puis passer sous silence le grand réservoir construit à grands frais, il y a quelques années, sur la place Saint-Étienne [4], conte-

---

[1] Construit en 1636-88, sur les plans de Giraud Huys, architecte de Paris (G. 1197), par des entrepreneurs de Grenoble (G. 1403).
[2] Elle a été remplacée de nos jours (1867-97) par le splendide monument actuel (voir *Invent. des Arch. des Hautes-Alpes*, série G. t. III, pp. XXXVIII-XL).
[3] Démolie, pour agrandir la place St-Arnoux, en 1898 (cf. G. III, pp. XL-XLI).
[4] Actuellement place Jean-Marcellin.

nant je ne sais plus combien de litres d'eau à incendie, dont, heureusement, nous n'avons encore fait aucun usage.

Le mausolée de Lesdiguières. — Le mausolée en albâtre du connétable de Lesdiguières, qui, naguère, gisait sans pompe dans une petite chapelle de la cathédrale [1]), où les femmes, les enfants, le sonneur, le suisse et le bedeau cassaient de temps à autre le bout du nez ou l'index de la main droite de la vivante statue du terrible guerrier, occupe aujourd'hui une place honorable à l'hôtel de la Préfecture, dans la salle du conseil général du département. L'ombre de Jacob Richier n'aura plus à gémir désormais des profanations auxquelles son chef-d'œuvre était en butte [2]).

La Société d'émulation. — Si je passe aux établissements scientifiques et littéraires, je ne puis éviter de mentionner la défunte *Société d'émulation* et les ouvrages agricoles ou de simple littérature qu'elle publia, alors que M. le baron de Ladoucette, son fondateur, l'excitait de son zèle et la soutenait de ses lumières.

La Société d'agriculture. — La Société d'agriculture mort-née, qui succéda à cette dernière et qui, sous l'administration de M. Liégeard [1819-23], publia le premier et dernier numéro de ses instructions agricoles.

La Bibliothèque publique. — La Bibliothèque publique qui, bien que de date récente, contient déjà plus de cinq mille volumes, où les typographes

---

[1]) La chapelle St-Pierre (cf. *Annales des Alpes*, 1907-8, t. xi, pp. 27-33 et 185-192).

[2]) Ce monument remarquable sera très prochainement déplacé de nouveau et transféré au Musée départemental, récemment construit, dans le jardin public, à droite de l'avenue d'Embrun. (*Annales des Alpes*, loc. cit.)

peuvent admirer le superbe Racine in-folio de Didot, le grand ouvrage sur l'Égypte, les gravures du musée du Louvre, celles du musée de Versailles, l'Iconographie grecque et romaine de Visconti, des Elzévir, des Robert Étienne en abondance ; mais, hélas ! où la Société de la décentralisation intellectuelle ne saurait trouver le moindre manuscrit rare, précieux ou commun.

Le territoire de la commune. — Sortons à présent par l'une des six portes de la ville, et allons nous placer sur l'une des hauteurs qui la dominent vers le midi, et à une distance où les monticules disparaissent, où les vallons s'effacent, d'où nous pourrons embrasser d'un coup d'œil un immense amphithéâtre, auprès duquel celui de Vespasien n'est qu'un pygmée ; ou plutôt un hémicycle, qui n'a de bornes que les pics élevés de St-Philippe, de Roanne et d'Aulane, triple montagne qui entoure la plaine d'Ancelle ; de Chaillol le Vieux, aux glaces éternelles ; de notre Charance, aux sources limpides ; d'Aurouse, au pic vertical, et de cette Céüse, qui récèle, au fond du trou Sigaud, le veau d'or que Moïse fit boire aux Israëlites dans les déserts du Sinaï et les eaux abondantes qui vont sourdre à Vaucluse.

Sur les gradins de cet amphithéâtre sont placés, comme des spectateurs immobiles, les villages de La Rochette, de Romette et de La Freissinouse, et, à d'inégales hauteurs, les hameaux des Fareaux, des Serignes, de Chauvet, de Charance, de La Garde, de St-Jean-de-Chassagnes, de la Tourronde, de Treschâtel et des Meyères, ainsi que les maisons de campagne des habitants de la ville, et surtout cet ancien château de nos évêques aux *chiare, fresche, dolci aque,* si gracieux et si largement embelli par le propriétaire actuel (1).

(1) M. Brochier, Auguste, receveur général des finances à Nîmes. [M. Abric, d'Avignon, en est le propriétaire en 1908.]

Routes royales et chemins. — Notre territoire, si beau et si radieux, dans la saison des fleurs et de la verdure, est coupé par cinq grandes routes, qui viennent aboutir à la ville, et par une multitude de chemins vicinaux ou ruraux, qui le sillonnent dans toutes les directions, et que chacun encombre, usurpe, dégrade à volonté. Il est ombragé par des noyers, plus que séculaires, livrés, de nos jours, sans pitié au tourneur, à l'ébéniste et au menuisier, par le cultivateur économiste, qui préfère obtenir quelques javelles de plus de son champ à la Dombasle que de s'étendre mollement à l'ombre de ses rameaux touffus.... Mais que dis-je ? Agronomes, continuez vos ravages : substituez à l'expérience les savantes théories des académiciens de la capitale ; sillonnez vos terres déclives avec vos charrues à double versoir ; arrachez impitoyablement ces immenses végétaux aux racines traçantes ; écartez tout obstacle. La beauté du paysage emplira-t-elle vos greniers ? Non, il n'est pas une noix qui ne vous prive d'un grain de blé. Est-ce donc pour soupirer à l'ombre d'un vert feuillage que nous vivons dans ce siècle de l'or et des chemins de fer !

L'avenue de la porte Colombe. — Mais le voyageur étonné admirera encore longtemps cette belle avenue que M. de Ladoucette avait formée pendant son administration dans les Hautes-Alpes, sur la route de Provence, et par laquelle, en bénissant son nom, il arrivera dans la ville sans sueur et sans fatigue, en la suivant sur une longueur de trois kilomètres, toujours à l'ombre des peupliers d'Italie, qui la bordent depuis la hauteur de Belle-Oreille jusqu'à la porte Colombe, et des dômes de verdure formés par les branches des ormes et des saules de Babylone qui, de distance en distance, en rompent l'uniformité [1]).

[1]) Ces arbres séculaires ont été remplacés en partie, en 1907, par des platanes.

La pépinière départementale. — Il parcourra, avec plaisir, la pépinière départementale, située à l'orient et à cent pas de la ville, sur les bords de la Luye, dans laquelle les amateurs de bons fruits ont trouvé, jusqu'à l'épuisement du sol, des poiriers, des pommiers, des pruniers et des cerisiers, à haute, basse et moyenne tige, et où, pendant quelques années, par un assolement devenu nécessaire, l'on verra beaucoup de sainfoin et de luzerne; ce qui ne laissera pas que de flatter la vue de nos élégantes, de nos fashionables, de nos dandys et de nos lions, lorsqu'ils iront étaler leurs grâces dans les belles allées qui l'entourent et qui en divisent les carrés [1].

Canal à dériver du Drac. — Et s'il nous arrive au mois d'août, alors qu'une sécheresse extrême aura suspendu toute végétation, nous lui parlerons du canal à dériver du Drac qui, franchissant le plateau de Bayard, ou coulant à travers le flanc perforé de cette montagne viendra, un jour, qui ne saurait être trop éloigné [2], tripler ou même décupler le produit de nos domaines, et y maintenir cette fraîcheur qui les embellit au printemps (3).

Mœurs des habitants. — L'homme est un être sensible, intelligent et moral. Or, le gapençais réunit à un degré élevé cette triple faculté. Voyez plutôt les touchantes élégies de nos faiseurs de statistique. Déjà, ès années 1796 et 1797, nous arrachions à un journal de la capitale cette exclamation qu'on ne peut se lasser de reproduire: « O bons habitans « de ces montagnes célèbres, conservez bien les

---

[1] C'est dans la partie nord-ouest de la pépinière ou jardin public que le Musée départemental a été construit récemment (1903-1906).

[2] Le canal du Drac, grâce à la ténacité de M. Garnier, ancien député, et au bon vouloir de l'État, a été enfin terminé et livré aux arrosants en 1884.

(3) Voir la suite à la fin de cette lettre, note A, page 51.

« affections douces, le patriotisme sage, les mœurs
« patriarcales qui ont maintenu parmi vous la tran-
« quillité; et puisse le Ciel, que vous honorez par
« vos vertus, vous préserver de toute maligne
« influence! ». Un ministre de l'Intérieur nous donnait, en outre, à la même époque, ce haut témoignage de satisfaction: « Si votre territoire est peu
« fécond, il est riche en vertus. Heureuse contrée
« où, comme dans la vôtre, on n'a pas eu à punir
« un seul délit révolutionnaire ! » (1).

Depuis que ces églogues ont été publiées, avons-
nous rien perdu de notre aménité et de nos mœurs
patriarcales? Qu'un esprit morose s'écrie ironique-
ment : « Le caquetage est tout bénin dans notre
petite ville ; une médisance n'y franchit jamais certaines bornes ; la calomnie y est repoussée avec
horreur, et l'on ne saurait y trouver aucun de ces
hommes dont l'orgueil a brisé l'intelligence »! Pour
moi, je dirai, presque sérieusement : les mœurs y
sont pures comme si nous n'avions pas eu notre
petite régence; l'esprit y est religieux, comme si le
XVIIIe siècle était passé inaperçu dans nos contrées ; le dévouement y est en honneur, comme au
temps des Decius ; et nous sommes tout à fait à
l'abri de cette maladie mortelle qui dévore notre
siècle, de cet individualisme repoussant, triste et
inévitable conséquence des maximes les plus dis-
solvantes. Il est vrai que nos mœurs furent un peu
relâchées sous le Directoire, et que, malgré l'exemple du premier magistrat de la cité, notre enivre-
ment fut quelque peu servile sous l'Empire ; mais,
de nos jours, quel pas immense n'avons-nous pas
fait dans la carrière de la civilisation ! Voyez quelle

(1) V. *La Clef des cabinets des souverains* et une lettre du ministre de l'Intérieur du 17 ventôse an 7 [7 mars 1799]. Les passages
transcrits ont été insérés dans les *Annuaires publiés par M.
Farnaud, auteur d'une Statistique ou description des Hautes-
Alpes*, envoyée, en l'an 6, à François de Neufchâteau, alors ministre de l'Intérieur.

distance nous sépare de cette année 1744, où l'on croyait encore à l'alliance du christianisme et des libertés publiques; où l'on conservait contre les Religionnaires une animosité, que les deux siècles précédents avaient léguée à nos pères. Ce n'est pas que, dans cette ville, l'on ne s'occupât beaucoup plus à cette époque de la bulle *Unigenitus* que de l'hérésie de Guillaume Farel, et que la philosophie moderne ne commençât à y jeter quelques lueurs de sa lumière corrosive. L'époque critique commençait et la synthèse s'écroulait au contact de l'analyse. J'en trouve la preuve dans la première partie de la *Procession du St-Sacrement*, que l'auteur termine en exprimant ses craintes sur les suites de certaines maximes nouvelles, qui lui paraissaient étranges, et qui, déjà, avaient séduit quelques esprits forts de la ville. Le bonhomme! Quel n'eût pas été son étonnement s'il y avait entendu prêcher le Saint-Simonisme, le Fouriérisme, l'Owénisme et la morale des intérêts à la façon des utilitaires Destutt de Tracy et Jérémie Bentham!

Gap sous le rapport intellectuel. — Et sous le rapport intellectuel, sommes-nous classiques ou romantiques, sensualistes ou spiritualistes?

Nos jeunes gens fraîchement arrivés de la grande ville, au lieu de s'amuser, comme leurs pères, à disserter sur la chasse aux perdrix et la pêche aux barbeaux, sur la supériorité du vin de Puymaure sur celui de Patuel, fréquentent les bibliothèques, fouillent dans les archives, explorent nos vallées et gravissent nos montagnes: le tout, dans l'intérêt de la science. Les arts libéraux et la littérature ne leur sont plus étrangers. Parmi eux figurent des physiciens et des chimistes, des archéologues et des géologues, des physiologistes et des naturalistes, des bibliophiles et des philologues, d'un mérite incontestable. Manquons-nous, d'ailleurs, d'avocats et de médecins, et de théologiens propres à se mesurer avec les Cujas, les Boërhaave et les Bergier ?

Quant à la question posée ci-dessus, je répondrai que les partisans de Racine sont, dans notre ville, presque en nombre égal à ceux de Hugo ; que Lamartine et Jean Reboul n'y ont fait oublier ni Gresset, ni Voltaire ; et, enfin, que le spiritualisme y lève un front triomphant et radieux, tandis que le matérialisme y cache sa face hideuse dans les réduits les plus obscurs. Joignez-vous donc à moi pour dire à la génération qui nous pousse vers la tombe :

Archéologues, fouillez dans les plaines de *Mons Seleucus,* de *Rama,* et de *Caturigœ ;* exhumez les restes de la puissance druidique et de la grandeur romaine: montrez-nous l'état auquel étaient parvenus les arts et les sciences, au temps des prêtres de Teutatès et alors que le colosse romain pesait sur nos ancêtres.

Restes des vieux châteaux de Tallard, de Montmaur, de Lesdiguières, de Guillestre et de L'Argentière, laissez pénétrer, dans les caveaux que couvrent vos ruines, ce jeune explorateur à la recherche des vestiges de la puissance féodale; il y trouvera encore l'anneau auquel était attaché le serf insoumis, et le squelette de la vierge à qui la pudeur n'avait pas permis de consommer son mariage, à la face du haut baron, sur les branches du vieil ormeau qui s'étendent encore sur tous ces débris.

Géologues, ébréchez Céüse, Chaillol, Morgon et le Pelvoux; creusez dans les flancs de ces hautes montagnes ; examinez attentivement ces grandes excavations qui sillonnent la terre des Alpes ; et vous trouverez les chronomètres de ce monde.

Économistes, signalez les abus de l'école d'Adam Smith ; relevez le front abattu de ces hommesmachines, de ces instruments de production, accessoires de nos mécaniques et de notre vapeur; de ces esclaves de la civilisation moderne, dont les Owen, les Fourrier et les Saint-Simon ont vainement tenté d'améliorer le bien-être physique : car ils ont méconnu que la charité, ce véritable fondement de la science sociale, ne peut-être remplacée par la philantropie moderne, qui n'en est qu'une infructueuse parodie (1). Mais gardez-vous de les pousser à la révolte.

Mires et physiciens, trouvez, enfin, la panacée qui doit mettre un terme à tous nos maux et prolonger indéfiniment notre existence sur la terre, ainsi que l'a prédit le neveu perfectibilisateur de l'un de nos évêques (M. de Condorcet).

Théologiens, réhabilitez la tradition et confondez le rationalisme. Prouvez que Dieu est, parce qu'il s'est révélé, comme il a révélé le Christianisme, et qu'il a confié le dépôt de la révélation à une autorité infaillible ; d'où vous conclurez que tout homme raisonnable doit être théiste : tout théiste, chrétien, et tout chrétien, catholique.

Embrun, ouvrez aux *chronologistes* le dépôt des chartes que renferment les réduits secrets de votre antique métropole; ils y verront comment les successeurs des Marcellin, des Ingenuus, oubliant, peu à peu, leur mission divine, s'emparèrent, comme chez nous, d'une puissance toute temporelle, et se firent, par la grâce d'un empereur d'Allemagne, princes du Saint Empire romain ²).

Et vous, vieille capitale des Tricoriens, qui, *pour réparer des ans l'irréparable outrage*, avez caché vos haillons sous un vêtement moderne, étalez aux

---

(1) Châteaubriand, congrès de Vérone.
²) Au besoin et faute d'archives (dont partie ont été brûlées en 1794), on pourra consulter sur Embrun l'*Histoire générale des Alpes* du père Marcellin Fornier, que nous avons publiée, en 1890-92, en 3 vol. in-8°.

yeux de vos jeunes chroniqueurs vos parchemins couverts de poussière, les annales de vos anciens couvents, votre inappréciable *Livre rouge*, ce divin cartulaire, où sont fidèlement consignées les luttes que vous eûtes à soutenir le long du moyen âge ; montrez-leur, sans fiel et sans crainte, à l'exemple des Juvénis, des Rochas et des Vallon, vos bons et vos mauvais pasteurs. Dites, comme ces pieux historiens, qu'un grand nombre de vos prélats, par leur intégrité, leurs lumières, leur désintéressement, ont honoré l'épiscopat et édifié par leur piété un monde qui n'était pas digne de les posséder. Rappelez les vertus de tous ceux qui ont illustré votre église, depuis *Demetrius*, le disciple des apôtres, jusqu'à celui qui naguère occupait le siège du diocèse : à celui qui semblait résumer en sa personne la sainteté des *Arigius* et des Arnoux de Vendôme, la science des Artus de Lionne et des Annet de Pérouse, l'humilité des Raymond de Mévouillon et des Berger de Malissoles, la vigilance des Hervé et des Carital de Condorcet, le désintéressement des Bertrand *de Lorincello* et d'un grand nombre de pasteurs. Dites que si, parmi eux, on en trouve quelques-uns, qui ont montré des prétentions orgueilleuses et quelques fois ridicules, et des faiblesses inséparables de l'humanité, il ne faut pas perdre de vue l'époque où elles se manifestèrent ; qu'ils croyaient légitime le pouvoir auquel ils aspiraient, et qu'ainsi il n'est pas étonnant de les voir disputer à nos ancêtres les droits et les franchises, dont ils avaient toujours joui, depuis qu'ils avaient secoué le joug des Arabes musulmans.

Montrez-leur, enfin, cette succession constante des bons aux mauvais pontifes : *Arigius* venant effacer la trace de la tyrannie de ce prélat belliqueux que Grégoire de Tours a peint de couleurs si sombres ; saint Arnoux, d'une pureté si évangélique, d'une si rare modestie, d'une si grande humilité, succédant à Ripert le Simoniaque ; Raymond de Mévouillon, restituant les biens usurpés pendant l'épiscopat de l'irrascible Othon ; Gabriel *de Sclafanatis*, homme d'une science éminente et d'une grande probité, faisant presque oublier les cruautés de Gaucher de Forcalquier ; le défenseur de l'unité catholique, le valeureux Paparin de Chaumont, ramenant au bercail les brebis égarées par suite de l'apostasie de Gabriel de Clermont ; et l'austère La Broue de Vareilles, venant après ce Maillé de La Tour-Landry, qui depuis,... mais en 1780, sa conduite était plus que légère.

Gap, le 5 novembre 1840.

NOTE A, *de la page 45.*

SITUATION FINANCIÈRE DE LA VILLE DE GAP.

Je termine la topographie de la situation actuelle de la commune de Gap, sous le rapport financier, par une note que je ne pouvais décemment faire entrer dans le texte.

Le plan cadastral a été levé en 1809 ; il divise le territoire en huit sections, qui toutes viennent aboutir à la ville ou à un point très rapproché de la ville, laquelle forme la neuvième section. Chaque section de la campagne a la forme d'un triangle isoscèle, dont l'angle le plus aigu est tourné vers le clocher de St-Arnoux, centre d'attraction, phare obscur, que nos pères ne perdaient jamais de vue, sans faire acte de dernière volonté.

1° La section **A**, dite de *Bonne*, comprend les

hameaux des Gondoïns, des Bassets, de Chauvet et, au couchant de la route royale, des Fareaux, des Serigues, des Brunels et des Lunels. C'est à peu près l'enclave de la paroisse de St-André. Toutes les autres sections dépendant de celle de St-Arnoux (1).

2º La section **B,** dite *Villar-Robert,* comprend les maisons éparses du hameau de ce nom ; la partie de celui de Chauvet qui se trouve au levant de la route ; le hameau des Bumats et celui des Brochiers.

3º La section **C,** dite du *Plan de Gap,* n'a d'autre hameau que celui des Fauvins.

4º La section **D,** dite de *Saint-Meins,* comprend les hameaux de Treschâtel et des Meyères.

5º La section **E,** dite de *Ste-Marguerite,* embrasse le hameau de ce nom et ceux de Colombis et des Tourriers ²).

6º La section **F,** dite de *La Tourronde,* comprend les maisons de ce hameau qui se trouvent au levant de la route royale.

7º La section **G,** dite de *St-Jean,* comprend, outre le hameau de ce nom, celui des Sagnières, et la partie de celui de la Tourronde qui se trouve au couchant de la route.

8º La section **H,** dite de *Charance,* comprend le hameau de ce nom, et ceux de La Garde et des Meyers.

9º Enfin la section **I** est formée de la *Ville* et des terrains qui la séparent de la Luye.

Deux routes royales passent sous ses murs ; savoir : la route nº 85, de Lyon à Antibes, et la route nº 94, du [Pont-] St-Esprit au Mont-Genèvre.

(1) Depuis que ceci est écrit on a érigé une paroisse au hameau de Chauvet. [Ordonnance royale du 29 juin 1841.]

²) La section de Ste-Marguerite a été érigée en paroisse par ordonnance royale du 23 janvier 1845.

GAP ET SON TERRITOIRE. 53

A la porte Colombe aboutit la route départementale n° 1 de Gap à Barcelonnette.

Le territoire est coupé par 68 chemins déclarés vicinaux et par un grand nombre de chemins ruraux.

Les revenus fonciers de la commune sont évalués dans la matrice cadastrale à la somme de de 140.412 francs 1 centime, savoir :

1° Labours, pour une contenance de 3.303 hectares 91 ares 52 centiares, à............ 74.294f48
2° Vignes, contenant 281ʰ 96ᵃ 79ᶜ, à...... 6.865 23
3° Jardins potagers, contenant 15ʰ 03ᵃ 52ᶜ, à..................................... 808 26
4° Jardins d'agrément, pour une contenance de 1ʰ 27ᵃ 54ᶜ, à.............. 115 04
5° Prés, contenant 467ʰ 26ᵃ 07ᶜ, à........ 23.553 97
6° Pâtures, contenant 401ʰ 26ᵃ 65ᶜ, à.... 1.215 15
7° Marais, contenant 88ʰ 70ᵃ 15ᶜ, à...... 963 13
8° Bois taillis, contenant 607ʰ 06ᵃ 14ᶜ, à. 2.913 74
9° Oseraies, contenant 10ʰ 48ᵃ 63ᶜ....... 20 73
10° Terres vaines, landes, etc., contenant 1.542ʰ 77ᵃ 92ᶜ, à................. 771 39
11° Propriétés bâties, pour la superficie contenant 32ʰ 55ᵃ 60ᶜ, à............. 1.836 16
                                                        ─────────
                                                        113.357f28

Propriétés bâties

Maisons, au nombre de 1.186, évaluées en revenus, à..................... 25.339f36
Moulins à eau, au nombre de 33, à...... 1.421 30
Usines et manufactures, au nombre de 20, à................................. 294 07
                                        ─────────
                    TOTAL........ 140.412f01

La contenance totale des propriétés non bâties s'élève, d'après le détail ci-dessus, à. 6.719ʰ 74ᵃ 93ᶜ
Celle des propriétés bâties à........   32ʰ 55ᵃ 60ᶜ
                                       ─────────
                                       6.752ʰ 30ᵃ 53ᶜ

Propriétés bâties et non bâties.. 6.752ʰ 30ᵃ 53ᶜ

Auxquelles ajoutant la contenance des propriétés non imposables : savoir :

1º Pour les églises et bâtiments publics, ci....	3ʰ 38ᵃ 84ᶜ	
2º Pour les chemins et places publiques......	177ʰ 50ᵃ 78ᶜ	760ʰ 09ᵃ 93ᶜ
3º Pour les rivières et ruisseaux.............	149ʰ 91ᵃ 14ᶜ	
4º Pour les rochers et montagnes incultes...	429ʰ 29ᵃ 17ᶜ	

Nous aurons pour la contenance de la ville de Gap et de son territoire.   7.512ʰ 40ᵃ 46ᶜ

Ces contenances sont d'une exactitude à peu près rigoureuse ; mais nous ne pouvons en dire autant du revenu établi par la matrice cadastrale, car la quotité de l'impôt foncier s'élève, dans la commune, au tiers de ce revenu, c'est-à-dire que nous payons environ 33 centimes par franc. Or, si cette proportion était exacte, la plupart des propriétaires seraient bientôt dans l'impuissance de supporter une pareille charge. Je suis porté à croire que la contribution foncière ne s'y élève pas au-delà du cinquième ou du sixième du revenu réel. D'après cette base, le revenu cadastral devrait être doublé, et s'élever, par conséquent, à la somme de 280.824 francs 02 centimes.

Si du revenu des propriétés particulières nous passons au revenu ordinaire de la ville, nous trouvons qu'il se compose principalement du produit de l'octroi, de la location des boucheries, des droits de pesage et du prix de ferme des biens communaux, et qu'il s'élève, pour la présente année 1840, à la somme de 41.228 francs, avec laquelle il faut faire face aux dépenses ordinaires et extraordinaires, moins celles d'entretien et de réparation des chemins vicinaux, pour lesquelles il a été voté des centimes additionnels, s'élevant, en total, à 2.686 francs 39 centimes. Aussi tout ce qui n'est pas obligatoire, tout ce qui tend à l'embellissement de la ville et de ses alentours, tout ce qui est relatif aux établissements scientifiques et littéraires, y est nécessairement fort négligé. La bibliothèque publique ne prend sur le revenu de la ville qu'une somme de 300 francs, pour le traitement d'un sous-bibliothécaire, et 1.000 francs, pour le loyer des appartements, les achats de livres, le chauffage, l'éclairage et autres dépenses de l'établissement [1]).

[1]) D'après le Budget de 1908, les *Recettes ordinaires* sont de 193.842 fr., savoir: impositions communales, 39.120; octroi, poids public et abattoir, 125.317; loyer des propriétés communales, 14.495; cimetière, 3.200; rentes et créances, 1.396; recettes à divers titres, 10.314; et les *Recettes extraordinaires:* surtaxes d'octroi, emprunts, aliénation d'immeubles, de 105.915 fr. Total, 299.757 fr. — Les *Dépenses ordinaires* sont de 168.619 fr. 76, savoir: frais d'administration, 16.356 fr. 90; entretien des propriétés communales, 71.784 98; octroi, poids public, abattoir, 21.020; police, 11.501 20; dépenses militaires, 5.310; instruction publique, beaux-arts, 21.882 75; cimetière et inhumations, 200; assistance publique, pensions, secours, 16.943; fêtes publiques, dépenses diverses, 3.020 93; et les *Dépenses extraordinaires:* emprunts, remboursements, frais divers, de 131.137 fr. 24. Total général des dépenses: 299.757 fr. (Gap, Jean et Peyrot, in-4° de 16 pages).
Ajoutons que le principal des *Contributions directes* à Gap est réparti ainsi qu'il suit: contribution foncière, 37.653 fr.; personnelle et mobilière, 14.852; des portes et fenêtres, 14.733, et des patentes, 23.088. Total, 89.328.
Suivant le dénombrement de 1906, la population totale de Gap est de 10.823 habitants (dont 1.826, comptée à part). La population municipale est donc de 8.997 habitants (soit: agglomérée 6.880 et éparse, 2.109).

IV.e LETTRE.

ÉTYMOLOGIE. — ORIGINE DE GAP.

Noms divers donnés à la ville de Gap. — Opinion sur sa fondation. — Sur le changement de *Vap* en *Gap*. — Étymologie de ces noms. — Erreur de quelques écrivains sur des dénominations appliquées à Gap. — Antiquités de cette ville, selon M. Pierquin de Gembloux. — Observations sur la dissertation de ce savant. — De quelle contrée la ville de Gap était la capitale avant l'invasion des Romains.

Si vous avez excusé le tohu-bohu de ma dernière lettre, serez-vous moins indulgent pour les suivantes, dans lesquelles je suis contraint de rechercher l'origine de la ville de Gap, sa position topographique, à l'époque où elle fut fondée, de quel peuple elle était la capitale avant la conquête, ce qu'elle devint sous la domination du peuple-roi et des empereurs romains, et le sort qui lui fut réservé sous les conquérants germains ? Pour traiter ces questions en sûreté de conscience, il ne s'agissait de rien moins que de consulter toute l'antiquité grecque et latine, si, fort heureusement, notre Raymond Juvénis et un auteur vivant, non moins savant que lui et qui, tout récemment, est parvenu à débrouiller le cahos de notre origine, ne m'en eussent évité la peine. C'est en m'appuyant sur leurs doctes écrits et sur quelques historiens modernes que je vais tâcher de résoudre les difficultés que présente cette importante matière.

Malheureusement les livres anciens n'ont fait aucune mention de Gap ou plutôt de *Vap*, jusqu'à ce qu'il ait plu à César, dans l'itinéraire qu'il fit dresser et dans laquelle, elle se trouve allongée sous le nom de *Vapincum* [1], ainsi que le rapporte Jean Crespinien, auteur qui vous est peut-être aussi inconnu qu'à moi, mais que Juvénis connaissait beaucoup. Félix *Malleolus,* autre illustration de la même espèce, a parlé en son *Dialogue de la noblesse,* d'un itinéraire de Rome, où *Vapincum* est également mentionné. Ce nom se trouve encore dans l'itinéraire d'Antonin le pieux, dressé en l'an 160 ; dans celui d'Antonin le philosophe, publié en l'an 200 ; et dans un troisième itinéraire qui parut sous le nom d'Antonin-Auguste. La carte de Peutinger, dressée en 390, sous le règne de Théodose le jeune, place, comme les autres, la ville de de Gap entre *Caturiges* et *Alamonte,* ou plutôt entre *Ictodurum* et *Alarante,* sous le même nom de *Vapincum* (2). Ailleurs, elle paraît sous les dénominations de *Vapiacum, Vapincum* et *Vapicensis.* Saint Isidore de Séville, qui vivait dans le VIIe siècle, nous affuble des noms suivants : *Civitas Vapincensium, Apencensium, Vapencensium, Vapentensium, Vapengentium, Vapencensium, Apenensium, Gapencensium* et *Vapensium.* Enfin, Grégoire de Tours, tous nos anciens titres, ainsi que nos cartulaires, donnent à notre ville les noms de *Vapincum,* de *Vapinci* et de *Civitas Vapincensis,* vrais noms latins de la celtique *Vap,* et qu'elle a conservés jusqu'à nos jours : ainsi Josias *Simlerus,* corrigeant l'itinéraire d'Antonin-Auguste, veut que l'on substitue *Vapincum* au mot *Vapingum,* que l'on y trouve. Du nom de *Vap,* Chorier a conclu que la fondation de cette ville, bien qu'il ne puisse en fixer l'époque précise, est de

---

[1] Les formes données par les *Vases Apollinaires,* découverts à Vicarello en 1852 et qui datent du 1er siècle de l'ère vulgaire, sont *Vappincum* et *Vappinquum* (Desjardins, *Géographie de la Gaule romaine,* t. IV, 1894, p. 1-15, et planche III, n° 24).

(2) Voir la note A à la fin de la présente lettre.

beaucoup antérieure à la conquête romaine, puisque le mot est celtique, et que cette langue était celle de ses chers Allobroges [1]. Juvénis qui ne sait, non plus que son ami Chorier, à quelle époque il doit la faire remonter, nous dit de son côté : « Il y « en a qui ont cru que le *Vasio* de Pline, ou, comme « quelques exemplaires portent *Vasgo,* est Gap. « D'autres ont écrit, particulièrement Michel de « Villeneuve, sur le ch. 10 de la 3e carte de l'Europe « de la géographie de Ptolémée, que cette ville est « le *Glanum* de cet auteur ; et un savant médecin « de cette ville a été assez facile à se persuader que « Gap est la Grande Cœsarée, sous prétexte qu'à « Gap il y a un quartier, à Saint-Main, qui s'appelle « Capadoce ; mais le *Vasio* de Pline est Vaison ; « *Vasgo* est une faute de l'imprimeur ou du copiste. « *Glanum* est Glandève, ville d'évêché, sous la « métropole d'Ambrun, et dans les Alpes-Mariti-« mes ; et Cœsarée estoit une ville de l'Asie, de « laquelle saint Basile estoit évesque ».

Juvénis ignore, et nous aussi, en quel temps et pour quel motif la ville de *Vap* prit le nom de *Gap ;* mais Scipion Dupleix attribue ce changement à l'établissement des Franks dans la Gaule. La lettre V, qui, leur était dure à prononcer, fut par eux changée en G. De même que de *sercicus* ils firent sergent, de *vespa,* guêpe, de *vastare,* gâter, ils n'oublièrent pas de faire Gap de *Vap.*

A l'occasion de cette ancienne dénomination celtique, Guillaume Campben fit, un jour, remarquer au fameux Peiresc, conseiller au parlement d'Aix, ce grand ami des arts et des sciences, dont vous admirerez le buste en marbre dans l'une des salles de la superbe bibliothèque de cette ville ; Campben,

---

[1] Suivant M. Georges de Manteyer, Gap aurait été fondé par une migration Aryenne, du XIIe et au IXe siècle avant J.-C. (*Le nom et les deux premières enceintes de Gap.* Gap, 1905, in-8°, p. 313-314).

dis-je, lui fit remarquer que la langue celtique n'était pas tout à fait éteinte en Angleterre. — Il aurait pu ajouter dans l'Armorique. — Gap signifie, dans cette vieille langue, un fond, une ouverture, un abîme, ce qui répond parfaitement à la situation de notre ville, puisqu'elle est *enfournée*, — passez-moi ce gapinisme, — dans un vallon entouré de hautes montagnes [1]. La langue sainte, ajoute Juvénis, s'accorde en cela avec la langue celtique, car en hébreu le mot *Gnaï*, — écrit par notre chroniqueur, ainsi que les suivants, en caractères hébraïques, — est le synonyme de vallée ; *chaphaph* est son verbe, qui signifie recourber, et *Gabata*, un vase concave. *Gabat* est encore une vallée ; *caph*, un lieu bas, qui se recourbe en pente. Tout cela répond parfaitement, non seulement à la situation de la cité de Gap, mais, encore à l'étymologie que l'on a voulu donner au mot de *Vapincum*, en le faisant dériver de *Vallis pinguis* ou Vallée grasse (2).

L'auteur du *Livre des annales des capucins de Gap* s'exprime de la manière suivante (p. 39), sur les noms donnés à cette ville : « On lui a donné
« divers noms, tant en latin que françois, fondés et
« tirés de diverses prérogatives qu'on y considéroit.
« Néanmoins, je me contenteray de dire la plus
« commune dénomination du latin, qui est celle de
« *Vapincum, quasi Vallis pinguis*, à cause qu'elle est
« située au milieu d'une vallée très abondante en
« bleds, foins, pasturages, fruits et en vins, bien
« que la froideur du climat ne leur permette pas
« une parfaite maturité ».

De tout cela vous conclurez que, si nous étions Celtes au commencement de cette dissertation,

---

[1] D'après les recherches de M. de Manteyer, « Vappincum, ce serait la localité placée dans un bas-fond » *(Le nom et les deux premières enceintes de Gap*, 1905, page 309).

(2) Juvénis, *Histoire du Dauphiné*, pag. 93 à 97 du manuscrit de la Bibliothèque de Grenoble.

Juvénis a quelque penchant à nous faire Juifs en la terminant. D'ailleurs, Josèphe (*Ant.* liv. I ch. 6) n'a-t-il pas écrit que les Gaulois étaient issus de Gomer, fils de Japhet ?

Voilà où en étaient nos savants sur l'origine, la situation et le nom de la ville de Gap (1), et où nous serions restés jusqu'à la fin des siècles, si un habile inspecteur de l'académie de Grenoble, M. Pierquin de Gembloux, n'avait eu l'obligeance, il y a trois ans, de m'adresser, par la voie du *Patriote des Alpes,* une très docte dissertation sur les antiquités de cette ville. Vous venez de voir que Juvénis s'est moqué d'un savant médecin de son temps, qui soutenait que Gap n'était autre que la Grande Césarée, parce que l'on trouve sur le penchant du monticule de Saint-Meins une ferme qui porte le nom de *Capadoce.* Eh bien ! le fils d'Esculape n'avait pas autant de tort que le supposait Juvénis : car, si la ville de Gap n'était pas la Grande Césarée, elle avait été du moins civilisée par des Grecs, venus de l'Asie-Mineure ou de Rhodes, ou même par des Tyriens, compagnons d'Hercule, qui vinrent châtier l'insolence et les cruautés d'Alpyon et de Brigion, quinze ou seize cents ans avant l'ère chrétienne. C'est donc de l'histoire de notre ville avant l'invasion romaine que M. Pierquin a traité dans sa lettre. Je vais tâcher de l'analyser le plus succinctement qu'il me sera possible.

1° Les Hautes-Alpes et ses fertiles vallées furent habitées de très bonne heure, relativement à l'histoire de l'espèce humaine ; néanmoins ce n'est que depuis les Antonins que nous connaissons le nom du chef-lieu de ce département ; mais l'on peut légitimement supposer que la capitale de la répu-

---

(1) J.-C.-F Ladoucette, *Histoire, topographie, etc., des Hautes-Alpes,* édition de 1834, p. 371. — Voir l'opinion de François Vallon-Corse, à la fin de ce volume.

ÉTYMOLOGIE. ORIGINE DE GAP. 61

blique des Tricoriens partagea le sort des 800 villes qui tombèrent au pouvoir du *gallicide* César.

2° En général les Celtes plaçaient leurs villes sur le plateau des collines ou des monticules, d'où vient la terminaison en *dun* si commun dans les villes celtiques ; donc celle de Gap ne pouvait être placée dans la partie la plus déclive d'une vallée entourée d'autant de jolis monticules que celle de la Luye, puisque là, seulement, elle pouvait se défendre contre toutes les attaques et toutes les surprises.

3° Sur quel monticule fut donc bâtie l'ancienne capitale des Tricoriens? Ce ne peut être que sur le mont *Capados*, site le plus pittoresque, le plus fertile, le plus accessible, le plus uniforme et le plus propre à la défense de toute la vallée. Donc, l'*oppidum Tricorium* fut placé à Saint-Mens, sur le penchant du monticule, dans le quartier de *Capados* ou *Capadoce*, comme l'écrit Juvenis.

4° Pour preuve, M. Pierquin avance que le sol et l'enceinte de Gap, chaque jour profondément fouillés, n'ont donné lieu à aucune découverte archéologique, tandis que sur divers points de la riche et belle montagne de Saint-Mens, on a trouvé des médailles des empereurs et des statuettes en bronze d'un caractère gallo-grec.

5° L'*oppidum Tricorium* a dû être détruit plusieurs fois ; mais il dut disparaître entièrement du delta celtique, après une vigoureuse résistance au conquérant romain. Ruiné à diverses époques, il est chaque fois descendu de quelques mètres jusqu'à ce qu'enfin la ville actuelle ait pris racine au pied de la montagne.

6° Quel fut le nom de la ville de Gap dans les siècles qui précédèrent l'invasion romaine? Comme les Celtes furent dans l'habitude de désigner un peuple par le nom dérivé de sa capitale, l'on doit en conclure que *Tricorii* vient de *Tricorium* ou *Tricoria*, et que ce nom est le nom primitif de cette ville.

7° De ce que l'on ne connaît point de monuments antiques dans nos contrées, l'on ne saurait en induire que le peuple et la ville des Gapençais sont modernes. On ne nie pas l'existence des Gaulois, des Grecs et des Gallo-grecs sur la terre que nous foulons, parce qu'on ne trouve qu'un petit nombre de leurs monuments qui aient échappé à la barbarie de leurs successeurs. La Gaule a été dévastée, d'abord, par les Grecs ; puis, par les Romains, et, ensuite, par une foule d'autres barbares, ce qui a nécessairement contribué à diminuer le nombre de monuments celtiques.

8° Il n'était pas un seul antiquaire qui n'eût regardé comme superflu de déclarer qu'on n'avait jamais battu monnaie dans notre contrée avant César ; mais un numismate moderne, d'un grand mérite, M. le marquis de Lagoy, a attribué quelques médailles gallo-grecques, non à la ville de Gap, mais aux Tricoriens.

9° La monnaie gallo-grecque des *Tricorii* ou de la *Civitas Tricoriorum*, ou de l'*oppidum populi Tricorii*, de Gap, par conséquent, avant l'invasion romaine, est en argent. D'un côté, elle représente une Diane, dont la figure est empreinte de toute la beauté de l'art grec ; sa tête regarde à droite et ses oreilles sont ornées de pendants en forme de tridents suspendus à un anneau ; ses cheveux tressés sur le front, relevés par derrière sur le sommet de la tête, s'entrelacent dans deux branches de laurier ; un collier de perles pare son cou ; l'épaule gauche est chargée d'un carquois et d'un arc. Au revers, l'on voit une jeune lionne : c'est la mère des *Tricorii*, de ces lionceaux si redoutés des Romains. Au-dessus de cette mère redoutable, on lit en boustrophédon TPIKO *(Trico)* ; et, enfin, entre ses jambes, se trouve la lettre K, que l'illustre antiquaire d'Aix, le marquis de Lagoy, regarde, à tort, comme le monogramme d'un magistrat ou d'un monétaire.

10° La médaille d'argent, qui vient d'être décrite, porte incontestablement le nom abrégé de *Tricorii*. La lettre isolée serait-elle le monogramme de la ville gallo-grecque où cette médaille a été frappée ? Serait-elle l'initiale du nom de la principale ville des Tricoriens ? C'est ce que M. de Gembloux croit être plus que probable.

11° Si l'on objecte que Gap s'écrivait alors par un G et peut-être par un V ou par un W, il répond que le changement du K ou du C en G est très fréquent dans la filiation des langues : ce qui le prouve c'est que cette même racine primitive de *Cap*, *Kap* ou *Gap* signifie sommet, élévation et fortification.

Nous voilà bien loin de l'abîme du docteur Campben et de la féconde vallée de Raymond Juvénis...

12° D'après cette opinion, on doit lire la légende de la médaille ΤΡΙΚΟ ΚΑΠ *(Trico Kap)*, c'est-à-dire C ou G, ville capitale des Tricoriens, comme on disait autrefois *Agatha Massiliensium*, *Ebrodunum Caturigum*, etc.

13° Bien que Tite-Live n'ait pas dit, qu'en passant dans le pays tricorien, Annibal ait traversé la ville de *Kap: Tricorium*, il ne faut pas en conclure que cette ville n'existait pas encore à cette époque, car la médaille étudiée par M. Pierquin est évidemment antérieure à la fondation de Rome ; elle porte le cachet de l'écriture ordinaire aux populations primitives que Rome ne connut point.

14° Mon correspondant parle ensuite d'une médaille en bronze des Tricoriens publiée par Pèlerin ; elle porte le mot ΡΙΚΟ *(Rico)*, et, comme elle est en très mauvais état, il n'est pas douteux que la première lettre n'ait été dévorée par le temps ou manquée par le coin. Ainsi, il est de toute évidence que les deux médailles appartiennent à une même ville, et que cette ville est la capitale des Tricoriens.

15° Si l'on remarque plus de perfection de dessin dans ces médailles que dans celles des autres colonies gallo-grecques, c'est que les lumières étaient plus répandues chez nous que chez elles. C'est dans nos vallées qu'Annibal dut choisir ses éclaireurs et prendre son avant-garde, car les *Tricorii* devaient parfaitement connaître, ainsi que les *Ebrodunenses*, la route et les langues de l'Italie antique. A ces titres, nos ancêtres durent fournir aussi l'avant-garde des armées gauloises, qui montrèrent, tant de fois, à la superbe Rome la valeur des enfants de ces montagnes.

16° M. Pierquin examine ensuite longuement et savamment comment s'est opérée la transformation de l'ancien *Kap, Kapdun, Kapincum* ou *Kappenc*, en *Vapincum* et autres variantes latines de ce nom, et, après, en *Gáp*. Il démontre que *Kap* dut recevoir des Celtes la syllabe *dun*, employée pour les cités bâties sur une élévation, et que, dès lors on eut KAP-o DUN-*um*, ou bien TPIKOPIOON KAPODUNUM *(Tricorion-Kapodunum)*; ainsi les Celtes ont dû dire *Kapdun*, que les Grecs, puis les Romains, puis les autres barbares, prononcèrent tour à tour *Kapo-dun-um Tricoriorum*.

17° Notre auteur s'élève contre les savants qui n'ont vu dans le nom de la capitale des Tricoriens que la contraction des mots latins *Val-pinguis*; il s'élève contre Juvénis, qui est allé en chercher l'étymologie dans l'hébreu ; il s'élève contre les personnes qui l'ont cherchée dans les mots celtes *Vapin*, armes, et *Cain*, belles (Dom Bullet); mais M. Pierquin croit lui que *Kappodunum Tricoriorum* tira son nom de la racine primitive *Cap*, conservée avec la même acception dans toutes les langues indo-germaniques, ou bien de trois autres mots successivement contractés, dont deux furent, à la fin, complètement retranchés, ou du moins totalement défigurés. Dans cette dernière hypothèse, il n'hésite pas à faire dériver le nom de *Kap* ou Gap des mots *Val* ou *Wal* (heureux) conservés dans le bas-breton et de *Alp* (sommet), conservé dans la langue néolatine des habitants des Hautes-Alpes. La première syllabe de cette combinaison, ainsi que les deux A, auraient bientôt disparu pour ne laisser que *Wap*. On aurait eu, dans le delta celtique, une ville surnommée *Wapdun*, à laquelle il ne manque que la désinence des mots grecs ou latins et une voyelle euphonique, pour avoir la physionomie des mots de cette dernière langue : et comme les grecs et les latins n'avaient ni le *W*, ni le *G*, que les Phéniciens prononçaient de la même manière, ils furent forcés de les remplacer par un K en attendant l'invention du G.

18° Ainsi, nul doute que, durant la colonisation grecque et même après la domination romaine, la ville de Gap ne portât le nom de *Kapdun*, *Kapodun*, *Kapoudounum* et *Gapdoun*, lorsque le G passa dans l'alphabet romain et ensuite *Gapadoun*, pour avoir un mot plus adouci. Mais, bientôt, les Gaulois eux-mêmes cessèrent de dire *Kapdun* ou *Kapdoun*, manière de prononcer l'*v*, ils dirent *Kapados*. Des hommes prirent et portèrent, selon l'usage celtique, le nom de la ville en s'appelant *Kapadoun*, *Kapadous*, et plus souvent *Kapados*, et un gaulois de ce nom, écrit encore par un K, alla mourir en odeur de sainteté à Rome, où l'on trouve l'inscription tumulaire suivante :

KAPPADOS BIBIANVS

Ensuite, au XII° siècle, lorsque les rois d'Aragon régnèrent en Provence, les mille et une orthographes du nom donné à Gap disparurent, et l'on dit, enfin, *Kapados*, en supprimant le *dun* qui ne convenait plus à une ville descendue dans une vallée. De là l'origine du mont *Capados* ou *Capadoce*, comme l'écrit mal à propos Juvénis, et de celui de la ville de Gap, nom plus doux à prononcer que *Cap*, comme *Capados* le serait moins que *Gapados*.

19° Quant à l'époque où fut frappée la fameuse médaille, vaguement reportée jusqu'ici aux ères qui précédèrent l'invasion romaine, M. Pierquin trouve dans deux circonstances graphiques le moyen de la déterminer: savoir: la marche boustrophédone de l'écriture, et la lettre initiale du nom de la capitale des Tricoriens. Il résulte de la savante discussion à laquelle il se livre, de nouveau, que la première médaille tricorienne connue remonte à l'an 800 ou 900 avant J.-C.

20° Par tout ce qui précède, M. Pierquin de Gembloux croit avoir rigoureusement démontré les propositions suivantes:

I. La ville de Gap est de beaucoup antérieure à la première mention qu'en fait l'histoire.

II. Elle existait au moins mille ans avant Jésus-Christ [1].

III. Elle eut deux noms, l'un mystérieux et sacré, — *Tricorium* — qui s'est complètement perdu; l'autre profane — *Kapodunum* — dont une bonne partie nous est resté.

IV. Elle était la capitale d'une république celtique, puis gallo-grecque, et enfin des *Tricorii*.

V. Les armoiries de cette ville étaient une lionne, tantôt féconde, tantôt mère, ainsi que le représente la statuette de M. Pierquin, trouvée sur le mont Capados.

VI. Gap est du très grand nombre de ces villes gauloises, dont le nom n'a pas même été écrit par les Romains dont les ouvrages nous sont parvenus.

VII. Son nom de *Kapodunum* voulait dire sommet fortifié, ou bien sommet heureux et fortifié des Tricoriens.

VIII. Elle était située sur le mont *Kapados*, qui prit, au VIe siècle, le nom de *Saint-Mens, Saint-*

---

[1] C'est à peu près à cette conclusion qu'arrive M. G. de Manteyer, en s'aidant d'autres arguments. (Voir son travail, déjà cité, *Le nom et les deux premières enceintes de Gap*, p. 313-314.)

ÉTYMOLOGIE. ORIGINE DE GAP.

Méhen, Saint-Mein, Saint-Méneven, car on ignore la véritable orthographe de ce nom (1).

IX. Enfin, elle a battu monnaie, neuf cents ans avant Jésus-Christ, et ses monuments numismatiques sont les plus anciens et les plus curieux que nous connaissions (2).

Je livre aux savants de notre contrée cette docte et brillante dissertation sur l'antiquité de la ville de Gap, si, toutefois, il s'en rencontre quelqu'un de taille à lutter contre un écrivain aussi versé dans l'archéologie, la numismatique et la linguistique que M. Pierquin de Gembloux. Ce n'est pas à moi qu'il appartient d'entreprendre une tâche aussi pénible. Cependant je hasarderai quelques observations, qui tiennent plus à des faits contestés et à la connaissance des localités, qu'à celle de l'antiquité, si familière à notre auteur.

M. Pierquin ne doute nullement que Gap ne se trouvât dans le pays des Tricoriens et n'en fût la capitale. C'est pourtant une question qui, comme celle de la route tenue par Annibal, a été jetée à la tête des savants, pour être l'éternel sujet de leurs disputes.

Il est également douteux qu'une colonie grecque soit venue s'établir dans nos montagnes, et, dans

---

(1) Baillet, *Vie des saints*, tom. II, p. 254. [Saint *Méen*, abbé de Gaël en Bretagne, mourut le 21 juin 61 . Très probablement c'est saint *Mamert*, évêque de Vienne (436, † 11 mai 475/6), qui a donné son nom à la colline voisine de Gap, au sommet de laquelle s'élève encore une petite chapelle et où jadis existait une église célèbre, même du temps de saint Arey, évêque de Gap (579, † 1ᵉʳ mai 604), siège d'un prieuré de Lérins dès le XIIIᵉ siècle : *ecclesia sancti Mametis*, 7 avril 1044 (Albanès, *Gallia christiana novis*, t. 1, 1895, instr. 276) ; *rector ecclesie sancti Mametis*, XIVᵉ siècle (ibid. nº 295) ; *prioratus sancti Mameti*, 1516 (*Pouillé du dioc. de Gap*, 1888, nº 40), etc. De là les formes si variées de *St-Mains, St-Mens, St-Meins* et autres.]

(2) *Lettre à M. Gautier, conseiller de préfecture des Hautes-Alpes, sur les antiquités de Gap*, par M. Pierquin de Gembloux. Broch. in-8º. Grenoble, 1837. — Cette lettre a d'abord paru dans les nᵒˢ des 5, 7 et 9 septembre 1837 du *Patriote des Alpes*.

sa dissertation, M. Pierquin ne le prouve nullement.

Si le mont *Kapados* était très fertile vers l'an 3000 de la création, le monticule de Saint-Mens ne l'est guère de nos jours. La ferme de *Capadoce*, toujours subsistante, quelques mauvais champs, des ronces et des farigoules, mot celtique ou gallo-grec, que l'on rend par celui de *lavande*, en langue française, voilà toute sa parure.

La colline de *Puymaure*, aussi pittoresque, bien plus accessible et tout aussi propre que le mont *Kapados* à la défense du territoire, aurait pu, aussi bien que celui-ci, voir à sa sommité et sur ses flancs l'*oppidum Tricorium*. C'est là que les Sarrasins et, plus tard, Lesdiguières élevèrent des fortifications qui dominaient toute la vallée.

La riche et belle montagne de Saint-Mens n'a jamais recélé, que je sache, ni médailles ni statuettes. Le Mercure, que M. Pierquin tient de M. Combassive, a été trouvé dans les ruines de Mons Seleucus, ainsi que quelques-unes des médailles possédées par M. Vivien[1] et par M. Rochas. Les autres sont étrangères à nos contrées, ou ont été recueillies dans la plaine vis-à-vis le cimetière actuel, où était bâti autrefois le monastère des Templiers[2]. D'ailleurs, après la destruction de *Kapodunum* par le gallicide César, la ville dut descendre tout-à-coup, car elle n'avait que quelques pas à faire pour arriver de la ferme de Capadoce à la Luye, sur les bords de laquelle elle fleurit maintenant. Comment, dès lors, a-t-on pu trouver sur divers points du mont *Kapados* des médailles des empereurs?

[1] Sur le commandant Jean-Stanislas Vivien, personnage remarquable, né à Orléans le 14 août 1777, mort à Gap le 17 déc. 1850, voir *Annales des Alpes*, IX, 1905-6, p. 141-143; X, 1906-7, p. 77-79 et 81.

[2] Ou plus exactement des Hospitaliers de St-Jean de Jérusalem. (Voir notre brochure *Rôle des donations de la commanderie de Gap*, 1881, in-8° de 34 pages, surtout p. 6-7).

ÉTYMOLOGIE. ORIGINE DE GAP.

Je ne dispute point sur les passages de la dissertation où sont examinées les médailles tricoriennes. Seulement, si les arts et les sciences fleurissaient à *Tricorium* et dans toutes les vallées des Alpes, au temps des Galls et des Grecs, leur éclat s'était prodigieusement terni au temps d'Annibal, dont les historiens nous présentent comme de hideux sauvages.

Enfin, la dérivation du nom de *Kap* en Gap, des *Wal-Alp,* fort subtile et fort ingénieuse, vaut bien, ma foi, les étymologies que de longues et savantes recherches avaient fait trouver à Dupleix, à Juvénis et aux autres archéologues qui ont bien voulu s'en occuper.

Mais si, après avoir lu et médité ce long chapitre, il vous reste des doutes sur la dérivation du nom que porte aujourd'hui la ville de Gap, restez neutre entre ces divers systèmes, et dites, si l'on vous interroge : en l'an 1000 avant J.-C. le temple druidique du Sommet Heureux (*Wal-Alp*) fut renversé par un coup de vent épouvantable qui tomba violemment sur le mont *Kapados*. Tout reposait en paix à Belles-Armes (*Vapin-Cain*), lorsque les Teutons étaient exterminés par Marius, tout près d'Eaux-Sextiennes. La ville de Vallée-Profonde (*Gabat-Caph*) éprouva un froid de trente degrés centigrades en la 2ᵉ année de l'empire de Claude. La récolte des céréales et des noix manqua totalement à Vallée-Grasse (*Vallis Pinguis*) en l'année 120 de N.-S.

Les faits, plus qu'apocryphes, présentés dans les lignes qui précèdent, pour faire ressortir les diverses étymologies du nom très bref que porte notre ville, ne doivent pas me faire oublier les recherches auxquelles sa position géographique dans les temps anciens a pu donner lieu.

La ville de Gap était-elle, en effet, la capitale des Tricoriens ?

Consultons, d'abord Juvénis, aussi versé, pour le

moins, dans l'étude de l'antiquité que les archéologues qui l'ont précédé et les antiquaires qui l'ont suivi.

Après avoir restreint les Allobroges dans de justes limites, notre savant compatriote, place les Voconces dans le Diois et les étend jusque dans le diocèse de Vaison, au couchant, et dans celui de Gap au levant. Les Tricoriens étaient les anciens peuples de Trièves et des environs, limités : au nord, par les Allobroges ; à l'orient, par les Médulliens ; au midi, par les Iconiens, les Siconiens et les Tricoloriens, et, à l'ouest, par les Voconces. La situation que Tite-Live, Strabon et Pline donnent aux Tricoriens ; le rapport de ce nom avec celui de Trièves, que porte le pays, tout indique que le pays des *Tricorii* n'était autre que cette dernière contrée.

Pline (Liv. III, ch. 4) place les Tricoloriens près des Tricoriens. Strabon ne fait aucune mention de ces peuples, mais il parle des Iconiens, des Siconiens ou Sicoriens et des Médulliens, lesquels habitaient des montagnes fort élevées. Dans un passage, il place les Siconiens entre les Voconces et les Tricoriens ; dans un autre, il met les Iconiens entre les Tricoriens et les Médulliens. La situation de ces contrées, ajoute Juvénis, ne peut être que dans le Gapençais, où l'on trouve quelques restes de ces noms dans les villages de Sigoyer, de Sigottier, et de Mévouillon. Si un ancien interprète de Pline a confondu les Iconiens, les Siconiens, avec les Tricoloriens, qu'il fait habitants de Tallard ou de Serres, il n'y a pas été porté par la ressemblance des noms, car Trescléoux approche plus du mot Tricolorien que Tallard et Eyguians du mot Iconien que Serres. Enfin le Gapençais s'étendant jusqu'aux Voconces, aux Médulliens et aux Tricoriens, il n'est pas douteux que les Tricoloriens, les Iconiens et les Siconiens ne fussent dans cette contrée (1).

(1) Juvénis, *Hist. du Dauphiné*. Préface du manuscrit de Carpentras.

Vous voyez que, de la discussion de Juvénis, il résulte évidemment que la ville de Gap n'était point la capitale des Tricoriens, mais qu'elle pouvait et devait dominer sur l'une des trois peuplades qui viennent d'être nommées et peut-être sur les trois à la fois, comme chef-lieu de ces petites républiques confédérées, à moins que Tallard ne nous dispute la suprématie.

M. Rochas pense, comme Chorier, que notre ville faisait partie des Voconces, lesquels occupaient le Diois et une partie des Baronnies, du Gapençais et du Graisivaudan (1).

M. Pilot, au contraire, nous exclut de la confédération des Voconces, dans laquelle il fait entrer les Trévires *(sic)*, habitants de l'Oisans et du Trièves, et nous place dans celle des Alpes, qui comprenait les peuplades répandues dans les montagnes à l'est des Voconces jusqu'au Mont-Genèvre, et, entre autres, celle des Caturiges, dans laquelle figuraient, d'après lui, Chorges et Gap (2).

Le fameux d'Anville donne également cette dernière ville aux Caturiges.

Si je consulte les atlas géographiques, je trouve que Robert de Vaugondy, dans sa carte de l'ancienne Gaule, nous place aussi dans le pays des Caturiges, sur les confins des Tricoriens et des Voconces ; et que, dans la sienne, Malte-Brun ne nous place nulle part.

Il est vrai, et je m'empresse de le reconnaître, que le dernier traducteur de Strabon, étendant les Tricoriens jusques dans le Champsaur et leur faisant franchir la montagne de Bayard, assure que Gap était leur capitale.

M. Dacier, cité par M. Ladoucette, dit aussi que Gap était la ville des Tricoriens (3).

(1) J.-D. Rochas, *Mémoires*, inédits, p. 3 à 11, 2ᵉ série.
(2) Pilot, *Recherches sur les antiquités dauphinoises*, tom. 1, p. 23, 24 et 25. — Voir la note B à la suite de cette lettre, p. 74.
(3) Ladoucette, *Hist., topographie*, etc., page 623.

M. de Fortia, dans sa dissertation sur Annibal, dit encore la même chose (1).

En citerai-je davantage ? Non ; je ne veux pas prolonger une discussion aussi fastidieuse. En voilà assez pour prouver, non que Gap était ou n'était pas le chef-lieu de la république tricorienne, mais que les savants sont loin d'être d'accord sur ce point, et que le *k* qui se trouve entre les jambes de la lionne des Tricoriens pourrait bien désigner toute autre ville que le chef-lieu des Hautes-Alpes.

Il resterait encore à examiner si des colonies grecques, étaient venues s'établir dans les Alpes, dans ces temps reculés, ainsi que M. Pierquin l'avance, sans en donner la moindre preuve ; mais ce sujet, plus aride encore que celui qui vient d'être traité, donnerait lieu à des recherches qu'en toute humilité, je ne me crois pas en état d'entreprendre.

Gap, le 12 novembre 1840.

NOTE A, *page 57*.

GRANDE VOIE DES ALPES PAR GAP.

« Lorsque Auguste eut achevé de subjuguer les peuples des Alpes, cet empereur commença à faire ouvrir un grand chemin pour aller et venir librement d'Italie par les Alpes cottiennes et pour le passage des légions romaines.

« Ce grand chemin aboutissait à Gap. Là il se séparait en deux branches dont l'une conduisait à Arles et l'autre à Vienne. Voici les endroits de

(1) *Dissertation sur le passage du Rhône et des Alpes par Annibal*, p. 81.

ÉTYMOLOGIE. ORIGINE DE GAP.

passage, tels qu'ils sont marqués à l'*Itinéraire d'Antonin*, qui parvint à l'empire vers l'an 138 de Jésus-Christ.

Milliarum passuum :

Segusione	Suse.
Ad Martis. M. P. 16	Oulx.
Brigantionem. M. P. 26	Briançon.
Rama. M. P. 19	Rame.
Eberodunum. M. P. 18	Embrun.
Caturigas. M. P. 17	Chorges.
Vapincum. M. P. 12	Gap.
Alabontem. M. P. 18	Le Monêtier-Allemont.
Segusteronem. M. P. 16	Sisteron.
Alaunium. M. P. 24	[N.-D. des Anges].
Carolucum [al. Catuiaca] M. P. 16.	
Apta Julia. M. P. 15	[Apt].
Fines. M. P. 16	[au sud de Goult].
Cabellionem. M. P. 12	[Cavaillon].
Glanum. M. P. 16	[St-Remy].
Ernaginum. M. P. 12	[St-Gabriel].
Arelate. M. P. 7	Arles [1]).

« La branche du grand chemin qui se séparait à Gap pour conduire à Vienne est marquée dans le même itinéraire comme suit :

Vapinco	Gap.
Montem Seleucum. M. P. 24 ...	Mont-Saléon.
Lucum. M. P. 26	Luc.
Deam Vocontiorum. M. P. 12 ..	Die.
Augustam. M. P. 23	Aouste.
Valentiam. M. P. 22	Valence.
Ursolim. M. P. 22	Roussillon.
Viennam. M. P. 26	Vienne.
Lugdunum. M. P. 23	Lyon [2]).

[1]) Cf. Ern. Desjardins, *Géographie de la Gaule romaine*, t. IV, 1893, p. 43-44; *Annales des Alpes*, IV, 1900 I, p. 139-141.
[2]) Desjardins, *op. cit.*, p. 48-49.

« La carte de Peutinger n'est pas tout à fait conforme à l'itinéraire d'Antonin, car, entre Oulx et Briançon, elle met un autre lieu qu'elle appelle *Gadaone* ; c'est Exilles [1]. Entre Chorges et Gap, elle marque aussi *Ictodurum* ; Chorier croit que c'est la Rochette [2]. Enfin, elle marque deux fois *Alarante* : c'est Tallard : au lieu d'*Alaunium*, de *Caroluca* et d'*Apta Julia*, entre Gap et Sisteron, qui y précède *Alaunium*.

« De même pour la route de Vienne, la carte de Peutinger, après Gap, met *Alarante*, qui est Tallard, ou plutôt le Monètier-Allemont ; entre Valence et Vienne, elle met au lieu d'*Ursolim*, *Tegna* et *Figlinæ* ; *Tegna* est le lieu de Tain et *Figlinæ* est un mot synonyme avec *Ursolis*, qui signifient le même endroit de Roussillon.

« Il faut observer que quatre milliaires composent une lieue commune de notre pays. Ainsi d'Oulx à Suse il y a quatre lieues » (3).

NOTE B, *page 71.*

PEUPLADES DES ALPES ET DES ENVIRONS DE GAP.

M. Pilot pense qu'avant les Romains, l'ancien Dauphiné était occupé par plusieurs petits peuples, formant ensemble un corps de nation, organisé à peu près comme la Suisse : que cette ligue était elle-même divisée en quatre autre ligues principales : les Allobroges, les Cavares, les Voconces et les peuples des Alpes. Voici comment il s'ex-

---

[1] Plus probablement Césanne.
[2] Ou mieux La Bâtie-Neuve ou un lieu dit « à 2 kilom. à l'ouest de La Bâtie-Neuve » (Desjardins, *op. cit.* p. 208).
(3) J.-D. Rochas, *Mém.* inédits, page 13 à 18, 2ᵉ série.

prime sur cette dernière ligne, qui comprenait une grande partie du département des Hautes-Alpes :

« La quatrième confédération, celle des peuples des Alpes, renfermait toutes les autres peuplades répandues dans les montagnes à l'est des Voconces jusqu'au Mont-Genèvre et *Ocellum*, aujourd'hui Exiles, premier bourg de la Gaule Cisalpine. On y trouve les *Brigianii*, le Briançonnais ; les Sueltres et les Galliles, ceux du Mont-Genèvre et des environs de Guillestre, d'Aiguille et des bords du Guil ; les Caturiges, la partie du Gapençais où sont Chorges et Gap ; les *Ebrodaniens* et les *Avantiques*, les habitants d'Embrun et de l'Avançon. Ces deux derniers peuples, honorés par Galba du titre d'alliés — *Adjecit formulae Galba Adventicos atque Ebroduntios* (Pline, lib. 3) ; les *Eguitures*, ceux d'Eguières [1], des Diguières et du Dévoluy ; les *Tricores*, le pays de Corps ; les *Vagiennes*, le pays de Veynes ; les *Siconiens*, entre Sigottier et Sigoyer, et les *Veruniens*, ceux près de Rosans, de Montrond et de Monestier-Allemont tout à fait au midi des Hautes-Alpes. Villes, bourgs et lieux principaux : *Brigantio*, Briançon ; *Stabatio*, Monêtier-de-Briançon ; *Durotencum*, Villard-d'Arènes ; *Rama*, Rame ; *Ebrodunum*, Embrun ; *Caturigae*, Chorges ; *Vapincum*, Gap ; *Alabontum*, Ventavon ; *Ictodurum*, La Rochette ou La Bâtie-Neuve ; *Alarante*, Tallard ; et *Mons Seleucus*, La Bâtie-Montsaléon ou Saint-Léon » (2).

Je pense qu'*Alabontum* désigne le Monêtier-Allemont plutôt que Ventavon ; mais M. Pilot est assurément dans l'erreur en plaçant, dans la confédération des Alpes, Rosans, Montrond et Veynes, qui, bien évidemment appartenaient aux Voconces. Ensuite, en faisant entrer dans la peuplade des Véruniens les habitants de Rosans, de Montrond et

[1] L'auteur a voulu sans doute désigner *Agnières* en Dévoluy.
(2) *Recherches sur les antiquités dauphinoises*, tom. I, p. 23, 24 et 25.

du Monêtier-Allemont, il n'a tenu aucun compte de l'éloignement réciproque de ces localités, qui sont séparées par de hautes montagnes et de profondes vallées. L'une appartient au bassin d'Aigues, la seconde au bassin du Buêch, et le Monêtier, au bassin de la Durance.

Ve LETTRE.

PÉRIODE GALLO-ROMAINE.

Les Galls et les Ligures. — L'Hercule Tyrien. — Alpyon et Brigion. — Mœurs des habitants des Alpes, 1600 ans avant J.-C. — Bataille de La Crau. — Défaite d'Alpyon et de Brigion dans les Alpes. — Passage de Bellovèse et de Brennus par Gap et le Mont-Genèvre. — Incursions des habitants des Alpes en Italie — Opinions de divers auteurs sur le passage d'Annibal dans les Hautes-Alpes. — Marche d'Asdrubal. — Les Alpes sous la domination romaine. — La ville de Gap comprise dans la province romaine et, ensuite, dans la seconde Narbonnaise. — Elle est une des sept cités de cette dernière province. — Étendue de sa juridiction.

Nous sortirions, enfin, du chemin rocailleux dans lequel nous nous sommes engagés, s'il ne restait pas à examiner la part que purent prendre les Galls de *Wal-Alp*, nos ancêtres, aux diverses expéditions de leurs compatriotes de l'intérieur de la Gaule, et à signaler le courage qu'ils montrèrent à l'approche d'Annibal et de ses troupes, lorsqu'il leur plut de traverser nos terres et de franchir le Mont-Genèvre : point souvent contesté, plus souvent controversé, et qui ne sera pas trop éclairci dans la présente lettre.

A l'exemple des auteurs dauphinois qui ont écrit l'histoire de cette province, je n'irai pas, à propos de notre petite ville, remonter au déluge, pour vous dire que les Celtes ou Gaulois, ses fondateurs, descendaient en droite ligne par Gomer, fils de Japhet, fils du saint patriarche sauvé du cataclysme universel, ainsi que Josèphe l'a écrit en son livre des *Antiquités judaïques* (liv. III, ch. 6). Je ne suivrai pas les enfants de Gomer, du mont Ararat jusques sur les bords du Rhin, qu'ils traversèrent, à une époque inconnue, pour prendre possession de la terre, encore vierge, de la Gaule; puis, une seconde fois, sous le nom de *Kimbris* ou *Kimris*, pour la partager avec leurs prédécesseurs, en suivant une ligne qui partait de Strasbourg et s'étendait jusqu'à Bayonne. Je ne vous montrerai pas ces mêmes Galls franchissants les monts Pyrénées, entrant dans l'Ibérie, poussant devant eux les peuples qui l'habitaient, leur faisant faire le tour de la péninsule et les forçant d'en sortir du côté de Perpignan, pour venir s'établir, sous le nom de *Ligures*, le long de la Méditerranée, depuis les Pyrénées jusqu'à l'Arno, et, dans des temps postérieurs, jusques dans les pays situés entre l'Isère, les Alpes, le Var et la mer; c'est un tour de force de la linguistique moderne, que M. Amédée Thierry a pu seul exécuter. Mais il m'est impossible de passer sous silence le premier passage du Mont-Genèvre, exécuté par un peuple venu de l'Asie-Mineure, environ l'an 2300 de la création de l'homme.

Quel souverain régnait sur les Celtes à cette époque? On l'ignore.

A cette époque, voyait-on déjà l'étendard Tricorien flotter sur le mont Kapados; le drapeaux aux trois couleurs des Tricoloriens se déployer à la sommité de Puymaure; les enseignes des Iconiens et des Sicoriens arborées sur les tours de *Val-Pinguis*, près des bords de l'Alluye? On ne le sait pas davantage.

1500 ou 1600 ans avant J.-C. — Quoiqu'il en soit, Hercule, non le fils d'Alcmène, mais un Hercule venu de Tyr, nommé Mélicerte par un savant germain de nos jours, digne émule d'Annius de Viterbe et possesseur d'un manuscrit de Sanchoniaton, traduit par Philon de Byblos et trouvé dans un monastère de Portugal; Hercule, dis-je, s'en allant en Espagne, pour combattre les Géryons, passa chez les Taurisques, s'arrêta près des Alpes Maritimes et leur imposa ce nom. A son retour, il parcourut la Gaule celtique, au centre de laquelle il apprit que deux géants, nommés Alpyon et Brigion, et dont la domination s'étendait depuis la Provence jusqu'aux Alpes dauphinoises, et même jusques dans l'Insubrie, s'étaient rendus redoutables, par leurs cruautés et leurs brigandages. Leurs peuples étaient aussi méchants qu'eux; ils volaient et assommaient les voyageurs, et ils avaient tellement décrié les Alpes que nul n'osait plus en parcourir les vallées. Le héros tyrien résolut de purger la terre de ces monstres. Il part du cœur de la Gaule, prend la route de nos montagnes par l'Allobrogie, le pays des Tricastins, celui des Voconces et la contrée des Cavares, descend ensuite dans la Provence, où il trouve Alpyon et Brigion en armes, dans la Crau d'Arles, disposés à lui couper la route d'Italie. Un combat s'engage entre la puissante armée des deux géants et celle commandée par Hercule: il est sanglant et opiniâtre. L'armée Tyrienne va succomber, car elle a épuisé tous ses traits; alors Hercule s'adresse à Jupiter, qui fait pleuvoir une énorme quantité de pierres; les Tyriens s'en emparent et écrasent les soldats d'Alpyon et de Brigion. Telle est l'origine des pierres innombrables que l'on voit dans la Crau d'Arles... Cette défaite miraculeuse des deux géants ne mit pas fin à la guerre: Hercule fut obligé de livrer d'autres combats et ce ne fut qu'au sein des Alpes qu'il consomma leur ruine. Alpyon et Brigion restèrent sur le champ de bataille, et le héros tyrien pénétra, sans plus d'obstacle, en Italie, avec son armée et les bœufs qu'il avait amenés de l'Espagne. Dès lors, les chemins devinrent libres, les vols et les violences des Alpéens cessèrent, et les voyageurs purent franchir le Mont-Genèvre sans être inquiétés au passage (1).

Je sais que Tite-Live a traité de fable le passage d'Hercule dans les Alpes; mais Silius Italicus dit positivement, qu'après la défaite des barbares, ce héros tint la même route qu'Annibal suivit, dans la suite, après avoir passé la Durance. Je tiens d'autant plus pour cette version que c'est du passage d'Hercule dans notre pays que doit dater l'ère de la civilisation progressive à laquelle nous étions parvenus, d'après M. Pierquin de Gembloux, 900 ans avant l'ère chrétienne.

Le P. Marcellin Fournier, de la compagnie de Jésus, auteur Alpéen [2]) qui florissait dans la première moitié du XVIIe siècle, prenant notre Hercule pour le fils d'Alcmène, fixe à l'an 1260 le passage du Phénicien dans les Alpes : nous reculons ce pas-

(1) Diodore de Sicile, liv. VII, ch. 9. — Ammien Marcellin, liv. XV. — Pomponius Mela, liv. 21, ch. 5. — Denis d'Halicarnasse, liv. II. Ant. — Le père Marcellin Fournier, *Hist. des Alpes Maritimes et Cottiennes*, 2e partie, sect. 3. — Raymond Juvénis, *Hist. du Dauphiné*, pages 61 à 15 du manuscrit de Grenoble C'est ce dernier auteur que j'ai suivi dans l'interprétation des auteurs grecs et latins qui nous ont transmis ces récits fabuleux. — M. Amédée Thierry, *Hist. des Gaulois*, partie I. ch 1, reconnaît, sous ces détails mythologiques, le récit du combat livré par des montagnards de la côte aux colons phéniciens, de l'an 1200 à 900 ans avant J.-C. Du reste, son récit diffère beaucoup de celui de Juvénis, qui a tout pris à la lettre. M Thierry parle ensuite des Rhodiens qui, au déclin de l'empire des Phéniciens, s'emparèrent de leurs colonies ; mais, quoique leur domination ait été de courte durée, ces Rhodiens purent encore faire frapper des monnaies à *Kapodunum*, vulgairement appelé Gap, puisque la fameuse médaille des *Tricorii* est gallo-grecque. [Les multiples objets de l'âge du bronze et du premier âge du fer, que l'on rencontre, si nombreux, dans les Alpes, les *tumuli* découverts récemment à La Freissinouse, à Chabestan, etc., pourraient fort bien dater du XVe-XIIe siècle avant J.-C. Mais à quel peuple faut-il les attribuer ?...]

[2]) Bien qu'ayant composé l'*Histoire générale des Alpes*, le P. Fournier, ou mieux Fornier, était originaire de Tournon (Ardèche). Voir notre édition de son *Histoire*, t. I (1890), introduction, p. V-VI.

sage de 400 ans, avec notre docte Juvénis, et le plaçons de l'an 1700 à 1600 avant J.-C., en nous appuyant, comme lui, sur l'autorité du Père de l'histoire. En effet, Hérodote (en Euterpe, lib. II), n'a-t-il pas distingué les deux héros de ce nom, et assuré qu'il avait vu, à Tyr, un temple consacré à Hercule et construit, « l'âge que cinq hommes pourraient vivre », avant l'apparition de l'Hercule grec ?

587 avant J.-C. — Il s'agirait de dire, à présent, avec une noble assurance, que des habitants de Gap servirent d'éclaireurs à Bellovèse, lorsqu'il traversa les Alpes et franchit le Mont-Genèvre, 587 ans avant l'ère chrétienne ; qu'ils lui fournirent le plan des villes de Milan, de Brescia et de Vérone, par lui fondées dans la Lombardie, et qu'ils devinrent les principaux citoyens de la république Gallo-Cisalpine, créée par ce neveu d'Ambigat.

An 388 avant J.-C. — Il faudrait ajouter que le Brenn des Gaulois venus des bords de la Seine aux sources de la Durance, vers l'an 388 avant l'ère vulgaire, ne manqua pas, à son passage à *Vap, Kap* ou *Tricorium*, d'enrôler parmi la jeunesse ce qu'il y trouva de plus fort, de plus intelligent, et de les emmener à Rome ; et que le premier soufflet donné aux sénateurs, assis dans leurs chaises curules, tomba d'une main calleuse, qui avait fait usage de la fronde à la porte Saint-Arey, ou brandi la lance dans les terres déclives du mont *Kapados*. Malheur aux vaincus !

Ans 224 à 222 avant J.-C. — Du moins, l'on peut affirmer que les peuples de nos montagnes, grossirent plusieurs fois les armées gauloises, et surtout à l'époque où les Insubriens et les Boïens envoyèrent des députés à ceux qui habitaient le pays situé entre les Alpes et le Rhône. Il sortit alors de ces provinces une armée nombreuse, composée des soldats les plus braves et les plus aguerris, qui, sous le commandement de Concolitan et d'Anéroeste, fut malheureusement vaincue sur les rives du Pô par les consuls Paul-Émile et Attilius. Deux ans après, les Gésates, — ainsi l'on désignait à cette époque les peuplades d'entre le Rhône et les Alpes, — envoyèrent encore trente mille hommes au secours des Insubriens, sous la conduite de Britomar; mais ils furent de nouveau battus et repoussés sur tous les points (1). Les Romains se préparaient à les poursuivre dans la Gaule transalpine, lorsqu'apparut, enfin, le célèbre guerrier dont les travaux n'ont été effacés, ni par ces « deux grands noms qu'un siècle au siècle annonce », ni par le nom plus grand encore, dont les exploits récents ont fait vibrer toute cervelle contemporaine. Annibal arrivait.

An 218 avant J.-C. — L'audacieux Carthaginois avait franchi les Pyrénées ; il se disposait à passer le Rhône, à traverser ensuite le département des Hautes-Alpes, dans toute sa longueur, et à descendre en Italie par le mont de Janus ; route la plus facile, la plus commode, la plus suivie, la plus courte, pour pénétrer chez les Tauriniens ; route où le rocher se dissout au contact du vinaigre, où les rivières sont franchies sans obstacle, en temps de sécheresse ; où, enfin,... je dois le faire passer, sous peine de lèse-département.

Ce que j'affirme ici *a priori* a été démontré par tous les antiquaires de notre province, et leur opinion a été embrassée par un grand nombre d'écrivains, qui lui sont étrangers, depuis Tite-Live jusqu'au général Saint-Cyr-Nugues. Il serait par trop fastidieux d'énumérer les mille dissertations aux-

(1) Polybe, liv. II, ch. 4 — Pline, liv. III, ch. 20.

quelles a donné lieu la marche d'Annibal dans les Alpes ; je me bornerai à rapporter ce qu'en ont pensé les auteurs dauphinois, auxquels vous me permettrez de joindre M. de Ladoucette, notre compatriote par le cœur, sinon par la naissance, qui a bien voulu faire hommage aux habitants des Hautes-Alpes de son bel ouvrage sur l'*Histoire, la topographie et les antiquités du département* qu'il administrait à l'époque glorieuse du Consulat et de l'Empire : époque où il fit ouvrir de nouveau la route suivie par le héros de Carthage, sous le nom de route d'Espagne en Italie, et que la Restauration a rabaissée sous la dénomination de route de St-Esprit à Briançon.

Le premier qui se présente, c'est le P. Fournier. Cet historien commence par combattre les auteurs opposés à son opinion, puis, tout en dissertant, il amène Annibal à Saint-Paul-Trois-Châteaux, le fait descendre à Pertuis ou à Sisteron, où il traverse la Durance. Le rusé carthaginois remonte cette rivière jusques vers Tallard, où les barbares tentent de s'opposer à son passage ; il passe ensuite à Lettret, traverse avec difficulté l'Échine-de-l'Ane, sur laquelle ses éléphants durent quelque peu broncher ; il quitte la Durance pour entrer dans la vallée de la Vance, où se trouvent Valserres, Avançon et Montgardin, et va camper tout près de Chorges [1]. Une partie de son armée s'empare des hauteurs vers la montée d'Avançon ; l'autre redescend vers la Durance, laissant Chorges à gauche ; puis il s'avance avec tout son monde vers Embrun, toujours en suivant la rive droite de la rivière. Annibal occupe

---

[1] Le commandant Hennebert, qui a étudié la question avec grand soin, dans son *Histoire d'Annibal* (3 vol. in-8°), fait également arriver Annibal à Chorges, mais par la vallée du Drac ou du Champsaur et les *Saltus Tricorios* (Amm. Marcellin, liv. XV, 28), — c'est-à-dire par les cols Bayard, de Manse et autres qui séparent la vallée du Drac de celles de la Luye et de la Durance.

cette ville, et il y trouve de quoi nourrir son armée pendant trois jours. Le lendemain, il va coucher à Guillestre, et, le surlendemain, à Briançon. Trompé par ses guides, il s'enfonce dans le Val-des-Prés, où il est harcelé par les habitants ; mais il se tire de ce mauvais pas ; il traverse le hameau des Alberts, et arrive, enfin, sur le Mont-Genèvre : il en part, commande à ses gens de s'arrêter sur un point appelé Chaberton, et, de ce point, il leur montre l'Italie (1).

Maître Nicolas Chorier vint ensuite. Il fait passer le Rhône à Annibal vers Beaucaire ou Roquemaure. Le héros arrive en un lieu appelé l'Ile par les Gaulois, tourne ensuite à main gauche, vers les Tricastins, d'où il entre chez les Tricoriens, par les extrémités du pays des Voconces ; puis, il s'engage dans les Alpes, et le voilà de nouveau chez les Voconces, qu'il repousse. Il s'empare de Die, leur capitale, que les habitants avaient abandonnée. Notre auteur se perd ensuite avec le guerrier dans les Hautes-Alpes, et ne nomme aucun des lieux que celui-ci est obligé de traverser pour atteindre le Mont-Genèvre et la montagne de Sestrières, du sommet de laquelle il s'écrie : Italie ! Italie ! (2).

Raymond Juvénis pense qu'Annibal est allé jusques dans l'Auvergne, qu'il a passé le Rhône et abordé l'endroit appelé l'Ile, qu'il a traversé le pays des Allobroges, des Tricastins, des Ségalauniens, des Voconces, des Tricoriens ; qu'ensuite il est passé vers Gap, Embrun et Briançon, pour arriver au Mont-Genèvre, où il s'ouvrit un chemin avec le fer, le feu et le vinaigre. Notre grand chroniqueur trouve invraisemblable l'opinion du P. Fournier, lorsque celui-ci fait descendre le héros carthaginois à Peyruis ou à Sisteron, tandis qu'il y avait une route si praticable par Montsaléon et par Veynes ; il criti-

(1) *Histoire des Alpes Maritimes ou Cottiennes et particulièrement d'Ambrun, leur métropolitaine*, partie 2, sect. 8°.
(2) Chorier, *Hist. du Dauphiné*, liv. I, ch. 2 ; liv. III, ch. 12 et 13.

que Davity, qui fait passer, vers Roussel, la Durance à Annibal, pour prendre le chemin de La Bréole. Il est incertain si, à cause des débordements de la Durance, ce guerrier a suivi le chemin de Puy-Sagnières et de Saint-Guillaume, pour traverser la rivière à Saint-Clément ; ou, s'il la passa à Embrun ou à Savines. Annibal marche ensuite sans empêchement jusques au sein des Alpes, où il trouve des montagnes d'une élévation prodigieuse et couvertes de neige, de méchantes chaumières bâties sur des rochers, des troupeaux et des juments transis de froid, et des hommes hideux et sauvages. Après diverses ruses, Annibal disperse les montagnards et se rend maître de la ville inconnue, quittée par ses habitants, dans l'espérance du butin. D'après Juvénis, cette ville ne peut-être Die, ainsi que l'a avancé Chorier : elle n'est pas Embrun, ainsi que l'a prétendu le P. Fournier. C'est donc la ville de Gap ? Hélas ! non. Raymond Juvénis, perdant de vue, en ce moment, la gloire de sa ville natale, ose assurer que la cité mystérieuse où l'armée d'Annibal fit bombance, pendant trois jours durant, ne peut être que Rame ou Briançon, ou bien une ville placée tout près de l'une ou de l'autre, mais dont il n'est resté aucune mémoire. Viennent ensuite les montagnards avec des branches d'olivier et des couronnes de fleurs — des couronnes de fleurs passe ; mais des rameaux d'olivier, près de Briançon ! — avec qui Annibal fait une alliance et qui l'attaquent ensuite dans une vallée étroite, où ils l'avaient engagé par surprise. Annibal s'en tire comme il peut, arrive au sommet des Alpes et montre à ses soldats les campagnes des environs de Pô. C'est en descendant vers l'Italie qu'il rencontre les plus grands obstacles et qu'il fait emploi, pour s'ouvrir un passage, du vinaigre enflammé, qui ramollit les rochers. Juvénis combat victorieusement l'opinion des auteurs qui ont voulu faire passer Annibal par une autre route que la vallée de l'Alluye et et ensuite celle de la Durance ; il traite sans ménagement les historiens modernes qui ont prétendu que les Carthaginois firent usage du fer, du feu et du vinaigre au Pertuis-Rostan, donné pour confins, dans les anciens titres, au comté de Forcalquier ; il fait la description de ce Pertuis et de la grande muraille qui le borde et qui séparait le dit comté de la principauté de Briançon [1] ; et il termine sa discussion en adoptant l'opinion du P. Fournier, qui a fait entrer Annibal dans le Val-des-Prés et qui l'en a tiré par un endroit qu'on nomme les Échelles et par le hameau des Alberts (2).

Le curé de Seyne, — l'abbé Albert, — prétend qu'Annibal passa le Rhône entre Avignon et Orange et qu'il pacifia les Allobroges à Valence. Il n'ose pas affirmer que les Carthaginois aient traversé la Durance à Embrun et que, de là, ils aient continué leur route vers Briançon ; mais, s'en rapportant à Bouche, historien provençal, il ajoute qu'Annibal, arrivé au Pertuis-Rostan, y trouva un obstacle au passage de son armée, et qu'il leva cet obstacle en allumant autour du rocher une grande quantité de bois, sur laquelle il fit verser du vinaigre en abondance. Des guides infidèles le conduisirent ensuite dans la vallée des Prés et de Planpinet, près de Névache, d'où il sortit par le hameau des Alberts, pour arriver sur le Mont-Genèvre (3).

A M. Pilot la parole. C'est auteur dit qu'Annibal traversa le Rhône vers Beaucaire et Roquemaure et qu'ensuite il se dirigea vers le nord-est, du côté de l'Isère ; qu'il passa cette rivière et s'avança sur le territoire des Allobroges, où il mit d'accord deux

---

[1] Cette muraille fameuse, suivant un parchemin appartenant aux Archives communales de Briançon, de l'an 1380, existait certainement à cette dernière date.

(2) Juvénis, *Hist. du Dauphiné*, p. 145 à 155.

(3) *Histoire du diocèse d'Embrun*, tome I, p. 35 et 36.

frères qui se disputaient le souverain pouvoir, en expulsant le plus jeune ; que, de là, il tourna vers les Alpes et s'empara d'une ville que les habitants venaient d'abandonner. Plus loin, notre auteur reste indécis entre le Mont-Genèvre et le Petit-Saint-Bernard, pour faire pénétrer Annibal en Italie (1).

Ici, feu M. Dongois, d'Embrun, — prononcez Dongeois, — aurait trouvé une place honorable, si l'on avait bien voulu me communiquer sa dissertation inédite sur le passage d'Annibal. Bien des fois, je l'ai entendu lui-même tracer l'itinéraire du célèbre guerrier, depuis le village de La Baume-des-Arnauds jusqu'à la sommité du Mont-Genèvre ; mais nous allons trouver notre savant compatriote, en faisant connaître l'opinion de M. Ladoucette, car notre ancien préfet, qui a eu en son pouvoir le manuscrit de M. Dongois, n'a eu garde de l'oublier, et l'a mentionné dans son ouvrage sur les Hautes-Alpes.

D'après M. le baron de Ladoucette, Annibal fit quatre campements en remontant le Rhône : il s'arrêta dans l'île des Allobroges, pour mettre un terme au différend qui s'était élevé entre les deux frères dont nous avons déjà parlé ; il se détourna dans le pays des Tricastins, passa sur les frontières des Voconces ; ensuite, chez les Tricoriens, et arriva, le dixième jour, sur les bords de la Durance et la franchit. Les grands obstacles éprouvés par le héros de Carthage eurent lieu, d'après une tradition locale, à la montagne de La Bessée, dite *Saltus Annibalis*. La même tradition attribue aux Romains, qui voulaient lui fermer la vallée, la muraille, flanquée de tours, et défendue à ses extrémités par deux châteaux, qui s'étend depuis l'entrée de la Vallouise jusqu'à la cime d'un roc de l'autre côté de la Durance : ce qui n'est nullement vraisemblable. Quant au chemin ouvert avec le fer, le feu et le vinaigre, M.

(1) Pilot, *Recherches sur les antiquités Dauphinoises*, tom. I, p. 55, 56, 57 et 206.

Dongois, voulant éclaicir les doutes qui se sont élevés sur l'emploi de ces matériaux, se livra, sur les lieux, en l'année 1807, à des expériences, qui lui prouvèrent que le vinaigre bouillant, même l'eau incandescente, calcine toute roche qui n'est pas primitive. Notre ancien préfet cite ensuite le passage de Silius Italicus, où cet auteur parle d'une foule hideuse de barbares qu'Annibal vit sortir de nos montagnes et dont la chevelure, hérissée par le froid, offrait, en tout temps, l'image de la saleté la plus dégoûtante. Il fait arriver, enfin, Annibal sur le Mont-Genèvre, après avoir déclaré qu'il ne connait aucune ville dans les Hautes-Alpes qui pût, aujourd'hui même, ravitailler, pendant deux ou trois jours, une armée telle que l'armée carthaginoise ; il ne sait donc où placer cette ville abandonnée par ses habitants, dont parle Polybe, et que plusieurs auteurs ont cru être la ville de Gap (1).

Les traditions locales, dont parle M. Ladoucette, me rappellent un passage de l'historien de Thou, qui prouve qu'elles remontent à une époque fort reculée. Après avoir parlé des ruines de *Rama*, cet auteur ajoute: « De là, après avoir monté la mon-
« tagne par des lieux difficiles et embarrassés, l'on
« trouve un chemin étroit, que la main des hommes
« a fait dans le roc et que les habitants du pays
« appellent encore aujourd'hui le chemin d'Annibal
« — c'est le Pertuis-Rostan. — De sorte qu'après
« cela, il ne tiendra pas à moi que ceux qui cher-
« chent avec tant de contestation et de peine le
« chemin par où Annibal entra en Italie, ne s'ac-
« cordent et ne se reposent, puisque le premier
« que l'on rencontre en ces lieux le peut aisément
« montrer » (2). Si l'honnête président de Thou fut

---

(1) *Histoire, antiquités, etc. des Hautes Alpes*, p. 235 et suiv.
(2) *Histoire* du président de Thou, traduction du Ryer (?), t. II, ch. 27, p. 229 et suiv.
[Ladoucette, dans la 3ᵉ édition de son *Histoire des Hautes-Alpes*

convaincu, en l'année 1561, époque à laquelle les habitants de L'Argentière lui montraient le Pertuis-Rostan, qu'Annibal avait passé par là, et que, dès lors, toute discussion devenait superflue ; si Tite-Live avait cru, de même, avoir mis, par ses écrits, un terme à toute recherche ultérieure, les successeurs de ces deux historiens se sont bien gardés de partager leur opinion, et ne se sont livrés qu'avec plus d'opiniâtreté à la recherche du fameux passage.

Je viens de me permettre une citation extra-dauphinoise, malgré ma promesse de ne citer que les auteurs de cette province. Je vais aggraver mes torts, en résumant, pour en finir avec Annibal, la dissertation de M. de Fortia d'Urban, sur le passage du Rhône et des Alpes par le redoutable ennemi des Romains. Son opinion se rapproche tellement de celle de Juvénis ; la description qu'il fait de nos montagnes et de nos vallées suppose une si parfaite connaissance des lieux ; elle est, d'ailleurs, si avantageuse à la ville de Gap, que vous n'hésiterez pas plus que moi à l'adopter en son entier.

D'après ce savant, Annibal passe le Rhône entre Roquemaure et le Saint-Esprit, suit la rivière d'Aigues, qui a sa source près de Rosans, et entre dans les Hautes-Alpes par cette commune. Ensuite, il traverse les territoires :

  de Serres............ Ville sans nom dans l'antiquité ;
  de *Mons Seleucus*... La Bâtie-Montsaléon ;
  de *Davianum*....... Veynes ;
  de *Fines*............ La Roche-des-Arnauds.

Tous ces pays appartenaient aux Voconces.

  Annibal se rend ensuite :
  à *Vapincum*...... Gap, capitale des Tricoriens.

(1848, p. 631-7), a reproduit une partie de la Ve *Lettre* de Gautier, qu'il cite du reste (p. 635), en la résumant].

De là il entre dans le pays des Caturiges, et il passe

    à *Ictodurum*..... Avançon [La Bâtie-Neuve];
    à *Caturiges*...... Chorges;
    à *Ebrodunum*.... Embrun;
    à *Rama*.......... Aujourd'hui en ruines;
    à *Brigantio*...... Briançon;

et, enfin, au Mont-Genèvre.

Annibal campa à Gap. Cette ville était alors très considérable; et divers passages des anciens ne peuvent s'appliquer qu'au chef-lieu des Hautes-Alpes (1).

Ainsi tous les auteurs dauphinois que j'ai pu consulter sont favorable au Mont-Genèvre. Tous, il est vrai, diffèrent sur les vallées qu'il a suivies pour y arriver; tous ne font pas nourrir les soldats de Carthage par les habitants de Gap; mais, dans tous les cas, Annibal ne put éviter cette ville et a dû camper sous ses murs. Nous pouvons donc en sûreté de conscience nous écrier avec le digne consul de 1744, s'adressant au prince de Conti: « Ces prairies, que nous nommons les prés de Camargues, ont été foulées par les bœufs d'Hercule et les éléphants d'Annibal; là ils trouvèrent une pâture abondante. Un peu au-dessus, vers l'Orient, à l'endroit même où sont campées vos troupes et celles de l'infant d'Espagne, se reposèrent ces Numides qui, partis de l'Atlas, allaient aussi à la conquête de l'Italie. Ici, sur ce monticule, étaient sans doute campés les Allobroges de *Brancus*, que ce prince avait mis à la disposition d'Annibal. En face, sur la colline des Mores, et jusqu'à la base de la montagne de Charance, stationna peut-être le gros de l'armée carthaginoise, laquelle ne s'ébranla qu'après avoir épuisé les vivres que renfermait notre importante et malheureuse cité ».

(1) *Dissertation sur le passage du Rhône et des Alpes par Annibal, l'an 218 avant notre ère,* par le comte Fortia d'Urban.

An 207 avant J.-C. — Cette haute et importante question, insoluble pour qui n'a pas visité les Alpes, doit être maintenant résolue pour tout habitant de ces montagnes. La marche d'Asdrubal, onze ans après le passage de son frère, a donné lieu à moins de commentaires, puisqu'il est dit qu'il suivit la même route qu'Annibal. Plusieurs montagnards le suivirent au-delà des Alpes et furent défaits avec lui, par les consuls Livius Salinator et Claudius Nero, dont les soldats pillèrent le camp et égorgèrent les Gaulois qui dormaient ivres sur la paille (1).

An 105 avant J.-C. — Je passe maintenant, sans transition, à la domination romaine dans la Gaule. Ce n'est que le plus tard possible que les habitants des Alpes furent réunis à la province dont Narbonne fut la capitale. Les Brigianii, les Ebroduniens, les Caturiges et les Tricoriens ne furent pas si faciles à vaincre que les autres peuples de la Gaule méridionale. On croit même qu'ils formèrent une ligue appelée Ambronnière, ainsi nommée parce que la ville d'Embrun était le chef-lieu de la réunion, et que delà sortirent ces Ambrons qui, au nombre de plus de trente mille, se réunirent aux Cimbres et Teutons, lorsque ceux-ci se jetèrent sur la province (2). César ne parvint même pas à les soumettre, et ce ne fut que sous Auguste que les habitants des Alpes passèrent sous le joug des Romains³). Exceptons-en encore ceux des Alpes Cottiennes qui ne furent réduits que sous Néron.

Sous les successeurs d'Auguste, les quatre provinces par lui formées dans la Gaule furent subdi-

---

(1) Juvénis. *Hist. du Dauphiné*, p. 160-161.

(2) Fournier, *Hist. des Alpes Maritimes*, 2ᵉ partie, sec. 9. — Pilot, *Antiquités dauphinoises*, tom. I, p. 62.

³) En l'an 14 avant J.-C. (J. Oberziner, *Le guerre di Augusto contro in popoli Alpini*. Rome, Loescher, 1900, in-folio, de XII-240 p. et v cartes. — *Annales des Alpes*, t. IV, 1900-1901, p. 113-142).

visées en plusieurs autres. La Narbonnaise, dont nous faisions partie, fut divisée en cinq [1], savoir :

1º La première Narbonnaise, dont Narbonne resta la métropole ;

2º La deuxième Narbonnaise, dans laquelle se trouva compris tout le Gapençais jusques vers Chorges, et dont la ville d'Aix fut la métropole ;

3º La Viennoise, qui eut Vienne pour capitale ;

4º Les Alpes grecques, qui s'étendaient dans la Tarentaise ;

5º Les Alpes Maritimes, qui élevèrent Embrun au rang de métropole.

Au temps de Constantin, un grand changement s'opéra dans l'administration, dans l'Empire et dans sa division territoriale. La Gaule eut un préfet de prétoire, et, sous lui, des gouverneurs qui prirent le nom de proconsuls, de consulaires ou de présidents. La Seconde Narbonnaise eut alors un *præses* ; il avait sous lui plusieurs comtes, qui administraient chacune des cités de la province. La cité comprenait, non seulement le matériel et la population d'une ville et de sa banlieue, mais l'ensemble de la population répandue sur une certaine étendue du pays. Les membres de la cité rendaient eux-mêmes la justice, faisaient la répartition des impôts et se chargeaient du maintien de l'ordre dans la cité. Le comte n'était que le représentant de l'Empereur, veillant à l'administration de la justice, des finances et de la police.

Or, parmi les sept cités comprises dans la Seconde Narbonnaise, nous voyons figurer avec orgueil la cité de Gap, — *Civitas Vapincensium*, — dont la juridiction devait s'étendre sur tout le diocèse, car l'administration ecclésiastique fut exactement calquée sur l'administration civile. Aux charges de vicaires, de gouverneurs et de comtes, répondirent

---

[1] Cette division fut accomplie sous Dioclétien, en 297 (Oberziner, *op. cit.*).

les dignités de primats, d'archevêques et d'évêques. Sous la domination romaine, la ville de Gap put donc marcher de pair avec les cités d'Apt, *Civitas Aptensium ;* Riez, *Civitas Reiensium ;* Fréjus, *Civitas Forojuliensium ;* Sisteron, *Civitas Sigesteriorum*, et Antibes, *Civitas Antipolitana*, qui, toutes, reconnaissaient la suprématie d'Aix, *metropolis civitas Aquensium* (1). Et elle jouit de tous les droits de cité, non seulement pendant la durée de la domination romaine, mais encore sous les barbares, qui, comme une terrible avalanche, fondirent sur elle, du Mont-Genèvre et des autres parties de l'Empire.

Jusques à présent, la ville de Gap ne nous est apparue qu'à travers d'épais nuages et à de longs intervalles. Si le gallicide César l'a détruite, lorsqu'elle se déployait sur le mont *Kapados*, le fameux conquérant a dédaigné de la mentionner dans ses ouvrages. Mais nous allons la retrouver, dans les annales ecclésiastiques, pour ne plus la perdre de vue, à dater de l'ère de la civilisation nouvelle jusqu'à nos jours.

Gap, le 22 novembre 1840.

(1) J. Gundel, *Atlas de l'histoire de France*.

VIᵉ LETTRE.

DU Iᵉʳ AU IVᵉ SIÈCLE DE L'ÈRE CHRÉTIENNE.

Prédication de l'Évangile dans les Hautes Alpes. — Saint Demetrius, fondateur de l'église de Gap. — Dissertation sur l'époque de sa venue dans ce diocèse, et sur celle de son martyre.

Rome avait étendu ses conquêtes, non seulement sur la Gaule, mais encore dans presque toutes les parties du monde alors accessible à son ambition, lorsque douze hommes du peuple, aussi ignorants dans les arts et les sciences que dans les lettres, partirent d'une province également soumise aux Romains, pour tenter, eux aussi, la conquête du monde, mais pour subjuguer les intelligences et dompter les passions. Le mystère de la Rédemption du genre humain venait de s'accomplir sur le Calvaire, et l'Esprit-Saint avait donné aux apôtres du Christ le don des langues et le don des miracles. Ils partirent de la Judée et allèrent, dans toutes les directions, annoncer la bonne nouvelle, aux hommes civilisés comme aux barbares, et ils en ramenèrent un grand nombre aux croyances primitives et révélées, si fort altérées chez toutes les nations, excepté chez le peuple hébreu, qui venait de voir s'accomplir les mystères annoncés par ses prophètes, et qui, le premier, refusait d'ouvrir les yeux à la lumière.

A quelle époque et par quel disciple de Jésus-Christ l'Évangile fut-il annoncé dans la cité de Gap?

On pourrait répondre en deux mots : De la fin du
Ier siècle à la fin du IIIe, un disciple immédiat ou
un successeur des apôtres, nommé *Demetrius*, vint
prêcher la bonne nouvelle aux habitants du Gapençais et principalement dans la ville qui en était la
capitale ; il y souffrit le martyre et l'église de Gap
en célébrait la commémoration le 26 octobre, avant
qu'Annet de Pérouse eût expulsé, de son *Bréviaire*,
le saint fondateur de cette église [1].

Quel était ce Demetrius, et quelle est l'époque
précise de son apostolat ?

Cette double question a donné lieu à bien des
controverses. — Artus de Lionne, qui, le premier
peut-être, a tâché de la résoudre, établit d'abord, que
la primauté des évêques de Gap, dans l'ordre des
temps, appartient à saint Demetrius. Tel fut et tel
est encore le sentiment de cette église, qui, toujours, l'a considéré comme l'un de ses principaux
patrons, car plusieurs habitants du diocèse avaient
reçu et recevaient encore le nom de Démètre, si
bien que la petite populace, en son ramage ou langage corrompu, les appelle *Domitre*. Les vieux bréviaires, les diurnaux et les missels imprimés à
l'usage du diocèse, portaient la fête de notre saint
au 26 octobre, avec les mots : *Totum duplex* ; ce qui
indiquait, avant le concile de Trente, la fête du
patron ou titulaire de l'église : aussi était-il tenu
pour patron, à l'instar des saints évêques Arigius,
Constantin et Arnoux. Saint Demetrius était même
considéré comme le premier d'entre ces patrons,
car on le trouve en tête des trois qui viennent
d'être nommés, dans un missel et un diurnal fort
anciens (2). Dans les anciens bréviaires, il est ap-

[1] Pierre-Annet de Pérouse, évêque de Gap (1754, † 22 juil. 1763),
avait fait imprimer presque en entier le *Bréviaire de Gap*, lorsque la mort le surprit. Ce fut son successeur, François de Narbonne, qui en fit la publication, en 1764 (en 4 vol. in-12 ; autre
édition in-8° ou petit in-4°, tirée à 80 exempl. seulement).

(2) « *Fiat Ecclesia tua, Deus, sanctorum tuorum Demetrii, Ari-*

pelé martyr, disciple des apôtres et le premier de l'église de Gap, et, dans l'antienne du Magnificat aux secondes vêpres de sa fête, l'on insinue qu'il eut la tête tranchée hors de la ville (1). M. de Lionne regrette que l'office de saint Demetrius ne lui ait appris rien de particulier sur sa personne, sur sa naissance sur l'époque de sa venue et sur la forme de son martyre ; seulement il a eu connaissance qu'il existait au palais épiscopal, détruit par les hérétiques [2]), un témoignage de ce que l'on croyait, dans Gap, touchant son premier évêque : témoignage confirmé par un bréviaire de Gabriel *de Sclafanatis*, imprimé en l'année 1499. Or, en la grande salle de cet ancien palais, étaient peints les évêques du diocèse ; saint Demetrius s'y trouvait au premier rang, et on lisait, au bas de son portrait : SAINT DÉMÈTRE, ÉVÊQUE DE L'ÉGLISE DE GAP ET DISCIPLE DES APÔTRES. « Sur ce point, ajoute le savant
« Artus de Lionne, je ne veux pas laisser en arrière
« une petite singularité, pleine de consolations et
« remarquable : c'est que, dans notre chapitre, nous
« avons encore, par la grâce de Dieu, un témoin
« oculaire des dites figures et inscriptions, à savoir :
« messire Paul de Beauvois, qui est dans son année
« centième, à l'heure que j'écris ces choses [3]), car il

---

gii, Arnulphi et Constantini et aliorum sanctorum pontificum commemoratione devotior, et quos gaudet habuisse pontifices, sentiat adjutores ».

(1) En l'office propre de St Demetrius, au 26 octobre, l'on trouve : « *Gloriosus Christi martyr, apostolorum discipulus et almæ ecclesiæ Vapincens. præsul* ». Et en un autre endroit : « *Protomartyr inclitus ecclesiæ Vapincensis* ». Et ailleurs encore : « *Felix radix fidei Vapincensis* ».

[2]) En janvier 1577 (*Arch. des H.-A.*, G. 1199) et « si de fons en comble abattu » que, dès 1616, on avait de la peine à « en recognoître aucun vestige » (Introd. de l'*Invent. des arch. des H.-A.*, série G., t. III, p. XLVI).

[3]) En 1650. — Paul de Beauvois fut, tour à tour, baile de la cathédrale de Gap en 1574, bénéficier en 1580, official du diocèse en 1610, vicaire général en 1612. Il reçut, dit-on, à Gap Louis XIII le 24 février 1629, etc. (Voir G, t. V, p. IX).

« naquit le 22e de mai 1550, et il avait environ vingt-
« sept ans quand la maison épiscopale fut rasée. Il
« l'a vue plusieurs années sur pied, et rendu
« témoignage, plusieurs fois, qu'il avait vu les dites
« inscriptions, particulièrement la susdite concer-
« nant saint Démètre ». Quant à l'époque précise et
de quelle manière ce disciple des apôtres est venu
à Gap, il répond qu'il ne saurait le dire précisément ; mais ce peut être sur la fin du premier
siècle [1], au temps même où saint Martial vint à
Limoges et à Bordeaux, saint Sixte à Reims, saint
Trophime à Arles, saint Crescent à Vienne, saint
Eutrope à Saintes et saint Denis à Paris. Peut-être
même arriva-t-il en Provence avec saint Maximin,
saint Lazare, sainte Marie, sainte Marthe et les
autres Maries, comme l'a dit le P. Sébastien *Michaë-
lis*, et, après lui, Simon Bartel, théologien et prêtre
de Riez ; peut-être même, ajouterai-je à mon tour,
était-il en la société des saints Nazaire et Celse, qui,
vers l'an 70, vinrent à Embrun y prêcher l'Évangile.
Enfin, M. de Lionne, sans combattre l'opinion de
ceux qui font de saint Demetrius, évêque de Gap,
le Demetrius à qui l'apôtre saint Jean adressa sa
3e épître, dit qu'ils demeurent courts en leurs preuves, car il a pu exister, en même temps, deux ou
plusieurs personnes du même nom et que, de fait,
au temps des Apôtres, il y en avait deux, l'un idolâtre et l'autre chrétien, ainsi qu'on le trouve dans
le Nouveau-Testament (2).

L'auteur du livre des *Annales des capucins de Gap*,
qui écrivait huit ans après M. de Lionne, est plus
tranchant que cet illustre prélat, sur la forme et
l'époque du martyre de saint Demetrius. Il assure,

---

[1] Telle est également l'opinion du savant abbé Albanès, dans sa *Gallia christiana novissima* (t. I, col. 445-448, paru en 1895). Ce grand ouvrage est actuellement continué par le chanoine Ulysse Chevalier, correspondant de l'Institut.

(2) Artus de Lionne, *Rollé des évesques de Gap*. Ms.

sans en donner aucune preuve, que notre premier évêque fut condamné à mort par le président idolâtre, et ensuite traîné par le peuple hors de la ville où il eut la tête tranchée, le 26 octobre de l'an 86, « laquelle, par un miracle estonnant, il print et « porta en ses mains dans la ville... Anciennement « on chomoit sa feste ; mais, depuis l'édit de Nan- « tes, on l'a retranchée, à l'occasion des hérétiques « et pour le soulagement du peuple qui a nécessité « de travailler » (1).

Après cette dernière phrase, qui semble empruntée aux utilitaires des temps modernes, je passe à un anonyme, qui s'est également occupé des évêques de Gap, sous l'épiscopat de M. de Malissoles, c'est-à-dire, 70 ans après l'auteur du *Livre des annales*.

Saint Demetrius, dit l'auteur de l'*Abrégé historique de l'église et des évêques de Gap,* a été le premier évêque de cette ville. Il y souffrit le martyre, au temps de la persécution suscitée par les empereurs contre l'église de J.-C. — Notre anonyme n'ose rien affirmer sur l'époque de sa venue, et il ajoute que les frères de Sainte-Marthe²), qui travaillèrent sur les mémoires d'Artus de Lionne, ne voulurent point soumettre leur croyance à la tradition qui le faisait disciple de l'apôtre saint Jean et confessèrent leur ignorance sur le temps de la mission de saint Demetrius. « Chorier, ajoute-t-il, l'a renvoyée « en l'année 300 de Notre-Seigneur J.-C. Quelques- « uns le font compagnon de saint Auspice, séna- « teur romain, nourricier de sainte Flavie Domitille, « nièce de l'empereur Domitien, et premier évêque

(1) *Livre des annales des capucins de Gap,* Ms. p. 39 et 40.
²) Scévole et Louis de Sainte-Marthe, « deux frères jumeaux », dont le travail fut publié, d'abord en 1656 sous le titre de *Gallia christiana*. Une nouvelle édition, beaucoup plus complète, parut dès 1715, par les soins de Denys de Sainte-Marthe ; elle a été continuée, de nos jours, par Barthélemy Hauréau, de l'Institut (16 vol. in-fol.).

« d'Apt [1]); et les autres, de saint Marcellin, qui ne
« fut évêque d'Embrun qu'en l'année 311 [2]); de
« sorte que tous conviennent de sa mission à Gap,
« mais non pas du temps qu'il l'a commencée ».
Cependant, dans un autre endroit de son manuscrit, l'auteur de l'*Abrégé historique* semble adopter l'opinion qui fait de saint Demetrius un disciple des apôtres : « La proximité de l'Italie et le grand com-
« merce par mer et par terre des Romains en cette
« province, surtout en Provence, qu'on appelait la
« Province romaine, pourrait bien, dit-il, avoir
« donné le moyen aux deux apôtres saint Pierre et
« saint Paul d'envoyer à cette ville quelqu'un de
« leurs disciples, ainsi qu'Embrun et Digne se glo-
« rifient d'avoir eu saint Nazaire et saint Celse, dis-
« ciples de saint Pierre, qui leur ont prêché les
« premiers l'Évangile » (3).

M. l'abbé Laugier [4], mort à Gap le 29 juillet 1834,

---

[1] Il est très intéressant de faire remarquer ici que saint Auspice, l'apôtre d'Apt, envoyé de Rome en Gaule, par le pape saint Clément, « vers la fin du Ier siècle », suivit la route du Mont-Genèvre, par Embrun, Chorges, Gap, Sisteron et la vallée de la Durance : *Et commeans Maritimas Alpes, tacti copiosa affluentia [uberes], devenit in provinciam quae Narbonensis Secunda vocatur, et apud Aptam, veterem civitatem, commoratus est.* Ainsi parlent les actes antiques du saint, que M. Albanés considère, avec raison, comme très importants pour l'histoire de l'évangélisation du Sud-Est, dès les temps apostoliques. *Op. cit.*, col. 180-181. Suivant cet auteur, saint Auspice, contemporain de saint Démètre, fut évêque d'Apt, de l'an 92 à l'an 102. *Ibid.*, col. 189-192.

[2] Généralement on est d'accord aujourd'hui pour fixer l'épiscopat de saint Marcellin, premier évêque d'Embrun, vers l'an 354, et sa mort en 374 environ (U. Chevalier, *Répertoire des sources historiques*, 1877-83, col. 1475 ; *Invent. des arch. des H.-A.*, G. 1, p. IV ; Fornier, *Hist. génér. des Alpes*, t. I, 1890, p. 333 et 385, etc.).

(3) *Abrégé historique de l'église et des évêques, comtes et seigneurs de Gap*, par St-G. D. D. [l'abbé de St-Geniès de Dromon. Voir, ci-dessus, p. 23, note]. Ms. p. 7 et 11.

[4] Jean-Jacques Laugier, né le 17 octobre 1760, vicaire de Gap en 1783-1793, longtemps chargé de gérer les affaires de Catherine-Julie Taxis, veuve en 1res noces de Paul-Joseph Colomb et en 2es noces de François d'Abon, nommé principal du collège de Gap le 4 juin 1816 et chanoine titulaire de Gap le 23 août 1823.

qui a écrit quelques notes, ou plutôt de longues paraphrases sur la vie et les travaux de nos premiers évêques, ne doute nullement qu'il n'y ait eu dans cette ville un saint du nom de Demetrius, ainsi que l'ont reconnu, à ce qu'il dit, et les Bollandistes et les frères de Sainte-Marthe. Il assure, en outre, que, dans le trésor des reliques de la cathédrale, se sont conservées celles de notre premier évêque, du moins un de ses bras, puisqu'il est parlé de sa translation dans des écrits du XVI° siècle, qu'il avait entre les mains (1).

Je crois, n'en déplaise à ce savant abbé, que les Bollandistes n'ont nullement parlé de saint Demetrius dans les 52 volumes de leur immense collection, car, lorsque leur travail a été interrompu, ils n'étaient point encore parvenus au 26 octobre, jour où l'on célébrait sa fête ²). D'une autre part, personne, avant lui, n'a parlé du bras du saint fondateur de l'église de Gap ; seulement Juvénis assure, qu'un peu avant les guerres de religion, on avait trouvé le corps de ce saint dans l'église de Saint-Jean-le-Rond (3). J'ignore entièrement si le bras et les autres parties du corps de saint Demetrius existent encore dans le trésor des reliques de notre cathédrale ⁴).

Si je passe à la dissertation à laquelle s'est livré M. de Rochas, juge à Gap et fils de l'auteur des

(1) *Dissertation sur S. Constantin et autres évêques de Gap.* Ms. de la bibliothèque du séminaire de Gap.

²) De nos jours (1864), le savant bollandiste V. de Buck a publié un docte commentaire sur saint Démètre dans les *Acta SS.* (Octobre, t. XI, p. 396-397), mais il y a commis quelques erreurs, que relève l'abbé Albanès *(Gallia christ. noviss.,* I, col. 446).

(3) Juvénis, *Hist. du Dauphiné,* p. 93 et suiv.

⁴) Les reliques de saint Démètre, après de multiples péripéties, depuis le XVI° siècle, dont on trouvera trace dans l'*Inventaire* cité (G, t. II, p. 19, 60, etc.), ont été reconnues, le 20 avril 1845, et, depuis lors, sont honorées à Gap, comme autrefois, le 26 octobre de chaque année. (Voir Depéry, *Hist. hagiol. du diocèse de Gap,* 1852, p. 14-16 ; Albanès, *op. cit.,* col. 447-8.)

Mémoires sur cette ville [1]), je trouve qu'il a presque toujours copié Juvénis, sans le citer. Je me borne donc à exprimer l'opinion qu'il a adoptée sur l'objet qui nous occupe : « Il est sûr, dit-il, que saint Dé-
« mètre est mort à Gap ; que vraisemblablement il
« était grec de nation et disciple de saint Jean... Il
« y a apparence aussi que notre saint était frère de
« Gaïus, ainsi que le P. Dexter le marque dans sa
« chronique » (2).

A vous, enfin, grand Juvénis. Vos recherches immenses et votre étonnante perspicacité ne feront-elles pas briller la lumière qui doit dissiper les ténèbres dont est enveloppée l'histoire de notre premier pontife ? Ou bien, comme ceux qui vous ont précédé et ceux qui vous ont suivi, flotterez-vous incertain dans le vague des conjectures ? C'est ce que nous allons apprendre.

Si l'on consulte seulement les *Mémoires* de notre chroniqueur, on voit qu'il ne s'est guère écarté du sentier tracé par Artus de Lionne. L'on y trouve, en effet, que saint Demetrius vivait en l'année 86 ; que l'on croyait qu'il était disciple de l'apôtre saint Jean et grec de nation ; que l'on ignore s'il fut envoyé en ce pays par saint Pierre ou par son successeur ; mais que l'on est certain que, le premier, il y prêcha l'Évangile ; qu'il eut la tête tranchée hors des murailles de la ville, par l'ordre du commandant du pays, et que Dieu voulant donner une marque visible de sa mission, permit, qu'après son martyre, il portât sa tête dans ses mains jusques dans l'en-

---

[1]) François-Joseph de Rochas, avocat, dernier vibailli du Champsaur en 1789, etc., eut de son mariage avec Madeleine-Catherine-Joséphine de Durand de la Molinière († à Gap le 2 juil. 1851), Marie-Joseph-Eugène de Rochas, juge au tribunal de Briançon, père de M. le colonel Albert de Rochas d'Aiglun, ancien administrateur de l'École Polytechnique, connu par ses multiples travaux historiques et scientifiques.

(2) *Nouveau pas sur les sentiers de la nature*, Gap, [Genoux,] 1808, p. 157 et suiv.

ceinte de la cité, ainsi que le marque sa légende (1).

Mais, dans un autre ouvrage, le docte Juvénis a développé largement la légende, ainsi que vous le verrez en la seconde partie de la *Procession du Saint-Sacrement*, où l'auteur inconnu de cette relation met dans la bouche du consul de 1744 l'amplification suivante, empruntée, dans presque toutes ses parties, à l'*Histoire du Dauphiné* de notre savant compatriote :

« Parmi les souvenirs que rappellent les ruines de l'ancien couvent de Saint-André, qui, avant les guerres de religion, s'élevoit sous ce tertre que vous voyez à peu de distance de la ville, près du torrent de Bonne, le premier vous rapporte au temps où les lumières de l'Évangile vinrent éclairer nos ancêtres. C'est en ce lieu même que l'un des apôtres des Alpes versa son sang pour l'église naissante de Jésus-Christ. Les Gapençais de cette époque n'étaient plus ces barbares à l'aspect horrible et repoussant dont parlent les historiens d'Annibal. Rome avoit apporté dans nos contrées ses lumières fallacieuses, ses mœurs tout à la fois cruelles et voluptueuses, et ses fausses divinités. A côté des temples druidiques, tolérés par les conquérans, ceux-ci avaient construit au sein de *Vapincum* un temple qu'ils dédièrent à Vesta, si l'on en juge par sa forme circulaire et qui, depuis, devint l'église de Saint-Jean-le-Rond. C'est vers la fin du premier siècle, alors que Domitien était revêtu de la pourpre impériale, qu'un pèlerin grossièrement vêtu, balbutiant la langue des Romains, parut dans l'ancienne cité des Tricoriens. Il parcouroit les rues, prêchoit sur les places publiques, et annonçoit aux peuples étonnés une doctrine et une foi nouvelles, qui heurtèrent violemment leur raison, leurs penchans, leurs mœurs et leurs croyances. Son nom était

---

(1) Juvénis, *Mémoires*, inédits.

Demetrius et sa patrie, la Grèce. La mission qu'il venait remplir au sein de nos montagnes lui avoit été confiée par le disciple bien-aimé du Sauveur, ou peut-être par les apôtres saint Pierre et saint Paul. Ainsi l'attestent : la tradition constante de l'église de Gap ; d'anciennes peintures de l'une des salles de la maison épiscopale, détruite par les huguenots ; des actes de quatre à cinq cents ans de date, qui font mention de cette salle peinte ; de vieux bréviaires et d'anciens calendriers manuscrits, qui donnent à Demetrius le titre de disciple des apôtres ; un bréviaire imprimé de l'an 1499, où il est parlé des évêques dont on voyait l'effigie dans la salle peinte, et, enfin, Paul de Beauvois, chanoine de la cathédrale, mort plus que centenaire en l'année 1651 [1], qui avait vu toutes ces peintures et avait lu bien des fois l'inscription placée au-dessus de la portraiture de notre premier pontife » (2).

« Ce fut en l'an 86 de la Rédemption et la troisième du règne de Domitien qu'il arriva dans notre ville. Rien de plus divin parmi les hommes, selon Denys l'Aréopagite, que de coopérer avec Dieu à la conversion des âmes ; aussi qui oseroit douter que le fondateur de l'église de Gap ne fût doué d'une vertu héroïque, puisqu'il fut employé à ce divin ministère ? Une charité ardente lui fit quitter sa patrie, comme à Abraham, pour venir en une terre inconnue et que Dieu devoit lui montrer. L'Esprit-Saint conduisit et arrêta cet ouvrier incomparable dans la ville et le territoire de Gap, où il devoit répandre les lumières de l'Évangile. Quelle fut la récolte qu'il recueillit dans cette céleste agriculture ? On l'ignore ; mais il est certain qu'il travailla

---

[1] Il était encore vivant le 26 juin 1651 (E. 175).

(2) « Quorum nomina descripta et personæ in circuitu aulæ Vapincensis episcopalis depictæ continentur, ubi dicitur : *Hujus almæ ecclesiæ Vapincensis, primus episcopus fuit beatus Demetrius, qui fuit apostolorum discipulus* ». — Telle est l'inscription qu'avait lue Paul de Beauvois dans sa jeunesse.

puissamment à la conversion des âmes, et que Dieu bénit ses travaux apostoliques. Il étoit tout à tous, infatigable dans son ministère, se prodiguant lui-même pour le salut du prochain. Sa vie étoit un miroir d'innocence ; sa pureté étoit angélique ; son troupeau naissant se formoit par l'exemple de ses vertus ; il avoit le don des miracles pour la guérison des malades, et il devint le fléau et la terreur des démons. Enfin, cet astre heureux et bienfaisant dissipa par l'éclat de sa lumière les ténèbres que l'idolâtrie avoit répandues dans nos contrées, et il devint le soutien inébranlable de l'église que Dieu avoit commencé d'y former par ses soins (1).

« Cependant l'enfer ne manqua pas de traverser le grand prédicateur de la bonne nouvelle et de réunir ses efforts, pour rendre inutile le glorieux résultat de ses sublimes instructions ; il anima contre lui les prêtres de Vesta et les ministres de la rage de Domitien, qui se levèrent et dirent au peuple :

« Habitants de *Vapincum* et de la vallée de l'Alluye,
« écouterez-vous plus longtemps cet étranger, ce
« vagabond, cet insolent imposteur ? Ne voyez-vous
« pas qu'il appartient à la secte maudite qui adore
« un malfaiteur de la Judée, dont elle a fait un dieu,
« et qui l'honore par toutes sortes de pratiques in-
« fâmes ? Il est chrétien ! Et en cette qualité, il fait
« parade d'austérité, et affecte une haine des plai-
« sirs du monde, qui tient à leurs usages horribles,
« à leurs festins bizarres, à leurs monstrueuses
« pratiques ! Que vous prêche-t-il à vous, citoyens
« et hommes libres ? la sédition ! Qu'enseigne-t-il à

(1) « Specula munditiæ
   « Custos innocentiæ,
   « Et sacri flos pudoris :
   « Stupor demonum,
   « Medella languentium
   « Felix sydus aureum,
   « Jubar mundi lucidum,
   « Felix radix
   « Ecclesiæ Vapincensis :
   « Robur ecclesiasticum »

(*Extrait de la prose de l'office du matin de saint Demetrius.*)

« vos esclaves ? la désobéissance ! Qu'inspire-t-il à
« tous ? le mépris des dieux et du culte qui leur
« est dû ! — Ignorez-vous que ces novateurs immo-
« lent et mangent des nouveaux-nés dans leurs
« agapes : qu'ils trempent, dans le sang des enfans
« qu'ils ont égorgés, le pain homicide qu'ils se dis-
« tribuent : que, plongés ensuite dans les ténèbres,
« ils s'abandonnent à tous les désordres qu'un pre-
« mier crime a préparés ! Et si la terre a tremblé ;
« si le Drac a ravagé la fertile vallée du Champ-d'or ;
« si les débordements de la Durance, du Buëch, de
« Bonne et de l'Alluye ont fait couler tant de larmes,
« à *Alarante*, à *Davianum*, à *Mons Seleucus*, et dans
« votre industrieuse cité : si l'incendie a réduit en
« cendres vos maisons de la ville et vos maisons
« des champs, n'est-ce pas à leurs sortilèges que
« sont dues toutes ces calamités » ?...

« Et la foule de s'écrier avec fureur : « Mort au
chrétien ! Le chrétien aux lions » !

« Alors Demetrius, supportant l'injure et la diffa-
mation avec une patience angélique, répond avec
douceur :

« Mes frères en Jésus-Christ notre sauveur, oui
« nous adorons un Dieu qui a été élevé obscuré-
« ment, qui a prêché la patience aux malheureux
« indigens, à ceux qui souffrent, et qui, après avoir
« été persécuté par les rois et les prêtres, est mort
« du supplice des esclaves sur une croix. — Nous
« attendons de lui une parfaite résignation pour la
« vie présente, et une éternelle félicité dans la vie
« future : car, sans la confiance en la vie future, où
« serait la consolation des esclaves ? — Notre loi
« est une loi d'amour ; notre culte, un culte de
« sacrifice. La chasteté, l'abstinence, l'obéissance,
« la résignation et surtout la charité envers nos
« frères nous est recommandée comme le principe
« de toute vertu. Il faut prier pour ceux qui nous
« insultent, donner à ceux qui ont faim, consoler

« ceux qui pleurent, bénir nos persécuteurs, et
« préférer les souffrances et la mort à la violation
« d'un seul précepte de la Loi. — Nous sommes
« esclaves, selon le monde, mais sommes libres
« devant Dieu. L'obéissance la plus absolue nous
« est ordonnée envers nos maîtres, en tout ce qui
« ne viole pas la loi divine ; et nous sommes rési-
« gnés à toutes les humiliations, à toutes les calom-
« nies, à tous les châtiments. — Vous nous accusez
« d'immoler des enfans à nos repas du soir, nous
« qui nous abstenons même du sang des animaux,
« tant le sang nous est en horreur ; nous qui met-
« tons au premier rang de nos préceptes la conti-
« nence, la tempérance et le jeûne. Ces agapes
« qu'on vient de calomnier sont des repas com-
« muns, où le riche convie le pauvre et le nourrit,
« où l'égalité est entière entre les enfants du même
« Dieu. On se met à table, après avoir prié ; on
« mange comme devant prier pendant la nuit ; on
« se distribue le pain déifié ; on chante, à la clarté
« des lampes, des fragments des saintes Écritures ;
« et le repas se termine par la prière, comme il a
« commencé. Voilà, pauvres idolâtres, ce que vous
« traitez d'infamie !...

« A ces mots, les prêtres de Vesta l'interrompent. L'œil étincelant, ils se tournent vers la foule, qui s'écrie avec une rage nouvelle : « Mort au chétien » !

« Alors on se saisit du saint et on l'entraîne sur le tertre de Saint-André ou peut-être, alors, s'élevait un temple à Teutatès ; et là, l'exécuteur des œuvres d'iniquité lui trancha la tête. Mais, ô miracle insigne ! le glorieux martyr la relève de terre et la porte dans ses mains jusques dans l'enceinte de la ville où il fut secrètement enseveli par les fidèles (1).

(1) *Et in fide radicanti capitis suplicio quod perdidit extra fores jussu perfidissimo, intrando tua cœpta bajulavit brachio.* (Paroles adressées à la ville par l'auteur de l'ancien office de saint Demetrius.)

Ainsi, nous pouvons dire de lui ce qu'on écrit de saint Denys : *Ferebat ipse caput in manibus, tanquam aliquod trophœum a divina omnino portatus gratia*.

« Le sacrifice fut consommé en la dixième année du règne de Domitien, et le sang de ce premier martyr fut pour le Gapençais une semence de chrétiens.

« Saint Demetrius n'est pas le seul par qui Dieu ait manifesté sa toute puissance de la même manière. Saint Denys, dont je viens de parler, porta aussi sa tête dans ses mains et la remit à une sainte femme qu'il rencontra[1]. Saint Ursus et 66 de ses compagnons de la Légion thébaine, après avoir été décapités, sous Dioclétien[2]), portèrent la leur à plus de cent pas. Saint Genest, d'Arles[3]), n'a-t-il pas traversé le Rhône à pied sec, en portant la sienne dans ses mains ? Ne vit-on pas saint Éliphie se relever, par une vertu divine, après qu'on lui eut tranché la tête[4]), la prendre et la porter, en la compagnie des anges, à plus d'un mille de l'endroit où il avait souffert le martyre ? Sainte Oside, vierge de sang royal[5]), n'a-t-elle pas porté la sienne jusqu'à l'église des Saints-Apôtres ? Séverin Boëce reçoit le coup mortel, soutient sa tête avec ses deux mains, la porte dans une église voisine, se met à genoux devant l'autel, reçoit la communion et expire[6]). Saint Germain, deuxième évêque de Besançon, victime de la fureur des Ariens vers l'an 396[7]), reçoit sa tête

---

[1]) S. Denys, l'apôtre des Gaules, qu'il ne faut pas confondre avec S. Denys l'*Aréopagite*, converti par S. Paul et évêque d'Athènes († sous Adrien, 3 oct.), fut martyrisé vers 286, le 9 oct. (U. Chevalier, *Répert.*, col. 563 et 566.

[2]) A Agaune ou St-Maurice-d'Agaune, canton du Valais (Suisse), en l'an 286.

[3]) S. Genès, notaire à Arles, martyr le 25 août 303 ou 308.

[4]) S. Éliphe ou Élophe, martyr sous Julien l'Apostat, le 16 oct.

[5]) Ou Osithe, martyrisée en Angleterre le 7 oct. 680 environ.

[6]) Boëce, homme d'État et philosophe célèbre, né à Rome vers 470, seul consul en 510, emprisonné à Pavie, où il composa le traité *De Consolatione philosophica*, † en 524/6, et honoré le 23 octobre.

[7]) Ou mieux vers 407, le 11 oct. (U. Chevalier, *op. cit.*, col. 860).

dans ses bras et la porte jusque dans la ville de Palme, guidé par un ange et précédé d'une lumière éclatante. — En l'année 1261, de fanatiques albigeois, en haine de la sainte inquisition et sur l'ordre du comte de Toulouse, font tomber les têtes de six religieux de saint Dominique. Ces martyrs les relèvent et les portent jusques dans le couvent qu'ils avaient construit dans cette ville. — Enfin, un pauvre garde champêtre de la ville d'Aix, vénéré sous le nom de saint Mitre¹), étant près d'une vigne, détache une grappe de raisin pour la donner à un pauvre ; le propriétaire de la vigne s'avance furieux et lui coupe la tête. Le charitable saint Mitre la relève et la porte, sans se plaindre, jusques dans la cité métropolitaine de Sextius (2). — L'on pourrait bien vous en citer d'autres encore ; mais ces exemples sont plus que suffisants pour montrer que le premier évêque de Gap n'est pas le seul qui, pour confondre l'idolâtrie et fortifier les fidèles dans la persécution, ait porté sa tête après avoir été séparée de son corps » (3).

Après cette longue paraphrase sur le fondateur de l'église de Gap, me permettrez-vous d'ajouter

¹) *Metrias* ou Mitre, martyrisé à Aix le 13 nov. 304 (U. Chevalier, *ibid.*, col. 1584).

(2) V. pour tous ces miracles : Surius, 9 oct. et 27 septembre. — Sébast. Munster, lib. 3, *Cosmog.* — Ruppert. Abbas, *apud Surium*, 18 oct. — Lippoman, 7 oct. — Jérôm. Drexel, chap. 3, § 6 de l'*Avantcoureur de l'éternité*. — Joan. Jacob. Christelii Vesontionis, part. 2. — Indiculus BB. martyrum sacri ord. prædicat. et Joan. Casalus, in *Candore lilii*, § 36, ex Leandro Alberto, lib. 2, an 1261. — Pithon, *Annales Ecclésiastiques d'Aix.* [M. G. de Manteyer pense que saint Démètre, le premier évêque de Gap, pourrait être le même personnage que saint Mitre, honoré à Aix-en-Provence et ailleurs. C'était, d'après notre savant compatriote, un missionnaire, qui aurait évangélisé une grande partie de la Province romaine.]

(3) Juvénis, *Hist. du Dauphiné*, p. 283 à 287. — Les crimes reprochés aux premiers chrétiens et que l'auteur de la Procession du Saint-Sacrement met dans la bouche des prêtres de Vesta, ainsi que la réponse de saint Demetrius ne sont pas de Juvénis ; mais on les trouve dans divers auteurs payens et dans les Pères de l'Église.

une courte observation, à l'égard des martyrs dont la légende est semblable à la sienne? L'on a dit, avec quelque vraisemblance, que pour indiquer le genre du martyre, les peintres de la primitive Église ont placé dans leurs mains la tête de ceux à qui les persécuteurs les avaient fait trancher, et qu'ainsi le symbole est devenu un fait pour les légendaires du moyen âge.

Gap, le 11 décembre 1840.

VIIᵉ LETTRE.

IVᵉ, Vᵉ & VIᵉ SIÈCLES.

ÉVÊQUES DIVERS. — LES BURGONDES.

SS. *Tigris, Remedius, Eredius* et *Territus*, 2ᵉ, 3ᵉ, 4ᵉ et 5ᵉ évêques de Gap. — Éloge des deux premiers par du Saussay. — Bataille de *Mons Seleucus*. — Histoire de saint Grégoire d'Annice, patron de Tallard. — L'église de ce bourg est sacrée par un évêque de Gap. — Mort de saint Grégoire. — Saint Constantin et saint Constance, 6ᵉ et 7ᵉ évêques de Gap. — Leurs actes — Éloge de saint Constantin par du Saussay. — Dissertations sur ces deux évêques. — Invasion des barbares dans la Gaule. — Fondation du royaume des Burgondes. — Gap et son diocèse en font partie. — Mœurs et usages des Burgondes. — *Vallesius*, 8ᵉ évêque de Gap.

Du 2ᵉ au 4ᵉ siècle. — Les successeurs, à nous connus, de saint *Demetrius*, sur le siège épiscopal du diocèse de Gap, nous apparaissent dans l'ordre suivant : 1º *Tigris* ; 2º *Remedius* ; 3º *Eredius* ; 4º *Territus*. Tous vécurent au temps des persécutions, et tous reçurent la palme du martyre : mais les actes de leur apostolat nous sont très peu connus : car, bien que les églises primitives dussent conserver, dans les basiliques et les sacristies, leurs registres et leurs livres particuliers, ces écrits durent périr pendant la cruelle persécution suscitée par Dioclétien et Maximien : ou bien ils disparurent durant les troubles de l'Arianisme ; ou bien encore ils furent sacrifiés au Coran, pendant la longue domination des Arabes dans nos malheureuses contrées.

du second au milieu du quatrième siècle, époque à laquelle nous voyons saint Constantin figurer dans un concile, il est plus que probable qu'un plus grand nombre de pasteurs furent élevés sur le siège de Gap; mais, forcés qu'ils étaient alors de vivre dans la retraite, sans éclat, sans distinction dans leurs vêtements, sans autorité apparente, afin de se soustraire à la violence des persécutions, leur nom n'est pas même venu jusqu'à nous. Quelle que soit la cause de la lacune que présentent les annales du diocèse, voici ce qu'on a écrit, plus qu'on ne l'a su, de l'épiscopat de nos quatre martyrs.

Ces pasteurs de l'Église primitive sont mentionnés dans le bréviaire imprimé par Bertrand de Champsaur, en 1499, dans l'ordre où je les ai placés. On trouve encore dans le calendrier d'un bréviaire manuscrit de l'an 1393 (1), les mots suivants au 3 février : *Blasii, martyris, IX lectionum; Vapinci, Tigris, Remigii, Eredii atque Territi, martyrum, commemoratio*. D'un autre côté, le Martyrologe romain, approuvé par le pape Grégoire XIII le 14 janvier 1584, marque au 3 février : *In oppido Vapingo, sanctorum Tigridis et Remedii, episcoporum*, et ne mentionne nullement les deux autres [2] ; ce qui porta sans doute le savant Annet de Pérouse à

(1) Voici ce qu'on lit au commencement de ce bréviaire: « *Hoc breviarium fecit fieri Guichardus Ponceti, sacrista ecclesiæ Vapincensis, ad usum et consuetudinum dictæ ecclesiæ, anno Domini M°CCC° nonagesimo tertio, et fuit inceptum feria 4ª cinerum quæ fuit XIX februarii* ». — Ce Guichard Poncet vivait encore en 1432, ainsi qu'il résulte du registre des assemblées du clergé du diocèse, [et le 12 octobre 1448 (G. 1755); *Invent*. t. IV, p. 407)].

[2] *3° Nonas februarii* (3 février) : *Vapingo, depositio episcoporum Teridi et Remedii* (Martyrologe Hiéronymien, édité par l'abbé Duchesne, de l'Institut). Le chanoine Albanès croit, et avec raison, que les divers noms « Tigride, Tigide, Téride, Térède, Erède ou Territe », dont on a voulu faire presque autant d'évêques, sont des façons différentes d'écrire le nom de saint Trigide ou Tigide, lequel aurait vécu vers le IVe siècle (*Gallia christ. novis.*, I, 1895, col. 449. Cf. G. 1532, p. 401).

douter de leur existence et, par suite, à les omettre dans son bréviaire.

Il en est qui ont placé Tigide et Remedius après saint Constantin; mais cette opinion ne me paraît pas soutenable, car, s'ils ont été martyrs, ils ont dû siéger au temps des persécutions. Aussi l'auteur de l'*Abrégé historique de l'église et des évêques de Gap* s'est-il permis de fixer le martyre de saint Remedius sous l'empereur Trajan. Les Bollandistes, moins présomptueux, avouent qu'ils ne savent à quelle époque ces deux prélats vécurent et occupèrent l'épiscopat: ils ne font également aucune mention d'*Eredius* et de *Territus,* seulement ils annoncent que le manuscrit de Prague parle d'un *Terridus.* Dans un catalogue des saints d'Ombrie, qu'un savant leur avait envoyé, il est dit que Tigridis et Remedius subirent le martyre, en des temps différents, dans le château de *Vapiguum* en Ombrie: ce que les Bollandistes ne sauraient admettre. Enfin, ces illustres explorateurs semblent adopter le fait suivant, rapporté par du Saussay, auteur du *Martyrologium Gallicanum:* « Dans l'église parois-
« siale de Bort, aux frontières du Limousin et de
« l'Auvergne, on conserve des cassolettes d'argent,
« où sont renfermées les cendres de saint Reme-
« dius, évêque de Gap, et de saint Germain, patriar-
« che de Constantinople, auxquelles les habitans
« ont une grande dévotion ».

Si j'avais voulu vous écrire de longues pages sur la vie des deux évêques Tigide et Remedius, rien n'était plus facile: je n'avais qu'à copier une dissertation que M. l'abbé Laugier leur a consacrée. Cet auteur qui, pour les faire siéger entre saint Constantin et saint Constance, les dépouille de la palme du martyre et ne les reconnaît que pour confesseurs, vous aurait raconté leur naissance, comme s'il y avait assisté; leur éducation, comme s'il l'avait faite; leur promotion à l'épiscopat, comme si elle

ÉVÊQUES DIVERS. LES BURGONDES.

lui était due; leurs actes, comme s'il en avait été témoin, et leur trépas, comme s'il avait chanté le *Dies iræ* à leurs obsèques : le tout tiré de son imagination brillante et d'une connaissance parfaite des temps primitifs du christianisme. Je préfère transcrire l'éloge que fait de nos deux martyrs l'auteur de la *Procession du Saint-Sacrement ;* éloge qu'il semble avoir emprunté à du Saussay et que les Bollandistes ont eu soin de consigner dans leur immense recueil :

« Tigide, embrasé de l'amour de Dieu, mit tous
« ses soins à opérer le salut de ses frères. Après
« avoir gouverné son troupeau dans l'observance
« continuelle des préceptes de l'Église, il s'envola
« vers le royaume des cieux, laissant sur la terre
« des traces ineffaçables de la gloire qu'il avait si
« bien méritée.

« *Remedius* succéda à Tigide, à cause de ses émi-
« nentes vertus. Il marcha constamment sur les
« traces de son prédécesseur et dirigea l'église de
« Gap avec une vigilance pastorale, dont les fruits
« furent immenses ; il laissa sur la terre des preu-
« ves irrécusables d'une parfaite sainteté, et il entra
« dans la cour céleste par la même porte que Tigi-
« dus » (1).

De ce qui précède, vous conclurez que nous

---

(1) Artus de Lionne, *Rolle des evesques de Gap.* — *Abrégé historique de l'église et des évêques de Gap,* p. 12. — *Livre des Annales des Capucins,* p. 40. — L'abbé Jean Laugier, *Dissertation sur St Constantin,* etc. — *Acta sanctorum,* 3 févr. : « In territorio Vapincensi, sancti Tigridis, episcopi et confessoris. Ille, Dei caritate exardescens, ovium salutem summo studio procuravit ecclesiaque ad diurnæ legis præscriptum diu gubernata, a i superna regna evectus, perennis a se emerita gloria reliquit in terris monumentum » — « Vapingi, sub Aquæ Sectiæ metropoli in Phocensi provincia, sancti Remedii, episcopi et confessoris, qui sancti Tigridi, ob preclaras virtutum dotes suffectus eisdem vestigiis inhærens, ecclesiam creditam magna laude et copioso fructu pastoralis vigilantiæ direxit : datisque divinitus perfectæ sanctitatis indiciis, eodem tramite quo decessor aulam cœlestem ingressus est » (du Saussay, cité par les Bollandistes).

connaissons à peine les noms des quatre pasteurs qui dirigèrent les peuples du Gapençais pendant les II*, III* et IV* siècles, car ces noms ont été écrits de diverses manières par les auteurs qui se sont occupés de leur épiscopat. Ainsi, on a appelé saint Tigide, *Tigris* et *Tigridis ;* saint Remède ou Remi, *Remedius* ou *Remigius* [1] ; saint Erède, *Eredius*, *Egrodius* et *Fredius*. Saint Territe seul a été nommé simplement *Territus*.

De 313 à 353. — Après l'épiscopat du dernier de ces quatre martyrs, Constantin-le-Grand publia, en 313, son fameux édit [de Milan], en faveur des chrétiens. Douze ans après, il convoqua à Nicée le concile général qui condamna Arius et sa doctrine.

Sous Constance, les peuples du Gapençais furent témoins d'un événement remarquable dans les fastes de l'empire romain : Magnence, qui en l'année 350, s'était révolté à Autun contre Constant, fut battu ensuite par l'empereur Constance à Mursa. Forcé alors d'abandonner l'Italie, il traversa le Mont-Genèvre, avec les Gaulois attachés à sa cause ; mais, suivi de près par les lieutenants de Constance, qui ne purent le joindre, ni à *Ebrodunum*, ni à *Caturigæ*, ni à *Vapincum*, il fut atteint au confluent du Buëch et de la Malaise, tout près de *Mons Seleucus*. La bataille se livra dans la plaine que l'on nomme encore Champ-Batailler, au-dessous du village de La Bâtie-Montsaléon [2]. L'armée de

---

[1] Saint Remi ou Remède siégea au concile de Nîmes de 394 : *Ego Remigius subscripsi*. Il assista au concile de Turin de 401, fut victime d'une abominable calomnie en 409. Le 3 octobre 417 le pape Zosime lui adressa une décrétale importante, publiée par l'abbé Albanès (Instr. I), et le 13 juin 419, il fut convoqué au concile de Valence. Au début du XIII* siècle, ses reliques furent emportées de Gap à Bort, diocèse de Tulle (Riant, *Exuviae C. P.*), d'où une partie est retournée naguère à Gap (Depéry, *Hist. hagiol.* p. 33).

[2] Cf. abbé Templier, *La mansion romaine de Mons Seleucus*, dans *Bull. acad. Flosalpine*, 1860, p. 35-60.

Magnence fut taillée en pièces, et l'usurpateur, vaincu, alla se pendre à Lyon [en 353].

De 402 à 404. — Jusques aux premières années du Vᵉ siècle, Gap et le Gapençais échappent entièrement à l'histoire. Mais, s'il faut ajouter foi à une chronique, tenue pour fort suspecte dans notre ville, et pour très authentique dans celle de Tallard, qui à cette époque, se trouvait bien évidemment dans la dépendance de la cité gapençaise, nous les voyons, l'une et l'autre, en l'année 402, honorées de la présence du haut clergé de toute la province. Voici comment :

Vers la fin du IVᵉ siècle, le siège épiscopal de la ville d'Amnice, en Arménie, était occupé par un grand philosophe et célèbre théologien, né dans cette ville de parents très illustres, et qui portait le nom de Grégoire, si commun dans cette contrée orientale. D'après sa légende, dit le panégyriste de ce grand philosophe, Grégoire édifia son troupeau par son exemple, eut pour lui des tendresses de père, le nourrit de ses prédications et le sustenta de ses aumônes. « Il fut du nombre de ces ouvriers « incomparables qui portent le fardeau de l'Évan- « gile avec un courage et une force invincibles, ou « comme ces bons émissaires auxquels le chef de « famille avoit destiné ses talens, qui les multiplie- « rent au double de ceux qu'ils avoient receus ».

Cependant le saint évêque d'Amnice, voyant son diocèse ravagé par les hordes barbares, le planta là pour aller visiter le corps de l'apôtre saint Thomas, qui avait, lui, planté la foi dans l'Inde. Dans ce dessein, il s'associa un autre évêque, nommé Jean, et quatre autres personnages, avec lesquels il s'embarqua sur je ne sais quelle mer. Assaillis par une horrible tempête, ils furent contraints de prendre terre dans un endroit éloigné de leur route, mais qui leur en offrit une, étroite et raboteuse, qui les conduisit dans une province, où ils séjournèrent pendant trois mois, et dans laquelle ils découvrirent, mieux que ne l'aurait fait l'abbé Paramelle, s'il avait vécu en ce temps-là, une source qui avait la vertu de ramollir le fer. « En cette province, par « leur bon exemple, leur manière d'agir et leurs « prédications, ils ramolissoient les âmes avec plus « d'avantage que cette eau ne ramolissoit le fer ». Les saints voyageurs mirent encore trois mois à parvenir dans l'Inde, à travers des déserts sabloneux et le pays de Tolobie, lequel, bien qu'omis sur les cartes géographiques, n'est pas moins rempli de serpents et de bêtes venimeuses, qui leur causèrent une frayeur extrême. Échappés par leurs prières à la morsure des serpents, ils parvinrent à la douce contrée de Nobie, où ils furent reçus avec complaisance et honnêteté, et, enfin, à la ville de Méliapur, sur la côte de Coromandel ; dans laquelle ville l'apôtre saint Thomas avait bâti une église, attendu qu'il y avait opéré un miracle très considérable, « à sçavoir : d'avoyr lui seul tiré une poul-« tre, si grande et si pesante que plusieurs hommes « ensemble, avec des éléphans, ne la pouvoient « traisner ni faire changer de place ». Saint Thomas avait, au surplus, été percé d'un coup de lance, par un brahmane, dans cette même église, et avait prédit, avant de mourir, la venue de nos six pèlerins. Ayant trouvé son corps, Grégoire et ses compagnons lui rendirent les honneurs qui lui étaient dus ; mais ils étaient à peine hors de Méliapur ou Méliapour, que les satellites d'un prince barbare les arrêtèrent, les lièrent comme des criminels et les conduisirent dans un cachot, où ils furent cruellement tourmentés et où ils apprirent qu'ils avaient été condamnés à mort. Dans cette triste conjoncture, les saints voyageurs élevèrent leur esprit à Dieu, et Dieu punit le tyran, en faisant tomber son fils dans une dangereuse maladie. La reine, sa mère, invoqua la protection des prisonniers, qui obtinrent du Ciel la guérison du malade. Alors le fils et la mère renoncèrent à l'idolâtrie et reçurent le baptême des mains du bienheureux Grégoire.

Ce grand saint passa ensuite, avec ses compagnons, dans une autre contrée de l'Inde, où il ressuscita le fils d'un roi, tout aussi idolâtre que le roi de Méliapour ; et ce miracle opéra sa conversion et celle de tout le royaume. Ce prince travailla lui-même, après sa régénération, à la conversion de cinq autres royaumes, gouvernés par cinq potentats qui furent également baptisés par saint Grégoire : de sorte que, si le patron de Tallard était resté plus longtemps dans ces vastes contrées, il est à croire que tout fût devenu chrétien, depuis la grande chaîne de l'Himalaya jusques au cap Comorin, et que saint François-Xavier y eût trouvé, au XVIe siècle, bien moins d'obstacles à vaincre, pour les amener au giron de l'Église. Mais il en fut autrement : saint Grégoire, pressé par les vives instances des rois convertis, qui, tous, avaient le désir de visiter le Saint-Sépulcre à Jérusalem, ne put refuser de les accompagner. Ils arrivèrent heureusement dans la ville sainte ; mais, comme les roses sont ordinairement accompagnées de poignantes épines, Grégoire, qui guérissait tant de maladies, tomba malade lui-même. Cependant, il entra bientôt en convalescence, puis, les illustres pèlerins se séparèrent : l'évêque d'Amnice et ses compagnons d'Arménie, pour venir à Rome, et les princes indiens, pour retourner dans leur états.

L'histoire du patron de Tallard porte, qu'après avoir visité les Lieux-Saints et les tombeaux des glorieux apôtres Pierre et Paul, ce second apôtre des Indes prit le chemin de la Gaule pour faire une visite à saint Martin, évêque de Tours, parvenu alors à une extrême vieillesse. Saint Grégoire et ses compagnons le trouvèrent presque mourant, et, néanmoins, ils furent assez heureux pour avoir avec lui une conférence, avant qu'il eût rendu son âme à son créateur. Or, ce fut en l'année 402 que saint Grégoire vint en France, ainsi que le rapporte son véridique historien ; d'où vous conclurez que les chroniqueurs et les hagiographes, qui ont soutenu mordicus que saint Martin de Tours avait payé son tribut à la nature le 8 novembre de l'an 397 [1], sont tombés dans une grande erreur.

En ce temps-là, c'est-à-dire en l'année 402, un évêque de Gap dont le nom est resté au bout de la plume de l'historien [2], se rendit à Tallard, bourg considérable sur la Durance, qui, en ce siècle lointain, devait être perché sur le rocher de Ville-Vieille, appelé Tallard-le-Vieux (*Tallardus Vechius* [3]) dans les chartes du moyen-âge, pour y sacrer l'église paroissiale. En cette grande cérémonie, notre prélat inconnu fut assisté de plusieurs abbés et de plusieurs autres évêques, parmi lesquels se trouva heureusement le bienheureux Grégoire, avec ou sans ses compagnons de voyage, car l'histoire ne fait plus mention aucune des bienheureux pèlerins d'Arménie. La future vicomté de Tallard n'était pas encore très affermie dans la foi au commencement du Ve siècle ; aussi le saint évêque d'Amnice employa-t-il deux années tout entières à y prêcher l'évangile de Jésus-Christ, à s'y livrer à d'austères pénitences et à y travailler à la conversion des peuples. « Ses progrès furent merveilleux et dignes « de l'employ et du caractère apostolique, dans « lequel il mourut d'apoplexie, le 21e septembre de « l'année 404, jour auquel on célèbre solennelle- « ment sa feste dans le lieu de Tallard ».

---

[1] Ou le 11 novembre 400 (U. Chevalier. *Repert.*, col. 1519).
[2] Cet évêque de Gap doit être saint Remi ou Remède, qui siégea de l'an 394 à 419 (Albanès, *Gallia*, I, col. 449-451).
[3] Ou plutôt *Castrum Vetus Talardi*, 1271 (Valbonnais, *Hist. du Dauphiné*, II, p. 93).

L'affliction fut immense dans toute la contrée. On n'entendait de toutes parts que des « tons pitoyables et des acclamations lugubres ». Tous les peuples des environs, en la compagnie de l'évêque de Gap et de plusieurs autres prélats, assistèrent aux obsèques du saint évêque d'Amnice; « et il n'est
« point de bénédiction qu'on ne donnât au lieu de
« Tallard, l'estimant mille fois heureux de posséder
« un si précieux et si riche trésor que celuy du
« corps du bienheureux Grégoire. Son sépulcre en
« fut rendu si célèbre, qu'on y accouroit en foule,
« avec des acclamations de joye et de piété tout
« ensemble, principalement à la vue des miracles
« extraordinaires qui s'y faisoient tous les jours.
« Les aveugles y ont recouvert la vue; les boiteux,
« la force et l'adresse de marcher; les sourds et
« les muets y ont receu la liberté de l'ouïe et de la
« parole. En un mot, il n'est point de genre de ma-
« ladie ou d'infirmité qui n'ait cessé par l'entremise
« de ce grand saint... Et pour conclusion de ces
« prodiges, c'est que mesme il ressuscita des
« morts, pour manifester les grâces et le pouvoir
« que Dieu luy avoit donné »(1).

Si le sieur Dupille, docteur en sainte théologie, qui a écrit la *Vie de saint Grégoire*, avait appuyé son récit sur la moindre autorité; s'il lui avait plu de nommer l'évêque de Gap, qui, en présence de tant d'abbés, consacra l'église de Tallard et assista avec eux aux obsèques du grand patron de cette petite ville, j'aurais pu, en toute sûreté de conscience, remplir ou à peu près la lacune que présente notre histoire, entre saint Territus et saint Constantin, dont nous ne pouvons faire remonter l'épiscopat antérieurement à l'année 422[2]); mais, puisque rien

---

(1) *Abrégé de la vie du bienheureux St Grégoire, évesque d'Amnice en Arménie, patron tutélaire de Tallard*, par le sieur Dupille. Grenoble, 1680.

²) Ou, plus exactement, à l'an 439, époque où saint Constantin fut représenté au Concile de Riez par Vincent, un de ses prêtres.

d'authentique ne m'y autorise, bien qu'en qualité de sujet de la Vicomté¹), je sois tout disposé, nonobstant quelques légères invraisemblances, à ajouter une foi aveugle aux détails que renferme la vie du bienheureux évêque d'Amnice, passons aux actes des pontifes qui ont illustré la ville de Gap pendant le V⁰ et le VI⁰ siècles et qui figurèrent avec éclat dans les conciles de la Gaule méridionale et du royaume des Burgondes.

Saint Constantin et saint Constance.

Constantinus [439-450]. — *Constantius* [517-529].

De 422 à 519. — Plusieurs auteurs ayant prétendu que ces deux noms désignaient un seul et même évêque, je me suis vu forcé de les réunir. — L'auteur de l'ancienne *Gaule chrétienne*, cité par Artus de Lionne, cet évêque lui-même, l'auteur des *Annales du livre des Capucins*, et le savant Annet de Pérouse ne parlent que de Constantin. Les Bollandites restent dans le doute : car, tantôt il les confondent, tantôt ils les séparent, dans la notice qu'ils leur ont consacrée sous le titre suivant : *De sancto Constantino seu Constantio*. — Juvénis ; l'auteur de l'*abrégé historique* ; M. Rochas et surtout l'abbé Laugier, repoussent avec succès, ce me semble, l'opinion qui, des deux prélats, n'en fait qu'un seul. Voici leurs actes tels qu'ils sont rapportés par ces derniers, moins l'abbé Laugier, qui a prodigieusement gonflé leur légende.

En une ville nommée *Vapingium*, dit le Martyrologe romain, le trépas de saint Constantin, évêque,

---

Très probablement, il est question de lui dans les lettres du pape saint Léon, du 22 août 449 et 5 mai 450. Il est honoré à Gap le 12 avril, jour de sa mort (G. 1532): *In civitate Vuappingo, depositio Constantini episcopi* (Martyrol. Hiéronymien, édit. Duchesne, p. 42).

¹) On sait que Théodore Gautier était originaire de La Saulce, où il est né le 28 déc. 1780.

arriva le 12 du mois d'avril. Il avait assisté, en l'an 441, sous Léon Iᵉʳ, au concile d'Orange, alors que Théodore-le-Jeune tenait l'empire d'Orient, Valentinien III, l'empire d'Occident, et Clodion, le sceptre des Francs [1]).

Saint Constance fut son successeur à l'évêché de Gap. Sigismond, roi des Burgondes, ayant quitté l'arianisme pour embrasser la foi catholique, convoqua un concile à Épaone en l'an 517, sous le pape Hormisdas. Vingt-cinq évêques s'y rendirent, parmi lesquels fut saint Constance, évêque de Gap, qui y donna des marques de son zèle pour l'Église [2]). Il mourut en 529, alors que Childebert Iᵉʳ régnait sur les Francs.

Du Saussay, qui jette tous ses éloges dans le même moule, fait celui du premier de nos deux évêques dans les termes suivants : « Sous le ponti-
« ficat de Symmaque et le règne de Clovis, premier
« roi chrétien des Francs, saint Constantin, évêque
« et confesseur, occupa, le premier, le siège épis-
« copal de la ville de Gap, dans la seconde Narbon-
« naise. Il eut le bonheur de la soumettre en entier
« à la religion de Jésus-Christ, se fit admirer par
« l'élévation de sa sagesse et la pureté de ses
« mœurs, et passa sa vie entière dans les pratiques
« les plus austères de la religion. C'est ainsi qu'il
« s'ouvrit les portes du Ciel, et, qu'après avoir con-
« sacré ses jours sur la terre à la conduite de son
« troupeau, il fut transporté dans le séjour de la
« béatitude. L'éminence de ses vertus et la gran-
« deur de ses bienfaits firent bénir son nom par les

[1]) C'est très probablement Constancien, évêque de Carpentras, qui assista au concile d'Orange le 8 novembre 441 (Albanès, *Gallia*, I, col. 452).
[2]) Constance, *Constantius*, assista au concile d'Épaone le 15 sept. 517, fut représenté au concile d'Arles, le 6 juin 524, par Léonce, un de ses prêtres, fut présent au concile de Carpentras le 6 nov. 527, à celui d'Orange du 3 juil. 529 et à celui de Vaison le 5 nov. de cette même année (Albanès, *loc. cit.*).

« habitants de son diocèse et lui acquirent un titre
« immortel à la vénération de la postérité ».

Jean Bollandus, qui a copié cet éloge, est loin de croire que *Constantius*, — ainsi il écrit son nom en ce passage, — ait été le premier évêque de Gap. Il parle de vieux documents qui placent avant lui un certain Demetrius, qui, lui-même, fut précédé de plusieurs autres évêques, dont on ignore et les actes et les noms. Il reconnaît que Constance fut un des Pères qui souscrivirent au concile d'Épaone; mais il n'admet pas que l'évêque du même nom, qui se trouva en 527 au concile de Carpentras, fût le Constance de Gap. Il admet moins encore les conjectures de Baronius, qui fait assister un Constantin et un Constance au concile d'Orange tenu en 441. Qu'admet-il donc? Qu'il ne sait rien de celui qui assista réellement à Épaone, si ce n'est qu'il fut vénéré dans son église et qu'il eut pour successeur Tigide et Remedius; ce que vous n'admettez pas plus, à présent, que je ne l'ai admis moi-même, au commencement de cette lettre.

Après l'amphigouri du savant bollandiste, passons à Raymond Juvénis qui, par un simple rapprochement de dates et de noms, va vous démontrer que Constantin n'est pas Constance, et que Constance ne saurait être Constantin.

« Robertus, *in Gallia christiana*, dit que ce n'es-
« tait qu'un seul évesque, qui assista au concile
« d'Orange en 441 et à celui d'Épaune en 517; mais
« il est très constant que le saint Constantin, qui
« assista au concile d'Orange en 441, n'est pas le
« Constance, qui fut celui d'Épaune en 517; car,
« premièrement, le nom de Constantin est différent
« de celui de Constance; en second lieu, il n'est pas
« vraisemblable que saint Constantin ait été éves-
« que plus de 76 ans, particulièrement à un temps
« auquel on n'eslevait à ces charges que des gens
« consommés par l'âge et par l'expérience ; en troi-

« sième lieu, nous voyons toujours que nos anciens
« bréviaires n'ont jamais appelé Constance saint
« Constantin ; ce qui me fait croire que ces deux
« évesques étaient différents ».

Maintenant, vous parlerai-je de feu l'abbé Laugier, qui, gonflant outre mesure l'éloge de du Saussay, est parvenu à en tirer un beau roman historique sur saint Constantin ?

Il faut reconnaître pourtant que, pour ce grand œuvre, M. Laugier s'est servi avec avantage de l'histoire générale de l'époque où notre saint prélat occupait le siège de *Vapincum*. Il s'est complu à orner cet évêque de toutes les vertus et de toute la science qui honorèrent l'épiscopat de la Gaule pendant le Ve siècle. L'histoire des conciles a beaucoup aidé cet auteur ; il s'appuye surtout sur les Bollandistes, ses savants de prédilection, dont il avait sans cesse le nom à la bouche, tout en gémissant sur l'ignorance des prêtres du diocèse, à qui *Joannes Bollandus* était aussi inconnu que le Grand-Lama du Thibet. L'abbé Laugier termine sa savante dissertation sur saint Constantin par un blâme sévère jeté sur M. de Pérouse, qui retrancha du bréviaire du diocèse saint Demetrius et saint Constance ; il prouve assez bien que l'un et l'autre ont existé et que le savant évêque du XVIIIe siècle avait perdu la tête lorsqu'il attribua à saint Constantin divers actes de la vie de saint Constance.

Non seulement M. Laugier fait assister saint Constantin au concile d'Orange, mais il assure que ce prélat députa un membre de son clergé, l'abbé Vincent, au concile de Riez, lequel eut le tort, en souscrivant au nom de son évêque, de ne pas désigner la ville dont il occupait le siège ; mais en 439, époque à laquelle fut tenu le concile de Riez, il n'y avait, dans la province d'Arles et même dans toute la Gaule, d'autre évêque du nom de Constantin que l'évêque de Gap, né, ainsi qu'il le conjecture, dans le Gapençais ou dans cette ville même. Au surplus, c'est dans ce concile que fut annulée l'ordination d'Armentaire au siège d'Embrun [1].

Nul doute que saint Constantin n'ait assisté en 441 au concile d'Orange, M. Laugier s'écartant, en ce point de l'opinion de ses amis les Bollandistes. Ensuite, il n'est pas une assemblée tenue dans la province qui ne soit présidée par notre évêque ; pas une lettre synodique qu'il n'ait écrite ou dictée ; pas un règlement de cette époque qu'on ne doive lui attribuer. M. Laugier, je le répète, a plutôt écrit l'histoire ecclésiastique du midi de la Gaule que l'histoire particulière des deux évêques, qui, pendant le cinquième et le commencement du sixième siècles, ont occupé le siège de Gap : car celle-ci eut pu tenir dans une page (2).

Parvenu à l'année 529, époque à laquelle a été fixée la mort de saint Constance, je me vois forcé de rétrograder, pour signaler les événements politiques, qui, pendant le Ve siècle, avaient changé la face du monde romain et fait passer nos ancêtres sous la domination d'un peuple encore passablement barbare, bien qu'alors il se fût déjà soumis à la loi du Christ.

5e et 6e siècles. — Au 5e siècle, dit saint Jérôme, des nations féroces et innombrables envahirent la Gaule. Tout le pays, entre les Alpes et les Pyrénées, entre l'Océan et le Rhin, fut ravagé par les Quades, les Vandales, les Sarmates, les Alains, les Gépides, les Hérules, les Saxons, les Burgondes, les Ale-

---

[1] Il siéga à Embrun de l'an 439 à 441 (Fornier, t. I, p. 411-427).

(2) Artus de Lionne, *Rolle des évesques de Gap*. — Juvénis, *Mémoires* inédits. — *Acta sanctorum : de sancto Constantino seu Constantio*. — *Livre des annales des Capucins*, p. 40. — *Abrégé historique de l'église et des évêques de Gap*, p. 13 et 14. — Annet de Pérouse, *Bréviaire* de 1704. — L'abbé Jean Laugier, *Dissertation sur SS. Constantin, Constance, Tigide, Remedius*, etc., ms.

mans et même par les Pannoniens. Saint Jérôme n'a oublié que les Francs.

Trois de ces peuples parvinrent à fonder des monarchies dans la Gaule : les Francs, dans le nord ; les Visigoths, dans la partie méridionale, et les Burgondes, à l'Orient.

411 à 416. — Ces derniers établis, auparavant, sur les bords de la mer Baltique, entre l'Oder et la Vistule, étaient venus, en l'année 411, se fixer sur la rive droite du Rhin, ayant à leur tête le roi Gondicaire. Deux ans après, ils avaient passé le fleuve et obtenu de l'empereur Honorius de se fixer en Alsace, non comme conquérants, mais comme alliés de l'Empire.

417 à 442. — Les Burgondes avaient embrassé la foi catholique en l'année 417 ; mais, en 420, ils adoptèrent les erreurs d'Arius, après avoir tenté, cinq ans auparavant, de se fixer en Belgique, d'où Aëtius les avait chassés, avec le secours des Huns.

443 à 457. — A Gondicaire succédèrent, vers l'an 443, ses deux fils Gundiok et Chilpéric. C'est pendant leur règne qu'Attila envahit la Gaule et fut vaincu, près de Chalons-sur-Marne, par les Romains, une partie des Burgondes, les Visigoths et les Francs réunis.

458 à 469. — En l'année 458, les Burgondes soutinrent Avitus ; et, profitant de la faiblesse des Romains dans la Gaule, ils s'étendirent successivement dans la 1re Lyonnaise, le pays des *Sequani*, la 1re Viennoise, jusqu'à la Durance, et dans les Alpes grecques et pœnines. L'étendue de leur royaume est derminé plus clairement par les souscriptions au concile d'Épaone, auquel assista notre évêque Constance, parce que, alors, les conciles tenus dans un royaume ne se composaient que des évêques sujets de ce royaume [1]. Ceux donc qui souscrivirent à ce concile furent les évêques de Gap, Vienne, Lyon, Châlons, Vaison, Valence, Sisteron, Grenoble, Besançon, Langres, Autun, Martigni, Embrun, Tarantaise, Genève, Windich, Die, Carpentras, Orange, Saint-Paul-Trois-Châteaux, Cavaillon, Viviers, Apt, Nevers et même, suivant quelques-uns, Mâcon, Avranches et Bâle [2].

470 à 516. — Gondebaud, qui monta sur le trône en 470, fut forcé de partager le royaume avec ses trois frères ; mais il se défit des deux plus jeunes et laissa Genève au troisième. Il s'efforça vainement d'enlever la Provence aux Visigoths, qui, pourtant, la lui cédèrent en 484, après la mort de leur roi Euric [3]; Godégisèle, le troisième frère de Gondebaud, s'allia, contre celui-ci, en 498, à *Clodwig*, roi des Francs, à qui vous me permettrez de donner le nom plus euphonique et plus usuel de Clovis. Le sicambre l'abandonna, et il fut ensuite assassiné par Gondebaud, qui secourut les Francs contre les Visigoths, qui s'attira ainsi une guerre avec Théodoric-le-Grand, et qui mourut après avoir donné un code à ses sujets gallo-romains.

517 à 523. — Sigismond, qui compléta les lois de Gondebaud, monta sur le trône en 517 et convoqua, cette année même, le concile d'Épaone. Il se retira, dans la suite, au monastère de Saint-Maurice, pour expier le crime d'avoir fait exécuter son fils innocent ; puis, attaqué, en 523, par les rois francs Childebert, Clodomir et Clotaire, à l'instigation de

---

[1] Cf. Longnon, *Géographie de la Gaule au VIe siècle*. Paris, Hachette, 1878, in-8°, p. 50-51.
[2] Cf. Fornier, *Hist. génér. des Alpes*, t. 1, p. 447-448.
[3] Gap était au pouvoir des Bourguignons en 493 (Longnon, *La Gaule au VIe siècles*, p. 72).

Crotechildis, ou, pour parler une langue plus humaine, de sainte Clotilde, leur mère, il fut battu et resta sur le champ de bataille.

524 à 534. — Godemar, qui lui succéda en 524, perdit la même année la bataille de Véseronce et recouvra ensuite ce qu'il avait perdu ; mais, en 532, Childebert et Clotaire renouvelèrent la guerre ; ils s'unirent deux ans après à Théodebert, roi d'Austrasie, et firent la conquête du royaume des Burgondes. Ce royaume devint alors le partage des vainqueurs et leur paya tribut, bien que ses lois et ses institutions lui fussent conservées.

535 à 562. — Enfin, après la mort de Clotaire, nous arrivons au bon roi Gontran, à qui la Burgondie tomba en partage, vers l'année 562, et qui réunit à ce royaume celui d'Orléans, entré également dans son lot.

Après cet exposé succinct de l'histoire des Burgondes jusqu'à la conquête de leur royaume par les Francs, voyons quel dut être le sort des populations de la Gaule pendant la longue invasion des barbares ! Les auteurs gallo-romains de cette époque nous présentent les nations conquérantes toujours s'avançant le fer et la flamme à la main, et laissant après elles une longue trace de désolations, toute fumante de carnage et d'incendie. Toutefois rassurez-vous sur le sort des gallo-romains des Alpes, puisqu'ils eurent le bonheur de tomber au pouvoir des Burgondes. L'établissement de cette nation dans la Gaule fut, dit-on, un adoucissement pour les provinces où ils se fixèrent : d'abord, ils étaient catholiques et, de plus, les seuls Germains qui vécussent de leur industrie ; ils avaient demandé le baptême d'un consentement unanime et l'avaient reçu des clercs de la Gaule à qui ils obéissaient ; ils partagèrent, sans trop de violence, avec les envahis, ne prenant, — excusez du peu, — que les deux tiers des terres et le tiers des esclaves, respectant d'ailleurs les droits et les usages des habitants romains. Ceux qui appartenaient à la classe vulgaire allaient tout bonnement, avec leurs clients gaulois, saluer, le matin, des noms de père ou d'oncle l'illustre sénateur dont ils occupaient la maison ou le voisinage ; mais la délicatesse romaine se fût peut-être dispensée volontiers de cette hospitalité importune.

Comment aurait-elle supporté, sans quelque dégoût, ces nouveaux patrons, ces grands corps *hauts de sept pieds,* avec leur langage rude, leurs chansons bruyantes, leurs touffes de cheveux luisants et assaisonnées d'un beurre aigre ? « Heu-
« reux, disait *Sidonius Apollinaris,* heureux les yeux
« qui en sont loin, l'odorat qui n'a point à subir
« l'ail et l'oignon soulevés de leur haleine ! Heureux
« qui, dès le matin, avant le jour, ne s'entend pas
« saluer comme le vieux père de son père ou le
« mari de sa nourrice, par la foule empressée de
« ses géans, à laquelle suffirait à peine la cuisine
« d'Alcinoüs ! Mais ma muse se tait... de peur que
« quelqu'un appelle même ceci une satire ». Il est vrai, dit avec naïveté un auteur vivant, qu'à l'époque où l'évêque de Clermont écrivait son poème, les Burgondes étaient devenus Ariens par leurs relations avec les Visigoths. Est-ce que les erreurs du prêtre de Lybie les avaient rendus plus sales, plus voraces et plus dégoûtants ?

Tels étaient nos ancêtres, les Burgondes. Et je dis *nos ancêtres;* car qui de nous pourrait se dire du pur sang des Galls, ou des Grecs, des Romains, des barbares de la Germanie, des Lombards ou même des Maures qui, tous, ont successivement pesé sur notre pays ? Par un mélange qui dut être épouvantable, le sang de tous ces peuples ne coule-t-il pas dans les veines des Alpéens du XIXe siècle ! (1).

Vellesius [541-554].

549 à 554. — Pendant les temps de trouble, de désordre et de transition que nous venons de signaler rapidement, les évêques de la Gaule continuèrent de se réunir, soit pour condamner des doctrines anticatholiques, soit pour maintenir la discipline ou lui faire subir les changements que le temps et les révolutions avaient rendus nécessaires. C'est par deux de ces réunions que *Vellesius*, ou *Valesius*, ou bien encore *Velleius*, successeur de saint Constance au siège de Gap, nous est connu.

Nous savons de lui seulement qu'il assista au concile d'Orléans le 14 mai 541 et à celui de Paris, de l'an 554. Les décrets du premier font allusion à la doctrine de Nestorius et d'Eutichès ; ceux du second traitent de la discipline ecclésiastique. Vellesius, d'après le *Livre des Annales des Capucins de Gap*, assista également au Ve concile d'Arles ²), tenu en l'an 554, « en laquelle année, ajoute l'auteur de ce « livre, les Lombards conduits par un saxonnois, « qui a fondé l'illustre maison de Savoie, prindrent « et ruinèrent les villes de Gap et d'Ambrun » (3).

Le R. P. Capucin, qui a écrit le *Livre des Annales*,

---

(1) Guadet, *Atlas de l'histoire de France*. — Fauriel, *Histoire de la Gaule méridionale sous les conquérants Germains*, tom. I. — *Université catholique*, tom. I, p. 410 et 411. — *Atlas historique de Chr. et Fr. Kruse*, Ve et VIe siècles.

²) Plus exactement, il fut représenté à ce concile par Honorat, un de ses prêtres (Albanès, *op. cit.*)

(3) Artus de Lionne, *Rolle des évesques de Gap*. — *Livre des Annales des Capucins*, p. 41. — *Abrégé historique*, p. 41. — J'ai corrigé, d'après Moréri, la date fautive donnée par ces auteurs à la tenue des conciles auxquels souscrivit l'évêque Vellesius. D'ailleurs, le concile d'Arles, de l'an 554, est le cinquième et non le troisième, comme le dit l'auteur du *Livre des Annales*

se trompe de quelques années sur la première invasion des Lombards, car ce peuple ne franchit le Mont-Genèvre que dix-huit ans après la tenue du 5e concile d'Arles. M. Fauriel l'assure et le prouve. Or, quel est le capucin qui oserait lutter contre M. Fauriel? Du reste, passez à la lettre suivante, dans laquelle sera traitée l'invasion des Lombards et l'histoire du plus redoutable de nos évêques.

Gap, le 20 décembre 1840.

VIIIe LETTRE.

VIe SIÈCLE *(suite)*.

LES LOMBARDS.

Formes de l'élection des évêques au VIe siècle. — Sagittaire, 9e évêque de Gap, et Salonius, évêque d'Embrun. — Leur conduite cruelle et dissolue dans leurs diocèses. — Voies de fait contre l'évêque des Trois-Châteaux. — Ils sont condamnés par le synode de Lyon, rétablis par le Pape, et se livrent de nouveau à tous les crimes. — Le roi Gontran les fait enfermer et les renvoie, ensuite, dans leurs villes épiscopales. — Repentir et conduite régulière de peu de durée. — Vie luxueuse des deux évêques. — Leur déposition définitive et leur emprisonnement. — Invasion des Lombards dans la Burgondie. — Salonius et Sagittaire se joignent à *Mummolus* pour repousser les Lombards. — Bataille de *Mustiæ Calmes*, près d'Embrun. — Invasion des Saxons. — Dernière irruption des Lombards. — Ils sont défaits vers Embrun. — Mort tragique de Sagittaire. — Causes qui l'amenèrent. — Opinion de Juvénis sur cet évêque et les invasions des Lombards. — Fondation du hameau de Dormillouse.

Dans le siècle où nous sommes péniblement parvenus, à travers tant de lacunes, on procédait à l'élection des grands dignitaires ecclésiastiques de la manière suivante. — A la mort d'un évêque, le clergé et le peuple de la ville épiscopale se réunissaient pour élire son successeur. Ils rédigeaient un procès-verbal de l'élection appelé *consensus* et l'envoyaient au roi, pour obtenir sa confirmation du choix qu'ils avaient fait et la nomination définitive de l'élu, — *confirmatio*. — Le sacre du nouvel évêque, par un ou plusieurs autres prélats, avait lieu ensuite, et se nommait *consecratio, benedictio episcopalis, ordinatio;* enfin, il était installé dans sa cathédrale par d'autres évêques.

Le choix du clergé et du peuple indiquait donc l'évêque à élire, et souvent le roi confirmait ce choix. L'évêque nommé était sacré ordinairement par les évêques de la province métropolitaine, et, quelquefois, par des évêques d'une autre province, choisis par le roi. Mais ce prince n'approuvait pas toujours le choix du clergé, et nommait à la place vacante tel autre clerc, plus en faveur à la cour ou plus fortement recommandé. Il paraît que, sous la première race des Francs, le choix des évêques appartenait définitivement au roi, et que l'on ne s'adressait pas au Souverain Pontife pour demander son assentiment (1).

Sagittaire *(Sagittarius)* [560 ? - 579].

560 à 579. — Le successeur de Vellesius fut-il présenté au roi Gontran par l'assemblée électorale du clergé et du peuple de la ville de Gap, ou bien le choix de Sagittaire pèse-t-il sur ce monarque seul ? C'est ce que je ne saurais vous dire. Mais, quoiqu'il en soit, les peuples de l'Embrunais et du Gapençais durent tressaillir de joie, lorsqu'on apprit, dans les Hautes-Alpes, que deux disciples bien-aimés du grand saint Nisier, évêque de Lyon [552-573], de qui ils avaient obtenu le diaconat, venaient administrer spirituellement, l'un, l'église d'Embrun et l'autre, l'église de Gap. L'on présume, sans pouvoir l'affirmer, que la prise de possession de ce dernier évê-

---

(1) *Histoire ecclésiastique des Francs,* par Georges-Florent-Grégoire, évêque de Tours, traduite par Guadet et Taranne, Tome I, p. 439-440. — Eclaircissements et observations. — Je me suis servi de cette traduction pour l'histoire de Sagittaire. [Grégoire fut évêque de Tours du 22 août 573 au 17 novembre 595, date de sa mort.]

ché par Sagittaire remonte, comme celle de l'évêché d'Embrun par son frère Salonius, à l'année 560. Mais, dit le saint évêque de Tours Georges-Florent-Grégoire, à qui nous sommes redevables de la connaissance des faits et gestes des deux évêques des Alpes, « une fois en possession de l'épiscopat, devenus leurs maîtres, ils commencèrent à se signaler, avec une fureur insensée, par des usurpations, des meurtres, des homicides, des adultères et d'autres excès. Un jour que Victor, évêque de Trois-Châteaux (Saint-Paul-Trois-Châteaux [1]), célébrait la fête solennelle de sa naissance, Salonius et Sagittaire, à la tête d'une troupe, armée d'épées et de flèches, vinrent fondre sur lui, déchirèrent ses habits, tuèrent ses serviteurs, enlevèrent les vases et tous les apprêts du festin, et laissèrent l'évêque honteusement outragé ».

567. — Le roi Gontran, instruit de cet événement, convoqua un synode dans la ville de Lyon. Des évêques, réunis au bienheureux patriarche Nisier, discutèrent le fait, et les ayant reconnus coupables des crimes dont ils étaient accusés, ordonnèrent que ceux qui avaient commis tels excès fussent privés de l'honneur de l'épiscopat. Salonius et Sagittaire, sachant que le roi était encore bien disposé en leur faveur, vinrent à lui, se plaindre d'avoir été injustement dépouillés, et lui demander la permission d'aller trouver le Pape de la ville de Rome. Le roi consentit à leur demande, et leur donna, par lettres expresses, l'autorisation de partir. Admis en la présence du pape Jean III, ils lui représentent qu'ils ont été dépouillés, sans aucune raison suffisante ; et le Pape envoie au roi des lettres, avec injonction de les rétablir sur leurs sièges ; ce que le roi exécuta sans retard, toutefois

---

[1] En 567-581, suivant Gams, *Series episcoporum*, p. 619.

après leur avoir fait de vives réprimandes. Et, c'est, dit-on, un des premiers exemples du droit exercé par les Souverains Pontifes de confirmer ou de casser les jugements de nos rois à l'égard des évêques. Mais ce qu'il y a de pis, ajoute Grégoire de Tours, Salonius et Sagittaire ne s'amendèrent nullement. Cependant ils cherchèrent à apaiser l'évêque Victor, en lui remettant les hommes qu'ils avaient soulevés contre lui. Ce prélat, fidèle au précepte du Seigneur, de ne pas rendre à ses ennemis le mal pour le mal, ne leur en fit aucun et les renvoya libres. Pour cela, il fut, plus tard, privé de la communion, de ce qu'après avoir accusé publiquement ses ennemis, il les avait épargnés en secret, sans prendre conseil de ses confrères devant qui il les avait accusés ; mais, par la faveur du roi, il fut de nouveau reçu à la communion.

Nos deux évêques se livraient, de jour en jour, à de plus grands crimes. Dans leur colère, ils sévissaient aussi contre leurs concitoyens, et ils en frappèrent plusieurs jusqu'à effusion du sang. La clameur du peuple arriva de nouveau jusqu'au roi, et Gontran leur ordonna de se présenter au palais. Quand ils furent arrivés, ils ne voulut pas qu'ils parussent devant lui, mais qu'ils fussent soumis à un interrogatoire préalable, pour s'assurer qu'ils étaient dignes d'être admis en sa présence. Sagittaire, mécontent de ce procédé, s'émut d'une violente colère ; et cet homme léger et inconséquent s'abandonnant à un flux de paroles déraisonnables, se mit à déclamer contre le roi, et à dire que ses fils ne pourraient lui succéder au trône, parce que leur mère Austrechilde avait été prise parmi les servantes de Magnacaire, pour entrer dans le lit du roi, ignorant que, sans avoir égard à la condition des femmes, on appelait alors fils de roi tous ceux qui avaient été engendrés par des rois. Gontran l'ayant appris fut irrité vivement, et leur enleva leurs che-

vaux, leurs serviteurs et tout ce qu'ils pouvaient
posséder : il ordonna de les enfermer dans des
monastères fort éloignés, pour qu'ils y fissent pénitence, ne leur laissant qu'un seul clerc à chacun ;
et recommanda, avec des menaces terribles, aux
juges de chaque endroit, de les garder avec des
hommes armés, et de ne laisser approcher personne
pour les visiter.

En ces jours-là, les deux fils du roi vivaient encore. L'aîné tomba malade : alors les familiers de
Gontran, s'approchant de lui, dirent : « Si le roi
daignait écouter favorablement les paroles de ses
serviteurs, ils feraient entendre leurs voix à ses
oreilles. — Parlez, dit le roi. — Si Salonius et Sagittaire avaient été condamnés à l'exil, quoique innocents ; si le péché du roi retombait sur un autre, et
que, par suite, le fils de notre seigneur vînt à périr ?
— Allez bien vite, leur dit-il ; relâchez-les, et sup-
pliez-les de prier pour nos petits enfants ». Ceux-ci
partirent, et les évêques furent mis en liberté.

Sortis de leurs monastères, les deux frères se
réunirent et s'embrassèrent, parce qu'ils ne s'é-
taient pas vus depuis longtemps ; puis ils retournèrent dans leurs villes épiscopales, tellement
pénétrés de repentir qu'on les voyait sans cesse
chanter des psaumes, jeûner, faire l'aumône, lire,
pendant le jour, des poëmes de David, passer la
nuit à chanter des hymnes et à méditer des leçons.
Mais cette sainteté ne se maintint pas longtemps
parfaite, et ils retournèrent à leurs anciens égare-
ments. Ils passaient la plupart des nuits à festiner
et à boire, et, tandis que les clercs chantaient les
matines dans l'église, ils demandaient des coupes
et faisaient des libations de vin. Ils ne parlaient
plus de Dieu et ne songeaient plus à dire leurs
heures. Quittant la table au retour de l'aurore, ils
se couvraient de vêtements moelleux et dormaient,
ensevelis dans le vin et le sommeil, jusqu'à la troi-

sième heure du jour. En même temps, ils ne se faisaient pas faute de femmes pour se souiller avec elles. Puis ils se levaient, prenaient le bain, se mettaient à table et n'en sortaient plus que le soir : alors ils s'empressaient de commencer leur souper qui, comme je l'ai dit, se prolongeait jusqu'au lendemain. Telle était leur vie de tous les jours, jusqu'à ce que la colère de Dieu vînt fondre sur eux.

579. — En la dix-huitième année du règne de Gontran, un concile se rassembla à Châlon-sur-Saône, par ordre de ce prince. Après avoir discuté différentes affaires, on renouvela l'ancien procès contre Salonius et Sagittaire. Là, furent exposés tous les griefs à leur charge : on les accusa, non seulement d'adultères, mais encore d'homicides. Comme les évêques étaient d'avis de leur faire expier leurs crimes par la pénitence, on ajouta qu'ils étaient coupables de lèse-majesté, et traîtres à la patrie. Pour ce motif, ils furent dépouillés de l'épiscopat et renfermés, sous une surveillance sévère, dans la basilique de Saint-Marcel ; mais ils s'en échappèrent et errèrent en divers lieux. D'autres évêques furent mis à leur place (1).

Tel est le récit que j'emprunte mot à mot à Grégoire de Tours. Ce prélat nous fait connaître, non seulement les actes, plus infâmes qu'édifiants, des deux évêques des Hautes-Alpes, ses contemporains, mais encore les mœurs, les usages et quelques croyances superstitieuses de ces temps reculés. Cependant tout n'est pas dit encore sur Salonius et surtout sur Sagittaire. Il est une action éclatante à laquelle les deux frères prirent une part active et qui leur a attiré un blâme sévère de l'his-

---

(1) Grégoire de Tours, liv. V, ch. 21 et 28. Tom. I, pag. 289, 290, 291, 292 et 298 de la traduction déjà citée — *Emeritus* succéda à *Salonius* au siège épiscopal d'Embrun ; et le grand *Arigius* (St-Arey) à Sagittaire, au siège de Gap.

torien catholique du VI° siècle, et qui, plus est, des historiens philosophes du XIX°; mais qui dut leur acquérir la bienveillance du roi Gontran et les bénédictions des peuples de la Burgondie, puisqu'ils concoururent puissamment, avec le premier homme de guerre de cette époque, à repousser les barbares qui venaient de nouveau ravager leurs églises, piller et égorger les peuplades soumises à leur juridiction. Avant de reproduire cet épisode de leur histoire, permettez-moi de vous faire observer que, dans les actes du deuxième concile de Lyon, tenu en 567, et non en 570, comme le dit Artus de Lionne, et, après lui, l'auteur du *Livre des Annales des Capucins;* concile, où Salonius et Sagittaire furent déposés une première fois, il n'est fait aucune mention de ces deux prélats. Peut-être furent-ils condamnés par une assemblée synodale, convoquée spécialement, vers cette époque, pour s'occuper de la conduite qu'ils avaient tenue à l'égard de leur confrère de Saint-Paul-Trois-Châteaux. Du reste, c'est entre la première et la seconde déposition des deux évêques que fut livrée la bataille à laquelle ils prirent une part si active.

568. — Durant les premières années de leur épiscopat, une peuplade germanique qui nous est connue sous le nom de *Long-Bards*, ou mieux encore de Lombards, et qui, d'abord, avait séjourné sur la rive septentrionale du Danube, s'avisa aussi de convoiter une partie de l'empire romain, et de choisir, pour son lot, les riches plaines de la Gaule cisalpine. En l'année 568, les Lombards fondirent sur l'Italie, conduits par leur chef, Alboin, qui, après avoir soumis les provinces de la Vénétie, de la Ligurie et de la Toscane, fixa sa résidence à Pavie. De là, il jeta un nouveau regard au-delà des Alpes, tenta la conquête de la Gaule méridionale, occupée depuis de longues années par d'autres ger-

mains plus expéditifs et qui la lui disputèrent vivement.

570. — La première descente des Lombards dans le royaume des Burgondes date de l'année 570 ; mais on ignore sur quel point ils l'effectuèrent. Ils battirent *Amatus*, patrice romain [1], et repassèrent les Alpes chargés de butin, emmenant avec eux des milliers de captifs, parmi lesquels durent se trouver en grand nombre des habitants de Gap et d'Embrun : car, parmi les lieux ravagés, le père Marcellin Fournier place ces deux villes épiscopales en première ligne. Mais la Burgondie avait dans son sein un guerrier célèbre et deux prélats belliqueux qui devaient effacer cette honte. Les deux prélats étaient les évêques de Gap et d'Embrun : le célèbre guerrier était *Ennius*, surnommé *Mummolus*, fils du comte d'Auxerre. Gontran le nomma patrice et lui confia le commandement de la guerre contre les Lombards, dans le cas où ces barbares descendraient de nouveau en Burgondie.

572. — Ils n'y manquèrent. Au printemps de l'année 572, plusieurs de leurs bandes, réunies sous un chef particulier, montèrent le long de la Doire jusqu'au Mont-Genèvre, de la brèche duquel ils se précipitèrent dans la vallée de la Durance, suivant le cours de cette rivière jusqu'à *Mustiæ Calmes*, lieu qui vous est inconnu sans doute, que l'on présume être le Plan-de-Phazi [2], au-dessous de Mont-Dauphin, et que l'on indique, comme étant dans le voisinage d'Embrun [3]. Là, ils firent halte. Mummole,

---

[1] Au sujet des patrices et du rôle considérable que ces personnages ont joué dans nos pays, du IV° au VIII° siècle, on pourra lire l'étude que nous avons publiée, en 1884, dans les *Bulletins de la Société d'études des Hautes-Alpes*, p. 418-443.

[2] Ou mieux le *Plan-de-Fazi* (Invent. des Arch. de Guillestre, 1906, p. XI. Cf Fornier, *Hist. génér. des Alpes*, t. I, 1890, p. 489).

[3] Irruentibus iterum Langobardis in Gallias et usque Mustias

prévenu de leur descente et déjà prêt à les recevoir, ne leur laissa pas le temps de se remettre en marche ; il avança avec deux corps de troupes, dont l'un, remontant la Durance jusqu'auprès d'Embrun, intercepta aux Lombards, par des abattis d'arbres et de rochers, la route de la Provence, tandis que l'autre, fondant à l'improviste sur leur flanc, par des sentiers détournés à travers les montagnes, les attaqua, avant qu'ils eussent pu se mettre complètement en défense. Le gros de la bande fut égorgé ; ceux que l'on fit prisonniers furent envoyés au roi Gontran, qui les dispersa en différents lieux de son royaume. Quelques-uns seulement parvinrent à s'échapper et portèrent à leurs compagnons d'Italie la nouvelle de leur défaite.

En cette bataille mémorable figurèrent aux premiers rangs Salonius et Sagittaire, « tous deux « évêques, dit Grégoire de Tours, qui, non pas « munis de la croix céleste, mais armés du casque « et de la cuirasse du siècle, tuèrent, dit-on, ce qui « est pis encore, plusieurs ennemis de leurs pro- « pres mains ». C'est là le premier exemple de prêtres chrétiens allant à la guerre, pour y verser le sang ; et c'est un exemple frappant de la rapidité avec laquelle la discipline ecclésiastique s'était altérée sous la domination des barbares. Sagittaire contracta, en cette occasion, une liaison intime avec le patrice Mummole ; aussi le retrouvons-nous bientôt engagé avec celui-ci dans une entreprise plus aventureuse.

573. — L'année suivante, les Saxons, au nombre de vingt-cinq mille combattants, passèrent également les Alpes, et furent taillés en pièces par Mummole à Estoublon, dans les environs de Riez.

Calmes accedentibus, qui locus Ebredunensi adjacet civitati, etc. (Grég. de Tours, liv. IV, 42).

574. — Au mois de mai 574, deux cent mille Saxons, divisés en deux corps, pénétrèrent dans la Gaule par Nice et par le chemin de la Durance. Les deux bandes se rencontrèrent à Avignon, où celle qui avait dû ravager les Hautes-Alpes, en les traversant, se trouva la première. Dans la persuasion que Mummole se mettrait à leur poursuite, les Lombards firent, en même temps, irruption dans le Valais et prirent position au monastère de Saint-Maurice. Attaqués vivement à Bez, ils restèrent presque tous sur la place. Alors le redoutable patrice se tourna du côté des Saxons, les trouva sur les bords du Rhône, et ne leur permit de passer ce fleuve, pour entrer chez les Arvernes, qu'après en avoir reçu une rançon de plusieurs milliers de pièces d'or.

576. — Après une année de préparatifs, la nation des Lombards se leva tout entière, au printemps de 576. Elle arriva au Mont-Genèvre, divisée en trois corps, l'un commandé par Amo ; le second par Zaban, et le troisième par Rhodane. Arrivés dans la vallée de la Durance, ils ne rencontrèrent aucun obstacle, et les malheureuses villes de Briançon, de Rame, d'Embrun et de Gap furent de nouveau occupées par les Lombards. De cette dernière ville Zaban et Rhodane prirent la route de Grenoble, et Amo s'avança dans la Provence, où il enleva les troupeaux qui paissaient dans la Crau d'Arles. Zaban va, ensuite, asseoir son camp sous Valence, tandis que Rhodane assiège Grenoble. Mummole accourt et bat celui-ci sur les bords de l'Isère. Rhodane, avec les débris de son armée, va joindre Zaban, qui lève le siège de Valence, et reprend avec son compagnon le chemin de l'Italie, en descendant vers Avignon et remontant ensuite la Durance. Le patrice, suivant une route plus directe, arrive avant eux à Embrun, où il les défaits complètement.

Cependant les deux chefs et un petit nombre de soldats parviennent à s'échapper par le Mont-Genèvre, et Amo, épouvanté, rentre également en Italie, par un autre chemin. Cette invasion des Lombards fut heureusement la dernière.

Trois ans s'étaient à peine écoulés, depuis la première bataille des environs d'Embrun, où les deux frères Salonius et Sagittaire avaient occis de leurs propres mains tant de barbares mécréants. Il vous souvient, qu'après l'expulsion définitive des Lombards, ils avaient été condamnés à une prison perpétuelle par le concile de Châlon [en 579], et qu'en suite ils étaient parvenus à s'échapper de la basilique de Saint-Marcel, dans laquelle on les tenait enfermés. Que devinrent-ils après leur fuite ? Quant à l'évêque d'Embrun, le chroniqueur Georges-Florent-Grégoire n'a pu ou n'a pas voulu nous l'apprendre ; mais le saint évêque de Tours n'a pas perdu de vue le valeureux Sagittaire et ne l'a quitté qu'au moment suprême où le glaive trancha le fil d'une vie si tumultueuse.

585. — En l'année 585, une étrange scène se passait dans une cabane vers les monts Pyrénées. Cette cabane était entourée par de nombreux soldats, qui en faisaient le siège. Un guerrier seul y était enfermé et se défendait vaillamment. Après avoir très longtemps résisté aux attaques des assaillants, il tente un effort désespéré et s'élance hors de la cabane : deux soldats lui percent le flanc de leurs lances ; il tombe et meurt. A cette vue, un évêque, qui se trouvait en cet endroit, tremble, saisi de crainte. Un de ceux qui étaient présents lui dit : « Vois, toi-même, évêque, ce qui se passe.
« Couvre-toi la tête pour n'être pas reconnu ; gagne
« la forêt et restes-y caché quelque temps, jusqu'à
« ce que la colère du roi s'apaise et te permette
« d'échapper ». L'évêque suit ce conseil ; mais tan-

dis qu'il s'efforce de fuir, la tête couverte, quelqu'un, tirant son glaive, lui abat la tête avec le capuchon dont elle est couverte [1]).

Le premier était le patrice Mummole ; le prélat n'était autre que Sagittaire, l'ancien évêque de Gap. Ces deux vainqueurs des Lombards, traîtres au roi des Burgondes, qu'ils avaient jadis si vaillamment défendu, venaient de recevoir le prix de leur félonie.

Quel était le soldat, qui d'un seul coup, venait d'abattre et la tête et le capuchon de Sagittaire? Quelle vengeance avait-il à cœur contre ce fougueux prélat? Devait-il à celui-ci le meurtre de son père, la séduction de sa femme ou le rapt de sa fille? Sagittaire avait-il fait frapper de verges son fils jusqu'à ce que le sang ruisselât de ses plaies? Était-il du nombre de ces soldats gapençais livrés à l'évêque des Trois-Châteaux pour être réduits en servitude? Ou bien, serviteur dévoué, ne fesait-il que mettre à exécution les ordres du roi Gontran? C'est ce qui restera ignoré jusqu'à la consommation des siècles.

Il paraît qu'après sa fuite du couvent de Saint-Marcel, Sagittaire s'était rendu auprès de Mummole, et avait partagé sa bonne comme sa mauvaise fortune. En effet, nous les voyons l'un et l'autre se joindre à Gondovald, lorsque ce prétendu fils de Clotaire vint dans la Gaule, pour se faire déclarer roi. Sagittaire et Mummole furent les premiers dans la faveur de Gondovald ; l'ancien évêque de Gap en avait même reçu la promesse de l'évêché de Toulouse. L'un et l'autre se trouvent dans cette ville, lorsqu'elle est assiégée par les généraux de Gontran. « L'évêque Sagittaire, dit encore Grégoire de Tours, « parcourait fréquemment les murs, tout armé, et « souvent même, du haut du mur, il jeta de sa pro- « pre main des pierres contre l'ennemi ». Ceux qui assiégeaient la ville, voyant qu'ils ne pouvaient

---

[1]) A Comminges, en l'an 585 (Longnon, *La Gaule au VI° siècle*, p. 591).

réussir, dépêchèrent secrètement des envoyés à Mummole pour lui proposer de livrer Gondovald, lui annonçant que sa femme et ses enfants étaient tombés au pouvoir de Gontran, et qu'en persistant dans sa rebellion, il mettait leur vie en péril. Le patrice et Sagittaire se rendent dans l'église, avec les autres chefs des deux partis : là, ils jurent que, si on leur garantit la vie sauve, ils livreront Gondovald à ses ennemis et se remettront dans l'obéissance du roi Gontran. L'un et l'autre, après avoir livré la ville, sont conduits au camp des Burgondiens, et ensuite condamnés à périr. L'un et l'autre, enfin, subissent, à la même heure, la sentence prononcée contre eux par Gontran, dans la cabane ou la maison du chef burgonde Leudégisile, où ils s'étaient réfugiés (1).

Nos auteurs gapençais, en parlant de Sagittaire, n'ont fait qu'abréger le récit de Grégoire de Tours ou l'orner de salutaires réflexions. Aucun d'eux n'a fait mention de sa mort si dramatique ; mais ils ont ajouté qu'il était parlé de lui et de son frère dans les actes du 4º concile de Paris, tenu en l'année 573. Quant aux invasions des Lombards, ils ne sont tombés d'accord, ni sur leur nombre ni sur les époques où elles eurent lieu. A cet égard, j'ai préféré suivre M. Fauriel, qui a fixé ce nombre et précisé ces dates dans son bel ouvrage sur la Gaule méridionale, qui paraît être le fruit des recherches les plus exactes et les plus minutieuses. Toutefois, comme notre docte Juvénis s'est le plus rapproché de la vérité et qu'il relève quelques erreurs échappées à des auteurs, ses contemporains, permettez-moi de vous faire connaître ce qu'il a dit, dans ses *Mémoires*, de Sagittaire et des Lombards.

(1) Grégoire de Tours, liv. VII, ch. 28, 34, 37, 38 et 39. — Fauriel, *Histoire de la Gaule méridionale sous les conquérants germains*, tom. 2 ch. XV et XVI. — Le P. Fournier, *Histoire des Alpes maritimes*, Part. 1, §. 12 [ou bien pp. 483-517 du t. I de notre édition.]

« Monsieur de Gap (Artus de Lionne), après le
« P. Marcellin Fournier, dit que Gap et Embrun
« furent ruinés, sous Vellesius, par les tyrans Lom-
« bards, en 554 ; ce qu'Alphonse Delbène dit de
« mesme. Mais cela semble contraire au calcul de
« tous les autres auteurs, car il est très-constant
« que les Lombards ne vinrent en Italie qu'en l'an
« 569, sous Alboin, lequel ne régna que trois ans et
« six mois ; après lequel, Cleph lui ayant succédé et
« n'ayant régné qu'environ une année et demie,
« trente-cinq tyrans s'emparèrent de cet état, et,
« après avoir pillé toute l'Italie, ils passèrent en
« France, sur la fin de l'an 574 ou 575 ; ils ne ruinè-
« rent Gap et Embrun que vers ce temps-là, et que
« ce fut sous l'évesque *Sagittarius*, lequel l'estoit
« dès l'an 560, qui est celle-là mesme que son frère
« *Salonius* fut fait évesque d'Ambrun » (1).

Est-il bien vrai qu'après la défaite des Lombards près d'Embrun, plusieurs d'entre eux traversèrent la Durance, se réfugièrent derrière des replis de montagnes, presque vis-à-vis de Guillestre, et y bâtirent une maison qui s'appela, dans leur langue, maison de Dormil ; laquelle plus tard, devint le hameau de Dormilhouse ? M. de Ladoucette l'assure (2) ; mais je craindrais de me rendre sa caution, car il ne cite aucune autorité à l'appui de ce fait. Couvenons, cependant, que nos hautes vallées et nos âpres montagnes ont presque toujours servi de refuge aux battus et aux proscrits de toutes les époques.

Gap, le 30 décembre 1840.

(1) Juvénis, *Mémoires* inédits, sur Vellesius et Sagittarius. — D'après le court exposé que j'ai fait, plus haut, des diverses incursions des Lombards, il est certain que les villes de Gap et d'Embrun ont été occupées par ces barbares, toutes les fois qu'ils ont pénétré dans la Burgondie par le Mont-Genèvre.

(2) J.-C.-F. Ladoucette, *Histoire, antiquités, etc. des Hautes-Alpes*, 2ᵉ éd., p. 257. — Dormilhouse ou Dormillouse est un hameau de la commune de Freissinières.

IXe LETTRE.

VIe & VIIe SIÈCLES.

SAINT AREY (*Arigius*). [579-610].

Saint Arey, 10e évêque de Gap. — Sa naissance, sa famille, son entrée dans le sacerdoce, son élection au siège de cette ville. — Les rois Francs. — Gontran, Frédégonde et Brune-Hilde. — Conduite de saint Arey dans sa ville épiscopale. — Ses courses pieuses sur le monticule de Saint-Mens — Divers miracles de saint Arey. — Il assiste au 2e concile de Valence et au 2e concile de Mâcon. — Actes de ce dernier concile. — Voyage de saint Arey à Rome. — Sa liaison avec saint Grégoire le Grand. — Son retour. — Lettres de saint Grégoire à notre évêque. — Vision miraculeuse de saint Arey. — Portrait de Brune-Hilde par Juvénis. — Saint Arey en présence de Brune-Hilde. — Déposition de saint Didier, évêque de Vienne. — Miracle des portes de l'église de Saint-Marcel. — Second voyage de saint Arey à Rome. — Citation et curieux distique à ce sujet. — Il est porté à Rome par un démon. — Son retour. L'ours de saint Arey. — Maladie de cet évêque. Sa mort. — Ses obsèques. — L'ours y assiste et revient, chaque année, au jour de l'anniversaire. — Hommages rendus à saint Arey dans toute la province. — Éloge de M. Arbaud, avant-dernier évêque de Gap. — État politique de cette ville au VIIe siècle.

« Le diocèse de Gap avait besoin d'un saint évê-
« que pour réparer les désordres qu'il avait souf-
« ferts pendant le pontificat de Sagittaire. Dieu le
« lui donna, par un effet de sa vigilance toute misé-
« ricordieuse sur cette église ». — Ainsi s'exprime
l'auteur de l'*Abrégé historique de l'église et des évêques de Gap*, avant de commencer la très courte
notice qu'il nous a laissée sur saint Arey.

Nous avons vu, dans la lettre précédente, que Sagittaire avait été dépossédé de l'épiscopat par les pères du concile de Châlon-sur-Saône, et enfermé dans un monastère, duquel il s'échappa ensuite, pour substituer définitivement la framée des Francs au bâton pastoral, et le casque des Burgondes à la mitre orientale. L'église de Gap, déshonorée par ses violences, se releva toute radieuse, lorsque *Arigius* s'avança pour en être le plus bel ornement, et pour effacer les traces de la tyrannie de son cruel et dissolu prédécesseur. *Arigius* est ce même pontife que nous vénérons sous le nom de saint Arey.

Avant de tracer le récit de sa vie miraculeuse, sachez que j'ai eu recours, non seulement à Raymond Juvénis, notre grand chroniqueur ; mais encore à l'histoire de notre saint évêque, écrite par un auteur contemporain, corrigée et publiée par le R. P. Papebroch ou plutôt Papebroëc, savant hollandiste s'il en fût jamais, laquelle diffère en quelques points du manuscrit que consulta Juvénis. A l'aide de l'histoire générale de la fin du VIe siècle et du commencement du VIIe, j'ai tâché également de présenter les faits dans leur ordre chronologique, de sorte qu'avec le secours des uns et des autres je puis vous présenter, dans tous ses détails, la naissance, la vie et la mort du plus grand de nos évêques.

Arigius (1) naquit à Châlon-sur-Saône vers le milieu du VIe siècle. *Apocrasius*, son père, et *Sempronia*, sa mère, appartenaient à une famille illustre d'origine gallo-romaine, ainsi que leurs noms l'indiquent. Il avait à peine atteint sa douzième année,

---

(1) L'auteur contemporain le nomme Arigius, ainsi que saint Grégoire le Grand ; les auteurs du *Sacrosancta Concilia*, Aridius ; les Bollandistes, Arigius et Aridius. L'abbé Feller, *Dictionnaire historique*, et Alban Butler, *Vie des Pères, des Martyrs*, etc., l'ont francisé sous le nom d'Arige. Dans le XVIe et XVIIe siècles, on écrivait encore Aricy ; mais aujourd'hui, dans le diocèse de Gap, il n'est connu que sous le nom de saint Arey.

que ses parents l'offrirent à Dieu et l'exposèrent sur l'autel de saint Vincent dans l'église de Châlon : c'était le premier enfant que Dieu eût accordé à leur union. Le bienheureux Didier, alors évêque de ce diocèse (1), fit la cérémonie de son baptême, l'adopta et se chargea de son éducation : il pressentait qu'Arigius parviendrait à un degré éminent de sainteté, et qu'il trouverait toujours en lui un élève obéissant et un fils respectueux. Ce fut donc chez le saint évêque de Châlon que le jeune lévite passa ses premières années et qu'il acquit ces grandes connaissances, qui, dans la suite, lui attirèrent l'admiration de son siècle : car il se livrait à l'étude avec une ardeur qui n'avait nul besoin d'être excitée. Sa haute intelligence et la pureté de ses mœurs lui valurent l'honneur d'être élevé au sacerdoce ²) et d'obtenir ensuite, en qualité de pasteur, le gouvernement de l'église de Morges, près de laquelle s'élevait un bourg assez considérable (3).

579. — Quelques années s'étaient passées dans

---

(1) Il est fort douteux, d'après les Bollandistes, que le bienheureux Didier, qui baptisa saint Arey et qui fit son éducation, occupât le siège de Châlon. Les habitants de Clermont l'honorent comme appartenant à leur ville ; ils lui donnent le nom de Desideratus — Désiré — qui, par son rapprochement avec celui de Desiderius — Didier — prêtre de la même ville, a pu donner lieu à les prendre l'un pour l'autre. Quoiqu'il en soit, ajoutent-ils, Arigius peut bien avoir été exposé sur l'autel de saint Vincent à Châlon, et avoir suivi ses parents dans leur émigration en Auvergne. On doit croire que c'est dans cette province qu'il reçut le baptême, puisqu'il est constant qu'il y fut promu aux ordres sacrés (*Acta sanctorum Maii*, tom. 1, p. 107) — Juvénis fait du précepteur de saint Arey, le Didier, évêque de Vienne, qui fut déposé et banni à l'instigation de Brune-Hilde.

²) Par Syagrius, évêque de Grenoble, dont il était le disciple (*Analecta Bollandiana*, t. XI, p. 384).

(3) L'église de Morges était située dans le pays des Arvernes — l'Auvergne — à cinq lieues environ de Clermont [ou plutôt Morges en Trièves (Isère), entre Grenoble et Gap, et dont il fut le pasteur durant 14 ans (Albanès, *Gallia*, col. 456). Cf. *Inv. des Arch. des Hautes-Alpes*, t. III, p. VIII].

ce saint ministère, lorsque les vœux ardents du clergé de Gap, des saints habitants de cette ville, et de tous les monastères du diocèse, élevèrent cet homme plein de Dieu sur le siège épiscopal de l'ancienne *Vapincum*, devenu vacant par la seconde déposition de Sagittaire. C'est en l'année 579 qu'Arigius fut élu d'une voix unanime (1).

Il vous souvient que, depuis l'année 576, où les Lombards furent exterminés près d'Embrun, ces mécréants n'avaient pas renouvelé leurs incursions dans la Gaule, de sorte que nos ancêtres auraient joui d'une paix profonde lors de l'avènement de saint Arey au trône épiscopal de la ville de Gap, si les descendants du sicambre Chlodwic ne s'étaient fait entre eux une guerre acharnée. A cette époque, nous avions encore le bonheur d'être gouvernés temporellement par Gontran ou *Guntherannus*, le meilleur des quatre fils de Clotaire. On lui reprochait seulement beaucoup de faiblesse, une conduite versatile, non d'avoir une maîtresse, mais de l'avoir choisie dans la classe infime de la société; d'avoir répudié la femme légitime qui avait succédé à sa maîtresse ; d'en avoir eu deux autres, dont la condition et la fin sont restées incertaines, et, enfin, d'avoir fait assassiner un de ses neveux, pour plaire à la terrible Frédégonde. Malgré ces peccadilles et quelques autres vices qui appartiennent plus particulièrement à son siècle, notre roi Gontran fut mis au rang des saints, car sa bonté effaça bien des fautes, aux yeux de la religion comme aux yeux des peuples de Burgondie.

A la même époque, brillaient d'une clarté sinistre, sur les trônes de Neustrie et d'Austrasie, deux petites furies, suscitées de l'enfer pour désoler

---

(1) *De Sancto Arigio, Vita auctore coævo, ex Ms. Silviniacensi eruta, a Jacobo Sirmondo S. J.* — *Acta sanctorum. Maii,* tom. I. p. 107. — *Vie des Pères, martyrs et autres principaux saints,* d'Alban Butler, trad. de Godescard, tom. 5, mois de mai.

l'humanité : c'étaient Frédégonde et *Brune-Hilde*, les belles-sœurs de notre bon roi Gontran. — Frédégonde, digne épouse de Chilpéric, le Néron de la France, qui avait eu la Neustrie en partage ; Frédégonde, impitoyable ennemie de Brune-Hilde, reste tout à fait étrangère à l'histoire du diocèse de Gap, si ce n'est que de Landéric ou La Tour-Landry, son maire de palais, qui fut son complice dans l'assassinat de Chilpéric, prétendait descendre, en droite ligne, l'un de nos derniers prélats (1).

Il n'en est pas de même de Brune-Hilde ou Brunehaut, car nous la verrons en présence de saint Arey, au moment où elle administrait la Burgondie au nom de son petit-fils. Fille du roi des Visigoths d'Espagne, cette reine avait épousé Sigebert, roi d'Austrasie, en l'année 568. Frédégonde ayant fait étrangler sa sœur Galswinthe, femme de Chilpéric, pour s'asseoir à sa place sur le trône de Neustrie, Brune-Hilde lui voua une haine implacable, qui ne tourna qu'à sa propre ruine et à celle de sa famille.

Après avoir montré, en diverses circonstances, un courage indomptable et une générosité bien rare à cette époque, — car, bien que près d'un siècle se fût écoulé depuis que le fier Sicambre avait courbé la tête devant le Dieu de Clotilde, le christianisme n'avait pu vaincre encore la rudesse des conquérants de la Gaule et de l'Espagne, — Brune-Hilde devint, dans sa vieillesse, la femme la plus dissolue de son temps et l'horreur de toute la Gaule. Accusée de vingt assassinats, d'avoir fait périr dix rois, deux maires de palais, saint Didier, le précepteur de saint Arey, et le bienheureux Colomban, elle expia, dans les tourments, dont le récit fait reculer d'épou-

---

(1) Jean-Baptiste-Marie de Maillé de La Tour-Landry, évêque de Gap en 1778, de Saint-Papoul en 1784, de Rennes en 1802, mourut en 1804, à Paris, où il s'était rendu pour assister au sacre de l'Empereur. [Cf. vicomte de Broc, *Un évêque de l'ancien régime sous la Révolution*. Paris, 1894, in-8°, VIII-354 p.]

vante, les crimes dont elle s'était rendue coupable. Sa mémoire fut déchirée comme l'avait été son corps. Et cependant, bien que, dans ces temps barbares, les prêtres seuls eussent osé, au péril de leur vie, élever la voix pour flétrir les forfaits auxquels se livrèrent les fils et les petits-fils de Clovis et les deux furies qui leur furent associées, quelques-uns d'entre eux n'ont pas tari sur les louanges qu'ils ont cru pouvoir donner à Brune-Hilde; mais peut-être ces éloges ne s'appliquaient-ils qu'à la première moitié de sa misérable vie. Grégoire de Tours, qui n'a pu la voir dans sa vieillesse, trouve en elle un modèle de vertu, de sagesse et de douceur: Fortunat, évêque de Poitiers, loue ses grâces et sa beauté; saint Grégoire le Grand lui-même, cet ami d'Arigius qui, dans la suite, eut tant à se plaindre de Brune-Hilde, la présente comme une reine pieuse, une régente vertueuse et une mère chrétienne. Dans l'incertitude où me jettent ces opinions contradictoires, et par respect pour le beau sexe, si souvent calomnié, et, quelquefois si impudent calomniateur, je me serais rangé à l'opinion bienveillante, si Raymond Juvénis n'avait peint la reine d'Austrasie des couleurs les plus sombres, comme vous pourrez en juger lorsque je rapporterai la tenue et les résultats du conciliabule de Châlon. De sorte que le doute subsiste, grâce à l'opinion de l'historien gapençais.

Laissons tous ces rois barbares réprimer l'ambition des leudes, s'égorger entre eux, usurper des royaumes, morceler la Gaule, la réunir sous un même sceptre, puis la diviser encore; laissons-les racheter leurs crimes par des fondations pieuses, et revenons à la société gallo-romaine, fondée et administrée par les évêques, et surtout par saint Arey, dont la vie toute chrétienne ne nous est guère connue que par les nombreuses merveilles qui signalèrent son épiscopat. Les miracles dus à son intercession sont présentés sans ordre par l'historien de sa vie :

mais, comme nous pouvons assigner une date aux conciles qu'il honora de sa présence, et à son voyage de Rome, je commencerai par raconter les merveilles qui se manifestèrent depuis l'élection de saint Arey jusqu'à l'année 583, où il assista au 2ᵉ concile de Valence, et depuis cette époque jusque vers l'an 595, où il alla visiter le tombeau des Saints-Apôtres.

579 à 583. — Arigius, s'étant rendu dans le diocèse que Dieu avait confié à son zèle, entreprit avec ardeur le salut des âmes: et le succès couronna son attente. Non seulement il maintenait dans la voie du salut ceux qui l'avaient toujours suivie, mais il y ramenait les personnes qui s'en étaient éloignées. Seul, il s'acquittait des devoirs qui auraient dû peser sur tous les clercs, joignait, à une activité incessante, une bonté inépuisable et une grande modération. Il consacrait une partie de son temps à l'éducation de la jeunesse, donnant aux enfants, qui lui étaient confiés, des maîtres d'une douceur angélique, et formant lui-même les jeunes gens qui se destinaient à la cléricature. Lorsque ces jeunes élèves lui paraissaient dignes du sacerdoce, il entrait avec eux, à chaque heure du jour et de la nuit, dans la méditation des lois du Seigneur; cette méditation était suivie d'une lecture ou d'une instruction, et terminée par une hymne du roi David, chantée avec un saint enthousiasme. Après que les jeunes lévites avaient adressé à Dieu leur cantique, notre bienheureux prélat se rendait, quelquefois, pendant la nuit, en un château près de la ville, accompagné seulement de *Probus*, clerc, qui exerçait alors, auprès de lui, l'emploi de lecteur, et qui, maintenant, ajoute l'auteur de la vie de saint Arey, est admis aux sacrés mystères comme prêtre (1). D'autres fois, ils allaient visiter l'église de saint Mamert, martyr, située au

(1) De ces mots l'on a induit que l'auteur de la vie de saint Arey était contemporain de cet évêque.

sommet d'une montagne ardue, et dans laquelle ils entraient à l'aide de fausses clefs, qu'ils avaient fait fabriquer, par humilité, afin d'éviter toute ostentation dans ces actes d'une piété ardente. Lorsque la nuit était devenue silencieuse, Arigius et son enfant de prédilection pénétraient dans le Saint des Saints; leur touchante prière était souvent interrompue par les soupirs et par les larmes, mais ils la terminaient par des hymnes de louange; et, ensuite, sous la conduite de Jésus-Christ, ils rentraient dans la ville qui se trouve au pied de la montagne (1).

Tant que ses forces lui le permettaient, le bienheureux évêque ne cessa de se livrer à ces durs exercices, dont jamais personne n'entendit parler, jusqu'au moment où il en fit l'aveu, en montrant la clef dont il se servait pour ouvrir et fermer le sanctuaire.

Le temple du bienheureux André, apôtre, situé près des murailles de la ville, était souvent fréquenté par les démons. Y étant entré, pendant la nuit, saint Arey les y trouva occupés à des œuvres d'iniquité. S'adressant à l'esprit des ténèbres, il lui dit avec autorité : « Partout où un homme se présentera « en mon nom et te demandera sécurité pour sa « route, au lieu de lui nuire, tu le protègeras, toi et « les tiens ». Et comme l'heure du chant du coq approchait et que le clerc de l'église de Saint-André allait venir pour la prière nocturne, il chassa les démons du temple. Cette action de saint Arey resta ignorée; car, pendant que les anges l'assistaient, les personnes qui se trouvaient dans le temple ne voyaient pas l'action charitable à laquelle il se livrait pour les soustraire à la puissance de l'archange déchu (2).

(1) Sans nul doute, cette ville est la ville de Gap, et cette montagne est le monticule de Saint-Mens.
(2) Ce passage fort obscur de la vie de St Arey, bien que corrigé par les Bollandistes, fait connaître clairement que, vers la fin du

Avant la révolution de 1789, le diocèse de Gap s'étendait au-delà de la Durance, et comprenait, dans cette partie de la Haute-Provence, un grand nombre de paroisses [1], qui furent réunies au diocèse de Digne, ou plutôt au département des Basses-Alpes, lors de la nouvelle circonscription territoriale exécutée en 1791. Saint Arey allait souvent visiter ces paroisses éloignées de sa ville épiscopale. Une nuit qu'il traversait la Durance, dans une faible nacelle, le démon détacha de la montagne un roc énorme qui, tombant près de la nacelle, allait bientôt la briser et l'engloutir. Aussitôt la main protectrice des anges enleva saint Arey et le plaça, ainsi que le diacre *Januarius*, qui l'accompagnait dans sa tournée pastorale, sur le rocher même qui devait être l'instrument de sa perte, et qui devint ainsi l'instrument de son salut. Les eaux de la Durance se brisaient avec un bruit effroyable sur l'un et l'autre côté du rocher, tandis qu'Arigius chantait sa délivrance avec un cœur fervent. Sa bouche si pure faisait retentir les échos de ce cantique d'actions de grâce : « Dans le péril, j'ai eu confiance au Seigneur, « et il a tourné son regard vers son serviteur; il a « placé une pierre sous mes pieds chancelants, et il « a dirigé mes pas au milieu de l'abîme ».

Cependant un grand nombre de prêtres et une foule immense de citoyens, accourus, des deux côtés de la rivière, vers le gouffre qui menaçait d'engloutir saint Arey, se fatiguaient inutilement du soin de le sauver: le jour, qui se hâta de paraître, fit briller à leurs yeux la puissance de Jésus-Christ, qui tirait leur pasteur de ce péril imminent (2).

VI⁰ siècle, il existait une église de Saint-André près des remparts ou de la citadelle *(oppidum)* de la ville de Gap. Était-elle différente de celle du couvent dédié au même apôtre et établi, plus tard, à quelque distance de la ville près du torrent de Bonne? Non, si, comme nous le verrons bientôt, la ville s'étendait jusqu'à ce torrent.

[1] Voir *Inv. des Arch. des H.-A.*, G. t. II, p. VIII.

(2) L'endroit où saint Arey traversait la Durance n'est pas indi-

L'auteur contemporain de la vie du grand Arigius annonce, en cet endroit de son histoire, que notre saint évêque accomplit encore trois grands miracles. Il n'a pas voulu les soustraire à l'admiration des générations futures; et les voici, tels qu'il les raconte, avec la foi et la simplicité d'un témoin oculaire.

Un sanglier terrible, sorti des forêts épaisses qui, dans ce siècle lointain, environnaient la ville de Gap, ravageait le territoire de cette ville et jetait l'épouvante parmi ses habitants. Tous les chasseurs de la contrée s'étaient mis à sa poursuite et lançaient vainement, vers le féroce animal, une grêle de traits acérés; aucun ne pouvait l'atteindre. Arigius sort de la ville, s'avance sur le sanglier, lui met dans la gueule le bâton qu'il portait à la main. Aussitôt la bête cruelle perd ses forces, tombe aux pieds du saint évêque, et les chasseurs s'en emparent sans peine. Les habitants de Gap comprirent alors, ajoute le pieux historien, combien la sainteté est au-dessus des forces humaines.

Se rendant un jour chez une sainte femme, qui avait fait vœu de chasteté et s'était, ainsi, consacrée à Dieu, saint Arey aperçut, près de la route, un serpent qui menaçait la vie des passants. Le reptile faisait entendre d'horribles sifflements; il agitait son triple aiguillon et déroulait ses plis tortueux, afin de porter de mortelles blessures; et chacun s'éloignait du danger, hormis quelques hommes moins effrayés, qui lançaient de loin des pierres et des bâtons sur cet ennemi redoutable. Leurs efforts seraient restés impuissants si l'homme de Dieu, secondé par sa vertu plus que par son adresse,

qué dans le texte; mais entre Valserres et Sisteron, où cette rivière coupait le diocèse; d'où verrons-nous accourir tant de prêtres et un si grand nombre de citoyens si ce n'est de Tallard qui, à cette époque, devait déjà fleurir sur les bords de la Durance? C'est peut-être du rocher sur lequel fut bâti le superbe château des suzerains de la vicomté que la main du démon fit rouler le bloc énorme qui devait broyer saint Arey...

n'avait écrasé du talon la tête du reptile! « C'est à
« vous, ô mon Sauveur, s'écrie de nouveau l'histo-
« rien contemporain, c'est à vous qu'il faut rappor-
« ter le mérite de ce prodige; à vous qui avez donné
« à votre serviteur Arigius une marque signalée de
« votre amour, en lui accordant le pouvoir d'étouffer
« cette bête cruelle, au seul contact de son bâton
« pastoral ; c'est pourquoi votre saint nom sera
« exalté dans tous les siècles ».

Le temps de la fenaison était arrivé dans la vallée
de la Luye. Privée, comme de nos jours, d'une salutaire irrigation, l'herbe du domaine épiscopal se
courbait flétrie sous les rayons d'un soleil ardent,
et le bienheureux prélat avait envoyé, dans ses
prés, des ouvriers pour la ramasser. Il s'y rendit
lui-même, à la sixième heure du jour, et trouva un
des faucheurs qui, l'esprit accablé et le cœur disposé au mal, se reposait, sous le prétexte d'une
extrême lassitude. Saint Arey, s'approchant de lui,
eut bientôt découvert qu'il était sous l'empire du
démon. Alors maudissant l'esprit des ténèbres, l'on
vit aussitôt le malheureux ouvrier se rouler sur la
terre, dans d'horribles convulsions. Un serpent
fondant sur lui enlaça ses genoux avec force, et fit
couler dans son sang le venin qui sortait de sa
bouche; la douleur lui arrachait des cris perçants :
« Ayez pitié de moi, ô saint pasteur, s'écriait-il, car
« celui qui m'a excité au mensonge m'a indigne-
« ment trompé » ! Saint Arey le vit alors tomber sur
la terre privé de vie. Persuadé que cet homme avait
été réellement trompé par le démon, il adressa au
Seigneur, en présence de la foule qui était accourue
aux cris du possédé, cette prière, entremêlée de
sanglots : « Dieu tout-puissant, qui créâtes l'homme
« de rien et qui, après la chute d'Adam, trompé par
« les ruses du serpent, le retirâtes de la mort par
« les mérites de N.-S. Jésus-Christ, votre fils, ren-
« dez la vie à ce misérable serviteur, à qui Satan

« lui-même a donné la mort, et faites que son erreur
« ne tourne point à sa perte. Et puisque vous avez
« dit : Tous ceux qui croiront en moi, quelque mor-
« tel poison qu'ils boivent, n'en seront nullement
« atteints, daignez accorder aux prières de votre
« serviteur que cet homme recouvre en même
« temps sa première santé ». Saint Arey fit ensuite
le signe de la croix sur les plaies du faucheur qui,
vomissant le venin dont son corps était infecté, se
releva entièrement guéri, et ne se souvint même
pas d'avoir éprouvé la moindre souffrance (1).

J'ai supposé, sans trop de fondement, que les
merveilles dont je viens de tracer le tableau avaient
été opérées depuis l'entrée dans l'épiscopat du
bienheureux Arigius jusques en l'année 583 (2), où
fut tenu le 2e concile de Valence. Si je ne puis leur
assigner une date plus précise, la faute en doit être
imputée à l'historien contemporain qui a oublié de
nous dire en quelles années elles frappèrent les
yeux et amollirent les cœurs, encore à demi-bar-
bares, des habitants du diocèse.

583. — Maintenant voulez-vous assister un moment à ce concile avec notre saint évêque, qui
l'honora de sa présence ; à ce concile, où il fut moins
question de dogme que de la discipline ecclésiastique, et dans lequel furent confirmées les donations
que le bon roi Gontran avait faites à l'Église pour
racheter ses peccadilles ? (3).

585. — Ou bien, sans nous y arrêter davantage,
passerons-nous à l'assemblée qui se réunit à

---

(1) *De sancto Arigio, Vita auctore coævo.*
(2) D'après Moreri, le 2e concile de Valence fut tenu en 583. D'a-
près d'autres auteurs, il n'eut lieu qu'en 584.
(3) Philip Labbe, *Sacrosancta concilia*, 5e vol. p. 976, édition de
1671. [Saint Arey assista au concile qui se réunit à Valence le 22
mai 584 (Albanès, *Gallia*, I, col. 456)].

Mâcon, deux ans après, et à laquelle assista également le bienheureux évêque de Gap?

Ce fut le 2º concile tenu dans la ville de Mâcon 2 octobre 585]. On y ordonna le paiement de la dîme, sous peine d'excommunication, ce qui annonçait quelque relâchement de la part des fidèles, car il y est dit, qu'autrefois, ils étaient fort exacts à la payer. Mais faut-il s'en étonner? Depuis l'invasion germaine, la propriété était déplacée : elle avait passé, en grande partie, du vaincu au vainqueur, qui n'était encore bon chrétien qu'à demi. Toutefois les Pères du concile, appartenant pour la plupart à la race gallo-romaine, surent imposer au Sicambre et au Burgonde l'obligation de faire à tout clerc, engagé dans les ordres sacrés, une profonde révérence chaque fois qu'il en rencontrerait ; de plus, si le clerc était à pied et le laïque à cheval, celui-ci était tenu de descendre pour rendre au ministre du Très-Haut les honneurs qui lui étaient dus. On ôta aux avocats la faculté de plaider le dimanche, et l'on défendit à tous les habitants de la Burgondie, sans distinction, de se livrer à des œuvres serviles le jour consacré au Seigneur. Une défense bien plus rigoureuse fut faite aux veuves: il leur fut interdit de se remarier! Défense par trop rigoureuse, en effet, si elle s'étendait à toutes les femmes qui avaient perdu leur mari, aux jeunes comme à celles d'un âge mûr, aux veuves des gens du monde comme aux veuves des ecclésiastiques. Rassurons-nous, cependant, ce n'est qu'aux veuves des clercs que le canon du concile de Mâcon paraît applicable ; mais l'interdiction s'étendait aux veuves des moindres clercs; ce qui prouve que, dans ce siècle, le mariage n'était pas encore défendu, d'une manière absolue, aux personnes vouées à l'état ecclésiastique. Enfin, dans ce même concile, l'un des plus remarquables de l'époque, un évêque, de race barbare sans doute, osa soutenir que la femme ne faisait pas partie du genre humain : qu'on ne pouvait pas l'appeler homme. A cette proposition insolite, l'agitation fut grande dans l'assemblée. On eut recours à l'Écriture, et ce fut saint Arey, peut-être, qui trancha la question en montrant à l'évêque tudesque ce passage du livre de la Genèse, où il est dit qu'au sixième jour Jéhovah créa l'homme, et qu'il le créa mâle et femelle. Le saint roi Gontran, qui honorait infiniment le beau sexe et qui avait un respect sans bornes pour les décisions de l'Église, se hâta de confirmer, par un édit, les canons du concile (1).

Je reviens à notre bon vieil historien qui, après avoir raconté les trois grands miracles accomplis par saint Arey, prétend, sans indication plus explicite, que, vers cette époque, notre bienheureux évêque, plein de l'amour de Dieu, se rendit à Rome pour y visiter l'église des apôtres saint Pierre et saint Paul, et y adresser au Seigneur de ferventes prières (2).

590 à 596. — Le siège de Rome était alors occupé par l'un des plus grands pontifes dont le christianisme ait à s'honorer. Grégoire Ier, que la postérité a surnommé *le Grand*, avait d'abord été préteur de la Ville Éternelle ; mais il abdiqua la magistrature,

---

(1) Philippe Labbe, *Sacrosancta concilia*, 5e vol. p. 988. — Bérault-Bercastel, *Histoire de l'Église*, t. 3, p. 474. — Millot, *Histoire de France*, t. 1, p. 77.

(2) Cette vague indication ne fait nullement connaître l'époque à laquelle saint Arey se rendit à Rome. La suite du récit nous apprend que c'est dans ce voyage que notre prélat se lia d'amitié avec saint Grégoire le Grand. Or, ce pontife fut élu en 590 ; et le moine Augustin qui, sur sa recommandation, fut reçu par saint Arey à son entrée dans la Burgondie, lorsque ce missionnaire se rendait en Angleterre, fut envoyé dans ce royaume en 596. C'est donc entre les années 590 et 596 que nous pouvons placer le voyage de saint Arey à Rome.

Voir les œuvres de Grégoire le Grand, lettre LVIIe du liv. VI, tome 2, p. 833, Paris, 1705, et les notes consacrées à ce pontife et à saint Augustin, archevêque de Canterbury, dans la *Biographie universelle*.

pour entrer dans les ordres sacrés. A une figure noble, à des manières affables, il joignait des talents supérieurs et des vertus qui se trouvaient à la hauteur de la dignité qui lui fut conférée par le clergé, le sénat et le peuple romain. C'est lui qui sut conquérir au christianisme les nations entières des Angles et des Saxons, conquérantes de la Grande-Bretagne, par la mission d'Augustin, prévôt de son monastère de Saint-André de Rome, et de ses compagnons, qui, à leur entrée dans le royaume des Burgondes, furent, d'abord, accueillis par saint Arey et qui reçurent, ensuite, une protection si marquée, de la reine Brune-Hilde et de ses deux petits-fils Théodebert et Théodoric, que saint Grégoire crut devoir leur en témoigner sa reconnaissance en leur donnant des instructions salutaires, et les louanges qu'ils avaient méritées dans cette circonstance. C'est ce grand pontife, enfin, qui, joignant l'exemple au précepte évangélique, prépara au nom du Christ la révolution la plus heureuse dans les institutions qui pesaient sur la société humaine, en affranchissant ses propres esclaves.

L'évêque de Gap étant arrivé à Rome, saint Grégoire conçut pour lui tant d'amour, de vénération et de respect, qu'il lui accorda la prééminence sur tous les autres ecclésiastiques. Les Romains reconnaissaient qu'Arigius n'était inférieur au Souverain Pontife, ni par la majesté de sa personne, ni par la sainteté de sa vie, ni par la modestie de sa conduite; et ce dernier disait hautement que, depuis la Gaule jusqu'à Rome, il n'avait jamais vu de prêtre d'une vertu si éminente. Après un court séjour dans cette ville, pendant lequel il se livra à de fréquentes prières, saint Arey alla prendre congé de saint Grégoire, dont il avait recherché avec empressement les savants entretiens. Le Souverain Pontife le serra dans ses bras avec tant d'amour et une telle profusion de larmes que les assistants les comparèrent au patriarche Joseph pressant étroitement sur son sein le dernier-né de ses frères. L'évêque de Rome consola l'évêque des Gaules avec des paroles de foi et d'espérance, lui disant que le Sauveur les réunirait, après leur mort, dans le séjour de la gloire, où ils recevraient au centuple la récompense de leurs peines et de leurs travaux sur la terre. C'est ainsi qu'après avoir vu les personnes de sa suite comblées de bienfaits du Souverain Pontife, le saint évêque de Gap se retira, en versant de douces larmes. Quelque temps après son retour dans les Alpes, saint Grégoire lui envoya la dalmatique, ainsi qu'à *Valatonius*, archidiacre de l'église de Gap, qui, pendant l'absence de saint Arey, avait gouverné le diocèse. Ce saint prêtre avait une connaissance si profonde des saintes Écritures que le Pape avait voulu le voir revêtu du manteau sacré. En le lui accordant, il déclarait, dans son décret, que *Valatonius* succéderait à son maître dans la chaire épiscopale; ce qui fit briller d'un nouvel éclat, aux yeux des fidèles, les vertus du saint archidiacre (1).

Saint Arey a-t-il fait deux fois le voyage de Rome, ou bien un seul voyage est-il raconté d'une manière différente dans l'ouvrage publié par les Bollandistes et dans le manuscrit consulté par Juvénis? La difficulté est assez difficile à résoudre. Toutefois, je serais disposé à croire qu'Arigius n'a vu qu'une seule fois la capitale du monde²), si, dans cette supposition, nous ne trouvions saint Grégoire le Grand atteint et convaincu d'une faute énorme, peu

(1) *De sancto Arigio, Vita auctore coævo.*
Dans ce passage, je me suis écarté de l'historien contemporain. Il dit que saint Arey, à son retour de Rome, gratifia de la dalmatique le saint homme *Valatonius*, tandis qu'il est prouvé, par la correspondance du Souverain Pontife, qu'elle ne fut accordée à l'archidiacre et au prélat que quelque temps, ou même que longtemps après. V. la lettre CVII du t. IX, tom. 2, p. 1011, à laquelle les Bollandistes donnent la date de 599.

²) Telle est également l'opinion du savant abbé Albanès, qui fixe cet événement vers 598 (*Gallia*, I, col 45).

digne d'une si sainte vie. Mais, d'un autre côté, n'est-il pas écrit que le juste pèche sept fois le jour? L'ancien préteur de Rome n'a-t-il pas dû s'écrier, parfois, comme saint Paul et comme nous tous misérables mortels:

« Je ne fais pas le bien que j'aime,
« Et je fais le mal que je hais »1

Tout bien et mûrement considéré, il est plus charitable d'admettre deux voyages, et de ne placer le second qu'après la mort de saint Grégoire, survenue en l'année 604 (12 mars), alors que Sabinien, son successeur '), occupait le siège de Rome. Ce dernier pontife est assez maltraité par l'histoire pour que le péché dont un pape fut absous par saint Arey puisse lui être attribué sans injustice. L'on a écrit que Sabinien s'était opposé à tout ce que son bienheureux prédécesseur avait fait ou préparé; qu'il le critiquait à toute occasion; qu'il voulait faire condamner ses ouvrages au feu, sous le prétexte que la doctrine en était contraire à la foi; que son extrême avarice l'avait porté à faire vendre le blé que saint Grégoire avait mis en réserve pour les pauvres; enfin, que ce grand pontife lui étant apparu l'invita par trois fois à se corriger, et que Sabinien resta obstiné dans son impénitence. Mais saint Grégoire lui apparaissant pour la dernière fois et lui reprochant les crimes auxquels il continuait de se livrer, lui donna un coup sur la tête; et, incontinent, il cessa de vivre. C'était le 19 mars de l'année 605, après un règne de sept mois et dix-huit jours. Le peuple romain s'éleva contre sa mémoire, principalement à cause de sa dureté pour les pauvres; il voulut se jeter sur son corps au moment des funérailles, et l'on fut obligé de suivre une route écartée pour le porter à la basilique de Saint-Pierre (2).

1) Consacré le 13 sept. 604, † 22 févr. 605.
(2) Juvénis, *Histoire du Dauphiné*, p. 329 et suivantes.

A présent que vous voilà suffisamment disposé à admettre deux voyages, et à ne placer le second qu'après la mort de saint Grégoire, ajournons le récit de ce dernier au commencement de l'année 605, où Sabinien gouvernait l'Église universelle, et suivons sans interruption les événements et les actes qui, dans l'intervalle, manifestèrent de nouveau la sainteté de notre premier pasteur.

Saint Arey occupait le siège épiscopal de la ville de Gap depuis bien des années, lorsque trois lépreux se présentèrent à lui ; il les reçut avec joie et voulut les servir lui-même, bien qu'en ce moment il se trouvât dans les mortifications et la pénitence qu'impose la carême. Il les fit entrer dans sa chambre, et, après les avoir enveloppés d'un suaire, lui-même il leur lava les pieds, et prépara de ses mains le lit destiné à recevoir leurs membres ulcérés. Renfermé pendant trois jours avec ces malheureux, il ne cessa de visiter leurs pieds, leur tête et leurs mains, et de les arroser de ses larmes. Le saint jour de la cène étant arrivé, le Seigneur exauça ses prières, et les trois lépreux, délivrés de leur maux, rendirent grâces à ses éminentes vertus, en publiant hautement qu'ils lui devaient le bonheur d'être délivrés de la lèpre. Ils se retirèrent ensuite, après avoir reçu le viatique (1). Ainsi, toujours plus rude à la chair et dans une continuelle mortification, sa vie pénitente et austère ne pouvait rester cachée. Le Sauveur, au contraire, la rendit fort éclatante, en lui continuant le don d'opérer des guérisons miraculeuses, par la seule imposition des mains sur les malades.

Saint Grégoire le Grand ne cessa de lui témoigner la haute estime, l'extrême confiance et la tendre

---

(1) *De sancto Arigio, Vita auctore cœvo.* — Juvénis, *Histoire du Dauphiné*, p. 329 et suiv. Ce dernier place la guérison des lépreux avant le voyage de S. Arey à Rome; les Bollandistes, au contraire, après son retour de cette ville.

amitié qu'il lui avait inspirées. Les preuves en sont consignées dans les œuvres de ce pontife.

596. — Dans une première lettre, qui doit remonter à l'année 596, Grégoire Ier recommandait à saint Arey, le serviteur de Dieu Augustin et ses compagnons, qui se rendaient dans la Grande-Bretagne pour convertir au christianisme les Anglo-Saxons, qui avaient conquis ce royaume, et pour ramener à la discipline de l'Église romaine les prêtres bretons qui s'en étaient écartés sur quelques points.

599. — Ensuite, nous voyons le pontife de Rome consoler saint Arey, par l'espérance d'une autre vie, de la perte de personnes qui lui étaient chères. Et comme, pendant son séjour dans cette ville, notre prélat avait demandé, pour lui et pour son archidiacre *Valatonius*, l'usage de la dalmatique, le Souverain Pontife leur accordait la faveur, alors peu commune, de s'en revêtir. Il annonçait à saint Arey qu'il avait remis ces ornements sacrés à *Cyriacus*, qui devait les lui faire parvenir ; il lui témoignait le désir de le voir assister à la réunion synodale qu'il avait convoquée contre l'hérésie simoniaque et dont il avait confié le soin à *Siagrius*, évêque d'Autun, et le chargeait de lui faire connaître dans le plus minutieux détail ce qui serait dit et serait arrêté dans cette assemblée.

601. — Une autre fois, saint Grégoire écrivait à Arigius combien avait retenti dans son cœur la tristesse dont notre saint prélat avait été accablé par la perte de ses parents : il avait craint que la douleur n'empoisonnât le reste de ses jours ; mais les lettres de saint Arey l'avaient comblé de joie, en lui apprenant que Dieu avait allégé ses peines. Il le remerciait du zèle qu'il avait montré pour l'extirpation de l'hérésie, et il l'exhortait à faire condamner par un concile le blâme que l'on avait voulu jeter sur quelques-uns de ses écrits. Il finissait par recommander à sa charité les moines qu'il avait confiés à son frère et coadjuteur Augustin, en le priant de faire lever les obstacles qui pourraient s'opposer à la mission qui leur était confiée.

Enfin, le grand pontife de la fin du VIe siècle s'exprimait de la manière suivante, dans une quatrième épître à saint Arey, qui met dans tout leur jour les vertus de notre prélat : « Pour comprendre
« combien nous est agréable le souvenir de votre
« charité, sondez le fond de votre cœur : tout l'amour
« dont vous le trouverez rempli ne sera qu'une
« faible image de l'affection que vous nous avez ins-
« pirée. Elle ôte à l'absence toute sa force, et tou-
« jours notre esprit est plein de l'idée de votre
« personne comme si elle se trouvait sous nos
« yeux. Nous avons aperçu tant de beauté dans la
« gravité sacerdotale qui vous entoure : vos insti-
« tutions et votre conduite sont si parfaites que
« nous pouvons tout attendre de votre sollicitude et
« de votre zèle pour tout ce qui regarde le service
« de Dieu. Votre vigilance dans la garde du trou-
« peau qui vous est confié, à laquelle vous savez
« allier la plus grande modération, nous porte à
« vous recommander notre fils commun, le prêtre
« Candide, porteur de cette lettre, afin que, pour
« l'utilité des pauvres, vous lui donniez tous les
« secours qui lui seront nécessaires, de telle sorte,
« qu'appuyé sur votre protection, il croit nous
« avoir retrouvé dans les consolations de votre cha-
« rité » (1).

(1) Sancti Gregorii Papæ I, *Opera omnia*. Parisiis, 1705. Lib. VI, Ep. LVII, Tom. 2, p. 834. — Lib. IX, Ep. CVII. — Lib. XI, Ep. XV et LVII. — Tom. 2, p. 1011, 1102 et 1142.

Il est fort douteux que la première de ces lettres ait été adressée à saint Arey, elle porte pour suscription : *Ad Arigium, patricium*, tandis que les suivantes sont adressées à Arigius, évêque des Gaules. A cette époque, plusieurs hauts dignitaires portaient un

Je pense qu'avant de nous rendre au concile de Châlon, et de vous présenter le portrait de Brunehilde, peint par Raymond Juvénis, il convient de mentionner une faveur insigne que le Ciel accorda à notre saint pasteur, quelque temps après son retour d'Italie.

Saint Arey était couché dans le petit lit où il reposait ordinairement, lorsque une mélodie céleste vint interrompre son sommeil. Deux troupes d'anges, placées devant l'autel de la sainte Vierge et chantant alternativement les louanges de Jésus-Christ, faisaient entendre ces sons enchanteurs. Saint Arey se hâte de quitter sa couchette, il court à l'église et mêle sa voix terrestre à la voix divine des célestes intelligences, pendant que le lecteur *Probus* le cherche vainement pour prendre ses ordres. Ne l'ayant pas trouvé dans son lit, il se dirigea vers la porte de l'église, et il vit ce qui se passait dans le sanctuaire ; mais, saisi d'un saint respect, il n'osa y pénétrer et se retira. Lorsque notre saint évêque fut de retour, Probus lui demanda ce qu'il faisait parmi ces esprits bienheureux : saint Arey le lui apprit et lui défendit de parler de cette vision (1).

Juvénis, qui, en fait de science, n'est jamais pris au dépourvu et qui même se complaît à montrer l'étendue de ses connaissances historiques, toutes les fois que l'occasion s'en présente, ne manque pas d'ajouter, en cet endroit de son histoire inachevée : « Il est constant que la cathédrale n'estoit pas

nom semblable à ceux donnés à notre évêque. Cependant, les chroniqueurs gapençais pensent que c'est à ce dernier qu'elle fut écrite, bien qu'aucun d'eux ne parle de la dignité de patrice qu'elle lui attribue.

Les Bollandistes (*Acta Sanctorum, Maii*, T. I, p. 107) donnent à la seconde la date de l'année 599 et aux deux autres, celle de l'année 601. [Ce sont également les dates adoptées par l'abbé Albanès, *Op. cit.*, 457-8, et *Instr.* II, III et IV].

(1) *De Sancto Arigio. Vita auctore coaevo.* — Juvénis, *Hist. du Dauphiné*, loco citato.

« bastie à l'endroit où elle fut depuis fondée par les
« soins de l'empereur Charlemagne. J'ai fait voir, au
« sujet du testament du patrice Abon, qu'elle ne
« pouvait estre qu'à l'endroit où sont à présent les
« Cordeliers ; si bien qu'il faut que cette vision y
« soit arrivée, puisque ce fut à l'église de la très-
« sainte Vierge, à qui la cathédrale estoit dédiée, et
« qu'elle estoit si proche de la chambre de ce prélat
« qu'il en ouït la mélodie. Ce saint évesque eut, en
« cette occasion, la mesme grâce que saint Ignace,
« martyr, et encore plus grande, si on ose le dire,
« puisque ce disciple du Sauveur entendit seule-
« ment les louanges par antiphone que les anges
« chantèrent en l'honneur de la très-honorable Tri-
« nité, et qu'Arey mesla son chant à celui des bien-
« heureuses intelligences. Ce chant antiphonaire ou
« réciproque, après la vision de ce disciple, se
« répandit de l'église d'Antioche à toutes les autres,
« presque tout d'un coup ; et déjà, dans le temps
« que Pline le Jeune gouvernait l'Asie, les chres-
« tiens de cette province chantoient de cette ma-
« nière, ainsi que ce proconsul l'escrivit à Trajan
« par une lettre ».

603. — Cependant le saint roi Gontran était passé
de vie à trépas, en l'année 593 de l'incarnation.
Aussitôt Childebert, son neveu et son héritier,
avait pris possession du royaume de Bourgogne ;
mais, deux ans après, il était mort lui-même, laissant deux fils en bas âge : Théodebert II, qui régna
en Austrasie, et Théodoric ou Thierry II, qui régna
en Burgondie, l'un et l'autre sous la tutelle de
Brune-Hilde, leur aïeule. C'est en l'année 603 que
nous trouvons saint Arey en présence de cette reine
et de ses petits-fils ; ce que Raymond Juvénis
raconte de la manière suivante :

« Brunehaut eut la régence des estats de Théodo-
« ric et de Théodebert, après la mort de Childebert,

« son fils. Elle sacrifiait tout à l'idole de son ambi-
« tion, et, pour régner sans aucun empeschement
« dans ces deux royaumes, particulièrement dans
« celui de Bourgogne, elle engagea Théodoric à un
« genre de vie si débordé qu'il n'y avait point de
« débauche qu'elle ne lui persuadât. Elle pratiquoit
« cet infâme commerce pour le détourner du ma-
« riage, de peur qu'une épouse légitime ne feût un
« obstacle à son authorité. Cette princesse estoit
« autant débordée qu'ambitieuse ; elle ne refusoit
« rien à ses sens, et, quoiqu'elle feût dans le retour,
« la beauté des traits de son visage n'estoit pas
« encore effacée. Tout ce qu'il y avoit de saints qui
« la connaissoient avoient ce monstre en horreur.
« Didier, évesque de Vienne, ne cessoit point de
« détester son impiété, et le débordement de Théo-
« doric. Il les reprenoit en face, et il leur reprochoit
« leurs vies déréglées, avec une intrépidité égale à
« celle des anciens prophètes ; ce qui luy attira la
« haine de l'un et de l'autre, qui résolurent sa perte.
« Pour venir à bout de cet exécrable dessein, Bru-
« nehaut se servit du ministère d'Aridius, évesque
« de Lyon, qui estoit entièrement dévoué à cette
« infâme reine. Ce prélat détestable lui suscita des
« accusateurs et des témoins, qui noircirent de
« divers crimes un évesque si irrépréhensible :
« il se rendit lui-même le juge d'une accusa-
« tion qu'il avoit malicieusement concertée, et il
« assembla à Châlon-sur-Saône un concile, pour
« le jugement de cette affaire. Le saint souffroit
« extrêmement de se voir accusé, mesme par
« des femmes, par l'endroit qui lui estoit le plus
« sensible. Il avoit une pureté d'ange, et on lui
« reprochoit cent ordures et cent vilainies, ce qui
« lui causoit une mortelle inquiétude et une estrange
« amertume dans l'âme. Saint Arey, évesque de
« Gap, estoit alors à Châlon, soit qu'il y fût allé
« pour rendre ses vœux dans l'église du B. Marcel,

« martyr, ou qu'il y eût esté appelé à ce concilia-
« bule. Il détestoit, de même que saint Didier, la
« vie scandaleuse de Brunehaut, les vices et les
« mœurs dépravées de ses petits-fils. Il vit le saint
« évesque de Vienne ; il le consola dans son afflic-
« tion, par l'exemple des calomnies qu'on avait
« faites à Jésus-Christ ; que, bien loin de se plain-
« dre, il falloit rendre grâces à sa divine bonté, de
« l'avoir fait participant, en quelque manière, de ses
« souffrances ; qu'il souhèteroit d'estre aussi pro-
« che que lui de la récompense que ce Rédempteur
« lui avoit préparée ; que ce divin Sauveur, ayant
« daigné de lui paroistre en songe, lui avoit fait
« voir la place qu'il devoit occuper dans le Ciel ; que
« tout ce qui lui pouvoit arriver dans ce monde ne
« devoit pas estre capable de le toucher ; que
« c'estoit un lieu d'affliction et de douleur, où il
« falloit semer dans les larmes pour recueillir une
« moisson abondante dans la gloire. Ce discours
« dissipa le trouble que la calomnie avoit causé à
« ce saint évesque de Vienne, et, dès lors, son
« esprit reprit son premier calme, qui continua jus-
« qu'à sa mort.

« Cependant l'évesque de Lyon poursuivit sans
« relâche la condamnation de Didier, à la sollicita-
« tion de Brunehaut. Les prélats assemblés procé-
« dèrent au jugement ; ils déposèrent le saint, et
« il fut condamné à estre banni dans une isle. Dum-
« nat fut mis à sa place, et, par ce jugement inique,
« la calomnie triompha de l'innocence. L'on ne sait
« pas si le bienheureux évêque de Gap fut présent
« à ce conciliabule ; mais il est sûr qu'il parla hau-
« tement pour Didier, et que cela, avec l'aversion
« qu'il avait pour la vie scandaleuse de Théodoric
« et pour les crimes de Brunehaut, irritèrent cette
« reine contre lui. Et n'ayant pas d'autre moyen de
« se venger, elle donna ordre de fermer les portes
« de l'église Saint-Marcel, martyr, afin qu'il n'y peût

« pas entrer. Il trouva, à son arrivée, les portes de
« l'église fermées ; il se prosterna à genoux ; il fit
« sa prière ; il fit le signe de la croix sur la porte, et
« elle s'ouvrit, à l'instant, d'elle-mesme, pour don-
« ner entrée à ce fidèle serviteur de Jésus-Christ
« dans cette maison d'oraison. Les deux rois furent
« advertis aussitost de ce miracle, et ils lui envoyè-
« rent des présens d'or et d'argent ; il les receut
« dans son manteau, et au moment il jeta le tout
« par terre avec horreur, disant que le Très-Haut
« rejettoit les présens des méchants ; ce qui fut
« depuis imité par saint Colomban » (1).

La réintégration de saint Didier dans l'église de Vienne ; les plaintes nouvelles qu'il fit entendre contre la vie débordée de Brune-Hilde et de ses petit-fils ; la résolution que prit cette reine de le faire mourir ; l'exécution de cette inique sentence, par une troupe d'assassins, qui l'assommèrent à coups de pierres, le 23 mai de l'an 608, sont étrangères à l'histoire du saint évêque de Gap, et je ne m'y arrêterai pas davantage, car il est temps, enfin,

(1) Juvénis, *Histoire du Dauphiné*, p. 329 et suivantes.
L'auteur contemporain de la vie de saint Arey, publiée par les Bollandistes, ouvre, pour ainsi dire, son histoire par le miracle qui vient d'être rapporté par Juvénis, mais il ne le rattache nullement au synode, où saint Didier, évêque de Vienne, fut condamné. Il laisse supposer, au contraire, que cet évêque occupait alors le siège de Châlon, en disant qu'il joignit ses efforts à ceux des habitants de cette ville, pour repousser l'impie Brune-Hilde, qui avait fait barricader l'église de Saint-Marcel. Ce même auteur ne nomme point les deux rois qui, après le miracle, envoyèrent des présents à saint Arey ; mais, dans une note, les Bollandistes attribuent cette action à Gontran et à Chilpéric, ce qui devancerait de plusieurs années l'ouverture des portes de l'église, sur la prière adressée au Ciel par notre évêque. Si, comme le dit Juvénis, elle suivit immédiatement la condamnation de saint Didier, il faut, de toute nécessité, nous reporter à l'année 603, à laquelle se tint le synode de Châlon-sur-Saône, présidé par Aridius, évêque de Lyon. — V. Moréri, v° concile, et Philippe Labbe, *Sacrosancta concilia*, tom. 5, p. 1612, éd. de 1671. — D'après les auteurs cités à l'appui de l'histoire de saint Arey, nous voyons saint Didier, tour à tour ou simultanément, évêque de Châlon, de Vienne et de Clermont.

de vous parler du second voyage de saint Arey à la ville de Rome, dont, à tout hasard, nous avons fixé l'époque à l'année 605.

A cet effet, permettez-moi de recourir, d'abord, au précieux manuscrit de la fête du Saint-Sacrement. Nous y trouverons sans doute quelque passage relatif au voyage de notre saint prélat. Or, voici de quelle manière s'exprime l'auteur de la véridique relation, à la page 81ᵉ de son manuscrit :

« Neuvième station.

« Enfin, nous touchons à la rue Saint-Arey ; nous voilà dans ce quartier populeux, qui porte le nom de l'un de nos plus grands pontifes, de celui dont la mission fut signalée par tant de merveilles, et dont la mémoire se perpétuera d'âge en âge, jusqu'à la ruine totale dont la ville de Gap a, plusieurs fois, été menacée par de sinistres prophètes, qui ont laissé incertaine l'époque de sa destruction.

« Sous la voûte arrondie de la porte connue sous le nom du saint prélat, les robustes habitants de la rue Saint-Arey, du Puits-Virolet, de la rue de Saint-Jean-de-Jérusalem, de la rue Massive¹) et de la rue Saint-Antoine, avaient dressé un autel rustique, ombragé par des branches de pin et de genevrier, qu'ils étoient allés couper dans le bois du Chapitre, au revers de la montagne de Charance, avec la permission de Monsieur le Doyen. Deux colonnes torses, autour desquelles serpentent des ceps de vigne, avec de superbes grappes de raisin, et qui avoient jadis orné le maître autel de l'église de Saint-Jean-des-Aires, étoient debout au-devant de l'autel du reposoir, et supportaient une frise dans laquelle on avoit tracé les lignes suivantes extraites de la *Summa Ostiensis* (2) :

¹) Ou *Massic, Massièye,* aujourd'hui rue de l'Hôpital.
(2) Nomb. 2, tit. *de prob.* — Henri Barthélemi de Suze, cardinal

« *Legitur in vita B. Arigii, episcopi Vapincensis, quod ascendit super Diabolum et fecit se deportari, in vigilia Cœnœ Domini, a Vapinco usque ad Romam, cum Papa, qui tunc temporis præerat, graviter peccasset, ut nunciaret ei ne, crastina die, Chrisma conficeret.*

« Mais un hasard des plus heureux avoit fait découvrir à deux travailleurs de terre, qui faisoient une valladée, tout près de la chapelle de Saint-Arey, au printemps dernier, les fondations de l'ancienne église et du couvent dédiés à notre saint évêque, lesquels étoient desservis, avant les guerres civiles du XVIe siècle, par des chanoines réguliers de Saint-Augustin. Sous une voûte encore intacte, François Chabre-*Braguette* et Dominique Robert-*la-fleur* (tel est le nom de nos deux journaliers) avoient trouvé un grand tableau roulé, et tapi dans le coin d'une chapelle, que la voûte avoit mis à l'abri des ravages du temps, et l'avoient remis religieusement au respectable doyen, messire de Pina : car la petite église, qui s'élève aujourd'hui sur les ruines du couvent, appartient au vénérable chapitre de l'église cathédrale. Les érudits de la ville et cité de Gap avoient reconnu sans peine que ce tableau reproduisoit un des traits les plus remarquables de la vie du grand Arigius. Monsieur le doyen, la veille de la fête dont nous célébrons la mémoire, l'avoit prêté aux bonnes gens du quartier Saint-Arey, pour embellir leur paradis, et ceux-ci étoient d'autant plus émerveillés du tableau qu'ils n'y comprenoient goutte, non plus qu'à l'inscription latine de la frise, laquelle, pourtant, en expliquait sommairement le sujet. Ils l'avoient fixé par quatre clous aux lourdes parois de la porte et au-dessus de l'autel du reposoir ; mais il n'avoit pas la fraîcheur de coloris de ceux de notre contemporain Bruno Blanchon : car

---

évêque d'Ostie, d'où lui vient le surnom d'*Ostiensis*. Il avait été auparavant évêque de Sisteron, et, depuis, archevêque d'Embrun 1250. ☨ 6 nov. 1271].

il était sombre et enfumé. On y découvroit encore fort distinctement saint Arey, dans le costume de son temps, placé à califourchon (ou à la chèvre-morte) sur les épaules d'un être bizarre et extraordinaire, d'une taille gigantesque et n'ayant pour tout vêtement qu'une chemise noire et de larges brayes couleur de feu. Ses jambes minces et velues étoient supportées par deux pieds fourchus ; ce qui, joint à deux petites cornes à moitié cachées par une touffe de cheveux crépus, d'un noir d'ébène, faisoit connoître un habitant des sombres abymes. Malgré l'énormité de son nez, large et épâté, et deux gros yeux ronds et brillants comme l'escarboucle, sa figure n'avoit rien de bien repoussant ; l'on voyait que c'était un assez bon diable, et ce qui le prouvoit davantage, c'était le distique suivant qui sortoit, en caractères gothiques, de ses lèvres épaisses :

Signa te signa temere me tangis et angis ;
Roma tibi subito motibus ibit amor.

« Ces deux vers avaient donné de la tablature à nos philologues. Monseigneur de Condorcet y avoit perdu son latin ; ils avoient lassé la patience du docte abbé Levens, premier chantre et maître de musique de la cathédrale. Maître Barbier, notre premier consul, n'osoit avouer qu'il n'y entendoit goutte ; mais l'érudition de M. le chanoine Tardieu, député de l'université auprès du conseil général et du conseil particulier de la ville et communauté, étoit venu à bout de comprendre le sens de l'œuvre diabolique, et de découvrir que le distique pouvoit être lu et entendu en commençant indifféremment par la première ou la dernière lettre de chaque vers.

« La scène reproduite par le tableau avoit lieu sur le penchant d'une petite montagne, au sommet de laquelle on apercevoit une église gothique, surmontée d'une flèche très-aiguë et tout près d'une fontaine, où deux ânes s'abreuvoient avec délices, ou, pour mieux dire, où deux ânes éloient *amourrés*, selon l'expression de Robert-la-Fleur (1). Une multitude de démons de toutes les formes et de toutes les couleurs fuyoient vers un trou creusé verticalement dans la roche vive, et déjà obstrué par un grand nombre de ces esprits infernaux, qui sembloient s'enfoncer dans les entrailles de la terre. Du côté opposé, des anges de lumière avoient déployé leurs ailes brillantes et remontoient au séjour de la félicité éternelle, d'où ils étoient descendus pour préparer le grand Arigius à l'œuvre sainte qu'il alloit entreprendre. Le démon qui le portoit avoit déjà perdu terre ; il se dirigeoit vers l'Orient et le prélat avoit la figure tournée vers sa ville épiscopale, sur laquelle il laissoit tomber sa bénédiction.

« Je crains bien, cher lecteur, que la description que je viens de faire du tableau de saint Arey, ne vous paroisse obscure et incomplète, et qu'après l'avoir lue vous n'éprouviez le même embarras que les bons habitants du quartier. Ayez le courage d'aller jusqu'au bout, et vous trouverez l'explication claire et précise qui en fut donnée, le lendemain, au prince de Conti par le premier consul de la ville ; car son Altesse Sérénissime, pendant la station de la porte Saint-Arey, ne cessa de regarder le vieux tableau et de relire l'inscription placée entre les colonnes torses de l'ancienne église de Saint-Jean-des-Aires ».

Convenez que le distique reproduit dans le tableau de l'ancien monastère de Saint-Arey et sortant tout frais de la bouche du Démon est une œuvre des plus singulières. L'auteur de la fête du Saint-Sacrement nous annonce bien que, d'après le chanoine Tardieu, ces deux vers sont de ceux qu'on appelait

(1) Cette fontaine des ânes suinte encore, de nos jours, près de la route départementale de Gap à Barcelonnette, à quelques centaines de pas du moulin Borel.

rétrogrades ; chefs-d'œuvre de patience, auxquels on travaillait au moyen-âge, lorsqu'on n'avait rien de mieux à faire dans la solitude du cloître ; mais il nous laisse ignorer le sens que le savant chanoine leur avait attribué. J'ai vainement cherché, auprès des latinistes gapençais de notre époque, une traduction littérale du distique ; je n'ai obtenu que des à peu près, qui, pourtant, le rendent applicable au voyage de notre saint évêque à travers les airs. Si jamais feue la *Société d'émulation des Hautes-Alpes*, de si glorieuse mémoire, sort du tombeau, où elle fut ensevelie à l'époque du départ de son aimable fondateur, j'aurai soin de lui soumettre l'interprétation de ces vers diaboliques, et je m'empresserai de porter à votre connaissance le résultat des lumineuses recherches auxquelles elle se sera livrée.

Mais pour avoir l'explication du tableau lui-même, allons jusqu'au bout, puisque l'auteur de la fête du Saint-Sacrement nous y invite. Maintenant, c'est le consul de 1744 qui s'adresse au prince de Conti et qui lui raconte comment saint Arey se rendit à Rome, par une route fort inusitée, avant que Mongolfier eût appris à quelques audacieux de la suivre.

605. — « Le grand saint Arey se dérobait souvent pendant la nuit, en la compagnie de son lecteur Probus, pour aller prier dans l'église du martyr saint Mamert, située sur le monticule où nous allons gravir, et qui, depuis, a pris le nom de Saint-Mein. Nous suivons, en ce moment, le chemin que prenoit Arigius pour s'y rendre ; et nous voilà arrivés à cette fontaine des ânes, que le peintre n'a su caractériser autrement qu'en y faisant boire deux animaux de cette espèce. Les anges qui le guidoient (car il se trouvoit presque toujours en la compagnie de ces esprits célestes) lui montrèrent autour de la fontaine une troupe de démons qui s'entretenoient des maux qu'ils avoient inspirés sur la terre. L'un

eux s'applaudissoit d'avoir fait tomber le Souverain Pontife dans un péché d'incontinence et de prostitution, et de ce que, dans cet état malheureux, il alloit célébrer la messe le lendemain, qui étoit le Jeudi-Saint, et faire la cérémonie des saintes huiles. Aussitôt saint Arey, pressé par un sentiment de charité et usant de l'empire suprême que le Créateur avoit donné à son innocence, commanda à cet esprit malfaisant de le porter à Rome. Le démon, contraint d'obéir, ne lui répondit que par le distique que le peintre a fait sortir de sa bouche ; et le bienheureux prélat arriva dans la capitale du monde chrétien avant le commencement de l'auguste cérémonie. Il se présenta en pénitent au Souverain Pontife, lui demandant sa bénédiction, et l'absolution d'un crime qu'il n'avoit pas commis ; puis, l'ayant tiré à l'écart, il lui fit le récit de ce qui lui étoit arrivé, et lui représenta combien il étoit redevable à la bonté divine, qui avoit bien voulu lui révéler son péché, pour qu'il le tirât de cet embourbement et permettre, pour le porter à Rome, qu'il se servît de l'esprit infernal qui avoit tendu le piège. Le pontife, surpris de cette aventure, s'humilia devant le Seigneur ; et, s'étant confessé à saint Arey, avec le sentiment d'une douleur extrême, il en reçut l'absolution ; ensuite, il alla célébrer la messe et consacrer les Saintes Huiles. Saint Arey se retira sans que la ville de Rome se fût aperçu de ce qui venoit de se passer entre lui et le Souverain Pontife » (1).

Tels sont les faits qui se rapportent au tableau. Si l'indifférence ou l'incrédulité du siècle les tournent en dérision, je puis espérer que votre piété les

1) Juvénis, *Hist. du Dauphiné*, p. 329 et suiv. — Le manuscrit publié par les Bollandistes ne parle pas de ce voyage aérien, mais ce voyage est corroboré par Henri de Suze et par une tradition, non écrite, que je n'ai pas osé faire entrer dans le récit du Consul de 1744. L'on dit que ce ne fut pas sans condition que l'Esprit infernal se soumit aux ordres de saint Arey ; il exigea,

admettra comme authentiques, surtout si j'ajoute, avec le docte Juvénis, que la tradition de l'église de Gap les tient pour constants ; que les anciens bréviaires manuscrits et imprimés en font mention ; que le célèbre cardinal Henri de Suze, archevêque d'Embrun, les a lus dans une histoire de saint Arey, différente, sans doute, de celle qui a été publiée dans les *Acta sanctorum* des Bollandistes ; enfin, qu'ils ne paraîtront nullement incroyables aux personnes qui ont lu la vie de saint Antide, évêque de Besançon [1], à qui pareille chose arriva, la veille de Pâques. Du reste, comme l'événement surnaturel, que vient de raconter le consul de 1744, n'est point imposé à notre intelligence comme un article de foi, vous excuserez sans peine les mots hasardés et les teintes d'ironie qui auraient pu échapper au narrateur.

Ne pensez-vous pas qu'il serait messéant de laisser à Rome notre saint évêque ? Son retour dans le diocèse de Gap présente une circonstance si merveilleuse qu'il vous sera impossible d'en éviter le récit.

La ville de Gap inquiète de ce qui était advenu à saint Arey, depuis sa disparition, le vit arriver un jour dans un chariot traîné par un bœuf et un ours ! L'étonnement fut immense, au sein de la cité, comme dans tous les lieux situés sur la route ; mais voici qui explique cet étrange accouplement. N'ayant plus à ses ordres, pour le retour, l'esprit infernal, sur les épaules duquel il avait été porté à Rome, notre prélat se munit d'un chariot, sur lequel il plaça ses petites hardes, un morceau des souliers de la Sainte Vierge, des reliques des bienheureux

---

pour prix de sa course, les restes du premier repas que notre prélat ferait à Rome. L'Esprit malin avait fait un très mauvais marché, car saint Arey, sobre dans la capitale de l'Italie, comme il l'était au sein des Alpes, ne mangea à son dîner que quelques noix, de sorte qu'il n'en revint au démon que les coquilles.

[1] Mort le 25 juin 411 (*Acta Sanctorum*, juin, t. V, 39-40).

apôtres saint Pierre et saint Paul, et quelques livres, dont le Pape repentant lui avait sans doute fait cadeau. Deux bœufs furent attelés à son char. Mais, lorsque, d'un pas pesant, ils eurent à franchir l'Apennin, voilà qu'un ours énorme, sorti de la forêt, se jette sur l'un des paisibles quadrupèdes et le dévore. Arigius lui commanda aussitôt de se placer sous le joug et de faire le service de l'innocente victime de sa voracité. L'ours s'empressa de courber la tête ; il se laisse docilement attacher au brancard, et traîne ainsi, avec l'autre bœuf, le chariot jusques en cette ville. Ensuite cet animal, dont le caractère s'était singulièrement adouci, se retira dans les montagnes des environs, — à Orcières, peut-être, — où il reste paisiblement jusques à l'époque où l'âme de saint Arey fut tirée de son corps et portée au ciel par les anges, et que Jésus-Christ, accompagné d'une troupe rayonnante de ses glorieuses intelligences, le reçut dans sa gloire (1). Mais n'anticipons pas sur le triste événement qui priva la ville de Gap du plus grand de ses pontifes.

Dans la crainte que l'ours de saint Arey n'excitât plus que de la surprise parmi ses contemporains et ses compatriotes, Juvénis, après en avoir raconté l'histoire, se hâte d'ajouter, avec autant d'érudition que de logique : « L'autheur du fragment de la vie
« de saint Arey en parle comme d'une chose qu'il
« avoit lui-mesme veue : et elle ne sera pas incroya-
« ble à ceux qui savent l'authorité que Dieu avoit
« donnée au premier homme sur touts les animaux,
« dans l'estat d'innocence : et bien qu'il l'eût perdue
« par sa révolte, le Créateur s'est réservé d'accorder
« ce privilège à ceux qui lui seroient les plus fidè-
« les. Les corbeaux obéissoient à Hélie et à saint
« Benoist ; les crocodiles à Helenus et à Pacôme ;

---

(1) Juvénis, *loco citato*. — *De sancto Arigio, vita auctore coævo*, vers la fin. L'ours de saint Arey se trouve mentionné également par Juvénis et dans le manuscrit des Bollandistes.

« les chevaux marins à Benon ; les asnes sauvages
« au grand Anthoine et à Machaire ; les lions à Géra-
« sime, à Serge, à Hellade, au moine Jean et au
« grand Siméon Stylite ; les dragons à Philippe et à
« Ammonius ; les hyennes à un autre Machaire
« d'Alexandrie ; les ours et les canards à Nicéphore
« de Patane ; les loups et les arondèles à Adam de
« Firmy ; les scorpions et les aspics à Paul ; les ser-
» pens à Hilarion, et, au dernier siècle, les tigres à
« Joseph d'Anchayeta. Saint Arey eut la mesme
« authorité, que Dieu accorda à son innocence et
« qu'il fit paroistre en quelques occasions, mais
« surtout en celle-cy, où il sembla que la toute puis-
« sance voulent faire éclater la gloire de ce fidèle
« serviteur » (1).

Le grand Arigius ne survécut pas longtemps au martyre de saint Didier survenu, comme je l'ai déjà dit, en l'année 608. Comme pendant sa vie, la pensée de la mort et de l'éternité l'avait constamment occupé, il souhaitait ardemment d'être uni à son créateur ; il vit donc avec joie approcher la fin de sa mission apostolique. S'étant nourri, selon sa coutume du pain des anges, il s'étendit sur un lit, où son corps fut en proie aux douleurs les plus aiguës ; mais son esprit ne se porta que plus vivement vers les cieux. Il s'écriait : « Bon Jésus, mon

(1) Juvénis, *loco citato*. — Voici, sur le voyage de saint Arey à Rome et son retour à Gap, comment s'exprime le *Livre des annales des capucins*, p. 41 et 42 : « Il sceut par révélation divine
« que le Pape avoit commis un grand péché, auquel estat il vou-
« loit faire le saint-chrisme le Jeudi-Saint. Il commanda au diable
« de le porter en un instant de Gap à Rome, le Mercredi-Saint,
« visita et fit la révérence au Pape, luy descouvrant le subject de
« son voyage. Le Pape, ayant advoué son crime, s'en confessa à
« luy, duquel il receut l'absolution. Saint Arey s'en retourna de
« Rome à Gap, d'où l'on croit qu'il emporta les saintes reliques de
« S. Menns, martyr, à l'honneur duquel on a basti une chapelle
« au sommet d'une coline à 3 quarts de lieue de Gap, auquel le
« peuple a grande dévotion, particulièrement ceux qui sont
« galeux, qui se dévouent et reçoivent la guérison par ses inter-
« cessions et autres grâces extraordinaires ».

« sauveur, ne livrez point aux bêtes celui qui croit
« en vous, et ne le précipitez pas dans l'enfer, car
« son âme, bien que renfermée dans son enveloppe
« terrestre, vous a toujours invoqué dans le Ciel ».
C'est ainsi que, pendant plusieurs jours, il ne cessa
de mêler ses prières à ses gémissements. Il goûtait
quelques moments de repos, lorsqu'il lui sembla
qu'il paraissait devant le tribunal du Roi des rois,
vêtu, d'après son ordre, d'une robe resplendissante
comme la neige, et qu'il était admis au nombre des
élus ; et son cœur en ressentait une joie ineffable.
Il voyait ensuite s'avancer, par le chemin qu'il avait
suivi, *Isichius*, évêque de Grenoble, qui recevait de
la main de Dieu un présent semblable à celui qu'il
en avait obtenu lui-même. Arigius, étant sorti de cet
assoupissement, fit le récit de sa vision intuitive à
Valatonius, son archidiacre, au vieux prêtre *Dicontius*, et au diacre *Probus* qui se trouvait avec eux,
autour de son lit, et qui raconta ensuite le songe
céleste à l'auteur de la vie de saint Arey, si, toutefois, ainsi que le dit Juvénis, cet auteur ne le tenait
pas de saint Arey lui-même (1).

Sur cette vision de notre illustre pasteur, il vous
reste encore à subir une dissertation de notre chroniqueur ; mais, rassurez-vous, elle est courte et ce
sera la dernière.

« Hippocrate, — que vous ne vous attendiez guère
« à trouver en cette affaire — Hippocrate dit qu'il y
« a une manière de songes qu'il appelle divins ; et
« saint Grégoire le Grand, dans les six espèces de
« songes qu'il marque, met ceux qui sont par révé-
« lation divine, que l'autheur du livre *De spiritu et*
« *anima*, qu'on attribue à Hugues de Saint-Victor,
« appelle oracles. L'Écriture Sainte a plusieurs
« exemples de cette sorte de songes. Le sommeil
« extatique d'Adam, les songes d'Abraham, celui

(1) Juvénis, *loco citato*. — *De sancto Arigio, vita auctore coævo*

« de Jacob, ceux de Joseph, de Daniel, de l'époux
« de la Sainte Vierge, et plusieurs autres, qu'on lit
« dans le vieux et le nouveau Testament, sont une
« preuve infaillible que Dieu avertit ou fait avertir,
« et fait souvent voir plusieurs choses en songe ».

Valatonius, désigné par Grégoire le Grand pour succéder à saint Arey, avait été instruit par ce digne pasteur des Alpes ; il fut, dans la suite, l'héritier de toutes ses vertus ; mais plusieurs personnes répugnaient à reconnaître son élection, bien qu'elle procédât d'une ordonnance du Souverain Pontife, rendue à l'époque où il l'honora de la dalmatique, et qu'elle eût obtenu l'assentiment du clergé et des citoyens de Gap. Les derniers moments de saint Arey en furent troublés. Tout gisant qu'il était sur son lit de douleur, il s'exprima avec tant de force, soutenu qu'il était par l'Esprit-Saint et par une révélation du Seigneur, qu'il dissipa toutes les préventions élevées contre Valatonius ; et il laissa à son peuple un successeur qui continua la sainteté et la sagesse de son administration (1).

Cependant la fin d'une si belle vie approchait. Alors saint Arey commanda de le dépouiller de tous ses vêtements et de ne conserver qu'un cilice qui lui couvrait tout le corps ; puis, ayant été porté devant l'autel de saint Eusèbe, il répandit de la cendre sur sa tête et reçut le viatique des mains d'*Isichius* et du vénérable *Dicontius* ; ensuite, il s'écria : « Je vous rends grâces, Seigneur Jésus-Christ, car je vois arriver l'heure de ma délivrance ». Étendant ses mains et levant les yeux vers le Ciel, il ajouta : « Je suis sorti nu du sein de ma mère, nu j'y retournerai ». Et étant mort le jour même des kalendes

---

(1) Juvénis, *loco citato*. — [Saint Arey « prit un soin particulier pour instruire » la jeunesse, et l'école de Gap à la fin du Vᵉ siècle est célèbre dans l'histoire. Albanés, *Gallia*, I, 457 ; *Histoire littéraire de la France*, III, 547 ; Vallon-Corse, *De litterarum cultu et origine apud nostrates*, dans *Bull. Soc. d'étud.*, 1884, p. 50-53].

de mai, les anges portèrent son âme à la gloire (1).

Au deuil universel qui se répandit aussitôt dans la ville se joignit bientôt un profond étonnement et un sentiment de terreur qui glaçait les esprits : des hurlements lamentables faisaient retentir les échos de nos montagnes, et l'on ne savait à qui les attribuer ; mais les bons habitants de Gap furent entièrement rassurés en voyant pénétrer dans la ville l'auteur de ces cris extraordinaires. C'était l'ours de saint Arey qui venait de quitter sa paisible retraite, de longer le Drac jusqu'à la Plaine-de-Chabottes, de franchir le col de Manse, de traverser en hurlant la petite ville de Romette, pour assister aux obsèques du saint prélat, qui, autrefois, l'avait mis sous le joug, à côté du bœuf, qu'il ne lui avait pas permis de dévorer. Il se rendit à l'église, où le grand Arigius venait de trépasser, se plaça auprès de son corps, y resta jusqu'au moment des funérailles, et marcha ensuite devant le cercueil le jour où la cérémonie en fut faite. Chaque année, le premier jour du mois de mai, l'ours se rendait dans la ville de Gap, pour assister à la solennité de la fête que l'on célébrait en l'honneur de saint Arey : il continua ainsi, sans interruption, tant que sa vie put s'étendre, ce qui causait une joie indicible aux habitants de la cité, qui, tous, furent témoins de ce prodige, et qui s'empressaient de lui donner à manger, toutes les fois qu'il les honorait de sa visite. *Amen,* pour terminer comme l'auteur contemporain de la vie du bienheureux Arigius (2).

La réputation de ce pasteur admirable se répandit, non seulement dans cette partie de la Burgondie,

---

(1) Juvénis, *loc. cit.* — *De sancto Arigio, vita auctore coœvo.* [L'année de la mort de saint Arey n'est pas exactement connue. Elle arriva certainement après celle de saint Didier, évêque de Vienne († en 608) et saint Arey a pu lui survivre quelques années encore. Aussi l'abbé Albanès pense-t-il que le décès de notre saint est survenu vers 610 *(Gallia,* I, 456)].

(2) *De Sancto Arigio, vita auctore coœvo.* — Juvénis, *loco citato.*

qui prit plus tard le nom de Dauphiné, mais encore dans celle qui forma la Provence, et dans le comté de Nice. On éleva des églises en son honneur dans les diocèses de Grenoble, d'Embrun et de Gap. Près de cette ville, l'on voyait, avant les guerres de religion, un prieuré du nom de Saint-Arey, sur l'éminence que l'on nomme aujourd'hui *la Chapelle* et qui dépendait de la prévôté d'Oulx. Sur la montagne d'Auron, située dans le comté de Nice, il y avait, au temps de Juvénis, une église qui lui était dédiée, et qui, avant la destruction des Templiers, avait appartenu à cet ordre célèbre. Le prieuré de Saint Étienne de Tinnée, ainsi que quelques autres églises du vicariat de Puget, dépendait anciennement de celle d'Auron, et l'on tenait pour constant dans cette contrée, qu'en revenant de Rome, saint Arey fut attaqué et vivement poursuivi par des impies dans un endroit situé entre les montagnes de l'Antarel et de Corberet, et qu'étant sur le point de tomber entre leurs mains, il fut porté miraculeusement sur une grande pierre, que l'on trouve à mi-chemin de Saint-Étienne de Tinnée à l'église d'Auron. L'on montrait, et, peut-être, l'on montre encore, sur cette pierre, l'empreinte du fer à cheval sur lequel notre glorieux prélat était alors monté; ce qui, soit dit sans offenser le perspicace Juvénis, ne s'accorde guère avec le chariot, dans lequel lui et l'historien contemporain l'ont placé pour le faire rentrer dans son diocèse. Les actions mémorables de sa vie étaient fidèlement représentées sur les murs du presbytère d'Auron, dont l'église fut célèbre par le concours des peuples des environs, principalement le premier mai, jour auquel on célébrait

Juvénis et l'auteur contemporain sont d'accord sur cette partie de l'histoire de saint Arey; mais ils ne tracent ni l'un ni l'autre l'itinéraire que je me suis permis de faire suivre à l'ours, lorsqu'il descend de la montagne et arrive à Gap, pour assister aux obsèques de l'illustre prélat.

sa fête (1). Enfin, partout, excepté à Gap, peut-être, la mémoire de saint Arey était restée en grande vénération. Dans cette ville, son culte a été fort négligé, depuis surtout que son émule en mérites, le grand saint Arnoux, en est devenu le patron. On y voit bien encore quelque apparence de fête, non le premier, mais le cinq mai, sans éclat et presque à la sourdine, dans l'intérieur de l'église cathédrale: mais le peuple se livre au travail en ce jour, autrefois si solennel, comme les autres jours de la semaine (2).

Toutefois, il ne serait pas juste d'omettre qu'un buste de saint Arey vient d'être placé dans ce pilier de la cathédrale, où figure le Bon Pasteur et auquel est attachée la balustrade, nouvellement restaurée, qui sépare la grande nef du sanctuaire. Si l'effigie de notre illustre pontife accuse le ciseau du statuaire, elle prouve néanmoins le zèle pour le culte de nos saints patrons du digne successeur de cette multitude d'évêques qui ont honoré l'église de Gap; de celui qui, non content de veiller sur la génération présente, étendit sa sollicitude aux générations à venir, en consacrant ses revenus et peut-être son patrimoine à fonder les établissements les plus utiles, et surtout en érigeant, dans cette ville, un couvent destiné moins à la vie cénobitique qu'à procurer une instruction solide et tous les bienfaits d'une éducation religieuse à ce sexe, parfois si fragile et presque toujours si séduisant, qui, dans l'état de nos mœurs et de notre civilisation, exerce une influence si heureuse ou si funeste dans le sein des familles et sur la société tout entière. Qu'une éternelle reconnaissance lui soit acquise pour ces bienfaits trop peu appréciés de nos jours! (3)

(1) Juvénis, *loco citato*.
(2) Lorsque M. de Malissoles orna les piliers de la cathédrale du portrait des évêques canonisés qui l'avaient précédé sur le siège de Gap, n'oublia-t-il pas, le saint homme, d'y placer celui d'Arigius, le plus grand d'entre eux ?
(3) Voir la note A à la fin de la lettre, page 185.

Pour terminer, enfin, il ne me reste plus qu'à vous apprendre comment la mémoire de saint Arey fut vénérée dans la suite des siècles, aux lieux qui, dès le VII", avaient retenti de tant de merveilles. Le pape Jean XXIII, par une bulle donnée à Avignon le 8 avril 1333, accorda quarante jours d'indulgence aux personnes qui visiteraient l'église d'Auron, le jour de la fête de saint Arey, y prieraient dévotement, assisteraient au sermon, et y feraient don de quelques ornements. Le 12 du même mois, l'archevêque d'Embrun, Bertrand de Deux, qui se trouvait à Avignon, donna aussi quarante jours d'indulgence à ceux qui feraient quelque présent à la même église. Une bulle du 15 avril 1483, donnée à la prière de Fabry, chanoine d'Embrun et commensal de Sixte IV, accorda une indulgence de cent jours à toutes les personnes qui visiteraient l'église d'Auron aux principales fêtes et, particulièrement, à celles de saint Jacques et saint Philippe, jour où l'on célébrait la fête de saint Arey. Une seconde bulle du Sacré-Collège, en date du 3 septembre 1506, confirma la précédente. Enfin, François de Clermont, cardinal-prêtre du titre de Saint-Étienne au Mont-Cœlius, étant au Pont de Sorgues, aux ides de juillet 1518, accorda aux consuls de Saint-Étienne de Tinnée une nouvelle bulle pour sept ans (1).

Ainsi je n'ai pas eu tort d'avancer que la mémoire de saint Arey était vénérée, dans les lieux éloignés de son diocèse, plus que dans ce même diocèse, si ce n'est, toutefois, dans la petite ville de Serres, dont il est resté le patron.

Quant à l'état politique et à l'administration de la ville de Gap au temps de l'épiscopat de saint Arey, l'histoire locale est muette. Mais nous devons croire que, malgré les fréquentes incursions des barbares et leur domination dans ces contrées, la ville continuait, comme sous la domination romaine, d'élire

---

(1) Juvénis, *Histoire du Dauphiné*, loco citato.

ses magistrats et d'être administrée par eux, sans l'intervention des délégués du prince ou de l'évêque. Rien n'annonçait encore la révolution qui fut consommée plusieurs siècles après, lorsque nos prélats obtinrent des empereurs d'Allemagne une souveraineté temporelle, qui donna lieu à ces débats, si souvent ensanglantés, qui se perpétuèrent jusques au-delà du XVIe siècle, souveraineté qui s'étendait, non seulement sur les terres de l'évêché, mais encore sur la ville de Gap, qui, toujours, la leur disputa. Les châteaux épiscopaux se comptèrent alors par douzaine, tandis que saint Arey ne possédait que quelques prairies autour de la ville, ainsi qu'on le voit dans l'épisode de son histoire relative à la guérison d'un faucheur. Mais ces terres, que l'église de Gap tenait de la munificence ou du repentir des princes Burgondes ou des rois Francs, ne lui donnaient, sans doute, aucun droit sur les personnes; celles-ci n'étant soumises, alors, qu'à son autorité spirituelle [1]).

Gap, le 15 janvier 1841.

NOTE A, *de la page 183.*

Il est presque superflu d'ajouter que ce faible éloge s'applique à Mgr François-Antoine Arbaud, avant-dernier évêque de Gap. Ce digne prélat [2])

---

[1] Cf. Abbé Chapuis, *Vie des saints du Dauphiné. Saint Arey, évêque de Gap (533-610).* Grenoble, Vallier, 1899, in-8° de 23 pag.
[2] Né à Manosque le 2 juin 1768, nommé à l'évêché de Gap le 13 janvier 1823, préconisé le 16 mai et sacré le 29 juillet suivant.

mourut dans cette ville le jour de Pâques-fleuries, 27 mars de l'année 1836, après une courte maladie, qui, dès l'origine, nous fit craindre une perte prochaine, et fit pressentir les regrets qui se manifestèrent, lorsqu'elle se réalisa, non seulement dans la ville, mais dans tous les lieux soumis à sa juridiction spirituelle. La cérémonie des obsèques eut lieu le 29 mars, en présence de tout le clergé de la cathédrale, du séminaire, des paroisses de Saint-Arnoux et de Saint-André, et des paroisses des environs. Les autorités administratives et judiciaires de la ville, ainsi que les autorités militaires, y assistèrent en grand costume. La foule empressée remplissait les trois nefs de l'église cathédrale. Une estrade, entourée de candélabres et de chandeliers de moindre dimension, élevée dans le chœur, en face du maître-autel, reçut le corps du prélat, revêtu des ornements pontificaux et placé dans une bière découverte. — Après une messe de *Requiem* solennellement chantée, avec accompagnement de la musique de la garde nationale, les restes du vénérable pontife furent portés autour de la ville, comme dans les processions ordinaires et dans le même ordre. Les choristes entonnèrent des hymnes auxquelles les enfants de chœur de la cathédrale et des deux paroisses répondaient par le verset suivant, arrangé en plein-chant musical. L'ordre et le recueillement présidèrent à la cérémonie, laquelle ne fut terminée qu'à midi, bien qu'elle eût commencé dès neuf heures. Le corps fut renfermé dans un cercueil de plomb, fut d'abord déposé dans la chapelle de Saint-Pierre, et, ensuite, dans un caveau, qui se trouve derrière le grand autel ; car, une ordonnance royale, transmise par le télégraphe, permettait de l'ensevelir dans l'église. L'éloquente oraison funèbre prononcée par M. Jullien, curé de Gap et chanoine honoraire, le 12 avril suivant, me dispense d'entrer dans de plus grands détails sur les mérites de notre avant-dernier évêque. Elle a été imprimée à Aix [1], et je ne saurais que vous y renvoyer, en vous priant de ne pas omettre le passage suivant qui honore l'orateur autant que le prélat à qui l'éloge s'adresse :

« Quels égards pour les magistrats dont les droits
« s'exerçaient à côté de ses droits, les fonctions à
« côté des siennes ! Nul mieux que lui ne comprit
« que l'Église, étrangère à toute politique humaine,
« sans autre drapeau que la bannière du Christ,
« poursuit son œuvre de régénération et d'amour, à
« travers les peuples et les gouvernemens, n'im-
« porte de leur constitution et de leur forme » [2].

DÉCORATION DE SAINT-GRÉGOIRE ET DE SAINT-AREY.

« Mgr Depéry, évêque de Gap, jaloux de faire revivre dans son diocèse le souvenir si glorieux pour ce pays *de la très sainte amitié de ces hommes apostoliques, Grégoire le Grand et Arey*, sollicita pour son église, auprès du souverain pontife Pie IX, quelque marque de distinction particulière qui, rappelant ce fait, pût en consacrer la mémoire. Sa Sainteté accueillit, avec joie et bienveillance, le désir si légitime de ce prélat, et, par un bref, donné à Rome, à la date du 16 décembre 1853, elle voulut bien accorder à l'évêque de Gap, et aux membres du chapitre de la cathédrale, l'insigne privilège de porter à perpétuité, sur l'habit de chœur, et dans l'étendue du diocèse, une décoration dite *de Saint Grégoire et de Saint-Arey*. C'est une croix d'or, émaillée de bleu au centre, à huit pointes émaillées de blanc, pommetée d'or, bordée de même, cantonnée de

---

[1] « Chez Tavernier, imprimeur, rue du Collège, n° 22. — 1836 »; in-4° de 19 p.

[2] Voir aussi la *Vie de Mgr Arbaud*, par le chan. Zéphyrin Blanchard. Gap, Richaud, 1896, in-12 de xi-163 pages.

quatre colombes aux ailes déployées, aussi d'or ; chargée en cœur de l'effigie en or de saint Arey, crossé, mitré et revêtu de ses habits pontificaux, le tout entouré d'un cercle d'or, avec cette légende en lettres noires: SANCTUS ARIGIUS EPISCOPUS VAPINCI. Au revers est l'image de saint Grégoire, en camail et en étole, également en or, recevant les communications du Saint-Esprit qui, sous la forme d'une colombe d'or, semble parler à son oreille. Sur le cercle, on lit ces trois mots, gravés sur l'or, en caractères noirs : SANCTUS GREGORIUS MAGNUS. La croix est entourée d'un ruban d'or, qui enferme les quatre colombes dans ses plis ondoyants, et dont le nœud reçoit un anneau destiné à la suspendre. D'un côté, on lit cet exergue : CAPITULUM ECCLESIÆ VAPINCENSIS, et de l'autre, cette parole du saint Pape à son fidèle ami : NOS DE DUOBUS CHARITAS UNUM FECIT. La croix de Saint-Grégoire et de Saint-Arey est attachée à un grand ruban rouge moiré, bordé d'un liseré jaune, et se porte en sautoir » [1].

[1] Fisquet, *La France pontificale, Gap*, [1868], Paris, Repos, p. 40-41.

Xᵉ LETTRE.

VIIᵉ, VIIIᵉ, IXᵉ & Xᵉ SIÈCLES.

LES SARRASINS ET LES ROIS DE BOURGOGNE.

Valatonius, Potentissimus et *Simphorianus*, 11ᵉ, 12ᵉ et 13ᵉ évêques de Gap. — Invasion des Sarrasins dans la Gaule. — Défaite d'Abd-el-Rahman, leur chef, par Charles-Martel. — Ce prince les chasse des Hautes-Alpes. — Vacances dans le siège de l'évêché. — *Donadeus* et *Biraco*, 14ᵉ et 15ᵉ évêques de Gap. — Fondation du second royaume de Bourgogne. — Nouvelles incursions des Sarrasins dans les Alpes. — Ravages par eux causés dans les diocèses de Gap et d'Embrun. — La vallée d'Orcières et les sources du Drac. — Mœurs des habitants de Freissinières au XVIᵉ siècle. - Saint Mayeul et ses compagnons tombent au pouvoir des Sarrasins dans les gorges d'Orcières. — Guillaume, comte du Gapençais, chasse les Maures de nos contrées. — Prise de *Fraxinetum*. — Récits du P. Fournier et de Juvénis sur les Sarrasins. — Siège de Gap par Mainfroi. — Causes des succès obtenus par les Sarrasins dans les Alpes. — Vestiges de leur domination dans ce pays. — Hugues et *Custus*, 16ᵉ et 17ᵉ évêques de Gap. — Exposé de l'histoire du second royaume de Bourgogne jusqu'à la fin du Xᵉ siècle.

Valatonius [610 ? - 614...].

Tout ce que nous savons de *Valatonius*, successeur de saint Arey au siège épiscopal de Gap, se trouve écrit dans la vie de ce dernier pontife. L'on ne connaît, d'ailleurs, aucun de ses actes pendant qu'il gouverna le diocèse ; l'on ne sait pas, non plus, quelle fut la durée de son administration, ni à quelle époque il mourut. Nous devons croire, par la faveur que lui accorda saint Grégoire le Grand, en lui envoyant la dalmatique, et par l'estime que saint Arey lui témoigna, en diverses circonstances et principalement à son lit de mort, qu'il était rempli de sagesse et d'une piété consommée [1]).

Potentissimus [vers 650].

650. — Nous ignorerions l'existence même de ce pontife, qui probablement succéda à Valatonius, s'il n'avait assisté, en l'année 650 (le 24 octobre), au concile de Châlon-sur-Saône, où furent réglés plusieurs points de discipline ecclésiastique. Et voilà tout ce que j'ai pu apprendre sur *Potentissimus*.

Campharonius, ou Semforianus [700-720 environ].

[*Vers 700*]. *Campharonius* est ensuite mentionné par Raymond Juvénis, à qui le P. Pagi l'avait fait connaître comme successeur de Potentissimus, en disant que de lui on ne trouvait rien de remarquable (2). Mais ce prélat ne serait-il pas le *Simforianus* [ou Symphorien] du patrice Abbon ? Ce dignitaire, par son testament de l'an 739, donna à l'église N.-D. de Gap des propriétés foncières situées en divers lieux [3]), ainsi que les colons et les serfs qui y étaient attachés; plus, les biens qu'il possédait aux environs de Gap; le tout pour le salut de son âme

---

[1]) Comme on l'a vu plus haut (p. 160), il accompagna probablement saint Arey à Rome vers 598. De plus, il assista, le 18 octobre 614, au concile de Paris *(Conc. aevi meroc.*, p. 191).

(2) Artus de Lionne, *Rolle des évesques de Gap.* — *Livre des Annales des capucins*, p. 42. — *Abrégé historique de l'église et des évêques de Gap*, p. 17, 18 et 19. — Juvénis, *Histoire du Dauphiné*, p. 339.

[3]) Dans son testament (du 5 mai 739), le patrice Abbon lègue à l'église de Gap, en souvenir de Symphorien, son oncle, qui en avait été évêque, « toute une série de domaines dans le Gapençais, dans les environs de Riez et jusque dans le diocèse de Cavaillon » (Albanès, *Gallia*, I, col. 460. Cf. nos *Recherches historiques sur les Hautes-Alpes*, 1881, p. 54-61).

et pour se conformer aux volontés de son oncle, Semforianus, évêque de cette ville (1).

Ensuite, éclipse totale, pendant plus d'un siècle. Je vais tâcher de vous en montrer la cause.

719 à 739. — Des envahisseurs nous arrivent, de nouveau, au commencement du VIIIe siècle ; mais, cette fois, leur point de départ n'est pas le nord de l'Europe ou la Germanie. Ces nouveaux conquérants sortent de l'Arabie, et n'aspirent à rien moins qu'à soumettre l'univers entier à la loi de Mahomet, leur prophète. Ils s'emparent rapidement de la Perse, de la Palestine, de la Lybie et de tout le nord de l'Afrique ; de là, ils passent en Espagne, en l'année 711, et, deux ans après, ils occupent les défilés des Pyrénées. En 719, ils entrent dans la Gaule, et, après des succès et des revers, ils se répandent jusque dans la Burgondie. C'est alors, sans doute, que les villes de Gap et d'Embrun furent, dit-on, prises et saccagées et que les habitants en furent passés au fil de l'épée. Mais, en l'année 732, ils sont défaits, au-delà de Poitiers, par les Francs, commandés par *Kar-le-Martel*. La victoire est complète, et *Abd-el-Rahman*, chef des Arabes, reste sur le champ de bataille. Alors ils se retirent dans le midi de la Gaule, où ils occupent Narbonne. Appelés en Provence par les seigneurs du pays, ils s'emparent d'Arles et d'Avignon, et, après quatre ou cinq ans de domination, ils en sont chassés en 739, par Charles-Martel. L'une de leurs bandes s'établit à La Garde-Freinet, — *Fraxinetum*, — où elle n'a pas le temps de prendre pied, tandis que les autres se répandent dans les lieux les plus sauvages de la Provence. Le guerrier Frank les poursuit vivement, et c'est de cette époque que date la domination des

(1) Voir la note A à la fin de la lettre. [L'épiscopat de Symphorien semble avoir duré assez longtemps. La fin en fut troublée par les intrigues de quelques misérables, non autrement connus.]

Carlovingiens dans les pays situés entre les Alpes et le Rhône (1).

Le père Fournier assure que, lors de l'invasion des Arabes, qui nous sont mieux connus sous le nom de Mores ou Maures et de Sarrasins, les peuples qui étaient proche de la mer et des Alpes s'enfuirent bien avant dans ces montagnes ; qu'en 739, l'Embrunais et le Gapençais furent enlevés aux Sarrasins, et que tous ces pays tombèrent sous l'obéissance du vainqueur d'*Abd-el-Rahman* : mais il ne parle nullement, non plus que Juvénis, du massacre des habitants de Gap et d'Embrun, que j'ai rapporté plus haut sur la foi de l'auteur de l'*Abrégé historique de l'église et des évêques* de cette première ville, lequel, probablement, s'est trompé de plus d'un siècle (2).

« Après cette désolation, dit ce dernier auteur,
« Charles-Martel, pour dédommager et récompenser
« ses officiers, leur accorda les revenus des évê-
« chés et des abbayes ; ce qui empêcha le clergé de
« nommer des successeurs aux évêques décédés,
« soit par crainte d'offenser le prince, soit parce
« qu'il ne restoit pas aux prélats le moyen de sub-
« sister avec décence » (3).

Donadeus [788].

788. — Aussi n'est-ce que sous le règne glorieux de *Karl-le-Grand*, ou Charlemagne, que nous retrouvons un évêque de Gap. Tout ce que nous savons de lui, c'est qu'en l'année 788 [27 juin] il assista au concile de Narbonne et que son nom était *Donadeus*, francisé sans beaucoup de peine sous le nom de Donadieu.

(1) Fauriel, *Hist. de la Gaule méridionale*, T. 3, ch. 23, 24 et 25.
(2) Le P. Fournier, *Hist. des Alpes maritimes*, VIII° siècle, sect. 1 et 2.
(3) *Abrégé historique de l'église et des évêques de Gap*, p. 18.

Birico ou Birago [876-879].

876. — Nous voilà retombés dans une obscurité profonde, dont nous ne sortons qu'en l'année 876, où *Birico,* le quinzième de nos évêques connus, assista au concile de Pontigni [Ponthion], et, trois ans après, à une réunion fameuse dans laquelle fut nommé un roi et fondé un nouveau royaume de Bourgogne, ainsi soustrait à la domination des successeurs de Charles-le-Grand.

879. — Vous savez, qu'en l'année 879 et le 5e du mois d'octobre, quelques seigneurs laïques réunis aux métropolitains de Vienne, de Lyon, de Besançon, de la Tarentaise, d'Arles, d'Aix et d'Orange, et à dix-sept évêques appartenant presque tous à l'ancien royaume des Burgondes, s'assemblèrent à Mantaille, entre Vienne et Valence, où ils élirent, pour roi d'un nouveau royaume de Bourgogne, Boson, époux d'Hermengarde, fille de l'empereur Louis II ; que cet usurpateur, — ainsi le qualifient les historiens orthodoxes, tels que Chorier, — obtint de Charles le Gros, ainsi que du pape Jean VIII, l'investiture de ce royaume, lequel comprit la Provence, le Dauphiné et toute la partie de l'ancien royaume de Bourgogne ou de Burgondie située au-delà du Rhône et de la Saône.

Or, Birico ou Birago fut l'un de ces 17 évêques qui donnèrent leurs suffrages à Boson, pour dominer sur ce nouvel état, connu, en outre, sous le nom de royaume de Vienne. Et puis, nouvelle éclipse totale, jusques vers la fin du siècle suivant, quant à la succession de nos évêques (1).

Mais déjà à l'époque où les seigneurs et les prélats forçaient le mari d'Hermengarde à orner son

---

(1) Chorier, *Histoire du Dauphiné,* liv. 10, sect. 8e. — *Abrégé historique,* p. 19. — Guadet, *Atlas historique de France.*

front du diadème royal, les états qu'on venait de lui adjuger commençaient à être envahis par un peuple qui, au siècle précédent, avait dévasté nos contrées, et dont on pouvait croire que Charles-Martel nous avait débarrassés pour toujours.

876. — Vers l'an 876, vingt pirates musulmans, partis des côtes d'Espagne et poussés par la tempête dans le golfe de Saint-Tropez, débarquèrent, sans avoir été aperçus, envahirent, pendant la nuit, le village le plus rapproché de la côte, dont ils massacrèrent les habitants, et se répandirent dans les environs. Ils firent, ensuite, un appel à leurs compagnons qui parcouraient les parages voisins, demandèrent des secours aux Maures d'Espagne et à ceux d'Afrique, et, en peu d'années, ils couvrirent les hauteurs de châteaux et de forteresses. Le principal de ces châteaux, nommé *Fraxinetum*, répond aujourd'hui au village de La Garde-Freinet situé au pied de la montagne la plus avancée du côté des Alpes.

Lorsqu'ils eurent terminé ces travaux, les Sarrasins firent des courses dans le voisinage, et bientôt les seigneurs du pays les associèrent à leurs querelles particulières ; mais ils finirent par devenir les maîtres du pays, et une grande partie de la Provence fut exposée à leurs ravages. Bouche pense qu'à mesure qu'ils élevaient quelque nouveau château-fort, soit en Dauphiné, soit en Savoie, soit en Provence, ils lui donnaient le nom de leur principal boulevard. Il existe, en effet, plusieurs endroits ainsi dénommés, et, entre autres, Freissinières dans les Hautes-Alpes, appelé *Fraxineria* dans les chartes du moyen âge.

Vers la fin du IXe siècle, les Sarrasins s'avancèrent vers la chaîne des Alpes.

906. — Déjà, en l'année 906, ils avaient traversé les gorges du nouveau royaume de Bourgogne et franchi le Mont-Cenis. Les habitants s'étaient réfugiés entre Suse et Briançon, là où se trouvait le couvent d'Oulx [1]; mais les Musulmans les y suivirent et tuèrent un si grand nombre de chrétiens que le lieu du massacre porta, dès lors, le nom de *Champ des martyrs*.

911. — Deux ans après, ces mécréants occupaient tous les passages des Alpes. Alors, dans toute la nouvelle Bourgogne, un cri d'indignation se fit entendre contre eux. Les habitants se levèrent sur plusieurs points; mais les efforts de quelques chefs courageux, agissant sans concert, vinrent se briser contre les boucliers des barbares, et la plupart périrent malheureusement.

916. — Les églises de Sisteron et de Gap furent particulièrement en proie aux plus grands ravages. A Embrun, les Sarrasins mirent à mort le saint archevêque Benoît, ainsi que l'évêque de Maurienne et un grand nombre d'habitants des contrées voisines qui s'étaient réfugiés dans cette ville. Saint Libéral, successeur de saint Benoît, fut obligé de s'en retourner à Brives-la-Gaillarde, son pays natal.

Ensuite, calamités sur calamités: les Hongrois franchirent les Alpes, traversent, avec la rapidité de l'éclair, le Dauphiné, la Provence, et vont mettre le Languedoc à feu et à sang [2].

---

[1] Ou, plus exactement, là où devait s'élever, vers 1050, le couvent d'Oulx.

[2] En 924 et 925. Voir sur ces événements: les *Annales* de Flodoard, années citées; — nos *Recherches historiques*, 2ᵉ partie: *Les Sarrasins et les Hongrois*. Gap, 1881, in-8°; — René Poupardin, Le royaume de Provence sous les Carolingiens (855-933?). Paris, 1901, p. 214-216, 369-372.

940. — En l'année 940, de nouveaux Sarrasins s'emparent de Fréjus et de Toulon. Les chrétiens, placés entre la mer et les Alpes, abandonnent leurs demeures et se réfugient au haut des montagnes. Les villes les plus importantes sont renversées, les châteaux détruits, les églises et les couvents réduits en cendres. Toutefois la ville de Gap eut le bonheur de conserver le temple romain de Saint-Jean-le-Rond, dans les caveaux duquel reposaient les restes de ses premiers pontifes. Ce monument ne fut renversé qu'en 1577, sous les coups des compagnons de Lesdiguières.

« Par delà les montagnes d'*Autane* et de *Roane*, qui se présentent à nous vers le nord-est, disait maître François Barbier au prince de Conti, se trouve la vallée d'Orcières, vallée étroite, au fond de laquelle coule le Drac de ce nom, enfermé entre deux chaînes de montagnes, sur les flancs desquelles s'élèvent vingt villages qui composent la communauté d'Orcières. On entre, dans le territoire de cette communauté, à l'endroit où le Drac de Champoléon, descendant des montagnes de l'*Ours*, de *Chirac* et de *Chaliol-le-Vieil*, vient se joindre à sa branche principale qui la coupe en deux parties, et après avoir passé le pont, que le révérend Dom Bouquet appelle *Pons Ursarii* et que nous nommons le pont de Laye, après une heure de marche, on arrive à l'Église, principal village de la communauté ; et, à une lieue de l'Église, au hameau de *Prapic*, lequel doit son nom aux belles prairies, couvertes de renoncules, d'anémones et de toutes sortes de fleurs odoriférantes que l'on fauche à la cime des monts. L'on pense qu'à une époque, plus ou moins reculée, il dut son existence aux bergers de Provence, qui, au retour de la belle saison, y amènent des myriades de bêtes à laine, tant amaigries, lorsqu'elles sortent de la Crau d'Arles, et si grasses et si rebondies, lorsqu'elles y retournent, après les premières neiges d'automne. Là, encore, et tout proche des maisons se réunissent deux branches du Drac. L'une prend sa source au point culminant qui sépare le territoire d'Orcières de celui de Châteauroux, vers le *Roc-Blanc*, et tombe en cascade au fond de la vallée, à une petite lieue de Prapic, tandis que l'autre, coulant du nord au midi, descend du *Grand-Pinier*, au-delà duquel se trouve le hameau de *Dormillouse*, dépendant de la communauté de Freissinières.

« Freissinières ! nom fameux dans nos annales ; village historique, qui servit de refuge aux restes des Lombards vaincus par Sagittaire, aux restes des Mores exterminés par le comte Guillaume et par le connétable Bérald de Saxe, aux Pétrobrusiens excommuniés par Pierre le Vénérable, aux Vaudois échappés des bûchers de notre grand inquisiteur François Borelly, et aux huguenots poursuivis par les dragons de Louis-le-Grand !

« Jadis, tous ces enfants de l'erreur y vivoient pauvrement pêle-mêle, sur une terre presque stérile, vêtus, hommes et femmes, de peaux de moutons, liées au col avec les pieds de devant, et au-dessous des reins, avec les pieds de derrière, ayant les bras nus au-dehors ; les mâles distingués des femelles par une espèce de haut-de-chausses ; les femelles distinguées des mâles par une espèce de robe qui descendait un peu au-dessous du genou et par un couvre-chef de linge ; mâles et femelles dormant, tout vêtus, sur un peu de paille, n'ayant d'autre couverture que des peaux de moutons, et n'étant séparés du bétail que par une claie de perches. Dans le territoire de la communauté, l'on voit deux cavernes secrètes, servant, l'une, à enfermer les bestiaux, et l'autre à cacher les habitans dans les temps d'invasion ou de persécution. A Freissinières, l'on ne vivoit que de lait et de venaison ; l'unique occupation étoit de nourrir le bétail et d'aller à la chasse des daims et des ours, dont les habitans mangeoient la chair à moitié crue ; ce qui, même de fort loin, les faisoit reconnoître, à cause de l'odeur infecte qui s'exhaloit de leur corps ; cela ne les empêchoit pas d'être fort contents d'eux-mêmes, se liant rarement d'amitié avec les habitants des villages voisins, et ne contractant jamais d'alliance avec eux. Quoique leur aspect fut affreux et horrible, leur intelligence n'étoit pas inculte, puisque chaque habitant savoit lire et écrire, et comprenoit assez le françois pour entendre la sainte bible et les psaumes, qu'ils récitoient ou chantoient dans leurs prières. Les enfans eux-mêmes, interrogés sur la foi qu'ils professoient, répondoient facilement et rendoient raison de leur croyance. Enfin, après le culte de Dieu, ils payoient régulièrement leur tribut au prince, selon leur confession de foi, le mettant à part dans le temps des guerres civiles, pour satisfaire le collecteur, lorsque la paix était faite. Or, ce genre de vie, ces coutumes, ces croyances étoient encore dans toute leur force, lorsque M. le président de Thou alla visiter les habitans de Freissinières, sur la fin du XVIe siècle (1).

« Pendant la dernière partie de IXe siècle et le Xe siècle tout entier, les sectateurs de Mahomet, connus sous le nom de Mores ou Sarrasins, dominèrent presque sans interruption, non seulement à Freissinières, mais dans toutes les vallées des Alpes. C'est de ce village élevé, qu'en l'année 972, ils descendirent dans la vallée du Drac, pour faire la capture la plus importante que l'histoire ait transmise jusqu'à nous.

972. — « Saint Mayeul, abbé de Cluny, qui s'étoit rendu à Rome pour visiter les tombeaux des SS. Apôtres et visiter quelques couvents de son ordre,

---

(1) De Thou, t. 2, ch. 17, pages 229 et suiv.

prit, à son retour, la route du Piémont et résolut de
rentrer dans son monastère par le Mont-Genèvre et
les vallées des Alpes, dans le dessein, peut-être, de
voir, en passant, les PP. Bénédictins du couvent
de Saint-André-lès-Gap, qui dépendoit de son abbaye [1]. Vous dire précisément par quel motif, arrivé
à l'ancienne Rame ou au village de Châteauroux, il
cessa de suivre la route de la Durance, pour se jeter
dans les gorges qui s'élèvent au-dessus de la ville
romaine ou de ce dernier village, et descendre
ensuite dans le bassin du Drac, c'est ce qui paroit
inexplicable aux personnes qui connoissent nos
vallées, à moins que l'on ne dise que le saint abbé
de Cluny cherchoit à éviter la rencontre des barbares, qui pouvoient se trouver entre les villes d'Embrun et de Gap; mais, par malheur, il se trompa; car
prévenus, sans doute, de son arrivée et connaissant
son dessein, ces mécréants s'établirent sur la
hauteur qui domine le pont et le village de Prapic.
Un grand nombre de pèlerins et de voyageurs qui,
depuis longtemps, attendoient une occasion favorable pour franchir le passage, se joignirent à saint
Mayeul. La caravane se met en route, suit des
chemins rocailleux et escarpés, près du torrent de
Ralmons, arrive haletante au col des deux *Tourettes*
et parvient aux sources du Drac; puis, descendant
rapidement la cascade, elle arrive au point très resserré entre le torrent et les montagnes, où se trouve
le village de Prapic, presque rassurée sur la crainte
de rencontrer les Mores. Tout à coup, ces barbares,
qui occupoient les hauteurs, au nombre de mille,
lancent sur nos voyageurs une grêle de traits. En
vain, les chrétiens, pressés de toutes parts, essayent
de fuir, la plupart sont pris, et le saint abbé de
Cluny, blessé à la main, en voulant garantir un de

[1] Ce monastère ne fut fondé qu'en 1010 au plus tôt (Voy. *Notice histor. sur le prieuré de St-André-de-Gap*, Montbéliard, [1882], in-8° de 12 pag.).

ses compagnons, tombe lui-même au pouvoir des Sarrasins !

« Les pèlerins et les voyageurs furent conduits dans un lieu écarté, qui ne peut être que Freissinières. On ne les croyoit pas en état de payer une rançon ; mais, s'adressant à saint Mayeul, les Mores lui demandèrent quels étoient ses moyens de fortune. — « Bien que né de parents forts riches, « répondit ingénûment l'abbé de Cluny, je ne pos- « sède rien en propre, car j'ai abandonné toutes « mes possessions pour me livrer au service de « Dieu ; mais je suis le chef d'un monastère qui a, « dans sa dépendance, des terres et des biens con- « sidérables ». — Alors les Sarrasins, qui vouloient chacun avoir leur part, fixèrent la rançon et celle des autres prisonniers à mille livres d'argent, valant environ 80.000 livres de notre monnoie actuelle. En même temps, ils ordonnèrent à saint Mayeul d'en- voyer à Cluny un moine qui l'accompagnoit, pour apporter la somme convenue, dans un délai qu'ils fixèrent et passé lequel tous les prisonniers seroient mis à mort.

« Le moine étoit porteur d'une lettre du saint commençant par ces mots : « Aux seigneurs et aux « frères de Cluny. — Mayeul, malheureux, captif et « chargé de chaines. Les torrens de Bélial m'ont « entouré, et les lacets de la mort m'ont saisi ». (2° *Livre des Rois*, ch. XXII. 5). — A la lecture de cette lettre, toute l'abbaye fondit en larmes. On se hâta de recueillir l'argent qui se trouvoit dans le monastère. L'église du couvent fut dépouillée de tous ses ornements. On fit un appel à la générosité des personnes pieuses du pays, et l'on parvint à réunir la somme exigée par les Mores, à qui elle fut remise, un peu avant le terme fixé. — Alors tous les pri- sonniers furent mis en liberté.

« Pendant que le compagnon de saint Mayeul étoit à la recherche de la rançon, ce vénérable abbé, qui n'avoit peut-être alors d'autre gîte que les cavernes de Dormillouse, essaya de ramener les barbares à une vie moins criminelle. S'armant du bouclier de la foi, il s'efforça de percer les ennemis du Christ avec la pointe de la parole divine. Il voulut prouver aux Mores la vérité du christianisme, et il leur représenta que leur prétendu prophète ne pourroit jamais leur être d'aucun secours, ni les affranchir de la mort de l'âme. A ces paroles, les barbares entrèrent en fureur, et garrottant le saint, ils l'enfermèrent au fond de la caverne; mais, touchés du calme inaltérable de leur prisonnier, ils adoucirent son sort. Quand il avoit besoin de manger, un d'entre eux, après s'être lavé les mains, préparoit un peu de pâte sur son bouclier, la faisait cuire et la lui présentoit respectueusement. Un jour, un More ayant jeté par terre la bible que saint Mayeul portoit toujours sur lui, et s'en servant pour un usage profane, ses compagnons le reprirent, en disant qu'on devoit avoir plus de respect pour les livres des prophètes: car les musulmans honorent, comme nous, les saints de l'ancien Testament et disent que Mahomet descend d'Ismaël, fils de l'épouse légitime d'Abraham.

« La captivité de saint Mayeul fut la cause de la délivrance de nos ancêtres. Cet événement causa une sensation extraordinaire dans le royaume de Bourgogne. De toutes parts, les chrétiens se levèrent pour demander vengeance d'un si énorme attentat. Beuvon, seigneur de Noyers, près de Sisteron, s'empara par surprise ou par trahison de la forteresse que les Mores avoient élevée sur la montagne de *Peyro empio* (*Petra impia*), passa au fil de l'épée tous ceux qui voulurent résister, et accorda la vie au chef et aux autres mécréants qui lui demandèrent le baptême [1]).

[1] Ce récit, dérivé de la *Vie de Saint Bobon* ou Beuvon, de Noyers (Basses-Alpes), admis par les uns (nos *Recherches*, p. 126),

« A la même époque, les habitans de Gap se délivrèrent de la présence des barbares. On voit, dans notre ancien bréviaire manuscrit, à la légende de saint *Demetrius*, que, par suite d'un accord fait entre Guillaume, comte du Gapençais, selon le docte Juvénis, et les guerriers du pays, les Sarrasins, attaqués dans toutes les positions qu'ils occupoient et particulièrement dans celle de *Puymore*, furent exterminés. Mais ces guerriers peu généreux disposèrent, sans le consentement de l'autorité municipale, de la ville et des terres qui en dépendoient, s'en appropriant une moitié et donnant l'autre à l'évêque et aux églises.

975. — « Étoit-ce ce même comte du Gapençais ou un autre Guillaume, comte de Provence, qui finit par expulser les Sarrasins des terres de la Gaule? C'est une question qui n'est pas encore résolue [1]. Quoi qu'il en soit, ce Guillaume étoit chéri de ses sujets par son amour de la justice et de la religion. Faisant un appel aux guerriers de la Provence, du Bas-Dauphiné et du comté de Nice, il se disposa à attaquer les barbares jusques dans leur grand repaire de *Fraxinetum*. De leur côté, les Sarrasins réunirent toutes leurs forces et descendirent de leurs montagnes en bataillons serrés. Un premier combat eut lieu aux environs de Draguignan. Les Sarrasins furent vaincus et se réfugièrent dans leur château-fort; mais les chrétiens, se mettant à leur poursuite, renversèrent tous les obstacles. A la fin,

est considéré par d'autres comme légendaire (Poupardin, *op. cit.* p. 248-249 et p. 254, qui, par contre, fait grand cas de la *Chronique de la Novalaise*, du XIe siècle, dont les indications sont des plus utiles).

[1] Elle l'est, ce semble, aujourd'hui, et les historiens sont unanimes pour attribuer cette expulsion à Guillaume, fils de Boson, d'Arles, comte de Provence (970-994), à son frère Roubaud, secondé par Ardouin, marquis de Turin (Voir Poupardin, *op. cit.*, p. 273). G. de Manteyer, *La Provence* (p. 237), fixe cette expulsion à l'année 983 (Cf. Cipolla, *Monum. novalicien.*, 1898, p. 260-262).

pressés de toutes parts, ils sortirent du château, pendant la nuit, furent poursuivis avec vigueur, et la plupart périrent ou tombèrent au pouvoir des chrétiens. Ceux qui se rendirent furent épargnés, ainsi que les mahométans qui occupoient les villages voisins. Plusieurs demandèrent le baptême et se fondirent peu à peu dans la population ; les autres restèrent serfs et attachés au service des églises ou des propriétaires de terres ; et leur race se conserva pendant plusieurs siècles.

« La prise de Fraxinet eut lieu vers l'an 975 [1]. Cette forteresse étoit restée au pouvoir des Sarrasins pendant plus de quatre-vingts ans » (2).

Le P. Fournier a également écrit sur l'invasion de ces barbares dans les Hautes-Alpes. Parvenu au commencement du Xe siècle, il s'écrie : « Voicy un
« siècle tout rempli de maux, de calamités et de
« désordres ; un siècle d'horreur et de désolations,
« qui agitèrent et l'État et l'Église, et qui donnèrent,
« à l'une et à l'autre, des atteintes mortelles. Il fut
« tout dans l'orage et dans la tempeste, et il repré-
« senta une cruelle et sanglante tragédie, qui tira
« des larmes et des regrets de tous les gens de
« bien. De terribles comètes, ainsi que Sigebert a
« écrit, parurent au commencement de ce siècle
« funeste, qui furent, s'il faut parler de la sorte,
« comme l'entrée ou le prologue de cette triste tra-
« gédie. En effet, après que Boson Ier fût mort, que
« Louis, son fils, eût eu les yeux crevez par la
« cruauté de Béranger, et que Rodolphe, fils de

[1] En 983, d'après G. de Manteyer (La Provence, p. 237 et 253).
(2) Invasion des Sarrasins en France, par M. Reinaud, pag. 201 et suivantes.

Si je ne craignais d'être accusé de faire un anachronisme de près de cent ans, j'assurerais que le consul de 1744 avait lu l'ouvrage qui vient d'être cité, car il rapporte les mêmes faits, les rattache aux mêmes époques et se sert des mêmes expressions. Seulement, il a ajouté quelques phrases et les localités, et précisé, mieux que ne l'a fait M. Reinaud, l'endroit où saint Mayeul et ses compagnons durent être assaillis par les Maures.

« Conrad, petit-fils de Hugues l'Abbé, fut mis à sa
« place. les Sarrasins agirent d'une manière si
« extraordinaire, et ils se portèrent avec tant de
« licence et de cruauté, que la campagne d'Ambrun
« et tout l'Ambrunois fut exposé à leurs inhuma-
« nités et à leurs violences : la ville fut emportée,
« son prélat massacré, l'église et ses terres et tous
« les biens des citoyens furent en proie à ces infi-
« dèles » (1).

Il est inutile de faire remarquer que nous pouvons dire de Gap et du Gapençais ce que le P. Fournier dit d'Embrun et de l'Embrunais, si ce n'est
pourtant que les deux évêques, qui siègèrent pendant ce siècle, et dont nous connaissons à peine les
noms [2]), échappèrent probablement, en se cachant
dans des gorges inaccessibles, s'il en était de telles
pour les barbares, ou en se retirant dans les terres
non envahies du royaume d'Arles ou de Bourgogne.
Du reste, à quelques différences près sur les dates
et sur quelques circonstances merveilleuses de la
captivité de saint Mayeul, le P. Fournier est assez
d'accord avec le consul de 1744 (3).

Raymond Juvénis, après avoir cité Fournier, Delbène et Artus de Lionne, qui assurent que la ville
de Gap fut prise par les Sarrasins en 992, et par eux
malheureusement travaillée, nous parle aussi de la
légende de saint *Demetrius*, laquelle porte qu'un
certain comte Guillaume, ayant vaincu les infidèles,
les chassa de cette ville le 3 des kalendes de janvier, indiction V^e, ce qui tombe justement en l'année

---

(1) Le P. Marcellin Fournier, *Histoire des Alpes maritimes*, Xe siècle, sect. 1re, p. 222 de la transcription de Juvénis.

[2]) A Embrun, suivant Fornier (t. I, p. 603-608), de 960 à 993 siégeait l'archevêque *Amédée*, dont le nom ne se rencontre dans
aucun document contemporain ; on trouve, du moins, en 992,
celui de *Pons* ou *Ponce* (ib., p. 608, note 2). Gap avait, alors, pour
évêque *Hugues* (971-1010 ?) à qui Guillaume, comte de Provence,
donna, en 986, la moitié de la ville de Gap, ainsi que l'atteste
l'ancien *Bréviaire* de 1499 (voir G. t. III, p. VIII).

(3) Voir la note B à la fin de cette lettre.

992. M. de Lionne confond ce comte Guillaume avec Bérald de Saxe ; mais il se trompe, dit Juvénis, car Bérald ne vint au secours du roi de Bourgogne qu'en 994, ou même, d'après divers auteurs, qu'en 996, 999 ou 1000. Le comte Guillaume, qui délivra la ville de Gap des Sarrasins et qui donna la moitié de la juridiction à l'Église, devait être ou Guillaume, IIe du nom, comte d'Arles ou de Provence, qui vivait en 992, sous Conrad le Pacifique, ou un autre Guillaume II, comte de Forcalquier et du Venaissin, en cette même année. Mais non, ce n'était ni l'un ni l'autre. Le libérateur de la ville de Gap était un Guillaume, comte particulier du Gapençais. Juvénis l'assure, et voici comment il le découvrit. Une consultation en faveur des habitants de Gap, faite à Turin, en l'année 1460, par Denis *de Cabanus*, préfet des deux universités de cette ville, étant tombée entre les mains de notre chroniqueur, y lut, en propres termes, que le sérénissime Guillaume y était qualifié comte du Gapençais, ce que sans doute le préfet consulté avait su par les pièces qui lui furent remises. Et, d'ailleurs, ajoute Juvénis, ce qui montre encore que le comte Guillaume, exterminateur des Sarrasins, est bien à nous et non aux Provençaux ou aux Venaissins, c'est qu'en ce temps-là, la ville de Gap n'était nullement sujette des comtes d'Arles ou de la Provence orientale, et qu'elle ne fut unie au comté de Forcalquier qu'en l'an 1110. Ce qui confirme encore que le Gapençais formait un comté à part, c'est qu'on voit, dans l'*Histoire de Marseille*, qu'il y avait autrefois des vicomtes à Gap, comme à Sisteron et à Fréjus. Catel n'a-t-il pas dit, dans son *Histoire de Languedoc*, qu'il y avait anciennement dans notre ville des comtes et des vicomtes, qui, de simples gouverneurs, s'étaient faits souverains, lors de la décadence du royaume de Bourgogne, à l'exemple des vicomtes de Marseille,

des comtes de Grignan et de Sault, et des barons de Baux et de Castellane ? Or, notre comte Guillaume est le premier qui, profitant de la susdite décadence, se fit comte de Gap, comme le pense le docte Juvénis (1).

Si les auteurs des Hautes-Alpes sont d'accord avec M. Reinaud, de l'Institut, sur le nom du chef qui expulsa les Sarrasins de nos montagnes et même de tout le territoire gaulois, vous voyez qu'ils diffèrent de lui sur la qualité de ce chef et sur l'époque à laquelle ce grand acte fut accompli.

Quoiqu'il en soit, nos ancêtres furent entièrement délivrés de la présence des Maures vers la fin du Xe siècle; et je n'aurais plus à m'occuper de ces farouches ennemis du nom chrétien, si je pouvais omettre un siège de Gap, tellement apocryphe que Chorier lui-même l'a révoqué en doute.

1002. — On a écrit, qu'en l'an 1002, Arduin, marquis d'Ivrée ; Mainfroi, marquis de Suse, et un marquis, sans nom, de Saluces, se liguèrent contre Rodolphe le Fainéant, dernier roi de Bourgogne, qui soutenait la nomination, faite par les électeurs de l'Empire, de Henri II. son neveu, tandis que les Italiens avaient élu, de leur côté, le marquis d'Ivrée au trône impérial. Pour faire diversion, les coalisés traversèrent les Alpes et vinrent assiéger la ville de Gap, avec le secours d'un grand nombre de Sarrasins. Leur dessein, après la prise de cette ville, était de se rendre dans la Maurienne ; mais Bérald de Saxe, connétable du royaume de Bourgogne,

---

(1) Juvénis, *Mémoires* inédits. — Voici le passage auquel cet auteur fait allusion en repoussant l'opinion d'Artus de Lionne : « Vapingum captum a Sarracenis et vexatum, circa annum 992, « ut patet ex Alphonso Delbene, in sua Burgundia, rursum « obsessum à Sarracenis, anno 1003 vel 1004, a Beraldo de Saxo- « nia, regis Burgondiæ conestabili, liberatum » *(Rolle des évesques de Gap).*

défit les trois principicules de delà les monts, et les força de s'en retourner par le chemin qu'ils avaient pris en venant (1).

On a soutenu, avec raison, que dans les invasions et l'établissement des Sarrasins en Dauphiné, une partie de la population s'entendit avec eux et prit part à leurs rapines. On ne saurait, dit M. Reinaud, autrement expliquer la facilité avec laquelle ces barbares envahirent nos âpres montagnes, et comment ils purent s'y maintenir. Non seulement le P. Fournier est de ce sentiment, mais il cite des faits qui ne laissent aucun doute sur cette malheureuse connivence. Après avoir parlé de la prise d'Embrun par les infidèles, il ajoute : « Mais il faut « sçavoir par quels moyens, ils feurent introduits « dans ces quartiers, particulièrement par quels « ressorts ils se rendirent maistre de cette capitale « de la province Maritime; ce que l'on peut tirer, « premièrement, de la bulle de Victor II, qui attri- « bue l'abbatement de l'estat ecclésiastique dans « cette ville à la perfidie de certains apostats, et « de quelques autres libertins et ennemis de toute « sorte de discipline, qui, pour assouvir leurs pro- « pres passions, à l'imitation des princes italiens, « dont j'ai parlé auparavant, et pour s'agrandir et « avoir part au butin, se lièrent avec ces ennemis « de l'église de Jésus-Christ, et les introduisirent « dans la ville par une porte qui retient encore à « présent le nom de porte Sarrazine » (2).

(1) Chorier, *Hist. du Dauphiné*, tom. I, liv. 10, sect. 19.
Le *Livre des annales des Capucins de Gap*, confondant les époques et le comte Guillaume avec Bérald de Saxe, dit de ce dernier : « Par ainsin Gap feut deslivré deux fois des Sarrazins « par ce Bérald, lequel avec ses autres consorts, donnèrent, pour « la rédemption de leurs âmes la moitié de la cité de Gap à Dieu « et à la Vierge Marie; et après se retira à Grenoble » (page 42). [G. de Manteyer croit que l'expulsion des Sarrasins eut lieu en 983 et que l'arrestation de saint Mayeul advint en Suisse (voir, ci-dessus, p. 202 et 203)].

(2) Reinaud, *Invasion des Sarrazins en France*, p. 210. — Le

Les tours dont nous voyons encore les débris sur nos montagnes et sur nos collines, telles que celles de la Tourronde, de La Saulce, de La Bâtie-Vieille, de Rosans, de Mallemort en Dévoluy et de Rabou, ont été attribuées aux Sarrasins. De ces hauteurs, soit à l'aide de feux allumés pendant la nuit, soit de toute autre manière, les barbares concertaient leurs mouvements, mais, « en général, dit M. Reinaud, ne serait-il pas plus naturel d'attribuer ces ouvrages aux chrétiens, sans cesse menacés de la descente et de l'invasion des pirates, et qui, n'ayant aucun moyen de défense, étaient ainsi instruits de leur approche, et avaient le temps de pourvoir à leur sûreté? Un effet de leur domination séculaire fut la création d'une foule de seigneuries et de fortunes, dont il reste encore des traces dans nos contrées; mais c'est à tort que l'on a attribué à leurs conquêtes l'établissement des franchises municipales, et l'esprit de liberté que l'on a remarqué dans le midi de la France et principalement dans la ville de Gap, à laquelle sa délivrance coûta la moitié au moins de ses terres et de sa juridiction, selon la légende de son premier pasteur. Ces franchises étaient un reste de la domination romaine, et se sont toujours conservées plus ou moins intactes jusques dans le dernier siècle » (1).

Indépendamment des ruines, qui attestent la puissance des Sarrasins dans nos contrées, que nous reste-t-il de leur domination? Quelques familles très chrétiennes, qui portent encore les noms de *Maure* ou de *Sarrazin;* plus, le coteau qui domine la ville sur lequel ils avaient élevé une forteresse, et qui, dans la suite, ne fut plus connu que sous le nom de *Puy-Maure*, et, dans le Gapençais, les noms donnés aux villages de *Montmaur* et *Montmorin*,

P. Fournier, Xe siècle, sect. 1re de l'*Histoire des Alpes maritimes*, traduite par Juvénis, p. 224.

(1) Reinaud, *Invasion des Sarrasins en France*, 1836, p. 308.

qu'ils avaient sans doute occupés pendant leur séjour dans les Alpes. Mais, dans notre vieux patois, pas un mot de la langue arabe.

Pendant cet épouvantable X⁰ siècle, il est à présumer que l'on ne s'occupa guère dans Gap de l'élection des évêques. Toutefois deux noms de cette époque ont pu parvenir jusqu'à nous.

Hugues [971-1010?] et Castus [949 ou 950]

Le premier a dû succéder à Birico et je ne saurais vous dire autre chose de lui, sinon qu'il s'appelait Hugues.

Le fameux critique Antoine Pagi découvrit l'autre dans un acte de l'an 1003, portant donation d'une vigne que possédait *le seigneur Castus, évêque de Gap*, en faveur de l'église de la Sainte-Vierge et de Saint-Castor d'Apt [1]. Le savant provincial des Cordeliers fit part de sa découverte à son ami et correspondant Raymond Juvénis, qui, d'un autre côté, avait appris du prélat *Grossi*, qu'un Castus siégeait déjà en 958 ; mais, dit Juvénis, il est le même que le Castus de 1003 (?). Il est probable que ce pasteur, éloigné forcément de son troupeau par les Sarrasins, s'était retiré à Apt, qui, probablement encore, était sa ville natale (2).

879 à 1000. — Nous avons vu les évêques et quelques seigneurs rétablir le royaume de Bourgogne, en l'année 879, et *contraindre* Boson à orner son front du diadème, au moment où les Sarrasins mettaient le pied dans ses états, et les Normands, dans le nord de la France. A l'avènement de Louis [l'aveugle], fils de Boson, le royaume de Bourgogne fut divisé en deux parties : la Bourgogne

---

[1] La 13⁰ année du roi Conrad le Pacifique (1ᵉʳ août 937, † 13 oct. 993), ce qui correspond à 949 ou 950 (Albanès, Instr. n⁰ v).

[2] Juvénis, *Mémoires* inédits. — *Abrégé historique de l'église et des évêques de Gap*, p. 20.

cisjurane et la Bourgogne transjurane. Louis régna sur la première (887). Rodolphe 1er, gouverneur de la seconde, la garda pour son compte et se fit couronner roi en 888. Notre roi Louis, grandissant dans l'opinion de ses contemporains, fut nommé empereur à Rome en l'année 901 ; mais Bérenger 1er, dont les descendants possèdent de nombreuses terres dans les Hautes-Alpes et qui, au XIXe siècle, exercent encore parfois des droits de souveraineté dans l'ancienne vicomté de Tallard [?], Bérenger 1er lui disputa l'Italie, le battit et lui fit jurer qu'il ne mettrait plus les pieds dans ce royaume. Cependant, malgré la foi jurée, le fils de Boson passa de nouveau les monts, en l'année 905, fut battu pour la seconde fois, et Bérenger nous le renvoya avec deux yeux de moins. A sa mort, survenue en 930, Hugues, comte d'Arles et de Provence, et tuteur de son fils, s'empara du royaume ; mais Rodolphe II, roi de la Haute-Bourgogne, qui, l'année précédente, avait obtenu de l'empereur Henri Ier une partie de l'Helvétie, que Hugues convoitait également, promit à celui-ci la tranquille possession de l'Italie, en échange de la Basse-Bourgogne ; de sorte qu'en l'année 933, Rodolphe II se trouva souverain du royaume de Bourgogne ou d'Arles, réuni comme il était au temps de Boson. Conrad II le Pacifique, qui lui succéda en 937, s'occupa quelque peu des Sarrasins et des Hongrois, qui dévastaient son royaume, et les battit, dit-on, vers l'an 954. Et puis, jusqu'en 993, où nous trouvons Rodolphe III, dit *le Fainéant,* le royaume d'Arles est occupé par les derniers Carolingiens ou par les empereurs, ou par Hugues Capet, qui se fait proclamer roi de France en 987, ou mieux encore par les Sarrasins, qui, comme nous l'avons vu, n'en furent chassés définitivement que vers cette époque [1]).

[1]) Au sujet de ces divers événements et de l'époque précise où ils se produisirent, on devra consulter le travail si complet de René Poupardin, *Le royaume de Provence sous les Carolingiens*

C'est alors que les prélats, les comtes, les barons et autres principaux seigneurs s'érigèrent en petits souverains, en vertu d'un droit résultant de la position sociale, que l'on nomme anarchie, pendant laquelle chacun, selon sa force musculaire, sa force intellectuelle et sa morale, s'empare de ce qui peut tomber sous la main et le conserve, s'il le peut, d'après la maxime proclamée, comme vous le voyez, il y a un peu plus d'un demi-siècle : « Ce qui est bon à prendre est bon à garder » (1).

Gap, le 27 janvier 1841.

OBSERVATION IMPORTANTE.

[Après Castus, il faut placer l'épiscopat de Hugues, qui siégeait à Gap, le 20 août 974, époque où le roi Conrad confirmait à l'abbaye de l'Ile-Barbe, près de Lyon, les possessions qu'elle avait en Gapençais. Vers l'an 1000, Hugues confirma au prieuré de St-André de Rosans, fondé le 19 avril 988 (G. 1552), l'église de St-Arey de Rosans (Albanès, *Instr. extra ordinem*, n° VI, col. 540). C'est à lui (comme on l'a vu, p. 204), que Guillaume, comte de Provence (968-993), après l'expulsion des Sarrasins, donna, en 986, la moitié de la ville de Gap ». (Cf. *Inv. de la série G*, t. III, p. VIII)].

(855-933 ?). Paris, E. Bouillon, 1901, *passim*. Cf. Fornier, t. I (1890), p. 576.

(1) *Atlas historique de Kruse*, IXe et Xe siècles.

NOTE A, *de la page 191.*

Voici un extrait du testament du patrice Abbon, présentant la nature des biens qu'il donne à l'église de Gap [en 739] :

« Ideoque nos, tam pro animæ nostræ remedio quam pro ipsius supra scripti patrui nostri communicatione domini Semforiani, episcopi Vapincensis, donamus ad ipsam ecclesiam sanctæ Mariæ Vapincensis, locella nostra nuncupantes *Bractio*, una cum *Vocancio*, quæ de parente nostra Godana, ad nos pervenerunt, una cum libertis et colonis et servis, domibus, ædificiis, campis, pratis, pascuis, silvis... Immoque donamus ad ipsam ecclesiam santæ Mariæ Vapincensem locella nostra in ipso Vapincensi, nuncupantes *Ruermo*, *Ambellis in Taraone*, una cum libertis ad ipsa loca aspicientibus: in pago Cavellico, *Memianam*, quam domnus et avus noster Marro quumdam de dommo Crammelino, episcopo [Ebredunensi], conquinvit. De istis omnibus supra scriptis, dum adhuc vixero, usum et fructum mihi reservo. Post obitum quidem meum, quando quidem Deus voluerit, agentes Sanctæ Mariæ Vappincensis ipsa loca recipiant, volo ac jubeo » [1]).

NOTE B, *de la page 204.*

Le P. Fournier, traduit [transcrit] par Juvénis, raconte de la manière suivante comment, avec le secours du Ciel, le saint abbé de Cluny parvint à

[1]) Voir nos *Recherches historiques sur les Hautes-Alpes*, 1ʳᵉ partie. Gap, 1881, in-8°, p. 54-61.

inspirer du respect aux Sarrasins qui le retenaient captif dans nos montagnes :

« Les barbares, ayant cessé le carnage, et s'étant seulement contentés de mettre aux fers tous ceux qui ne peurent pas se sauver, ils virent, en se retirant, Mayeul assis sur une pierre. D'abord, ils retournent sur leurs pas, ils le prènent, ils le chargent de chesnes, et l'ayant amené avec les autres captifs, ils le mirent dans un cachot, où s'estant endormy, il vit, pendant son sommeil, le Pape, vestu pontificalement, qui tenoit un encensoir en main, ce qui luy fit comprendre qu'il seroit affranchi de la cruauté de ces impies, par la faveur de saint Pierre et de saint Paul. Il s'adressa, après cela, à la Sainte Vierge et il la supplia, très-instamment, de procurer sa délivrance et celle de ses compagnons, afin qu'ils peussent assister à la solennité de son Assomption, qui devoit estre dans un mois. Il s'endormit sur cette prière, et, à son réveil, il se trouva sans fers ; ce qui surprit ses gardes, d'une telle manière qu'ils commencèrent à avoir de la vénération pour luy, et à relâcher de la rigueur et des mauvais traitemans qu'ils exerçoient auparavant sur sa personne » (1).

---

(1) *Histoire des Alpes maritimes*, X⁰ siècle, sect. 4ᵉ, p. 230 [Cf. notre édition, t. 1 (1890), p. 605 et suiv.].

XIe LETTRE.

XIe SIÈCLE.

LES VICOMTES DE GAP. — SAINT ARNOUX.

Feraudus Ier et *Storgius*, 18e et 19e évêques de Gap. — Le royaume de Bourgogne réuni à l'Empire. — *Feraudus II*, 20e évêque de Gap. — Les vicomtes de cette ville. — *Ripert le Simoniaque*, 21e évêque de Gap. — Concile d'Embrun contre les Simoniaques. — Miracle du *Gloria Patri*. — Hugues, archevêque d'Embrun et Ripert, évêque de Gap, sont déposés. — *Saint Arnoux*, 22e évêque de Gap. — Sa naissance, sa vie monastique et ses vertus. — Son voyage et son séjour à Rome. — Il remplace Ripert sur le siège de Gap. — Il défend les droits de l'Église. — Laidel, seigneur de Charance, excommunié par saint Arnoux. — Violences de Laidel contre ce prélat et sa mort subite. — Miracles de saint Arnoux. — Sa mort. — Dissertation sur l'époque et la durée de son épiscopat, et sur le lieu de sa sépulture. — *Leodegarius Ier*, Rodolphe, Isoard, Othon Ier et Armand, 23e, 24e, 25e, 26e et 27e évêques de Gap. — Les croisades et le concile de Clermont. — Hugues, dernier comte du Gapençais, excommunié par Urbain II. — Influence des croisades. — Le comté de Gap est réuni au comté de Forcalquier. — Réforme électorale pour la nomination des évêques.

Délivrée des barbares, qui, successivement et durant tant d'années, avaient dévasté notre province, l'histoire civile de la ville de Gap est à peu près muette sur les événements qui se passèrent, dans son sein, pendant le siècle que nous allons parcourir dans cette lettre, jusques au moment, où, par un saint enthousiasme et par une réaction peut-être inévitable, les chrétiens se levèrent pour aller combattre l'Islamisme sur sa terre natale, et délivrer le tombeau du Christ. Toutefois, à dater de l'expulsion des Sarrasins, nous trouvons une suite non interrompue de nos évêques et nous arrivons, sans lacune, mais sans beaucoup de détails, à celui qui fit presque oublier le grand *Arigius* et qui devint le patron du diocèse.

Feraudus ou Gerandus Ier [1010-1040].

1010 à 1024. — Le premier qui se présente est Feraudus ou Gérandus Ier, à qui l'on a donné les noms de *Feraldus* et de *Geraldus* [1]. Les chartes du monastère de Saint-Victor de Marseille font mention de ce prélat et disent de lui qu'il fut présent à une donation faite à ce monastère, en 1024, par Bertrand, comte de Provence, en réparation de dommages qu'il avait causés, au mas de Pierre-Feu. En cette même année, le Souverain Pontife Benoit VIII écrivit à Feraudus, ainsi qu'à plusieurs autres évêques, au sujet des biens de l'abbaye de Cluny, l'église de Saint-André-lès-Gap, qu'il avait consacrée et dotée en l'an 1010 (2).

Storgius ou Astorga.

1027. — Cet évêque, le 19e des évêques connus, succéda à Feraudus en l'année 1027, et fut présent à la donation que Guillaume, comte de Forcalquier [3],

---

[1] « Feraud était fils de Laugier, riche et puissant seigneur des Alpes, qui épousa, en secondes noces, *Odila*, veuve, elle-même, de Mison de Nice ». Il avait huit frères, parmi lesquels, Pierre, évêque de Sisteron (1023-43), Laugier et Pons, moines de Cluny. En 1010, il consacra l'église de St-André-lès-Gap, qu'il donna, le 27 mars 1029, à l'abbaye de Cluny. En 1030, il donna à l'abbaye de St-Victor de Marseille l'église de St-Geniès de Dromon, etc. *(Inv. de la série G, t. III, p. VIII). Cf. Notice sur le prieuré de St-André de Gap,* p. 10, § 5, etc.

[2] Juvénis, *Mémoires* inédits. — *Livre des annales des Capucins,* p. 42. — *Abrégé historique de l'église et des évêques de Gap,* p. 20.

[3] *Le comté de Forcalquier n'a été créé qu'en 1054* (Ed. de La-

fit de la terre de Saint-Denis, près de Chorges, au prieuré de Saint-Michel de La Cluse, qui, dans la la suite, fut uni à l'abbaye de Boscodon (1).

1032. — C'est pendant l'épiscopat de *Storgius* [lire *Féraud*] que s'opéra un grand changement dans les destins du royaume de Bourgogne. Rodolphe *le Fainéant*, qui mourut en 1032 [à Lausanne, le 6 septembre], avait disposé de ses états en faveur de Conrad *le Salique* [1024, † 4 juin 1039]. Cet empereur et ses successeurs à l'empire exercèrent, pendant longtemps encore, même sous les Dauphins, les comtes de Provence et ceux de Forcalquier, des actes de souveraineté dans ce royaume, que les seigneurs avaient morcelé ; mais cette souveraineté ne fut presque que nominale, car les empereurs ne furent jamais assez puissants pour enlever aux prélats, aux comtes et aux barons les villes, les terres et les droits dont ils s'étaient emparés. Force leur fut de les laisser en fief, à charge d'hommage ²) : et c'est ainsi que tous les pays situés en-deçà du Rhône, de la Saône, de la Meuse et de l'Escaut, c'est-à-dire la Provence, le Dauphiné, la Franche-Comté, l'Alsace et la Lorraine relevèrent de l'Empire (3).

---

plane, *Hist. de Sisteron*, t. I (1843), p. 7 et 66. Cf. Fornier, t. I (1890), p. 618). Il faut lire ici *Comte de Sisteron*, ainsi appelé « du nom de son chef-lieu ». (De Mas Latrie, *Trésor de chronologie*, 1888, in-8°, col. 1603).

(1) Artus de Lionne, *Rolle des évesques de Gap*. — *Livre des annales des Capucins*, loco citato. — *Abrégé historique*, ibidem. [Généralement la charte de la prétendue donation faite *en 1025* est considérée comme apocryphe. Voy. les notes des pages 629 et 631 du tome I*er* de l'*Hist. générale des Alpes*, par le P. Fornier. Mais le fait est exact *(ibid.* p. 638)].

²) Cf. Paul Fournier, *Le royaume d'Arles et de Vienne*, Grenoble, 1885, in-8°, *passim*, surtout p. 48.

(3) Chorier, *Hist. du Dauphiné*, tom. I, liv. 10, sect. 20 et 21. — Gundel, *Atlas historique de France*.

Feraudus II [1].

1040. — *Feraudus* ou Féraud II, successeur d'*Astorga* (?) à l'évêché de Gap, nous est connu parce qu'il assista, en l'année 1040 [le 15 octobre], à la consécration de l'église de Saint-Victor de Marseille, souillée et renversée par les Normands, et qui venait de se relever de ses ruines. Cette cérémonie, à laquelle assistèrent vingt-deux évêques, fut faite par le Pape Benoit IX en personne, qui bientôt allait vendre sa dignité à Grégoire VI (2).

[Rodolphe (1044-1050 ?)]

[Cet évêque était fils de Rodolphe, frère de l'évêque précédent. « Il était également neveu de Pierre, évêque de Sisteron, et cousin de Pierre, évêque de Vaison ». Le 7 avril 1044, l'évêque Rodolphe et Guillaume-Bertrand, comte de Provence (vers 1010-1065), « à chacun desquels appartenait, depuis la donation du comte Guillaume, la moitié de la ville de Gap (986), se mettent d'accord pour partager entre eux ce qui était resté indivis, et désignent explicitement la portion de chacun ». Cet accord fut conclu à Gap, par l'entremise d'Ismidon, archevêque d'Embrun (1030-1045), et de Pierre de Mison, en présence d'un grand nombre de seigneurs Alpins [3]].

1045 à 1048. — Il n'est pas douteux qu'à cette époque le Gapençais n'eût des comtes et des vicomtes particuliers, descendant peut-être de ce comte Guillaume, qui chassa les Sarrasins. En 1045, se

---

[1] C'est le même personnage que Feraudus I*er*, déjà connu, et qui siégea de 1010 à 1040.
(2) Artus de Lionne, *Rolle des évesques de Gap.* — *Liv. des Annales des Capucins*, p. 43. — *Abrégé historique*, p. 21.
[3] Albanès, *Gallia*, I, col. 467 et Inst. IX.

présente à nous avec cette qualité de vicomte. Léonce, comte de Die, auquel succéda, vers l'an 1048, Isoard, son fils (1).

Comment ces comtes ou vicomtes s'arrangeaient-ils avec le pouvoir municipal ²) et le pouvoir épiscopal, qui, vraisemblablement, se partageaient l'autorité dans la capitale du Gapençais, indépendante du comté de ce nom? C'est ce qu'il m'est impossible de vous dire, car aucune charte de cette époque ne s'est trouvée dans les archives municipales ou épiscopales de la cité ³).

Ripert [*le Simoniaque* (1055-1063)].

Vers 1050 à 1064. — Le successeur de Feraudus ou Féraud II au siège épiscopal de Gap est ce fameux Ripert le Simoniaque, sur lequel on a débité des choses qui ne s'appliquent qu'à l'aspostolat de Gabriel de Clermont. A chacun le sien. — L'on trouve, dans les vieux bréviaires de cette église, que, profitant des abus qui s'étaient introduits dans l'élection des évêques, Ripert avait obtenu le siège de Gap par simonie ; qu'il faisait bonne chère, se donnait du bon temps, et n'avait aucun soin de son troupeau. Alors, tous les citoyens de cette ville se réunirent en assemblée générale et nommèrent des députés pour se rendre à Rome, avec ceux du

(1) Salvaing de Boissieu, *De l'usage des fiefs en Dauphiné*, p. 569. — Chorier, *Histoire du Dauphiné*, liv. 2, p. 38.

²) Le pouvoir municipal n'existait certainement pas à Gap à cette époque; il n'apparait en Provence qu'au XII⁰ siècle et à Gap qu'à la fin de ce siècle ou mieux au commencement du XIII⁰ (Voir G. de Manteyer, *Les fouilles de Faudon*, Gap, 1908, in-8°, p. 56-62).

³) S'il n'existe aux archives municipales de Gap aucune charte propre à nous renseigner sur la vie intime de la cité gapençaise au XI⁰ siècle, il en existe bon nombre dans celles des Bouches-du-Rhône, à la bibliothèque de Carpentras, et ailleurs encore, qui font la lumière sur ce point et que l'on trouvera signalées et doctement commentées dans la *Gallia christiana novissima* de l'abbé Albanès (t. 1, col. 473 et suiv.) et dans *Les fouilles de Faudon* de G. de Manteyer, signalées ci-dessus.

clergé. Arrivés dans cette ville, les députés exposèrent au souverain pontife, Alexandre II, la conduite de l'évêque de Gap et le vice de son élection, et demandèrent avec instance qu'il leur donnât un évêque qui, mieux que Ripert, s'acquittât des fonctions épiscopales. Le Saint-Père les écouta favorablement et leur donna le grand saint Arnoux (1065).

Mais, à cette époque, l'église de Gap n'était pas la seule qui fût gouvernée par un simoniaque. Jamais, depuis la prédication de l'Évangile, autant d'abus ne s'étaient montrés dans l'Église universelle. Les princes, grands et petits, qui s'étaient rendus maîtres des élections, vendaient, en gros, au plus offrant et dernier enchérisseur, les évêchés et les abbayes ; puis, les possesseurs de ces abbayes et de ces évêchés revendaient, en détail, les bénéfices ecclésiastiques qui en dépendaient, afin de rentrer dans leurs fonds. Mais, patience, le grand Hildebrand s'avance vers le trône pontifical, pour mettre un terme à ces déprédations. En attendant qu'il siège à Rome, voyez-le s'avancer vers Embrun, où il va présider un concile, que les plaintes portées contre Hugues, archevêque de cette métropole, ont rendu nécessaire. Ce concile fut composé, non seulement des évêques suffragants, mais encore de ceux de la province voisine. Le cardinal Hildebrand le présida, en qualité de légat de Victor II, avec pleine puissance de faire cesser les simonies et les autres dérèglements qui s'étaient introduits dans la Gaule.

A présent je laisse parler le P. Marcellin Fournier, qui, après un énorme préambule tendant à prouver que cet Hugues était archevêque d'Embrun, s'exprime de la manière suivante :

1055. — « Les prélats s'estant rendus à Ambrun,
« on commença les premières séances par l'accu-
« sation d'Hugues, lequel, ayant esté obligé de
« répondre, se deffendit avec grande confiance et
« une grande audace. Le cardinal Nicolas d'Aragon

« marque que c'estoit un homme éloquent et de
« grande littérature, et ainsi il repoussa les accusa-
« tions qu'on luy faisoit, avec toute la force de son
« esprit et tout l'artifice dont il estoit capable. La
« faveur de Léoffred, comte de Provence, qui avoit
« fait des biens à son église, et l'appuy qu'il trou-
« voit dans son amitié, luy faisoient mespriser
« avec un extrême orgueil tout ce qu'on avançoit
« contre luy, comme le cardinal Disdier l'a luy-
« mesme observé. Il avoit encore pratiqué ses accu-
« sateurs la nuit précédente, et il leur avoit fermé
« la bouche avec de l'or et de l'argent ; ainsi il n'y
« avoit moyen de le convaincre. Mais le légat, qui
« agissoit par d'autres lumières que celles du monde
« et qui sçavoit assurément, par les connoissances
« que Disdier lui avoit données, que ce prélat estoit
« coupable, luy dit que, puisqu'il se sentoit si inno-
« cent et qu'il s'estoit si bien deffendu, il falloit
« qu'il en rendit grâces à la Très-Sainte-Trinité, et
« particulièrement au Saint-Esprit, qui estoit effacé
« par le crime de simonie, et qu'il récitât, pour cet
« effet, devant toute cette assemblée, le verset du
« *Gloria Patri.* Ce simoniaque eut bien l'impudence
« de souffrir une épreuve qui devoit faire trembler
« son âme criminelle. Il commença hardiment de
« prononcer à haute voix ces mots du *Gloria Patri*
« *et Filio;* mais, comme il vouleut passer outre, il
« trouva un empeschement à sa langue ; les orga-
« nes de la parole, qui agissoient en luy parfaite-
« ment en toute autre chose, se trouvèrent liez en
« cette occasion, et ce malheureux prélat ne peut
« jamais former aucuns accents qui luy peussent
« faire prononcer ce reste du verset : *et Spiritu*
« *Sancto.* Il fait tous ses efforts pour en venir à
« bout ; mais il n'y peut jamais réussir ; le Saint-
« Esprit, qu'il avoit déshonoré, s'il faut ainsi dire,
« par un commerce profane et par son mensonge,
« ne vouleut pas qu'il profanât la sainteté de son

« nom par l'impureté d'une bouche aussi sacrilège,
« et il ne permit pas, ainsi que parle Pierre Damien
« à ce sujet, qu'un homme qui l'avoit impudem-
« ment provoqué, par une dissimulation impudente,
« autant que par l'achet de l'imposition des mains,
« luy rendît une louange hypocrite, après avoir
« souillé la sainteté de ses dons par l'impureté de
« ses mains et de son cœur ». — Bref, Hugues
reconnaît son crime, se démet de sa charge et
renonce à l'épiscopat. Cinq évêques, ses suffragants,
coupables, comme lui, de simonie, furent également
déposés, soit par une démission volontaire,
soit par le jugement d'Hildebrand.

L'évêque Ripert a-t-il assisté à ce concile? Je ne
pourrais trop l'affirmer, mais il paraît qu'il fut du
nombre des pasteurs déposés par le légat, ainsi que
l'ont écrit divers auteurs, cités par les Bollandistes.
S'il était présent au concile, le miracle dont il dut
être témoin n'apporta aucun changement dans sa
conduite, et, l'année précédente, c'est-à-dire en
1054, il se trouvait au château de Tarascon, avec
Hugues, archevêque d'Embrun, au moment où
Léoffred, ou Léoffroy ou Geoffroy, comte de Provence, faisait don à cette église d'un domaine, avec
ses annexes, en l'honneur de Notre-Dame, de saint
Marcellin ; Hugues accepta cette donation, au nom
de l'église d'Embrun, et signa l'acte avec Ripert,
son confrère en simonie (1).

(1) Le P. Fournier, *Hist. des Alpes Maritimes*, XI⁰ siècle, sect.
6. page 240 et suivantes de la traduction de Juvénis [et pp. 640-
648 du t. I de notre édition] ; Artus de Lionne, *Rolle des évesques
de Gap*. — *Livre des annales des capucins*, p. 43. — *Acta sanctorum*, 19 sept. — *Abrégé historique de l'église et des évêques de
Gap*, p. 21. [Ripert vécut longtemps encore après sa déposition. Il
donna, dit-on, le 21 août 1075, à l'abbaye de St-Victor de Marseille, les églises de Notre-Dame et de St-Victor de Trescléoux
(*Cart. de St-Victor*, t. II, p. 74), fit à l'abbaye de Cluny diverses
libéralités (*Cart. de Cluny*, nos 3590, 3620). Il vivait encore vers 1085
(*ibid.*). De son mariage avec Béatrix (*St-Victor*, n° 730), il eut
divers enfants, de qui dérivent les seigneurs de Mévouillon (G. de
Manteyer, *La Provence*, p. 360 et suiv.)].

Saint Arnoux [1065-1078].

« Hic est qui multum orat
« Pro populo et pro civitate ista ».

En l'année 1032, Godeffroi, comte d'Anjou, et Agnès, son épouse, dame très vertueuse et très accomplie, fondèrent le couvent de la Sainte-Trinité de Vendôme, de l'ordre de Saint-Benoît, y attirèrent bon nombre de religieux, sous la conduite d'O[r]déric, leur donnèrent pour vivre des rentes suffisantes, et déposèrent dans le monastère une relique infiniment précieuse, puisqu'elle contenait la sainte larme que répandit le Sauveur sur le corps de Lazare. Parmi les moines qui vivaient sous la discipline d'O[r]déric, l'on distinguait Arnoux (1) : son supérieur le chérissait comme s'il avait été son fils ou son propre frère. Ce jeune lévite, né à Vendôme, de parents illustres, avait consacré ses tendres années à l'étude des belles-lettres. Loin d'imiter les enfants de son âge, il se rendait, chaque jour, au couvent de la Sainte-Trinité, se plaisant à converser avec les moines les plus simples et les plus vertueux, de manière que les actions de sa jeunesse ne présentèrent pas la moindre apparence du mal. Le saint abbé O[r]déric, ayant remarqué, dans le jeune Arnoux, la bonté de son cœur et la maturité de son esprit, s'empressa de lui accorder le *collobium*, espèce de tunique dont les moines du couvent étaient alors vêtus. Cette faveur n'était due, ni aux prières de sa famille, ni aux sollicitations de ses amis ou des seigneurs de Vendôme, mais aux mérites incontestables de celui qui l'avait obtenue.

Ainsi admis dans le monastère de la Sainte-Trinité, Arnoux y pratiqua toutes les vertus ; il fut indulgent pour les fautes d'autrui, ferme avec pru-

(1) En langue franke ou teutonique *Erem-Hulf*, qui signifie « éminemment secourable », en latin *Arnulphus*, et, en français, Arnoult, Arnoul et Arnoux.

dence, aimable avec humilité, chaste et sobre à l'excès, tranquille et vigilant en ses prières, macérant sa chair par le jeûne, soumettant son corps à son esprit, le premier à obéir, résigné dans ses souffrances, d'un commerce facile et honnête avec tout le monde, chérissant la pauvreté, et réprouvant tout sentiment d'orgueil et de domination ; enfin, il brûlait de l'amour de Dieu, chérissait son supérieur et ses frères, ne diffamait ni ne rabaissait jamais personne ; toutes ses actions ne tendaient qu'au salut de son âme. Aussi lui appliqua-t-on ces paroles de l'Écriture : « Le juste fleurira dans la maison « du Seigneur. — Celui-là est chéri de Dieu et des « hommes dont la mémoire est bénie. — Il fleurira « comme le palmier, et sera élevé comme le cèdre « du Liban ». — En effet, il s'éleva comme le cèdre et mérita les hautes dignités du sacerdoce.

Entre 1061 et 1073. — En ce temps-là, le vénérable O[r]déric se rendant à Rome pour les affaires de son couvent, emmena avec lui le bienheureux Arnoux, son disciple chéri. Admis en la présence d'Alexandre II, qui, alors occupait la chaire de saint Pierre [1061-73], ce pontife ne tarda pas à reconnaître les éminentes qualités dont Arnoux était doué. Charmé de sa conversation et voulant jouir plus souvent d'un entretien qu'il trouvait si agréable et si utile, il pria O[r]déric de le laisser entrer dans un couvent, situé sur le mont Aventin et bâti, tout près du Vatican, en l'honneur de Dieu et de la bienheureuse *Prisca*, vierge et martyre [1]).

Saint Arnoux, retiré dans ce monastère, fut visité souvent par le Souverain Pontife, qui, ravi de ses entretiens, s'attacha de plus en plus à sa personne.

---

[1]) Arnoux se trouvait à Rome le 8 mai 1063, époque où Alexandre II donna à Ordéric, abbé de la Trinité de Vendôme l'église de Ste-Prisque (Jaffé, *Regesta romanorum pontificum*, n° 3386). Il y demeura trois ou quatre ans environ.

Cependant il n'était issu ni de rois, ni de princes ; il n'était environné ni de l'éclat des richesses, ni de leur faste ; il était pauvre, au contraire, et couvert d'humbles vêtements monastiques ; mais le pontife romain dédaignait les richesses et estimait l'humilité, s'aidait des sages conseils du simple religieux de la Trinité et ne laissait ignorer à personne l'influence que ce moine exerçait sur lui, surtout en ce qui regardait le service de Dieu et le salut des âmes. L'affection qu'Alexandre II témoigna à saint Arnoux, loin d'apporter aucun changement dans sa manière de vivre, ne fit qu'accroître son humilité, sa négligence pour la parure et son dédain pour les richesses. Les fleurs de la chasteté ne se flétrirent jamais sur son front ; rien de terrestre n'alluma ses désirs ; il ne soupira que pour la céleste patrie.

Alexandre II siégeait encore, lorsque l'église de Gap, toujours souffrante sous l'oppression et la rapacité du faux évêque Ripert (tellement souillé du crime de simonie que le mot de *simonie Ripertine* était passé en proverbe), résolut, d'après un conseil tenu par tous les habitants de cette cité des Alpes, d'envoyer des députés à Rome. Arrivés dans cette capitale du monde chrétien, les envoyés supplièrent le Souverain Pontife d'avoir pitié de leur état, et leur prière fut exaucée au-delà de leurs espérances, car le vénérable pontife, après avoir hésité quelque temps sur le choix de la personne qui pourrait s'acquitter dignement d'un tel sacerdoce, trouva que le bienheureux Arnoux, par son honnêteté, la pureté de ses mœurs et sa haute sagesse, était le plus digne d'occuper le siège épiscopal de ce diocèse [1]).

Saint Arnoux fut reçu par les citoyens de la ville de Gap avec des démonstrations de joie inexprimables. En se chargeant du fardeau de l'épiscopat, il

---

[1]) L'abbé Albanès fixe cet événement à l'an 1065 (*Gallia*, I, col. 469).

ne fit que se soumettre aux volontés du pontife romain : car jamais il n'avait ambitionné ni le faste ni les honneurs, ni le plaisir de dominer, et, moins encore, d'amasser des richesses, en détournant les biens de l'Église à son profit. Il vint à Gap pour obéir et non pour commander; pour servir et non pour dominer, pour se charger d'un fardeau et non pour s'attirer des honneurs ; pour se livrer à un travail pénible et non pour rester dans un repos oisif, suivant cette parole de l'apôtre : « Celui qui « désire l'épiscopat désire un grand bien, pourvu « qu'il l'accepte, non pour commander, mais pour « servir son prochain ».

Sur le trône épiscopal, saint Arnoux s'efforça continuellement d'être utile à tous ses diocésains et à les maintenir dans la bonne voie: la balance de la justice n'inclina jamais dans ses mains du côté de la faveur: il prononça ses jugements sans craindre le blâme et sans espérer la louange. Cette équité inaltérable l'exposa souvent à des dangers et aux injures des méchants. Quelques impies ayant voulu mettre des entraves aux censures ecclésiastiques, le bienheureux prélat saisit le glaive de l'Esprit-Saint, leur opposa le bouclier de son érudition et les empêcha de fouler aux pieds les droits de l'Église. Parmi eux, se trouva un homme qui traitait avec mépris le Pontife Romain, et qui, malgré plusieurs excommunications lancées contre lui par saint Arnoux, persistait dans ses outrages envers le chef de l'Église; mais une mort déshonorante l'enleva subitement et l'entraîna au fond de l'abîme. Cet acte éclatant de la justice divine réprima les écarts des impies, et aucun d'eux n'osa plus s'opposer aux arrêts de notre pontife. Ce malheureux réprouvé, quel était-il? Le texte que nous suivons ne le nomme pas: mais ce pourrait bien être celui dont Denis de Sainte-Marthe a parlé en ces termes: « Saint Arnoux « interdit la communion à un homme de guerre,

« nommé Laidet et seigneur de Charance, qui avait
« maltraité un chanoine de l'église de Gap. Bien
« qu'il eût obtenu de Rome son pardon, il se livra
« plus tard à des violences contre saint Arnoux lui-
« même, et il mourut par la chûte d'une poutre ».

Il plut à la divine Providence de faire éclater la sainteté de notre bienheureux prélat en lui accordant le don des miracles.

Ici je m'arrête pour laisser parler l'auteur de cette magnifique procession du Saint-Sacrement qui eut lieu en l'année 1744; mieux que moi, il est en état de raconter les merveilles que Dieu opéra par l'entremise de notre saint pasteur.

« Voici à présent les douze panetiers ou bénéficiaires de la cathédrale [1]), tous portant la dalmatique, et, à leur suite, les deux curés de la paroisse de Saint-Arnoux, revêtus de chasubles dorées. Là, on voyait les reliques du patron de la ville et du diocèse, surmontées du buste en argent de ce grand saint, représenté avec la crosse, la mitre, la croix pectorale en or pur, et donnant la bénédiction de la main droite, à un doigt de laquelle brilloit un superbe diamant. La vénérable tête de saint Arnoux (et non plus son bras, comme disent les vieilles chroniques), trouvée intacte, avec le reste de son corps, lorsque la translation en fut faite de l'église de Saint-Jean-le-Rond, où elle reposoit depuis trente années, étoit placée dans la châsse que l'on voit au-dessous du buste. Un dôme, surmonté d'une croix et soutenu par quatre colonnes d'ordre dorique et brillant de l'éclat d'une fraîche dorure, enfermoit le tout. On lisoit dans la frise ces paroles du livre des Macchabées, tracées en lettres majuscules:

« HIC EST QUI MULTUM ORAT
PRO POPULO ET PRO CIVITATE ISTA ».

[1]) Leur institution date d'une époque très postérieure à celle où nous sommes parvenus: ils furent créés en 1320 (G. 1673; *Invent.*, G. t. IV, p. xiv).

« Dix jeunes pénitents, aux bras nerveux et aux épaules carrées, portoient, tour à tour, le buste et les reliques du pieux successeur de Ripert le Simoniaque ; de celui qui, dans un siècle de ténèbres, montra tout le savoir et toutes les vertus de l'Église primitive, de celui dont le célèbre André du Saussay a parlé, en ces termes, dans son Martyrologe gallican : *Vir angelicæ puritatis, singularis modestiæ, precipuæ humilitatis, zelique sacerdotalis miro succensus fervore*, et dont les miracles représentés, en partie, en divers tableaux, qui ornent l'église cathédrale [1], sont attestés par les actes de canonisation que l'on trouve encore dans les archives de cette église ».

Sans doute, cher lecteur, que vous êtes bien aise de connaître ces merveilles, dont nos ancêtres furent témoins. Les voici dans l'ordre où les présente un précieux manuscrit, que l'on conserve dans le couvent de la Très-Sainte-Trinité de Vendôme :

1er miracle. — « Un aveugle se présenta un jour devant saint Arnoux, au moment où il se lavoit les mains, et lui demanda humblement sa bénédiction, afin d'obtenir du Ciel que l'usage de ses yeux lui fut rendu. Le digne évêque s'empressa de poser ses mains, encore mouillées, sur les paupières de l'aveugle, et aussitôt celui-ci, plein de foi, recouvre la vue. Le peuple et le clergé de Gap rendirent grâces à Dieu du miracle qui venoit d'être opéré en leur présence, par les mérites de leur bienheureux pasteur.

2e miracle. — « Vers la même époque, une religieuse qui, déjà, s'étoit souillée de plusieurs crimes, venoit de mettre le comble à ses forfaits. Le démon s'empara d'elle, et, pour arrêter ses fureurs, il fallut la lier avec des chaînes de fer ; mais saint Arnoux

---

[1] Ces tableaux, œuvre de Louis Court, peintre de l'Académie de Rome, originaire de Guillestre, furent exécutés sous M. de Malissoles, évêque de Gap (1706-38), vers 1716-23 (G. 1380 ; *Invent. G. t. III*, p. xxii ; *Invent. de Guillestre*, p. cxxiv et 383-4).

eut pitié de cette malheureuse. Par le signe de la croix, il chassa l'esprit de ténèbres ; ensuite, il délivra la religieuse de ses chaînes, obtint de Dieu son pardon, et la rendit à son premier état.

3e miracle. — « Pendant que le saint pontife faisoit la consécration de l'église de Valernes, village de son diocèse, au-delà de la Durance [1]), un imprudent alla se percher sur le faîte de l'édifice, se laissa tomber et se brisa le corps et tous les membres. A la nouvelle de cet accident, saint Arnoux accourt au plus vite, puis, ému de compassion, il prie le Seigneur de prendre en pitié ce malheureux. Sa prière est à peine terminée que l'homme meurtri et brisé se lève sur ses pieds et marche : il étoit entièrement guéri !

4e miracle. — « Pendant que des ennemis de Dieu méprisoient les censures ecclésiastiques et se moquoient du chef de l'Église universelle, il arriva qu'un fils de l'iniquité, séduit par le démon, osa lever contre notre saint son glaive meurtrier, et le blessa profondement à un bras. C'étoit Laidet, seigneur de Charance et chevalier felon, si jamais il en fût. Or, trente ans après, lorsque le corps de saint Arnoux fut retiré de son sépulcre, l'on trouva ce bras sacré encore tout entier, et la chair qui l'entouroit entièrement saine et inhérente aux os, comme si le corps auquel il appartenoit étoit encore plein de vie ; mais on voyoit les traces de la mutilation et de l'effusion de sang, comme si le forfait venoit seulement d'être accompli. Cette sainte relique, ajoute l'auteur ancien de la vie de saint Arnoux, est encore exposée aujourd'hui, dans l'église de Gap, aux regards de tous ceux qui désirent la voir. La nuit même qui suivit le sacrilège attentat de Laidet, cet indigne seigneur mourut subitement et fut précipité dans l'enfer où il devint la proie des

[1]) Valernes, com* du cant. de La Motte-du-Caire, arrondis. de Sisteron (Basses-Alpes).

démons! Ami lecteur, cette juste punition peut d'autant moins être révoquée en doute, que, dans une vision, Dieu montra à notre saint pontife son impie assassin livré aux flammes éternelles.

5ᵉ *miracle*. — « Mais un des plus éclatants miracles de saint Arnoux, celui dont le récit auroit dû précéder tous les autres, si les habitants de Gap nos ancêtres en avoient eu connaissance, nous a été transmis par les habitants de Vendôme, qui, eux aussi, ont écrit de la vie et des actes de notre saint patron. Après, disent-ils, que le bienheureux Arnoux eut reçu du pontife romain la crosse pastorale de l'église de Gap, il alla à Vendôme et y demeura dans l'obéissance et l'humilité, jusqu'à ce qu'il eût obtenu de l'abbé de son ancien monastère la bénédiction et la licence de se retirer, et il n'en partit qu'après avoir reçu les chastes embrassements de ses frères chéris et s'être recommandé à leurs prières. Au moment où il entrait dans les murs de Vendôme, il aperçut, sur les rives du Loir, un enfant nu et privé de la vie : hélas ! en se baignant dans cette rivière, l'enfant s'étoit noyé et avoit péri victime de son imprudence. Le bon et miséricordieux Arnoux, touché de compassion, couvre le cadavre de son manteau, et le bon Dieu, voulant lui donner un témoignage de son amour, rend l'âme à ce corps, qui, soudain, paroît plein de vie aux yeux des assistants ! Saint Arnoux donna ce manteau au couvent de la Sainte-Trinité, et l'on en fit une chappe. Le lieu où s'opéra le miracle fut, dès alors, appelé *Cappe,* en mémoire de la résurrection de l'enfant. Les habitants de Vendôme conservoient encore le manteau de saint Arnoux parmi les reliques de leurs saints, au moment où le R. P. Mabillon publioit l'histoire de notre patron.

« Cependant le jour arriva où le saint Pontife dut rendre son âme à son créateur. Comme il avoit passé ses jours à éviter les pièges du monde, à surmonter les attraits de la chasse, à fuir les ténèbres de l'erreur, à écarter les embûches de l'ennemi commun, le saint et vénérable Arnoux rendit, avec joie et confiance, son corps à la terre et son âme au ciel, où les saints anges la portèrent, où il reçut les récompenses de la vie immortelle. Auprès du tombeau où son corps reposa, les aveugles recouvroient la vue, les sourds l'ouïe, les muets la parole ; les boiteux et tous les infirmes étoient rendus à la santé. A sa mort, une maladie cruelle cessa d'exercer ses ravages, et plusieurs hommes furent rendus à la vie ».

Telle est la vie du patron du diocèse de Gap. Les détails en ont été puisés dans un manuscrit qui se trouvait, avant la Révolution, dans le couvent de la Sainte-Trinité de Vendôme, lequel fut publié, au XVIIe siècle, par le savant Mabillon, inséré ensuite dans les *Acta Sanctorum* des Bollandistes, et abrégé sous le titre de *Vie de saint Arnoux*, par messire René Benoist, curé de Saint-Eustache de Paris. Je n'en ai retranché que quelques redites et de nombreuses exclamations sur les mérites de notre saint ; même pour plus d'exactitude, j'ai laissé subsister la répétition de l'attentat commis sur sa personne par un excommunié, que l'on a dit être Laidet, seigneur de Charance (1).

De sérieuses difficultés se sont présentées lorsqu'il a fallu déterminer d'une manière précise l'époque et la durée de l'épiscopat de saint Arnoux, pour savoir en quelle ville il mourut et en quel lieu son corps fut d'abord déposé.

Sur la première question, quelques auteurs de martyrologes pensent qu'il fut nommé évêque en

---

(1) *De Sancto Arnulpho, Vita auctore anonymo*, ex Ms. Andreæ Duchesne, Cosmo, regis chrit. cum quo pene ad verbum convenit Ms. monasterii SS. Trinitatis Vendocinensis excursum a Mabillonio in actis SS. ord. S. Bened. sect. vi, part. 2. — *Acta sanctorum*, 19 sept. — *Vie de saint Arnoul*, par messire René Benoist, curé de Saint-Eustache de Paris.

1055, et qu'il déposa cette dignité en 1060, puisque, d'après eux, on trouve un acte de cette dernière année, par lequel Ripert donne l'église de Saint-Pierre de Rioms *(sancti Petri de Rionia)* à Saint-Victor de Marseille, et un autre acte de l'an 1075, par lequel ce même évêque fait une nouvelle donation à la même abbaye pour fonder un monastère [1]; ce qui a porté ces auteurs à réintégrer le simoniaque sur le siège épiscopal de Gap; mais ces prétendus actes ne se trouvaient plus au temps où écrivaient les Bollandistes [2].

D'autres écrivains ont dit que saint Arnoux ne siégea qu'en 1064 et qu'il mourut dix ans après.

Denis de Sainte-Marthe prétend avoir lu, dans une vie de notre saint patron, que celui-ci avait été sacré et envoyé à Gap par Victor II, de l'an 1054 à l'an 1057. Mais il diffère en cela de tous les écrivains, d'accord sur ce point, avec le manuscrit de Vendôme, lequel porte que saint Arnoux fut nommé, non par Victor, mais par Alexandre II, dont le gouvernement ne date que de l'an 1061.

Les frères de Sainte-Marthe et le Père Mabillon placent le commencement de son épiscopat en l'année 1065. Les premiers ajoutent qu'il fut évêque pendant dix ans et qu'il mourut, par conséquent, en 1075.

Un autre auteur le fait mourir en 1070.

Denis de Sainte-Marthe, avant 1060.

Artus de Lionne place l'épiscopat de son saint prédécesseur entre les années 1061 et 1074.

---

[1] A Trescléoux, canton d'Orpierre, le 21 août 1075 *(Cart. de St-Victor de Marseille,* n° 731, t. II, p. 74).

[2] Ils se conservent toutefois aux archives départementales des Bouches-du-Rhône, et ailleurs. Ils nous apprennent que Ripert avait femme et enfants; sa femme s'appelait Béatrix et ses enfants, Ripert, Isnard, Pierre, Raimbaud et Hugues *(Cart. de St-Victor,* n° 711). Ripert vivait le 20 janvier 1082 *(Cart. de Cluny,* n° 3590, et Albanès, *Instr. Sistaric.,* X, col. 447), et il vécut probablement plusieurs années encore et jusques sous le pontificat d'Urbain II (1088-99). Il était déjà mort le 5 mars 1087 *(Cart. de Cluny,* n° 3620).

Le *Livre des annales des capucins de Gap* porte que saint Arnoux fut nommé en 1065 et qu'il mourut en 1076 [1]).

L'*Abrégé historique de l'église et des évêques* de cette ville est d'accord avec le *Livre des capucins*, quant à la prise de possession par saint Arnoux ; mais il abrège sa vie de deux ans, en assurant qu'il mourut en 1074.

Enfin, le P. Mabillon ne sait rien préciser sur la mort du saint évêque.

Dans ce cahos, disent, avec raison, les Bollandistes, le plus sûr est de suivre le P. Mabillon, bien que rien ne s'oppose à étendre l'épiscopat de saint Arnoux jusqu'à l'année 1079 [2]), époque à laquelle le fameux Hildebrand, devenu pape sous le nom de Grégoire VII, fait mention, dans une lettre, de *Leodegarius*, successeur immédiat de notre saint patron.

La seconde question n'aurait pas été élevée, si l'on n'avait écrit, dans le *Martyrologe parisien*, que saint Arnoux était mort à Rome, dans le couvent de Sainte-*Prisca*. Les frères de Sainte-Marthe, le Père Mabillon et les auteurs gapençais rejètent cette opinion et la déclarent inadmissible. D'après eux et une constante tradition, saint Arnoux mourut à Gap, et ses restes furent déposés dans les caveaux de l'église de Saint-Jean-le-Rond. Ce qui le prouve, c'est le passage suivant extrait du propre de l'église de Gap, et cité dans le *Gallia christiana* et par le Père Mabillon : « L'évêque de cette époque, nommé
« Armand, homme pieux et observateur zélé des
« règles monastiques, s'approcha dévotement du
« tombeau de saint Arnoux, et, après avoir adressé
« sa prière au Seigneur, il fit enlever la pierre tumu-
« laire ; après quoi, étant entré avec des flambeaux

---

[1]) De tous les écrivains, l'auteur des *Annales des Capucins* se rapproche le plus de la vérité.

[2]) Ou tout au moins jusqu'en 1078 ; on sait que saint Arnoux est honoré le 19 septembre, date de son décès. (Cf. G. 1530 et 1034.)

« dans le sépulcre, il trouva le corps du saint
« parfaitement conservé et sa robe intacte. Ce corps
« fut montré aux assistans, au moment où un bras
« en fut séparé... ». Après une assez longue discussion, les Bollandistes finissent par se ranger à l'opinion des personnes qui ont pensé que le corps du saint pontife était demeuré à Gap, dans les caveaux de l'église de Saint-Jean-le-Rond.

Sa fête est célébrée dans ce diocèse le 19 septembre. Les bénédictins de Vendôme avaient aussi consacré à sa mémoire un culte annuel. A Fréjus même, d'après un bréviaire imprimé en 1529, on récitait le jour de sa fête six leçons et une oraison particulière en son honneur. « L'odeur de ses ver-
« tus, dit l'auteur de l'*Abrégé historique*, avoit fait
« de telles impressions sur le cœur de ses diocé-
« sains qu'il le prirent pour le patron de leur
« diocèse... Il falloit que sa charité ne se renfermât
« pas dans le seul diocèse de Gap, et que, par sa
« sainteté admirable et sa miraculeuse vie, il fut
« comme un astre éclatant dans le pays des Alpes,
« puisque l'église d'Embrun en faisoit aussi l'office,
« le même jour qu'à Gap, ainsi qu'on le voit dans
« l'ancien bréviaire dont l'église d'Embrun se ser-
« voit avant qu'elle eût embrassé le romain » (1).

Leodegarius I**er** [ou Laugier I****er** (1079-1081)].

1078 à 1084. — Le successeur de saint Arnoux fut, en effet, *Leodegarius* ou Léger I****er**, comme je l'ai dit plus haut avec les Bollandistes. Le plus grand éloge que l'on puisse faire de ses mérites, c'est de

---

(1) *De Sancto Arnulpho. Commentarius prævius. Acta sanctorum*, 19 sept — Artus de Lionne, *Rolle des évesques de Gap.* — *Livre des Annales des Capucins*, p. 43. — *Abrégé historique de l'église et des évêques de Gap*, p. 21 et 22. [Dès avant 1204, le chapitre de Gap avait mis, sur son sceau, la main bénissante de saint Arnoux (cf. *Chartes de Durbon*, n° 269 ; Gustave Vallier, *Le bras de saint Arnoul*, 1870, p. 7, etc.)].

dire que le souverain pontife Grégoire VII l'honora de son estime.

D'après une vieille histoire de Marseille, le pape Alexandre II avait excommunié Aicard, archevêque d'Arles, parce qu'il s'était engagé dans le parti de l'empereur Henri IV. Grégoire VII, successeur d'Alexandre au trône pontifical, qui voulut mettre un terme aux droits, que s'étaient arrogés les Empereurs, de donner l'investiture aux prélats qui relevaient d'eux temporellement, voyant que l'archevêque d'Arles continuait avec plus d'ardeur à suivre le parti de l'Empereur, lança contre lui de nouvelles foudres : et écrivit, en même temps, au clergé d'Arles, de suivre les conseils de Hugues, évêque de Die et légat du Saint-Siège, et d'élire pour leur pasteur *Leodegarius*, évêque de Gap, auquel il envoyait le *pallium*. Mais rien n'annonce que ce conseil ait été suivi, ni même qu'il ait été donné, car je trouve, d'un autre côté, qu'en l'année 1079, Grégoire VII chargea seulement notre évêque de procéder, avec Hugues, à l'élection du nouvel archevêque d'Arles [1]).

Leodegarius confirma les acquisitions faites par Aribert et ses frères en faveur du prieuré de Saint-André-lès-Gap, ainsi que les donations de Pierre Aicard, en faveur de ce monastère, pour y faire recevoir Zacharie, son fils. Il donna lui-même à ce prieuré les églises d'Orcières, de Saint-Léger, de Saint-Étienne, d'Agnières et de Saint-Didier en Dévoluy [2]). Isoard, comte de Gap, qui fut présent à ces donations, en fit une, avec Bertrand, son frère, au même prieuré de Saint-André. En l'année 1081, *Leodegarius* et son chapitre donnèrent aux moines d'Oulx le prieuré de Beaumont, et tout ce qu'il pos-

---

[1]) Le 1er mars 1079 (Albanès, *Instr.* xii).

[2]) *Notice histor. sur le prieuré de St-André de Gap*, Montbéliard, 1882, in-8° de 12 p. Cf. *Cart. de St-Victor de Marseille,* n° 1089.

sédait depuis le rif de Gruel jusqu'à Pont-Haut, sous le cens de trois livres de poivre et de deux livres d'encens, que les moines d'Oulx s'obligèrent de fournir annuellement à l'église et à l'évêque [1].

On pense que Léger Ier termina sa carrière en 1084 et le 3 du mois d'août, jour auquel on faisait l'anniversaire de sa mort au couvent de Saint-André-lès-Avignon (2).

Rodolphe, Othon Ier et Isoard [1085-1105].

1085. — J'ai bien peu de chose à vous dire de trois successeurs de *Leodegarius* au siège de Gap. Le premier dut prendre possession de l'évêché en l'année 1085 ; il se nommait Rodolphe ou Rodulphe[3], et il donna au prieuré de Domène, près de Grenoble, un mas dans le Vaunaveis (*Vallis Navensis*). — On ne sait rien d'Othon Ier [4], ni d'Isoard, si ce n'est qu'ils ne vécurent que peu de temps, après avoir été sacrés évêques de Gap (5).

Auquel de ces trois évêques le pape Urbain II adressa-t-il le bref par lequel il excommuniait le dernier comte du Gapençais et déliait ses sujets du serment de fidélité ? — A Rodolphe, dit l'auteur de l'*Abrégé historique*. — A aucun des trois, mais à *Leodegarius*, leur prédécesseur, répond Juvénis. — Et non : c'est à Guillaume Ier, leur successeur

---

[1] *Ulcien. eccles. Chart.*, p. 205.
(2) *Histoire de Marseille*, par Ruffi, f° 372, citée dans le *Livre des Annales des capucins de Gap*, p. 44. — Juvénis, *Mémoires* inédits. — *Abrégé historique*, p. 23.
[3] Suivant l'abbé Albanès, col. 473, ce prétendu évêque « n'a jamais existé ».
[4] Ce personnage doit être supprimé également et remplacé par l'évêque Odilon qui vivait vers 1085 (cf. Albanès, col. 473, et *Instr. extra ordinem*, n° v, col. 539).
(5) *Abrégé historique*, p. 23. [Isoard paraît avoir été évêque de Gap dès 1092 environ (cf. *Rôle*, etc., n°s 1, 18, 29). Il l'était encore le 15 mai 1105 et se trouvait alors à Zagarola, dans la campagne romaine, en compagnie du pape Pascal II (Albanès, *op. cit.*) etc.]

médiat, dit Chorier. — Trois fois non, Messieurs, dis-je à mon tour : l'excommunication dut être lancée alors que l'évêque Armand occupait le siège de ce diocèse.

Avant de clore cette discussion, voyons à quelle époque le prélat que je viens de nommer prit possession de l'évêché de Gap. Ensuite, nous jetterons un regard sur ce qui se passait à cette époque dans le monde chrétien, et le débat sera terminé.

Armand.

1092. — D'après les vieux bréviaires de Gap, l'un de 1393, et le second de 1499, Armand était moine de profession, sans marquer de quel ordre, et menait une vie édifiante. Il fut, dit-on, sacré en l'année 1092 et finit ses jours en 1106 [1]. C'est donc dans cet intervalle que nous devons placer la translation des restes de saint Arnoux, dont il a déjà été fait mention à l'article de cet évêque. J'ajouterai seulement que, selon les mêmes bréviaires, ce fut le jour des ides de juin, c'est-à-dire le 13 de ce mois et la trentième année après le trépas du saint pontife, qu'eut lieu cette cérémonie, laquelle fut suivie de plusieurs guérisons et de plusieurs miracles (2).

Pendant que Grégoire VII abaissait, devant la tiare, l'orgueil des princes de la terre ; que saint Arnoux faisait l'admiration de ses diocésains et que l'odeur de ses vertus se répandait dans les provinces de l'ancien royaume de Bourgogne, un pauvre ermite, nommé Pierre, visitait les Lieux-Saints et y éprouvait toutes sortes d'avanies, de la part des

[1] On a vu que l'évêque *Isoard* prolongea son épiscopat au moins jusqu'au 15 mai 1105. Il n'y a donc pas de place pour l'évêque apocryphe Armand, qui aurait fait, le 13 juin 1104, la translation des reliques de saint Arnoux (cf., ci-dessus, p. 232).

(2) Artus de Lionne, *Rolle des évesques de Gap.* — *Abrégé historique*, p. 24. — *Livre des annales des capucins*, p. 44. L'auteur de ce livre porte à l'année 1106 la translation de saint Arnoux.

Turcomans qui s'en étaient emparés. Il racontait, à son retour, avec autant d'indignation que d'éloquence, la profanation du tombeau de Jésus-Christ par les ennemis de sa religion, et les rigueurs inouïes dont les pèlerins et les chrétiens de la Palestine étaient accablés. A sa voix, l'Europe fut émue et Urbain II, saisissant cette occasion pour réaliser l'entreprise qu'Hildebrand, son prédécesseur, avait déjà formée, convoqua un concile à Clermont, où l'affluence fut prodigieuse. Aux harangues du Souverain Pontife un cri unanime s'éleva : « En Palestine! délivrons le Saint-Sépulcre, et vengeons les chrétiens de la tyrannie des infidèles. *Diex le volt!* Dieu le veut » !

Qui le croirait! Une bouche resta muette au milieu de l'enthousiasme universel. Et cette bouche fut celle de Hugues, comte du Gapençais !

Saisi d'indignation, Urbain II excommunia ce lâche successeur de Guillaume, l'exterminateur des Sarrasins, mit ses terres en interdit, et délia ses vassaux du serment de fidélité. C'est alors que ce pontife écrivit à l'évêque de Gap, pour lui faire connaître la sentence prononcée contre Hugues, afin que les soldats de ce comte déloyal cessassent de lui obéir, puisqu'il était retranché de la communion des fidèles. Mais nul doute que, sous une autre bannière, celle de la ville de Gap peut-être, ils n'aient suivi en foule le saint ermite dans sa malencontreuse expédition.

Or, sans plus discourir davantage, puisque le concile de Clermont fut tenu en 1095 et qu'à cette époque Armand occupait le siège de Gap, c'est à cet évêque que le Souverain Pontife dut adresser sa bulle d'excommunication [1]).

Mais vous, Monsieur, vous qui avez lu et relu l'admirable *Histoire des croisades*, dont M. Michaud

[1]) Plus probablement, il l'envoya à l'évêque Isoard (1092?-1105).

a fait présent à la France et à l'Europe entière, croirez-vous que la conduite du dernier comte du Gapençais a trouvé des apologistes ? Êtes-vous bien persuadé, comme eux, que les guerriers de cette époque, inquiets, indépendants, nourris des habitudes de guerre et de dissipation et amoureux de conquêtes, ne s'armaient du bouclier de la foi que pour satisfaire leurs goûts et leur cupidité, et que le comte Hugues a droit à nos louanges pour ne s'être pas associé à leurs folies guerrières ? Non, l'enthousiasme, d'abord ; les abus ne se montrèrent que dans la suite : « Non, ce n'étaient pas des guer-
« res d'intérêt : les conquêtes ne se faisaient pas en
« vue de satisfaire un misérable orgueil. L'intention
« était de soustraire les chrétiens aux avanies,
« d'arracher des mains des infidèles le berceau
« du christianisme. Ces expéditions aventureuses
« offraient un grand spectacle. Combat de deux
« idées : duel entre le christianisme et l'islamisme ;
« lutte entre la civilisation chrétienne et la barbarie
« musulmane. Les résultats ont été avantageux.
« De ce moment, les guerres particulières sont plus
« rares en Europe ; la féodalité s'affaiblit, la royauté
« se fortifie, le servage s'adoucit, les communes
« s'affranchissent ; et puis, les sciences, les arts,
« les lettres gagnent quelque chose par les croi-
« sades » (1).

En vérité, c'est bien à nous, admirateurs enthousiastes des courses brillantes et aventureuses qui ont signalé les premières années du XIX⁰ siècle, d'être les contempteurs des guerres saintes qui eurent aussi leur éclat et leur retentissement pendant le XI⁰ siècle et ceux qui le suivirent !

L'excommunication du comte du Gapençais fut une bonne aubaine pour les comtes de Forcalquier, vassaux d'abord des comtes de Toulouse. Ils ne

---

(1) M. de Riambourg, *Annales de Philosophie chrétienne*, tome 19, p. 287.

tardèrent pas à s'emparer des terres de Hugues, l'ennemi de Dieu, comme déjà ils avaient succédé aux comtes de l'Embrunais. Ce comté et celui de Gap disparurent de la carte, pour se fondre dans le comté de Forcalquier, et il est certain, qu'en l'année 1110, Guillaume V, de la maison d'Urgel, les possédait avec le comté d'Avignon (1).

Un auteur récent a écrit que, pendant le siècle que nous venons de parcourir, l'esprit public des Dauphinois avait été particulièrement favorable à la papauté : « Vienne, Grenoble, Valence, Embrun, « Gap et Die s'empressèrent, dit-il, de se courber « sous le sceptre pastoral de leurs prélats, afin « d'échapper à la pesante domination des glaives « féodaux, dont la pointe menaçante s'avançait « sans cesse du seuil des châteaux dans les lieux « les plus peuplés et les plus riches » (2).

La vie de saint Arnoux nous fournit une preuve de la soumission des habitants de Gap aux décisions des Souverains Pontifes ; mais, quant à leurs rapports temporels avec les évêques, l'assertion de cet auteur doit être repoussée. Vous avez vu que, lors de l'expulsion des Sarrasins, ce ne furent pas les habitants de cette ville qui cédèrent à l'évêque la moitié des terres et de la juridiction, mais bien le comte Guillaume, qui, du reste, loin d'opprimer ses sujets, les délivra du joug des infidèles.

Parvenus au siècle des chartes, bientôt nous verrons ces mêmes habitants, fidèles au pouvoir consulaire et non aux seigneurs féodaux, disputer à leurs prélats les droits que ceux-ci avaient usurpés sur la ville et qu'ils avaient eu soin de faire confirmer par nos suzerains nominaux, les empereurs d'Allemagne. Nous verrons encore que le glaive épiscopal fut levé contre eux comme aurait pu

(1) Juvénis, *Mémoires* inédits. — Chorier, *Histoire du Dauphiné*, tome 2, liv. I, sect. 19.
(2) *Vie de saint Hugues, évêque de Grenoble*. Prudhomme, 1837.

l'être le glaive des comtes et des barons, et vous serez convaincu que jamais ils ne courbèrent volontairement la tête sous le sceptre de leurs prélats et qu'ils leur disputèrent toujours le pouvoir dont ces empereurs les avaient investis, au détriment des libertés et des franchises municipales.

Sous le gouvernement de Grégoire VII, qui peut, avec vérité, s'intituler roi de Rome et du monde, une réforme s'opéra dans les relations épiscopales, mais dans un sens inverse à la réforme que des voix stridentes réclament, de nos jours, pour les élections politiques. « Ce pontife, dit le curé Albert, que je renverrai bientôt à un savant professeur luthérien, pour lui apprendre à mieux juger les hommes et les époques, ce pontife dépouilla le clergé et le peuple de leurs privilèges, et s'arrogea le droit d'élire les évêques. Il envoya des légats de tous côtés, qui, insensiblement, enlevèrent aux diocèses leurs anciennes libertés. Un siège devenait-il vacant ? Aussitôt ces légats nommaient un évêque ou le faisaient nommer à leur gré. C'est ainsi que l'on vit Hugues, évêque de Die, dont j'ai déjà fait mention, assembler en 1080, un concile à Avignon, où, après avoir déposé Aycard, il nomma, pour lui succéder sur le siège d'Arles, Lantelme, archevêque d'Embrun, qu'il conduisit à Rome pour y être sacré par le Pape et qu'il installa ensuite à Arles, en présence de *Leodegarius*, évêque de Gap » (1).

Le curé de Seyne écrivait en plein dix-huitième siècle, et, tout curé qu'il était, il ne put se soustraire à son influence, en nous présentant, un peu amèrement, Grégoire VII comme usurpateur des droits du peuple et du clergé. Mais, pour être juste, il fallait considérer les circonstances où ce pontife se trouvait à l'époque où il vécut. C'est ce qu'a fait

---

(1) Le curé Albert, *Hist. du diocèse d'Embrun*, tom. 2, p. 101.

M. Voigt, qui, en étudiant sa vie, est arrivé à l'admiration et à l'éloge, pour les faits où les autres n'avaient trouvé que du blâme. Au siècle d'Hildebrand, la corruption était à son comble ; les dignités ecclésiastiques n'étaient obtenues qu'à force d'argent, et chacun tâchait d'en ramasser ; les évêques et les chefs des abbayes, ainsi entrés par simonie, n'avaient plus aucune autorité sur leurs inférieurs, qui, séduits par le mauvais exemple de leurs chefs, se livraient à leurs penchants désordonnés. La simonie et l'incontinence étaient donc dans l'Église, et tout cela provenait des élections, dont les princes et les seigneurs laïques s'étaient emparés. L'Église sera libre, s'écria Grégoire VII, et l'Église le fut. Ce grand homme, l'Hercule du moyen-âge, enchaîna les monstres, écrasa l'hydre féodale, sauva l'Europe de la barbarie, et, ce qui est encore plus beau, illustra la société chrétienne par ses vertus : « Grégoire
« est couvert d'une gloire immortelle, gloire pure
« et sans tâche, qui, malgré toutes les préventions,
« a toujours trouvé des appréciateurs, et qui,
« comme on le rapporte, faisait dire au plus illustre
« capitaine de nos temps modernes : « Si je n'étais
« pas Napoléon, je voudrais être Grégoire VII » (1).

Gap, le 12 février 1841.

---

(1) M. J. Voigt, *Histoire du pape Grégoire VII et de son siècle*. Introduction par l'abbé Jager, traducteur de cet ouvrage.

XII² LETTRE.

XII² SIÈCLE.

ÉVÊQUES SEIGNEURS TEMPORELS.

Leodegarius ou Léger II, 28ᵉ évêque de Gap. — Fondation de la chartreuse de Durbon et de celle de Bertaud. — Pierre Iᵉʳ Grafinel, 29ᵉ évêque de Gap. — Dons faits à la chartreuse de Durbon. — Établissement des PP. de Saint-Antoine dans Gap. — Guillaume Iᵉʳ, 30ᵉ évêque de cette ville. — Il combat les Pétrobrusiens. — Erreurs prêchées par Pierre de Bruis. — Lettre de Pierre le Vénérable à l'évêque de Gap. — Nouvelles acquisitions faites par les chartreux de Durbon. — Raymond Iᵉʳ, 31ᵉ évêque de Gap. — Donation faite à Durbon. — Grégoire Iᵉʳ, 32ᵉ évêque de Gap. — Ses relations avec les comtes de Forcalquier. — Origine de l'autorité temporelle des évêques du diocèse de Gap. — L'empereur Frédéric Barberousse. — Il donne les droits de régale à l'évêque et approuve les dons faits à Durbon. — Le chapitre de Gap soustrait à la juridiction de l'Ordinaire. — Guillaume II, 33ᵉ évêque de Gap. — Confirmation des droits royaux concédés aux évêques de ce diocèse. — Guillaume II devient abbé de Saint-Denis. — Ses œuvres et sa mort. — Troubadours gapençais du XII° siècle. — Texte des chartes impériales de 1178 et 1184.

Leodegarius ou Léger IIᵉ [1106-1122].

De 1106 à 1123. — Leodegarius II, successeur d'Armand, fut élu évêque de Gap en 1106 ou en 1107 ¹). Pendant son épiscopat, la chartreuse de Durbon, qui naquit si pauvre et qui mourut si riche,

---

¹) Plus vraisemblablement en 1106. Il était archidiacre de l'église de Gap, du temps de l'évêque Isoard (1092-1105). Voy. *Rôle de Malte*, nᵒˢ 10 et 18.

fut fondée dans le désert de ce nom. Ce fut en l'année
1116, huit ans après la mort de saint Bruno, que
« Léger II eut la consolation de favoriser l'établis-
« sement, dans son diocèse, de ces anges du désert,
« que le monde ne mérite pas de posséder et qui
« se cachent dans les cavernes des montagnes et
« dans l'épaisseur des forêts, pour se dérober de la
« vue et de la conversation des hommes » (1).

Les frères *Mainfredus* et *Lagerius de Beldisnar*,
assistés de toute leur famille, et du consentement
de l'évêque et de tous ses prêtres et chanoines,
donnèrent à Dom Lazare et à ses compagnons,
venus de la Grande-Chartreuse, le mas de Durbon,
dont ils étaient seigneurs. De son côté, le prélat fit
abandon à Lazare des droits de dîme, qu'il avait ou
pouvait avoir dans le terroir de Durbon et sur les
terres que la nouvelle chartreuse pourrait acquérir
dans la suite autour du monastère ²).

En la même année, fut également fondé le monastère des Chartreusines de Bertaud ³), comme suc-
cursale de celui de Durbon. Bertaud n'était point
à une lieue de Manteyer, comme l'avance l'auteur
de l'*Histoire et des antiquités des Hautes-Alpes*, mais
il était situé dans le territoire de Ventavon ⁴), au lieu
même qui porte encore ce nom. Parmi les chartes
de Durbon, la plus ancienne porte la date du mois
de juin 1099. C'est une vente faite en faveur des
anciens propriétaires de Bertaud, par Odulphe et
Lantelme Chabaud, frères, de Ventavon, d'une terre
située dans le territoire de cette communauté, au

---

(1) *Abrégé historique de l'église et des évêques de Gap*, p. 24.

²) Voy. l'acte de fondation, du 18 octobre 1116 (*Chartes de Durbon*, 1893, n° 1).

³) Erreur. La chartreuse ou chartreusine de Bertaud fut autorisée le 20 septembre 1188 (Voy. *Chartes de N.-D. de Bertaud*, 1888, n° 1).

⁴) Erreur nouvelle. La chartreuse de Bertaud existait sur le territoire de La Roche-des-Arnauds, au lieu dit aujourd'hui *La Crotte*, où l'on voit encore la voûte *(crota)* de son église (*Chartes* citées, pp. vii-viii de l'Introduction).

quartier de Bertaud, pour le prix de sept livres viennoises, avec l'investiture et la quittance des lods, donnée par noble Guillaume de Monestier, seigneur de Ventavon [1]).

Léger II vivait encore en 1121, car il est dit, dans un acte du 1er octobre de cette année, que la consécration de l'église élevée dans la montagne de Durbon, en l'honneur de Dieu et de la Vierge Marie, a été faite en présence de cet évêque et du seigneur Étienne, évêque de Die [2]). L'on pense qu'il mourut deux ans après [3]), c'est-à-dire en 1123 (4).

Pierre Ier Grafinel [1123-1130].

1123 à 1129. — Pierre de Grafinel succéda à Léger II dans le courant de cette même année 1123 [5]). A peine installé dans la chaire épiscopale, il eut à donner des soins à Augier, évêque de Riez, qui, parvenu à une extrême vieillesse et à la 43e année de son pontificat, s'en allait à Rome visiter le tombeau des SS. Apôtres ; mais la mort le saisit le 2 des ides de mars 1123, dans la ville de Gap, où Pierre Ier, son confrère, lui rendit tous les honneurs qui étaient dus à sa haute dignité.

En 1126, notre évêque autorisa la donation faite à Dom Lazare, prieur de Durbon par Bertrand Roux, qui disposa de tous ses biens en faveur de ce mo-

---

[1]) Cette charte est, en réalité, du 1er juin 1299, non de 1099 (*Chartes de N.-D. de Bertaud*, n° 164, p. 179).

[2]) *Chartes de Durbon*, n° 4.

[3]) Très probablement cet évêque fut transféré sur le siège d'Avignon, où il siégea jusqu'en 1142.

(4) Artus de Lionne, *Rolle des évesques de Gap*. — *Livre des Annales des Capucins*, p. 44. — *Abrégé historique*, p. 24. — Charte de fondation de la chartreuse de Durbon, ms. sur parchemin comme tous ceux de cette chartreuse. — Acte du mois de juin 1099 [lire 1299] ms. — *Hist. antiquités des Hautes-Alpes*, 2e édition, p. 130.

[5]) Il avait été sacriste de l'église de Gap sous les évêques Isoard et Laugier.

nastère¹). Pendant la première année de son épiscopat, il avait consenti à l'établissement, dans la ville de Gap, des Pères de Saint-Antoine et les avait affranchis de la dîme. Il mourut vers l'année 1129²), sous le souverain pontificat d'Honorius II (3).

Guillaume I" (1131-1149).

1130 à 1149. — Cet évêque, qui prit possession de l'évêché de Gap en 1130⁴), eut à combattre pendant toute sa vie l'hérésie des Pétrobrusiens, laquelle, dit-on, prit naissance dans la Vallouise, où, sans doute, s'étaient réfugiés, comme à Freissinières, quelques-uns des Lombards et des Sarrasins vaincus dans nos contrées.

Pierre de Bruis, précurseur des Vaudois et des Calvinistes et chef de la secte, « abusant, dit Juvé« venis, de la simplicité des peuples, de l'ignorance « du clergé et de la corruption des mœurs », enseignait, dans nos montagnes, vers le commencement du XIIe siècle : 1º Que les enfants baptisés avant l'âge de raison n'avaient nulle part au salut. — 2º Qu'il était inutile d'avoir aucun lieu destiné spécialement à la prière, et que, par conséquent, il fallait renverser les temples et les églises. — En ces deux points, les Calvinistes diffèrent essentiellement de lui. — 3º Qu'il fallait briser et brûler les croix, puisqu'elles représentaient l'odieux instrument sur lequel Jésus-Christ avait été cruellement

---

¹) Il s'agit ici de la donation faite *vers 1126* par Bernard *Rufus* et confirmée par l'évêque Pierre Grafinel *(Chartes de Durbon,* nº 7).

²) Le 26 août 1129, il donna à l'abbaye de St-Victor de Marseille les églises de Sourribes *(Cart. de St-Victor,* nº 735). « Il a pu vivre encore presque toute l'année 1130 » (Albanès, *op. cit.* col. 477).

(3) Artus de Lionne, *Rolle des évesques de Gap.* — *Livre des Annales des Capucins,* p. 44. — Juvénis, *Mémoires* inédits. — *Abrégé historique de l'église et des évêques de Gap,* p. 25.

⁴) Il fut « fait évêque de Gap dans les trois premiers mois de 1131, et avant le 3 avril » (Albanès, *op. cit.* col. 477).

tourmenté et mis à mort. — 4° Que le Sauveur n'é-
tait pas réellement dans l'Eucharistie, et que ce
mystère était moins que rien. — 5° Que tous les
sacrifices, toutes les prières et les aumônes offerts
à Dieu pour les vivants et les morts étaient d'une
inutilité absolue. Et ce que disait Pierre de Bruis, il
le faisait. Vingt ans durant, il prêcha, renversa des
églises et brûla des croix, et fut enfin brûlé lui-
même, dans la ville de Saint-Gilles, vers l'année
1126 [1]). Ainsi se montra, dans les Alpes, le commencement de ce duel toujours subsistant entre le libre
examen et l'autorité, entre l'indépendance en matière de foi et la soumission aux décrets de l'Église.

« Après que ce scélérat, s'écrie le R. P. Fournier,
« fut passé des flammes passagères de ce monde
« aux flammes éternelles de l'enfer, un certain
« Henri, héritier de sa méchanceté, avec quelques
« autres, au lieu de corriger la doctrine diabolique
« de Pierre de Bruys, ils la rendirent encore plus
« détestable par le changement qu'ils y firent : en
« telle sorte que Pierre le Vénérable marque d'avoir
« veu un livre qu'on disoit avoir esté composé par
« cet Henry, dans lequel, au lieu des cinq chefs dont
« j'ai parlé, il y en avoit encore quantité d'autres,
« que cet émissaire de l'enfer y avoit ajoutés ». Or,
cet Henri prêcha particulièrement dans les diocèses
de Gap, de Die et d'Embrun ; mais il en fut chassé
par les soins des prélats de ces diocèses, ainsi que
nous l'apprend une lettre du vénérable abbé de
Cluny, adressée à Guillaume, archevêque d'Embrun,
à Ulric, évêque de Die, et à Guillaume, évêque de
Gap [vers 1143]. Après les avoir félicités du succès
de leurs travaux contre les Pétrobrusiens, Pierre le
Vénérable ajoute : « Passant, depuis peu, dans vos
« diocèses, j'ai trouvé que cette erreur avait été
« chassée de ces provinces pour la plus grande

---

[1]) En 1147 (U. Chevalier. *Repert.*, col. 1809).

« partie, avec ses auteurs ; mais j'y en ai trouvé
« aussi quelques restes... On a vu, par un crime
« inouï chez les chrétiens, rebaptiser les peuples,
« profaner les églises, renverser les autels, brûler
« les croix, fouetter les prêtres, emprisonner les
« moines, les contraindre à prendre des femmes par
« les menaces et les tourments. Vous avez banni
« les chefs de cette secte, par le secours des princes
« catholiques ; mais il en reste encore des membres
« comme je l'ai dit. Toutefois la charité chrétienne
« ordonne qu'on cherche plutôt à les convertir qu'à
« les exterminer » (1). Il ne faut pas douter que
notre évêque ne mit ensuite tous ses soins à expulser de son diocèse les restes impurs signalés par l'abbé de Cluny ; mais le temps approchait où les sectaires reparaîtraient en plus grand nombre, sous une forme nouvelle et un nom nouveau, et où, pour les anéantir, il serait fait un emploi cruel de la force matérielle, et non de la persuasion par la parole, seule arme dont l'Évangile permette de se servir.

Pendant l'épiscopat de Guillaume Ier, d'importantes acquisitions à titre gratuit ou onéreux furent faites par la chartreuse de Durbon.

1137. — En l'année 1137, et la 7e de notre évêque, Guillaume de Montamat, avec ses fils, ses filles et ses frères, et plusieurs autres, vendirent à Dom Lazare, toujours prieur de Durbon, des prés et des bois qui, aussitôt, furent exemptés par l'évêque de tous les droits que son église pouvait y exercer. La vente fut, en outre, approuvée par Henri, prince de cette terre : *Dominus quoque Henricus, princeps hujus terræ, laudat et confirmat hanc donationem et venditionem* [*Chartes*, n° 15].

---

(1) Juvénis, *Hist. du Dauphiné*, p. 386. — Le P. Fournier, *Histoire des Alpes maritimes*, XIIe siècle, sect. 2, p. 252 de la traduction de Juvénis. — Le curé Albert, *Histoire du diocèse d'Embrun*, tom. I, pag. 56. — Néander, *Hist. de S. Bernard et de son siècle*, p. 284.

Quel était ce prince Henri ? Ce n'était pas le comte de Forcalquier, puisqu'à cette époque, ce grand vassal de l'Empire portait un autre nom. Ce n'était pas davantage un comte d'Albon ou du Graisivaudan, puisque, dans la généalogie de ces comtes, aucun d'eux ne porte le nom de Henri. Qu'était ce donc que ce prince et cette principauté ? Question insoluble, car Juvénis n'a pu la résoudre [1].

1139. — L'an 8ᵉ de l'épiscopat de Guillaume Iᵉʳ, et le 1139ᵉ de l'ère chrétienne, le même Henri confirma une autre acquisition faite par la chartreuse de Durbon [*Chartes*, nᵒ 16]. Dans cet acte, il prend le titre d'Henri, fils de Lambert, seigneur dominant de ce canton. Ainsi, dans l'espace de deux ans, ce prince avait quelque peu dérogé, si, à cette époque, les titres de prince et de seigneur n'étaient pas synonymes. Du reste, l'évêque Guillaume, le templier Guichard, Guillaume Corréard, de Castel-Fau, et quelques autres moins élevés en dignité furent témoins de cet acte.

1140. — L'année suivante, Rolland et Pierre *Alboïni*, frères, Mainfroi *de Beldisnar*, dont le nom a déjà paru avec avantage dans cette lettre, et plusieurs autres, vendirent à la chartreuse tout le terroir de Riou-Froid, avec les terres, prés, forêts, rochers et ruisseaux enfermés dans ledit terroir [*Chartes*, nᵒ 17].

1149. — Enfin, en l'année 1149, la dernière de l'épiscopat de Guillaume Iᵉʳ, Isoard, comte de Die, fit don aux moines de la même chartreuse de tous les droits qu'il avait sur le quartier de Riou-Froid et de Garnésier, et même dans tout le terroir de Durbon, promettant, au surplus, le digne comte,

---

[1] Il s'agit vraisemblablement de Henri Flotte, mentionné dans plusieurs actes de Durbon, des années 1116 à 1137 *(Chartes,* nᵒˢ 5 à 8, 15-16).

de défendre et de protéger, envers et contre tous, le casque en tête et la lance au poing, la maison des Chartreux et les religieux contenus dans icelle [*Chartes*, n° 36].

Dans le courant de cette même année, Guillaume Ier termina sa militante carrière. En ce qui le concerne, je n'ai qu'à ajouter qu'il est fait mention de lui dans l'Obituaire de Saint-André-lès-Avignon, au 2 de novembre de l'an 1149 (1).

Raymond Ier [1150?-1156].

1150 à 1156. — Raymond Ier fut élu évêque de Gap en 1150. C'est encore dans les chartes de Durbon [n°s 39-41] que nous rencontrons ce prélat, d'abord, en cette année 1150, et, ensuite, en l'année 1156, qui fut celle de son décès. Il confirma, en présence de Guillaume de Champsaur, archevêque d'Embrun, une donation faite à cette chartreuse par Raymond de Montbrand : *M. C. L. VI, indict. 4°, Raymundo Vapincensi episcopo, Frederico, Romanorum imperatore, Adriano papa.* Ainsi se termine cet acte de donation [cf. *Chartes*, n° 39].

Le *Livre des annales des Capucins de Gap* porte que cet évêque fut témoin, en l'année 1151, du don des régales que l'Empereur fit à l'archevêque d'Embrun et qu'il l'approuva. L'erreur est manifeste, car la bulle des concessions des régales impériales en faveur de l'église métropolitaine d'Embrun, rapportée presque en entier par le P. Fournier, est de l'année 1147, c'est-à-dire qu'elle précède de trois ans l'élection au siège de Gap de Raymond Ier qui, du

(1) *Chartes de la chartreuse de Durbon*, ms. — Juvénis, *Histoire du Dauphiné*, pag. 381 à 385. — *Abrégé historique de l'église et des évêques de Gap*, p. 25. [Vers 1145, Guillaume Ier était occupé, avec Guillaume de Champsaur, archevêque d'Embrun (1135-1168), de la délimitation des territoires de Rabou et de La Roche-des-Arnauds *(Chartes de Bertaud*, p. XII-XIV)].

reste, n'avait rien à approuver ou à improuver en cette affaire (1).

Grégoire Ier [1157-1180].

1157 à 1180. — Le successeur de Raymond, reçu évêque de Gap en l'année 1157, acquit, en droit, par des titres incontestables et bien des fois contestés, une souveraineté temporelle sur cette ville, dont ses prédécesseurs s'étaient déjà, je pense, quelque peu emparés de fait. Mais avant d'en venir à ce grand acte, dont les suites furent incalculables, je dois vous apprendre que Grégoire 1er, notre nouvel évêque, aussi attentif à s'attirer les biens du ciel qu'à conquérir ceux de la terre, résolut, en 1167, d'aller en pèlerinage visiter le tombeau de saint Jacques de Compostelle ²) ; ce qu'il exécuta fort dévotement. Je ne vous dirai pas si ce fut avant son départ ou après son retour qu'il confirma la donation par lui faite de la chapelle de Saint-Julien au couvent de Durbon ; mais je puis assurer que ce fut, en cette même année 1167, que fut confirmée la donation susdite ³).

1168. — L'année suivante, Bertrand, comte de Forcalquier, ayant disposé d'une partie de ses biens en faveur des Hospitaliers de Saint-Gilles, supplia notre évêque, ainsi que les évêques de Sisteron et d'Apt, et, de plus, les archevêques d'Aix et d'Embrun, de vouloir bien défendre cette libéralité con-

---

(1) *Chartes de Durbon.* — Artus de Lionne, *Rolle des évesques de Gap.* — *Livre des annales des capucins*, p. 44. — Le P. Fournier, *Histoire des Alpes maritimes*, XIIe siècle, sect. 3. — *Abrégé historique*, p. 26.

²) C'est ce qu'atteste une charte, sans date, de Durbon (n° 80).

³) Exactement en 1166, en présence de l'archevêque d'Embrun, Guillaume de Champsaur, qui approuve cette confirmation (*Chartes de Durbon*, n° 70). L'évêque de Gap était, d'ailleurs, conseiller du comte de Forcalquier.

tre les prétentions que pourrait montrer Guillaume, son frère et son héritier, à ne pas l'exécuter ; et, lorsque ce dernier, par le trépas du généreux Bertrand, eut recueilli l'héritage de son frère, notre évêque Grégoire, — que nous pourrions surnommer le Grand, si celui de Tallard n'était pas là pour lui disputer ce titre, — assista à l'assemblée des parents du nouveau comte de Forcalquier, encore mineur, laquelle avait été convoquée par son agent, qui était en même temps son tuteur. Ensuite, notre évêque souscrivit à l'acte de privilège que ce même comte accorda à la chartreuse de Durbon, un jour, de je ne sais quelle année, qu'il se trouvait dans sa bonne ville d'Apt (1).

Maintenant écoutez :

Il y avait autrefois, sur le trône du Saint-Empire romain, un prince qui ne siégeait pas à Rome, mais qui, en l'année 1155, avait été couronné, dans cette ville, par le souverain pontife Adrien IV. Ce prince avait nom Frédéric, et pour surnom *Barberousse ;* on l'appelait encore Père de la Patrie, et je pourrais ajouter : père des petits comtes, barons et prélats, qui avaient morcellé et usurpé son royaume de Bourgogne. Après avoir parcouru et pacifié l'Italie, il vint dans sa bonne ville de Besançon, sise en son dit royaume de Bourgogne, où il reçut deux légats de notre saint père le Pape, porteurs de lettres, dans lesquelles, en lui rappelant que, l'année précédente, il lui avait donné la couronne impériale, Sa Sainteté le priait de mettre en liberté un évêque anglais, indûment arrêté en Allemagne. Frédéric, selon l'usage des empereurs anciens et modernes, témoigna sa reconnaissance au Souverain Pontife, en répondant qu'il ne tenait l'Empire que de Dieu et de l'élection des princes ; il renvoya les légats, après

(1) *Chartes de la chartreuse de Durbon* [n° 80, cf. n° 202]. — Artus de Lionne, *Rolle des évesques de Gap*. — Juvénis, *Mémoires* inédits. — *Abrégé historique*, p. 26.

les avoir accablés de mépris, et défendit à tous ses sujets de mettre jamais les pieds dans la ville de Rome. Ensuite, il guerroya de nouveau en Italie, fit le siège et s'empara de la Ville éternelle, d'où le pape Alexandre III fut obligé de se sauver, déguisé en pèlerin, rasa la ville de Milan et en fit labourer le terrain pour y semer du sel, et fut, enfin, excommunié par ce même pape, en l'année 1168, et déposé de l'Empire. Ses sujets furent déliés du serment de fidélité. Frédéric Ier sembla d'abord se moquer des foudres de l'Église ; mais l'opinion, reine du monde, le força, dans la suite, à se réconcilier avec elle : le Saint-Père lui accorda son pardon, le 24 juillet 1177, et, le lendemain, jour de Saint-Jacques, il lui donna l'absolution et la communion. On dit qu'en cette circonstance, le successeur de Charlemagne au Saint-Empire romain se tint à genoux, en demandant pardon au Souverain Pontife, et que celui-ci lui mit le pied sur la gorge, en disant : « Il est écrit : Vous « marcherez sur l'aspic et le basilic et vous foulerez « aux pieds le lion et le dragon ». L'Empereur se relevant aurait répondu : « Ce n'est pas à vous, mais à saint Pierre, que je me soumets ». « A saint Pierre et à moi, » répliqua le pape Alexandre.

Tout absous et communié qu'il était, Frédéric se brouilla et se réconcilia de nouveau avec les successeurs de ce pontife ; puis, il se croisa, avec plusieurs princes chrétiens, pour tirer Jérusalem des griffes du sultan Saladin, qui s'en était emparé. Il partit pour la Palestine, en 1189, avec une armée de cent cinquante mille hommes, dans laquelle ses Bourguignons des comtés de Provence et de Forcalquier durent figurer en bon nombre, y arriva après avoir défait, sur sa route, une vingtaine de mille Turcs, et se noya le 10 juin 1190 dans le *Cydnus,* petit fleuve illustré par le grand Alexandre.

Malheureusement avant d'aller se noyer en Terre-Sainte, et bien avant, puisque c'était en l'année qui

suivit celle de sa réconciliation avec Alexandre III, Frédéric Ier s'avisa de donner en fief aux grands et aux prélats du ci-devant royaume d'Arles ou de Bourgogne, ce qu'il n'osait leur enlever par la voie des armes. Comme déjà l'avait essayé, en l'année 1147, l'empereur Conrad II, oncle et prédécesseur de Frédéric, lequel « inspiré du Saint-Esprit d'esta-
« blir son empire, en eslevant la gloire de l'Église,...
« fut poussé par un même mouvement et presque
« tout à la fois d'accorder les régales impériales aux
« archevêques de Vienne, d'Arles et d'Ambrun, par
« des bulles d'or qu'il leur fit expédier » (1). Frédéric voulut lui-même accomplir cette œuvre sainte, dans ses ci-devant états de deçà les Alpes. La ville ou cité de Gap eut son tour, ainsi que l'atteste son *Livre rouge,* autrement dit *Livre des Libertez* de cette ville, lequel contient également, comme vous voyez, ses titres de servitude. Or, en ce livre précieux est transcrite, en entier et sans altération, la charte de Barberousse, par laquelle cet empereur donne les droits régaliens sur notre cité à l'évêque Grégoire Ier et seulement à charge d'hommage ; ce qui n'était pas trop dispendieux, à moins que, dans un article secret, on n'eût stipulé quelque condition plus onéreuse.

31 juillet 1178. — Cet acte, donné à Arles le 2 des kalendes d'août de l'année 1178, est adressé par l'empereur à son cher et vénérable prince, Grégoire, évêque de Gap. Il investit ce prélat de toutes les régales, et lui donne et lui confirme tout ce qu'il possède et pourra posséder légitimement dans le diocèse, avec défense à tous marquis, à tous comtes, à toutes cités, et à toutes personnes, quelques grandes qu'elles soient, de troubler ou molester ledit seigneur évêque ou son église, en sa personne,

(1) Le P. Fournier, *Hist. des Alpes maritimes,* p. 260 de la trad. [copie] de Juvénis.

ou leurs biens, sous peine de vingt livres d'or, applicables moitié au fisc impérial et moitié à notre souverain seigneur l'évêque. Ce même acte constate que le nouveau prince du Saint-Empire romain fit hommage à l'empereur et lui prêta serment de fidélité (1).

A l'exemple de notre évêque, les RR. PP. de Durbon coururent aussi à Arles, en 1178, afin d'obtenir de l'Empereur, l'approbation des libéralités faites à cette chartreuse ; ce qui leur fut accordé [2], y compris la donation nouvelle que Isoard, comte de Die, assisté de son fils Pierre, leur avait faite, en l'année 1166, de ses droits sur la forêt de Rimails et dans les montagnes de Chamousset, moyennant cinquante sols viennois, de tous les pâturages de la montagne de la Jarjatte, avec la faculté d'y couper du bois ; et, enfin, de tous les pâturages du Torène, de Pilhon, de Lesches, de Luc et Quint, moyennant la somme de 200 sols viennois.

1180. — En l'année 1180, et la dernière du règne de Grégoire 1er, cet évêque, du consentement de son chapitre et en considération de la maison de Durbon, déchargea le recteur de l'église de Saint-Jullien-en-Beauchêne [3], de l'albergue et autres exactions auxquelles il était soumis, et principalement de six sestiers d'annone et de six sestiers d'avoine, qu'il était tenu de fournir à l'église de Gap. Ensuite, ce prélat régalien quitta la terre pour aller prendre possession d'une vie plus heureuse ; mais ce dut

(1) Archives de l'Hôtel de ville de Gap, *Livre rouge*, p. 96 [*Gallia christ.* Instr., p. 87]. — Voir le texte de cette charte à la fin de la présente lettre, Note A.

[2] Le privilège impérial accordé à la chartreuse de Durbon fut donné, non à Arles, mais à Vienne, le 15 août 1178 *(Chartes,* n° 135).

[3] Ainsi que nous l'avons dit ailleurs, cette orthographe fautive doit être rectifiée en celle de St-Julien *en Bochaine,* soit en la vallée du Buëch *(Biochium, Bochium, Boechium).* Il n'y a pas de chênes à St-Julien.

être après le mois de novembre 1180, puisque l'acte que je viens de rappeler porte cette date (1).

1176. — J'allais oublier de faire mention d'un acte important de cette époque, qui montre à quelle hauteur s'étaient élevées les prétentions des Souverains Pontifes sur les droits attachés à l'épiscopat, et dont l'influence se fit également sentir jusques dans ces derniers temps. Deux années avant que Grégoire 1er eût été déclaré prince de Saint-Empire par Frédéric Barberousse, le chapitre de Gap avait obtenu, je ne sais comment, du Souverain Pontife Alexandre III, le droit exorbitant d'être soustrait de la juridiction de son évêque, pour passer sous celle de son doyen. Cette bulle, souvent arguée de faux par les successeurs de Grégoire 1er, comme la suite nous le montrera, portait la date du 2 septembre 1176 : elle était revêtue de la signature du pape et de quatorze cardinaux (2). N'était-il pas bien juste que notre évêque cherchât à s'indemniser, sur le temporel, de ce qu'on lui enlevait sur le spirituel ?

Guillaume II [1180-1188].

1181 à 1201. — *Willelmus* ou Guillaume II, qui fut sacré évêque de Gap après la mort de Grégoire 1er [3]), ne trouvant pas assez explicites ou assez étendues les prérogatives accordées par Frédéric à son prédécesseur, obtint de cet empereur, le 3 des kalendes d'octobre 1184 (28 septembre [4]), des lettres

---

(1) *Chartes de la chartreuse de Durbon* [n° 142]. — *Abrégé historique de l'église et des évêques de Gap,* p. 26.

(2) Artus de Lionne, *Rolle des évesques de Gap.* — Rochas, *Mémoires inédits,* p. 35 et suiv. 2ᵉ série. Ms de la librairie [bibliothèque] de Grenoble (voir la note C).

[3]) Très probablement en novembre 1180 (cf. *Chartes de Durbon,* n° 142).

[4]) A Pavie, le 29 et non le 28 septembre (G. 1112 ; Albanès, I, Instr. n° XVII).

patentes, où il est dit que le seigneur évêque de Gap jouit des privilèges et des droits royaux dans l'étendue de son évêché. Cet acte le maintient en possession de tous ces droits et nommément de ceux qu'il possédait ou qu'il pourrait acquérir dans la ville de Gap, *præsidatum totius Vapincensis civitatis, cum territorio suo ;* ainsi qu'à Rambaud et à Rabou, avec défense à toutes sortes de personnes de troubler ledit seigneur évêque en sa personne et en sa jouissance, à peine d'encourir l'indignation de l'Empereur, et, qui plus est, d'être condamnés à une amende de cent livres d'or (1).

1186. — Guillaume II obtint encore de nouveaux droits de l'Empereur en l'année 1186 ²). Quelle en était au juste la nature et l'étendue ? C'est ce que l'on pourrait trouver dans un livre de la Chambre des comtes de Provence *(ex Libro pergamenorum)*, si toutefois il existe encore. Seulement je puis vous dire, que, sans l'avis et le consentement de l'évêque nul ne peut acquérir des fiefs de l'église de Gap, et vous citer la phrase où ce privilège se trouve contenu, laquelle fut insérée dans un mémoire des commencements du XVII⁰ siècle, produit par l'évêque de cette époque contre les consuls et manants de la ville de Gap : *Concedit ut nulli hominum liceat acquirere feuda sua et ecclesiæ suæ, nisi concilio dicti episcopi et successorum ejus, et eorum permissione* (3).

Vers ce temps, Guillaume II devint abbé du mo-

---

(1) Archives de la préfecture. Acte d'investiture du 3 des kalendes d'octobre 1184. Ms. Le *Livre rouge* mentionne ce titre, p. 176. Voir le texte même de cet acte, à la fin de cette lettre, Note B.

²) A Vérone, le 7 mars 1186 (G. 1276).

(3) Artus de Lionne, *Rolle des évesques de Gap.* — *Livre des annales des capucins*, p. 45. — *Mémoire* de messire Charles-Salomon du Serre, évesque, comte et seigneur spirituel et temporel de Gap, contre les consuls et communauté, manans et habitans de la dite ville (vers 1613), Ms. et imprimé des archives de la préfecture (G. 1276).

nastère de Saint-Denis en France [1]. Son mérite l'avait élevé à ce poste éminent, son humilité l'en fit descendre pour se préparer à la mort dans la retraite [2]. L'on croit qu'il trépassa alors qu'Innocent III siégeait à Rome, c'est-à-dire de 1201 à 1204, époque où son successeur prit possession de l'évêché de Gap. Notre évêque s'était adonné à la médecine et à l'étude de la langue grecque : il traduisit de cette langue la vie du philosophe *Secundus*, ainsi que la vie de saint Denis par Georges le Syncelle (3).

Voilà donc les évêques de Gap devenus légalement souverains temporels dans leur diocèse, et ne relevant que de l'Empire, en vertu des chartes impériales de 1178 et 1184. Mais comment vont-ils s'arranger avec les comtes de Forcalquier, desquels dépendait alors tout le Gapençais et à qui Frédéric Ier avait également donné l'investiture de ce comté, le 12 des kalendes de janvier 1174 ? Nous verrons, dans la suite, que ces comtes, comme ceux de Provence, comme les Dauphins de Viennois, ne les laissèrent pas jouir sans trouble des avantages qui venaient de leur être accordés.

Bien que ces chartes, et surtout la dernière, eussent donné à nos prélats les droits régaliens sur la ville de Gap, les habitants de cette ville ne s'obstinèrent pas moins à ne reconnaître d'autre souveraineté que celle des Empereurs, ainsi que le prouveront les actes qui seront rapportés dans la lettre suivante. Qu'était-ce, d'ailleurs, que ce titre de prince, donné par Frédéric Barberousse à Gré-

[1] C'est son homonyme et non pas l'évêque de Gap, qui devint abbé de St-Denis.

[2] Le 29 septembre 1188, se trouvant à Gap, il autorisa la fondation de la chartreusine de Bertaud, ainsi que déjà nous l'avons dit (p. 243). C'est le dernier acte connu de ce prélat, qui a pu vivre quelques années encore, mais qui, comme l'abbé Albanés l'a démontré naguère, fut remplacé, en 1198 1199, par un évêque du nom de *Frédéric* (Albanés, *Gallia*, I, col. 482).

(3) *Abrégé historique de l'église et des évêques de Gap*, p. 27. — *Bibliothèque du Dauphiné*, par Gui Allard, p. 180, édition de 1797.

goire 1er, sinon un vain titre, qui se trouvait dans toutes les lettres que l'empereur adressait aux évêques ? Dans les actes subséquents, jamais ne se montra ce titre de prince, non plus que celui de comte, dont on a prétendu que nos prélats s'étaient qualifiés dès cette époque (1). Celui-ci ne fut pris, pour la première fois, qu'à l'extinction des guerres civiles du XVIe siècle. Lorsqu'il apparut, la ville s'empressa de protester contre cette usurpation et ne voulut jamais que leur accorder le titre de seigneur temporel, jusqu'au moment où celui de comte eut perdu toute sa valeur politique. Quant au titre de prince du Saint-Empire, vous ne le trouvez accolé au nom de l'un de nos évêques que dans les actes du concile d'Embrun, tenu en 1727. Néanmoins, malgré les privilèges et les libertés assurées à la ville, les évêques prétendirent à la directe universelle ; et, à une certaine époque, nos consuls eurent la lâcheté de la reconnaître, par un acte argué de faux dans le grand procès suscité par Charles-Salomon du Serre. Enfin, pour marque de leur souveraineté, nos prélats firent battre monnaie dans leur diocèse. Des vestiges de cette souveraine puissance se trouvent encore dans le cabinet des médailles de M. de Pina, à Grenoble, et, à Paris, dans celui de la bibliothèque royale (2).

Pendant le XIIe siècle, les belles-lettres fleurirent dans le comté de Forcalquier, dont le Gapençais faisait toujours partie. Les troubadours chantaient l'amour et les dames, parcouraient les châteaux, étaient bien vus des châtelains et mieux encore des châtelaines, dont ils faisaient les délices. Le Gapen-

(1) M. Ladoucette, *Hist. antiquités, etc. des Hautes-Alpes*, p. 372.
(2) La *Revue du Dauphiné*, tom. 3, p. 246 et suivantes, contient un article de M. de Longpérier, employé au cabinet des médailles de la bibliothèque royale, où sont décrites cinq médailles des évêques de Gap. Ce savant numismate eut la bonté, en 1838, de m'en montrer une en argent ; celle mentionnée sous le n° 5 de cet article, à la suite duquel une planche gravée en représente quatre.

çais ne peut, je crois, en citer que deux : Albert, fils du jongleur Nizar, qui chanta Willelmine de Malespine, et Guillaume de Chabestan ou de Cabestaing, dont l'histoire tragique ressemble fort à celle du sire de Coucy, si méchamment mis à mort par l'époux de Gabrielle de Vergy. La vie de Guillaume fut aussi tranchée par le fer d'un mari jaloux : c'était celui de la dame Marguerite, dont notre troubadour était tendrement aimé. Le cruel châtelain lui arracha le cœur, le fit rôtir, et servit ce mets exécrable à sa malheureuse épouse. Du reste, vous trouverez le détail des aventures de Guillaume de Cabestaing dans le roman historique publié par M. le baron de Ladoucette, en l'année 1820, sous le titre du *Troubadour*.

Gap, le 15 février 1841.

NOTE A, *de la page 254.*

Voici la charte impériale de 1178, telle qu'elle est transcrite dans le *Livre rouge* de la ville de Gap :

Fredericus etc... Notum fieri volumus qualiter nos venerabili viro ac dilecto principi nostro Gregorio, Vapincensi episcopo, accepta ab ipso fidelitate et hominio, omnia regalia, per legitimam investituram, concessimus, quæ ipse et ecclesia sua jure ab imperio debet tenere. Hæc itaque sive alia quælibet bona et possessiones, quas præfatus episcopus in præsentiarum juste possidet, vel in posterum legitime poterit adipisci, ei, nostra auctoritate confirmamus, et præsentis scripti pagina ei et suæ ecclesiæ corroboramus, statuentes et imperiali edicto districte præcipientes, ne quisquam marchio, vel comes aut civitas, vel aliqua prorsus persona, magna seu procera, memoratum episcopum vel suam ecclesiam, in persona seu in rebus, de cætero temere gravare audeat vel molestare præsumat; quod si quis contra hujus nostri edicti constitutionem fecerit, pœna XX^{ti} librarum auri feriatur, quarum una medietas fisco imperiali, altera vero episcopo persolvatur. Datum apud Arelatenses, anno Domini 1178, indictione undecima, secundo calendas augusti mensis.

NOTE B. *de la page 256.*

COPIE DE LA CHARTE IMPÉRIALE DE 1184.

Une copie authentique de cette charte se trouve aux archives de la Préfecture. Elle est précédée d'un acte du 16 février 1404, par lequel Lantelme *Philippi*, précenteur et vice-official de Gap ; Arnaud *Baronis*, juge de cette ville, et Jean *Vargeri*, chanoine et procureur du chapitre, en ordonnent la transcription dans les minutes du notaire Ponce *Fabri*. Parmi les témoins de cet acte, l'on remarque Falcon *Santelli,* Raymond *Sabine,* Pierre *Balbi,* Antoine *Veteris,* Jean Ayraud, Jean Moynier, Lantelme Bonet, Juste *Fabri,* Étienne Amic et Pierre Séchier [cf. G. 1112].

« In nomine sanctæ et individuæ Trinitatis. Fredericus divina favente clementia Romanorum imperator augustus. Imperatoriæ majestatis benignitas

sicut ecclesias Dei libera munificentia consolari et
honorare consuevit, ita et ea illis quae, sive a divis
imperatoribus sive ab aliis Christi fidelibus juste
collata sunt aut alio legitimi contractus titulo ad eas
pervenerunt, suae authoritatis robore non abnuit
confirmare: ab Omnipotenti siquidem regum rege
meriti sui fructum expectat, et is qui pie dat et is
qui data juste conservat. Attendentes igitur sere-
nitati nostrae convenire, ut ecclesia Vapincensis,
imperialibus dotata beneficiis, cum omnibus bonis
suis, secura permaneat, nostrae confirmationis munimine adepta, dilecto quidem Guilto (1) Vapincensi
episcopo, et successoribus ejus, regalia quae ab im
perio ipsa tenet ecclesia, presidatum scilicet totius
Vapincensis civitatis cum territorio suo et castra
Raybaudum et Rabaonem, cum suis attinentiis
omnibus: omnia etiam praedia, quae nunc juste
possidet vel imposterum legitime poterit adipisci,
authoritate imperiali, nulla mediante persona, pos-
sidenda confirmamus; sancientes ne qua omnino
persona, humilis vel alta, secularis vel ecclesiastica,
praedictam ecclesiam in bonis suis, quae vel nunc
possidet vel postea juste possidebit, temere molestare vel inquietare praesumat. Quod si quis ausu
praesumptionis attentaverit infringere, nostrae majestatis offensam incurret, et centum libras auri
puri componet: dimidiam partem fisco imperiali,
dimidiam injuriam sustinenti et ecclesiae. Et ne quis
hujus nostrae concessionis beneficio dubitare de-
beat, praesentem inde paginam conscribi jussimus
et impressione bullae nostrae eam jussimus roborari.
Hujus autem rei testes sunt Conradus Moguntinus
(de Mayence) archiepiscopus, Rupertus Viennensis
(de Vienne) archiepiscopus, Everardus Merseburg-
gensis *(de Mersebourg)* episcopus, Nicolaus Viva-

1. Erreur de copiste. Dans tous les actes et par tous les auteurs
cet évêque est nommé Willelmus ou Guillelmus (Guillo = Guillelmo).

riensis *(de Viviers)* episcopus, Lanfrancus Papiensis *(de Pavie)* episcopus, Omnebonum Veronensis *(de Vérone)* episcopus, Cunradus Lubicensis *(de Lubec)* electus, Sifridus Hesueldensis *(de Hisdin)* abbas, Rudulphus præpositus et imperialis aulæ protonotarius, Gregorius Prumensis *(de Prum)* abbas, Ludovicus, langravius Turengiæ, Bertholdus, marchio de And[deberse], Gerhardus, comes de Loven, Corandus burcianus de Clerumbert castellanus Ratisponensis *(de Ratisbonne)*, Henricus, comes de Alcorph, Conradus, de Bochilpert, Albertus de Hilcumburl, Conradus de Schumbert, Rudulphus camerarius, Henricus, marescallus de Lucca, Henricus dapifer de Bonnihebuil, et alii quamplures. Signum domini Frederici, imperatoris Romanorum invictissimi. Ego Gotofredus, imperialis aulæ cancellarius, vice Philippi, Coloniensis archiepiscopi et Italiæ archicancellarii, recognovi. Et acta sunt hæc anno dominicæ incarnationis millesimo centesimo octogesimo quarto, regnante domino Frederico, Romanorum imperatore gloriosissimo, anno regni ejus trigesimo tertio, imperii vero trigesimo primo. Datum Papiæ *(à Pavie)*, tertio kalendas octobris, indictione tertia, fœliciter. Amen ».

Cf. Albanès, *Gallia*, Instr. xvii, col. 282-3.

NOTE C, *de la page 255.*

1176. — « Par une bulle donnée à *Anagnyæ, quarto nonas septembris indict. 9ª, incarnationis anno 1176, pontificatus Alexandri papæ III anno 17º*, signée par le dit pape, par neuf cardinaux prestres et quatre cardinaux diacres, le susdit pape Alexandre III, à la supplication des doyen, chapitre et chanoines de l'église cathédrale Nostre-Dame-de-Gap, exempte les susdits doyen, chapitre, dignités, chanoines, *dum tamen dicto capitulo sacramentum et obedientiam præstiterint, ac etiam donatos, aliosque familiares quoscumque conviventes et conversantes cum eis, secundum more dictorum capituli, decani et canonicorum ejusdem; ac ipsum capitulum cum dignitatibus, prebendis, ecclesiis, capellis, oratoriis, animalibus, pascuis, furnis, molendinis, pratis, terris, vineis, prediis, pasqueriis, personis et aliis quibuscumque membris suis, tam presentibus quam futuris, communiter vel divisim,* de la jurisdiction ordinaire des patriarches, archevesques, évesques et autres juges et officiers ordinaires, si ce n'est de celle des doyen, chanoines et chapitre, à laquelle il les assujétit *mediate vel immediate,* ainsi que porte la dite bulle: mettant les susdits doyen, dignités, chanoines, chapitre, les dites prébendes, églises, chapelles, oratoires, leurs métairies, chasteaux, jurisdiction, granges, vallets, bois, forests, terroirs, bestail, pasturages, fours, moulins, prés, terres, vignes, et *aliis membris hujusmodi,* sous la protection et particulièrement deffense de saint Pierre et saint Paul et du saint siège apostolique; en sorte qu'ils ne peussent, par la susdite autorité des ordinaires, estre excommuniés, suspendus ou interdits, *etiam racione delicti vel quasi, seu contractus vel quasi, aut rei de qua agitur,* cassant et annullant toutes les sentences, excommunications, interdicts ou suspens, et autres qui pourroient estre faites par les susdits ordinaires, contre la teneur de ce privilège; deffendant, en outre, sous peine d'excommunication, ou d'interdiction, à toutes personnes de ne les troubler ou inquiéter au dit privilège. Et afin (adjoute la même bulle) que, suivant la parole sainte, les crimes ne doivent pas demeurer impunis, nous avons ordonné, en outre, *ut ad eundem decanum, tanquam ad superiorem dicti capituli, in ejus canonicos, donatos, aliosque subditos, quoad correctionem, pugnitio-*

nem et omnimodam jurisdictionem, ac censuram ecclesiasticam et mundanam plena spectet auctoritas et potestas, salvo quod, si forsan subditus hujusmodi per eundem decanum indebite gravaretur, quod eo casu possint, per appellationis remedium, ad sedem apostolicam et etiam ad inferiorem habere recursum, ad judicium preceptæ hujusmodi libertatis, en tant que cecy ne face aucun préjudice aux libertez, privilèges et immunitez des susdits doyen et chanoines, chapitre et membres d'iceluy; voulant qu'ils demeurent toujours en leur entier.

« Dans la dite bulle, et au commencement d'icelle, il est porté qu'elle fut accordée par le susdit pape, à la réquisition desdits doyen et chanoines, qui la demandèrent à Sa Sainteté, *ad vitandum cujuslibet molestiæ et inquisitionis materiam quæ ipsis a nonnullis personis, contra Deum et libertatem ecclesiæ infertur et inferri posset in futurum, et ut cuilibet perpetua tollatur occasio malignandi, et ut ipsi decanus et canoniçi, tam presentes quam futuri, Deo omnipotenti et Beatæ Mariæ semper virgini, ejus matri, ac toti curiæ cœlesti valeant dignius deservire*. Ceci est contenu dans la narrative de ladite bulle.

« Benoist XIII, pape, confirma ces privilèges par une bulle postérieure, donnée *anno secundo idus junii, pontif. nostri anno XI*. Signée *Jo. Parmeti, H. de Brayo;* collationnée, à l'original, François *Chatioti*, notaire ».

Suit une dissertation, pour prouver que ce *Benedictus* était l'antipape Pierre de Luna; que sa bulle doit être de l'année 1405, la 11e de son pontificat. « auquel temps il y avoit un *Joannes de Sanctis*, qui estoit évesque de Gap ». — Juvenis continue :

« Il est dit dans la narrative de la susdite bulle, confirmative de la première d'Alexandre III, que le lieu de Rabou, ayant esté pris par les ennemis de l'église de Gap, et les papiers, qui estoient audit lieu de Rabou, ayant esté par eux brûlés et notamment la dite bulle, lesdits doyen et chanoines recouroient à Sa Sainteté pour la prier de leur confirmer les susdits privilèges, octroyés par la bulle du susdit Alexandre, et dont ils n'en avoient qu'un extrait receu par Jean *Fabri*, de Dévoluy, notaire apostolique et impérial ; que, quoique ils en feussent en possession paisible et entière, ils avoient recours à son authorité pour les faire approuver dans cette bulle, afin qu'ils ne fussent molestés ny troublez, à l'advenir, dans la jouissance de leurs droits, franchises et privilèges, à cause du bruslement desdites lettres ; à quoy ledit prétendu pape inclinant, déduit la teneur de la susdite bulle dudit Alexandre III, en laquelle, par-dessus ce qui y a esté mentionné, il exempte les terres par eux acquises, devant et après le concile, du disme ; et, encore, il y est expressément porté qu'ils seront exempts des charges et contributions : *volumus autem ne ad exhibendas procurationes, vel subsidia seu exactiones, quibuscumque personis ecclesiasticis teneantur, nec ad has compelli valeant nisi per litteras apostolicas que specialiter se extenderent ad exceptos et de hac exemptione, concessione, libertate et capitulo, plenam et expressam de verbo ad verbum facerent mentionem ;* révoquant et annulant toutes sentences d'interdiction et excommunication, tous privilèges, franchises et exemptions à ce contraires. Et sur la fin de sa bulle, confirmative de celle du susdit Alexandre III, adjouste qu'il veut que cette copie, ainsi transcrite, aye la mesme force et vigueur que l'original bruslé » (1).

(1) Juvénis, *Notes autographes*, pag. 39 et suivantes. [La bulle qui précède est très probablement fausse (cf. G. 1859, p. 25-27). Elle ne figure pas dans Jaffé, *Regesta Pontificum Romanorum*, Berlin, 1851, in-4°, p. 768, où elle devrait être mentionnée].

XIII⁰ LETTRE.

XIIIᵉ SIÈCLE.

DAUPHINÉ ET PROVENCE.

Suite de l'épiscopat de Guillaume II [lire Guillaume de Gières (1199-1211)]. — Différends entre les moines de Durbon et les chevaliers du Temple. — Réunion des comtés de Gapençais et d'Embrunois au Dauphiné. — Quadruple souveraineté sur le Gapençais. — État politique et financier de la ville de Gap. — Grégoire II (?) et Guillaume III (?), 34ᵉ et 35ᵉ évêques de Gap. — Erreurs de quelques écrivains sur ces deux prélats. — Établissement des Pères de la Trinité à La Motte-du-Caire — Guillaume III rend hommage au comte de Provence. — Saint François d'Assise à Gap. — Les Frères Mineurs dans cette ville. — Grégoire III (?), 36ᵉ évêque de Gap. — Hugues II (1215-1217), 37ᵉ évêque. — Dons faits à la Chartreuse de Bertaud. — Protection accordée à celle de Durbon par le comte de Provence. — Guillaume IV [d'Esclapon (1219-1235)], 38ᵉ évêque de Gap. — Il approuve les dons faits par son prédécesseur à la chartreuse de Durbon. — Le Dauphin lui rend hommage pour les terres qu'il possède dans le diocèse de Gap. — Notabilités de cette époque. — Le Dauphin à Romette. — Établissement définitif des Cordeliers dans Gap. — Erreur du *Livre des annales des Capucins* sur Guillaume d'Esclapon. — Robert [1235-1251], 39ᵉ évêque de Gap. — Hommage rendu par cet évêque à Frédéric II. — Cet empereur confirme les privilèges de son église. — Robert apaise les différends élevés entre l'archevêque et la ville d'Embrun. — Confirmation des libertés et des privilèges de la ville de Gap par l'Empereur. — L'évêque Robert arbitre le différend élevé entre le Dauphin et l'archevêque d'Embrun. — Confirmation d'un ancien traité entre les Dauphins et les archevêques de cette métropole. — Violences exercées envers les religieuses de Bertaud. — Mort de Robert. — Établissement des Frères Prêcheurs à La Baume. — Don fait à ces moines par la comtesse de Provence. — Libéralités en faveur de la chartreuse du Durbon et acquisitions faites par elle. — Baillis du Gapençais. — Othon II [de Grasse (1251-1231)], 40ᵉ évêque de Gap. — Rapports entre les Dauphins et les comtes de Provence. — Othon reçoit l'hommage du Dauphin. — Destruction du château de Montalquier par les habitants de Gap. — Ils sont condamnés par le bailli. — L'évêque acquiert de Roland de Manteyer la juridiction que ce seigneur avait dans Gap. — Il interdit l'entrée de vins étrangers dans cette ville. — Grande division entre ce prélat et sa ville épiscopale. — Exposé succinct du règne d'Othon II. — Traité entre lui et le Dauphin. — Convention entre les habitants de Gap et la dauphine Béatrix. — Cession à cette dernière du *consolat* et des terres de Montalquier et de Furmeyer. — Service personnel des habitants de Gap. — Violences exercées contre eux par l'évêque. — Traité entre ce dernier et le comte de Provence. — Il prête hommage à celui-ci pour la ville de Gap et les châteaux épiscopaux, et se soumet à ses chevauchées. — Cessions du comte de Provence à l'évêque. — Guerre entre Othon et les habitants de Gap. — Traité de paix de 1274. — Altération de la constitution municipale. — Nouveaux troubles au sujet du *consolat*. — L'évêque excommunie les agents de la Dauphine. — Il est traîné en prison par les habitants de Gap. — Nouveau traité entre Othon et le comte de Provence. — Siège et prise de Gap par le prince de Salerne. — Cession à ce prince des droits utiles de la ville. — Nullité du traité prononcée par les commissaires du Pape. — Mort d'Othon II. — Ce prélat considéré comme souverain spirituel. — Il approuve une donation faite à la chartreuse de Durbon. — Différends élevés entre l'évêque et le prieur de Bertaud. — Le prieuré de Lagrand et N.-D. d'*Entraxenis*. — Démêlés de l'évêque avec son chapitre. — Dons faits à Othon de divers droits à Manteyer. — Raymond de Mévouillon, 41ᵉ évêque de Gap (1282-1289). — Sa famille. — Il revendique la moitié de la juridiction de la ville. — Le prince de Salerne ordonne de rendre aux habitants de Gap ce qu'il leur avait extorqué. — Transaction entre ceux-ci et l'évêque. — Consuls et notables de Gap en 1286. — Raymond de Mévouillon est nommé archevêque d'Embrun. — Son éloge et sa mort.

[**Guillaume de Gières** (1199-1211)].

1201. — Guillaume II, cet heureux prélat, devenu possesseur du titre de souveraineté, revêtu de la signature de tant d'évêques et d'archevêques, de tant de princes du Saint-Empire et de tant d'officiers de la cour impériale, et dont je vous ai donné le texte, à la fin de ma dernière lettre, Guillaume II siégeait encore à Gap dans la première année du XIIIᵉ siècle [1]). Les saints ermites de Durbon s'étant

[1]) En réalité, Guillaume II, ainsi qu'on l'a vu ci-dessus (p. 257, note 2), avait été remplacé sur le siège de Gap par l'évêque *Frédéric* (1198-1199). Celui-ci, à son tour, eut pour successeur, dès

pris de querelle avec les nobles chevaliers du Temple de Lus, au sujet de divers pâturages, dont les uns et les autres prétendaient être propriétaires, adressèrent au Saint-Siège leurs plaintes réciproques ; Jean de Saint-Paul, cardinal légat, ordonna qu'une enquête fût faite par l'évêque de Gap, qui y procéda en l'année 1201. Plusieurs personnes de considération furent ouïes en témoignage, et, entre autres, Bertrand, évêque de Sisteron ; et la paix fut rétablie entre les moines guerriers et les moines pastoureaux, en donnant aux premiers les pâturages des *Crosets*, et aux seconds les pâturages de la *Jarjatte* (1).

Il est à présumer que Guillaume II occupait encore le trône pontifical de notre ville, lorsque, malgré ses titres, deux souverains étrangers s'avisèrent, l'un de donner, l'autre d'accepter le comté de Gapençais. Il est à propos d'entrer dans quelques détails sur cette révolution politique.

Vous n'avez pas oublié qu'autrefois le Gapençais avait des comtes particuliers et que, vers le commencement du XIIe siècle, le trône était devenu vacant par l'excommunication du comte Hugues : ceux de Forcalquier l'ajoutèrent à leur patrimoine. Déjà, longtemps avant cette époque, ces mêmes comtes de Forcalquier avaient joint à leurs états tout l'Embrunais, de sorte que le comté de Forcalquier embrassait presque la totalité des diocèses d'Avignon, d'Apt, de Sisteron, d'Aix, de Gap et d'Embrun. Il était divisé en deux parties : l'une s'étendait depuis Sisteron jusqu'au sein des Hautes-Alpes, et l'autre depuis cette même ville jusqu'au Rhône.

1199, Guillaume de Gières, fils de Hugues, puissant seigneur des environs de Grenoble, chanoine, puis prévôt du monastère d'Oulx (*Chartes de Durbon*, n° 270, cf. Albanès, *Gallia*, col. 482).

(1) *Chartes de Durbon* [n°s 246-248]. Procès-verbal d'enquête faite en 1201 par G., évêque de Gap. Trois sceaux sont attachés à cet acte, l'un de l'évêque de Gap, le second de l'évêque de Die et le troisième de l'évêque de Valence.

1202. — Or, Guillaume VI, comte de Forcalquier, voulant, à quelque prix que ce fût, mettre un terme au célibat de ses deux petites-filles, Garsende et Béatrix de Claustral ou de Sabran, maria la première à Ildephonse II, comte de Provence, et lui assigna pour dot la partie occidentale de son comté ; la seconde fut donnée au dauphin Guigues-André [1]), et, avec elle, les ci-devant comtés de l'Embrunais et du Gapençais, c'est-à-dire tout le terroir compris entre le pont du Buëch, près de Sisteron, et le Pertuis-Rostan, ou plutôt la grande muraille au-delà de laquelle commençait la principauté du Briançonnais [2]). Le mariage de notre gracieuse souveraine fut célébré à Sainte-Euphémie, dans le mois de juin de l'an 1202. Mais le comte Guillaume ne s'était pas dépouillé purement et simplement de l'Embrunais et du Gapençais : il avait stipulé que la donation ne serait valable que dans le cas où il mourrait sans hoirs mâles, et, en second lieu, qu'autant que sa petite-fille Béatrix aurait des enfants de son mariage. Si elle mourait sans postérité, les terres cédées devaient lui revenir, s'il était vivant encore, ou, s'il était mort, à la personne qui occuperait le trône de Forcalquier. La pauvre Béatrix n'accoucha, hélas ! que d'une fille, et, alors, sous le prétexte qu'il existait entre elle et le Dauphin un empêchement dirimant à leur mariage, à cause de la consanguinité, celui-ci résolut de la répudier. La Dauphine y consentit ; le mariage fut déclaré nul par le Pape, et la femme délaissée se retira dans un couvent, après avoir donné tous ses biens à son ci-devant

---

[1]) André, dauphin, dit quelquefois Guigues (VIII), mais à tort (1192, † 12 mars 1237), épousa Béatrix de Claustral en juin 1202 cf. Fornier, t. I, p. 743, note).

[2]) Cette muraille, construite en travers de la vallée de la Durance, depuis La Bâtie-des-Vignaux jusqu'à la montagne qui domine le village de Ste-Marguerite, commune de St-Martin-de-Queyrières, existait déjà en 1380, d'après une charte qui se conserve aux archives communales de Briançon.

époux, qui, malgré les stipulations du contrat de mariage, réunit ainsi au Dauphiné les comtés de l'Embrunais et du Gapençais [en 1210].

Dites-moi à présent si, à cette époque, le Gapençais n'avait pas le bonheur d'appartenir, à la fois, à quatre souverains bien comptés, savoir : le grand suzerain, l'empereur germanique ; puis, trois de ses grands vassaux, le comte de Provence, en qualité de comte de Forcalquier, le Dauphin de Viennois, et l'évêque de Gap ?

Bien que le dauphin Guigues-André eût acquis le Gapençais, en répudiant Béatrix de Claustral, pour épouser Béatrix de Montferrat [21 novembre 1219], néanmoins la ville de Gap, qui formait, à elle seule, un état particulier, ne reconnaissait pas ce prince pour son seigneur et maître ; il y avait entre elle et le Dauphin subordination plutôt que sujétion : elle tâchait d'être indépendante et jouissait encore d'une sorte de liberté. Son *consolat,* qui entraînait, outre le droit perçu au marché sur les grains, une juridiction de police, ne dépendait ni de l'évêque, ni du Dauphin, ni d'aucun autre prétendant à la souveraineté. La communauté avait des terres, des moulins, des fours banaux, dont elle percevait les revenus, et d'autres droits qui ne relevaient d'aucun prince de ce monde. Elle élisait ses magistrats, et levait des impôts sur les citoyens qui en dépendaient, sans le contrôle d'aucune puissance supérieure. Cette indépendance semblait quelque peu injurieuse aux prélats et aux dauphins ; mais, quelque envie qu'ils eussent de la faire cesser, la rivalité qui existait entre eux y mettait un obstacle. L'évêque n'aurait pas souffert que le Dauphin dominât sur sa ville épiscopale ; et le Dauphin veillait sur toutes les entreprises du prélat. Tel était à peu près, au commencement du XIIIe siècle, l'état des choses dans la ville dont vous m'avez chargé de débrouiller l'histoire. Les événements subséquents nous en apprendront davantage sur son état politique durant la période que nous allons parcourir (1).

Grégoire II et Guillaume III de Gibelin ²).

1202 à 1212. — Les annales ecclésiastiques du diocèse présentent quelque obscurité sur les successeurs de Guillaume II à l'évêché de Gap. L'auteur de l'*Abrégé historique* dit que Grégoire II fut sacré évêque en 1204, qu'en 1208, il alla à Arles pour voir l'empereur Frédéric, et qu'il mourut peu de temps après. Ici se montre au moins une erreur. Quel était ce Frédéric ? Ce n'était pas le donneur de régales, puisqu'il était mort, en 1190, en prenant un bain dans le *Salep* ou le *Cydnus*. Ce n'était pas non plus son petit-fils Frédéric II, puisqu'il ne fut élu qu'en 1210, et que, peut-être, il ne vint jamais à Arles.

Le *Livre des annales des Capucins de Gap* admet bien un Grégoire II comme évêque de cette ville, mais il place son épiscopat après celui de Guillaume III, c'est-à-dire vers 1209, époque à laquelle il aurait assisté au concile tenu à Avignon, par lequel fut excommunié Raymond, comte de Toulouse. Il ajoute, d'après César Nostradamus, que ce prélat était de la cour brillante de Raymond Bérenger, comte de Provence, de qui il reçut de grandes faveurs. — M. de Lionne rejette le second Grégoire. Dom Barthélemy, moine de Durbon, lui avait écrit qu'il existait, aux archives de cette chartreuse, des

---

(1) Le curé Albert, *Histoire du diocèse d'Embrun*, tom. 2, p. 115. — Rochas, *Mémoires* inédits, p 47 et 48.

²) Ces deux noms doivent être éliminés de la liste des évêques de Gap : le premier ne figure dans aucun document authentique, et le second s'applique à un prieur de Durbon, mentionné le 15 juillet 1205 en qualité de procureur (*Chartes*, n° 279), puis comme prieur (n°ˢ 280-281).

titres où l'on trouvait, qu'en l'année 1205, Guillaume III de Gibelin, prieur de Durbon, avait été nommé évêque de Gap. Notre savant prélat du siècle de Louis XIV avait vu, en outre, une sentence arbitrale, rendue le 8 juin 1208, par G., évêque de Gap, et P., évêque de Digne, Guillaume et Pierre (le P. Fournier les désigne ainsi), sur un différend qui s'était élevé entre l'archevêque d'Embrun et son chapitre; et il avait appris de Bouche qu'il est fait mention, en l'année 1212, de Guillaume III dans l'*Histoire de saint Honorat ;* d'où il conclut que, puisque ce dernier a occupé le siège de Gap de 1205 à 1212. César Nostradamus, en son *Histoire de Provence* (2ᵉ partie, p. 172), a eu tort de faire assister, au concile d'Avignon tenu en 1209, un évêque nommé Grégoire, au lieu de l'évêque nommé Guillaume : « Facilement, ajoute l'indulgent prélat, on peut se
« méprendre au nom des évesques qui, autrefois ne
« mettoient que la première lettre de leur nom avec
« celuy de leur évesché ; par exemple G., évesque
« de Gap. Ainsi il ne faut pas s'estonner si, peut-
« être, le sieur de Nostradamus ou ceux de qui il a
« eu les mémoires ont pris Grégoire pour Guillau-
« me, évesque de Gap ».

Afin de trouver une place pour Grégoire II, l'auteur de l'*Abrégé historique* ne fait parvenir le prieur de Durbon à l'épiscopat qu'en l'année 1210 ou plutôt en 1328, comme nous le verrons dans la suite.

Ce dernier évêque consentit à l'établissement des Pères de la Trinité, à La Motte-du-Caire, paroisse de ce diocèse, au-delà de la Durance ; et, en l'année 1212, il rendit hommage au roi de Sicile, en sa qualité de comte de Provence et de Forcalquier, d'après l'ordre que lui en donna le pape Innocent III.

Et il ne fallait rien moins qu'un ordre du Souverain Pontife pour violer aussi ouvertement l'engagement pris par Grégoire Iᵉʳ de ne reconnaître pour suzerain que l'empereur d'Occident, à qui ce dernier avait rendu hommage et prêté serment de fidélité en 1178 !

Juvénis, enfin, qu'il me tardait de nommer, écarte implicitement Grégoire II, puisqu'il fait régner Guillaume III [de Gières], de 1199 à 1211. Passons-lui l'erreur de ces deux dates [1] et disons avec lui, qu'en l'année 1206, Innocent III, à la prière qu'Ildephonse, II° de nom, comte de Provence, lui en avait faite avant sa mort, avait envoyé dans cette province saint François d'Assise et saint Dominique, pour combattre l'erreur des Vaudois ou plutôt des Albigeois : « Je pense, ajoute notre chroniqueur, que
« ce fut, vers ce temps, que saint François passa en
« cette ville et qu'il y laissa quelques siens disciples
« pour s'y establir. En effet, il est dit, dans les
« vieilles chroniques de son ordre, que ce glorieux
« patriarche, passant dans Gap, y fonda un couvent
« de ses frères, et ce fut sous Guillaume III, évês-
« que de cette mesme ville » (2).

Pour mettre d'accord nos auteurs sur l'épiscopat de Grégoire II et de Guillaume de Gibelin [3], il ne me reste qu'à supposer, sans pouvoir en rapporter la preuve, que le premier siégea de 1201 ou de 1202 à 1205, et le second de 1205 à 1212. Ensuite, nous passons à un autre prélat, pour lequel la chronologie va également nous faire défaut.

Grégoire III [4].

1212 à 1214. — Cet évêque, le troisième du nom de Grégoire, d'après l'auteur de l'*Abrégé historique*,

---

[1] Ces deux dates, au contraire, sont exactement conformes à la vérité (Voir Albanès, *Gallia*, loc. cit.).

[2] Artus de Lionne, *Rolle des évesques de Gap*. — *Livre des annales des Capucins*, p. 45. — Juvénis, *Mémoires* inédits. — *Abrégé historique*, p. 27 et 28.

[3] Comme nous l'avons vu, ces deux noms doivent être remplacés par celui de Guillaume de Gières (1199-1211...).

[4] Le nom de ce personnage, très problématique, doit également disparaître de la liste des évêques de Gap.

n'est que le second, si l'on suit le *Livre des annales des Capucins*. Tout ce que l'on peut dire de lui, si réellement il a existé un Grégoire entre Guillaume de Gibelin et Hugues II, c'est que, pendant son épiscopat, auquel notre auteur anonyme n'a su assigner aucune date, l'on commença à bâtir dans Gap le couvent des Frères Mineurs, de l'ordre de saint François[1]. Cependant, d'après la date que l'*Abrégé historique* donne au commencement du règne suivant, Grégoire III a dû occuper le siège de Gap pendant deux ans (2).

Hugues II [...1215-1217].

1214 à 1218. — Celui-ci ne nous est également connu que par l'auteur de l'*Abrégé historique*. D'après lui, Hugues prit possession de l'évêché de Gap en 1215, et autorisa, le 5 août de la même année, une donation faite à Guillaume, prieur de Durbon. Vainement ai-je cherché dans les titres de cette chartreuse l'acte qui vient d'être mentionné : peut-être qu'il s'est égaré durant les troubles de la Révolution[3].

En parlant de donation, notre anonyme aurait-il voulu parler de celle qui fut faite, en l'année 1214, aux religieuses de Bertaud par Raybaud *de Aurasia* et les trois frères Rostan d'Agoult, Guiraud de Simiane et Raybaud d'Agoult, de toutes les seigneuries et de tous les droits qui avaient appartenu à Guillaume Hugon dans le lieu et mandement de Ventavon ? Mais, alors, il devient nécessaire de

---

[1] Saint François d'Assise († le 3 octobre 1226) fit un voyage en Espagne en 1213-1214. Peut-être passa-t-il par Gap à cette occasion. De là l'origine de la fondation du couvent des Frères Mineurs ou Cordeliers, sur la rive droite du torrent de Bonne, au lieu où l'on voit le couvent actuel du Saint-Cœur de Marie et l'église de la paroisse de St-André-lès-Gap.

(2) *Abrégé historique*, p. 28. — *Livre des annales des Capucins*, p. 45.

[3] Voir *Chartes de Durbon*, n° 357. Cf. n° 351.

reculer d'un an la prise de possession de l'évêché de Gap par Hugues II [1]).

1218. — Je suis incertain également si ce fut pendant l'épiscopat de Hugues ou de Guillaume, son successeur [2]), que Bérenger, comte de Provence, après avoir pris connaissance d'une patente concédée à la chartreuse de Durbon, par Alphonse, roi d'Aragon, et avoir consulté l'archevêque d'Aix et l'évêque d'Antibes, mit cette chartreuse sous sa protection, voulant et entendant que toutes les denrées et les provisions appartenant à la maison de Durbon fussent franches et exemptes des péages, leydes et autres droits, dans toutes les terres de sa domination (3).

Guillaume IV d'Esclapon [1219-1235].

1219 à 1235. — Nous voilà sortis de l'obscurité qui enveloppe les deux règnes précédents. L'épiscopat de Guillaume d'Esclapon, à l'exception de quelques dates, est entouré d'une vive lumière et présente des actes d'une clarté éblouissante. Ce prélat appartenait à la très noble et très ancienne famille des Sclapon ou d'Esclapon en Provence, laquelle a fourni plusieurs évêques à l'Église et, entre autres, un évêque à la ville de Grasse, lequel était compté au nombre des favoris d'Alphonse Ier,

---

[1]) Dans cette charte, datée du 17 février 1214 *(Chartes de N.-D. de Bertaud,* n° 5), le nom de l'évêque Hugues n'est pas prononcé.
[2]) Le successeur de Hugues, — élu en 1217, archevêque d'Arles, où il mourut peu après (29 août 1217), après trois mois d'épiscopat seulement, — fut, à Gap, l'évêque Guigues, mentionné le 19 juillet 1218, comme étant dans la première année de son épiscopat *(Chartes de N.-D. de Bertaud,* n° 9), et que l'on trouve à Romette le 2 (au lieu du 3) juin 1219 *(Chartes de Durbon,* n° 359). L'acte auquel l'auteur fait ici allusion et qui est daté de janvier 1218/9 fut passé durant l'épiscopat de Guigues *(Ibid.* n° 358).
[3]) *Abrégé historique,* p. 28. — *Chartes de Durbon,* actes de 1214 et 1218 [n° 358].

comte de Barcelone et de Provence, en l'année 1178. Le nôtre était abbé de Saint-Honoré de Lérins [dès 1212], lorsqu'il fut tiré de son monastère pour être mis sur le chandelier de l'église de Gap [1].

Pour la première fois, nous le voyons paraître dans un acte de l'an 1219, par lequel, à la sollicitation du prieur de Durbon, il confirma les donations, concessions et privilèges octroyés à cette chartreuse et à l'église de Saint-Julien par Grégoire, son prédécesseur (2). Comme il n'est pas dit si ce Grégoire était le prédécesseur médiat ou immédiat de Guillaume IV, je laisse subsister en son lieu et place Hugues II qui sépare ces deux évêques [3].

1232. — Mais un acte, d'une plus haute importance, une concession d'une plus haute valeur, attribuée aux vertus éminentes de Guillaume d'Esclapon et dont ses successeurs voulurent tirer tant d'avantages dans la suite, c'est l'hommage qu'André, dauphin, comte d'Albon et de Viennois, lui fit, le 15 des kalendes de novembre de l'an 1232 [4], de tout ce qu'il possédait et pourrait posséder à l'avenir dans le diocèse de Gap. Hâtons-nous de citer textuellement ce qui est venu jusqu'à nous des termes de cette reconnaissance solennelle. Le Dauphin reconnait *se habere et possidere in feudum*

---

[1] En 1215, cet abbé de Lérins donna à Antoine Rossel, prévôt de l'église de Gap, l'église de Saint-Mens, qui appartenait à son abbaye, sous la redevance d'un besant d'or *(Note sur les dépendances de l'abbaye de Lérins au diocèse de Gap,* dans *Bull. soc. d'études des Hautes-Alpes,* 1883, pp. 401-418).

(2) *Chartes de Durbon,* acte de 1219 [n° 360].

[3] Il figure, le 4 mai 1225, dans l'accord entre Pierre du Pont, commandeur des Antonins de Gap, et le chanoine Étienne, au sujet d'une maison, et avec le titre « d'humble serviteur de l'église de Gap » *(Bull. soc. d'études des Hautes-Alpes,* 1882, p. 216); puis, le 17 novembre 1226, à La Roche-des-Arnauds, en compagnie de Lantelme, évêque de Digne, lorsque Arnaud Flotte donna aux religieuses de Bertaud le domaine de Quint *(Chartes de Bertaud,* n° 14).

[4] Soit le 18 octobre 1232, et à Gap (G. 1276 et surtout 1552).

francum omne jus et dominium quod habebat, vel habere debebat, vel acquirere posset in futurum in toto episcopatu Vapincensi *a prædicto episcopo et successoribus suis, et homagium [se] et successores suos debere facere, et fidelitatem eidem episcopo et successoribus suis, pro omnibus supradictis ; quod homagium ipse idem fecit incontinenti.*

Cet hommage fut rendu, dans un pré, situé hors des murailles de la ville, en face de la maison que le Dauphin possédait dans Gap, et en présence des hauts et puissants seigneurs Odon Alleman et Guillaume Alleman, son frère, Berlion de Châteauneuf, Imbert le Maréchal, Arnaud de Bardonanche, Guillaume de Bosc [ou du Bois], Albert de Blesmoy, Hy. Brun, prévôt de Saint-André de Grenoble, Pierre Leuzon, Thomas, notaire, Guillaume Augier, O. Flotte, Bertrand et Raymond de Mévouillon, Rambaud de Chalme [ou de La Chau], Pierre de Rambaud et ses fils, Lantelme de Rostaing, R[obert] de Beaujeu, Lantelme de Valserres, Guillaume, son frère, Raymond, prévôt de Gap, Raymond, sacristain, Jacques de Vitrolle, [maître Étienne *Deu lo Gardi*, L. Alaman, B. de Briançon, procureur de Guillaume Odon et de son fils Guillaume, R. Grassi, P. Maurel, Ber. Massièye, B. et Guillaume Massièye, frères,] et les frères Guillaume et Arnaud de Montorsier [et d'autres encore]. Si parmi ces gentilshommes vous rencontrez quelques noms à tournure roturière, sachez qu'ils appartenaient à des citoyens de Gap, tous déclarés nobles par le président Expilly, dans une transaction de 1622.

Après une telle reconnaissance, quel audacieux eût osé contester à Guillaume IV et à ses successeurs les droits royaux et tout pouvoir temporel dans l'étendue de leur diocèse !

1235. — En 1235, et le 26 du mois de juin, le religieux dauphin André se trouvait à Romette, dans le verger appartenant au monastère des bénédictins établis dans cette petite ville. Là, en présence de notre évêque, il confirma la donation que Guillaume Augier, seigneur de Montbrand, devenu chartreux, avait faite à Roger, son frère, prieur d'Aspres, et à son église, de la terre de Montbrand et de la moitié de celle de La Baume-des-Arnauds.

1232. — Puis, tout est dit sur Guillaume d'Esclapon, qui dut trépasser vers ce temps-là [1], si ce n'est, qu'en l'année 1232, en laquelle le dauphin lui prêtait hommage, les Frères Mineurs s'établirent définitivement dans la ville de Gap (2).

Mais, avant de clore ce chapitre, il est à propos de vous faire remarquer une singularité que présentent les *Annales des Capucins*. L'auteur de ce livre, après avoir consacré deux lignes à Guillaume d'Esclapon, dont il fait remonter l'épiscopat à l'année 1212, nous parle d'un Guillaume V, qui, de prieur de la chartreuse de Durbon, serait devenu évêque de Gap, en 1222, et auquel il attribue tous les actes qui appartiennent réellement à Guillaume IV (3). L'erreur est manifeste, car, ni Artus de Lionne, qui était en correspondance suivie avec les religieux de Durbon, ni les chartes de ce monastère, ni Juvénis, ni aucun autre auteur gapençais ne parlent d'un évêque Guillaume, sorti de Durbon à cette époque; mais seulement de Guillaume, abbé de Lérins. De sorte que nous pouvons affirmer que les Guillaume IV et V du *Livre des Capucins* ne sont qu'un seul et même évêque de Gap.

---

[1] Il vivait encore le 30 avril 1235 (G. 1533, 5º).
(2) Artus de Lionne, *Rolle des évesques de Gap*. — Juvénis, *Mémoires inédits*. — *Abrégé historique*, p. 28-29.
(3) *Livre des annales des Capucins de Gap*, p. 45 et 46.

Robert [1235-1251].

1236 à 1251. — L'évêque Robert, moine de l'ordre de St-Dominique, qui fut sacré évêque de Gap en 1236, reçut et prêta des hommages et concourut à un grand nombre d'actes pendant son épiscopat, qui fut d'assez longue durée. Vous n'avez pas oublié le serment de fidélité prêté, en 1178, par l'évêque Grégoire à Frédéric Barberousse, l'excommunié, et, ensuite, malgré la foi jurée par cet évêque, l'hommage que, par ordre du Pape, Guillaume III rendit au comte de Provence.

Eh bien! notre évêque Robert revenait au pouvoir légitime, lorsqu'en 1238, il passa les monts pour se rendre à Turin, où se trouvait alors Frédéric II, empereur des Romains, roi de Jérusalem et de Sicile, plus excommunié que ne le fut son aïeul, car il le fut deux fois et, de plus, accusé d'être l'auteur du livre *De tribus impostoribus*. L'empereur l'accueillit favorablement, ne lui donna point la qualité de prince, mais, en présence de Jean, archevêque de Vienne, d'Aymar, archevêque d'Embrun, de Pierre, évêque de Grenoble, de Boniface, marquis de Montferrat, il confirma les privilèges de l'église de Gap, et notamment ceux des châteaux épiscopaux de La Bâtie-Vieille, de La Bâtie-Neuve, de Tournefort, de Tallard-le-Vieux et autres mentionnés dans l'acte de nouvelle investiture; et l'évêque lui fit hommage et lui prêta serment de fidélité, au mois d'avril 1238, indiction XIe, le 28e de son empire, le 13e de son royaume de Jérusalem et le 40e de son royaume de Sicile. En revenant de Turin, avec l'archevêque d'Embrun, Robert s'arrêta dans cette ville, dont les habitants s'étaient révoltés contre leur souverain spirituel et temporel, et il eut le bonheur de les mettre d'accord et d'apaiser tous les différends (1).

1) Artus de Lionne, *Rolle des évesques de Gap*. — *Livre des*

Les consuls de la ville et cité de Gap ne s'avisèrent que deux ans après de solliciter de Sa Majesté impériale la confirmation de leurs libertés, gravement compromises par les actes d'investiture obtenus par les évêques. En 1240, la ville s'obligea à un service en faveur de Frédéric II, et, de son côté, l'Empereur confirma ses libertés et lui promit son assistance, en l'assurant qu'il ne permettrait jamais qu'elle fût privée de ses terres et de ses juridictions : *Item, copia quarumdam litterarum imperialium, continens quomodo consules et homines civitatis Vapinci promiserunt facere servitium domino Imperatori pro castris, terris et juridictionibus civitatis, quæ ab imperio tenent. Et dominus Imperator promisit dictam civitatem non destitui nec destitui facere in castris et juridictionibus dictæ civitatis, dictas libertates eidem civitati confirmando, circa etiam consulatum. De anno 1240* [1]). Ah! le bon billet qu'a la ville de Gap !

Malgré ce titre, découlant d'une si bonne source, les libertés et l'indépendance dont elle jouissait n'en excitèrent pas moins l'envie de ses évêques et des Dauphins. Peu à peu, ils cherchèrent, les uns et les autres, à l'en dépouiller, à mesure que la puissance des empereurs dans notre province, déjà réduite à peu de chose, vint à s'éteindre tout à fait. Le temps approche où une partie de ces biens va lui être ravie, d'une manière aussi violente qu'injuste. Telles sont les tristes réflexions que j'ose me permettre d'exprimer, après un écrivain très religieux du dernier siècle, qui ne cessa de combattre dans ses écrits les prétentions de nos prélats à une souveraineté temporelle absolue, tout en montrant pour leur personne la plus grande déférence et la

---

Annales des capucins, p. 46. — *Abrégé historique*, p. 29-30. [Le 7 décembre 1238, à Gap, *in camera nostra picta, infra turrim*, l'évêque Robert accorda, pour cinq ans, aux Antonins, les offrandes de l'église de Saint-Jean des Aires (Albanès, *op. cit*, Instr. n° XXV)].

[1]) Archives de l'Hôtel de Ville : *Livre rouge*, p. 177.

plus entière soumission à leurs ordonnances spirituelles (1).

Afin de ne pas interrompre les traités de souverain à souverain, je passe à l'année 1245, en laquelle notre évêque Robert eut commission du Pape pour arbitrer le différend qui s'était élevé entre le Dauphin et l'archevêque d'Embrun. Le 11 décembre de cette année, il somma Guignes XI de venir prêter l'hommage qui était dû à cet archevêque ; et le Dauphin s'empressa de satisfaire à cette réquisition. Le serment fut prêté à Romette, dans la maison du prieuré, le 17 des kalendes de décembre 1245, en présence d'illustres témoins. L'évêque de Gap en dressa l'acte, avec le sacristain d'Embrun et l'archidiacre de Digne, et tous les trois ils le revêtirent de leurs sceaux (2).

Deux ans après, le Dauphin se trouvait de nouveau dans Gap. L'archevêque d'Embrun, Humbert, se hâta de se rendre dans cette ville, pour l'inviter à ratifier une transaction intervenue, en 1210, entre son père le dauphin André ou Guigues X, le duc de Bourgogne, son frère, et l'archevêque Raymond, par laquelle tout ce que le comte de Forcalquier possédait dans le diocèse d'Embrun était donné à l'archevêque. Guigues XI s'empressa de ratifier cette donation, le 7 juin 1247, dans un verger qui joignait la maison des pères de Saint-Antoine. L'évêque Robert en dressa un acte en forme, qui fut scellé de son sceau (3).

De quelle nature étaient les injures, les menaces, les mauvais traitements dont Guillaume de Moustiers, seigneur de Ventavon, et ses auteurs, s'étaient

(1) Jos.-Domin. Rochas, *Mémoires inédits*, p. 3 et 4, 1ʳᵉ série.
(2) Artus de Lionne, *Rolle des évesques de Gap*. — Albert, *Histoire du diocèse d'Embrun*, tom. 2, p. 124. — Le P. Fournier, XIIIᵉ siècle, sect. 5. L'acte de 1245 se trouve en entier dans cet ouvrage, p. 291 [t. Iᵉʳ, p. 794-795 de notre édition].
(3) Le P. Fournier, *loco citato*.

rendus coupables envers les chastes filles de saint Bruno établies à Bertaud ? Les chartes sont muettes sur ce point : mais, en l'année 1250 [20 nov.], ce seigneur, pour l'acquit de sa conscience, fit donation aux chartreusines de tous les droits qu'il prélevait auparavant sur les terres de leur monastère (1).

Enfin, l'évêque de Gap fut témoin, le 18 octobre 1251, avec les évêques de Digne et de Vence, de l'enregistrement de la bulle par laquelle Conrad II, roi des Romains, avait accordé, en 1147, aux archevêques d'Embrun les régales impériales, la justice la monnaie et les péages. En cette même année, qui, en ce temps, ne finissait pas au 31 décembre, mais qui s'étendait jusqu'au 25 mars, jour de l'Annonciation, il y eut dans le diocèse de Gap, un changement d'évêque, car Robert, selon l'expression de l'un de nos chroniqueurs, alla reposer en Dieu (2).

Pendant l'épiscopat de Robert, les Frères Prêcheurs s'établirent à La Baume-lès-Sisteron, paroisse du diocèse de Gap, située au-delà de la Durance et comprise, par conséquent, dans la partie du comté de Forcalquier qui avait été réunie au comté de Provence. C'était en 1248. L'année suivante, et le 6 des ides de juillet, Béatrix, comtesse et marquise de ce dernier comté et fille de Raymond Bérenger, dernier du nom, leur fit une donation, dont il n'a pas plu à Juvénis de nous

---

(1) *Charte de Durbon* [lire Bertaud]. Acte de 1250 [n° 66].

(2) Le P. Fournier, *loco cituto*. — Artus de Lionne. — *Abrégé historique*, p. 30.

Suivant Bernard Gui (ms. de la bibliothèque de Toulouse, n° 273, f° 35), Robert mourut le 14 février 1251, fête de S. Valentin. [Son inscription tumulaire, découverte en 1866, célèbre ses vertus et ses miracles ; les deux premiers vers incomplets, finissent ainsi :

.... *quem laudat gratia, fossa*
Continent hec domini Roberti presulis ossa.

[Cf. *Bull. soc. d'étud. des Htes-Alpes*, 1886, p. 269].

apprendre la nature, bien qu'il eût l'acte en sa possession (1).

Ce fut en présence de notre évêque Robert, qu'au mois d'avril [25 mars] 1242, Guillaume Autrand, de Vitrolles, donna à la chartreuse de Durbon la moitié d'un pré et tous les droits qu'il possédait dans les terres de ce mandement [*Chartes de Durbon*, n° 409].

En 1245, cette chartreuse acquit, au prix de 64 sols viennois, tous les droits que Domenge Annoge, de La Roche, et Marine et Alix, ses deux filles, avaient ou pouvaient avoir au mas de Durbon. Cette vente fut confirmée, en l'année 1247, en présence de l'évêque Robert, qui fit apposer son sceau sur l'acte de confirmation (2).

Je termine son épiscopal, en vous apprenant, qu'en cette dernière année, Silvion de Clérieu exerçait, dans le Gapençais, la charge de bailli. Ces officiers tenaient lieu, alors, de gouverneur dans l'étendue de leur bailliage, étaient, en même temps, receveurs des cens et des rentes dues aux Dauphins, et, s'il fallait prendre les armes, ils donnaient les ordres nécessaires et prenaient le commandement des troupes qu'ils avaient levées (3).

Odon ou Othon II [1251-1281].

1251 à 1282. — Nom funeste dans nos annales, car c'est à lui que se rattache l'origine de ces malheureuses dissensions, qui ne cessèrent de diviser nos prélats et nos municipes, durant tant de siècles. C'est en résistant aux prétentions désordonnées d'Othon II que nos ancêtres tentèrent, pour la première fois, de ressaisir des libertés et des

---

(1) *Ibid.* Trad [copie] de Juvénis, p. 294 en marge. — *Abrégé historique*, p. 30.

(2) *Chartes de Durbon*, actes de 1242, 1245 et 1247. Le sceau de l'évêque Robert est toujours attaché à ce dernier titre [n°s 432 et 436].

(3) Chorier, *Histoire du Dauphiné*, tom. I, liv. 2, sect. 19.

franchises qui, pourtant, ne leur avaient été enlevées qu'à demi. Mais, hélas! la guerre qui en fut la suite, et dont l'issue fut si malheureuse, ne servit qu'à resserrer davantage les liens dont ils s'étaient laissés envelopper.

« Ces prairies qui entourent les débris de l'église et du monastère de Saint-André, disait le consul de 1744 au prince de Conti, me rappellent une des époques les plus désastreuses que nous ayent conservé nos annales. C'étoit vers le milieu du XIIIe siècle, alors qu'Odon ou Othon II occupait le siège de Gap. Cet évêque, qui succéda à Robert, vers l'an 1251 [1]), reçut, quelques années plus tard, du dauphin Guignes, l'hommage que nos prélats avoient soumis les comtes de Vienne et d'Albon à leur faire [2]). Mais, l'année même de son entrée dans la ville épiscopale, une grande division s'éleva entre lui et les habitants. Dans la suite, la querelle s'envenime : l'évêque veut soutenir l'autorité, presque souveraine, que ses prédécesseurs avoient usurpée et qu'ils avoient obtenue des Empereurs ; alors les citoyens de Gap, non moins jaloux de soutenir les droits de la cité, que ces mêmes Empereurs avoient mis sous leur protection, prennent les armes, et Othon va mendier les secours de ce même dauphin qui s'étoit humilié devant lui. Un traité d'alliance contre nos pères est signé à Corps, le jour de Sainte-Luce de l'an 1267. La résistance eut été plus qu'audacieuse ; aussi, en 1271, les habitants de Gap recherchent-ils la protection des enfants de Guignes et ne l'obtiennent qu'en leur cédant les droits du *consolat*, ainsi que leurs terres de Montalquier et de Furmeyer, et en s'obligeant de fournir au Dauphin, en temps de guerre, cent hommes de pied, armés et équipés, à leurs frais. Othon, irrité de cet hommage, fait exercer mille violences contre

---

[1]) Il était alors archidiacre d'Aix.
[2]) Le Dauphin lui fit hommage, à Gap, le 18 juillet 1251 (G. 1552).

les habitants de Gap, et cède, de son côté, au comte de Provence, frère du grand saint Louis, les mêmes droits. Les citoyens de Gap, indignés, se lèvent, courent à la maison épiscopale, se saisissent du prélat, le traînent en prison et l'y retiennent longtemps (1).

« De là une guerre meurtrière, dans laquelle s'engage la noblesse du Dauphiné et à laquelle met un terme le traité du 29 janvier 1274, qui soumet la ville à admettre, parmi les officiers municipaux, un chanoine et un chevalier. L'évêque ne tarde pas à rompre le traité : il se retire dans son château de Rambaud, d'où il lance, le 8 décembre 1278, l'excommunication contre les personnes commises par la Dauphine au régime du *consolat* et à l'administration des terres cédées. Ce puissant levier soulève de nouveau les populations d'alentour : une nouvelle prise d'armes a lieu, et ne se termine que par le siège et la prise de Gap, en 1282. Alors, les habitants de cette malheureuse cité se voient dans la nécessité de remettre à Charles Ier et au prince de Salerne, son fils, qui venait de soumettre la ville, tous les droits utiles qu'ils possédaient encore, sauf à Monseigneur le Dauphin de s'arranger comme il l'entendrait pour l'exécution du traité de 1271. — Cet essai d'indépendance, dont l'issue fut si malheureuse, fut suivi d'un acte de justice, de la part du prince de Salerne, qui, étant prisonnier à Barcelone, ordonna, en 1283, au successeur d'Othon, de rendre aux habitants de Gap les droits que le succès de ses armes avaient mis en son pouvoir, à charge de ne les investir qu'après avoir remboursé les dommages causés à l'Église par leurs soulèvements. Cet ordre fut exécuté en 1286 et confirmé par le prince de Salerne, devenu libre, le 24 juin 1289 ».

Cette esquisse, assez fidèle, mais trop rapide, des

(1). L'époque de cette voie de fait est incertaine. Voir, ci-après, les détails du règne d'Othon II.

événements qui signalèrent l'épiscopat d'Othon il ne saurait me dispenser de vous présenter plus en détail les actes de ce règne mémorable. Je vais essayer de remplir cette tâche, après avoir examiné quels étaient, à cette époque, les rapports que nos souverains de Dauphiné et de Provence avaient entre eux.

D'après les historiens de cette dernière province, Raymond Bérenger IV, fils d'Alphonse II, comte de Provence et de Forcalquier, mourut en 1244, et laissa Béatrix, sa fille, seule héritière de ses états. Cette princesse, promise d'abord au comte de Toulouse, épousa Charles d'Anjou, frère de saint Louis, roi de France, en l'année 1246.

L'année suivante [1247], Frédéric II aurait confirmé la réunion au Dauphiné de l'Embrunais et du Gapençais, en faveur du dauphin Guigues, son parent, qui avait rendu de grands services à cet empereur et à l'Empire. Mais, le 22 juillet 1257, il serait intervenu un traité, à la suite duquel le Dauphin aurait fait à Charles d'Anjou hommage de ces mêmes comtés. — Encore une fois, dites-moi quel en était le véritable seigneur suzerain ? Il y avait à choisir, et vous allez voir bientôt que l'évêque et la ville de Gap, selon les intérêts du moment, recoururent, tantôt au Dauphin, tantôt au comte de Provence.

1251. — Or, pour en revenir à notre histoire particulière, il est certain que le souverain du Dauphiné, soit en 1251, soit en 1265, soit à ces deux époques, rendit hommage à Othon pour les terres qu'il possédait dans le comté et la ville de Gap. Des pièces, souvent citées dans les procès subséquents, portent, les unes la première date, les autres la seconde. Peut-être, qu'en 1265, le Dauphin ne fit-il que renouveler l'hommage de 1251, époque à laquelle nous devons faire remonter l'épiscopat d'Othon II.

né à Grasse et préfet en l'église d'Aix, au moment où il fut nommé évêque de Gap (1). Toutefois, ce n'est qu'en l'année 1271 que nous rencontrons la première trace des dissentiments qui s'élevèrent entre ce prélat et la ville.

1257. — J'ignore pour quel motif les habitants de Gap s'étaient emparés, vers l'an 1257, du lieu de Montalquier, situé dans leur territoire, et en avaient détruit le château : *castrum Montalquierii violenter ceperunt quondam et ipsum destruxerunt*. Il paraît que le Dauphin en était le propriétaire, car, obligés, pour cette voie de fait de traiter avec lui, ils furent condamnés, en ladite année 1257, et le huitième jour après la fête de la bienheureuse vierge sainte Luce, par Bertrand de Montfort, bailli de Gap, arbitre et amiable compositeur entre le dauphin Guignes et Guillaume de Saint-Jacques, syndic de Gap, à payer à ce prince cinquante mille sols viennois, au moyen de quoi le lieu de Montalquier appartiendrait à la ville (2).

L'évêque, qui n'était pour rien dans cette incartade de nos bons aïeux, acquit du Dauphin, le 4 juillet 1262, au prix de trois mille sols viennois, toute la juridiction que Roland de Manteyer avait dans la ville de Gap et que ce seigneur avait aliénée en faveur du Dauphin. Ce fut près de Corps que la vente en fut passée, en présence de très nobles Raymond de Montauban, Guillaume *de Roveria*, commandeur de Saint-André de Gap, Lantelme de Saint-Marcel, chanoine de l'église cathédrale, et

---

(1) Artus de Lionne, *Rolle des évesques de Gap*. — Mémoire de Ch.-Sal. du Serre, déjà cité.

(2) Archives de la Préfecture. Acte de 1257, Ms. sur parchemin. [Le château ou la tour de Montalquier était perchée, au-delà de l'église actuelle de Ste-Marguerite, sur un monticule qui domine la rive gauche de la Luye Reconstruite par les Gapençais, à la fin du XIII⁰ siècle, elle était carrée « en lieu haut et éminent » (Isère, B. 3763). Les pierres en ont été mise en vente en 1897.]

de plusieurs autres gentilshommes et ecclésiastiques (1).

1265. — En vertu de l'autorité à laquelle il prétendait, Othon II publia, le 30 octobre 1265, une ordonnance par laquelle il interdisait l'entrée des vins étrangers dans la ville de Gap (2).

Ensuite, voyant que les habitants de cette ville n'étaient pas très portés à reconnaître son autorité souveraine, non plus que celle du Dauphin, il se rendit à Corps, au mois de décembre 1267, où, après avoir conféré avec le dauphin Guigues XI, ils se jurèrent une protection réciproque, le jour de la susdite sainte Luce, et un secours mutuel contre leurs ennemis, à la réserve, savoir : du côté de l'évêque, de notre saint père le Pape et de l'Empereur ; et, du côté du Dauphin, de l'Empereur et du comte de Provence. Il fut convenu que, si le prélat venait à se servir contre ses ennemis des forces du Dauphin, tout le gain qui en proviendrait serait partagé entre eux ; que, s'il acquérait de nouveaux droits dans la ville de Gap ou ailleurs, ils partageraient encore, en bons frères, sous la seule condition que Monseigneur le Dauphin ferait hommage de sa portion à l'église de Gap, avec la permission de Monseigneur le comte de Provence, et qu'il obtiendrait de N. S. P. le Pape la permission d'en jouir et de la posséder en sûreté de conscience. Puis, après avoir scellé de leurs sceaux cet instrument de notre servitude, les deux hauts et puissants princes se séparèrent (3).

1271. — Cette sainte ligue ne laissa pas que

(1) Juvénis, *Mémoires* inédits [cf. Albanès, *Gallia*, Instr., col. 291].
(2) Artus de Lionne, *Rolle des évesques de Gap.* — *Livre des annales des Capucins*, p. 48.
(3) Juvénis, *Mémoires* inédits. — *Abrégé historique*, p. 31.

d'inquiéter les habitants de Gap; aussi, lorsque
Guigues XI eut rendu son âme à Dieu [en 1269], ils
résolurent, dans une assemblée générale, d'envoyer
des députés à la dauphine Béatrix, tutrice de ses
enfants, pour solliciter et payer sa protection. Il est
à présumer qu'ils avaient fait choix des plus nobles
et des plus beaux chevaliers de la cité, car ils furent
très bien accueillis de madame la Dauphine. Il est
vrai, cependant, que pour mettre notre ville sous
sa sauvegarde et sa protection, elle exigea l'abandon, en sa faveur, des droits de *cosse* ou de consolat [1], qui appartenaient en propre à la ville, et, de
plus, des terres de Montalquier et de Furmeyer, et
de divers autres droits. Enfin, nos ambassadeurs
prêtèrent hommage aux enfants de Guigues et s'obligèrent, pour la ville, de secourir en guerre les
dauphins, présents et à venir, avec cent hommes
d'armes, non à cheval, mais à pied. L'acte en fut
dressé le 11 décembre de l'année 1271 (2).

Jugez de quelle colère le violent Othon dut être
saisi, lorsque ce traité vint à sa connaissance!
Aussi est-il écrit, dans nos annales, qu'il se livra à
mille violences contre les citoyens de Gap. Abandonné par la Dauphine, il se tourna du côté de
l'indigne frère de saint Louis, comte de Provence et
de Forcalquier, et, de plus, roi de Sicile par la protection des souverains pontifes Urbain et Clément,
l'un et l'autre VI° de nom. Le 14 des kalendes de
janvier de l'année susdite [1271], il expose à Guillaume de Gonesse, sénéchal de Provence, muni des
pouvoirs de Charles d'Anjou, que la ville de Gap et
les terres de son église, se trouvant comprises dans
le comté de Forcalquier, il doit le défendre contre

[1] Droit de mesurage des grains et denrées (G. 1276).
(2) Juvénis, *Mém. inédits.* — *Abrégé historique*, p. 31. — Valbonnais a inséré ce traité dans son *Histoire du Dauphiné*, tom. 2, p. 92. — Juvénis lui donne la date du 9 novembre 1271, et l'auteur de l'*Abrégé historique*, le 11 du même mois (qui est la date véritable).

les habitants de Gap ; hommes intraitables et rebelles, qui ont osé se révolter contre leur souverain spirituel et temporel, en donnant à la dauphine Béatrix la *cosse* ou consolat, possédé par l'évêque et son église : *qui consolatus ab ipso episcopo Vapincensi et ecclesia tenebatur*.

A quoi nos auteurs gapençais ont l'audace de répondre que cette prétention de l'évêque sur les droits de *cosse* n'était rien moins que fondée, à moins que, par violence, il ne s'en fût mis en possession : car, suivant la bulle d'or de l'année 1240, mentionnée au *Livre rouge* (p. 175), et une transaction de 1300, dont il sera parlé dans la suite, le consolat appartient évidemment à la ville et cité de Gap : de sorte, ajoute l'un des descendants des rebelles gapençais du XIII° siècle, que la ville n'avait usé que de son droit, en le donnant à la Dauphine (1).

Mais, voyez aussi l'insolence de M. le sénéchal de Provence, qui ne veut accorder à notre seigneur Othon le secours qu'il réclame, qu'au préalable il n'ait prêté hommage, pour son église et toutes les terres qui en dépendent, au roi de Sicile, en sa qualité de comte de Forcalquier, et ce, en conformité du privilège impérial accordé par Frédéric II à Raymond Bérenger !

Le fier Othon fut obligé de courber son front ma-

---

(1) « ..... Totam terram, quam tenet et tenere debet in comitatu Forcalquerii et episcopatu Vapincensi, et, specialiter, civitatem Vapinci, et castrum de Lazero, et Castrum Vetus Tallardi, cum villa Strictus, castrum Rambaudi, castrum Bastidæ Veteris, castrum Bastidæ Novæ, castrum de Tornaforti, castrum Montis Roverii, castrum de Fara, castrum de Polignaco, castrum de Nocrio, dominium de Glaysilio, dominium Montecrii, dominium Montis Mauri et Lioncelli, et Bastidæ Montis Mauri, et generaliter quidquid tenet et possidet, vel tenere et possidere debet, in episcopatu seu comitatu Vapincensi » (Traité du 29 décembre 1271) [cf. G. 1112].

Telles étaient les possessions du successeur de saint Arey et de saint Arnoux, prélats peu fortunés, qui, cependant, purent monter au ciel, escortés de moins de richesses.

jestueux devant le représentant du roi Charles Ier et de prêter hommage à celui-ci : 1º pour la ville de Gap ; 2º pour les châteaux épiscopaux de Lazer, de Tallard-le-Vieux et Lettret, de Rambaud, de La Bâtie-Vieille, de La Bâtie-Neuve, de Tournefort, de Mont-Rouvier [Mont-Reviol], de La Fare, de Poligny et du Noyer ; 3º pour les directes ou domaines du Glaisil, de Manteyer, de Montmaur, et, généralement, de toutes les terres épiscopales (1).

Voilà donc comment le possesseur, en toute propriété, d'une ville épiscopale, de dix châteaux féodaux et de cinq autres seigneuries, après avoir relevé immédiatement de l'Empire, devint feudataire d'un comte de Forcalquier !

Tout n'est pas dit : il fallut encore que le seigneur Othon soumit sa grandeur et tous les habitants des terres épiscopales à des servitudes inconnues jusqu'alors. Il s'obligea envers son nouveau suzerain de faire, une fois chaque année, pendant quarante jours, une chevauchée dans les comtés de Provence et de Forcalquier, depuis la Durance jusqu'à Pont-Haut, Le Buis et le Pertuis-Rostan, avec six cavaliers armés et équipés aux frais du superbe vassal. Il prit, en outre, un engagement fort téméraire, en promettant de faire faire, pendant trente jours, une chevauchée ez mêmes lieux, par tous les habitants de la ville de Gap et aux frais d'iceux, à l'exception pourtant des personnes qui avaient le privilège d'être exemptes de pareilles corvées. Il fut convenu, au surplus, que dans un pressant besoin ou en cas de siège, les habitants, ou pour mieux dire, les serfs de l'évêché, seraient tenus de se mettre en campagne, tant à pied qu'à cheval, pour le service du comte de Provence et de Forcalquier. Le retardataire et l'insoumis seraient punis d'une amende de dix livres turons, sans que

(1) Voir la note de la page précédente.

le seigneur temporel de Gap et des dix châteaux épiscopaux fût dispensé pour cela de remplir sa chevauchée.

Le roi de Sicile se montra généreux envers le prélat, en lui accordant, ainsi qu'à son église, les seigneuries de Sigoyer-de-Malpoil et de Reynier ; ce qui complétait la douzaine des châteaux épiscopaux, avec la faculté de les inféoder, pourvu que ce fût à un noble ou à un chevalier, lequel deviendrait vassal de l'évêque et l'évêque vassal du roi.

Il donna encore à Othon une rente de trente livres tournois sur la recette de Digne, jusqu'à ce qu'il pût lui remettre en fief une terre de même revenu. — Il lui restitua, en même temps, le domaine ou la directe sur le château de Manteyer, moins le droit de propriété qui ne lui appartenait pas, à charge d'hommage de la part du prélat. — Il s'obligea de défendre les terres épiscopales, pourvu que l'évêque reconnût la justice royale, dans les affaires particulières qui lui surviendraient ; et ce dernier se soumit à ces conditions. — Enfin, le frère de Louis IX fut si généreux envers notre pontife et seigneur qu'il lui donna même ce qui ne lui avait jamais appartenu : c'était son droit sur la *cosse* ou le consolat de la ville de Gap, avec la juridiction de police qui y était attachée, *si quod habet*, dit pourtant le fameux traité ; et le gracieux souverain promit de faire consentir la haute et puissante dame Béatrix, dauphine de Viennois, à s'en dessaisir en faveur de messire Othon et de ses successeurs.

Celui-ci se chargea de faire approuver et ratifier le traité par son chapitre et de s'arranger avec ses sujets, les ci-devant citoyens de Gap, au sujet de la *cosse* et des querelles qu'elle avait engendrées, par la médiation du roi de Sicile ou de son sénéchal, si, toutefois, lesdits sujets voulaient bien y consentir.

Tout cela fut convenu, fait et parfait dans la ville métropolitaine d'Aix, au palais de l'archevêque, et ensuite ratifié et confirmé à Rome par le roi de Sicile, duc de la Pouille, prince de Capoue, sénateur de la grande ville, et comte de Provence, de Forcalquier et du saint Empire romain, le 16 [17] mai 1272, avec pouvoir au susdit sénéchal de jurer, sur son âme et conscience, la fidèle exécution du traité (1).

Cet acte, si souvent invoqué, dans la suite, par nos prélats, qui disposait, sans leur intervention, non seulement des biens, mais encore des personnes des citoyens de Gap, alluma entre eux et Othon une guerre nouvelle, à laquelle prit part toute la noblesse du pays. Je regrette infiniment que les suites de cette nouvelle prise d'armes ne soient pas venues jusqu'à nous, et de ne pouvoir, par conséquent, retracer les combats qui s'ensuivirent et les beaux coups de lance qui durent être portés, de part et d'autre; ce que je puis vous dire avec certitude, c'est que la paix de 1274 y mit un terme, ainsi que nous l'apprend le traité, dont je vais présenter les dispositions principales.

Le 19 janvier 1274, de hauts et vénérables personnages étaient parvenus à calmer l'effervescence des parties belligérantes et à les réunir dans une prairie voisine du prieuré de Saint-André-lès-Gap: c'étaient Raymond de Mévouillon, prieur des Frères Prêcheurs de La Baume, qui, dans la suite, devait un peu effacer les traces de la tyrannie d'Othon; Rambaud de Savine, religieux du même ordre; Guillaume de *Roveria*, commandeur de Saint-André; Guillaume de Belmont, archidiacre de l'église de Gap, et Lantelme de Saint-Marcel, chanoine de la même église, qui, depuis, fut élevé sur le siège épiscopal de Grasse[2]). Les parties contractantes étaient, d'une

---

(1) Archives de la préfecture [G. 1112]. Traité du 14 des kalendes de janvier 1274. Ms. — Copie authentique précédée de la ratification faite par Charles d'Anjou. — Archives de l'hôtel de ville, *Livre rouge*, p. 20 à 26. — Juvénis, *Mémoires inédits*. — *Abrégé historique*, p. 30 et 31. — Rochas, *Mémoires inédits*, pp. 4 à 16, 1ʳᵉ série [Isère, B. 3737].

[2]) De mars 1287 à 1294 (Gams, *Series*, p. 555).

part, Othon II et les habitants de la campagne, qui l'avaient soutenu, et, de l'autre, les consuls de la ville qui, à cette époque, portaient le titre de syndics.

L'évêque reconnut, d'abord, les privilèges de la cité, les confirma, et promit de ne rien innover ni de rien laisser innover à l'avenir.

L'ancienne constitution municipale de Gap fut altérée par l'article suivant : il portait qu'il y aurait, à l'avenir, cinq consuls dans cette ville ; à savoir, un chanoine, un gentilhomme, deux citoyens ou bourgeois, et un marchand ou artisan. Leur pouvoir durerait une année, laquelle étant expirée, dix hommes de probité, choisis par le conseil général de la communauté et réunis aux consuls sortants, en éliraient cinq autres, le jour de Saint-Vincent. Voilà déjà, au XIIIe siècle, l'élection à deux degrés et tous les ordres représentés.

L'évêque promit de ne soustraire aucun habitant de la ville et de la banlieue à sa juridiction ordinaire ; et les syndics s'engagèrent à prêter main-forte à lui et à ses officiers pour chasser les malfaiteurs.

Du reste, amnistie générale, si ce n'est pour les forains qui avaient commis des meurtres.

La ville déclara qu'elle ne voulait nullement, par ce traité de paix, porter atteinte à l'alliance qu'elle avait contractée avec la dauphine Béatrix et le dauphin, son fils, ni à la donation qui leur avait été faite du consolat, par le traité du 11 décembre 1271 (1).

1278. — Mais ce *consolat*, ou plutôt les droits qui y étaient attachés, pesaient terriblement sur le cœur de notre évêque. D'ailleurs, Monseigneur le roi de

---

(1) Archives de l'hôtel de ville, traité du 19 janvier 1274. Cette pièce scellée des sceaux de l'archevêque d'Aix, de l'évêque Othon et du chapitre se trouve en original, sur parchemin, dans le long coffre de bois, côté A. Un extrait s'en voit aussi dans le sac, côté B. — Juvénis, *Mém.* inédits. — Rochas, *loc. cit.* — *Abrégé historique*, p. 32. — [Isère, B. 3755].

Sicile ne lui en avait-il pas assuré la possession ? Son esprit inquiet et remuant ne tarda pas à susciter de nouveaux troubles. La Dauphine qui, de son côté, croyait également en être devenue la légitime propriétaire, avait commis au régime du consolat et des autres droits qui lui avaient été cédés, Guillaume de Montorsier, dit *le Noir*, et quelques autres personnes. L'évêque, de son château de Rambaud, où il s'était retiré, fulmina contre eux une excommunication, le 8 décembre 1278 ; et c'est alors, sans doute, qu'excités par les agents de la Dauphine, les habitants de Gap osèrent porter une main sacrilège, non sur leur pasteur spirituel, mais sur leur seigneur temporel, qui, malheureusement pour lui et pour eux, réunissait les deux glaives. Dans leur fureur aveugle, ils se saisirent d'Othon, le traînèrent en prison [1]), et l'y retinrent longtemps !

Il en était sorti au mois de mars 1281, lorsqu'il sollicita, de nouveau, la protection du roi de Sicile et de son fils, le prince de Salerne, qui, alors, se trouvait en Provence. Il exposa qu'il était grandement opprimé par les citoyens de Gap et par quelques seigneurs voisins ; que sa juridiction ne pouvait être exercée dans une ville dont les habitants refusaient de lui obéir, et, ce qui était bien autrement répréhensible, où l'on s'était saisi de lui pour le retenir longtemps prisonnier ; qu'il s'adressait donc, comme feudataire, au Roi et à sa cour, pour qu'il les punît et les châtiât lui-même, car, ajoutait-il, la sainteté et la dignité des évêques ne leur laisse en partage que la gloire de pardonner.

« Ayant obtenu, dit Bouche, leur assistance, aide et secours pour châtier l'insolence de ses diocésains, il leur donna, en reconnaissance de leur protection, la moitié de la juridiction de la ville de Gap et d'autres terres dépendantes de son évêché, et les

---

[1]) Cet emprisonnement de l'évêque de Gap se produisit vers 1280.(G. 1276, page 158 de l'Inventaire).

associa, et leurs successeurs, comtes de Provence, pour la moitié de la juridiction civile et criminelle, tant sur les hommes de la même ville que sur tous les autres dépendant de lui, se réservant pour soi l'autre moitié de la juridiction qui serait commune tant à lui et à ses successeurs qu'aux comtes de Provence, qui y pourraient établir des officiers, aussi bien que les évêques y pourraient mettre de leur part. Acte passé à Sisteron, le 1er de mars (mai) de l'an 1281 ; présents : Isnard d'Entrevennes, seigneur d'Agoult ; Raymond *Raffi* ; B. Giraud, prévôt de l'abbaye de Cruis, et autres » (1).

1282. — Le prince de Salerne, qui s'appelait Charles, comme son père, et qui, au surplus, était surnommé *le Boiteux*, ne s'arrêta point aux libéralités que le traité de Sisteron assurait à l'évêque : pour servir le ressentiment d'Othon, il s'avança vers Gap et fit le siège de cette ville, qui fut obligée de se rendre par capitulation en l'année 1282. Les conditions en étaient dures, car elle fut contrainte de donner à Charles le Boiteux ses fouages, ses fours banaux, ses fossés et patègues : *fossata seu patègues*, et ses gabelles, et de s'assujettir à d'autres servitudes. Le prince exigea que les consuls de Gap

(1) Bouche, *Histoire de Provence*, tome 2, liv. 9, sect. 3, § 10 [Bouches-du-Rhône, B. 377]. — Juvénis, en ses *Mémoires*, ne parle ni de ce traité ni de l'emprisonnement de l'évêque. — L'auteur de l'*Abrégé historique*, p. 31, fait remonter cette violence à l'époque du traité de 1257, entre Othon et le Dauphin, ce qui est peu vraisemblable. — Chorier en a aussi parlé, mais sans en indiquer l'époque. — Bouche, seul, semble le placer immédiatement avant l'acte de 1281, qui n'en fut que la suite. — Enfin, M. de Ladoucette, dans son *Histoire, antiquités, etc. des Hautes-Alpes* (p. 373), dit que « l'empereur Othon », pour se venger des habitants de Gap, qui l'avaient tenu quelque temps prisonnier, octroya la moitié de la juridiction temporelle de cette ville au comte de Provence. Évidemment une semblable erreur ne saurait être attribuée à notre ancien préfet. Son imprimeur a substitué le mot *empereur* à celui d'*évêque*, qui se lisait, sans doute, dans le manuscrit. En 1281, l'empereur se nommait Rodolphe de Hapsbourg.

se rendissent à Sisteron, où ce traité honteux fut signé par Jean Bonnet, Jacques Nicolas et N. Bontoux, syndics et députés de la ville, et dressé par le notaire Bertrand Miracle (1). D'après César Nostradamus, le siège de notre ville par le prince de Salerne, accompagné des barons et gentilshommes de Provence, eut lieu au mois d'avril 1282. « Un peu « auparavant, ajoute cet historien, un merveilleux « et bien grand *tremble-terre* ayant ébranlé tout le « territoire voisin » (2).

Bien que, d'après les historiens de la Provence, tous ces châtiments ne fussent que le résultat des indignes traitements que les habitants de Gap avaient fait subir à leur évêque, le conseil de la communauté ne protesta pas moins, dans la suite, contre le traité souscrit à Sisteron par ses députés. La ville obtint une sentence des commissaires du Pape, rendue à Carpentras, qui déclara nul tout ce qui avait été stipulé, dans la crainte du prince de Salerne et de ses armes (3). Toutefois, ce ne fut point pour se soumettre aux décisions toutes puissantes des délégués du Souverain Pontife que ce prince ordonna de restituer à la ville ce que la crainte lui avait fait céder. Nous allons voir bientôt que sa conscience seule détermina cet acte de justice.

En cette même année 1282, après trente ans de troubles et de désordres, le ciel délivra nos ancêtres des persécutions et des tracasseries d'Othon II. « Son âme alla chercher le repos en l'autre vie, dit l'auteur de l'*Abrégé historique*, alors que Martin IV siégeait à Rome, et que Philippe le Hardi occupait le trône de France » [4]).

(1) Archives de l'hôtel de ville de Gap. *Livre rouge*, p. 42 et 80 [p. 1 et 7 de l'*Invent.*].
(2) César Nostradamus, *Hist. de Provence*, 3ᵉ partie, p. 277.
(3) Archives de l'hôtel de ville : *Livre rouge*, p. 175-176 [Inv. imprimé, p. 10].
[4] Suivant l'abbé Albanés, Othon mourut à la fin de 1281.

La première des longues querelles entre l'épiscopat et le pouvoir municipal, dont le principe doit remonter aux concessions des empereurs, et qui fut terminée avant la fin du XIII° siècle, vient de vous montrer combien nos ancêtres furent heureux en se jetant dans les bras de leurs évêques pour se soustraire aux glaives féodaux (1).

Ici se terminerait le règne d'Othon II, si, dans ce qui précède, ce prélat ne s'était uniquement montré qu'en sa qualité de souverain temporel. Il me reste à vous présenter le chef spirituel, dans quelques actes où il intervint, pendant la période orageuse dont nous sommes heureusement sortis.

1256. — Othon, évêque et seigneur de Gap, autorisa une donation qui fut faite à la chartreuse de Durbon par *Aalasia*, femme de noble Giraud Arnoulx, seigneur de Sigoyer. Elle consistait aux droits, actions et juridictions qu'elle possédait dans les limites de Durbon, ainsi que l'exprime l'acte de donation reçu par maître *Ruffo*, notaire de Saint-Julien-en-Beauchêne [Bochaine], en l'année 1256 [Durbon, n° 465].

Mais longtemps après, car c'était en 1279, des différends s'élevèrent entre notre irascible prélat et le prieur du couvent de Bertaud ²). Il s'agissait des fruits, taisses, services et autres droits, que ce monastère était en droit de prendre dans le terroir de Lazer, paroisse dont vous avez vu qu'Othon était seigneur, avec château-fort, et sur lesquels cet évêque prélevait un cinquième. Les chartreusines de Bertaud y possédaient, en outre, diverses propriétés foncières, relevant du domaine épiscopal, et qui payaient à l'évêque la redevance avec une partie du blé qu'elles produisaient. Or, comme dans ce monde

(1) Voir la XII° lettre p. 257, et la page 259.
²) Il s'appelait Bermond, 12 juillet 1279 (*Chartes de Bertaud*, n° 111).

tout progresse par un perpétuel changement, le prieur de Bertaud désira changer le blé en vin ; à cet effet, il planta des vignes dans les champs du monastère, et crut pouvoir se soustraire au paiement de la cinquième partie du vin perçu, quotité égale à celle qui, avant la transformation, était donnée en grains. L'évêque, qui n'entendait pas raillerie sur le chapitre de ses revenus, rendit une ordonnance, en 1279, qui prescrivait de déplanter les vignes, avec défense d'opérer de pareils changements à l'avenir, sans son consentement (1).

1258. — Le prieur de Notre-Dame de Lagrand ou *Laregrand*, comme on disait alors *(Aragrandis)*, avait, dans sa dépendance, deux monastères, situés dans le diocèse de Riez, au territoire de Fontaine-l'Évêque, l'un de moines, sous le nom de Saint-Barthélemy, l'autre de nones, sous le titre de Saint-André *de Orbelio*. Le 6 des kalendes de septembre 1258, Hugues de Bédoine, prieur de Lagrand, donna les deux vieux monastères à dame Mabilie, abbesse, à Pierre Prévôt, et au couvent des chanoinesses de Sainte-Catherine de Sorp, sous une pension de plusieurs florins. L'acte de donation fut approuvé par les religieux de Lagrand, en présence et sous le scel de l'évêque Othon, le 25 décembre de la même année : *Actum in claustro beatæ Mariæ Aragrandis, qui, ad præces dicti conventus, hanc chartam jussit fieri et sui sigilli munimine roborari, 7° kalendas decembris.*

1262. — Le jour qui précéda les ides de juin, en l'année 1262, *Fulco Cailla*, évêque de Riez, à la prière de notre prélat et de celui de Digne, conféra l'église de N.-D. d'*Entravenis*, vacante par la mort de Raymond *de Cantiis*, son parent, à Fulcon, frère de

(1) Chartes de Durbon, de 1256 [n° 465], et de Bertaud, de 1279 [n° 111].

ce dernier, et le dispensa, sur le défaut d'âge, *de plenitudine potestatis*, comme le Pape lui en avait conféré le pouvoir. *Actum in exercitu Castellana, in territorio nostro ; teste, dicti O., Vapincensi, B., Digniensis episcopi* (1).

1271. — S'il faut en croire le *Livre des Annales des capucins de Gap*, Othon aurait eu des démêlés, non seulement avec le corps municipal, mais encore avec les chanoines de sa cathédrale. En l'année 1271, il aurait fulminé sentence d'excommunication contre le doyen, le prévôt, le sacristain et quelques chanoines, et contre les citoyens de Gap. Cet acte aurait été approuvé et confirmé par une bulle d'Alexandre IV, du 28 avril 1272, laquelle chargeait l'évêque de Riez de la faire observer jusqu'à la « condigne satisfaction » (2). Mais, il me semble qu'en 1272 le souverain pontife se nommait Grégoire, X⁰ du nom, lequel sépara le Comtat-Venaissin de la Provence et le prit pour son compte. D'ailleurs, aucun de nos historiens n'a parlé de l'excommunication du chapitre de Gap, puisée j'ignore à quelle source, par le rédacteur des *Annales* de nos RR. PP. Capucins.

1277. — Enfin, en 1277, Rambaud de Manteyer, fils d'Anselme, donna des droits qu'il possédait dans ce village, et consistant en juridiction, hommes, terres, prés, bois et autres, à l'évêque Othon, de qui, heureusement, il ne me reste plus rien à vous apprendre (3).

---

(1) Artus de Lionne, *Rolle des éoesques de Gap*.
(2) *Livre des Annales des Capucins*, p. 48.
(3) Artus de Lionne, *Rolle des éoesques de Gap*. Ce prélat se trompe en disant que cette donation fut faite à Raymond de Mévouillon : la date de l'acte ne laisse aucun doute à cet égard.

Raymond de Mévouillon [1282-1289].

1282 à 1289. — Il vous souvient que le traité de paix intervenu entre la ville et Othon, en l'année 1274, eut pour principal médiateur frère Raymond de Mévouillon, prieur des dominicains de La Baume-lès-Sisteron. Eh bien ! ce Raymond, le 2e du nom, fut donné pour pasteur au diocèse de Gap, après la mort de ce dernier évêque.

Sa naissance était illustre, puisqu'il appartenait à la maison de Mévouillon, souveraine des Baronnies et de tout le pays nommé *Medulli* par les anciens géographes. En l'année 1168, le comte de Forcalquier avait donné la ville de Sisteron et d'autres terres à Rambaud de Mévouillon, son parent. En 1406, cette maison possédait beaucoup de terres dans le Gapençais, entre autres celles de Pomet et de Barret, ainsi que le prouve une sentence arbitrale du 21 octobre de ladite année, où l'un d'eux est mentionné en ces termes: *magnificum et potentem virum dom. de Medullione, militem, dominum de Pometo et Vallis Barreti*. De cette famille sont issus de grands personnages, des chevaliers célèbres et un lieutenant de Roi dans notre province ; et, ce qui est plus encore, notre nouvel évêque était fort proche parent des Dauphins (1).

1282. — A son avènement au trône épiscopal de Gap [2], Raymond II s'empressa de revendiquer la moitié de la juridiction temporelle de cette ville, donnée par le dernier évêque au roi de Sicile et à son fils, par le premier traité de Sisteron, car, disait-

---

[1] Juvénis, *Mémoires* inédits, et notes autographes, p. 5. — D'après Strabon, les *Medulli* étaient bien plus avant dans les Alpes.

[2] Élu par le chapitre de Gap, il fut confirmé par le Pape, à Orvieto, le 13 juin 1282 (Albanès, Instr. xxviii).

il, Othon n'avait pu en disposer au-delà du terme de sa vie. Pour examiner cette demande, Charles d'Anjou commit, par lettres patentes du 3 janvier 1284, les abbés de Saint-Victor de Marseille et de Saint-Égide [St-Gilles], avec ordre à ses officiers, si elle était trouvée juste, de rendre aussitôt cette partie de la juridiction à l'évêque Raymond.

Elle fut trouvée telle, en effet, car le prince de Salerne, par lettres patentes du 7 août suivant, commit l'évêque de Digne pour investir notre prélat de la moitié de la juridiction cédée à son père, se réservant néanmoins ce qui lui avait été donné par les habitants de Gap, lors de la capitulation de 1282 (1).

Mais ce pauvre Charles *le Boiteux*, qui, sans peine, avec ses barons et ses gentilshommes, avait réduit les Gapençais, livrés à eux-mêmes, à une capitulation honteuse, fut quelquefois assez malheureux dans ses expéditions guerrières. Dans un combat naval, qu'il eut l'imprudence de livrer, en cette même année, à Roger *de Loria,* commandant l'armée navale du roi d'Aragon, il fut fait prisonnier et conduit à Messine, où il fut condamné à mort par les syndics des villes de Sicile ; mais sa résignation ayant touché le cœur de la reine Constance, il obtint la vie, et fut remis au roi d'Aragon, qui le retint prisonnier à Barcelone. Pendant sa captivité, il fit de sérieuses réflexions sur les actions de sa vie et se repentit avec amertume de ce qu'il avait extorqué aux habitants de Gap : *Respiciens ad conscienciæ pietatem, de iis quæ tempore obsidionis suæ fecerat contra civitatem Vapinci.* Alors, il écrivit à Raymond de Mévouillon qu'il lui faisait don, ainsi qu'à son église, des objets qui lui avaient été cédés, sous la condition qu'il remettrait le tout aux habitants de Gap, après en avoir reçu satisfaction pour

---

(1) Archives de l'hôtel de ville : *Livre rouge,* p. 42-43 [Inv. imprimé, p. 4].

le remboursement des dommages que l'Église avait soufferts par leur soulèvement contre Othon (1).

Hélas! le tout ne fut pas rendu, et Raymond de Mévouillon laissa même ignorer aux citoyens de cette ville qu'il eût reçu du prince de Salerne l'ordre de rendre la moindre chose. La transaction qui intervint, entre eux et lui, le 2 janvier 1286, porte que, de son propre mouvement, il leur restitua les fournages, les gabelles, les poids et les autres objets par eux cédés au roi de Sicile et au prince de Salerne, sauf ce que le consolat était en usage de percevoir de la gabelle, *salvo eo quod consulatus Vapinci, in ipsa gabella, usus fuit aliquo tempore percipere.* L'évêque se réserve la monnaie, comme un droit lui appartenant de toute ancienneté. Il se réserva encore les quatre fours de la ville, pour lui tenir lieu de prétendus dommages causés à son église, pendant le règne d'Othon. Il exigea, en outre, deux mille livres turons, qu'il dit avoir dépensées pour rétablir la ville dans ses droits. Mais, voyez la générosité, il laissa aux habitants la faculté, pendant cinq ans, de racheter lesdits fours, moyennant trente mille sous tournois; avec cette restriction, toutefois, que la ville ne pourrait ni vendre, ni aliéner, ni céder, ni transporter, ni donner aucun des objets à elle remis, non plus que les fours, si elle les rachetait; enfin, qu'elle ne pourrait s'imposer aucune servitude nouvelle au préjudice de l'évêque et de son église. De son côté, Raymond de Mévouillon s'obligea de faire construire deux fours nouveaux, attendu que les quatre à lui cédés n'étaient pas suffisants. Tous les habitants furent soumis à y cuire leur pain, et de payer le droit de fournage à la cote trentième ou bien à raison de trois deniers par setier légal, à leur choix.

Cet acte de restitution et de spoliation, tout à la

(1) Juvénis, *Mémoires* inédits. — Rochas, *id.* p. 4 à 16, 1ʳᵉ série.

fois, fut reçu par Jacques Jambe [*Jamba*], notaire de la chambre impériale, et souscrit, au nom de la ville de Gap, par Jean Bonnet, Lantelme de Saint-Marcel, Guillaume Oddou, Guillaume Gras et Guillaume Abon, syndics et députés de la communauté, et en présence de messires Pierre Gautier, prévôt et official de l'église de Gap; Bertrand de Simiane [*de Serriano*], chanoine de la même église; Raymond Rémusat, avocat, et Guillaume d'Esparron, courrier, titre qui correspond, je crois, à celui de juge de police (1).

Le prince de Salerne, ou plutôt Charles II, devenu roi de Naples, et non plus de Sicile, d'où les Vêpres siciliennes avaient chassé son père, en 1282, était sorti des prisons où le retenait Pierre d'Aragon ²). Étant à Aquilée, il eut l'extrême obligeance de ratifier, le 24 juin 1289, la donation conditionnelle qu'il avait faite, en 1284, à Raymond de Mévouillon (3).

Ensuite, les mérites de notre prélat le portèrent sur le siège archiépiscopal d'Embrun ⁴), dont il prit possession en la même année. « C'était, dit le curé Albert, un homme d'une grande vertu, très zélé pour la discipline, régulier, éloquent, d'une prudence consommée, aussi propre à gouverner dans l'Église qu'il avait fait paraître de capacité dans les emplois dont ses supérieurs l'avaient chargé dans son ordre... Ce prélat voulut se trouver au chapitre

---

(1) Archives de l'hôtel de ville: *Livre rouge*, p. 81-82 [p. 7 de l'Inv. imprimé]. — Juvénis, *Mémoires* inédits. — Rochas, *Mémoires*, p. 4 à 16, 1ʳᵉ série.

²) Grâce surtout à l'intervention de Raymond de Mévouillon, « son cousin » (Albanés, Instr. XXIX et XXXI). Voir aussi les lettres de Charles II à l'évêque de Gap, du 24 janv. 1289 (Arch. Isère, B. 3752)

(3) Archives de l'hôtel de ville: *Livre rouge*, p. 41 [p. 4 de l'Inv. imprimé]. — Juvénis, *Mémoires* inédits. — Rochas, *loco citato*. — *Abrégé historique*, p. 33 [G 1112].

⁴) Le 4 octobre 1289. — Suivant un document, publié par Albanés (Inst. XXX), du 2 juillet 1289, la cathédrale de Gap tombait alors de vétusté.

général de son ordre, qui se tint à Montpellier en 1294. et il fit voir, par ses largesses envers l'assemblée, combien il lui était attaché. En revenant dans son diocèse et passant par Le Buis, petite ville du Dauphiné, il fut attaqué de maladie, et mourut entre les mains de ses frères, le 28 juin. Son corps fut porté à Sisteron et inhumé dans l'église des Dominicains, comme il l'avait ordonné » (1).

Raymond de Mévouillon fut inhumé, non à Sisteron, mais dans l'église des Frères Prêcheurs de La Baume-lès-Sisteron, qui dépendait de l'évêché de Gap.

Gap, le 20 février 1841.

(1) *Histoire du diocèse d'Embrun*, t. II, p 148 et 150.

XIVᵉ LETTRE.

XIIIᵉ ET XIVᵉ SIÈCLES.

GEOFFROI DE LINCEL (1289 à 1315).

Geoffroi *de Lioncel*, 42ᵉ évêque de Gap. — Il reçoit l'hommage des seigneurs de Montmaur et de Manteyer. — Règlement sur le droit de fournage. — Ordonnance de l'évêque sur les pâturages de La Bâtie-Neuve. — Différends sur l'exécution du traité de 1271 intervenu entre Othon II et Charles d'Anjou. — Traité entre Geoffroi et Charles II. — Signes de la souveraineté de ce dernier sur le Gapençais. — Prétentions du comte de Gapençais, fils du Dauphin, à une partie de la souveraineté. — Sentence arbitrale, entre l'évêque, les habitants de Gap et le comte Dauphin. — Pertes qu'elle fait éprouver à la ville. — Nouveaux différends entre l'évêque et les consuls de Gap. — Transaction du 1ᵉʳ février 1303. — Traité entre Geoffroi et les habitants de Mison. — Juge établi dans Gap par le Dauphin. — Plaintes du comte de Provence à ce sujet. — Les barons et la baronnie de Montmaur. — Récit des voies de fait exercées par les gens de Raynaud de Montauban contre les religieux de Durbon, et ce qui s'ensuivit. — Visite de Geoffroi Iᵉʳ à cette chartreuse. — Sa mort. — Gapençais remarquable de cette époque. — Gantelme, 43ᵉ évêque de Gap. — Sa famille. — Ses différends avec le comte de Gapençais, sur l'hommage dû par ce dernier. — Geoffroi II et le prieur de Romette. — Nom des religieux de ce monastère. — Hommages divers rendus à ce prélat. — Sentence par lui obtenue contre le seigneur de Manteyer. — Acquisition du château de Charance. — Hommage de Geoffroy II au roi Robert, comte de Provence. — Lettres de commission contre le seigneur de Valserres. — Établissement des chevaliers de Rhodes dans Gap. — Les Templiers et leur ancien couvent dans cette ville. — Nouveaux hommages rendus à l'évêque.

Gaufridus Iᵉʳ [Geoffroi de Launsel, de Lioncel ou de Lincel].

1289. — Geoffroi de Lioncel, qui succéda à Raymond de Mévouillon [1]), était prévôt de l'église

---

[1]) Il fut nommé le 26 nov. 1289 par le pape Nicolas IV (Albanés, Instr. xxxu), qui le sacra de ses mains évêque de Gap. Avant de

d'Apt, où il institua, dans la suite, la fête de saint Arnoux, lorsqu'il fut nommé évêque de Gap, en l'année 1289. A peine avait-il pris possession de son siège, qu'un haut et puissant seigneur de son diocèse, Raynaud de Montauban, lui prêta foi et hommage, à raison de son château de Montmaur, et de la haute, moyenne et basse justice qui y était attachée. L'année suivante, le nouveau prélat reçut également l'hommage que noble Pierre Reynier, doyen de l'église de Gap, lui prêta pour la terre de Manteyer (1).

1291. — Vers la même époque, il prétendit que les habitants de sa ville épiscopale étaient tenus, par la transaction de 1286, de subir le droit de fournage, à raison de un sur trente pains portés aux fours, devenus épiscopaux, et de payer trois deniers à raison de chaque setier légal, pour le droit de *fournille*, dont il n'était fait aucune mention dans le traité susdit. Cette contestation n'eut pas de suites fâcheuses, comme cela eût pût arriver au temps d'Othon. Une transaction, du 5 juillet 1291, y mit un terme, en réglant les droits de fournage et de *fournille*, puisque fournille il y a, à la cote vingt-huitième ou à trois deniers par setier légal, au choix des habitants, lesquels eurent la faculté de faire des pains de toutes dimensions, longs, larges, carrés, petits, médiocres ou grands *ad libitum* (2).

1293-1295. — En 1293 (le 14 novembre), Geoffroi de Lainsel, ou de Lioncel ou de Lincel, présida une

---

quitter Rome, il obtint de ce pontife, le 5 janvier 1290, des indulgences en faveur de ceux qui visiteraient son église aux fêtes de la sainte Vierge, de saint Arnoux et de saint Arey, et pendant leur octave (*Ibid.*, n° xxxiii).

(1) Artus de Lionne, *Rolle des évesques de Gap*. — Juvénis, *Mémoires* inédits.

(2) Archives de l'hôtel de ville: *Livre rouge*, p. 84-85 [Inv. imprimé, p. 7].

assemblée, dans laquelle furent dressés les statuts du chapitre [G. 1673]; et, le 28 décembre 1295, sur une requête présentée par les habitants de La Bâtie-Neuve, il défendit d'introduire aucun bétail étranger dans les pâturages de cette communauté. Pour l'exécution de son ordonnance, il investit les consuls de La Bâtie du droit qui pouvait lui appartenir sur la répression des contraventions (1).

1296. — Cependant notre prélat, pressé par les officiers du comte de Provence de satisfaire aux conditions du traité intervenu entre Othon II et Charles Ier, montra quelque résistance, car, disait-il, les canons interdisent aux évêques d'aliéner les biens de l'Église, sans le consentement de leur chapitre. Alors, il s'entendit avec Charles II, notre ci-devant prince de Salerne, pour adresser au pape Boniface VIII une supplique, où les faits antérieurs et le sujet de la difficulté étaient clairement exposés. Le Pape, par une bulle, donnée à Avignon le 8 des ides de juillet 1296, commit les évêques de Marseille et de Nîmes pour examiner le fameux traité de 1271, en leur recommandant de ne pas s'arrêter au défaut de consentement du chapitre, si ce traité était à l'avantage de la Sainte Église (2).

Après l'avoir attentivement examiné, analysé et commenté, les deux prélats rendirent un jugement, le 25 mars 1297, et autorisèrent une convention, du même jour, qui en conservait les principaux articles, à laquelle l'évêque de Gap acquiesça sans peine et qui eut également l'approbation du roi de Sicile, représenté par Hugues de Voisins, son sénéchal de Provence. Cet acte reproduit à peu près les dispositions du traité de 1271 [G. 1112]. Geoffroy y reconnaît de tenir en fief de Charles II, en qualité de comte de Forcalquier, les châteaux, les terres et

(1) Artus de Lionne, *Rolle des évesques de Gap.*
(2) Archives de la préfecture, bulle de 1296, Ms. sur parchemin.

seigneuries dépendant de l'évêché de Gap, comme se trouvant compris dans les limites de ce comté. Il en excepte pourtant la terre de Rédortier, au diocèse de Sisteron, acquise depuis le susdit traité. Comme son prédécesseur Othon, il s'oblige de tenir, une fois chaque année, six cavaliers, armés à ses dépens, pour le service du comte, pendant quarante jours. Mais, quant aux chevauchées auxquelles Othon avait soumis ses vassaux, il fut convenu qu'elles n'auraient lieu que dans le cas où les comtes de Provence et de Forcalquier seraient menacés d'une grande guerre, ou dans le cas de siège de quelque place forte de ces comtés. L'alliance offensive entre le comte et l'évêque fut renouvelée ; mais celui-ci ne voulut reconnaître que la cour de Sisteron, dans les cas spécifiés au précédent traité, et se réserva toute juridiction dans la ville de Gap et les terres de l'évêché, sans que le comte-roi pût y établir de baile ou bailli, à raison du domaine majeur. Le sénéchal se soumit, au surplus, au nom de son souverain, à ne rien acquérir et à n'imposer aucunes charges dans ces mêmes terres ; il s'obligea spécialement de contraindre, à ses propres dépens et toutes les fois qu'il en serait requis, les habitants de Gap à se soumettre à l'évêque, leur souverain spirituel et temporel.

Les deux hautes parties contractantes firent, au surplus, quelques échanges détaillés dans ce nouveau traité. Le comte-roi donna à l'évêque un bois situé à Mison, près de l'église de Saint-Pierre ; et, en échange, l'évêque remit au comte les trente livres tournois qui avaient été assignées à Othon sur la recette de Digne ; le comte remit à l'évêque le droit qu'il avait ou qu'il croyait avoir sur la *cosse* ou consolat de la ville de Gap et promit d'engager la comtesse-dauphine à vouloir bien s'en dessaisir. Il fut convenu que le comte-roi pourrait étaler à tous les yeux les signes de majeur-domaine ou de sa souveraineté sur le Gapençais, en faisant élever son drapeau sur la tour de la maison épiscopale, un jour de l'année seulement, et que ses successeurs jouiraient du même droit, lors de leur avènement aux comtés de Provence et de Forcalquier, et à l'élection de chaque nouvel évêque. Enfin, Geoffroi de Lincel fut dispensé de rapporter le consentement de son chapitre, conformément aux lettres pontificales qui l'en dispensaient, et prêta hommage et reconnaissance à Charles II pour tous les châteaux et toutes les seigneuries mentionnés au traité de 1271. Tel est celui de 1297, qui fut passé à Marseille, dans le palais épiscopal, reçu par le notaire Guillaume Robin, et revêtu de la signature d'un grand nombre de témoins, de celle de Durand, évêque de la cité phocéenne, et de celle de Raymond, évêque d'Apt, subrogé à l'évêque de Nîmes (1).

Avant d'aller plus loin, me permettez-vous de demander, de nouveau, si, à la fin du XIII° siècle, le Gapençais dépendait de la Provence ou du Dauphiné? — Par le mariage de Béatrix de Claustral, nous étions passés du côté du Dauphin ; par les clauses de leur contrat, nous devions être retournés à Forcalquier; par le traité qui vient d'être analysé, nous faisions, plus que jamais, partie intégrante de ce comté ; par ceux qui vont suivre, nous penchions vers le Dauphiné. — Ce qu'il y a de certain, c'est qu'à cette époque tout le diocèse était devenu l'apanage des fils aînés des Dauphins. Aussi Jean, fils aîné d'Humbert Ier, qui prenait le titre de comte de Gapençais, eut-il à débattre des intérêts avec l'évêque Geoffroi et son chapitre, et surtout avec la ville de Gap, au sujet du consolat et de la moitié de la terre de Montalquier, qui, d'après lui, en était une

---

(1) Archives de l'hôtel de ville : *Livre rouge*, p. 28, 29, 34, 37, 38, 39 et 40. — Artus de Lionne, *Rolle des évesques de Gap*. — Rochas, *Mémoires* inédits, p. 54 et suiv., 1re série.

dépendance. Il demandait encore, pour la non exécution du traité du 19 novembre 1271, en ce qui concernait les cent hommes de pied qui devaient l'assister en ses guerres, une indemnité de dix mille marcs d'argent, faute par la ville de n'avoir pas fait les cavalcades annuelles. Il soutenait, en outre, que plusieurs terres et diverses maisons de Gap étaient de sa directe et que la troisième partie de la juridiction de la ville lui appartenait, en vertu d'une vente qui en avait été passée par Rolland de Manteyer au dauphin Guignes ; qu'il avait le droit d'établir dans Gap un juge qui, en son nom, connaîtrait de toutes les causes que les habitants voudraient y porter ; que le château épiscopal de Lazer était de son fief, et que le péage qui se percevait au-dessous des terres de ce château lui appartenait. De sorte donc que, pour secouer le joug que les évêques faisaient peser sur nos aïeux, ceux-ci avaient fini par le rendre plus lourd, en demandant, de droite et de gauche, au nord et au midi, secours et assistance aux puissances supérieures.

1300. — Mais, grâces à Dieu, messires Guillaume de Mandagot, archevêque d'Embrun [1]), et Jacques de *Ossa*, évêque de Fréjus [2]), voulurent bien se mêler de leurs affaires et les dépouiller encore d'une partie de ce qui leur restait de leurs biens et de leurs droits politiques. Le 5 septembre 1300, les deux prélats rendirent une sentence arbitrale, entre Geoffroi, évêque de Gap, son chapitre et les habitants de cette ville, qui, pour la première fois, étaient unis dans la même cause, et Jean, comte de Gapençais et seigneur de la Tour-du-Pin, d'autre part, laquelle décidait :

[1]) Élu le 28 mars 1295, archevêque d'Aix en 1311, cardinal le 24 déc. 1312, † à Avignon en nov. 1321.
[2]) Jacques *Duèse*, de Cahors, évêque de Fréjus en 1299 et d'Avignon en 1310, cardinal en 1312, pape sous le nom de Jean XXII (7 août 1316, † à Avignon 4 déc. 1334).

1° Que le droit de consolat ou *cosse* sur les blés et les légumes appartiendrait au comte-dauphin, de la même manière qu'il était perçu par les consuls de Gap, lorsqu'il leur appartenait. — Nouvelle preuve que le consolat était municipal et non épiscopal. Première entorse, d'ailleurs, donnée aux traités de 1271 et 1297.

2° Que la moitié des terres de Montalquier et les droits y attachés appartiendraient également au comte, avec juridiction mère et mixte.

3° Que la garde des clés de la ville, dont la garde appartenait aux consuls et à l'évêque, seraient uniquement dans les mains de ce dernier.

4° Que les criées seraient faites dans Gap, au nom du seigneur évêque.

5° Que le *costeil* ou carcan, qui, auparavant, était dans la dépendance des consuls, appartiendrait au prélat : *costellus etiam, qui similiter pertinere olim ad dictos consules dicebatur, sit ipsius domini episcopi*. Toutefois, qu'en cas de ban, il serait commun au comte et à l'évêque. — Alors on attachait au carcan les délinquants qui ne pouvaient payer l'amende pour l'infraction du ban.

6° Que les valets de ville, nommés autrefois par les consuls, le seraient désormais par l'évêque : *Mandatarii quoque in civitate prædicta, qui olim consulibus ponebantur, per eundem dominum episcopum solummodo eligantur de cætero et ponantur*.

7° Que la ville serait tenue de fournir aux comtes de Gapençais cent hommes de pied, bien armés, lesquels, une fois dans l'année, serviraient pendant trente jours, toutes les fois que des chevauchées auraient lieu dans le Dauphiné et dans le comté de Gapençais. Le comte ne pourrait les retenir plus longtemps, à moins qu'il ne les entretînt à ses frais ou qu'il fût assiégé dans une de ses places. Pour convoquer les chevauchées, il s'adresserait à l'évêque, qui ordonnerait aux consuls de fournir les cent hommes armés.

Or, comme les chevauchées étaient dues, en même temps, à nos deux suzerains, le roi de Sicile, comte de Provence et de Forcalquier, et le Comte-Dauphin, la sentence arbitrale décida que, dans le cas où le service militaire serait requis à la fois par l'un et par l'autre, le premier serait servi de préférence, et que le comte de Gapençais ne pourrait l'exiger que dans le courant de l'année suivante. Dans aucun cas, les guerriers de la ville ne pourraient se battre contre leur prélat, contre son église, et surtout contre le Souverain Pontife.

8° Quant aux procès qui pourraient s'élever, entre les possesseurs des maisons qui relevaient du comte de Gapençais, dans la ville de Gap et son territoire, il fut convenu qu'un juge, nommé par ce dernier et par l'évêque, en connaîtrait. En cas d'appel, ils devaient établir un second magistrat pour juger les appellations.

9° Du reste, Monseigneur le comte de Gapençais fut débouté de ses prétentions sur le château et le péage de Lazer, et de sa demande de dix mille marcs d'argent, pour les chevauchées non fournies, ainsi que de celle relative à la troisième partie de la juridiction, qu'il prétendait posséder dans la ville. Il lui fut prescrit de faire enlever les fourches qu'il avait fait planter dans le territoire de La Fare, appartenant à l'évêque ; mais il obtint gain de cause contre le prélat, au sujet du mas de *Colombis*, qui fut déclaré être de sa directe.

C'est dans la bastide de Guillaume Dufort, située près de la Durance, dans le territoire de Sisteron, que fut publiée la sentence arbitrale de 1300. Rodolphe du Puy y intervint comme procureur-fondé du chapitre et de la communauté de Gap. Le comte Jean, encore mineur, fut autorisé par le dauphin Humbert Ier, son père, et un grand nombre de témoins furent présents à cet acte. Je ne citerai que les plus hauts placés, à savoir : Pierre Gautier, prévôt ; Durand Freissinière ; Hugues de Saint-Marcel ; Guigues de Molans et Raymond de Launcel, tous membres du vénérable chapitre de l'église cathédrale de Notre-Dame de Gap. L'officier public, qui le reçut, se nommait Raymond *de Novice*, notaire de l'archevêque d'Embrun, l'un des arbitres (1).

Définitivement, voilà la ville de Gap froissée dans ses intérêts matériels et ses droits politiques : la voilà dépouillée de son consolat, de ses fours banaux, de sa juridiction de police, de sa surveillance sur la sûreté de la place, du droit de nommer ses mandeurs ; la voilà privée de la terre de Montalquier, qu'elle avait payée assez cher en 1257 ; et, de plus, soumise à un service militaire envers les comtes de Provence et de Gapençais !

J'ignore si c'est en vertu de la sentence arbitrale du 5 septembre 1300, que Geoffroi de Launsel et son juge firent publier des défenses aux citoyens de Gap de porter des armes, sous peine d'amende. Mais, voilà qu'un samedi, jour de la fête de l'Assomption de la Sainte Vierge ²), des jeunes gens appartenant à la milice citoyenne, et ne tenant aucun compte des ordonnances épiscopales, sortent armés de la ville et courent dans tout le territoire environnant. Pourquoi faire ? Je ne sais. Peut-être pour voir si le juge et ses assesseurs oseraient prononcer contre eux des peines pécuniaires. La cour de l'évêque l'osa, et les consuls se rendirent appelants de la sentence, soutenant que les condamnés n'avaient pris les armes que pour une cause juste et raisonnable.

D'un autre côté, le prélat se plaignit que des réunions illicites eussent eu lieu dans divers quartiers

---

(1) Valbonnais, tome 1, p. 53 et 252. — Juvénis, *Mémoires* inédits. — Rochas, tom. I, p. 13 à 24, 1ʳᵉ série. — Juvénis donne à la sentence arbitrale de 1300 la date du 13 décembre 1303. L'aurait-il confondue avec le traité du 1ᵉʳ février de cette dernière année, dont il sera bientôt parlé ?

²) Le 17 août 1302 (*Arch. de l'Isère*, B. 3755).

de la ville, sans que les *carbonari* de cette époque en eussent obtenu la permission de ses officiers. — Il prétendait, en outre, que Raymond de Mévouillon n'avait pu remettre aux consuls les droits extorqués, s'il vous en souvient, par le prince de Salerne, sans le consentement de son chapitre ; lequel consentement, s'il vous en souvient encore, n'était nullement nécessaire, lorsque les traités tournaient à l'avantage de son église. — Il soutenait, enfin, qu'il y avait lésion énorme dans le droit de fournage, réglé par le traité du 5 juillet 1291, car les bois, devenus rares, étaient d'une cherté excessive.

Les consuls formaient aussi des plaintes contre l'évêque et ses officiers. Ils disaient que le juge des appellations osait demander un salaire aux parties qui portaient leurs différends à son tribunal, tandis qu'il recevait ou devait recevoir des gages du haut justicier. — Ils demandaient à celui-ci de ratifier un statut de l'évêque Othon, dressé en l'année 1265, par lequel il était défendu d'introduire du vin étranger dans la ville, pour y être vendu, sous peine de confiscation et de 60 sols viennois.

L'évêque répondait qu'il n'était nullement tenu à faire exécuter ce règlement ; et que, d'ailleurs, s'il devait être suivi, l'amende encourue et le vin confisqué devaient lui appartenir.

1303. — Tels étaient les nouveaux différends qui s'étaient élevés entre la ville et le prélat, depuis la promulgation de la sentence arbitrale de 1300. Pour y mettre un terme, les parties eurent recours à noble Raynaud de Montauban, seigneur de Montmaur, qui, à cette époque, comme vous l'apprendrez bientôt, n'était pas en odeur de sainteté dans le monastère de Durbon, et aux vénérables Ollivier de Laye, doyen de l'église cathédrale ; Rostaing d'Auberuffe, qui en était le sacristain, et Pierre Gautier, qui en était le prévôt. Geoffroi soutint son droit avec éloquence. Les consuls, Jean Odon, Lantelme de

Saint-Marcel et Pierre Savine, plaidèrent le leur avec ténacité. Enfin, en présence des nobles médiateurs et des licenciés en droit Amé Merle, Jean de Compts, Vincent Valentin, Jacques Pugnet, Rodolphe de La Fare et Géraud d'Espinasses, le notaire royal et épiscopal, Jean *Tornatoris*, dressa la transaction suivante, le 1ᵉʳ février 1303, laquelle ne fut ratifiée par le vénérable chapitre de Gap que le 10 mai de l'année 1304.

Les informations et les condamnations obtenues par les procureurs fiscaux de l'évêque, contre les citoyens qui s'étaient assemblés illicitement et contre les jeunes hommes qui avaient parcouru la campagne avec des armes, sont annulées. Dans le cas où la cour royale, reconnue supérieure à la cour épiscopale, par le prélat lui-même, en ce qui touche le port d'armes et les assemblées illicites, s'aviserait de prendre connaissance de ces faits, messire Geoffroi est chargé de faire relaxer les prévenus et les accusés.

En cas d'appel, les jugements rendus à la requête des procureurs fiscaux, l'évêque établira un tribunal spécial pour en connaître, sans que les juges aient rien à prétendre des parties, à peine de nullité de leurs arrêts.

L'évêque, reconnaissant que les habitants de Gap n'avaient cédé leurs fournages, leurs gabelles, leur poids, leurs fossés et leurs patègues au prince de Salerne que par la crainte et le danger imminent d'un siège, confirme la rémission qui en a été faite aux consuls par Raymond de Mévouillon.

De leur côté, les habitants de Gap, réprésentés par leurs dignes consuls, confirment l'abandon fait à ce dernier évêque des quatre fours municipaux, sous la condition que les fermiers, sur 28 pains, n'en prendraient qu'un seul, tant pour avertir et porter la pâte, que pour faire cuire le pain et le rapporter au logis des citoyens.

L'évêque confirme le règlement de 1265, qui défend d'importer et de boire du vin étranger dans la ville. Ainsi les coteaux de Puymaure, Treschâtel et de Colombis l'emportent sur ceux de Sisteron, de Manosque et des Mées. En cas de contravention, les vins confisqués et les soixante sous d'amende entreront dans la cave et dans la bourse du prélat (1).

Pour cette fois, sauf le dernier article, nos bons et turbulents aïeux ont enfin obtenu gain de cause ; et la paix se trouve momentanément rétablie entre eux et leur souverain spirituel et temporel.

En cette même année 1303, et le 9 du mois d'août, Geoffroi Ier, qui, en 1298, avait traité avec les communautés de Sisteron et du Bersac, sur divers droits, maintint les habitants de Mison dans la possession de moudre leur blé et de parer leurs draps aux usines qu'il possédait dans leur territoire (2).

Les deux successeurs immédiats de cet évêque portant un nom dont l'initiale est la même que la sienne, il en est résulté quelque confusion dans les récits de nos annalistes. Artus de Lionne attribue à Geoffroi Ier, qu'il nomme Geoffroi II, bien qu'il n'ait signalé auparavant aucun évêque de ce nom, tous les actes intervenus jusqu'à l'épiscopat d'Olivier de Laye, tandis que Juvénis place entre Geoffroi et celui-ci *Gantelme* et Geoffroi II ³). Cette dernière opinion, reposant sur des titres, consultés par notre chroniqueur le plus exact et le mieux versé dans l'étude de nos vieux documents, doit être suivie. Mais l'évêque Gantelme ayant succédé à Geoffroi Ier

---

(1) Archives de l'hôtel de ville ; *Livre rouge*, p. 66 à 71. — Archives de la Préfecture, copie du traité, Ms. — Artus de Lionne, *Rolle des évesques de Gap*. — Rochas, *Mémoires inédits*, pages 24 à 27, 1ʳᵉ série.

(2) Archives de la Préfecture, Ms.

³) C'est Arthur de Lionne qui est dans le vrai et Juvénis qui a tort. En réalité, il n'y a jamais eu à Gap d'évêque du nom de *Gantelme* et les deux Geoffroi Iᵉʳ et IIᵉ ne sont qu'un seul et même personnage, Geoffroi de Lincel ou de Léoncel (1289-1315).

en 1304, je ne puis dire positivement sous lequel des deux se passèrent les événements que je vais rapporter. Seulement une des chartes de Durbon prouve que Geoffroi était encore vivant le 10 avril de cette année [1]).

Or, en l'année 1304, sans tenir aucun compte du traité intervenu, quatre ans auparavant, entre l'évêque et Jean, comte de Gapençais, il plut à Humbert 1er, père de ce comte et dauphin de Viennois, d'établir un juge dans la ville de Gap, autre, sans doute, que celui qui devait connaitre des infractions aux règlements de police et des différends élevés entre les possesseurs des maisons de la rue Souveraine, lequel devait être nommé par le comte et par l'évêque. Le comte de Provence en fut informé, et ce rival redoutable du dauphin et de l'évêque s'empressa de porter ses plaintes dans des termes que l'historien *Nostradamus* a bien voulu conserver et que je ne puis me dispenser de faire connaitre: « Charles II, roi de Sicile et comte de Provence et « de Forcalquier, envoya lettres patentes à Imbert, « dauphin, comte de Viennois et d'Albon, son cher « bien-aimé parent et conseiller, que, non sans « grande admiration, une chose avoit touché ses « oreilles, qui lui sembloit grandement nouvelle et « préjudiciable, savoir: qu'il avoit fait et créé un « juge en sa ville de Gap. Toutefois, que se fiant « grandement à sa prudence et à la grande affection « qu'il lui portoit, il le prioit, il l'exhortoit, et, néan- « moins, lui enjoignoit, sur la peine que par lui « seroit raisonnablement arbitrée ou par ses offi- « ciers de Gap, de révoquer tel juge, et qu'il se « gardât bien, à l'avenir, d'attenter semblables « choses, comme lui étant fort désagréables et « désavantageuses. En ce temps, ledit Charles étoit « à Naples et au 18e de son règne ».

---

[1]) Exactement le 15 avril 1304 (Durbon, n° 592).

Le juge fut-il révoqué ? Chorier pense que non, car le Dauphin avait calculé toutes les suites de son entreprise : il témoigna qu'il n'y avait rien qu'il ne fît pour la satisfaction du roi de Sicile, ne lui accorda rien, et fit tout pour la sienne. — Charles II, qui avait trop d'affaires en Italie, pour se mettre mal avec le Dauphin, dissimula et feignit être content. Quoiqu'il en soit, la susceptibilité de ce prince ne doit nullement nous étonner. Les évêques de Gap ayant rendu hommage aux comtes de Provence, il importait à ceux-ci que les droits de leurs vassaux ne reçussent aucune atteinte. Si, comme il le paraît, Geoffroi de Lioncel partagea son autorité avec le Dauphin, en protégeant l'établissement d'un juge delphinal dans sa ville épiscopale, ce fut pour obtenir de lui aide et protection contre les habitants, quelque peu audacieux, de cette ville : car l'éloignement où se trouvait le Comte-Roi ne pouvait lui être d'un grand secours. « *L'objet immuable des évêques*, dit M. Rochas, *fut toujours d'asservir la ville et de s'en rendre les maîtres ;* mais, n'étant pas assez puissants par eux-mêmes, ils se liguaient, pour y parvenir, tantôt avec l'un, tantôt avec l'autre, en leur abandonnant une partie de leurs droits » (1).

Pendant le règne de Geoffroi I*er*, un événement des plus extraordinaires vint surprendre tout le Gapençais et surtout les populations qui habitent les bords du *Grand-Buëch*. Pour vous la raconter, je cède la parole au respectable consul de 1744, s'adressant toujours au prince de Conti, sur le point culminant du monticule de Saint-Meins :

« Vers le couchant et au-delà des tertres de Puy-Ponson et de La Selle s'ouvre la vallée du *Petit-Buëch*, rivière qui prend sa source aux montagnes

(1) Artus de Lionne, *Rolle des évesques de Gap*. — Chorier, *Hist. du Dauphiné*, tome 2, liv. 6, sect. 16. — Rochas, *Mémoires inédits*, p. 59, 2ᵉ série.

de Chaudun, et traverse ensuite les territoires de Rabou, de La Roche-des-Arnauds et de Montmaur. Montmaur, l'une des quatre hautes baronnies du Dauphiné, dont les possesseurs prenaient le titre de *magnates barones,* de *laicos principes* et de *sublimes personas,* voit encore debout son vieux château féodal, à une demi-lieue du Buëch, au bas de cette montagne toujours verte, dont je ne puis vous montrer que la sommité : Montmaur, qui, dans des temps fort anciens, avoit appartenu aux Arlauds, maison illustre, qui possédoit plusieurs terres dans le Haut-Dauphiné, étoit échu par alliance, dans le cours du XII siècle, à celle de Flotte, non moins illustre, laquelle avoit pour chef Henri, dont les enfants vendirent, en 1160, à Guillaume, archevêque d'Embrun, des terres dépendant de leurs châteaux de Bréziers et de Belfort [1]). Arnaud de Flotte, l'un d'eux, fut témoin, en 1164, de l'investiture du comté de Forcalquier, faite à Guillaume par Frédéric Barberousse. C'est de lui que les communautés de La Roche-des-Arnauds et de La Baume-des-Arnauds tiennent leur nom. Cette maison étoit si considérable et tellement considérée, du temps de nos ancêtres, que Bertrand II, comte de Forcalquier, n'avoit pas dédaigné de faire asseoir à ses côtés, sur le trône de comte, la belle Josserane de Flotte, vers le milieu du XI siècle (2).

« Le territoire de Montmaur est borné, au couchant, par ce torrent impétueux qui s'échappe des gorges affreuses du Dévoluy, et, au-delà duquel ce groupe de montagnes dont vous apercevez les sommités, en plongeant vos regards dans cette échappée de vue qui sépare Céuse de Charance, s'élève majestueusement. Ce groupe, c'est Durbon, dont le monastère, situé sur le penchant occidental,

[1]) Cf. Fornier, *Hist. génér. des Alpes,* t. I, p. 712.
(2) Salvaing de Boissieu, *De l'usage des fiefs en Dauphiné,* p. 573.

dans la vallée du Grand-Buëch, fut bâti par les religieux de l'ordre de Saint-Bruno, vers l'an 1116. Les libéralités des seigneurs voisins et de toutes les âmes pieuses de la contrée les avaient enrichis de leurs dons; ils possédoient, et ils possèdent encore, les vastes forêts et les beaux pâturages qui couvrent ces montagnes; et les empereurs, les évêques de Gap, les comtes de Die et ceux de Forcalquier avoient promis à ce monastère leur haute et puissante protection. Hélas! dans un siècle de ferveur et d'exaltation religieuse, comment ces pères du désert ont-ils trouvé, dans un seigneur de leur voisinage, un ennemi sordide jusqu'à la cruauté, dont les mains sacrilèges osèrent se porter sur leur personne sacrée! Et cet ennemi fut Raynaud de Montauban, non le paladin de Charlemagne, mais Raynaud de Montauban de la maison de Flotte, haut et puissant seigneur de Montmaur, de La Roche, d'Agnielles et autres places.

« C'étoit au mois de juin de l'an 1301, Frère Guillaume du Vallon [1]) régnait sur la communauté de Durbon, en qualité de prieur. Un matin, on vit sortir de l'église du monastère tous les moines vêtus de leurs ornements sacerdotaux, précédés de la croix, et ayant à leur tête frère Guigues Moreton [2]): le prieur et trois ou quatre frères étoient seuls restés pour la garde du couvent. La procession se dirigeoit vers le village de Saint-Julien-en-Beauchêne (Bochaine, en faisant retentir la vallée de chants tristes et solennels. Les habitants de ce village se portèrent tout étonnés, au-devant des pieux cénobites; mais ils les virent défiler vers Saint-André, sans interrompre leurs prières. Ainsi, sans s'arrêter, les saints religieux traversèrent les communautés d'Aspres, d'Aspremont, de Serres et de Laragne, suivant

[1]) Lire Guillaume d'Avalon, *de Avalone* (Chartes de Durbon, n° 574).

[2]) Lire Guigues Motet, *Moletus* (Chartes de Durbon, n° 576).

toujours les rives du Grand-Buëch, et arrivèrent, dans la soirée du 25 juin, à Sisteron, où ils firent demander, pour le lendemain, une audience à messire Pierre Gombert, diacre et vicaire de Forcalquier, et représentant, dans Sisteron, l'illustre chevalier et magnifique Raynaud *de Lecto,* grand sénéchal du comte de Provence. Admis en sa présence, le 26 juin, frère Guigues Moreton [Motet] porta la parole en ces termes :

« C'est au nom de notre prieur frère Guillaume
« du Vallon [d'Avalon] que je m'adresse à vous,
« noble et disert diacre de la comté de Forcalquier,
« et vous présente cette lettre à lui adressée par
« Monseigneur le sénéchal de Provence ». Messire Gombert prit la lettre des mains du religieux, en examina le scel, dans lequel était gravé un écusson autour du portrait du sénéchal, ouvrit la dépêche et y lut ces mots : « Raynaud *de Lecto,* chevalier et
« sénéchal de Provence et Forcalquier, salut et
« amour au vicaire de Forcalquier. Le prieur de
« Durbon et son couvent nous ayant présenté une
« supplication, nous vous la commettons incluse
« dans les présentes, et vous commandons de vous
« enquérir, avec toute la diligence possible, de la
« vérité, et vous nous en informez. Donné à Aix, le
« 19 de juin, indiction quatorzième » [Durbon, n°
« 575].

« La requête du prieur au sénéchal racontait les faits survenus à Durbon, de la manière suivante :

« Le 10 juin 1301, les gens de Raynaud de Montauban, ayant à leur tête Jean André, son garde, et neveu de son bailli d'Agnielles, soulevèrent les habitants de ce village, dépendant dudit seigneur. Les hommes et les femmes, armés de lances, de haches, de bâtons et de pierres, se portèrent impétueusement dans le terroir de Durbon et tombèrent sur le troupeau du monastère, qui, sous la garde de quelques religieux, paissait paisiblement au quarlier de *Recours,* tuèrent un grand nombre d'agneaux et de brebis, estropièrent et dissipèrent le reste. Les frères qui surveilloient le troupeau et quelques autres religieux, qui étoient venus à leur secours, s'approchant de ces furieux, les exhortèrent à cesser leurs violences : mais ces barbares, hommes et femmes, foulant aux pieds la crainte de Dieu et le respect dû au roi de Sicile, comte de Provence et de Forcalquier, sous la protection et sauvegarde duquel se trouvoit le monastère, les chargent de coups, les blessent jusqu'à effusion du sang, et cinq d'entre eux sont si cruellement mutilés qu'ils peuvent à peine se traîner jusqu'au couvent ! [Charles, n° 577].

« Le vicaire de Forcalquier s'empressa d'assurer le frère Guigues Moreton [Motet] qu'il étoit tout disposé à exécuter avec respect le commandement de la cour de Provence, et suivit, lui-même, les moines à Durbon, lorsqu'ils s'en retournèrent processionnellement, comme ils étoient venus, à travers les villes et les villages situés sur leur route, dont les habitants durent montrer de la surprise, et une curiosité qui, sans doute, ne fut pas entièrement satisfaite.

« Le 27 juin, messire Pierre Gombert, assisté de trois assesseurs, se porta sur les lieux, pour informer, tant contre le haut et puissant seigneur Raynaud de Montauban, du consentement de qui les injures et les violences avoient été faites, que contre ses officiers, qui en avoient été les témoins et les provocateurs, et les hommes et les femmes d'Agnielles qui avoient proféré ces injures et exécuté ces violences. Non seulement les faits exposés dans la plainte du prieur furent justifiés ; mais il fut prouvé, en outre, que les inculpés avoient emporté chez eux une chaudière, une marmite de cuivre et une chape du monastère. Les convers et les religieux qui reçurent des blessures, dans la journée sacrilège du 10 juin, étoient dom Reybaud

Chevalier [*Milos*], dom Guiraud Albert, dom Guiraud de Villar, dom Odo et dom Pons Chaix, tous religieux, et frère Guiraud Prachin [*Praherii*] convers, blessé d'un coup de pierre [Chartes, n° 377 fin].

« La cour de Sisteron crut devoir envoyer à Durbon Pierre *de Parisis* [*de Parisius*], son garde ordinaire, pour défendre les religieux, et leurs biens et leurs droits ; mais les gens d'Agnielles, non contents des violences déjà exercées, sortirent de nouveau de leurs maisons et conduisirent leurs troupeaux dans les pâturages du monastère, jusqu'au domaine de Recours. — « Sortez d'ici, leur cria le garde. — Non, répondit le plus audacieux, nous n'en sortirons pas mieux pour toi *que pour un âne* ». Alors, ils tombent sur les religieux et les frères, qui veillaient sur les vaches et les brebis du couvent, les insultent et les frappent, puis ils s'emparent du troupeau qui paissoit au quartier de *Barbe-Lore* [*in Barba Loba*] et le poussent devant eux, avec des bâtons et des pierres, jusques dans le terroir de Montmaur, où expire une vache, plus maltraitée que les autres [Chartes, n° 578].

« De l'enquête qui fut faite résultèrent encore plusieurs voies de fait remontant à des époques antérieures et qui font connoître que les habitants d'Agnielles ou, pour mieux dire, leur seigneur et maître, Raynaud de Montauban, prétendait à des droits de pâturage dans les montagnes de Durbon, que les moines lui contestoient. Par exemple, trois ans auparavant, quelques particuliers de Montmaur s'étoient emparés d'un chaudron [*cachobum*] à l'usage des troupeaux qui paissoient au quartier de Barbe-Love. Dom Hugues de Rives, alors prieur de Durbon, et deux autres religieux, qui se trouvoient sur les lieux, voulant s'opposer à l'enlèvement du précieux ustensile, virent les paysans tomber sur eux, sans crainte d'offenser le bon Dieu en la personne de ses ministres : les religieux furent battus, et le prieur jeté à terre, d'où il se releva tout sanglant [Charles, n° 578].

« Cependant Raynaud de Montauban fit proposer un arrangement au vicaire de Forcalquier ; mais celui-ci répondit que, d'abord, il fallait exécuter les ordres du sénéchal et lui faire part du résultat de l'enquête. Elle fut de si longue durée, cette enquête, que pendant qu'on était aux informations, Raynaud *de Lecto* mourut. Ricard *de Cambalèze*, son successeur dans la charge de sénéchal, prié de mettre un terme aux informations, commit à cet effet Jean *de Cabassole*, professeur en droit civil et juge-mage des appellations ez comtés de Provence et de Forcalquier, qui, sur la fin d'octobre 1302, termina la fameuse enquête [Charles, n° 582].

« La cause, portée à la cour de Sisteron, fut jugée par un arrêt de l'année 1303, et du 4 du mois de juin [juillet]. Inhibitions et défenses furent faites à noble Raynaud de Montauban, comte de La Roche et seigneur de Montmaur, et à ses manants et habitants du château et communauté d'Agnielles et autres de ses gens, ainsi qu'aux habitants de Lus, de ne plus inquiéter le monastère, dans la jouissance des bois et des pâturages de Durbon, et particulièrement du quartier du Recours. Ledit comte et ses adhérents furent condamnés à une amende de cent marcs d'argent fin, et promesse lui fut faite de pareille condamnation, si lui, ses gens ou ses sujets s'avisoient de violer, désormais, les défenses portées par l'arrêt. Ainsi la sainte Église triompha du haut et puissant seigneur féodal » (1).

(1) Charles de Durbon, Mss. Enquêtes de 1301 et 1302. Arrêt de la cour de Sisteron du 4 juin [juillet] 1303. — La requête du prieur Guillaume du Vallon [d'Avalon] est rapportée textuellement dans la procédure d'enquête [*Chartes de Durbon*, n°ˢ 574-590].

Ce fait étrange a été singulièrement dénaturé par la tradition orale. On a dit, et l'on répète encore, chaque jour, que le comte de La Roche et ses gens s'étaient portés à des violences, non contre les religieux de Durbon, mais contre les chartreusines de

L'année suivante (1304), qui fut la dernière de son pontificat, Geoffroi de Laincel voulut visiter ses frères de Durbon, et il annonça qu'en passant il verrait et examinerait l'église de Saint-Julien. Mais, qui, du prieur de ce monastère ou du vicaire perpétuel de Saint-Julien, devait pourvoir à la dépense que rendait nécessaire la réception de l'évêque ? C'est ce qui fut vivement contesté, de part et d'autre. Geoffroi arriva, que la discussion durait encore et que rien n'était préparé à Saint-Julien pour le recevoir. Le temps était fort mauvais ; aussi poussa-t-il, sans s'arrêter, jusqu'au couvent de Durbon, où il fut accueilli par les bons pères, auxquels il déclara que, par son arrivée, il n'entendait nullement préjudicier aux droits du monastère. De tout quoi un acte authentique fut dressé le 15 avril de l'an 1304 (1).

En cette même année, Geoffroi mourut ou, du moins, quitta le siège de Gap ²).

Pendant son règne parut le fameux roman du *Petit-Jehan de Saintré*, attribué par quelques bibliophiles à Claude de Ponnat, chanoine de son église cathédrale, qui vivait en l'an 1300 ³). Malheureusement M. Barbier, le premier d'entre eux, attribue avec plus de fondement cet ouvrage à Antoine de La Salle (4).

Bertaud. Le couvent de ces religieuses aurait été forcé et pillé et leurs personnes outrageusement insultées. Raynaud de Montauban, en réparation des violences exercées sur les chastes vierges de Bertaud, avait été condamné à des amendes tellement considérables que sa grande fortune en aurait été sensiblement altérée, et qu'en paiement d'une partie de ces condamnations, il aurait cédé aux chartreux de Durbon l'immense domaine de Quint. (Voir, en ce qui concerne les chartreusines, les pages ci-devant et pages ci-après.)

(1) Charles de Durbon, acte du 15 avril 1304. Ms. [Durbon, n° 592. Cette charte a été reproduite dans les fac-simile de l'*École des Chartes*].

²) Il vécut longtemps encore et jusqu'au 6 juin 1315.

³) Le nom de ce personnage ne figure pas parmi les chanoines de Gap (Voy. G, t. V, p. XXI, où il devrait exister).

(4) Gui-Allard, *Bibl. du Dauphiné*, p. 270.

En ce même temps brillait Guillaume de Saint-Marcel, inquisiteur de l'ordre des Frères Mineurs, et qui était de la suite du roi de Sicile, lorsqu'en l'année 1297, ce prince transigea avec l'évêque de Gap. Cet inquisiteur était né dans cette ville et appartenait à la très illustre et très ancienne maison de Saint-Marcel, qui en est originaire et qui a produit plusieurs personnages célèbres. Le P. Pagi écrivait à Juvénis que Fr. Guillaume était l'un des premiers inquisiteurs de son ordre, et qu'en 1305, il fut envoyé à Rome, par Clément V, pour mettre un terme aux guerres civiles et aux désordres qui régnaient dans cette ville. En 1309, ce même pape le commit pour informer contre les Templiers de ce royaume et même contre le grand-maître de cet ordre qui s'y trouvait alors. Jean XXII le nomma évêque de Grasse en 1317, et, enfin, il assista au concile de 1328, tenu à Avignon contre l'antipape Pierre *de Corbario* (1).

Gantelmus [2]).

1304. — C'est uniquement sur la foi de Juvénis que les auteurs du *Livre des Annales des capucins* et de l'*Abrégé historique* ont admis ce Gantelme, qui, en l'année 1304, aurait vu commencer et finir son épiscopat. Or, Juvénis avait trouvé pour lui, dans les actes de l'abbaye de Lérins, qu'un *Gantelmus* était évêque de Gap en ladite année. S'il a réellement existé, il devait appartenir à l'illustre famille de ce nom, qui descendait des rois d'Écosse et qui avait donné de célèbres prélats à l'Église, des conseillers au roi de Sicile, des sénéchaux aux Vénitiens, des chambellans, des comtes et de vaillants capitaines au royaume de Naples, et des dames

---

(1) Juvénis, *Mémoires* inédits. — *Abrégé historique*, p. 34.

[2]. Le nom de ce prétendu évêque doit disparaître de la liste des évêques de Gap.

aussi nobles que spirituelles aux cours d'amour des comtés de Provence et de Forcalquier.

« Si cet évêque n'est pas le même que *Gaufridus* ou Geoffroi *de Lausello*, ajoute Juvénis, il faut lui attribuer l'instance qui fut ouverte devant Pierre, archevêque d'Arles et chevalier du royaume de Sicile, et Richard de *Cambateza*, sénéchal des comtés de Provence et de Forcalquier, afin d'obliger Jean, comte de Gapençais, à lui faire hommage, ainsi qu'à l'église de Gap, de tout ce qu'il possédait dans ce diocèse. Ayant obtenu des lettres du sénéchal, le 16 novembre 1304, ce prince, sur l'assignation qui lui fut donnée, passa procuration, le samedi, veille de Saint-Antoine de la même année, à frère François, prieur de Romette, et à son juge de Gapençais, pour défendre en cette instance et comparaître sur l'assignation qui lui avait été donnée, car il ne pouvait se présenter en personne le jour fixé, attendu que ce jour tombait au lendemain de la fête de la Purification de la Sainte Vierge, et qu'il avait sur les bras de grandes affaires qui le retenaient en Dauphiné » (1).

L'hommage fut-il prêté ? Juvénis n'en dit rien ; mais, en l'année 1305, qui allait commencer, nous voyons reparaître un nouveau Geoffroi, nommé par lui *Gaufridus II*, qui, comme le pense Artus de Lionne, pourrait bien être le même que Geoffroi Ier.

Gaufridus ou Geoffroi II.

1305 à 1314. — Qu'il soit l'unique ou le deuxième de nom, c'est sous un Geoffroi que nos ancêtres souscrivirent un acte contre lequel leurs descendants s'inscrivirent en faux, lorsqu'il fut produit, au commencement du XVIIe siècle, dans le grand

(1) Juvénis, *Mém.* inédits. — *Abrégé historique*, p. 35. — *Livre des Annales des Capucins*, p. 51. L'auteur de ce livre prétend que c'est sous Gantelme que le Dauphin établit un juge à Gap.

procès suscité à la ville par Charles-Salomon du Serre, et que malheureusement M. le président Expilly reconnut comme authentique, lorsqu'il mit fin aux différends qui s'étaient élevés entre eux, à cette époque.

1305. — Sous l'empire de quel sentiment se trouvaient donc les citoyens de Gap lorsque, le 10 juin 1305, au nombre de treize cents, assemblés au son de la cloche municipale, ils eurent la lâcheté de confesser et reconnaître qu'ils étaient hommes-liges du seigneur évêque et de son église, *et omnia quæcumque eorum bona in civitate Vapinci et territorio ejus dominio et seignoria tenere ;* et qu'ils lui prêtèrent serment de fidélité, sur les saints Évangiles !

Hommes-liges. entendez-vous : c'est-à-dire, engagés à leur souverain le seigneur évêque, préférablement à toutes autres personnes, nées ou à naître !

Pas un des hommes nobles qui firent, *junctis manibus inter manus dicti domini episcopi, more nobilium,* un tel hommage n'échappe à votre indignation. Voici leurs noms, dans l'ordre où ils sont placés dans cet instrument de servitude, que vous chercheriez en vain dans le fameux *Livre rouge*, autrement dit *Livre des libertés de la ville de Gap :*

1º Lantelme de Saint-Marcel ; 2º François Jaussaud ; 3º François Odo ; 4º Guillaume Gras *(Grassi, antiquior)* ; 5º Pierre Sabine ; 6º François Rayne ; 7º Guillaume Odo ; 8º Armand de Saint-Marcel ; 9º Odo *de Odonibus ;* 10º Guillaume Gras ; 11º François Gras ; 12º Jaussaudus Jaussaud ; 13º Gérald de Saint-Marcel ; 14º Olivier de Saint Germain et Jaussaudine Jaussaud ; 15º Guillaume de Rame ; 16º Honorius *Grassi,* seigneur en partie du Valgodemar ; 17º Guillaume *Frescheneri,* d'Embrun ; 18º Guillaume de Saint-Marcel ; 19º Guillaume d'Isoard, d'Ancelle ; 20º Pierre Gras ; 21º Hugues Gras ; 22º Guillaume d'Embrun, coseigneur des Crottes, et 23º Jacques Nicolas *(Nicolai).*

Parmi les roturiers, dont les noms rempliraient dix grandes pages, et qui prêtèrent serment à genoux, *more popularium*, permettez-moi d'en citer quelques-uns, dont les noms se sont perpétués jusqu'à nos jours : Jacques *de Ruffo* ; Lantelme Brochier ; Pierre Féraud ; Guillaume Rochas ; Guillaume Rappelin ; Guillaume de Nicolet ; Jacques Robert ; Pierre Eyrand ; Giraud Lombard ; Jacques de Saint-Étienne ; Arnoux Blanchard ; Jean *Borelli*... Je trouverais bien encore des hommes-liges de 1305, dont les noms subsistent dans Gap ; mais la patience m'échappe. Si vous voulez en savoir davantage, ayez recours à l'acte de reconnaissance et d'hommage, qui fut dressé dans la maison épiscopale, par Jacques *Tornatoris*, notaire, en présence d'un grand nombre de témoins (1).

C'est principalement en vertu de cet acte et des concessions des empereurs que nos évêques vont prétendre, désormais, à la directe universelle et aux droits de régale sur la personne et les propriétés des habitants de Gap. Toutefois, ce siècle des reconnaissances ne s'écoulera pas sans que de nouveaux traités ne viennent réprimer et diminuer leurs prétentions à une souveraineté absolue.

L'année suivante (1306), l'évêque Geoffroi était en désaccord avec noble Guillaume Augier, seigneur de la vallée d'Oze, Pierre Reynier, frère de celui-ci, et Osasiche Flotte, seigneur de La Roche-des-Arnauds, au sujet de la juridiction de la terre de Manteyer, qu'ils occupaient à son préjudice. Le prélat obtint du roi Charles des lettres de commission adressées au juge d'Aix qui, sans doute, mit un terme au différend (2).

Le 15 mai 1307, Geoffroi se fit céder par le prieur de Romette, Hugues *de Ingeniis*, le droit des dîmes que le couvent percevait à Venterol, St-Pons, Char-

(1) Archives de la préfecture, acte de reconnaissance et d'hommage du 10 juin 1305, Ms. Il en existe deux copies [G. 1116].
(2) Artus de Lionne, *Rolle des évesques de Gap*.

jonnières et Piégut. De son côté, l'évêque confirma le droit de patronage qu'avait le prieur sur diverses églises ou chapelles du diocèse. Les religieux de Romette qui, à cette époque ou, pour être plus exact, l'année suivante (1308), se trouvaient dans le couvent se nommaient : F. Raymond *de Saisio*, sacristain ; Guigues de Saint-Julien, pitancier ; Laurent de Rame, cellérier ; Rostaing de Saint-Julien, précenteur ; Guillaume *Forcelli* ; Jules *Filochi* ; Raymond Board ; Aimar de Morges ; *Rodetus* Alemand ; Roland Gastinel ; François d'Oze ; François de Laye et Ferand de Venterol (1).

1308. — Une chose à laquelle Geoffroi II ne manqua jamais, ce fut d'exiger et de recueillir des hommages de tous les seigneurs, habitants et manants de son diocèse, qui lui en devaient ou qui ne lui en devaient pas. En 1308, serment de fidélité lui fut prêté par quinze habitans de Tallard-le-Vieux, qui avaient été sujets et vassaux du commandeur des Templiers.

Le 16 septembre de la même année, il obtint une sentence arbitrale, par laquelle les seigneurs de Manteyer furent tenus de le reconnaître pour suzerain et de lui prêter, en cette qualité, le serment d'usage. Il fut décidé, au surplus, que l'évêque de Gap avait le droit de faire apposer ses armes au château et de l'habiter un jour, avec sa famille ; qu'à chaque changement de seigneur ou de vassal, le nouveau venu prêterait le même hommage et fournirait deux hommes d'armes au requis de l'évêque, *duos homines cum armis et equis armatis* ; que, dans le cas de l'aliénation du château, le premier lods lui appartiendrait ; que si la ville de Gap avait à soutenir un siège, le seigneur de Manteyer viendrait

(1) Artus de Lionne, *Rolle des évesques de Gap*. — Archives de la préfecture : *Littera fundationis prioratus B*⁂ *M*⁂ *de Monasterio Briançonii*, 18 oct. 1308, Ms.

assister l'évêque, avec ses gentilshommes ; que celui-ci pourrait prendre du bois pour son chauffage dans les forêts de Manteyer, avec trois bêtes, sans toucher aux sapins, aux chênes et aux arbres fruitiers ; enfin, que si des délits étaient commis dans cette communauté, et que le seigneur fut de connivence avec les délinquants ou qu'il négligeât de les faire punir, l'évêque se chargeait d'en faire bonne justice. Cette sentence mentionne une semblable reconnaissance faite à Raymond de Mévouillon (1).

1309. — Vous avez vu que nos prélats possédaient déjà, vers la fin du XIIIe siècle, douze châteaux épiscopaux ; il en fallait un 13e à Geoffroi, qui fût moins éloigné de la ville et où il put se reposer, durant la belle saison, des fatigues de l'épiscopat. En conséquence, le 13 novembre 1309, noble Lantelme de Saint-Marcel, qui, naguère, lui avait rendu hommage, lui vendit le château de Charance et les deux tiers des terres qu'il possédait dans ce quartier ; le tout pour dix mille florins [G. 1202].

Mais le roi Charles II étant décédé, notre évêque, qui tant reçut d'hommages, se vit obligé d'en prêter un, le 16 décembre de la même année, à Robert, son fils, roi de Sicile, et comte de Provence et de Forcalquier. Le Gapençais était donc toujours plus Provençal que Dauphinois (2).

En l'année 1311, Geoffroi obtint des lettres de commission, qui enjoignaient à noble Guillaume de Valserres, coseigneur d'Avançon, à sa justice et à ses sujets, de ne troubler, à l'avenir, ledit seigneur évêque en la possession de la ville et territoire de La Bâtie-Neuve ; car, il faut que vous sachiez que le roitelet de Valserres avait osé lever des gens, avec lesquels il s'était emparé du bétail appartenant

---

(1) Artus de Lionne, *Rolle des évesques de Gap.*
(2) Artus de Lionne, *Rolle des évesques de Gap.* — *Livre des Annales des Capucins,* p. 51.

aux sujets de notre prélat, en ladite communauté de La Bâtie-Neuve, et commis d'autres actes d'hostilité, que Geoffroi ne pouvait laisser impunis (1).

En ce temps-là, je veux dire le 13 juillet de l'an 1312, Béral de Baux, fils de Bertrand, comte d'Avellin, chevalier de Rhodes, fut nommé commandeur de Gap pour son ordre ; il vint y remplacer les illustres chevaliers du Temple, supprimés par le concile tenu à Vienne, en 1311, et dont les biens avaient été donnés aux hospitaliers de Saint-Jean de Jérusalem. Notre premier commandeur appartenait à la famille des Baux, l'une des plus illustres de Provence, qui posséda, pendant longtemps, plusieurs terres en souveraineté, qui avait prétendu à celle du comté de Provence, par Étiennette, fille de Gilbert, IIe du nom, comte de cette province, et qui a donné plusieurs princes à Orange, l'un desquels fut investi, en 1214, par l'empereur Frédéric II, du royaume de Vienne ou d'Arles (2).

Ici se présenterait une belle occasion de déclamer contre le concile de Vienne, contre le souverain pontife Clément V, contre Philippe, le faux monnayeur, et contre notre compatriote, l'inquisiteur Guillaume de Saint-Marcel ; de vanter les chevaliers du Temple, ressuscités de nos jours, d'exalter leurs vertus chevaleresques, de parler de leurs richesses, devenues immenses, voire des vices qu'elles entraînèrent à leur suite. Mais, si vous désirez mieux connaître cette époque et le fameux procès des Templiers, voyez ce qu'en a dit M. Michelet, d'une manière aussi poétique que judicieuse, dans son *Histoire de France*. Pour moi, je me bornerai à rappeler qu'ils possédaient, à Gap, un superbe couvent dédié à Saint-Martin [3] : il était bâti

(1) Artus de Lionne, *ibid.*
(2) Juvénis, *Mém. inédits.* — *Abrégé historique*, p. 35.
[3] Ce couvent, comme nous l'avons déjà dit, dépendait, dès le début du XIIe siècle, des hospitaliers de St-Jean de Jérusalem ou

en dehors des murailles de la ville, dans les champs de la Commanderie, occupés en partie par le cimetière actuel, et déjà détruit par suite de la condamnation de l'ordre, au moment où Bérald de Baux vint prendre possession de leurs biens. Les chevaliers de Saint-Jean de Jérusalem prirent position dans l'intérieur de la ville, dans la rue qui portait le nom de cet ordre avant la Révolution, où le commandeur Rambaud d'Orange, de la même famille que Bérald de Baux, fit construire une église et une maison, dans l'emplacement occupé aujourd'hui par l'hôtel de la préfecture (1).

1313. — L'on a dit, sans trop le prouver, que, sous Geoffroi II, les Frères Prêcheurs, autrement dits Dominicains, s'étaient établis dans la ville de Gap, en l'année 1313 (2).

Enfin, en l'année 1314, qui fut la dernière de son règne ³), et le 12 de juin, le procureur de notre évê-

---

chevaliers de Malte et ne cessa de leur appartenir depuis lors, jusqu'à la Révolution. La maison des Templiers se trouvait dans l'intérieur de Gap, sur l'emplacement de la Préfecture actuelle.

(1) *Livre des Annales des Capucins*, p. 65. — Rochas, *Mém. inédits*, p. 162 et suiv., 2ᵉ série.

(2) *Abrégé historique*, p. 35. — [Cet établissement n'eut lieu qu'en 1427. Voy. *Bull. soc. d'étud. des Hautes-Alpes*, 1883, p. 437-439 ; *Annales des Alpes*, I, 1897-98, p. 123-141].

³) Ou, plus exactement, « l'avant-dernière de son règne ». — Geoffroi de Lincel avait fait son testament dès le 22 juillet 1308, à Romette (Albanès, Inst. XXXVII). Il ne mourut que le 6 juin 1315, et après avoir fondé douze anniversaires dans sa cathédrale, qu'il avait eu le grand mérite de faire reconstruire. On a vu que, dès le temps de Raymond de Mévouillon, son prédécesseur, elle tombait en ruines (2 juil. 12.?). Dès son arrivée à Gap, la grande préoccupation de Geoffroi fut de la faire rééditier magnifiquement. Il y consacra la majeure partie de sa fortune personnelle, qui était considérable. Il obtint aussi, dans ce but, diverses sommes des habitants de Gap, notamment le 1ᵉʳ février 1304 (G. 1554). Une bulle du pape Clément V, du 1ᵉʳ juin 1309, atteste qu'il avait fait démolir et reconstruire, à grands frais, cette cathédrale (Albanès, Instr. XXXVIII). On sait qu'elle fut ruinée, ainsi que les autres églises de Gap, en 1567, par les réformés (G. 1499). On en a retrouvé naguère divers débris intéressants, surtout en 1866 et en

que investit la communauté de Reynier des biens à elle vendus par Mathilde, femme de noble Guillaume de Caïre (1).

Et pour finir ce règne comme nous l'avons commencé, c'est-à-dire par un hommage, je vous dirai que, le 24 décembre de la même année, noble Jean Bonfils *(Joannes Bonifilii)*, devenu, je ne sais comment, seigneur de Montalquier, fit hommage à Geoffroi II de tous les biens, fiefs et juridictions qu'il tenait dans la ville et le territoire de Gap, dans lequel se trouve enclose ladite seigneurie (2).

Gap, le 1er mars 1841.

1906 *(Annales des Alpes*, IX, p. 194-197). Ils se conservent au Musée archéologique de la Préfecture des Hautes-Alpes, en attendant le jour prochain où ils seront transférés au Musée départemental.

(1) Artus de Lionne, *Rolle des évesques de Gap*.
(2) Archives de la Préfecture, acte du 24 décembre 1314, Ms. — Artus de Lionne, *Rolle des évesques de Gap*.

XVᵉ LETTRE.

XIVᵉ SIÈCLE (1315 à 1369).

LE DAUPHINÉ A LA FRANCE.

Olivier de Laye, 45ᵉ évêque de Gap. — Un des aïeux de Lesdiguières le jette par la fenêtre de son château. — Suites de cette violence. — Statuts du chapitre de Gap. — Hommage reçu par Olivier. — Illustration et dégénération de sa famille. — Possesseurs de la terre de Laye. — Bertrand de Lorincella, 46ᵉ évêque de Gap. — Actes de son épiscopat. — Interdiction du chemin de Lettret à Montgardin. — Guillaume d'Estienne, 47ᵉ évêque de Gap. — Sa famille. — Quelques actes de son administration. — Statuts faits à Carpentras par le chapitre de Gap. — Divers hommages rendus à l'évêque. — Hommage du Dauphin au comte de Provence. — Doutes sur l'époque où siégea Guillaume d'Estienne. — Procès entre la ville de Gap et la communauté de Romette. — La vicomté de Tallard. — Elle passe dans la famille de Trian. — Arnaud de Trian rend hommage au comte de Provence. — Erreur sur l'évêque Guillaume de Gibelin. — Dragonet de Montauban, 48ᵉ évêque de Gap — Chevauchée réclamée par le comte de Provence. — L'évêque jure d'observer les privilèges de son chapitre. — Différends entre le Dauphin et le chapitre de Gap, au sujet des hommes-liges de Saint-Laurent-du-Cros. — Hommage rendu par l'évêque au roi Robert, comte de Provence. — Voyage du Dauphin à Briançon. — Traité sur les hommes de Saint-Laurent. — Abus commis par des garde-terres de Gap. — Hommage rendu à l'évêque de cette ville par l'archevêque d'Embrun. — Droit de moudre au moulin de Tallard. — Ornements donnés à St-Arnoux et à l'église de Gap. — Transport du Dauphiné au royaume de France. — Le seigneur de La Roche et les chartreusines de Berlaud. — Différends entre Dragonet et l'économe des Dominicains de La Baume. — Hommage rendu à cet évêque. — Trésor du Monêtier-Allemont. — Violences exercées contre les habitants de ce village. — Mort de Dragonet. — Henri de Poitiers, 49ᵉ évêque de Gap. — Illustration de la maison de Poitiers. — Haine entre cette maison et celle de

Montauban. — Assassinat d'Ismidon de Montauban par le bâtard de Poitiers. — Fureur des habitants de Gap. — Guerre qui en fut la suite. - Henri de Poitiers est nommé évêque de Troyes. — Ses combats contre les Anglais. — Sa mort et sa sépulture. — Jacques *de Deoncio*, 50ᵉ évêque de Gap. — Opinions diverses sur l'époque de son épiscopat. — Gilbert de Mandegaches, 51ᵉ évêque de Gap. — Hommage par lui rendu à la comtesse de Provence. — Cette princesse l'envoie en ambassade auprès de l'Empereur. — Gilbert passe à l'évêché de Lodève. — Guillaume Fournier, 52ᵉ évêque de Gap — Concile d'Apt. — Erreur sur Bertrand de Châteauneuf, archevêque d'Embrun. — Note: Démêlés entre Arnaud de Trian et Jacques *de Deoncio*.

Olivier de Laye [1315-1316].

1315 à 1316. — La maison de Laye, à laquelle appartenait le successeur de Geoffroi I ou II au trône épiscopal de Gap, était aussi noble qu'ancienne. Olivier, qui prit possession du siège en l'année 1315, était, avant sa promotion, doyen de l'église de Gap, et possédait la terre de Laye, où, s'il faut en croire l'historien de Lesdiguières, il eut à subir un acte de violence, de la part de l'un des aïeux du connétable, que les mœurs et les croyances religieuses du siècle justifient et repoussent tout à la fois. Cet aïeul, ayant eu des démêlés avec un évêque de Gap, qui voulait l'empêcher de chasser dans sa terre, leurs amis communs tâchèrent de les mettre d'accord, dans le château de Laye, appartenant à l'évêque. Le gentilhomme, ne pouvant supporter les rodomontades du prélat, l'empoigna et le jeta par la fenêtre de son château, laquelle, heureusement, était assez basse pour qu'il pût s'en tirer sain et sauf. L'évêque, néanmoins, recourut au Saint-Siège et le Pape l'assista avec tant de zèle, que presque toutes les terres du seigneur de Bonne furent confisquées et assujetties au prélat. La maison de Bonne, de riche et puissante qu'elle était, se trouva, dès lors, singulièrement abaissée, jusques au moment où le Connétable la fit briller d'un éclat dont, à coup sûr, elle n'avait jamais joui sous ses plus illustres ancêtres. Or, comme la terre de Laye n'a jamais fait partie du domaine de l'évêché de Gap, ainsi que le prouvent les hommages rendus par les évêques aux comtes de Provence, il faut en conclure que le prélat jeté par la fenêtre de son château, et que Louis Videl ne nomme pas, n'était autre qu'Olivier de Laye, seigneur de cette terre.

La durée de son épiscopat ne fut guère que d'une année.

Des statuts furent faits en sa présence, le 14 octobre 1315, par lesquels il fut ordonné que l'on tiendrait régulièrement deux chapitres généraux, l'un à la fête de l'Ascension, et l'autre à la fête de Saint-Arnoux. Le 28 février suivant, c'est-à-dire de la même année, puisqu'alors elle ne finissait qu'au 25 mars, noble Pierre de Reynier, coseigneur de Molans et du château de Manteyer, lui rendit hommage, au nom de dame Sibylle Bonfils, sa femme (1).

Juvénis assure que, de son temps, la maison de Laye avait encore dans Gap un représentant qui se trouvait réduit à exercer la profession de charpentier ; il ajoute que l'historien *Nostradamus* (2ᵉ partie, p. 378) a parlé de Jean de Laye, l'un des barons qui suivirent, en 1325, Charles, duc de Calabre et fils du roi Robert, à la conquête de la Sicile. De nos jours, on trouve encore dans cette ville des rejetons du baron du XIVᵉ siècle et du noble charpentier du XVIIᵉ, ou, du moins, quelques familles du nom de Laye, réduites, comme au temps de Juvénis, à une bien chétive condition.

Le dernier seigneur de Laye a été le baron des

(1) **Juvénis**, *Mémoires* inédits — Artus de Lionne, *Rôle des évesques de Gap*. — *Livre des Annales des Capucins*, p. 52. — *Abrégé historique*, p. 35. — Videl, *Histoire du connétable de Lesdiguières*, ch. 2. — Archives de la préfecture : Hommage de Pierre Reynier, Ms. (Il avait fondé dans la cathédrale de Gap, à l'autel dit des Colins, la chapellenie des Onze mille Vierges et de St-Martin, qui existait encore en 1790 (G. VI. p. ciij).

Praux, en même temps seigneur de Valserres [1], et dont la fille unique avait épousé le vicomte de Béthisy. Mais, par un rapprochement assez bizarre, la terre d'Olivier de Laye appartient aujourd'hui à un autre Olivier, de Laye, qui n'a rien de commun, je pense, avec l'ancien évêque de Gap. M. Jean Olivier, maire actuel de cette commune, dont le père tenait à ferme, du baron des Praux, ladite terre, l'a acquise, il y a une trentaine d'années, de madame de Béthisy. Ce que l'on nomme à présent *le Château* est une grande maison que M. des Praux avait fait bâtir, dans le dernier siècle ; mais l'on voit encore des vestiges du malencontreux château, dont parle Videl, au sommet d'un monticule très rapproché de l'église paroissiale, d'où l'œil découvre, en son entier, la fertile et riante vallée du Drac, et les cinquante villages ou hameaux placés en amphithéâtre sur l'une et sur l'autre rive de ce torrent.

Bertrand de Lorincello, de Lioncello, ou de Laoncel [*alias* de Lincel (1316-1318)].

1316 à 1318. — O, de tous les prélats le plus généreux envers les habitants de Gap, recevez ici l'expression de notre reconnaissance ! Votre règne ne fut pas de longue durée ; mais il fut signalé par un acte qui fit tressaillir de joie le cœur de nos bons aïeux : car, loin d'amoindrir leurs privilèges, comme l'avaient osé vos prédécesseurs, vous leur en accordâtes un, qui devait rendre de plus en plus florissante votre cité épiscopale et rabaisser l'orgueil des populations environnantes, lesquelles, en allant aux foires et aux marchés voisins, et en rentrant dans

---

[1] On trouvera aux archives des Hautes-Alpes la majeure partie du chartrier de la famille des Praux et de la baronnie d'Avançon (série E, 145 et suiv.). Cf. *Bull. soc. d'étud. des Htes-Alpes*, 1897, p. 203-217 ; *Annales des Alpes*, t. III, p. 137, 190 et 237.

leurs foyers, avaient la malice d'éviter la ville de Gap et de suivre le chemin qui longe la Durance et ensuite la Vance, depuis Tallard jusqu'à Montgardin !

1316. — Bertrand de Laoncel, neveu de l'évêque Geoffroi et prévôt de Gap [1], fut élu évêque de ce diocèse en l'année 1316. Reconnaissant, comme doit l'être tout bon neveu, des services que les habitants de Gap avaient rendus à son oncle, il promit, par lettres patentes, du 16 octobre 1317, de dresser un statut, pour obliger toute personne qui ferait des acquisitions, en cette ville et en son terroir, de contribuer à tous les impôts qui y seraient levés, alors même que l'acquéreur ne résiderait pas dans icelle.

Ces mêmes statuts octroyaient aux habitants de Gap la permission de rompre, détruire et bouleverser le chemin de traverse dont je viens de vous entretenir [cf. G. 1539] et dont je vous parlerai plus longuement, lorsque le temps sera venu de signaler les suites de ce privilège, aussi juste que raisonnable, et après lequel soupirent encore quelques illustres rejetons des gapençais du XIVe siècle.

On trouve, d'ailleurs, peu d'actes de l'administration de l'évêque Bertrand. Le 20 septembre de la même année, il avait assisté au chapitre général de la Saint-Arnoux, dans lequel Guillaume *Stephani* fut nommé doyen. Ensuite, ou à la même époque, il fonda, dans l'église cathédrale, une chapelle dédiée à Notre-Dame et la dota de ses revenus [2]. Puis, il n'est plus fait mention aucune de notre prélat [3].

[1] Puis doyen du chapitre de cette ville [1315-1316].
[2] Connue, depuis lors, sous le nom de N.-D. de Laincel ou Lincel (G. 851, f° 65). Elle existait encore au XVIIIe siècle (G. VI. p. CI, n° 23).
[3] Archives de l'hôtel de ville: *Livre rouge*, p. 44. — Artus de Lionne, *Rolles des évesques de Gap.* — *Livre des Annales des Capucins,* p. 51. [Il mourut le 4 ou le 7 février 1318].

Guillaume V Stephani [ou d'Estienne (1318-1328)].

1318 à 1328. — Ce Guillaume *Stephani* est le même que vous venez de voir nommer doyen du chapitre, dans la réunion du 20 septembre 1317. L'année suivante, il siégeait sur le trône épiscopal de Gap. Il appartenait à la maison d'Estienne ou Estève, assez ancienne dans la Provence, et qui subsistait encore, au temps de Juvénis, dans les Estienne, de Lambesc. Nostradamus, en la 3e partie de son *Histoire de Provence* (p. 346), dit que les armoiries de cette famille étaient un *écu d'azur à trois bandes d'or*, et que l'un de ses membres, nommé Hugues et fils de Pierre, chevalier, de Lambesc, acquit, en 1327, la juridiction que Guillaume Arnaud, sieur de Montpezat, avait dans cette ville.

1318. — Notre nouvel évêque [1] acquit, le 18 octobre 1318, de Bertrand, coseigneur de Reynier, la 24e partie de cette seigneurie, dont nos prélats étaient majeurs seigneurs, sous la suzeraineté des comtes de Provence et de Forcalquier. Par acte du 17 janvier suivant, il investit Isnard Féraud de la part qu'Olivier Féraud, son frère, avait au domaine et en ladite seigneurie de Reynier, et que celui-ci lui avait vendue. Guillaume d'Estienne retint, par droit de prélation pour lui, son église et ses successeurs, la moitié de la part de seigneurie vendue, et des leydes, condamnations, cavalcates et corvées, et fit don des lods à l'acquéreur.

En 1319, et le 22 juillet, il se trouvait à La Baume-lés-Sisteron, où il donna des lettres, au sujet d'une

---

[1] Il était simple clerc en 1287, juge pour l'archevêque d'Aix en 1296, chanoine et official en 1308, doyen de Gap le 6 sept. 1316. Il fut désigné pour l'évêché de Gap le 24 oct. 1317, *du vivant de son prédécesseur*, et pourvu le 17 janv. 1318 (Albanès, Inst. xl et xli). Sacré, peu après à Avignon, par l'évêque d'Ostie, il prêta hommage, à Aix, le 2 mai suivant.

sentence rendue par Bertrand *de Deoncio*, prévôt d'Embrun, au sujet des dîmes d'Aspremont, et pour l'exécution de laquelle le Pape l'avait commis.

Le 16 juin de l'année suivante (1320), pour des causes notoires, qui ne leur avaient pas permis de s'assembler à Gap, *cum ex certis causis quae ipsis omnibus notae erant, non possit Vapinci dictum capitulum congregari*, l'évêque et son chapitre allèrent à Carpentras, où ils firent de nouveaux statuts et renouvelèrent les anciens. Là, furent réglés les devoirs des douze bénéficiers et les distributions au chœur : il fut ordonné que le bréviaire de Gaufridus, de bonne mémoire, et la maison, que ce prélat avait acquise, seraient vendus et que la somme provenant de la vente serait employée à l'utilité des chapellenies et anniversaires dudit *Gaufridus*. L'on a remarqué que Guillaume d'Estienne avait assisté à tous les chapitres généraux de son église, non pour les présider, mais comme simple chanoine, *non ut praesul, sed ut canonicus* [1].

En la même année, et le dernier jour de février, Mathilde, femme de noble Guillaume de Caïre, lui vendit la part de la juridiction, des hommes, cens et services, taysses et autres droits, qui lui appartenaient dans la seigneurie de Reynier.

Ensuite, en 1321, les reconnaissances vinrent sur sa tête pleuvoir. Les hommes de Châteauvieux, de Lettret et de La Bâtie lui en firent tant qu'il en voulut : car, ainsi que le remarque *Nostradamus*, la constellation était tellement fatale aux devoirs et hommages rendus par les seigneurs et les gentilshommes, les vassaux et les hommes-liges, que le dauphin Guigues, fils de Jean, comte d'Albon et de Vienne, rendit hommage au roi Robert, pour le comté de Gap, le 6 juillet 1321, dans le couvent des Frères Prêcheurs d'Avignon.

[1] G. 1673, p. 250 du t. IV de l'*Inventaire sommaire*.

De 1322 à 1328, il assista à divers chapitres généraux de peu d'importance, auxquels se montrent des personnages qui laissent planer quelques doutes sur le Guillaume qui, à cette époque, occupait le siège de Gap. Dans celui tenu en 1322 figure un *Stephani*, archidiacre, qualifié doyen dans le chapitre du 21 septembre 1328. L'auteur de l'*Abrégé historique* ne fait régner Guillaume de Stephani qu'en l'année 1365 et ne place personne entre Bertrand de *Lorincello* et Guillaume de Gibelin, qu'il lui fait succéder, plus mal à propos encore. M. Rochas, en parlant de l'assemblée de Carpentras, dit qu'elle fut tenue en 1320, sous ce dernier Guillaume : mais Juvénis et Artus de Lionne sont d'un autre sentiment. Ce dernier cite un acte qui ne laisse aucun doute à cet égard : il contient le dénombrement des anniversaires fondés à diverses époques, dans lequel figurent les noms des fondateurs avec la durée de leur épiscopat, de la manière suivante :

Gaufridus, episc., XII anniversaria.
Olivarius, episc., II anniversaria.
Bertrandus de Lioncello, episc., I anniversarium.
Guillelmus Stephani, episc., XII anniversaria.
Dragonetus, episc., XIIe anniversaria.

Et d'ailleurs, si, comme nous l'avons vu, Guillaume d'Estienne était déjà doyen de l'église de Gap en 1317, ce qui suppose un âge mûr, est-il présumable qu'il vécût encore en 1365, c'est-à-dire quarante-huit ans après sa promotion au doyenné ? (1).

Pendant son épiscopat, un grand procès s'éleva entre la ville de Gap et la communauté de Romette, au sujet de la montagne de Bayard. L'une et l'autre prétendaient en être propriétaires ; mais ce procès fut terminé par une sentence arbitrale, le 17 juin

---

(1) Artus de Lionne, *Rolle des évesques de Gap*. — Juvénis, *Mémoires inédits*. — *Abrégé historique*, p. 38. — Rochas, *Mémoires inédits*, p. 157, 1re série.

1319, rendue par l'évêque Guillaume, Pierre des Églises, chevalier, et Rodolphe de La Fare, avocat. Des limites furent plantées, pour la démarcation des deux territoires, et tout le plateau de Bayard resta à la communauté de Gap, qui dut payer aux consuls de Romette 200 livres de coronats, dont un turon d'argent, à la marque de l'O rond, vaudrait un sol huit deniers. Sur le refus de les recevoir, de la part des Romettains, cette somme fut déposée dans la sacristie de l'église de Gap, où ils vinrent la prendre le 17 septembre 1329, ainsi qu'il conste de la quittance portant cette date (1).

1322 ou 1326. — C'est encore pendant le règne de Guillaume d'Estienne que la vicomté de Tallard, relevant du comté de Provence, changea de maître. Elle avait appartenu à la famille des princes d'Orange, qui, en 1215, en fit don à l'ordre de Saint-Jean de Jérusalem. En 1322 ou 1326, selon Salvaing de Boissieu, cette vicomté fut donnée en échange à Arnaud de Trian, maréchal de l'Église et neveu du pape Jean XXII, contre le comté d'Alife, qu'il possédait en Sicile. L'année suivante, le nouveau vicomte de Tallard fit hommage de sa vicomté à Robert, roi de Sicile et comte de Provence ; et, le 29 juin 1350, Louis, successeur de Robert, confirma Arnaud de Trian dans tous ses droits et toutes ses possessions. Par la même charte, il lui vendit, céda et inféoda toutes les régales, tant majeures que mineures, qui lui appartenaient dans la vicomté de Tallard, à charge d'hommage et moyennant dix mille florins qui furent employés à lever des troupes pour son service (2).

(1) Archives de l'hôtel de ville, sac côté B.
(2) Salvaing de Boissieu, *De l'usage des fiefs en Dauphiné*, p. 561. — Archives de la préfecture: Mémoire présenté au préfet des Hautes-Alpes par les enfants de Raymond-Gabriel de Béranger, le 6 juin 1835.

L'auteur de l'*Abrégé historique de l'église et des évêques de Gap* nous dit, sans hésiter, que Guillaume de Gibelin succéda à Bertrand *de Lorincello*, et fut tiré du couvent de Durbon, dont il était prieur, pour devenir évêque de cette ville, en 1328. Deux ans après, ajoute-t-il, il reçut des Pères Dominicains et les aida beaucoup dans leur établissement, commencé sous Geoffroi II en 1313 (1). Cet auteur fait ici un anachronisme de plus d'un siècle, puisque Guillaume Gibelin, prieur de Durbon, était évêque en 1205, ainsi que je l'ai établi, dans ma XIII° lettre. Passons donc, sans nous arrêter davantage, au véritable successeur de Guillaume d'Estienne, autre pierre d'achoppement pour notre auteur anonyme.

Dragonet de Montauban [1328-1349]
(Dragonetus de Monte Albano).

1328. — Lors du chapitre général tenu à la Saint-Arnoux de l'année 1328, Guillaume *de Stephani* était mort, ainsi que l'exprime le procès-verbal de cette assemblée. Dragonet de Montauban lui succéda, en la même année ²). Il appartenait à l'illustre famille de ce nom, de laquelle sortirent plusieurs grands hommes, sans compter ce Raynaud de Montauban, persécuteur des chartreux de Durbon, dont je vous ai entretenu dans ma dernière lettre. Cette maison a même produit des chevaliers errants, qui couraient le monde, cherchant les aventures, redressant les torts, protégeant le faible, châtiant le fort, secourant les orphelins et les jouvencelles, et don-

---

(1) *Abrégé historique*, p. 36. [Voy., ci-dessus, la note de la p. 334].

²) Il était fils de Raymond Artaud de Montauban, baron de Montmaur, et religieux de l'ordre de St-Benoît. Étant abbé de Saint-Géraud d'Aurillac, en Auvergne, il participa, le 26 juillet 1302, à la rédaction de la charte communale d'Aspres (Boudet, *Aspres-sur-Buëch et ses chartes de coutumes*. Grenoble, Allier, 1903, p. 45 et suiv.). Il devint, vers 1310, évêque de St-Paul-Trois-Châteaux, et, le 31 août 1328, il fut transféré sur le siège de Gap (Albanès, Instr. XLII).

nant partout des preuves de leur courage, comme, dans la suite, l'entreprit malencontreusement l'illustre chevalier de La Manche. Les dauphins donnèrent à l'aîné de cette maison, qui n'est autre que la maison de Flotte de Salvaing de Boissieu, le quatrième rang entre les chefs de la noblesse du Dauphiné ; et, à cet effet, ils érigèrent en baronnie la terre de Montmaur, avec la charge de grand veneur qu'ils rendirent héréditaire (1).

Le 23 septembre 1328, le siège étant vacant, Jean d'Auberuffe, prévôt et administrateur général du diocèse, fut chargé par le chapitre de pourvoir à un mandement du bailli de Sisteron, qui ordonnait une levée de chevaux pour l'armée du roi Robert, comte de Provence et de Forcalquier, d'après les traités anciens et nouveaux. Comme l'on attendait, chaque jour, le nouvel évêque, il fut résolu que le chapitre serait ajourné au troisième jour qui suivrait son installation, afin qu'il pût y assister. En effet, le seigneur Dragonet assista à cette assemblée, ainsi qu'à celle du 10 janvier suivant. Or, comme il n'y siégeait qu'en qualité de chanoine et non en qualité de prélat, il fut prié et, au besoin requis, de jurer qu'il garderait et observerait les statuts de l'église de Gap), et, en qualité d'évêque, qu'il conserverait les privilèges et les libertés du chapitre. Dragonet s'empressa de satisfaire à ladite prière et réquisition et jura, sur le livre des Saints Évangiles, tout ce que voulut l'imposante assemblée, même de conserver à messires les chanoines les exemptions à eux accordées par le souverain pontife Alexandre III, d'heureuse mémoire.

En ce temps-là, le Dauphin voulait contraindre le chapitre et ses hommes-liges de Saint-Laurent-du-Cros de passer des reconnaissances, qui leur occasionnaient des frais qu'ils ne pouvaient plus supporter. C'est pourquoi, la même assemblée capi-

(1) Juvénis, *Mémoires inédits*.

tulaire députa deux chanoines, pour se rendre à Avignon, auprès du Pape, et lui présenter ses doléances, et l'évêque fut prié d'aller trouver le Dauphin, afin d'obtenir que les sujets de Saint-Laurent ne fussent ni grevés, ni poursuivis, en attendant la réponse de Sa Sainteté. Nous apprendrons bientôt les suites de toutes ces démarches.

Enfin, dans la réunion du 10 janvier 1328, l'on réforma le bréviaire de l'église cathédrale et du diocèse, afin d'être à l'unisson des diocèses voisins et de l'église d'Aix, notre métropolitaine.

Dragonet de Montauban se rendit, non à Grenoble, mais à Sisteron, dans le courant de l'été de l'année suivante, afin de remplir, envers le comte de Provence et de Forcalquier, une obligation que lui imposaient les traités souscrits par ses prédécesseurs. Le 24 juillet 1329, étant dans la maison épiscopale de Sisteron, il rendit hommage au roi Robert, ez susdites qualités, et entre les mains du sénéchal des deux comtés, de tout le temporel de son évêché. Il reconnut tenir de son suzerain *civitatem Vapincensium, et castrum de Lazaro, et castrum Vetus Tallardi, villam de Strictis, castra Rambaudi, Bastidæ Veteris et Bastidæ Novæ, et castra seu loca sive villas de Tornaforti et Montis Roverii, de Fara, de Poligneto, de Nocrio et de Glaisilio, et dominia castrorum de Manteerio, et de Montemauro et Briuncelli, cum eorum territoriis et pertinentiis, et dominia castrorum de Regnerio, de Siguerio Malipili et generaliter quidquid tenet et possidet vel quasi, nomine ecclesiæ Vapincensis, in comitatu Forcalquerii, excepto dominio castri de Redorterio...* Cette reconnaissance partageait l'honneur du commandement : l'éclat extérieur pour le roi de Sicile ; l'autorité et les droits essentiels pour le prélat, malgré les prétentions des Dauphins (1).

(1) Artus de Lionne, *Rolle des évesques de Gap* — Chorier, *Histoire du Dauphiné*, tom. 2, liv. 8, sect. 17.

Cependant, il fallut recourir au souverain du Dauphiné pour l'affaire de Saint-Laurent-du-Cros. Dans la réunion du 20 septembre 1330, deux chanoines furent députés et se rendirent auprès de lui ; mais bientôt après, ils écrivirent à l'évêque que sa présence était nécessaire à Grenoble ; et l'affaire fut suspendue jusqu'à l'année suivante (1).

En 1331, le dauphin Guigues XIII alla visiter sa principauté de Briançon, et pria, en passant à Embrun, l'archevêque Bertrand d'*Usez* ²) de l'accompagner. Il paraît qu'il avait également à sa suite les députés du chapitre de Gap. Le chapitre fut représenté par le chanoine Raymond Chabot, et l'archevêque d'Embrun fut le médiateur entre les parties. La juridiction supérieure de la terre de Saint-Laurent-du-Cros fut reconnue appartenir au Dauphin, qui voulut bien accorder au chapitre six maisons et leurs habitants, sur lesquels il consentit qu'ils eussent toute juridiction ; il lui accorda également la juridiction sur le territoire de *Boischard*, — Buissard, sans doute, — tant en deçà qu'au-delà du Drac ; mais à deux conditions, savoir : que le chapitre la tiendrait de lui en fief, et prêterait serment de fidélité ; en second lieu, que le ressort supérieur de ce territoire lui appartiendrait, de sorte qu'il lui serait loisible d'appeler de ses juges aux siens. La connaissance des crimes et des fautes des officiers de l'évêque et de son église fut attribuée à ceux-ci, pourvu que le Dauphin n'y fût pas intéressé : en ce cas, elle lui était réservée. Enfin, le nombre d'hommes que le chapitre serait tenu d'envoyer aux chevauchées du Dauphin fut limité par celui des maisons qu'il avait données, c'est-à-dire à six hom-

---

(1) Artus de Lionne, *Rolle des évesques de Gap.*
²) *Sic.* Lire *de Deucio*, de Déaux ou de Deux, né à Blauzac (Gard), archevêque d'Embrun le 5 sept. 1323, cardinal-prêtre du titre de St-Marc le 18 déc. 1338, évêque de Sabine en 1350. Mort à Avignon le 21 oct. 1355.

mes : « ce qui apprend, dit Chorier, que l'arrière-ban étant commandé, chaque maison du lieu où il était fournissait un homme armé ». L'accord fut conclu dans la chapelle de Saint-Antoine de Briançon, en présence de l'archevêque d'Embrun [1], de Guichard, seigneur de Cleirieu, de Gérard de Roussillon, seigneur d'Anjou, de Hugues de La Tour, seigneur de Vinay, de Falque, seigneur de Montchenu, et de Nicolas Constantin, seigneur de Châteauneuf-de-Bordette. Il fut ratifié, le 31 juillet 1332, par Dragonet de Montauban et par son chapitre, en une assemblée capitulaire, où étaient présents : le doyen Gautier de Montauban, l'archidiacre Pierre de Raitebaud [2], le sacristain Guigues de Saint-Marcel ; Jean Charles [3], Raymond Robert, archidiacre d'Embrun ; Jean Dufour et Guillaume d'Esparron, chanoines. Le pape Jean XXII l'homologua, l'année suivante [29 mars 1333], qui fut la 17e de son pontificat (4).

C'est ainsi que, malgré les bulles impériales, notre évêque fut obligé de reconnaître la suzeraineté du Dauphin, duc du Champsaur, sur la terre de Saint-Laurent-du-Cros, bien et dûment située dans l'enclave de son diocèse ; mais, par cette soumission à la volonté delphinale, il mit un terme aux grands démêlés que les prétentions réciproques avaient fait naître et qui, plusieurs fois, avaient été soutenus les armes à la main.

Quelques années après, les habitants de Gap ayant porté leurs plaintes au dauphin et à l'évêque, sur les abus que commettaient les banniers ou garde-terres, que nous nommons à présent gardes-

[1] Bertrand de Deux (1323-1338).
[2] Sic. Lire *Raimbaudi*, Raimbaud (*Inv. des Arch. des Hautes-Alpes*, G. V., p. XXII).
[3] Ou Carle, *Caroli* (G. V., p. XII, et G. 1714).
[4] Artus de Lionne, *Rolle des évesques de Gap*. — Chorier, *Hist. du Dauphiné*, tom. 2, liv. 8, sect. 19. [Publié dans *Bull. soc. d'étud. des Htes-Alpes*, 1883, p. 34-44].

champêtres. Humbert II, qui occupait encore à cette époque le trône delphinal, manda, le 13 novembre 1336, à son juge et châtelain de Montalquier, et aux personnes qui administraient le *consolat* et les autres droits par lui possédés dans la ville de Gap, de mettre ordre, en ce qui le concernait, aux abus signalés, tout en reconnaissant que les banniers étaient communs entre lui et l'évêque. De son côté, Dragonet de Montauban donna les mêmes ordres à son juge, à son courier et à son clavaire, le 24 décembre suivant, avec cette clause : *Non intendentes per hoc juri domini Delphini, qui partem habet in bannis hujusmodi, prejudicium facere*. Il ajouta que les banniers ne pourraient exiger leur droit de ban que lorsque l'indemnité aurait été payée aux personnes qui auraient souffert le dommage, sur le rapport qu'ils étaient tenus de faire et de déposer au greffe, dans les cinq jours, sous peine arbitraire contre les banniers contrevenants.

Le 9 septembre de l'année suivante (1337), le juge de l'évêque nomma six garde-terres, et leur fit prêter serment, sans préjudice des droits du Dauphin; et, le même jour, Guillaume Galbert, châtelain de Montalquier et recteur des biens et du consolat delphinaux, étant dans la maison de la rue Droite, nomma les mêmes banniers, sans préjudice des droits de l'évêque. Les actes de nomination furent reçus par Bertrand Marcel, notaire impérial et épiscopal (1).

Notre évêque Dragonet assista-t-il en personne au concile provincial tenu, en la même année, dans l'église de Saint-Ruf, hors les murailles d'Avignon,

(1) Artus de Lionne, *Rolle des évesques de Gap*. — Archives de l'hôtel de ville, sac coté B, et *Licre rouge*, p. 86 à 95.

Le notaire qui a transcrit, au *Licre rouge*, les lettres du dauphin et de l'évêque, a mis en note qu'au sceau du Dauphin, on voyait l'image d'un poisson semblable au dauphin (armes parlantes) et qu'on lisait à l'entour : *Sigillum parcum Humberti dalphini Viennensis*; que celui de l'évêque représentait un tabernacle ou pavil-

ou bien s'y fit-il représenter par un procureur? Les deux opinions ont été soutenues, et il nous importe fort peu de savoir quelle est la mieux fondée.

Mais ce qui ne saurait être omis, c'est l'hommage que lui prêta, le 22 décembre 1339, noble Guillaume d'Embrun, coseigneur des Crottes, pour tout ce qu'il tenait dans la ville et le territoire de Gap [G. 1116].

L'année suivante (1340), notre évêque acquit le droit de faire moudre cinquante charges de blé au moulin situé sur la Durance, au-dessous de la ville de Tallard, lequel venait d'être acheté par le seigneur vicomte de ladite cité, en consentant à l'usage de l'eau du canal à lui appartenant, puisqu'elle était dérivée de la Durance dans le territoire de Châteauvieux, ou pour mieux dire de Lettret, dont il était seigneur.

Au chapitre général, tenu le 10 septembre de la même année 1340, auquel l'évêque Dragonet assista comme chanoine, il fut ordonné qu'une chasuble, une tunique et une dalmatique, le tout brodé en or et donné au glorieux saint Arnoux et à l'église de Gap par *Gaufridus*, évêque de Riez [1]), ne sortiraient point de l'église, si ce n'est aux processions solennelles, ainsi que l'avait entendu le donateur. Dans la suite, il fut même prescrit au sacristain, sous peine de dix sous d'amende, de ne donner ces beaux ornements qu'au seigneur évêque et à messires les chanoines, pour célébrer dans l'intérieur de l'église (2).

A travers tout ce verbiage, nous arrivons, enfin,

---

lon, et, au chef, l'image de la Sainte Vierge portant en son bras gauche l'Enfant Jésus; et, au-dessous, l'image d'un prélat, vêtu pontificalement, sous les pieds duquel on voyait trois châteaux. En la circonférence, on lisait: *S[igillum] Dragoneti, Dei gratia, episcopi Vapincensis.*

[1]) Geoffroi *Rabety*, pourvu le 5 sept. 1337, mort à Avignon le 26 juillet 1348 (Gams, *Series*, p. 611).

(2) Artus de Lionne, *Rolle des évesques de Gap*.

à l'année 1343, célèbre par le transport du Dauphiné au royaume de France.

C'était, dit-on, un prince passablement ambitieux que cet Humbert second et le dernier de la troisième race des Dauphins, qui, par un traité, passé au bois de Vincennes, entre lui et Philippe de Valois, le 23 avril 1343, fit don au fils puiné du Roi, du Dauphiné, c'est-à-dire, d'après les hautes parties contractantes, du duché du Champsaur, de la principauté de Briançonnais, du marquisat de Césanne, des comtés de Vienne, d'Albon et de Graisivaudan, des baronnies de La Tour, de Valbonnais et, ce qu'il y a de plus remarquable, des comtés d'Embrunais et de Gapençais. Le Dauphin et ses successeurs devaient prendre le nom de *dauphins de Viennois* et le Dauphiné ne pouvait être uni au royaume de France qu'autant que l'Empire y serait uni. Toutes les franchises et les libertés de la province devaient être gardées à perpétuité, et les sujets du Dauphiné ne pouvaient être distraits de leurs juges naturels, ni attirés à aucune cour du Royaume. La garde du bailliage de Champsaur et des châteaux de Saint-Bonnet, de Montorcier, de Faudon et du consolat de la ville de Gap fut, dès lors, commise à Gilet de La Balme.

Cet acte n'eut, d'abord, d'autre résultat immédiat ; mais, le 30 mars 1349, un nouveau traité fut signé à Romans, par lequel Humbert cédait le Dauphiné à Charles de France, fils aîné de Jean, duc de Normandie, aux clauses et conditions portées dans la donation de 1343. Humbert se rendit, ensuite, à Lyon, et, là, en présence de la plupart des gentilshommes de la province, il mit le prince Charles en possession de ses états et lui remit l'ancienne épée du Dauphiné, la bannière de Saint-Georges, un sceptre et un anneau. Le lendemain de cette imposante cérémonie, c'est-à-dire le 16 juillet 1349, Humbert prit l'habit des Frères Prêcheurs, ordre célèbre que le plus éloquent des prédicateurs de France [le père Lacordaire] a tenté de ressusciter en 1840, et le ci-devant Dauphin fut créé patriarche d'Alexandrie par le pape Clément VI.

Mais, il vous en souvient, le Dauphiné et la Provence relevaient de l'Empire, qui, depuis longtemps, ne s'en occupait guère ; de sorte que la propriété seule passa dans la maison de France et non la souveraineté. Aussi, en 1377, vit-on l'empereur Charles IV établir le Dauphin vicaire perpétuel de l'Empire en Dauphiné.

Nous verrons, plus tard, comment les comtes de Provence et de Forcalquier, qui exerçaient dans le Gapençais et dans l'Embrunais une souveraineté plus immédiate que les empereurs, envisagèrent le transport du Dauphiné aux fils de France. Du reste, comme le Dauphin ne pouvait donner que ce qui lui appartenait, Gap et Embrun ne furent point au nombre des terres cédées, puisqu'il ne possédait, dans ces villes, que des droits particuliers et une part de juridiction. — J'ai oublié de vous dire qu'avant de souscrire le dernier traité, Humbert II avait fait un règlement solennel pour le gouvernement de ses états, connu sous la dénomination de *Libertés delphinales* (1).

L'année même où le Dauphin faisait don de sa principauté au roi de France, Arnaud Flotte, seigneur de La Roche, voulait bien rendre aux chartreusines de Bertaud le vaste domaine de Quint, dont il s'était emparé violemment, et qui avait été formé peu à peu de diverses acquisitions faites dans le territoire de La Roche (2).

Rentrons à présent dans notre bonne ville épis-

---

(1) Chorier, *Histoire du Dauphiné*, tome 2, liv. 9, sect. 16. — Valbonnais, acte 179, p. 461. — Guadet, *Atlas de l'hist. de France*.

(2) Charles de Durbon, acte de 1343(?) [Il s'agit très probablement ici d'un fait postérieur à 1343 et qui motiva l'enquête faite à Aix et à Sisteron, les 2 et 5 mai 1348. Voy. *Charles de Bertaud*, nos 194-197].

copale, où nous trouverons, en l'année 1344, l'évêque Dragonet de Montauban en désaccord avec l'économe des Frères Prêcheurs de La Baume-lès-Sisteron. Mais une sentence arbitrale rendue, le 19 mai de cette année, par Jacques *de Corno*, évêque de Toulon [1]), fit rentrer dans l'ordre le sieur économe de La Baume.

Le 26 octobre suivant, notre évêque reçut l'hommage et le serment de fidélité que lui prêta, sans difficulté, noble Guillaume de Freissinière pour les terres qu'il possédait à Gap (2).

1345. — Le Monêtier-Allemont, qui fut jadis une station romaine [3]), recelait dans son territoire des trésors de numismatique, qui, en l'année 1345, donnèrent lieu à des persécutions contre les habitants de ce village, plus occupés à labourer leurs champs qu'à faire des recherches scientifiques. Pour leur malheur, le hasard leur avait fait découvrir un grand nombre de pièces d'or, romaines ou sarrasines, n'importe. Mais, sous quelque type qu'elles eussent été frappées, elles avaient une valeur intrinsèque considérable ; aussi Arnaud de Flotte, bailli du Gapençais, qui apprit cette découverte, voulut savoir des habitants du Monêtier en quel lieu ils avaient caché leur trésor. Sur leur refus de le lui apprendre, il fit exercer contre eux des violences atroces ; et, ce qu'il y a de plus déplorable, c'est que la conduite du bailli demeura impunie, car sa femme était alliée au dauphin Humbert, qui, à cette époque, ne s'était pas encore dessaisi de ses états (4).

---

[1]) C'est l'évêque que Gams (p. 637) appelle Joannes de Corhéac *(Corco)* et qu'il fait siéger dès 1342.

(2) Artus de Lionne, *Rolle des évesques de Gap*.

[3]) Et des plus intéressantes, ainsi que l'a démontré M. G. de Manteyer dans le *Bulletin de la Société d'études des Hautes-Alpes*, 1908, pp. 93-102.

(4) Rochas, *Mémoires inédits*, p. 63, 2ᵉ série. — Chorier, *Histoire du Dauphiné*.

L'évêque Dragonet qui aurait pu, aussi bien que le bailli, demander sa part du trésor, ne put assister, l'année suivante, à l'assemblée réunie à Romans, le 10 décembre, par Henri de Villars, archevêque de Vienne et lieutenant du Dauphiné, à cause de la faiblesse de sa santé, *propter debilitatem personæ suæ*. Il paraît que cette année 1346 fut la dernière de son épiscopat ; mais la date précise de sa mort est restée inconnue (1).

Henri de Poitiers [1349-1353], *(Henricus de Pictavia).*

1348. — Toutefois, Henri de Poitiers, son successeur, ne prit possession de l'évêché de Gap qu'en l'année 1348 ²). Ce nom de Poitiers, qui nous rappelle la fameuse courtisane qui sut captiver François Iᵉʳ et son fils, était aussi illustre que celui de Montauban, porté par Dragonet. La maison de Poitiers, sortie des anciens ducs de Guienne, était alliée aux Dauphins et aux ducs de Bourgogne, et posséda les comtés de Valentinois et de Diois, jusques en l'année 1425, où ils furent réunis à la couronne. Notre nouvel évêque était fils d'Aymar, IVᵉ du nom, comte de Valentinois et de Diois, et de Sibylle de Baux, issue de la branche des princes d'Orange, et frère de Guillaume de Poitiers, d'abord religieux de Cluny et ensuite évêque de Langres, et d'Othon, abbé de Saint-Pierre de Châlons, auditeur de rote, puis nommé évêque de Verdun, à cause de sa rare doctrine (3).

(1) Artus de Lionne, *Rolle des évesques de Gap.* [Dragonet avait obtenu, le 15 nov. 1346, l'autorisation régulière de faire son testament, mais il vécut encore jusqu'au début de 1349. Il mourut après avoir fondé dans son église la chapelle de St-Géraud et St-Paul, et, à l'évêché, celle de St-Honorat (G. VI, pp. CIV-CV, nᵒˢ 46 et 49)].

²) Le 19 avril 1347, âgé de 18 ans, il était simple clerc, et peu après, archidiacre de Toulon. Le 15 juil. 1348, il est doyen du Puy et, le 11 mai 1349, il devient évêque de Gap (Albanès, Instr. XLVI).

(3) Juvénis, *Mémoires inédits.* [Cf. Jules Chevalier, *Mémoires*

Or, les deux familles de Poitiers et de Montauban ne vivaient pas en très bonne harmonie. Henri, notre évêque, détestait cordialement les parents de Dragonet, son prédécesseur, et Hault-de-Cour, bâtard de sa maison, en qui il avait mis toute sa confiance, était son paladin, pour exercer ses vengeances.

En 1350, Ismidon de Montauban, le plus aimé et le plus estimé de la maison d'Artaud, bien qu'il ne fût pas le chef de cette famille, était renommé pour une bonté aussi grande que sa noblesse ; ses mérites devinrent l'objet de la haine du prélat et de l'envie du bâtard de Poitiers. Celui-ci jura sa mort et l'assassina traîtreusement dans la ville de Gap. Alors, les habitants de cette cité généreuse, plus indignés que si on leur avait ravi de nouveau quelques-uns de leurs droits et de leurs privilèges, se lèvent, courent aux maisons des partisans de l'évêque et les pillent sans miséricorde. La maison épiscopale, elle-même, n'échappe pas à leur fureur, et Henri de Poitiers est contraint de sortir de la ville. Tout le diocèse partage bientôt la haine que les citoyens de Gap avaient conçue pour leur évêque et pour l'assassin d'Ismidon de Montauban. Dans tous les lieux où se trouvaient des personnes soupçonnées d'être dans leurs intérêts, celles-ci étaient maltraitées ; à Veynes, il en coûta même la vie au prieur de cette petite ville ; de sorte que l'évêque, craignant d'être enlevé par ses ennemis, comme il en était menacé, se vit contraint d'évacuer le diocèse et de se retirer auprès de ses parents.

Le comte de Valentinois et les autres branches de la maison de Poitiers ne l'abandonnèrent point en cette conjoncture ; et Henri se vit bientôt en état de disputer la victoire à ses ennemis. Il se présenta

pour servir à l'histoire des comtes de Valentinois et de Diois. Paris, Picard, 1897, in-8°, 477 p. Voir aussi *Annales des Alpes*, t. I (1897-98) p. 204-206].

avec les troupes que sa famille avait mises à sa disposition ; mais les Montauban gardaient si bien les passages qu'il ne put les forcer. Cette résistance n'intimida nullement l'évêque ; il revint à la charge, franchit les obstacles et rentra dans son diocèse, l'épée d'une main et le bâton pastoral de l'autre. Divers combats furent livrés ensuite ; mais il paraît qu'Henri en sortit toujours vainqueur, car ; pour se venger des habitants de Sigoyer, ses ennemis les plus ardents et les plus ouvertement déclarés, il incendia leurs maisons. Cependant, comme l'on ne se gênait pas pour dire tout haut que le pasteur des hommes s'était transformé en loup cruel et ravissant, il daigna se prêter à un accommodement qui fut terminé quelques mois après sa rentrée dans le diocèse, et la paix fut ainsi rétablie dans le Gapençais (1).

Tels sont les actes d'Henri de Poitiers dans les lieux confiés à son administration. En 1351 ²), il passa dans le diocèse de Troyes, où il se signala contre les Anglais qui ravageaient la Champagne. Il les défit en diverses rencontres et particulièrement en 1358, près de Nogent-sur-Seine, où il fonda, par son testament, fait en 1370 [2l août], cinq chapelles, dans l'une desquelles la messe devait être célébrée chaque jour. Il augmenta, au surplus, par ses libéralités, les revenus de l'évêché de Troyes, mais Gap y fut oublié. Il mourut la même année ³), et fut enseveli devant le grand autel de l'église de Saint-Pierre, où ses cendres reposent dans un riche tombeau de cuivre (4).

(1) Chorier, *Histoire du Dauphiné.* — Rochas, *Mémoires inédits,* p. 64, 2ᵉ série. [Albanès, Instr. XLVII-VIII ; cf. G. 1553].
²) Exactement, le 4 févr. 1353, il fut transféré à l'évêché de Nevers (Albanès, Inst. XLIV); puis, le 13 mars suivant, à celui de Troyes (ib., L) ; il était toujours simple clerc.
³) Le 25 août 1370 (*Gallia christiana*, t. XII, 512).
(4) Juvénis, *Mémoires inédits.* — *Abrégé historique,* p. 37.

Jacques de Deucio ou de Deoncio [1357-1362].

Quel fut le successeur immédiat d'Henri de Poitiers ? Tous nos auteurs, à l'exception de Juvénis, placent Gilbert de Mendegaches à la suite de cet évêque [1]), et ne font régner Jacques *de Deoncio* qu'après Guillaume Fournier. Artus de Lionne, lui-même, semble attribuer à Jacques *de Deoncio* des actes qui appartiennent à Jacques Arlaud. Cependant, il avait vu aux archives de l'évêché, comme Juvénis dans celles de la maison consulaire, une bulle du pape Pie II, donnée à Rome le 14 des kalendes de mai 1461, dans laquelle est rapportée textuellement une transaction du 11 juin 1392, où l'on trouve le passage suivant : *Comperto insuper quod bonæ memoriæ Reverendissimi in Christo patris et domini Dragonetus de Monte Albano, Henricus de Pictavia, Jacobus de Deoncio, Gilbertus de Mendegaches, et Guillelmus Fornerii, Vapincenses episcopi, predecessores dicti domini episcopi moderni, retroactis temporibus, ad dictam cotam visegime partis vindemiæ....* Or, puisqu'en cette transaction, les rédacteurs ont suivi un ordre de succession qu'ils devaient parfaitement connaître, et que Jacques *de Deoncio* y est nommé immédiatement après Henri de Poitiers, nous ne devons pas hésiter à lui conserver le rang qu'elle lui assigne.

Maintenant que nous avons trouvé la place de notre nouvel évêque, qu'avons-nous à dire de lui? Rien ; car aucun de ses actes ne nous est connu. Cependant Juvénis possédait un acte d'investiture faite par le trésorier de Jacques, évêque de Gap, en l'année 1351 (?), ce qui prouve encore que Jacques *de Deoncio* succéda en cette même année à Henri de Poitiers. Il appartenait, du reste, à la famille de

---

[1]) Et ils ont raison.

proncio, l'une des plus illustres du comté de Nice ; et il quitta la vie ou le diocèse en 1353 (1).

Gilbert de Mendegaches [1353-1357].

Le 14 mai 1353, Gilbert de Mendegaches[2] occupait le siège de Gap, puisque, ce jour même, il prêta hommage au sénéchal des comtés de Provence et de Forcalquier, et reconnut tenir en fief du roi Louis et de la reine Jeanne, son épouse, la ville de Gap, et les châteaux de Lazer, de Tallard-le-Vieux et Lettret, de Rambaud, de La Bâtie-Vieille, de La Bâtie-Neuve, de Tournefort, de Mont-Roux [Mont-Reviol], de La Fare, du Noyer, de Poligny et du Glaisil, et des seigneuries de Manteyer, de Montmaur, de Briancel, de Reynier, de Sigoyer-de-Malpoil, et généralement de tout ce qu'il possédait temporellement, au nom de son église, en l'évêché de Gap ; exceptant toutefois la maison et château de Rédortier, et le château ou bastide de Charance, son tènement et son territoire, attendu que ces objets avaient été acquis postérieurement au traité de 1271.

La reine Jeanne de Naples envoya l'évêque Gilbert en qualité d'ambassadeur, près de l'empereur Charles IV, et, cinq ans après sa promotion à l'évêché de Gap, notre prélat quitta cette ville pour aller prendre possession de l'évêché de Lodève (3).

(1) Artus de Lionne, *Rolle des évesques de Gap*. — Juvenis, *Mémoires inédits*. — *Abrégé historique de l'église et des évesques de Gap*, p. 38. — Voir la note A, à la fin de la lettre.

[2] Gilbert de Mendegaches, archidiacre de Béziers, chanoine de Mende et chapelain du pape Clément VI, avait été fait évêque de St-Pons de Thomières le 14 août 1348 (Albanès, Inst. LI). Il devint évêque de Gap le 30 janvier 1353, avant la translation officielle de Henri de Poitiers, son prédécesseur, à Nevers (ib. LIII).

(3) Artus de Lionne, *Rolle des évesques de Gap*. — *Abrégé historique*, p. 37. [La translation de Gilbert à Lodève eut lieu le 21 août 1357 (Albanès, Instr. LIII) et c'est là qu'il mourut le 21 juil. 1361 *(Gallia christ.*, VI, 456)].

Guillaume Fournier [1362-1366].

Selon le *Gallia christiana* et le traité de 1392, déjà cité, le successeur de Gilbert de Mendegaches se nommait¹), comme vous l'avez vu, Guillaume Fournier, VI° du nom. Il prit possession de l'évêché de Gap en l'année 1359²), et assista, par procureur, au concile d'Apt, tenu en 1365. L'on a prétendu que Bertrand de Châteauneuf, archevêque d'Embrun, fut tué pendant la durée de ce concile ; mais, d'après les auteurs de cette métropole, Chorier et Juvénis, qui ont avancé ce fait, ont commis une erreur, puisqu'il passa au siège de Vienne, où il ne mourut que vers l'an 1375.

Du reste, tout ce que nous avons de Guillaume Fournier, c'est qu'avant d'être promu à l'évêché de Gap, il était chanoine de Fréjus (3).

Ici se termine cette pâle nomenclature des sept évêques qui ont siégé dans la ville de Gap, pendant la première moitié du XIV° siècle. La lettre suivante présentera des événements plus dramatiques, et fera connaître surtout le traité fameux qui intervint entre le successeur de Guillaume Fournier et les

¹) Jacques *de Deucio* ou *de Deaux* (1357-1362). Il était neveu de Bertrand de Deux ou de Deaux, archevêque d'Embrun (1323-57) et frère du cardinal Jean de Deaux, et, de plus, docteur en droit canon, chanoine et sacriste d'Avignon, évêque de Montauban, dès le 10 juin 1355 (Albanès, Instr. LIV). Il fut transféré à Gap le 21 août 1357 (ib. LV) et, le 6 avril 1362, à Nîmes, où il mourut quelques mois après, le 26 août (G. 1533).

²) Il devint évêque de Gap le 10 juin 1362 (Albanès, Instr. LVI). Il était alors doyen de l'église de Sion. Peu après, il se trouvait à Grenoble. Le 24 mai 1354, le pape Urbain V se plaint à lui des violences contre des anglais et des italiens qui traversaient ses terres (ib. LVII).

(3) Juvénis, *Mémoires inédits*. — *Livre des Annales des capucins*, p. 52. — *Abrégé historique*, p. 100. — Albert, *Histoire du diocèse d'Embrun*, tom. 2, p. 174. [Le 16 janv. 1365, le Dauphin lui accorda des lettres de sauvegarde (G. 1552). Le 10 avril 1366, il fut transféré à l'évêché de Genève (Albanès, Instr. LVIII), où il mourut en 1377 (*Gallia christ.*, XVI, 430).

habitants de sa ville épiscopale. — Pour la période que je viens de parcourir, dans cette XVe lettre, nos auteurs ont fort embrouillé la matière, surtout pour la date et la succession de nos prélats. J'ai relevé plusieurs erreurs, sans indiquer toutes celles qui ont été commises, de sorte que, si vous vouliez recourir aux ouvrages cités en note, au bas des pages, vous trouveriez souvent que quelques-uns de nos auteurs ne disent pas, ou disent de travers ce que j'ai rapporté moi-même, soit en comparant les textes, soit en ayant recours aux titres authentiques.

Gap, le 15 mars 1841.

NOTE A, *de la page 359.*

S'il faut en croire Chorier, Arnaud de Trian, ce nouveau souverain de la fameuse vicomté de Tallard, ne vécut pas toujours en bonne harmonie avec Jacques *de Deoncio*, son seigneur spirituel. Ils étaient ennemis, et leur inimitié leur fit prendre les armes. Gap et Tallard se levèrent en masse; leurs troupes se livrèrent des combats sanglants; des incendies et des dégâts épouvantables furent commis, de part et d'autre; et ces funestes dissentiments entre les deux seigneurs et leurs peuples eussent peut-être duré jusqu'à l'extinction de l'une des deux races, si Rodolphe de Commiers, seigneur de La Bâtie-de-Champrond, ne fût venu y mettre un terme, en offrant sa médiation, qui fut acceptée. « Un accommodement conclu, dit Chorier, le 28 du mois d'avril 1369, mit pour le moment les villes de Tallard et de Gap sur le pied de paix » ; et, dès lors, je crois, les deux cités rivales ne se sont guère plus battues qu'en paroles. Pourtant cette date me contrarie, car, si le traité de paix est de l'année 1369, il a dû être signé par Jacques d'Artaud, et non par Jacques *de Deoncio,* qui cessa de régner en 1353 [lire 1362] (Rochas, *Mémoires inédits*, p. 66-67, 2ᵉ série).

Du reste, si je n'ai pas fait entrer cette note dans le texte, c'est que je me suis aperçu, trop tard, de l'omission par moi commise : ma lettre *était faite*, comme aurait dit le bon abbé de Vertot.

XVIᵉ LETTRE.

XIVᵉ SIÈCLE (1366 à 1379).

JACQUES ARTAUD DE MONTAUBAN.

Jacques Artaud de Montauban, 53ᵉ évêque de Gap. — Ses différends avec cette ville et diverses communautés, sur le remboursement de 30.000 florins, qu'il disait avoir payés, pour éloigner des troupes armées de son diocèse. — L'évêque est condamné par défaut. — Nouveaux démêlés entre la ville de Gap et Jacques Artaud. — *Grande charte* du 13 mai 1378. — Notabilités de cette époque. — L'inquisiteur François *Borelli*. — Digression sur les Vaudois de Freissinières, de l'Argentière et de la Val-Pute. — Rôle dressé sur tous les citoyens, cause immédiate du traité. — Lettres d'exemption données par l'évêque en faveur d'une noble dame. — Teneur du traité : serment des évêques et hommage des habitants de Gap. — Serment des officiers des évêques. — Administration de la justice épiscopale. — Droits politiques de la ville. — Service féodal. — Administration financière. — Police municipale. — Police rurale. — Droits de propriété. — Sûreté de la place. — Serment prêté par Jacques Artaud. — Confirmation de la *Grande charte* par deux papes. — L'évêque retire ses lettres d'exemption. — Note sur les Vaudois des Alpes.

Jacques Artaud de Montauban [1366-1399].

Voici encore un évêque appartenant à cette illustre famille, à laquelle le diocèse de Gap devait un de ses prélats les plus estimables et les plus aimés, et en faveur de laquelle les habitants de cette ville et des contrées environnantes combattaient, pour la venger d'un meurtre commis sur l'un de ses membres par le bâtard de la redoutable maison de

Poitiers. Trente ans s'étaient à peine écoulés depuis cette prise d'armes, qui, certes, ne tourna pas trop à l'avantage des Gapençais, et, cependant, Jacques Artaud, trop oublieux ou peu reconnaissant, ne cessa, durant son long règne, de susciter des querelles aux habitants de sa ville épiscopale. Mais, heureusement pour ces derniers, la plus haute puissance de cette époque intervint dans leurs démêlés et fit reconnaître les libertés et les privilèges de notre vieille cité, dans une fameuse charte, dont je ne tarderai pas à vous faire connaître les dispositions principales.

On ignore en quelle année Jacques Artaud, administrateur de l'évêché de Saint-Paul-Trois-Châteaux, fut transféré sur le siège de Gap (1); mais un acte de 1367 prouve suffisamment qu'il l'occupait à cette époque, et que, dès lors, la tranquillité, dont cette ville avait joui sous ses derniers pontifes, commença à être troublée. En vertu de prétendues lettres, données par Philippe, patriarche de Jérusalem, notre nouvel évêque fit citer les habitants de Gap, de La Bâtie-Neuve, de La Bâtie-Vieille, de Rambaud, de Poligny, de La Fare, du Noyer et du Glaisil, pour qu'ils fussent condamnés à lui payer par feu trois quarts d'un florin d'or, en remboursement de trente mille florins, qu'il disait avoir donnés, à l'effet d'éloigner les troupes armées qui voulaient traverser son diocèse pour se rendre en Provence. L'on présume que Jacques Artaud a voulu parler des six mille hommes levés en France

---

(1) Jacques Artaud avait été désigné comme devant être nommé au siège de Saint-Paul-Trois-Châteaux (le 10 juil. 1364); mais les chanoines passèrent plus de trois mois sans pouvoir s'accorder sur son élection, car chacun d'eux avait la prétention d'être évêque. Le Pape, fatigué de ces lenteurs, le nomma administrateur de cette église, et le nouvel évêque de Gap en conserva le titre lorsqu'il fut nommé à ce dernier siège (L'abbé Aucel, *Recueil des circulaires*, etc., *de Mgr Arbaud*, p. XLVIII). [Il avait été transféré à Gap le 10 avril 1365 (Albanés, Instr. n° LIV)].

par le Souverain Pontife et destinés à châtier les principales villes du domaine ecclésiastique qui s'étaient révoltées. Cette armée commit toutes sortes de violences dans les pays qu'elle traversa, et malgré les florins vrais ou supposés de Jacques Artaud, elle n'eut pas plus de retenue dans le Gapençais, où elle dirigea sa marche, que dans les contrées limitrophes. Dans l'instance liée par les citations du prélat, le patriarche de Jérusalem déclara ne prendre aucune part aux lettres qu'on disait émanées de lui ; les habitants de la ville et des communautés citées soutinrent que le paiement des 30.000 florins n'avait pas eu lieu ; l'official de l'évêque n'osa comparaître devant le prieur de Sainte-Marie-de-Gaise, hors de Carpentras, commissaire nommé par le patriarche, qui, lui-même, était le délégué d'Urbain V, pontife qui, le premier, posa sur son front la triple couronne ; en conséquence, ledit official fut condamné par défaut le 13 mars 1367 (1).

Tel fut le prélude des nombreux différends qui s'élevèrent entre Jacques Artaud et la ville de Gap, et qui furent terminés par le fameux traité du 7 mai 1378, et ceux qui en furent le complément. Maître François Barbier, le consul de 1744, vous dira, mieux que je ne saurais le faire, et la cause occasionnelle de notre *Grande Charte* municipale, et les qualités des hautes parties contractantes, et les noms des nombreux témoins qui la revêtirent de leur signature, et les salutaires dispositions qu'elle renfermait. Je lui cède donc la parole, en vous priant de vous souvenir qu'il s'adresse au prince de Conti, toujours perché, comme lui, sur le point culminant de Saint-Mens.

1378. — « Cette place publique que vous voyez

(1) Archives de l'hôtel de ville, sac coté B. — Chorier, *Hist. du Dauphiné*, tome 2, livre II, sect. 14.

au-devant et autour de l'église cathédrale, et dont l'irrégularité échappe à toute dénomination géométrique, fut jadis le cimetière de Notre-Dame. En face de l'église s'élevait l'ancienne maison épiscopale, détruite par les huguenots, et tout près de là, vers l'angle méridional, l'antique temple païen qui était devenu l'église paroissiale de Saint-Jean le Rond, et qui, non plus, n'échappa point à la rage des hérétiques. C'est dans ce cimetière, et au-devant de la porte principale de la maison épiscopale, que fut jurée, le 7 mai 1378, la *Grande Charte* des Gapençais contenant les libertés et les privilèges de la ville, recueillis, tant de nos anciens documents, que de l'usage et de la possession.

« Autour d'une grande table, on voyait d'abord le pontife Jacques Artaud de Montauban, évêque et seigneur de Gap, et, à sa dextre, les trois syndics ou consuls de la ville, Arnaud Sancelly [*Sattelli*], Jean Aimonet et Jean *Rayvelini*. A senestre, étoient placés noble Guigues Flotte, bailli du Gapençais; François Feraud, son damoiseau *(domicelli);* Lambert *Fabri*, courier de Gap; Sochon de Montorcier, coseigneur de cette paroisse; Jacques Lambert, moine de Cluny; Arnaud Prat, de Curban; Pierre Clément, notaire de Rambaud; Jean de Revillasc, habitant de Gap; Jacques Athénoux, chapelain de cette ville; frère Guillaume de l'Hospital et frère Lantelme Audéoud, l'un et l'autre de l'ordre des Frères Mineurs; Baudon Lombard et Jean Janselme, de Manteyer; Pons Fabre, d'Upaix, notaire de la cour de Gap; Pons Tallard, de Tallard-le-Vieux; Pons Léautier, chapelain de Poligny; Dominique Basin, orfèvre de Sisteron; Pierre Teslevielle, chevalier de St-Jean-de-Jérusalem, et Thomas Marcelly, notaires de Gap. C'étoient les témoins, requis par les hautes parties contractantes, pour attester aux siècles à venir la sincérité des clauses contenues en la *Grande Charte,* qu'ils alloient revêtir de leur signature. — De l'autre côté de la table et à la droite des consuls, se tenoient, comme isolés, les trois notaires impériaux de la ville et cité de Gap, à sçavoir : Jean Bonnet, Pons de Cinq-Estienne [*Quinque Stephani*], et Guillaume Vieux, clerc de Veynes, qui venoient de rédiger ce pacte immortel et dont les noms ne sauroient tomber dans l'oubli.

« Mais, sur une estrade élevée et en arrière de la grande table de chêne, se tenoient majestueusement les arbitres auxquels l'évêque et la ville avoient soumis leurs différends, et au jugement desquels ils devoient adhérer, sous la peine de cent marcs d'argent fin. D'un côté, l'on voyoit le noble chanoine de notre cathédrale Étienne de Piémont, et Pierre Torchat, chapelain de notre saint père le Pape, chanoine de Sisteron et official du diocèse de Gap ; et, de l'autre, noble Jacques de Saint-Germain, avocat. Au milieu, dominoit sur toutes les autres la triste et sévère figure d'un moine de l'ordre des Frères Mineurs, provincial de la province de Saint-Bonaventure, et grand inquisiteur de la foi contre les hérétiques, qui pulluloient dans les hautes vallées des Alpes. Vous avez déjà nommé l'illustre François *Borelli !*

« Frère François *Borelli*, natif de Gap, homme plein de zèle pour la propagation de la foi et l'extirpation de l'hérésie, et déjà inquisiteur dans les provinces d'Arles, d'Aix, d'Embrun et de Vienne, est le même qui, quelques années auparavant, alors que Grégoire XI siégeoit encore à Avignon, avait mandé à ce souverain pontife que, dans le Dauphiné, le nombre des hérétiques étoit devenu si grand et leur audace tellement insupportable, qu'ils méprisoient ouvertement les ministres de la sainte inquisition et se révoltoient contre eux. Le mal s'étendoit, non seulement dans les villes du Dauphiné, mais encore dans celles de la Tarentaise et les autres provinces ecclésiastiques soumises à sa juridiction : aussi notre saint père le Pape, pour mettre un terme à un pareil scandale, écrivit-il en 1375, des lettres très pressantes au roi de France, Charles V, à l'évêque de Paris, au duc de Savoie Amédée, au gouverneur du Dauphiné et au conseil delphinal, aux archevêques de Vienne, d'Embrun, de la Tarentaise, d'Aix et d'Arles, et à tous leurs suffragants, à Antoine, évêque de *Massa*, nonce de Sa Sainteté, à notre frère *Borelli* et à Bertrand de Saint-Guillaume, religieux du même ordre, et leur donna commission de travailler ardemment, avec l'évêque de Massa, à l'extirpation des hérétiques. D'un autre côté, les prélats des cinq métropoles reçurent l'ordre exprès de leur fournir tout ce qui seroit nécessaire pour construire des prisons et pour y entretenir les hérétiques. La correspondance de Grégoire XI, que l'on trouve encore au Vatican, dit notre vénérable chroniqueur Raymond Juvénis, qui tenoit tous ces détails du R. P. Pagi, fait bien voir dans quelle estime étoit, auprès de ce pontife, frère François *Borelli*, et le zèle avec lequel il travailla à l'extirpation de l'hérésie.

« Déjà, en 1376, il avoit tellement purgé le Dauphiné et fait un si grand nombre de prisonniers que le Pape se vit dans la nécessité d'écrire au gouverneur et au conseil de cette province, et de s'adresser à tous les fidèles, pour les exciter à fournir des aliments aux hérétiques qui encombroient les prisons, et auxquels il avoit accordé du temps pour faire pénitence. Frère Borelli reçut, en 1380, du pape Clément VII, une nouvelle commission, en vertu de laquelle il fit citer à comparoître devant lui, dans la ville métropolitaine d'Embrun, tous les hérétiques des vallées de Freissinières, de L'Argentière et de la Val-Pute, que nous pouvons nommer, à juste titre, les vallées de l'erreur. A cet égard, permettez-moi d'entrer dans quelques détails, sur les croyances, les doctrines et les mœurs des habitants de ces tristes contrées, au moment où le glaive de notre grand inquisiteur alloit tomber sur leurs têtes coupables (1).

« Les hérétiques de l'Embrunois appartenoient à la secte de *Valdo*, de qui leur venoit le nom de Vaudois. Or, ces Vaudois étoient attachés à des pratiques superstitieuses, comme de couper leurs souliers pour découvrir leurs pieds, à l'exemple des apôtres, de porter des habits d'une forme particulière, et de ne jamais couper les cheveux de leur tête. Ils s'arrogèrent le pouvoir de prêcher, quoique laïques et sans mission ; mais le clergé s'étant opposé à leurs prédications, ils secouèrent le joug de l'obéissance, s'élevèrent contre les prélats, décrièrent les mœurs des ecclésiastiques, et soutinrent que leur indignité les rendoit incapables de leur ministère. Ils enseignèrent ensuite que les prêtres catholiques, dont les mœurs étoient déréglées, ne pouvoient ni consacrer, ni donner l'absolution, et s'arrogèrent eux-mêmes ce droit ; ils soutinrent que tous les pasteurs étoient dans l'obligation d'embrasser la pauvreté, en renonçant à tout ce qu'ils possédoient ; qu'il n'étoit permis de jurer dans aucune cause, ni de condamner personne à la peine de mort, pour quelque crime que ce fût ; enfin, ils attaquèrent la doctrine de l'Église touchant le culte des saints, leurs reliques, les indulgences, les cérémonies ecclésiastiques, les sacrements et le purgatoire. Chassés de la ville de Lyon, où la secte avoit pris naissance, et de différentes provinces, d'où ils furent également expulsés, ils se réfugièrent dans nos montagnes et dans les vallées qui, de nos jours, sont sous la domination du prince de Piémont. Ceux de l'Embrunois, pressés par les archevêques, se retirèrent dans la Val-Louise, alors la Val-Pute, à L'Argentière et à Freissinières, et y

(1) Juvénis, *Mémoires inédits*.

restèrent assez tranquilles, jusqu'au XIV° siècle; mais, à cette époque, ils furent convaincus de s'assembler, pendant la nuit, dans des granges où, après avoir entendu les prédications de leurs barbes ou ministres, qui finissoient leurs discours par ces paroles : *Qui estegnera lou lume de la lanterno, oura la vito eterno. Qui ouré, aye ; et qui ten, tenne*. le plus diligent s'empressoit d'éteindre la lumière, et alors, dans les ténèbres, ils se livroient aux désordres des multipliants et aux infamies des manichéens. La fornication, l'adultère et l'inceste n'avoient plus rien de criminel pour eux : l'inceste au premier degré étoit le seul dont ils dussent s'abstenir (1).

« Les habitants des trois paroisses susdites n'eurent garde de se présenter devant le F. Borelli : nul ne prit fait et cause pour eux : aussi, ce trop ardent inquisiteur les condamnât-il tous par contumace. Pendant treize ans que dura sa terrible mission, il parvint à se saisir d'un grand nombre de malheureux Vaudois, et il finit par livrer au bras séculier, c'est-à-dire au bûcher, plus de deux cent trente hommes et une grande quantité de femmes et de filles. Cette dernière sentence fut prononcée à Embrun, dans l'église de Notre-Dame, en l'année 1393. Dans le siècle éclairé où nous sommes parvenus, je ne saurois m'empêcher *d'appeler cet acte celui d'un barbare fanatique, et non d'un grand personnage. Le caractère essentiel aux ministres de notre sainte religion est la douceur ; ils doivent convertir par la parole et par l'exemple, mais ne jamais faire répandre le sang de ceux qui ont le malheur de sortir du sein de l'église. Cette horrible leçon ne convient qu'aux ennemis du nom chrétien* (2). Toutefois notre

(1) Albert, *Hist. du diocèse d'Embrun*, tom. I, page 58 et suivantes. Voir la note A à la fin de la lettre.
(2) Le consul de 1744 semble avoir emprunté à M. Rochas le passage souligné, puisqu'on le trouve mot à mot dans les mémoi-

tolérance ou notre tiédeur ne doivent pas nous faire oublier que c'est par la toute puissante médiation de François *Borelli* que les libertés et les privilèges de cette ville furent recueillis et ensuite reconnus par l'un de nos évèques les plus exigeants et les plus brouillons, lequel tenoit fort à faire légitimer les usurpations de ses prédécesseurs.

« De grands débats s'étoient élevés entre le prélat et la ville, dès le commencement de cet épiscopat. Ils alloient toujours croissant, lorsqu'un incident, qui paroît de peu d'importance, vint déterminer l'explosion et rendre nécessaire, pour mettre un terme à tous les différends, de recourir à la médiation de F. François Borelli et des deux arbitres qui lui furent adjoints. Les consuls et le conseil de la communauté avoient dressé un rôle, dont le produit étoit destiné à la réparation et à l'entretien des fortifications de la ville. Suivant l'usage, tous les citoyens, nobles ou roturiers, devoient y contribuer; mais dame Françoise, femme de noble Pierre Rodulphe, de La Bréole, crut que sa qualité la dispensoit de cette imposition; elle s'adressa à l'évèque, qui, malgré les anciens privilèges de la ville, s'empressa de lui délivrer des lettres d'exemption. Cependant, bien qu'elles fussent revêtues du sceel de sa seigneurie, elles ne furent admises, ni par les consuls, ni par le collecteur de l'impôt.

---

res de cet écrivain, p. 37-38; et pourtant ces mémoires sont d'une époque plus récente. Juvénis, qui écrivait cent ans avant M. Rochas, est plus froid et ne se permet ni blâme ni louange sur les actes de notre inquisiteur; mais il se complait à exalter les vertus, le zèle et l'excellente doctrine de François *Borelli*. D'après l'historien *Nostradamus*, cet inquisiteur appartenait à une famille tenue pour fort noble et fort ancienne, de laquelle il y avait, en 1359, une religieuse au monastère de Nazareth; mais Juvénis ignore, lui, si notre *Borelli* était d'une aussi noble tige; il croit que les *Borelli*, de Gap, appartenaient à la bourgeoisie, et il est certain seulement que F. François était natif de cette ville, qu'il y eut de très grandes habitudes, et qu'il s'y mêla de plusieurs affaires. (*Mémoires* inédits, épisc. de Jacques Artaud). Voir la note A à la fin de cette lettre, en ce qui concerne les Vaudois des Alpes.

Telle fut la cause immédiate du traité du 7 mai 1378.

« Sur un signe de l'inquisiteur, l'un des trois notaires déroula un énorme parchemin sur lequel étoient couchés par écrit et les droits de l'évêque et ceux de la communauté, et lut à haute et intelligible voix les articles suivants, lesquels durent, alternativement, faire épanouir et obscurcir le front des consuls de Gap et des témoins qui appartenoient à cette noble cité.

Titre 1er. — Serment des évêques et hommages des habitants.

I. — Le seigneur Jacques Artaud déclare d'abord reconnoître et confirmer les privilèges de la ville.

II. — Les citoyens de Gap ne seront tenus d'ouvrir les portes de leur ville aux nouveaux évêques qu'autant qu'ils auront approuvé, ratifié, juré toutes les libertés, les franchises et les immunités contenues au présent traité et dans ceux intervenus entre les prédécesseurs de messire Jacques Artaud et la ville. Au surplus, le nouvel évêque ne pourra exiger aucun hommage des habitants qu'après avoir donné un dîner honorable à tous les mâles de la cité : *Omnibus maribus dictæ civitatis* (1).

---

(1) Voici comment un ancien commentateur du *Livre rouge* a traduit cet important article de la Grande Charte :

« Ne sont tenus les citoyens ouvrir les portes au nouveau sei-
« gneur évêque ou nouveau eslu, ne luy faire hommage, que,
« premier, ils n'ayent aprouvé, ratifié et juré les libertés, fran-
« chises, immunités et autres toutes conventions et transactions
« passées entre les seigneurs évêques prédécesseurs et la ville.
« Ne pourra ledit seigneur exiger aucun hommage des habitants
« ni de la ville qu'*après avoir donné un disner honorable à tous*
« *les masles de la ville*.

« *Nota*. Que l'hommage des habitants est *more nobilium* ».

(*Livre rouge*, au bas et en marge des pages 122 et 123).

Titre 2. — **Serment des officiers de l'évêque.**

III. — Lors de leur installation et avant de pouvoir exercer leurs fonctions, les officiers du prélat jureront et promettront, lorsqu'ils en seront requis, d'observer les libertés et les privilèges de la ville. En cas de refus de leur part, on ne sera pas tenu de leur obéir.

Titre 3. — **Droits utiles de l'évêque.**

IV. — Les fourniers sont tenus d'avertir les ménagères du moment où il faudra pétrir ; ils porteront la pâte au four ; le pain sera cuit avec leur propre bois, et ils le rendront dans les maisons. Pour leur labeur, ils prendront un pain sur vingt-huit, gros ou petits, et rien de plus. L'évêque demeure chargé de tenir ses fours en bon état et d'avoir de bons fourniers.

Titre 4. — **Administration de la justice épiscopale.**

V. — Nul citoyen de Gap ne pourra être poursuivi criminellement pour une cause purement civile. En cas de fait criminel, la poursuite ne pourra avoir lieu sans un acte d'accusation préalable, à moins que le prévenu ne jouisse d'une mauvaise réputation précédemment prouvée.

VI. — Les prélats ne pourront fulminer l'excommunication, à raison des causes et autres droits revenant à leur église, qu'après un avertissement préalable, qui portera à quinzaine.

VII. — Nul habitant ne pourra être contraint de répondre en justice si, au préalable, il ne lui a été donné copie des actes et des pièces du procès. Il ne pourra, non plus, être constitué prisonnier. Cependant, s'il est justement tenu pour suspect ; s'il n'est pas possesseur d'immeubles de la valeur de cinquante livres ; ou bien encore s'il s'agit d'un crime énorme, il pourra être détenu provisoirement.

VIII. — Tout citoyen prévenu ou accusé, après avoir répondu sur l'information, sera relâché en donnant caution, à moins qu'il ne s'agisse d'un crime très grave.

IX. — Aucun prévenu ne sera obligé de s'en rapporter à la déposition d'un témoin unique, selon le droit.

En cas de contravention aux formalités prescrites par les articles précédents, les jugements seront nuls et de nul effet.

X. — Le juge épiscopal et les autres officiers de l'évêque, devant recevoir des gages suffisants, ne pourront exiger aucun salaire pour les tutelles, les curatelles, les aliénations, ou autres actes de leur administration.

XI. — Le geôlier ne pourra rien prendre de ses prisonniers, à moins qu'ils ne soient détenus pour des crimes graves et prouvés.

XII. — Il n'est dû aux sergents nommés par l'évêque, pour les saisies faites hors de la ville, qu'un denier [ré]fortial ; et pour celles opérées dans la banlieue, qu'un demi-gros.

XIII. — Le prélat ne pourra vendre ni donner à ferme le greffe de sa judicature. Chaque habitant, s'il n'en est exclu par le droit, pourra postuler, procurer, témoigner et faire tout autre acte légitime ; mais les notaires remplissant les fonctions de greffiers ne pourront postuler, procurer ou faire partie, si ce n'est dans leurs propres affaires.

XIV. — La cité étant dans l'usage de ne pardonner aucun crime, l'évêque et ses officiers seront tenus d'observer cet usage, à moins que le prélat ne se trouve lié par son serment ou par le serment de ses prédécesseurs.

Je vous fais grâce des articles suivants, lesquels

traitent des émoluments des officiers de l'évêque, pour les citations simples avec signe de croche ou de contumace ; les droits des lettres de contrainte, en exécution des jugements ; du serment de calomnie ; du salaire des lettres monitoires ; des dispenses des tiers bans, pour chacun desquels il étoit dû deux gros. Enfin, la justice spirituelle et temporelle du prélat étoit à bon compte, car, alors, on se contentait de deniers et rarement on arrivait aux sols [1]).

Titre 5. — **Droits politiques de la ville.**

XV. — Les citoyens de Gap pourront s'assembler, en tout temps et en tous lieux convenables, pour nommer leurs syndics ou consuls, leurs procureurs et leurs gens d'affaires, et même pour choisir les ouvriers qui devront travailler aux fortifications de la ville, et pour désigner les personnes chargées de veiller au maintien de leurs libertés.

XVI. — Il leur est permis de prendre des délibérations et de lever des impôts directs *(tailles)*, pour leurs affaires communes, sans que le seigneur évêque en puisse exempter quelle personne que ce soit. A cet effet, ils pourront se réunir, toutes les fois qu'ils le jugeront convenable, pourvu qu'on fasse intervenir le décret du juge pour la confirmation des consuls.

XVII. — Toutes les fois qu'ils le désireront, l'évêque leur permettra d'établir des *rêves* ou levées sur les vins qui se vendent dans la ville ; mais la délibération ne pourra être prise qu'en la présence du prélat, lequel jugera si la dépense est nécessaire, et qui, dans ce cas, l'approuvera.

XVIII. — Lesdits citoyens de Gap pourront avoir

---

[1]) Au XIVᵉ siècle, la livre tournois, de 20 sols, valait 28 fr. 75 ; le sol tournois, de 12 deniers, valait 1 fr. 18, et le denier, de 2 obôles, environ 10 centimes (Voy. *Invent. des arch. de Guillestre*, 1886, p. xciii et suiv.). A cette époque, le *pouvoir* de l'argent était de 5 à 6 fois plus fort *(Ibid.)*.

une maison commune, pour s'y assembler, y déposer des armes et toutes sortes de choses appartenant à la communauté ou nécessaires à sa défense, sans que le seigneur évêque ait la faculté d'entrer dans ladite maison commune.

XIX. — Ainsi qu'il a été pratiqué en tout temps, il sera loisible aux habitants de vendre et acheter, à toutes les époques de l'année, des vins, du blé et toutes sortes de denrées, à moins qu'il n'y ait lieu de le leur interdire, pour une cause juste et reconnue telle par le conseil de la cité.

XX. — Toute personne étrangère aura la faculté de venir habiter dans la ville et de jouir des privilèges dont jouissent les autres citoyens, sans que le seigneur évêque puisse soumettre les nouveaux venus à d'autres obligations que celles imposées aux habitants par le droit commun.

XX bis. — Les étrangers possédant des fiefs, dans la ville ou dans son territoire, contribueront, comme les habitants, aux dépenses nécessitées pour la réparation des remparts, et pour les autres affaires de la ville, ainsi que l'usage l'a consacré.

XXI. — Le prélat et ses officiers ne pourront imposer aucune charge, réelle ou personnelle, ordinaire ou extraordinaire, ni rien innover: ils sont tenus, au contraire, de maintenir les citoyens de Gap dans leurs franchises, leurs usages, leurs coutumes et leurs libertés.

TITRE 6. — **Service féodal.**

XXII. — Nul citoyen de Gap, noble ou roturier, qui ne tient fief de l'évêque, n'est obligé d'avoir des armes, ni de tenir des chevaux.

TITRE 7. — **Administration financière de la ville.**

XXIII. — Les collecteurs de tailles, les consuls et les autres citoyens chargés des affaires de la ville, ne seront tenus de rendre compte de leur administration, ni à l'évêque, ni à ses officiers. Ainsi qu'on l'a toujours pratiqué, ce compte sera rendu au conseil de la communauté ou à ses députés. Toutefois, le prélat et ses officiers pourront obliger les comptables à rendre leurs comptes à la ville, s'ils en sont requis par des hommes de probité ou par des conseillers de la communauté.

Titre 8. — **Police municipale.**

XXIV. — Les habitants de Gap pourront se servir de toutes sortes de poids et de mesures, dans leur commerce, pourvu qu'ils soient légaux et marqués au coin de l'évêque.

XXV. — Aucun d'eux ne pourra être poursuivi pour faux poids et fausses mesures, si, au préalable, trois ou au moins deux hommes n'ont été choisis pour référer les poids et les mesures aux matrices de la cour; il ne sera procédé que sur la remise du rapport dressé par les prudhommes.

XXVI. — La chaux sera mesurée à la mesure de l'avoine. Trois mesures feront la charge.

XXVII. — Aucun citoyen de Gap, de quelque condition qu'il soit, à l'exception du seigneur évêque et de messires les chanoines, ne pourra introduire du vin étranger dans la ville, sous peine de confiscation du vin en faveur du prélat, et d'une amende de dix marcs d'argent, si ce n'est, pourtant, en cas de maladie ou de nécessité de quelque personne notable. Dans ces cas, l'évêque sera obligé d'en accorder la permission, sur la réquisition des consuls. Toutefois, les habitants qui possèdent des vignes dans des territoires contigus à celui de Gap, ou qui possèdent dans ces territoires des pensions ou des revenus en vin, auront la faculté de faire entrer dans la ville le produit de leurs récoltes ou de leurs pensions.

XXVIII. — Si l'évêque ou ses officiers donnaient la permission d'introduire des vins étrangers dans la ville, pour y être vendus, outre la peine, le vin introduit ou la valeur de ce vin sera aussitôt distribué aux pauvres, sur la simple réquisition des consuls. Faute par le prélat ou par ses officiers d'en faire opérer la distribution dans trois jours, ils seront obligés de donner eux-mêmes aux pauvres l'équivalent du vin introduit frauduleusement.

XXIX. — S'il y a disette de vin ou un danger évident de guerre, les habitants de Gap auront la faculté de vendre le leur, pour être porté et consommé hors de la ville.

XXX. — Les personnes qui voudront se livrer à la profession de boucher seront tenues de jurer, devant un des officiers de l'évêque, en présence des anciens bouchers, de vendre de la viande bonne et nette, sans en déguiser l'espèce. Ni l'évêque ni ses officiers n'auront aucune surveillance à exercer sur les boucheries. Les bouchers ne pourront faire aucune société illicite, ni exercer aucun monopole, en vendant ou en achetant, à peine de confiscation des viandes et une amende de dix livres réforciais au profit du seigneur évêque.

XXXI. — Les meuniers seront tenus d'aller prendre le blé des habitants dans la maison de ces derniers et d'y rapporter la farine sans retard. Le droit de mouture est fixé à une *panéyère* pour chaque setier légal, dont quatorze font l'émine légale. L'évêque devra contraindre les meuniers à observer ce règlement, toutes les fois qu'il en sera requis.

XXXII. — Le *courier* (juge de police) et les autres officiers du seigneur évêque ne pourront exiger qu'une *parpaillole* des personnes qui, étant mandées, ne se rendront pas pour faire la patrouille, vulgairement appelée *serche*.

XXXIII. — Le salaire du crieur public de la ville, chargé des encans et de crier le vin des habitants, est fixé à quinze turons d'argent, par année, pour les publications concernant la communauté.

Titre 9. — Police rurale.

XXXIV. — Les officiers de la ville nommeront, suivant l'usage, deux personnes publiques ou prudhommes experts, pour estimer les dommages causés dans la campagne, et pour planter des limites où besoin sera. Ces prudhommes prêteront serment entre les mains du clavaire.

XXXV. — Les garde-terres ne pourront exiger le ban, si, au préalable, celui qui a souffert le dommage n'est indemnisé, et s'ils ne l'ont pas dénoncé dans les cinq jours. — La cour de l'évêque ne pourra prononcer d'autre peine ou amende que celle du ban. Si les propriétaires dénonçaient, eux-mêmes, le dommage qui leur a été causé, il ne sera passé que cinq sols monnaie courante, sans aucune peine de ban. — Les garde-terres seront tenus de prêter serment entre les mains de l'officier de la cour épiscopale.

XXXVI. — Le seigneur évêque ou ses officiers ne pourront ordonner la criée et l'ouverture des vendanges, ni infliger, à ce sujet, aucune peine, s'ils n'en ont été requis par les consuls.

Titre 10. — Droits de propriété de la ville et des habitants.

XXXVII. — Les évêques n'auront rien à prétendre sur les montagnes, les pâturages, les palègues et les lieux publics appartenant à la communauté; tant au dehors qu'au dedans de la ville, lesquels doivent être sa propriété ; ils ne pourront s'introduire dans lesdites propriétés, par quelque voie que ce soit, au préjudice des habitants.

XXXVIII. — Il est interdit au seigneur évêque

d'exercer aucune action pour faire tomber en commis les choses tenues par les emphythéotes, à raison du payement des censes ou services annuels, à moins que les biens tenus en emphythéose n'eussent été vendus ou donnés comme francs.

Titre 11. — **Sûreté de la place.**

XXXIX. — Le seigneur évêque ne pourra faire tenir fermées, pendant le jour, les portes de la ville, au préjudice des habitants, si ce n'est pour une cause légitime. Selon l'usage, il reste chargé de l'entretien des portiers.

XL. — Ainsi qu'on l'a vu en tout temps, les portes de la ville auront deux serrures et deux clés : une de ces clés sera gardée par l'évêque, à qui et à son église appartient de plein droit, tant au spirituel qu'au temporel, le domaine de la cité. L'autre clé restera au pouvoir des consuls ou des députés de la ville, qui seront tenus d'ouvrir les portes aux heures convenables. Au surplus, ces portes seront entretenues à frais communs, par l'évêque et par la communauté.

Titre 12. — **Disposition finale.**

XLI. — Enfin, pour que personne ne puisse ignorer les articles contenus au présent traité, il sera transcrit dans un livre en parchemin, et sur un tableau qui demeurera exposé dans l'auditoire et fermé à chaîne [1]).

---

[1]) Cf. *Précis de l'hist. de la ville de Gap*, 1844, p. 219-224 ; et surtout le texte de la *Charte communale de la ville de Gap* en 60 articles, dans les *Études sur le droit privé des hautes vallées alpines de Provence et de Dauphiné au Moyen-Age*, par Henri Pécout. Paris, Larose, 1907, p. 235-263.

« Maître Jean Bonnet ayant terminé la lecture des pactes et conventions, dont je viens de vous faire connoître la plupart des articles, frère François *Borelli*, s'adressant à messire Jacques Artaud et posant, devant lui, le livre des Saints Évangiles, lui dit : « Messire Jacques, évêque et seigneur de Gap, « jurez-vous l'observation sincère et entière, tant « pour vous que pour vos successeurs, du règle- « ment dont vous venez d'entendre la lecture ? » — « Je le jure », répondit le pontife, en posant la main sur son cœur. — Et tous rentrèrent dans la maison épiscopale, où, peut-être, un dîner honorable étoit préparé pour les hautes parties contractantes, les nobles arbitres et les illustres témoins de notre grande charte (1).

« Tels sont les principaux ou, pour mieux dire, presque tous les articles de la fameuse transaction de 1378, que nos consuls s'empressèrent de soumettre à l'homologation du souverain pontife Clément VII, siégeant à Avignon. Ce ne fut pourtant qu'en la quatrième année de son pontificat, c'est-à-dire en 1382 et le 12 des kalendes d'août, que Sa Sainteté daigna en confirmer toutes les dispositions.

« Cet acte prouve évidemment que nos ancêtres du XIVᵉ siècle n'étoient pas aussi barbares, aussi peu civilisés que le prétendent les philosophes de nos jours ; il montre encore que la prétendue souveraineté de nos évêques étoit alors fort limitée. Aussi Jacques Artaud, qui ne l'avoit souscrit qu'avec répugnance, mit-il tous ses soins, dans la suite, à

---

(1) Archives de l'Hôtel de Ville : *Livre rouge*, p. 110 à 131. — L'original de la charte de 1378 se trouve dans un long étui de carton, côté B, à la suite de la bulle de Clément VII, qui en confirme les dispositions. Elle est aussi transcrite à la suite d'une bulle de Pie II de l'année 1461, laquelle est renfermée dans la cassette des archives. — Rochas, *Mém. inédits*, p. 37 à 48, 1ʳᵉ série [cf. *Invent. des archives de la ville de Gap*, AA. 5 ; Henri Pécout, *Études sur le droit privé des hautes vallées alpines de Provence et de Dauphiné au Moyen-Age*, déjà citées.]

être relevé des engagements qu'il avoit contractés. Mais, heureusement, toutes ses démarches, pour y parvenir, furent vaines. O, que les successeurs de *Sattelly*, d'Aymonet, et de *Reyvellini* montrèrent de foiblesse et de pusillanimité, lorsqu'ils se laissèrent entraîner à tant de traités subséquents, qui, tous, venoient successivement retrancher quelques-uns des droits de la cité! N'auroient-ils pas dû se roidir contre les nouvelles usurpations de nos prélats, et leur présenter toujours, comme un pacte indestructible, la charte de 1378, revêtue d'abord de l'approbation de Clément VII, et, dans la suite, de celle du fameux Æneas Sylvius!

« Toutefois, messire Jacques Artaud commença par en exécuter une des dispositions principales, en révoquant, par ses lettres du 4 mars 1379, l'exemption d'impôt qu'il s'étoit cru en droit ou plutôt qu'il s'étoit permis d'accorder à Françoise de La Bréoule, et la noble dame fut obligée de payer le montant de sa cotisation, comme les autres citoyens nobles, bourgeois et manants de la ville de Gap » (1).

Gap, le 5 mai 1841.

NOTE A, *de la page 370.*

Le P. Marcellin Fournier est entré dans beaucoup de détails sur les Vaudois des hautes vallées des Alpes, malgré l'avis de quelques personnes, qui trouvaient indigne de l'histoire de s'abaisser jus-

(1) Archives de l'hôtel de ville, sac coté C. — Voir la note B.

qu'à de malheureux bannis, à des hommes de la lie du peuple qui estaient dans la bassesse et dans la nécessité, et qui, pour tout titre d'honneur, n'en avaient point d'autre que celui de pauvres de Lyon. Cet auteur, qui, pendant six mois, eut en son pouvoir les procédures dirigées dans l'Embrunais contre ces hérétiques, lesquelles formaient trois volumes de la hauteur chascun d'une coudée, ajoute: « Il y manque quelques cahiers, qui se
« sont égarés entre les mains des huguenots; ceux-
« ci s'en étoient emparés, en 1585, lorsque Lesdi-
« guières se rendit maître d'Embrun, desquels on
« a racheté le reste. Je marquerai doncques, en
« premier lieu, les noms que ces hérétiques se
« donnèrent et ceux dont on les appelle, tels que
« je les ay trouvés dans le procez; en 2⁰ lieu, quelle
« a esté leur croyance et les articles de leur foy;
« troisièmement, le genre de vie et les coustumes
« qui leur estoient particulières, et, enfin, ce que
« l'inquisition fit contre eux. En quoy les lecteurs
« verront les choses extrêmement curieuses et
« recherchées, qui ne les fairont pas regretter de
« la peine qu'ils se donneront dans cette lecture ».

Tout cela se trouve délayé dans treize grandes pages in-folio, d'une écriture serrée, que je ne me saurais résoudre à transcrire en entier, malgré l'intérêt qu'attache le P. Fournier à cette partie de son histoire[1]. Je me borne à vous présenter le chapitre suivant intitulé :

USAGES ET COUSTUMES QU'ON A REMARQUÉES PARMI LES VAUDOIS DES ALPES MARITIMES ET AUTRES.

« Ces hérétiques appeloient leurs docteurs *barbes*, qui est un mot piémontois, qui signifie oncle, et duquel l'on se sert dans ce pays-là vers les person-

[1] Cf. Marcellin Fornier, *Hist. génér. des Alpes*, t. II (1892), p 177-218.

nes qu'on respecte; ce qui me fait croire que les plus considérables de cette secte s'estoient establis dans le Piémont et que ceux de la montagne alloient pour les consulter particulièrement. Ils alloient, pour cet effet, à la Val-Lucerne, de laquelle Léandre marque que les peuples qui l'habitoient prenoient le nom de chrestiens, qu'ils s'assembloient à certains jours, et qu'après la prédication, leur ministre, vilain et scélérat — ce sont les termes dont il use — éteignoit la chandelle ou la lampe dans l'obscurité de la nuit, et qu'ils se méloient avec les femmes indifféremment; et c'estoit de ces sortes de conjonctions que souvent ces barbes naissoient. « Léandre, en sa description de Lucerne » (1).

« Ces maistres ne residoient pas avec eux; ils les alloient voir, une ou deux fois chasque année, suivant la disposition du principal ou supérieur de tous ces barbes, car il est constant que ces docteurs, ainsi qu'ils l'avouèrent eux-mesmes, reconnaissoient un chef, qui estoit dans la Pouille, qui les ordonnoit et leur donnoit le pouvoir d'ouïr les confessions, qui sont des choses directement opposées aux Calvinistes. Jamais l'on se nommoit ces docteurs par leur nom qu'on n'adjoustât celui de barbe, ce que j'ay leu particulièrement dans le procès d'un vieillard, qui, en 1459, en nomma jusques à neuf qu'il avoit connus. Voicy la manière qu'il les appella: barbe Benoit, barbe Henry, barbe Thomas, barbe Simon, barbe Marc, barbe Jacomin de Bargo-

(1) Jacob Spon, médecin huguenot de Lyon, en son voyage d'Italie, de Dalmatie, de Grèce et au Levant, en 1675 et 1676, tom. 2, liv. IV, pag. 71 et 72, marque, qu'en descendant du Parnasse, ils arrivèrent à un village qui est au levant de Castrie, nommé Archoux, qu'ils logèrent là chez un vieillard appelé Dimon; que les Grecs se servent du mot de *barba,* comme les Italiens, pour dire oncle, et ils le donnent par honneur aux personnes d'âge. Dans les montagnes du Gapençais et de l'Embrunais, etc., on retient quelque chose de cette expression, car les paysans, parlant d'un vieillard, disent *l'oncle Juan, l'oncle Pierre,* etc. (Note de Juvénis, en marge.)

mas, barbe Jacques, barbe Antoine Porte, barbe Jacques Ruffi.

« Cet intendant de tous les barbes s'appeloit maistre Vaudois. Après avoir fait leurs visites, ces barbes s'en retournoient dans le Piémont ou à autre part de l'Italie. Dans leurs visites, ils alloient de maison en maison, de famille en famille, où ils entendoient la confession auriculaire de chacun, tant hommes, femmes, jeunes garçons, que filles, qui estoient dans l'âge de discrétion ; ils leur bailloient l'absolution, et ils leur imposoient la pénitence de quelques 5 ou 7 *paters* ou plus, mesmes de 30, ou de certains jeûnes de vendredi et de samedi. Cela est si constant qu'il n'y a rien dont il soit plus souvent parlé dans les procez. Le premier interrogat que l'on faisoit dans l'inquisition, à ceux qui estoient accusez de cette hérésie, après le serment, estoit : Vous estes-vous confessé à quelque barbe, et depuis quel temps ? (*Confessus es alicui barbes ?* etc.) Ces confesseurs alloient mesme aux champs trouver les bergers et les jeunes bergères, et indifféremment tous ceux qui y estoient, et, après les avoir confessez, ils les catéchisoient sur les plus importantes matières de leur croyance; ils leur persuadoient que la luxure n'estoit pas un péché, à cause que Dieu avoit prononcé par sa bouche : croissez et multipliez.

« Cette doctrine estoit encore publiquement preschée dans leurs assemblées, ainsi que les autres articles touchant les prestres, les offrandes, l'eau bénite, les saints et le purgatoire. Après la confession, chacun bailloit au barbe un gros ou quelque autre pièce de monnoye, comme l'on fait encore aux curez en quelques paroisses. Les accusez, quand on les interrogeoit, s'ils croyoient bien à ce que le barbe leur disoit, répondoient toujours qu'ils luy ajoutoient une entière foy, à cause qu'ils le tenoient pour un saint homme. Leurs confessions se faisoient comme dans l'église catholique ; le pénitant à genoux, qui récitoit ses péchez et recevoit ensuite l'absolution par le barbe, qui lui disoit ces paroles en langue vulgaire : *Dio t'absolre et te pardonne comm'el pardonnet à la Maria Madalena.*

« Les barbes croyoient qu'il y avoit sept sacremans dans l'Église, ce qu'ils professèrent dans la profession de foy qu'ils envoyèrent à Albert *de Capitaneis*, lorsqu'il estoit commissaire inquisiteur ; mais ils disoient à leurs sectateurs qu'ils n'avoient commission que d'administrer seulement celuy de la confession, parce qu'ils succédoient, comme ils leur faisoient accroire, aux apostres, qu'ils se vantoient d'imiter et d'avoir la mesme authorité qu'eux. Les accusez ajoustèrent, dans leurs réponses, que ces barbes estoient appelez pauvres de Lyon, à cause qu'ils faisoient une profession particulière de posséder aucune chose ; qu'on appeloit le peuple, les brebis ou les ouailles d'Israël, et que ces maistres ou docteurs alloient par le monde prêcher et pardonner les péchez à ceux dont ils oyoient les confessions.

« Ils appeloient leur synagogue l'assemblée du conseil ; et ils n'avoient pour la tenir aucun lieu fixe, s'assemblant tantôt dans une maison, tantôt dans une grange ; ils n'avoient d'autre signe de convocation que l'heure qui leur estoit marquée. Les filles ne s'y trouvoient pas, à cause du danger qu'il y avoit qu'elles ne trouvassent point de mary, si elles s'y estoient une fois prostituées, ce qui l'emportoit sur cet avantage qu'on leur figuroit de pouvoir avoir un enfant du Saint-Esprit, si elles eussent conceu dans l'assemblée. Ils n'y recevoient pas, non plus, les jeunes garçons, de peur qu'ils ne découvrissent aux catholiques, parmy lesquels ils vivoient, tout ce qui s'y faisoit.

« Cette assemblée se tenoit toujours sur le soir ;

après souper ; les femmes estoient assises indifféremment parmi les hommes ; le barbe faisoit sa prédication ; il n'y avoit nul chant, ny devant, ny après, dans la crainte qu'ils avoient qu'on n'apprit ce qu'ils y faisoient. Il n'estoit pas nécessaire que le barbe y présidât ; il y en avoit un autre à sa place, qui estoit proche de la lampe ou de la chandelle, et on ne la tenoit que quatre fois l'an. Ils y parloient de leurs affaires, comme si c'eût esté une congrégation de la propagation de la foy ; ils y faisoient bonne chère, mangeant, beuvant et s'y divertissant, et ils la terminoient toujours par une prostitution de toutes les femmes qui y assistoient ; ce qui se faisoit de cette manière : Le barbe ou celuy qui tenoit sa place estoit toujours proche de la lampe ou de la chandelle, l'éteignoit, et ce docteur d'impureté, à la façon des sorciers dont ils suivoient les usages, crioit tout haut : *Qui tient, tienne bon ;* et alors chacun se prenoit à la femme qui lui estoit le plus proche et la connoissoit charnellement. Il ne faut pas croire que recy soit conte fait à plaisir ; les hommes et les femmes le confessent également dans leurs interrogatoires, ce qu'elles n'auroient jamais fait, si cela n'eût esté véritable, et la honte qui est si inséparable de leur sexe se seroit opposée à une déclaration si honteuse faite par-devant les inquisiteurs, si elle n'eût esté très constante.

« J'ai remarqué, dans ces mesmes interrogatoires, qu'on demande aux accusés s'ils n'avoient pas de jalousie contre les femmes, ny de querelle pour cela ; ils répondirent que non, parce que c'estoit leur coustume, et que l'un n'avoit pas sujet de se mocquer de l'autre, à cause qu'ils se rendoient la pareille. Il arrivoit aussi souvent que le barbe demandoit à quelques-uns de l'assemblée, qu'il appeloit par leurs noms, s'ils avoient des femmes auprès d'eux ; et lorsqu'on lui répondoit qu'ouy, ce docteur infâme luy répartoit : tenez-la bien. Il y a apparence que ces accouplemans se faisoient sans distinction de parenté ny d'aliance ; et il est constamment vray que, si quelque femme devenoit enceinte dans cette occasion, l'enfant qui en sortoit estoit réputé parmy eux comme conceu par l'opération du Saint-Esprit ; et si c'estoit un masle, il n'avoit pas besoin d'estre ordonné par le supérieur des barbes ; mais il naissoit barbe et maistre sacré, comme ayant esté conceu du Saint-Esprit, ce qui arrivoit particulièrement quand, dans la première assemblée, après la naissance, le fils avoit passé de main en main et qu'il avoit esté reconnu par tous les assistans qui se le donnoient l'un à l'autre ; ce qui causoit quelques fois la mort à ceux que l'on rouloit par cette cérémonie importune, de laquelle s'il échapoit, il estoit tenu pour un docteur-né et receu de tous. L'on auroit eu de la peine de me persuader tant de brutalitez et de sottises, si je ne l'avois leu dans les interrogatoires et dans les confessions, que plusieurs de ces Vaudois y firent, après les sermens qu'ils faisoient juridiquement, entre les mains des inquisiteurs, auxquels ils persistèrent toujours dans leurs répétitions, et aprez des juremans deux ou trois fois réitérez.

« J'ai encore leu, dans le procez, que si quelqu'un d'eux avoit une belle femme, qu'il craignit de la rendre commune et ne la voulût pas changer, il la faisoit asseoir proche de luy, et il se satisfaisoit avec elle. Ainsi, il se trouva de ceux qui estoient accusés, qui avouèrent l'accouplement en pleine assemblée ; mais ils ajoustèrent qu'il n'avoit jamais esté qu'avec les femmes, si bien que ceux qui avoient des femmes vieilles ou laides ou qui se plaisoient à changer, ils en cherchoient à leur gré dans ces synagogues. Il faut voir, dans Platine, un exemple de ce que je viens de dire, dans la conduite que tindrent, depuis Novare dans les Alpes, Dulcin et Marguerite, qui feurent saisis, avec leurs partisans, à main armée, par les gens que le pape Clément V° y envoya, qui mourèrent tous ou par l'épée ou par le froid des neiges, en 1311 (1).

« Depuis que ce corps de cette histoire a été composé, j'ay veu le livre que Martin, abbé de Clauzonne, a mis au jour contre Vulson [2], qui doit servir de confirmation à ce que je viens de dire. Tout ce qu'il a écrit est conforme à ce que j'ay extrait sur le procez d'Ambrun, quoique je ne l'aye jamais veu et conneu, ny conféré avec luy. Les cahiers qui manquent à ce procez lui estoient tombez en main, et il en a tiré quantité d'exemples des abominations que commettoient ces hérétiques dans leurs assemblées, auxquelles les barbes prenoient part eux-mesmes. Je n'avois pas trouvé, dans le procez, cette autre coustume des Vaudois, que cet abbé a leue dans ces cayers, de faire des oraisons particulières sur le lict, la teste sur le bas, les pieds au chevet et le visage en haut, tenans leurs parties à la main. J'aurois bien rapporté pour une plus grande preuve les noms de ceux qui estoient accusez et qui sont chargez dans les procédures; mai j'ay voulu épargner les noms propres, de peur qu'il ne restât quelques marques dans les descendans, qui fut honteuse à leurs familles.

« Les Vaudois de nos Alpes ne contractoient point de mariages avec les catholiques; ils n'avoient aucune conversation avec les gens de bien, qui auroient eu, sans doute, de l'horreur pour leurs abominations; ils n'habitoient ni les villes ni les bourgs, de peur qu'on ne les découvrit; et ils se tenoient dans des méchans villages, dans des hameaux, ou des autres lieux écartez à la campagne.

(1) Platina, *in Clemente* V°. Genebrardus, et multi alii.
[2] Gabriel Martin, de l'ordre de St-Benoît, docteur en théologie, d'abord prieur de St-Auréol à Upaix (1622), nommé abbé de Clausonne le 17 oct. 1628, auteur du livre intitulé: *Inscription en faux contre Marc Vulson de La Colombière*. Grenoble, Verdier, 1640, in-8° de 316 pages (G. VI, p. LXIX).

« J'ay découvert une coustume particulière entre eux, que j'ay creu ne devoir pas estre teue et qui se trouve justifiée par une information juridique de 1505; c'est que lorsqu'ils n'espéroient pas de vie à leurs malades ou qu'ils en estoient embarrassez, ils leur demandoient s'ils vouloient mourir confesseurs ou martyrs. S'ils répondoient qu'ils désiroient mourir confesseurs, ils les laissoient aller à la mort, suivant le cours ordinaire de la nature ; et si, au contraire, ils choisissoient de mourir martyrs, ils estoient étranglez sur-le-champ avec une corde. La chose avoit esté vérifiée par un grand nombre de personnes, qui s'estant accordées pour en faire la preuve, feurent ouvrir les tombeaux ou la terre, et ils y trouvèrent grand nombre de morts avec la corde au col, et les autres avec la marque qui y restoit encore.

« J'ay déjà marqué qu'aprez le baptême, les Vaudois lavoient en secret leurs enfans avec de l'eau, le plus promptement qu'ils pouvoient, afin d'oster l'onction du cresme que les curés leur avoient appliqué, à cause que les barbes ne baptisoient pas, et que le peuple vaudois alloit aux églises et dissimuloit sa religion. Quand ils se confessoient aux curez, il leur estoit deffendu, sous peine de grand péché, de dire qu'ils se feussent confessez des barbes, ou de découvrir le secret de leur profession.

« Le ministre Perrin, dans ce livre d'impostures qu'il a fait des Vaudois, dit qu'ils avoient six belles églises; mais cela n'est pas véritable, puisque toutes leurs assemblées se faisoient en secret, qu'ils n'avoient qu'une lampe ou une chandelle pour les éclairer dans la nuit, et qu'ils passoient le reste dans des ténèbres honteuses. Albert *de Capitaneis* adjouste, en sa relation, qu'ils tourmentoient et qu'ils renversoient mesmes les maisons de ceux qui ne vouloient pas suivre leurs erreurs. Ce ministre a fait tout un chapitre de l'inquisition, qui est rempli de faussetez et de mensonges, si grossiers et si ridicules, touchant la conduite des inquisiteurs contre ces hérétiques, et les règlemens qu'il dit avoir été pris entr'eux, pour faire dire aux accusez tout ce qu'ils vouloient, qu'il n'est pas besoin de le réfuter, puisqu'il se destruit assez de lui-mesme, outre qu'il n'a aucune preuve que celle qu'il a cherchée dans son esprit dépravé, et qu'il est ridicule de dire qu'on aye peu coucher par écrit une malice, comme si ceux qui en sont capables estoient si imprudens que d'en tracer un modèle par écrit » (1).

Parvenu à l'année 1373, notre auteur ne dit que ces mots sur notre fameux inquisiteur :

« J'ay veu des actes de 1429, qui marquent que, de son temps, vers l'an 1373, l'inquisition fit quelques poursuites en ce pays contre les hérétiques et que F. François Borelly estoit alors inquisiteur. Possible que, ou les actes manquent au procez, ou qu'il y eût si peu à faire qu'on ne daigna pas d'en dresser un plus grand verbal ». (*Ibid.* p. 374.)

S'il y eut peu à faire en 1373, vous avez vu, dans le texte de cette lettre, combien notre inquisiteur eut à travailler en l'année 1380. A cet égard, les assertions du ministre Perrin, de qui nous tenons les détails des poursuites dirigées contre les Vaudois, sont combattues par le P. Fournier, de la manière suivante :

« En 1380, F. François Borelly, inquisiteur de la foy dans ces provinces, fit beaucoup de procédures contre les Vaudois, dans ce diocèse, et il en condamna un très grand nombre. Le ministre Perrin dit que ce fut la première persécution contr'eux : mais il se trompe, car ce fut la 4ᵉ poursuite qu'on fit avec justice contre ces abominables hérétiques. Il ajouste, aux pages 114, 115 et 116, que quatre-vingts de ces errans, ayant esté arrestés, feurent, sans forme de justice, traduits et brûlez tous vifs à Gre-

(1) Le P. Marcellin Fournier, *Histoire des Alpes Maritimes*, traduction [copie] de Juvenis, p. 358 à 361).

noble; ce qui est une imposture manifeste. J'ay leu, moi-mesme, les procez, et il est instruit de tant de procédures, que je n'ay jamais veu rien de si long ny de si exact. Quelle apparence qu'on les eût traduits à Grenoble, comme si alors Ambrun y avoit quelque dépendance ! Enfin, il dit que les inquisiteurs se partageoient avec les hauts justiciers les biens des condamnés, comme si cela a jamais esté possible à des religieux. Ce Borelly, dit César de Nostradamus, estoit un personnage de grand sçavoir et d'une excellente doctrine, et d'une famille fort noble et fort ancienne, dans ce temps-là, en Provence, et qui se continue (ainsi qu'il ajouste) dans les murs de la ville d'Aix ». (*Ibid.* p. 376 et 377.)

Un pasteur protestant, né dans une des vallées vaudoises du Piémont, qui exerce son ministère à Bourdeaux, département de la Drôme, et qui descend de nos anciens Vaudois, s'occupe dans ce moment d'en écrire l'histoire : c'est M. Muston. Sur mon invitation, il a pris une copie du passage de l'histoire des Alpes Maritimes du P. Fournier, relatif à ces hérétiques. Comment expliquera-t-il les imputations mises à leur charge par cet historien d'après les procédures qu'il avoit entre les mains ? — Les premiers chrétiens furent calomniés de la sorte, nous dira-t-il peut-être ; et pourtant... Quels crimes n'a-t-on pas imputés aux Templiers lorsque leur destruction fut jurée? Notre siècle, plus éclairé et plus impartial, les admet-il comme prouvés, quoique ils eussent été avoués par la plupart d'entre eux ?... Non ; mais il doute.

NOTE B, *de la page 382.*

1372. — Juvénis (*Notes autographes,* p. 38) nous apprend de quelle manière les chanoines de Gap, ou du moins quelques-uns d'entre eux, devinrent seigneurs de Montalquier, pendant l'épiscopat de Jacques Artaud de Montauban. Le 15 mars 1372, noble André *de Podio Acuto* [1], fils de François, autrefois seigneur *de Toramena inferiori* [2], diocèse de Digne, vendit à Pierre Maurel, chapelain bénéficier en l'église de Gap [3], et à Jacques Chabespagne, de Saint-Firmin, une maison et des terres, censes, droits et devoirs qu'il possédait dans Gap, son territoire et celui de Montalquier. L'acte de vente fut reçu par Jacques Boysson, notaire impérial de cette ville, en présence de Lantelme *Philippi*, précenteur de l'église cathédrale [4], de F. Pons de Clarel, de l'ordre de Saint-Jean-de-Jérusalem, de Jean Crote, de Jacques Poncel, drapier, et de Jacques Agulhe, notaire. Pour l'observation de cette vente, les parties stipulèrent la submission à la chambre apostolique, à la cour du petit scel de Montpellier, et aux cours rigoureuses de Provence, de Serres, de Saint-Bonnet et de Montalquier, lesquelles appartenaient alors, celles de Provence, au roi de Sicile, comte de ce pays, et les autres, aux Dauphins de Viennois.

[1] Piégut ou Piégu, Basses-Alpes, arr. de Sisteron, comᵉ du cant. de Turriers.
[2] Thorame-Basse, Basses-Alpes, arr. de Castellane, comᵉ du cant. de Colmars.
[3] Pierre *Morelli* ou *Maurelli*, précenteur des églises de Valence et de Romans, vicaire général de Gap, qui fonda en la cathédrale de cette ville la chapelle de N.-D. de Consolation ou de Pitié (G. VI, p. cı).
[4] Lantelme Philip ou *Philippi*, syndic et procureur du chapitre, était précenteur le 14 octobre 1383 (G. 1721), chanoine official le 16 févr. 1406 (G. IV, p. xxxı).

XVIIᵉ LETTRE.

XIVᵉ ET XVᵉ SIÈCLES (1380 à 1407).

TRAITÉS DIVERS.

Suite de l'épiscopat de Jacques Artaud. — Nouveaux différends entre cet évêque et la ville. — Les habitants de Gap chassent les officiers de ce prélat. — Celui-ci se retire à Lazer. — Citations frauduleuses données à plusieurs habitants. — Sommation des consuls aux officiers de l'évêque relativement aux portiers de la ville. — Intervention du Souverain Pontife. — Traité du 15 mai 1383. — Personnages marquants de cette époque. — Amnistie générale. — L'évêque casse ses officiers. — Il se soumet à contribuer à l'entretien des remparts. — Violation de l'amnistie. — Jacques Artaud assiste aux états de Provence. — Libertés et franchises de diverses terres épiscopales. — Traité de 1392, sur la dîme du vin. — Prétentions de l'évêque et de la ville. — Arbitres du différend. — La dîme est fixée au 18ᵉ. — Personnes qui figurent dans le traité. — Sentence arbitrale entre Jacques Artaud et diverses communautés. — *Bréviaire* de 1393. — Hommages rendus à l'évêque. — Défense au châtelain du Champsaur d'empiéter sur sa juridiction. — Un ancêtre du connétable de Lesdiguières. — Règlement des tailles et démarcation des territoires de La Bâtie-Neuve, de La Bâtie-Vieille et de Rambaud. — Mort de Jacques Artaud. — Erreur sur son épiscopat. — La famille de Montauban et les chartreux de Durbon réconciliés. — Raymond III, 54ᵉ évêque de Gap. — Il prête hommage au comte de Provence. — Entrée de cet évêque dans Gap. — Il en trouve les portes fermées. — Elles lui sont ouvertes, après qu'il a prêté le serment exigé par la *Grande Charte*. — Il confirme les libertés et les privilèges des habitants de La Fare, de Poligny et du Glaisil. — Il transige avec toutes les communautés dont il est seigneur. — Dissertation sur le nom patronymique de Raymond III. — Prédications de saint Vincent-Ferrier dans la Val-Pute, qui devient la Val-Pure. — Jean des Saints, 55ᵉ évêque de Gap. — Octroi à lui fait par l'Empereur. — Son entrée dans Gap. — Présent à lui offert par les consuls de la ville. — Dissertation sur sa famille.

TRAITÉS DIVERS. 395

— Règlement de police de 1405. — Procès intenté par Jean des Saints et les consuls de Gap aux chanoines. — Cet évêque passe au siège de Meaux. — Notes. — Formules de la cour ordinaire de Gap. — Détails sur l'épiscopat de Jean des Saints.

1380. — La paix jurée avec tant de solennité, dans le cimetière de Notre-Dame, en 1378, ne fut réellement troublée, — voyez le bonheur ! — que dans le 1er mois de l'année 1380. Pendant cette année et demie de repos et de tranquillité, les officiers de Jacques Artaud n'avaient pas toujours exécuté ponctuellement les dispositions de la fameuse transaction : aussi, par un beau jour d'hiver, vit-on tout à coup le peuple souverain de la ville et cité de Gap prendre les armes et chasser hors de ses murs ces officiers déloyaux. Le prélat les suivit, et alors la république gapençaise ne releva plus que de Dieu et de ses magistrats municipaux. Cependant l'évêque, qui avait transféré à Lazer l'exercice de sa juridiction, fit citer, de cette terre épiscopale, plusieurs habitants de Gap à comparaître devant lui et ses officiers, avec défense aux sergents de leur donner copie des citations. Ces braves sergents, indignés d'une telle supercherie, avouèrent la chose à nos consuls, qui en demandèrent acte devant des commissaires, envoyés par le Souverain Pontife, pour prendre connaissance des différends survenus entre la ville et son seigneur.

Ceci se passait au mois de février 1380, et, le 26 juin suivant, on voyait les consuls sommer les officiers du prélat de fournir aux gardes et aux portiers de la ville le pain et le vin qui leur étaient dus. Le Pape, qui avait fort à cœur de prévenir de nouveaux troubles, permit à nos magistrats, le 10 novembre de la même année, de lever une taille de mille florins d'or, pour suivre le procès existant entre la ville et son évêque. Or, celui-ci ne voulait rien moins que se faire relever du serment par lui prêté en 1378, et de faire annuler la *Grande Charte* comme préjudiciable à son Église (1).

Cependant le pape Clément VII, par qui le procès devait être vidé, commit, en attendant qu'il le fût, le cardinal d'Albe pour administrer l'évêché, tant au spirituel qu'au temporel, et exercer dans la ville épiscopale la juridiction haute, moyenne et basse, par le moyen de ses officiers. La connaissance de l'affaire fut attribuée aux cardinaux d'Ostie et de Cosenza²), qui ne s'en occupèrent qu'avec lenteur, bien que le démêlé eût engendré bien des haines et des aigreurs entre la ville et le clergé.

Enfin, par l'entremise des nobles et puissants seigneurs Guigues Artaud, seigneur d'Aix [*de Aysio* et parent de l'évêque; Ozasiche de Flotte, seigneur de La Roche-des-Arnauds; Baudon Aynard, seigneur de Chalencon, et de messire François *Borelli*, le grand inquisiteur, à qui l'on donne seulement la qualité de docteur en théologie, et du damoiseau Arnaudin Provane, intervint un traité qui fut publié à Tallard-le-Vieux, dans le château épiscopal, le 15 mai 1383, en présence de messire Jean Feraud [*Feraudi*], official de l'évêque, de Jean *de Ruffo*, châtelain de Champsaur, et de plusieurs autres témoins, et qui fut reçu par trois gardes-notes de Gap, à savoir: Jacques Boysson, notaire impérial et secrétaire du Dauphin ; Thomas *Marcelli*, notaire impérial et de la cour delphinale de Montalquier; et Pierre Gérard, de Bardonnèche, aussi notaire impérial et delphinal.

En premier lieu, messire Jacques Artaud promit et jura de nouveau, sur les saints Évangiles, de conserver la cité épiscopale et tous ses habitants

---

(1) Archives de l'Hôtel de Ville, sac coté C, actes du 10 février et du 10 novembre 1380. — Artus de Lionne, *Rolle des évesques de Gap*. — Chorier, *Histoire du Dauphiné*, tome 2, liv. 12, sect. 2.

²) Voir de Mas-Latrie. *Traité de Chronologie*. Paris, Palmé, 1889, col. 1155.

dans leurs libertés, franchises et privilèges, tels qu'ils étaient contenus en la transaction de 1378 et confirmés par le souverain pontife Clément VII, dont la bulle fut par lui vue, lue et reconnue. Ce serment fut prêté aux représentants de la ville de Gap, à savoir : noble Lantelme Aymeric, syndic d'icelle et docteur ez droits, noble de Saint-Germain, aussi docteur ez droits ; et noble Jean *de Ruffo*, tous les trois citoyens de ladite ville ; Georges Gautier ; Pierre de La Tour [*Turris*]; Jacquemet Poncet, et autres citoyens nommés dans l'acte [cf. *Invent.* imprimé, p. 8-9].

2º Le seigneur évêque, déposant toute haine contre les habitants de Gap, leur pardonna les injures et les offenses qu'il pouvait en avoir reçues et leur remit toutes les peines qu'ils pouvaient avoir encourues, hors le cas d'homicide.

3º Il s'engagea à rétablir dans la ville l'exercice de la justice, spirituelle et temporelle, qu'il avait d'abord transférée à Lazer, et ensuite à La Baume-lès-Sisteron, en haine des habitants de Gap.

4º Il cassa ses officiers, parce qu'ils avaient trempé dans le désordre, et fomenté la division entre lui et la ville, promit d'en établir d'autres, dont la science, la réputation et les bonnes mœurs ne pourraient être suspectées, et s'engagea à ne point exercer lui-même la juridiction spirituelle et temporelle et à la commettre entièrement à ses officiers, à peine de nullité de tout ce qu'il pourrait prononcer. Ces officiers exclus des charges, si vous êtes curieux de les connaître, étaient Arnoux Châtelain [*Castellani*], Jean Moynier, Baudon et Giraud Lombard, Pierre Nicolas [*Nicholay*], Gillet Rey et Marin Vilar [*Vilarii*].

5º Il déclara que ses officiers seraient tenus de prêter serment pour l'observation des libertés de la ville avant d'entrer en fonction et de pouvoir contraindre, à la réquisition des consuls, ceux qui refuseraient de payer les tailles. — Dans le dénombrement de ces officiers, on trouve l'official, le juge, le courier, les procureurs, les notaires et le clavaire. Qu'était-ce que le clavaire ? Probablement celui qui avait la garde des clés de la ville ; mais ce nom était donné également à des receveurs particuliers ; car, dans le sens où ce mot est employé dans le traité, l'on voit que c'était un officier de l'évêque chargé de la recette de ses revenus et du paiement des dépenses de sa maison.

6° Il s'obligea de rendre tous les documents et les papiers appartenant à la communauté et qui se trouvaient dans ses archives, et de faire payer par son clavaire et exacteur de ses revenus tout ce qu'il pouvait devoir aux habitants de Gap.

7° Il se soumit à contribuer aux réparations et à l'entretien des murailles de la ville, ainsi que le droit et la raison l'exigeraient.

8° Enfin, ledit seigneur évêque consentit à ce que la transaction fut soumise à l'homologation de notre puissant protecteur, le Souverain Pontife (1).

Cette fois, vous le voyez avec surprise, la ville de Gap sortit triomphante de la lutte imprudemment engagée par son évêque, car le traité de 1383 n'est que le développement et le complément nécessaire de la charte de 1378. L'un et l'autre furent, sans doute, fidèlement exécutés dans la suite. Toutefois je suis dans le doute si, l'année suivante, il n'y eut pas violation de l'amnistie portée en l'art. 2 du dernier traité, car, deux criminels, condamnés à des amendes par le juge de l'évêque, s'étant réfugiés dans la terre de Manteyer, le procureur fiscal de Jacques Artand demanda à Guillaume Augier, coseigneur de cette terre, l'autorisation de se saisir

---

(1) Archives de l'hôtel de ville, *Livre rouge*, p. 143 et suivantes. — La transaction du 15 mai 1383 est annexée, comme la précédente, à la bulle de Pie II. — Artus de Lionne, *Rolle des évesques de Gap*. — Rochas, *Mém. inédits*, p. 49 et suiv., 1re série.

TRAITÉS DIVERS. 399

des deux réfugiés, et l'obtint (1). Peut-être que le crime était postérieur au traité. Nous devons le croire, pour l'honneur de la justice épiscopale.

S'il faut s'en rapporter à *Nostradamus*, non le sorcier, mais l'historien (p. 502), notre évêque assista, en 1390, à l'assemblée des trois états de Provence, tenue à Aix, pour s'opposer aux troubles suscités par Raymond de Turenne (2).

Ensuite, tout repose en paix, jusques vers l'année 1392, en laquelle un nouveau traité termina un ancien différend, au sujet de la dîme du vin. Avant de vous en entretenir, permettez que je rappelle un acte de munificence du seigneur Jacques Artaud. — Le 12 mai de cette même année, il accorda ou plutôt il confirma aux habitants de Rambaud, de La Bâtie-Neuve, de La Bâtie-Vieille, de Poligny, du Noyer, de La Fare et du Glaisil, toutes les libertés et les franchises dont ils jouissaient sous ses prédécesseurs. Les autres terres épiscopales ne sont pas mentionnées dans l'acte ; peut-être que les habitants en étaient soumis purement et simplement au régime du bon plaisir (3).

Sans plus divertir à autres actes, j'en reviens au différend qui s'était élevé entre l'évêque et ses chanoines, d'une part, et la ville de Gap, d'autre part, sur la quotité de la dîme du vin.

L'évêque et le chapitre, à la tête duquel l'on voyait le doyen Raymond *de Baro*, soutenaient que la dîme devait être payée à la cote douzième, ainsi que cela se pratiquait ez lieux circonvoisins. Nos consuls repoussaient le mauvais exemple donné par les communautés voisines et disaient que, dans la ville de Gap, elle n'avait jamais été payée qu'à raison du vingtième, et encore, ajoutaient-ils, par les person-

(1) Artus de Lionne, *Rolle des évesques de Gap* (Voir la note A à la fin de la lettre).
(2) *Abrégé historique*, p. 40.
(3) Artus de Lionne, *Rolle des évesques de Gap*.

nes de qui l'on tâchait de l'exiger; ils soutenaient, au surplus, que le vin métayer ou *trempe* avait toujours échappé à la dîme. — Mais, ignorez-vous donc, disait en se rengorgeant messire Arnaud *Santini*, l'un des consuls, qu'à Embrun, elle a été réduite au vingtième, et à Sisteron, à la cote vingt-cinquième ? Jarjayes, Tallard et Châteauvieux ont-ils jamais donné plus du vingtième? D'ailleurs, la ville de Gap n'a-t-elle pas toujours été fidèle à la Sainte Église ? N'est-elle pas la seule, en deçà du Rhône, qui, par le courage de ses citoyens, lui soit demeurée unie et n'ait reconnu d'autre seigneur temporel que son évêque ? Hélas! ajoutait le consul, d'un ton piteux, malgré le *Vallis pinguis* de nos archéologues, le terroir de Gap est d'une stérilité tellement déplorable qu'il faudra abandonner les vignes, si les malheureux propriétaires voient enlever, chaque année, plus du vingtième de leur récolte. Les bras manquent pour les cultiver, car les grandes guerres que nous avons essuyées ont enlevé la plupart des vignerons de nos contrées!

Ces paroles, fidèlement extraites du préambule du traité, n'avançaient pas beaucoup la fin de la dispute. Heureusement l'inquisiteur François *Borelli* était toujours prêt à suspendre ses poursuites contre les hérétiques, pour venir au secours de sa ville natale, lorsqu'elle était menacée dans ses intérêts, moraux ou matériels. Par sa médiation et celle de frère Maximin de Venterol, chevalier de Saint-Jean-de-Jérusalem et commandeur de Gap et d'Embrun, l'un et l'autre choisis par le chapitre ; par celle de Jean Feraud, licencié en droit canon et official de Gap, et d'Arnaud Baron, juge épiscopal, nommés par l'évêque; et, enfin, par celle de noble Pierre Raynaud, licencié en droit, et de Jacques de Saint-Germain, avocat, tous les deux conseillers delphinaux, et choisis par la ville et communauté de Gap, avec Jean Martin, procureur du chapitre, tout fut arrêté, conclu et terminé, le 11 juin 1392, de la manière suivante [*Invent.*, p. 9] :

D'abord, les arbitres reconnurent que messires Dragonet de Montauban, Henri de Poitiers et Jacques *de Deucio*, Gilbert de Mendegaches et Guillaume Fournier, prédécesseurs immédiats de Jacques Artaud, n'avaient exigé la dîme du vin qu'à la cote vingtième, laquelle était perçue aux portes de la ville ; seulement les magistrats municipaux refusaient de leur fournir des cuves et des pressoirs pour faire le vin. Il fut donc statué que la dîme du vin se percevrait désormais aux portes Colombe, Saint-Arey et Jaussaude, et que la porte Lignole resterait fermée pendant les vendanges ; qu'à chacune des trois portes, l'évêque et le chapitre placeraient des commis, à leurs frais, pour percevoir la dîme, laquelle était fixée à la cote dix-huitième, soit en raisins, soit en vendange.

La ville de Gap fut condamnée à faire confectionner sept cuves, savoir : trois pour le seigneur évêque, de la contenance, l'une de 300 charges de vendange, la seconde de 200 et la troisième de 150 ; et quatre pour le chapitre, de la contenance : la première de 150 charges, la seconde de 100, la troisième, destinée aux prébendés du quartier de Montalquier, également de 100 charges, et la quatrième, destinée aux prébendés du quartier de Chassagnes, de 50 charges seulement.

Les propriétaires de vignes furent soumis à porter leur dîme, savoir : les deux tiers à la maison épiscopale, et l'autre tiers dans les cuves du chapitre.

Les percepteurs de la dîme eurent la faculté, après la 18ᵉ charge introduite dans la ville, de choisir celle qui leur conviendrait le mieux ; mais les vignes franches par affitement, cense ou service, étaient exceptées du payement de la dîme.

Que si quelque habitant, violant le précepte de

l'Église, s'avisait de frauder l'impôt, il serait tenu de le payer double.

Les bonnes ménagères de la cité ne pourraient faire introduire plus de quatre paniers de raisins, pour pendre au plancher, sauf à payer la dîme de l'excédent. Au surplus, les paniers devaient être portés à la main.

Enfin, nul habitant de Gap ne pouvait cueillir son raisin, avant le temps fixé par les consuls, sous peine de confiscation de la vendange.

Ce traité *duriuscule*, pour ne pas dire dur, et qui devait verser du vin en abondance dans les caves de nos chanoines prébendés, moins pourtant que dans celle de nos seigneurs les évêques, fut passé à Gap, dans la maison canoniale. Les sires Pierre *Balbi*, Arnaud *Santelli* et Baudon Chassagnes, syndics ou consuls de la ville, le souscrivirent en son nom. Les représentants du chapitre furent messires Raymond *de Baro*, qui en était le doyen, Étienne de Piémont, Hugues Robert et Jean Vachier, tous les trois chanoines. L'évêque se représenta lui-même.

Les témoins nommés dans l'acte sont nombreux. Vous remarquerez, entre autres, noble et puissant seigneur Hugues Artaud, seigneur de La Motte-Chalencon et frère du prélat, et noble Guillaume de Montorsier, coseigneur de ce lieu et du mandement de ce nom. Pierre Fabre, d'Upaix, et Albert Garcin, l'un notaire apostolique et impérial, et le second notaire impérial et delphinal, tous les deux habitants de Gap, rédigèrent le traité et le signèrent avec les parties, les arbitres et les témoins (1).

Le 22 septembre suivant, messieurs les chanoi-

---

(1) Archives de l'hôtel de ville, *Livre rouge*, p. 142 et suivantes [*Invent.* p. 9]. — Le traité du 11 juin 1392 est également annexé à la bulle de Pie II. — Archives de la préfecture, deux copies du même traité, Ms. [G. 1117, cf. p. 6 de l'*Invent.* t. III de la série G. Rochas, *Mémoires inédits*, p. 52 et suiv., 1re série.

nes. réunis dans le jardin de leur maison, à l'abri des ardeurs du soleil, sous un toit peint, contigu à la maison de Jean Aimonet, vieux consul du temps de la *Grande Charte*, voulurent bien approuver et ratifier le traité du 11 juin, en présence du P. *Borelli*, de Giraud *Agulhe*, gardien des Frères Mineurs de cette ville, et de plusieurs autres témoins, dont vous trouverez les noms dans notre précieux *Livre rouge*, si vous voulez les y chercher (1).

Mais, avant de parler de cette ratification, j'aurais dû vous dire que, le 12 juin 1392, le lendemain du traité ratifié, une sentence arbitrale mit aussi un terme aux différends qui s'étaient élevés entre messire Jacques Artaud et les communautés de La Bâtie-Neuve, de La Bâtie-Vieille et de Rambaud, ainsi que l'annonce un arrêt rendu le 4 juillet 1384, entre Pierre Paparin de Chaumont et les mêmes communautés (2).

Le 22 septembre 1394, le prélat rendit une sentence arbitrale, par laquelle il réglait les tailles des deux premières communautés que je viens de nommer, et traçait les limites de leurs territoires (3).

De quoi s'avisait, je vous prie, le châtelain du Champsaur d'empiéter sur la juridiction de notre évêque, dans les terres par lui possédées dans la vallée du Drac ? Aussi, sur les plaintes par lui portées au gouverneur du Dauphiné, Jacques de Montmaur, fut-il fait, audit châtelain, inhibitions et défenses de ne plus empiéter sur les droits du seigneur Jacques Artaud. L'acte en fut dressé dans le cimetière de Saint-Bonnet, le pénultième jour du mois d'octobre 1394. Parmi les témoins figure un homme dont le nom s'est reproduit dans les documents du XVIe siècle, et qui s'est perpétué jusqu'à

(1) Archives de l'hôtel de ville, *Livre rouge*, p. 153 [*Invent.* p. 9].
— Rochas, *Mémoires inédits*.
(2) Artus de Lionne, *Rolle des évesques de Gap*.
(3) *Ibid.* cf. [G. 1239].

nos jours : c'est celui de Jean Lagier, notaire, *Joannes Lagerii, notarius*. Mais vous seriez-vous douté que l'acte fut reçu par l'un des ancêtres de Lesdiguières ? Cela paraît certain, cependant, car le recevant, notaire impérial et de la cour delphinale du Champsaur, avait nom Gabriel de Bonne, *de Bonna*. Maître Louis Videl n'a eu garde de nous parler de cet illustre ascendant de notre grand connétable (1).

Enfin, un acte du 3 septembre 1399, relatif à la prébende de Savournon, annonce, qu'à cette époque, messire Jacques Artaud avait cessé de vivre, puisqu'il y est dit que le siège était alors vacant (2).

En l'année 1393, il avait fait dresser le plus ancien *Bréviaire* que l'on connaisse : « De tous les bré-
« viaires manuscrits, à l'usage de l'église et du
« diocèse de Gap, dit Artus de Lionne, je n'en ai pu
« rencontrer qu'un seul, écrit sur du velin, et que
« le sieur Raymond Juvénis, procureur du roi au
« bailliage de Gap, conserve comme une pièce assez
« antique, comme il paroît, par l'inscription apposée
« en lettre rouge, tout au commencement du dit
« bréviaire, en ces termes : *In nomine Domini,
« amen. Hoc breviarium fecit fieri Guischardus Pon-
« ceti, sacrista ecclesiæ Vapincensis, ad usum et
« consuetudinem dictæ ecclesiæ ; et fuit inceptum
« feria 4ª anno domini millº cccº nonagesimo tertio,
« et fuit inceptum feria 4ª cinerum quæ fuit XIX
« februarii* » (3). C'est ce même bréviaire qu'Artus de Lionne invoque en faveur de saint *Demetrius*,

---

(1) Archives de la préfecture, acte du 30 octobre 1394. Ms. sur parchemin.

(2) Artus de Lionne, *Rolle des évesque de Gap*. [Il mourut vers le 20 août 1399; d'après une charte du chapitre de Gap, le siège était vacant le 25 août 1399].

(3) Artus de Lionne, *Rolles des évesques de Gap* — J'ignore comment ce vieux bréviaire était passé des mains des successeurs de Juvénis en celles de feu M. Delafont, ancien subdélégué et depuis, juge au tribunal de Gap. M. Amat [Clément], avocat et avoué, possède, aujourd'hui, ce précieux manuscrit [vendu en 1895 à M. Joseph Roman, ancien maire des Crottes].

notre premier pasteur, et que j'ai déjà cité, dans ma
VI° lettre [p. 95 et suiv.].

1393 à 1395. — Jacques Artaud de Montauban, si
jaloux de ses prérogatives, n'eut garde de laisser
périmer ses droits de suzeraineté. Le 12 août 1393,
il investit noble Jacques de Saint-Germain, que
vous avez vu figurer dans la transaction sur la dîme
du vin, de quelques terres, par lui acquises au mois
de juillet précédent ; et ce noble docteur ez droits
lui prêta hommage et serment de fidélité. — En
l'année 1394, plusieurs curés, prieurs ou prêtres lui
passèrent diverses reconnaissances. Et le 12 avril
1395, le même Jacques de Saint-Germain lui fit un
nouvel hommage de tous les biens qu'il possédait
dans Gap et dans le territoire de cette ville (1).

Des erreurs ont été commises, par divers auteurs,
sur l'époque de la mort de cet évêque, et, entre
autres, par le *Gallia christiana*, qui la fixe vers l'an
1392 : *Jacobus Artaudi, dei gratia, Vapincensis episcopus*, comme dans le dernier acte que j'ai cité. Sa
mort est donc postérieure à l'année 1395.

Je ne saurais terminer le règne de ce prélat, sans
faire mention d'un acte qui prouve que la famille de
Montauban vivait alors en bonne intelligence avec
celle de Durbon, et que les différends élevés entre
elles, au commencement de ce siècle, étaient tout à
fait oubliés. Par son testament, du 18 août 1395,
noble et égrège dame Marguerite de Morges, veuve
de noble et puissant seigneur Raymond de Montauban, seigneur de Montmaur, déclara qu'elle voulait
être ensevelie dans l'église du monastère de Durbon, en la chapelle qu'elle y avait fondée. Elle fit
plusieurs legs pieux, entre autres, pour faire dire
des messes, tant à la Grande-Chartreuse qu'à celle
de Durbon, et nomma, pour les exécuteurs testa-

(1) Artus de Lionne, *Rolle des évesques de Gap*.

mentaires. les vénérables pères prieurs de cette dernière chartreuse et de celle de Villeneuve (1).

Raymond III *de Baro* ou de Lioncel [1399-1404].

1399. — Raymond III, que Juvénis, les *Annales des Capucins* et l'auteur de l'*Abrégé historique* nomment Raymond *de Baro;* à qui le *Livre rouge* et Artus de Lionne ne donnent d'autre nom que Raymond; que Chorier et Rochas appellent Raymond de Lioncel²), fut élu évêque de Gap en l'année 1399 [avant le 14 octobre]. Le premier devoir qu'il eut à remplir ce fut de prêter hommage à Louis II, roi de Jérusalem et de Sicile et comte de Provence et de Forcalquier. En conséquence, le 14 octobre de la dite année, il se présenta devant le comte-roi Louis, siégeant à Aix, en son palais royal, et là, fléchissant le genou, les mains jointes et la tête découverte, il lui fit hommage-lige, pour tous les biens qu'il possédait dans le comté de Forcalquier (3).

Trois jours après, c'est-à-dire, le 17 octobre 1399, Raymond *de Baro* ou de Lioncel s'avançait pompensement vers sa ville épiscopale, dans laquelle il croyait faire son entrée, sans éprouver le moindre obstacle; mais la *Grande Charte* de 1373 était là, avec ses terribles exigences.

Arrivé près de la porte Colombe, le nouveau prélat la trouva fermée à double tour, et, tout surpris, il demanda à haute voix qu'elle lui fût ouverte. Noble Justet de Bardonesche [*de Bardoneschia*,

(1) *Chartes de Durbon* [n° 749]. Testament du 18 août 1395.
²) Mais à tort. Son véritable nom est *de Baro*, de Bar.
(3) Artus de Lionne, *Rolle des évesques de Gap*. Cet hommage se trouvait dans les archives de la chambre des comptes d'Aix. En voici la forme : *Flexis genibus, junctis manibus, capite discoperto, plene et absolute, inter manibus dicti regis Ludovici et comitis, fecit hommagium ligium et interveniente oris osculo, ad Evangelia sancta Dei corporaliter, ambabus per eum tacta, fidelitatis debitæ præstitit juramentum. Acto in regio palatio Aquensi* [Albanès, Instr. LX].

coseigneur de Sigoyer-sur-Tallard, et, qui plus est, premier syndic de la ville de Gap, — tel est le titre que l'on donnait alors aux consuls, — se montra alors sur le rempart avec ses collègues et bon nombre de conseillers, et lui cria que la porte ne serait ouverte qu'après qu'il aurait juré, sur les saints Évangiles, de maintenir et observer les libertés, les franchises et les immunités de la ville et communauté, ainsi que le porte le chapitre XXX de la transaction, intervenue entre elle et messire Jacques Artaud, son prédécesseur immédiat, et approuvée par notre saint père le pape Clément VII. L'évêque demanda qu'elle lui fût communiquée, et aussitôt Justet de Bardonesche, suivi de tout son cortège, sortit de la ville, par la porte Saint-Arey, descendit le long des murailles, et s'arrêta près du ravelin de porte Colombe *(ravellinum janue Columbe)*, où Raymond et sa suite se rendirent de leur côté. Après avoir pris connaissance de la *Grande Charte* et de la bulle du Souverain Pontife, le prélat n'hésita plus à prêter, entre les mains du noble syndic, le serment qui lui était demandé. Aussitôt, un notaire impérial en dressa l'acte, en présence de plusieurs témoins : et la porte Colombe fut ouverte au nouvel évêque, qui, sans doute, pour l'entière exécution de l'article cité, s'empressa de donner à dîner *à tous les mastes de ladite ville !* (1).

En l'année 1400, il confirma les libertés et les privilèges pour la levée des dîmes, accordés par son prédécesseur aux habitants de La Fare, de Poligny et du Glaisil.

Et le 1ᵉʳ septembre de l'année suivante (1401),

(1) Archives de l'hôtel de ville, *Livre rouge*, p. 155 et 156 *[Invent. p. 9-10]*. Tous les auteurs, cités au commencement de ce chapitre, parlent de cet incident. Je dois faire remarquer ici qu'en copiant, dans la dernière lettre, la charte de 1378, j'ai tâché de la reproduire par ordre de matières. L'acte de 1399 mentionne et devait mentionner effectivement l'art. 30 applicable dans l'espèce, lequel est devenu l'art. 2 dans l'ordre que j'ai établi [cf. G. 1509].

il transigea avec toutes les communautés dont il était seigneur, moins celle de Gap (1).

Ensuite, ne se montre plus aucun acte de son épiscopat.

Quel était le véritable nom de Raymond III? L'auteur du *Livre des annales des Capucins* et celui de l'*Abrégé historique* affirment, sans en donner aucune preuve, que cet évêque n'était autre que Raymond *de Baro*, auparavant doyen du chapitre de Gap. Juvénis s'exprime à son égard de la manière suivante : « J'ay trouvé en la transaction de 1392 que « cet évesque portoit le nom *de Baro*, et qu'il estoit « en ce temps-là doyen de l'église de Gap ». Mais de ce que le traité de 1392 mentionne un doyen nommé Raymond *de Baro*, s'ensuit-il que ce doyen soit devenu évêque de Gap? Raymond *de Baro*, qui devait connaître parfaitement toutes les dispositions de la fameuse charte de 1378, pouvait éviter, en venant prendre possession du siège épiscopal, qu'on lui fermât au nez les portes de la ville, puisqu'il savait qu'avant d'y entrer, le serment d'en observer les libertés et les franchises devait être prêté. Je ne sais, du reste, où Chorier et Rochas ont pris le nom de Lioncel; ce qu'il y a de sûr, c'est qu'il ne se trouve dans aucun des actes de l'épiscopat de Raymond III (2).

Pendant son règne, vers l'an 1400, la ville de Gap vit, avec étonnement, un grand missionnaire, suivi d'un grand nombre de disciples, traverser, en priant, la vallée de la Luye, pour se rendre dans cette Val-

---

(1) Artus de Lionne, *Rolle des évesques de Gap*.
(2) Juvénis, *Mémoires inédits*. — *Livre des annales des Capucins*, p. 52. — *Abrégé historique*, p. 40 — Rochas, *Mémoires inédits*, p. 56, 1ʳᵉ série. [Benoît XIII ne voulut jamais reconnaître l'élection de Raymond *de Baro* ou de Bar au siège de Gap; mais, à Grasse, le 17 déc. 1404, il consentit à lui donner des bulles pour l'évêché de Montauban (Albanés, Instr. LXII-LXIII). Il gouverna cette église jusqu'au 26 mars 1424, époque de sa mort (U. Chevalier, *Répertoire*, col. 2240)].

pute, naguère l'objet des violentes poursuites de Fr. François *Borelli*, où il allait combattre l'erreur, couvert des armes du ciel et nullement de celles de la terre. Ce n'était rien moins que saint Vincent Ferrier, cette grande lumière de l'ordre de Saint-Dominique, ce grand serviteur de Dieu et le thaumaturge de son siècle, comme le dit le P. Fournier, de la compagnie de Jésus. Déjà il avait parcouru la péninsule hispanique et une grande partie du royaume de France, lorsqu'il vint dans le diocèse d'Embrun, pour ramener à la foi les habitants de cette contrée, « presque barbare ». Ses prédications et les miracles qu'il opéra obtinrent le plus étonnant succès. Quelques jours suffirent pour toucher le cœur de plusieurs familles et pour les convertir. On les vit alors quitter leur humeur farouche et sauvage, « ce qui « obligea cet homme d'establir que cette vallée ne « seroit plus appelée Pute ou sale, mais Pure » (1).

Jean des Saints *(Joannes de Sanctis)* [1404-1409].

1404. — Tel était le nom du successeur de Raymond III au siège épiscopal de notre ville. Il fut élu en l'année 1404, ainsi que le prouve une procuration du 1er février de cette année ²), par laquelle il donne pouvoir de prendre possession du temporel de l'évêché et de prêter serment pour l'observation des privilèges de la ville. Avant de parvenir à l'épiscopat, Jean des Saints était chanoine de l'église de Fréjus ³), et par ses vertus, dit un de nos chroniqueurs, en était le principal ornement (4).

---

(1) Le P. Fournier, *Histoire des Alpes Maritimes*, traduction [copie] de Juvénis, p. 278 et suivantes. — Le curé Albert, *Histoire du diocèse d'Embrun*, tome I, p. 60.

²) Vieux style, c'est-à-dire 1405, suivant notre mode de commencer l'année.

³) Et, de plus, chancelier de l'église d'Amiens. Il fut désigné par Benoît XIII, pour l'église de Gap, le 17 déc. 1404 (Albanès, Instr. LXIV).

(4) Archives de l'hôtel de ville, sac côté C. — Rochas, *Mémoires inédits*, p. 56 et suiv.

Le 17 du même mois de février [1405], il obtint de l'Empereur, peut-être sans le lui avoir demandé, la permission de tenir toutes les terres dépendant de l'évêché de Gap et d'en exiger les droits (1).

1405. — Cependant ce nouveau prélat ne prit possession de son siège que le 12 avril de l'année suivante [soit 1405], par le moyen de noble Albert *Fabri*, licencié ez lois, son procureur-fondé. Le 8 octobre suivant, d'après le *Livre des Capucins*, ou seulement au mois de décembre, selon Juvénis, il faisait son entrée, avec applaudissement de tous les ordres de la ville, après avoir juré, sans la moindre opposition, devant la porte Lignole, l'observation de ses privilèges ; aussi les consuls lui firent-ils présent d'un navire d'argent sorti de l'orfèvrerie d'Avignon (2). [Voir p. 418].

Appartenait-il à la famille des *Sanctis*, de Pignerol, dont parle Augustin *della Chiesa*, de Saluces (au ch. 5 de la 1re partie de la *Couronne royale de Savoie*), laquelle famille possédait des terres et des châteaux en ce pays-là, et qui était originaire du Montferrat ? Était-il issu de cette noble famille dauphinoise, du même nom, de laquelle Marie de Delphinel entretient ses lecteurs, en la 2e partie d'un ouvrage dont j'ignore le titre, aux questions 39 et 551 ? C'est ce que Juvénis et moi ne saurions vous dire (3).

Le premier soin de notre évêque fut de dresser, le 3 février 1405 [soit 1406], sur la réquisition des consuls, nobles Pierre *Balbi* et Giraud de Poligny, un règlement de police, « fort utile à la chose publi-

---

(1) Archives de la préfecture, Inventaire de production pour messire Pierre Marion, évêque de Gap, Ms.

(2) *Livre des Capucins*, p. 52. — Juvénis, *Mémoires inédits* et *Notes autographiques*, p. 15. L'acte de prestation de serment fut dressé par Thibaut de Bénévent, notaire, le 8 octobre 1405, ainsi que le rapporte Juvénis, en ses *Notes autographes*, d'accord, sur ce point, avec le *Livre des Capucins*.

(3) Juvénis, *Mémoires inédits*.

« que, dit le préambule de cet acte, pour que les
« victuailles soient bonnes, pures et par juste et rai-
« sonnable prix ». En conséquence, chaque année,
deux prudhommes, de science et d'expérience certaines, devaient être nommés par les consuls ou
syndics de la ville, pour veiller à la stricte exécution du règlement, prêter serment entre les mains
du courier, chargé des poursuites et des condamnations, et lui rapporter fidèlement toutes les contraventions qui seraient commises [G. 1154 ; cf.
Invent. de Gap, p. 10].

Un seul poids et une seule mesure (ceux de la
ville) étaient tolérés. Le courier et les syndics
réglaient le taux du pain, « de sorte que si l'émine
« de froment, ou avoine, ou bled, duquel lesdits
« pains seront faits, vaut ou se vend dix sols ou
« *barbarins* (1), que le prix soit constitué audit pain ;
« sy quatorze, autre prix ; et ainsy montant jusques
« à la valeur de trente-deux sols, sy tant il se van-
« doit, *que Dieu ne veuille*. S'il se vandoit moins,
« *que Dieu le permette*, à proportion et mesme que,
« par lors, sera trouvé bon, par lesdits coriers et
« scindiques, soit ordonné et constitué lesdits
« poids et prix dudit pain ».

Une fois, chaque semaine au moins, le courier et
les deux prudhommes devaient visiter les pains
exposés en vente. S'ils n'avaient pas le poids ou
s'ils étaient de mauvaise qualité, ils étaient confisqués et distribués aux pauvres, et le coupable
condamné à cinq sous réforciats d'amende. Si ce
dernier avait sciemment fraudé, il devait être puni,
selon le bon vouloir du juge : *arbitrio judicis*.

Que s'il était reconnu, dans le pain, un mélange
d'avoine ou d'une autre substance propre à le rendre plus pesant, ce pain était également confisqué

---

(1) *Si panis. . valent decem solidis seu barbarinis*, etc. Ainsi, à
cette époque, les sous dans Gap s'appelaient des *barbarins*.

et distribué aux pauvres par le courier, et le coupable puni *arbitrio judicis*.

« Comme les chairs morbeuses, corrompues et pestiférées, sont grandement contraires à la santé des humains », le courier et les prudhommes devaient se rendre à la boucherie, une fois au moins par semaine. Les chairs corrompues ou pestiférées étaient saisies et brûlées, sur la place publique ; celles qui n'étaient qu'enflées étaient confisquées, et le vendeur des unes et des autres était condamné à cent sous d'amende.

Les bouchers qui vendaient des brebis pour du mouton, de la vache pour du bœuf, étaient condamnés à dix sous, et les viandes fallacieuses étaient confisquées.

« D'autant que les immondices et villainies rendent l'air pestilant », les bouchers devaient tenir propre le devant de leurs maisons, sous peine de cinq sous d'amende. Ils ne devaient pas laisser le sang des bestiaux s'épandre dans la rue, mais ils devaient le recueillir dans un vase, sous la même peine, en cas de contravention.

Quiconque voulait exercer la profession de boucher était examiné par les anciens bouchers, en présence du courier, et jurait, entre les mains de ce dernier, d'exercer sa nouvelle profession sans fraude, dol ou monopole, et de garder les précédents statuts. En cas de contravention, il était puni de dix livres *reforciatorum* d'amende. Que s'il consentait seulement au monopole, il devait payer également les dix livres d'amende, sans miséricorde.

Si, sur l'interprétation du règlement, il y avait dissentiment entre le courier et les prudhommes, le courier et les syndics nommaient deux ou trois autres prudhommes, qui se joignaient aux premiers, pour vider le différend.

Nul revendeur ne pouvait acheter des œufs, des

fromages, « ni aultres vituailles menues », qu'après leur exposition sur les places publiques, sous peine de dix sous.

La peine de cinq sous seulement était applicable au revendeur qui sortait de la ville pour aller au-devant des producteurs de venaison, « soit perdrix, « gelines, chapons, poulets, chevreaux, agneaux, « fromage, œufs et autres menues vituailles », et en achetait pour les revendre. Ce qu'il avait ainsi acheté était, au surplus, confisqué ; mais la défense ne s'étendait pas aux temps de foire : les revendeurs pouvaient, alors, faire des achats dans les lieux situés hors des murailles de la ville où les foires se tenaient.

Dans tous les cas, soit dedans soit dehors, il leur était interdit d'acheter pour revendre, avant que la cloche de la grand'messe se fût fait entendre, sous peine de voir confisquées ladite venaison et lesdites victuailles, et de payer cinq sous pour chaque fois.

Les vendeurs de venaison et de victuailles, puisque victuailles il y a, étaient tenus de découvrir leur marchandise en entrant dans la ville, sous peine de confiscation au profit du seigneur. Toutefois, étaient exemptes les venaisons apportées par des étrangers pour faire des présents et donner aux citadins.

Venait ensuite la sûreté des maisons contre les voleurs et les filous. Les serruriers devaient refuser leur ministère à toute personne suspecte ; si on leur demandait une clé, ils ne devaient la livrer qu'après avoir vu la serrure à laquelle elle était destinée. Quant aux clés des serrures publiques, les serruriers devaient bien se garder d'en fabriquer, avant d'en avoir prévenu le seigneur évêque ou son vicaire, à moins qu'elles ne fussent destinées aux portes appartenant à la ville ; dans ce cas, ils pouvaient les faire et les délivrer, sur la réquisition des syndics. Les contrevenants à cet article étaient punis d'une amende de dix sous.

Que si quelqu'un se présentait à un serrurier avec une clé pour en demander une semblable, il devait éprouver un refus, car le fabricant devait voir la serrure pour laquelle la clé était demandée, sous peine de dix livres *reforciatorum*, et d'être tenu comme coupable du mal qui pourrait en résulter.

Le courier était chargé spécialement de l'exécution de ce règlement, et de le faire publier, à son de trompe, tous les ans, chaque jour de foire.

Le dernier article porte qu'il a été accepté par le seigneur évêque, d'une part, et par les syndics et les conseillers de la communauté, d'autre part : protestant, le premier, qu'il n'entend nullement déroger à sa juridiction, et les autres, aux franchises et libertés de la ville de Gap.

Dans la suite, c'est-à-dire le 15 des kalendes de mai 1461, le souverain pontife Pie II voulut bien confirmer ce règlement et menacer de l'indignation de Dieu omnipotent, et des bienheureux apôtres saint Pierre et saint Paul, les audacieux qui ne l'exécuteraient pas dans toutes ses parties (1).

1406. — Cet acte, qui ferait honneur aux intelligences municipales de notre époque, nous montre que la plus parfaite harmonie existait, — chose assez rare, — entre le prélat et les habitants de sa ville épiscopale ; aussi les vit-on, en 1406, se réunir pour intenter, devant la cour pontificale de Rome, une action contre le vénérable chapitre de Gap, dont les chanoines, sous prétexte de leurs privilèges,

---

(1) Archives de l'hôtel de ville, règlement du 3 février 1405 [v. st.], à la suite de la bulle de Pie II [*Arch. de Gap*, AA 19, p. 26 de l'Inv.]. Je me suis servi pour les citations textuelles d'une vieille traduction faite, je pense, dans les premières années du XVIIe siècle.

faisaient citer les habitants de cette ville devant le conservateur de Carpentras et les tiraient ainsi à la juridiction ordinaire. Pour quel objet ? Juvénis va nous le dire : « Et parce que l'avarice se mesle quasi
« toujours à la violence et que ce mesme chapitre
« exigeoit extraordinairement des obsèques et fai-
« soit un trafic infâme et insupportable d'une chose
« qui doit estre gratuite et libre, et sur laquelle les
« plus insatiables publicains n'ont jamais rien
« imposé, il se joignit (l'évêque) à l'instance que les
« consuls en avoient fait, par-devant le Pape, et ne
« regreta point le titre de plaideur, que saint Paul
« dit estre si opposé à la prélature, pour la gloire
« de Dieu et la réputation de son épouse » (1).

Les consuls de cette année se nommaient Jean [*lire* Pierre] *Balbi* et Jean *Thomacii*, nobles l'un et l'autre [2]).

Malheureusement, notre prolixe et moral chroniqueur ne nous fait pas connaître l'issue du procès intenté aux chanoines rapaces des premières années du XVe siècle, mais Jean des Saints dut quitter la ville de Gap pendant l'année 1406, ou l'année suivante [3]), pour se rendre à Meaux, dont il occupa le siège épiscopal le reste de sa vie, à moins qu'on ne lui attribue, comme l'a fait M. Rochas, les actes qui appartiennent à Antoine Juvénis, son successeur, dont cet écrivain a nié obstinément l'existence, malgré Raymond Juvénis, arrière-neveu de ce dernier prélat, Nicolas Chorier, Artus de Lionne et les documents qui se trouvent aux archives du chapitre de Gap. — Jean des Saints vivait encore en 1452 (?),

1) Juvénis, *Mémoires inédits*. Épiscopat de *Joannes de Sanctis*.
2) Cf *Inv. des arch. de Gap*, BB. p. 39.
3) Jean des Saints accompagna, en 1406 et 1407, le roi Louis II à Marseille, à Tarascon, à Avignon, etc. En 1409, il assista au concile de Pise, comme envoyé de ce prince et s'y trouvait au moment de l'élection du pape Alexandre V. Le 20 août 1409, il fut transféré à Meaux, y fit son entrée le 27 novembre et y mourut le 20 septembre 1418 (Albanès, *Gallia*, col. 507).

puisqu'il assistait, le 1er juin de cette année, avec Guillaume de Paris et plusieurs autres grands dignitaires, à la réformation de l'université de cette dernière ville, opérée par le cardinal d'Estouteville, légat du Saint-Siège (4).

Gap, le 21 mai 1841.

NOTE A, *de la page 399.*

1384. — « Les actes de la cour ordinaire de Gap estoient marqués du nom des papes, ainsy que j'ay trouvé dans un acte d'appel, interjecté d'une sentence rendue par le juge de Gap, qui est en ces termes : *In nomine Domini. Amen. Anno incarnationis ejusdem millesimo trecentesimo octuagesimo quarto, indictione septima, die vero, etc., mensis novembris, pontificatus sanctissimi in christo patris et domini nostri Clementis divina providentia papæ septimi anno, etc. Constitutus in consistorio curiæ civitatis Vapincensis, ubi ab antiquo est consuetum jus reddi, etc. Coram, etc. et circumspecto viro domino Arnaudo Baronis, in decretis bacalaureo, vice judice, Vapinci, in dicta curia, de mane, tertiarum hora munerata, pro tribunali sedente ad jura reddendum, etc. Joannes Brutinelli exhibuit, etc.* Et après, dans ce mesme acte, est contenue la formule de l'appellation, laquelle estoit par-devant le juge d'appeaux

―――――
(4) Juvénis, *Mémoires inédits.* Rochas, *Mémoires inédits,* p. 71 et suiv. 2e série. — Voir la note B ci-après.

de Gap, ou par-devant le métropolitain d'Aix, ou par-devant le Saint-Siège, ou l'auditeur de la Chambre apostolique, ainsi qu'il appert dudit acte d'appel, signé *Giraudi Lombardi*, notaire ; auquel il est porté expressément : *A dicto domino judice infra tempus, etc., ad dominum judicem appellationis totius curiæ temporalis ecclesiæ Vapincensis seu ejus cameræ generalis auditorem seu ad illum, etc., ad quem vel ad quos presentis appellationis cognitio de jure vel de consuetudine melius poterit pertinere, etc., provoco et appello, etc.* ». (Juvénis, *Notes autographes*, page 5.)

NOTE B. *de la page 416.*

1405 et 1406. — Voici encore quelques détails sur l'épiscopat de Jean des Saints, recueillis par Juvénis, dans ses notes autographes :

« *Die 9ᵃ mensis octobris dicti anni* (1405), *D. Syndici (Petrus Balbi, jurisperiti, et Giraudi de Poliniaco), juxta præceptum per dominum bajullum, eisdem factum, miserunt ad passus prædictos XL homines armatos et nobilem Ant. Veteris, ut capitaneum ipsorum, cum 4ᵒʳ aliis hominibus et quinque equis, qui pro una dezenia computantur, etc.* Il appert, à la suite, par une conclusion du conseil du 19 du susdit mois et an, que cette troupe n'y demeura que sept jours et que chacun de ces piétons tiroit de solde deux florins et demy d'or pour quinze jours de service [1].

« Par une autre conclusion, du 8 de novembre audit an, [il est dit] qu'on bailleroit les clefs de porte Lignolle à noble Albert d'Aspres, à charge que luy

---

[1] Le registre des délibérations de 1405-1406, duquel sont tirés ces extraits et les suivants, n'a pas été retrouvé. On possède celui de 1406-1408 (BB. 2, p. 39-42 de l'*Invent.* imprimé).

et son fils Arnoux jureroient qu'ils ne laisseroient point entrer de vin estranger dans la ville ; ce qu'ils firent, jurant, sur l'autel de l'église de Saint-Estienne, en présence de deux du conseil. Par la mesme conclusion, ils depputèrent nobles Jean *Saureti*, docteur ez droits, et *Guillelmus Veteris*, pour aller au-devant de l'évêque *Joannes*, avec deux hommes et quatre chevaux, aux despens de la ville. Et le 20° du mesme mois, ils depputèrent, avec lesdits nommez, quatre autres, tant ecclésiastiques, nobles et bourgeois, pour aller au-devant dudit évesque, jusques à Grenoble, avec quatre valets et dix chevaux.

« Et le 15° de décembre, il fut ordonné, par une conclusion du conseil, à tous ceux de la ville qui avoient cheval, de leur aller à la rencontre jusques à Saint-Bonnet : et il fut encore résolu de luy faire un présent d'une paire de bœufs et de dix moutons.

« Le 7° du dit mois, il fut encore conclu audit conseil, qu'on fairoit faire en Avignon un navire d'argent, du poids de 12 marcs, pour le luy présenter: *pro suo jucundo adventu nomine universalis* [1]).

« L'an 1406, le 6° jour de may, noble Jean *Balbi*, jurisconsulte, et noble Jean *Thomacii*, sindics de Gap, s'en allèrent trouver *Joannes*, évesque dudit Gap, pour le supplier de leur permettre, selon les coustumes et libertez de la ville, de vendre les *rères*, poids et impositions sur le sel, qu'on avoit levées sur les habitans pour faire fortifier la ville: ce que ledit *Joannes* leur accorda facilement, pour deux ans, ainsy qu'il appert du livre consulaire des-

---

[1]) Le syndic Jean *Thomacii*, le 1ᵉʳ novembre 1407, paya, pour reste du prix de ce navire d'argent, la somme de 88 florins 14 sous 3 deniers, *alias* 88 florins 7 gros 1 patac (BB. 2, p. 42 de l'*Invent.* imprimé). Antérieurement, le 7 juillet 1406, Jean *de Gangaymerus* ou bien *Gangeymerus*, habitant d'Avignon, reconnut avoir reçu de Jean Thomas, pour la façon de la boëte ou étui *(lo stoy)* du navire d'argent susdit, 3 florins d'or de cours à Avignon, *alias* 3 florins de bonne monnaie *(ibid.)*. Cf. p. 410.

dits Jean *Balbi* et *Thomacii*, de l'année 1406 [BB. 2; *Invent.*, p. 39'].

« Les susdits syndics présentèrent audit *Joannes*, le 15 d'octobre dudit an, le navire d'argent qu'ils avoient fait faire en Avignon, qui le receut avecque joie, et leur en fit de grands remerciemens [*Ibid.*, p. 40].

« Le pénultième du mesme mois (de mars), ils depputèrent noble Jean *Saureti* [1]) et Giraud Lombard, pour aller, avec deux vallets et quatre chevaux, à Marseille, pour avoir des inhibitions sur les appellations interjectées *per dominum Falconem Santelli*, et pour présenter une supplique au Pape, sur le fait des fortifications, *et mortalagia, quæ minus extentissime recuperantur;* mais on chargea les dits depputez, avant toutes choses, de passer en Avignon et de prendre le conseil d'un noble *Juvénis*, qui est qualifié advocat de l'évesque, sur tout ce qu'ils avoient à faire. Et le premier avril audit an [1406], l'on chargea encore ledit noble Jean Sauret de prendre un conseil advisé, touchant les termes de la supplique, et de sçavoir et s'informer, pour voir s'il la pouvoit faire en termes généraux, et si l'évesque seroit compris, en demandant au Pape seulement que les gens d'église fussent contribuables aux réparations des murailles et aux fortifications, ou bien s'il les falloit nomément comprendre. Et encore il fut chargé, par délibération du conseil, de demander un monitoire contre ceux qui gardoient et détenoient les anciens statuts, observez de tout temps, touchant les mortalages, et tous les autres papiers et documens concernant les différens cy-dessus mentionnez.

« L'an susdit 1406, on bastit un clocher en la maison consulaire, et lesdits Jean *Saureti* et Lombard, syndics, demandèrent permission, le 14 mars, Joan-

[1] Jean Sauret, docteur en droit, jurisconsulte, était consul de Gap, le 18 mai 1413 et le 12 nov. 1414 (AA. 6; *Invent.* p. 24').

ni de Sta *Maria, vicario generali in spiritualibus et temporalibus D.* [*episcopi* de construire ce clocher. Il ne leur refusa] pas seulement, mais encore il leur promit un pot de cuivre pour cela »[1]). Juvénis, *Notes autographes,* p. 15 et suiv.

[1]) Les mots entre crochets manquent dans le ms. de Gautier.

XVIIIᵉ LETTRE.

XVᵒ SIÈCLE (1407 à 1442).

DÉMÊLÉS MUNICIPAUX.

Antoine *Juvénis*, 56ᵉ évêque de Gap. — Sa naissance. — Illustration de sa famille. — Charges dont fut revêtu cet évêque. — Il suit le parti de Benoît XIII et Alexandre V lui donne un concurrent. — Il prend possession du siège et jure les libertés du chapitre. — Antoine Juvénis se déclare pour le pape d'Avignon. — Il est arrêté par ordre du roi de France. — Il assiste au concile de Pise comme ambassadeur du roi de Sicile. — Diverses opinions sur l'épiscopat de cet évêque. — François-Alexis *de Siregno*, 57ᵉ évêque de Gap. — Il siège peu de temps dans cette ville et passe à l'évêché de Plaisance. — Sa mort — Erreurs chronologiques sur l'épiscopat de Siregno. — Ordonnance en faveur de la chartreuse de Durbon. — Léger *d'Eyrargues*, 58ᵉ évêque de Gap. — Ses ancêtres. — Il renouvelle l'ordonnance de son prédécesseur en faveur de Durbon. — Violences et usurpations de divers seigneurs sur la ville de Gap. — Lettres du Pape en faveur de ses libertés municipales. — L'évêque en obtient la révocation. — Voyages des consuls à Rome et à Constance. — Procès entre la ville et Léger d'Eyrargues. — Confirmation des lettres conservatoires du Pape. — Imposition sur l'avoine et sur le foin. — Procès de l'évêque avec Guillaume de Roux. — Les cent hommes d'armes requis par le Dauphin. — Plaintes contre les officiers de ce prince. — Les cent hommes sont fournis. — Assassinat du duc de Bourgogne. — Rebellion des habitants de Gap envers le comte de Provence. — Ils sont soutenus par l'évêque. — Ce dernier est dépouillé de sa seigneurie d'Eyrargues. — La ville est contrainte d'envoyer cent hommes d'armes au comte-roi. — Engagement des trésors de l'église. — Droits utiles et honorifiques de l'évêché. — Louis, 59ᵉ évêque de Gap. — Quelques actes de son épiscopat. — Jehanne la Pucelle. — Guillaume VIII, 60ᵉ évêque de Gap. — Ses armes. — Plaintes de la ville contre l'official de cet évêque. — Soulèvement des habitants. — L'official est révoqué et ensuite rétabli. — Nouveau soulèvement des habitants. Ils recourent au légat du Saint-Siège. — Plaintes contre l'administration de Guillaume VIII. — Sa mort. — Note. Détails sur les actes de cette époque.

Antoine Juvénis (1409-1411).

« *Neque ego...*
« disait *Velleius Paterculus*, parlant de ses ayeux,
« au 2ᵉ livre de l'Histoire romaine. Ainsi je puis
« dire, au commencement du récit que je vais faire
« de cet évêque de ma famille, que je rapporterai
« fidèlement tout ce que j'en ay veu, et tout ce que
« j'en ay appris; et je croirois faire tort à la vérité,
« si la retenue qu'on doit avoir pour tout ce qui
« peut estre avantageux me faisoit anéantir, par un
« silence injurieux à la postérité, ce que je dois à
« ma patrie et à la mémoire d'un illustre prélat ».

Qui donc s'exclame de la sorte sur un tout petit évêque, tellement *illustre* que son existence même est niée par une de nos plus exacts chroniqueurs? — Ce ne peut être, vous l'avez déjà pressenti, que son très noble arrière-neveu Raymond Juvénis, notre *très illustre* compatriote.

Or, notre historien commence, selon sa louable habitude, par nous apprendre quel fut le lieu de naissance d'Antoine Juvénis, et de quelle illustre race il descendait en ligne directe. La ville de Gap eut l'honneur de le voir naître dans son sein. L'on ne saurait dire précisément à quelle époque. Il était issu de la famille des Juvénis, sortie des vicomtes de Marseille par un Geoffroy et un Guillaume appelé *Juvénis,* parce qu'il était le plus jeune de ses frères, ainsi que notre grand chroniqueur l'avait lu dans un mémoire de l'an 1410, transcrit en marge d'un registre de la maison consulaire de Gap, et dans le livre du chapitre de cette même ville.

Au surplus, le R. P. Pagi lui avait fait connaître les anciennes armes des vicomtes de Marseille et

même leur cri de guerre ; mais tout cela était déjà
changé au temps d'Antoine Juvénis, qui, en ses
armoiries, portait *d'argent au frêne de sinople, au
chef d'azur chargé d'une simple croix d'or*. On voyait
encore, dans je ne sais quelle empreinte, un évêque
vêtu pontificalement, portant la crosse d'une main
et donnant la bénédiction de l'autre ; et à l'entour
d'un écu les mots suivants : ANT · EPIS · VAPIN...
Au revers, la main de ce prélat ayant les doigts
courbés, avec ces mots : DEXTERA B. ARNULFI.
Enfin, le père de notre nouvel évêque n'était rien
moins, en 1383, que chambellan et capitaine de
Louis Ier, roi de Sicile et de Jérusalem, et l'un de
nos grands suzerains, en sa qualité de comte de
Provence et de Forcalquier.

Antoine Juvénis eut, en outre, un frère aîné nommé Jean, qui assista, de ses conseils et de son bras,
la reine Marie et Louis II, son fils, en la guerre
qu'elle eut à soutenir contre le vicomte de Touraine [1]).

Maintenant, quels sont les actes de notre évêque,
avant et depuis son entrée dans l'épiscopat ? Les
premières années de sa vie sont ignorées de Raymond Juvénis lui-même. Ce dernier savait seulement que les connaissances d'Antoine Juvénis et
l'expérience qu'il avait acquise dans les affaires lui
avaient fait obtenir la charge de chancelier. En
quelle année ? notre chroniqueur l'ignorait ; mais
une lettre qu'il avait lue dans le livre des assemblées de la maison consulaire de Gap, écrite aux
syndics par notre évêque, le 2 des kalendes d'août,
lui avait appris que le roi Louis II, sachant que les
Florentins montraient de l'aversion pour Ladislas,
qui s'était maintenu dans l'usurpation de son
père (2), fut porté par Antoine Juvénis et quelques

[1]) Raymond de Beaufort, vicomte de *Turenne*, qui avait levé
une armée de routiers, au-delà du Rhône. (Cf. p. 399.)

(2) Ladislas, âgé de dix ans, [fils de Charles III, né en 1375, ✝ à

autres membres de son conseil à leur envoyer des ambassadeurs, pour traiter d'une ligue qui fut réellement conclue à Pise, en 1408, avec la condition que les Florentins porteraient toutes sortes de troubles et d'empêchements à la souveraineté de Ladislas.

Le roi Louis s'étant rendu à Pise, en 1409, époque où un concile y était assemblé, notre prélat n'hésita pas à y suivre son maître, bien que le pape Alexandre V, élu par le Concile, lui eût donné un concurrent à l'évêché de Gap et qu'il eût suivi le parti de Pierre de Lune (Benoît XIII) : car, en ce moment, le nombre de souverains pontifes s'éleva jusqu'à trois. Juvénis pense que ce dernier pontife, par lui flétri du nom d'antipape, appela Antoine au siège de notre ville, ou, du moins, qu'il confirma son élection ; et que celui-ci, étant de retour de Pise, où il avait assisté à la cérémonie de l'investiture du royaume de Sicile, donnée par Alexandre V à Louis II, prit enfin possession de l'évêché de Gap [1].

Antoine Juvénis se trouvait, en effet, dans cette ville, le 4 septembre 1410 : car, ce jour même, il fut invité à se trouver au chapitre comme chanoine : il s'y rendit, et, sur la prière qui lui en fut faite, il jura d'observer les statuts, libertés et privilèges de cette compagnie [2]. Du reste, son arrière-neveu n'a rien appris de ce que devint ensuite notre évêque, ni de quelle manière se termina le différend qui s'éleva entre lui et le concurrent que le pape Alexandre lui avait donné (3).

Naples, le 6 août 1414), avait été proclamé roi de Naples en 1385 [en 1377], au moment où le pape inféodait ce royaume à Louis II d'Anjou, âgé de huit ans. [Né à Toulouse, le 7 octobre 1377, roi de Naples en 1384, couronné à Avignon, le 1er novembre 1389, mort à Angers, le 29 avril 1417.]

[1] L'abbé Albanès pense également qu'Antoine Juvénis fut nommé au siège de Gap par Benoît XIII, en 1409, et qu'il fut sacré en 1410 (*Gallia*, col. 509).

[2] Le 27 sept. 1410 (G. 1500).

(3) Juvénis, *Mémoires inédits*. Épiscopat d'*Antonius Juvenis*.

Raymond Juvénis, de qui j'ai extrait tout ce qui précède, n'aurait-il rien dissimulé sur son illustre parent ? Voyons ce qu'en dit son ami Chorier :

— Vous avez vu qu'avant la tenue du concile de Pise, une grande division se montrait au sein de l'église universelle. Au lieu d'un seul vicaire de Jésus-Christ, nos ancêtres en avaient deux : l'un siégeait à Avignon, sous le nom de Benoit XIII ; l'autre occupait la Ville Éternelle et se nommait Grégoire XII [1] ; et le roi très chrétien, dauphin de Viennois et comte de Gapençais, était fou [2]. Comme vous le pensez bien, chacun des deux pontifes avait ses partisans : mais le plus zélé, le plus agissant pour Benoit et le plus appréhendé par Grégoire, c'était Antoine Juvénis. Le roi de France, qui s'était déclaré pour le pape de Rome, fit arrêter notre évêque, avec l'abbé de Saint-Denis, et, pendant quelques mois, ils eurent, l'un et l'autre, le Louvre pour prison : ensuite, la liberté leur fut rendue. Chorier parle, plus loin, des assemblées de l'église gallicane, tenues à Paris en 1407 et 1408, où furent appelés et remplacés les évêques du Dauphiné, et du concile de Pise, où les deux papes furent déposés et remplacés par Alexandre V [3]. L'évêque de Meaux parut à ce concile, comme ambassadeur du roi de France, et l'évêque de Gap, comme ambassadeur du roi de Sicile. Alors la chrétienté devint un *corps à trois têtes*, car les papes déposés n'obéirent nullement aux décrets de Pise, et le schisme ne fut dissipé que par le concile de Constance, ouvert le 5 novembre 1409 (4).

Qu'est-ce à dire ? s'écrie Joseph-Dominique Rochas, sur ce passage de Chorier : « Nous n'avons

---

[1] Ange *Corraro*, né à Venise vers 1325, élu pape le 30 nov. 1406, déposé le 5 juin 1409, † 18 oct. 1417.

[2] Charles VI, roi de France le 16 sept. 1380, † 21 oct. 1422.

[3] Pierre *Filargo*, archevêque de Milan, élu le 29 juin 1409, † à Bologne le 3 mai 1410.

(4) Chorier, *Hist. du Dauphiné*, tom. 2, liv. 12, sect. 12, 14 et 15.

« aucun évêque de Gap du nom de Juvénis, ni
« même du nom de baptême Antoine. Le véritable
« nom de l'évêque dont il s'agit ici, étoit Jean des
« Saints, en latin *Joannes de Sanctis*. Chorier a été
« induit en erreur dans ce changement de nom,
« et il est facile de conjecturer qui en fut l'auteur ».
Voir [p. 427] le trait relatif à Raymond Juvénis (1).

Et pourtant tous nos auteurs l'ont admis. Indépendamment de Chorier et de Raymond Juvénis, qui ont assez bien prouvé son existence, je puis vous citer : 1º le savant Artus de Lionne, qui, dans un extrait, tiré des archives du chapitre de Gap, par *B. de Motta,* notaire, avait lu ce que Juvénis avait trouvé dans l'original, c'est-à-dire que « le R. P. en
« Dieu Antoine, évêque de Gap, fut invité de se
« trouver au chapitre, en qualité de chanoine, et y
« estant, il fut prié de jurer qu'il garderoit les sta-
« tuts, leurs libertés et privilèges ; ce qu'il fit à
« l'instant, le 21 septembre 1410 » (2).

2º Le *Livre des Annales des Capucins,* qui rapporte le même fait (3).

3º L'*Abrégé historique de l'église et des évesques de Gap,* qui abrège Chorier et Juvénis. Par une inadvertence fort singulière, l'auteur de cet opuscule attribue tout à la fois à ce dernier évêque et à Jean des Saints, nommé Jean Juvénis par les frères de Sainte-Marthe, la présence d'un évêque de Gap au concile de Pise, bien que les notices qu'il leur a consacrées se trouvent dans la même page du manuscrit (4).

4º Enfin, un auteur plus récent, M. l'abbé Aurel, qui cite les paroles d'Artus de Lionne. Mais c'est Jean des Saints qu'il fait assister au concile de Pise et non Antoine Juvénis. De là deux erreurs chrono-

---

(1) Rochas, *Mémoires inédits,* p. 71 à 73, 2ᵉ série.
(2) Artus de Lionne, *Rolle des évesques de Gap.*
(3) *Livre des Annales des Capucins,* p. 52.
(4) *Abrégé historique,* p. 40 et 41.

logiques, l'une, en étendant l'épiscopat du premier jusqu'à l'année 1410; la seconde, en faisant régner le second de 1410 à 1412. Je vous montrerai bientôt un titre qui prouve qu'en 1410, Alexis, successeur d'Antoine, occupait déjà le siège de Gap (1).

Quant au trait relatif à Raymond Juvénis, auquel nous renvoie M. Rochas, vous le connaîtrez dans toute son étendue, lorsque je m'occuperai de la biographie de notre chroniqueur. M. Rochas, possesseur de quelques fragments de l'*Histoire du Dauphiné*, mais qui ne connaissait pas les *Mémoires* de son prédécesseur, croyait avoir trouvé que la famille des Juvénis, loin de descendre des vicomtes de Marseille, était tout simplement issue d'honnêtes muletiers de la ville et cité de Gap !

François-Alexis *de Sireyno* [1409-1411].

1409. — Si je consulte Juvénis, qui, à cet égard, cite *Ferdinandus Ughelli*, auteur de l'*Italia sacra*, François-Alexis *de Sireyno*[2]), d'origine milanaise et de l'ordre des Frères Mineurs, fut d'abord évêque de *Bobio*, ville dépendant de la métropole de Gênes, et ensuite nommé à l'évêché de Gap [3] en 1409, évêché qu'il quitta en 1411, pour passer à celui de Plaisance, où l'appela le pape Jean XXIII. Il mourut et fut enseveli dans cette ville.

Juvénis ajoute, d'après *Lucas Vadingus*, tome 7e de ses *Annales,* que le souverain pontife Innocent VII avait nommé François-Alexis à l'évêché de *Bobio* le 7 des kalendes d'octobre 1405, la première de son pontificat ; qu'Alexandre V, religieux de son ordre,

(1) *Recueil des mandements, circulaires, etc., de M*gr *Arbaud,* p. XLIX.

[2] Le prénom de François ne figure pas dans les documents originaux (Cf. Albanès, *Gallia,* col. 509-510).

[3] Par le pape Alexandre V, dont il était le confesseur et le camérier. Il était évêque de *Bobbio* depuis le 26 sept. 1405 (Albanès, Instr. LXVII).

le pourvut du siège de Gap le 20 août 1409 ; que ce pape lui confirma la grâce, que lui avait accordée le général du même ordre (1), de pouvoir tenir auprès de sa personne quatre religieux, et que Jean XXIII le transféra à Plaisance le 6 décembre 1411.

Erreur dans cette dernière date commise par *Vadingus*, comme par *Ughelli*, car, dit Juvénis, — et Artus de Lionne le dit également, — on trouve, dans les archives du chapitre de Gap, que François-Alexis fut invité, le 26 novembre 1412, à assister, comme chanoine, à l'assemblée réunie ce jour-là et qu'il y jura d'observer les statuts et les privilèges de cette compagnie. Peut-être ne fut-il appelé à Plaisance que le 6 décembre de cette dernière année : dans cette hypothèse, les auteurs cités et nos documents locaux peuvent tomber d'accord. D'un autre côté, il est à remarquer que, si Ughelli fait mourir notre prélat à Plaisance, Vadingus le fait trépasser, en l'année 1447, à Crémone, d'où il fut porté à son église cathédrale. — Quoi qu'il en soit de ces légères différences, il paraît certain que François-Alexis [de] *Siregno* ou *de Serignon*, ainsi que nous avons francisé son nom, fut nommé évêque de Gap en 1409, et qu'il vint dans cette ville sur la fin de 1410, et qu'il ne la quitta que dans le dernier mois de 1412 : « Tout ce que dessus, ajoute Juvénis, en ter-« minant son article, est tiré des mémoires que le « R. P. Antoine *Pagi* m'a communiqués » (2).

Or, comme le prédécesseur du *signor Siregnio* se trouvait dans notre ville en l'année 1410, puisque, le 21 septembre, il y jurait, en présence des chanoines,

(1) Antoine *Pireti [alias de Peco]*, personnage d'une grande vertu, que le pape Jean XXIII envoya, depuis, en Angleterre, en qualité de nonce, et que le concile de Constance désigna pour être l'un des examinateurs de la doctrine de Jean Hus. [Cf. Athènes, Instr. LXVIII].

(2) Juvénis, *Mémoires inédits*. Épiscopat de Fr.-Alexis *de Siregno*. — Artus de Lionne, *Rolle des évesques de Gap*, pour la réunion du 26 novembre 1412.

d'observer leurs statuts et leurs privilèges, il s'ensuit que ce dernier, bien que nommé en 1409, ne prit pas, d'abord, possession du siège, occupé alors par Antoine Juvénis, et qu'à cette époque, si la chrétienté avait trois papes, la ville de Gap, pour ne pas rester en arrière du mouvement, avait deux évêques, l'un nommé par Benoît XIII, et l'autre par Alexandre V.

L'auteur de l'*Abrégé historique* n'est pas d'accord sur tous les points avec Juvénis, sur le compte de notre évêque. Il avance qu'Alexandre V le pourvut de l'évêché de Gap le 20 août 1411, c'est-à-dire à l'époque, à peu près, où les deux auteurs cités le font passer à Plaisance (1). Une belle charte, sur parchemin, que je tiens en ce moment dans ma senestre, va lui prouver, qu'en l'année 1410, Alexis siégeait à Gap, et qu'il s'occupait, avec le plus vif intérêt, de la prospérité de la chartreuse du Durbon.

C'était, je crois, le 25 novembre de ladite année (1410), — le nom du mois est presque illisible — qu'Alexius, *Die gratia Vapincensis episcopus*, donnait des lettres, datées de cette ville, par lesquelles il ordonnait à tous les prêtres, curés et autres de son diocèse, de prélever cent florins d'or sur les legs-pies, faits aux diverses paroisses, pour être donnés à la chartreuse de Durbon, qui en avait grand besoin, pour la réparation du monastère (2).

Ces lettres et le serment prêté, en 1412, sont tout ce qui nous reste dans la ville de Gap de François-Alexis [de] *Siregnio*. Passons donc à son successeur, dont les actes présenteront, sans doute, plus de clarté et moins de difficultés chronologiques.

---

(1) *Abrégé historique*, p. 41.
(2) *Chartes de Durbon* [n° 760]. Lettres de l'évêque Alexis de 1410.

Léger [Sapor] d'Eyrargues. *Leodegarius III* [1411-1429].

Ce prélat appartenait à la maison des Amys ou d'Eyrargues ¹), l'une des plus illustres et des plus anciennes de la Provence : car, en l'acte d'hommage, prêté en 1095, par Guillaume III, comte de Forcalquier, à Raymond IV, comte de Toulouse [1088, † 1105], l'on trouve un seigneur d'Eyrargues, nommé, le troisième, après l'évêque de Cavaillon et Raymond d'Agoult, et avant plusieurs autres seigneurs. En 1150, un chancelier de cette famille suit la bannière de la princesse de Baux contre Raymond-Bérenger II, comte de Barcelonne et de Provence [1144, † 1166]. Le 10 mai 1251, Pierre Amy, seigneur d'Eyrargues, fut présent à un traité intervenu, à Avignon, entre le roi Charles d'Anjou [1246, † 1285], et le comte de Toulouse, ainsi que le marque *Nostradamus*, en la 3ᵉ partie de son histoire (p. 217). Cet auteur parle, en outre, de Bertrand Amy, prieur de Cette, comme d'un savant et excellent personnage, grand poète en la langue d'oc, et dont les œuvres se trouvaient dans la bibliothèque du roi Robert. — Il est donc clair comme le jour que notre nouvel évêque était noble comme le Roi, ce qui ne l'empêcha pas de tracasser nos bons aïeux, durant une bonne partie de son pontificat. Du reste, Léger, IIIᵉ du nom, était en grande considération à la cour de Louis II, ce qui ne l'empêcha pas de trahir Louis III, dont il fut le chancelier (2).

Juvénis ne sait pas précisément en quelle année cet évêque succéda à François-Alexis ; mais il pense que ce fut vers 1412 ³). Je le pense aussi, et, de plus,

---

¹) On écrit aujourd'hui plus généralement *Eyragues* (Bouches-du-Rhône, arr. d'Arles, comᵉ du cantᵗ. de Château-Renard, 2.101 habitants).

(2) Juvénis, *Mém. inédits* Épiscopat de *Leodegarius III*.

³) Il fut nommé évêque de Gap, par Jean XXIII, le 27 août 1411 (Albanès, Instr. LXXII).

je le prouve, par un acte que j'ai sous les yeux et qui porte la date de cette année. *Leodegarius* y renouvelle l'ordre, donné par son prédécesseur, de prélever, dans tout le diocèse, cent florins d'or sur les legs-pies, pour être employés aux réparations de la chartreuse de Durbon (1).

Le seigneur du château d'Eyrargues, devenu évêque de Gap, éprouva bien ce que dit saint Grégoire, que l'épiscopat est une « tempête d'esprit ». Ainsi débute sur le chapitre qu'il a consacré à notre prélat le pieux auteur de l'*Abrégé historique*. Qui de la ville ou de Léger déchaîna le premier les vents qui suscitèrent cette tempête ? C'est ce que les documents consultés par Juvénis vont nous apprendre.

1413 à 1415. — Les consuls de Gap ayant remontré, au souverain pontife Jean XXIII, les torts, les violences et les usurpations, que divers seigneurs ecclésiastiques et temporels s'étaient permis ou se permettaient, tous les jours, à l'égard de la ville, et représenté, au surplus, que ses libertés et ses privilèges étaient violés, à tout moment, malgré les chartes qui les avaient reconnus et consacrés, obtinrent de Sa Sainteté des lettres conservatrices, données à Rome, le 15 des kalendes de juin de l'an 1413, avec commission à l'archevêque d'Embrun [2]), à l'évêque de Grenoble et au doyen de Gap, de faire restituer à cette ville les biens dont elle avait été injustement dépouillée. Telle est la cause de la haine que Léger d'Eyrargues conçut pour les habitants de sa cité épiscopale. Il ne tarda pas à recourir au même pape, contre les mesures qu'il venait de prescrire ; et, sous des prétextes vains et supposés, il en obtint la révocation, par lettres paten-

(1) Chartes de Durbon, Lettres de l'évêque Leodegarius de 1412 (21 mai. *Chartes* n° 761].

[2]) Michel d'Étienne (*Stephani*) de Périllons ou Pérellos (16 déc. 1374, † 1ᵉʳ mai 1427). Cf. J. Capeille, *Étude historique sur Millas*. Céret, L. Roque, 1900, in-8°, 235 p. ; *Annales des Alpes*, VIII (1894-5), p. 302-303.

tes, données à Saint-Antoine, près de Florence, le 7 des ides de novembre. Alors, la ville commit son procureur fiscal, Jean Sauret, seigneur d'Aspremont, pour soutenir ses droits. Dans cet intérêt, ce seigneur fit, avec nos consuls, plusieurs voyages à Rome et, ensuite, à Constance, où le concile était assemblé ; mais ils n'osèrent jamais se présenter devant le roi Louis, comte de Provence, parce que l'évêque se trouvait près de ce monarque, et qu'il eût pu leur faire recevoir un mauvais accueil. Il paraît que le différend fut d'abord jugé, en 1414, au désavantage de la ville, par l'entremise de Robert [Dufour], évêque de Sisteron [1400-1436], et de Guillaume de Mévouillon, chevalier de Barret ; mais nos consuls, nobles Jean Sauret et Arnoux d'Aspres, recoururent, de nouveau, au Saint-Siège, pour faire révoquer ce que le Pape avait accordé à l'évêque, et en obtinrent confirmation de ses lettres en faveur de nos privilèges.

Robert, évêque de Sisteron, nommé procureur de la part de notre prélat, ne comparut point durant tout le procès ; aussi les lettres révocatoires des ides de novembre furent-elles cassées et les lettres conservatoires du 15 des kalendes de juin 1413, confirmées par François, cardinal de Venise, commis par le Souverain Pontife, pour le jugement de cette cause. La sentence fut prononcée à Constance, le 8 février 1415, indiction 8ᵉ, et la 5ᵉ et dernière année du pontificat de Jean XXIII. « De « là, dit Juvénis, on peut juger si ce prélat com« mença bien sa charge, par le précepte de saint « Paul, puisque, dès le commencement, il promena « les syndics de la ville en cour de Rome, par ses « chicanes, où ils fist lui-mesme plusieurs voya« ges » (1).

(1) Juvénis, *Mémoires inédits* ; lesquels sont fort embrouillés sur le chapitre de Léger d'Eyrargues. Les courses des consuls et du procureur fiscal de la ville eurent lieu en 1413, 1414 et 1415. Voir la note A à la fin de cette lettre.

Toutefois, le grand vicaire de notre évêque, celui-ci étant en course, voulut bien autoriser, le 16 juillet 1417, une *rève* sur l'avoine et sur le foin, dont le produit était destiné à la réparation des murailles, avant-murs et fossés de la ville : car, alors, les bruits d'une guerre prochaine étaient fort répandus. Cet impôt s'élevait à un *patac*, pour chaque bête conduite par les étrangers qui couchaient dans la ville. L'hôtelier qui leur vendait le foin ou l'avoine était obligé de verser les patacs dans la caisse du receveur de la ville, ce qui fit donner à la rève de 1417 le nom de droit d'*attache*; néologisme du XVe siècle, que l'exact Napoléon Landais a omis dans son grand dictionnaire (1).

Léger d'Eyrargues ne plaida pas seulement contre sa ville capitale : il eut encore une affaire importante à soutenir contre Guillaume de Roux et ses partisans, au nombre desquels se trouvait le prieur des Baumes d'Embrun. Cette affaire, d'abord agitée devant les commissaires du concile de Constance, puis renvoyée au jugement du patriarche de Constantinople, ensuite à Jean, évêque de Lombez, plus tard, à Jacques, évêque de Spolette, fut, enfin, terminée, le 20 novembre 1419, par Thomas *de Amelia*[2]), évêque de Vintimille et ancien auditeur de la Chambre apostolique, qui, pour cette affaire, avait reçu une commission du Saint-Siège (3).

---

(1) Archives de l'hôtel de ville, *Livre rouge*, p. 165 et 167 [*Invent.*, p. 10]. — Rochas, *Mémoires inédits*, p. 62, 1re série.

²) Ou Thomas *Rivato* (1er avril 1416, † à Rome le 27 janvier 1422).

(3) Juvénis, *Mémoires inédits*. — *Abrégé historique*, p. 42 et 43. L'auteur de cet abrégé, tout en citant Juvénis, diffère pourtant de cet historien, en ce qu'il fait terminer en 1415 le différend entre la ville et Léger III, par Robert, évêque de Sisteron, et par Guillaume de Mévouillon, tandis que Juvénis cite exactement la sentence rendue par le cardinal de Venise, à la même époque, bien que, plus loin, il dise étourdiment que tous les différends furent terminés en 1414, par ces mêmes commissaires. L'auteur de l'*Abrégé historique* dit encore que nos syndics firent plusieurs

Au mois de janvier de cette même année (1419), messire Henri de Sassenage, gouverneur du Dauphiné, écrivit, de Lyon, une lettre à Raymond d'Anibel, châtelain de Corps, par laquelle il lui intimait l'ordre de se rendre à Gap, et de là, à Aspres, pour requérir les officiers de ces deux villes, de la part de Charles IV, dauphin, fils du roi de France, suivant l'exprès commandement qu'il lui en avait fait, en passant à Lyon, de livrer et lui fournir 150 piétons, armés, qui, de suite, devaient partir pour Nîmes, où ils le joindraient, le 1er février suivant. Nos consuls reçurent une lettre semblable du gouverneur : il les exhortait à envoyer leurs cent hommes à Nyons, à cause des grandes et urgentes nécessités de Mgr le Dauphin, pour qui, eux et leurs prédécesseurs, avaient toujours montré un sincère attachement : d'où il suit que nos ancêtres furent Armagnacs et non Bourguignons. Les consuls répondirent à messire de Sassenage, le 30 du même mois, qu'ils mettraient tout l'empressement possible à satisfaire Mgr le Dauphin. Toutefois, ils osèrent se plaindre du tort que leur faisaient les officiers de ce prince, en empêchant les habitants du Dauphiné de commercer librement dans Gap, car ils leur avaient défendu, sous des peines graves, d'y apporter aucune marchandise, bien que, de tout temps, cette ville eût été très fidèle aux Dauphins.

Le lendemain, ils envoyèrent un député à Aix, où notre évêque faisait sa cour au roi Louis III, dont il était alors le chancelier, pour l'informer de ce qui se passait, et prendre ses ordres (1). Ce que répondit Léger d'Eyrargues, je l'ignore ; mais nos consuls

voyages à Constance, pour soutenir la cause de la ville devant Thomas de Amélia, évêque de Vintimille. Cependant Juvénis ne cite ce dernier qu'à l'occasion du procès existant entre Léger d'Eyrargues et Guillaume de Roux. Sur quel objet roulait ce procès ? Ni l'un ni l'autre n'ont daigné nous l'apprendre.

(1) Juvénis, *Mémoires inédits* et *Notes autographes*, p. 22, 33, 34.

auraient bien pu faire observer à M. le gouverneur du Dauphiné que, d'après le traité de l'an 1300, la ville de Gap n'était soumise aux cavalcades qu'alors qu'elles avaient lieu dans le comté de Gap, et, tout au plus, dans le Dauphiné : car, s'il faut en croire Chorier, qui rejette à la fin de l'année 1419 la réquisition du Dauphin, c'était pour aider ce prince dans le siège qu'il voulait entreprendre de la ville de Pont-Saint-Esprit, située en Languedoc, qu'elle était faite. Que ce soit un don volontaire ou le résultat d'une obligation, les cent hommes armés d'arbalètes, et les cinquante d'Aspres, équipés de la même sorte, furent fournis au Dauphin, et levés par le châtelain de Corps et par Michelon de Richer, damoiseau, envoyés par le gouverneur auprès des syndics de la ville de Gap (1).

Le 23 septembre suivant, messire Tanneguy du Châtel, en présence de notre bien-aimé souverain le dauphin Charles IV, tailladait Jean-sans-Peur, duc de Bourgogne, sur le pont de Montereau. « Il le férit, d'une petite hâche, parmi le visage, si roidement, qu'il cheût à genoux et lui abattit le menton : et quand le duc se sentit férir, mit la main à son épée et se cuida lever pour lui défendre ; mais, incontinent, tant dudit Tenneguy, comme d'aucuns autres, fut fini de plusieurs coups et abattu à terre comme mort » (2).

Et le 13 juillet 1420, le très pieux conseil municipal de la ville de Gap envoyait deux députés à Saint-Bonnet, où se trouvait un grand prédicateur, homme de sainte vie, pour le prier, de la part de la ville, de se rendre dans son sein. Leur demande fut bien accueillie et, lorsque le prédicateur y arriva, le 21 juillet, les syndics s'empressèrent de lui faire une visite (3).

(1) Chorier, *Histoire du Dauphiné*, tome 2, liv. 12, section dernière. — Rochas, *Mémoires inédits*, p. 74, 2ᵉ série.
(2) Monstrelet, *Chronique*.
(3) Juvénis, *Notes autographes*, p. 34.

Si les habitants de Gap se soumettaient alors, sans répugnance, aux ordres du Dauphin, il paraît qu'ils n'avaient pas la même condescendance pour les exigences de leur autre suzerain, le roi de Naples et de Sicile; et, ce qu'il y a de plus étonnant, c'est que, dans leur résistance, ils étaient soutenus par l'évêque *Leodegarius*, chancelier de ce prince, qui, de toutes les provinces de son royaume, ne conservait guère que la Provence, à laquelle, depuis longtemps, était uni le comté de Forcalquier.

Sur le sujet qui m'occupe en ce moment, permettez-moi de citer les paroles de l'historien *Nostradamus*, quelque rebrousses et mal advenantes que vous puissiez les trouver; car ce rude provençal est le seul qui nous ait donné quelques détails sur les suites de la rebellion des vassaux gapençais de sa grâce le comte-roi.

« Un évesque de Gap, nommé Légier, seigneur
« d'Eyrargues, commit crime de félonie contre le
« roi (Louis III, roi de Sicile, comte de Provence),
« ayant secrète intelligence avec les habitants de
« Gap, lesquels, sans considérer qu'ils répondoient
« par-devant les officiers de Provence, firent une
« mesme folie, pour laquelle réparer Sa Majesté,
« aimant mieux user de clémence que de rigueur,
« ordonna et commanda que, sans autre peine,
« l'évesque et les consuls de Gap envoyeroient, à
« leurs frais et despens, cent hommes d'armes,
« bien équipés, à Marseille, pour la garde de la cité ;
« pour ce qu'on avoit déjà eu l'advertissement et
« les nouvelles certaines de la descente des Cata-
« lans. Néanmoins, le lieu d'Eyrargues fut, dès
« lors, osté au déserteur évesque et donné à Char-
« les de Chastillon, maistre rationel de Louis » (1).

Quelle était donc la folie, en réparation de laquelle l'évêque et les habitants de Gap furent contraints

---

(1) Nostradamus, *Histoire de Provence*, sur l'année 1425, p. 556.

d'envoyer à Marseille cent hommes d'armes, pour le service du roi de Naples? A défaut de l'historien provençal, voyons si ceux du Dauphiné ne nous donneront pas quelques renseignements sur l'outrecuidance de nos ancêtres. — Il paraît, qu'à cette époque, fatigués des exigences de tant de seigneurs suzerains, les citoyens de Gap refusèrent de reconnaître sur leur ville la souveraineté de Louis d'Anjou, et qu'ainsi ils attirèrent sur eux la haine et les armes de ce prince. L'évêque, qui, depuis dix ans, avait fait sa paix avec eux, les soutenait dans cette rebellion prétendue ; aussi se vit-il dans la nécessité de fuir et de se retirer dans son château d'Eyrargues. Le 5 juillet 1425, il rappelait, dans une dépêche adressée aux consuls de Gap, qu'il leur avait donné avis de sa sortie, et qu'il s'étonnait fort de n'avoir rien appris, de leur part, sur l'affaire dans laquelle ils étaient engagés. Il ajoutait que le prieur de Saint-*Doperto* l'avait averti qu'il ne pourrait rentrer dans sa ville épiscopale, sans courir des dangers, et que, d'ailleurs, s'il y rentrait, les Provençaux ne manqueraient pas de l'y suivre, avec des troupes, auxquelles elle ne pourrait opposer aucune résistance. « A Dieu ne plaise, disait encore le prélat, qu'à cause de moi, votre ville éprouve le moindre dommage! Du reste, je n'éprouve aucune crainte dans mon château ; j'y suis entouré de beaucoup d'amis, qui m'appuyent, car je ne demande que justice et d'être soutenu dans mes droits ». Enfin, il terminait sa lettre aux consuls par la promesse de leur envoyer un officier notable, dont ils seraient satisfaits et qui les consolerait dans leur affliction.

Les habitants de Gap auraient pu trouver un secours plus efficace du côté du Dauphiné; mais ils ne le demandèrent pas, parce que, à cette époque, le gouverneur de cette province n'était pas en état de les secourir, et que le Dauphin ferraillait contre les Anglais. Ils furent donc obligés de se soumettre à tout ce qu'exigea d'eux le comte-roi. L'évêque, comme nous l'avons déjà vu, y perdit son château d'Eyrargues; et la ville de Gap envoya ses cent hommes d'armes au secours de Marseille, qui n'en fut pas moins prise, pillée et saccagée par le roi d'Aragon. Pour faire face aux dépenses occasionnées par cette levée d'hommes, l'évêque consentit à ce que des cloches, des reliquaires d'argent et des ornements sacrés fussent engagés. Par cette condescendance, il reçut sans doute les bénédictions des habitants de sa ville épiscopale, dont les ressources étaient épuisées, comme il s'est attiré, dans la suite, les louanges d'un historien dauphinois : « Le premier chef de la religion, dit Chorier, « est d'adorer Dieu et de faire du bien aux hommes. « Conserver les trésors de l'Église et laisser périr « les hommes, ce seroit violer la religion, sous le « prétexte du zèle qu'on a pour elle » (1).

Je ne saurais vous dire précisément à quelle époque Léger d'Eyrargues, tour à tour chargé d'imprécations et de louanges, quitta la vie ou la ville de Gap. Il est certain qu'il ne survécut guère aux désastres que je viens de signaler, car, en l'année 1426, un autre évêque avait pris possession du siège épiscopal ²).

(1) Chorier, *Histoire du Dauphiné*, tome 2, liv. 13, sect. 2. — Juvénis, *Mémoires inédits*. — Rochas, *Mémoires inédits*, p. 74 et 75, 2ᵉ série.

²) Cette assertion ne repose sur aucun fondement. En réalité, Léger ou Laugier Sapor tomba dans la disgrâce de Louis III, fils d'Yolande, comte de Provence. Ce prince, à qui les Gapençais avaient refusé de rendre hommage, se saisit du château d'Eyrague et de l'évêque de Gap, qu'il tint longtemps en prison au château de Tarascon (Albanès, Instr. LXXIII). Ce prélat répondit aux accusations de ses ennemis, dans un long mémoire, qui se conserve aux archives d'Avignon. Enfin, le 11 février 1429, le pape Martin V le transféra à l'évêché de Maguelone (ib. LXXIV). Il y mourut deux ans après, avant le 27 juin 1431. De son temps, en 1427-28, comme nous l'avons dit (p. 334), les Dominicains s'établirent à Gap.

1413 à 1422. — Cet évêque *Leodegarius*, qui ne fut félon que dans l'intérêt de la ville de Gap ou, peut-être, pour secouer toute domination temporelle, avait songé, comme la plupart de ses prédécesseurs, à ses droits utiles et à ses droits honorifiques. A l'égard de ceux-ci, l'on trouve, qu'au mois de juillet 1413, divers particuliers passèrent un acte d'hommage, en la personne de noble Raphael, licencié en droit, son procureur fondé (1).

Pour ceux-là, une procédure, close le 1er août 1416, atteste qu'il s'occupa du droit de péage sur la Durance, perçu à son profit dans sa terre de Lettret et de Châteauvieux, qui n'est qu'une même chose, à raison de dix sols par radeau (2).

Enfin, pour les droits honorifiques encore, on trouve des reconnaissances, passées audit Leodegarius, évêque de Gap, par divers habitants de Châteauvieux (3).

Louis (1426 à 1433⁴).

Ce 59ᵉ évêque connu du diocèse de Gap nous aurait entièrement échappé, si son nom *(Ludovicus)* ne s'était trouvé dans une commission, donnée par son vicaire général, au sujet d'un procès existant entre nos consuls, André Rambaud, percepteur du droit de *cosse*, et le procureur général du Dauphiné ; et si, le 19 décembre 1426, il n'avait accordé à Pierre Bouvat la permission de construire un four à Charance (5).

(1) Juvénis, *Mém. inédits.*
(2) Archives de la préfecture, Inventaire de production pour messire Pierre Marion, évêque de Gap et seigneur de *L'Estrech* (sic), du mois d'avril 1668.
(3) Artus de Lionne, *Rolle des évesques de Gap.*
⁴) Le nom de ce prétendu évêque de Gap doit provenir d'une interprétation fautive de la lettre L, initiale du nom de *Leodegarius* ou Laugier Sapor, certainement évêque de Gap en 1411-1429, et qui a été interprétée, par erreur, pour *Ludovicus* ou Louis.
(5) Artus de Lionne, *Rolle des évesques de Gap.*

Du silence gardé par nos historiens et par nos archives, pendant les sept années que dura l'épiscopat de Louis Ier et dernier du nom, nous devons conclure que la ville de Gap jouit d'une parfaite tranquillité, tandis que le royaume de France bataillait, plus fort que jamais, contre la perfide Albion, et que l'Europe était dans l'admiration des exploits surnaturels de *Jehanne-la-Pucelle,* si indignement outragée par le patriarche de Ferney, et si glorieusement vengée de nos jours par le ciseau de la princesse Marie d'Orléans : laquelle *pucelle* faisait alors sacrer à Reims notre dauphin Charles IV, qui, déjà, avait pris le nom de Charles VII, comme roi de France, et expiait, ensuite, dans d'horribles tourments, la gloire qu'elle s'était acquise au siège d'Orléans et dans toutes ses rencontres avec les guerriers de l'Angleterre.

Guillaume VIII [ou Guillaume Forestier (1429-1442)].

Si la ville de Gap jouit de quelque repos, pendant le règne de l'évêque Louis, il n'en fut pas de même, durant l'épiscopat de Guillaume VIII, son successeur, dont le nom patronymique nous est également inconnu¹), mais qui devait être fort noble, puisqu'on voyait, dans les armes de ce prélat, *un lion rampant à un chef chargé de trois roses* (2). Il dut prendre possession de l'évêché en l'année 1434, car il existe une transaction, de cette même année, intervenue entre les habitants de La Bâtie-Neuve

---

¹) Le nom de cet évêque est connu aujourd'hui. Il avait été, d'abord, abbé de St-Corneille et de St-Cyprien à Compiègne ; puis, le 3 décembre 1423, évêque de Maguelone (Albanès, Inst. LXXVI. Le 11 février 1429, par ordre de Martin V, il permuta avec Laugier Sapor et devint ainsi évêque de Gap, où il fit son entrée solennelle le 25 avril 1430. Le 1er déc. 1432, il conclut, à Grenoble, avec Raoul de Gaucourt, gouverneur du Dauphiné, et Jean de Girard, archevêque élu d'Embrun, un traité au sujet de l'extradition réciproque des criminels (G. 1119).

(2) Juvénis, *Mémoires inédits.*

et ceux de *Rivo Merdoso*, sous le bon plaisir de *Guillelmus*, évêque de Gap, leur seigneur (1).

1441. — Guillaume VIII avait nommé un official, qui, par ses déportements, força nos magistrats municipaux de s'adresser à un pouvoir supérieur au sien, pour faire déposer cet officier épiscopal des charges qui lui étaient confiées. A cet effet, les syndics, Pierre Gruel, Jean *Grassi* et Lantelme Arnaud, présentèrent une requête au cardinal de Foix, légat du saint-siège à Avignon, dans laquelle il exposèrent que l'évêque de Gap était tenu, par les privilèges de la ville, d'établir un vicaire official qui fût de bonne vie, prudent, habile et docte; que, cependant, il leur en avait donné un, qui, loin de posséder ces qualités, paraissait privé de raison, se livrant à mille extravagances, dans la ville, et brouillant les habitants entre eux et avec le prélat lui-même.

Cet official écoutait, avec un malin plaisir, les sots contes qu'on lui faisait, et alors il médisait de tout le monde, si, toutefois, ses propos n'allaient pas jusques à la calomnie; il empêchait l'évêque de se livrer à des charités et de faire des aumônes, vendait la justice, faisait l'office de délateur et de juge, et se laissait corrompre et emporter à la faveur. Les habitants de Gap, peu endurants de leur naturel, s'étaient levés en masse, un beau jour, avaient couru à la maison épiscopale, et là, d'une voix unanime et tumultueuse, ils avaient demandé la révocation de l'official. Le prudent évêque n'avait osé le leur refuser: mais, bientôt après, il l'avait rétabli dans ses charges. Alors nouveau soulèvement du peuple souverain de la ville et cité de Gap, tumulte et peut-être charivari, comme aux temps

(1) Délibération du 7 avril 1441, sous le consulat de Pierre Gruel, Jean Gras et Lantelme Arnaud. — *Notes autographes* de Juvénis, p. 3 et 32.

modernes; ce qui forçait nos magistrats de recourir à la justice du Légat, pour qu'il voulût bien les délivrer d'un juge aussi inique.

Le Légat fit-il droit à cette importante requête? C'est ce que Juvénis ne parvint jamais à savoir. Mais lorsque, en 1443, les procureurs fondés du successeur de Guillaume VIII prirent possession du siège, les consuls et les autres administrateurs de la ville s'exhalèrent en plaintes contre l'administration de cet évêque, laquelle avait causé plusieurs désordres et de grands malheurs. Ses officiers, qui étaient en même temps les fermiers de ses droits et en qui il avait mis toute sa confiance, avaient, dirent-ils, causé mille maux, « ce qui me fait sou-
« venir, ajoute Juvénis, de la remontrance que fai-
« soit un prédicateur italien à un prince qui étoit
« bon, mais dont l'indulgence étoit pernicieuse à
« son estat et à ses peuples, d'avoir veu en songe
« ce prince dans le grand chemin de l'enfer, avec
« une infinité de scélérats ; et qu'il lui avoit répondu
« qu'il n'alloit point en enfer, mais qu'on l'y trais-
« noit : car il est très certain que ceux qui donnent
« lieu aux violences et aux rapines, par crédulité,
« sont autant coupables que ceux qui les commet-
« tent, et que ces malheureux domestiques, qui
« abusent ainsi de la facilité de leurs maistres, et
« de l'ascendant qu'ils ont sur leur esprit, les por-
« tent avec eux dans les abysmes éternels et les
« attirent à leur perte » (1).

Enfin, Guillaume VIII, ce prélat si peu aimé durant sa vie, et peut-être si regretté, après sa mort, qui arriva en l'année 1442 [vers juillet], eut pour successeur le plus audacieux, le plus hautain, le plus cruel de nos évêques; celui sous lequel nos ancêtres eurent à supporter les plus violentes persécutions. A lui seul, il mérite un chapitre particu-

---

(1) Juvénis, *Mémoires inédits*.

lier dont je me serais peut-être tiré avec honneur, si je m'étais borné à vous présenter le tableau fidèle, mais trop raccourci, qu'a tracé de ce prélat l'auteur de la procession du Saint-Sacrement. Mais aucun détail de cette époque désastreuse ne devant être passé sous silence, j'aurai recours aux documents que possèdent nos archives et aux écrits des chroniqueurs gapençais, qui, tous, ont flétri la mémoire du successeur de Guillaume VIII.

Gap, le 22 juin 1841.

NOTE A, *de la page 432*.

DÉTAILS RECUEILLIS PAR JUVÉNIS SUR LES ACTES DE CETTE ÉPOQUE (*1414 et 1415*).

« *In libro syndicatus nobilium Joannis Saureti, jurisperiti, et Arnulphi de Asperis* [BB, 3, p. 42 de l'*Invent.*], *an. 1414, hœc habentur: die 3ᵃ mensis januarii, fuit in consilio ordinatum quod domino Petro Fabri, olim decano Vapincensi, nunc episcopo Regiensi*[1])*, presententur, ex parte universitatis, duo entortissia, duo massapani confectorum, sex [duo] perdices et sex cuniculi.*

« Par le mesme livre, il appert que, le 20 dudit mois, lesdits consuls requirent *R. patrem Dᵐ R[ay-mun]dum, abbatem de Joro, locumtenentem D. nostri*

---

[1]) Le Savoyard Pierre Faure, prévôt de Riez (1409) et doyen de Gap (1410), était secrétaire du cardinal Jean de Brogny et son grand vicaire à Arles (1413). Il devint évêque de Riez le 13 déc. 1413 et mourut en 1415 (Albanès, I, col. 648).

Vapin. episcopi, de leur donner un juge pour rendre justice, et de jurer les privilèges de la ville ; à quoy il respondit qu'il les jureroit, quand il lui apparaîtroit qu'il le devoit faire ; et que, pour le reste, il les pourvoiroit d'un juge [BB. 3, *loc. cit.*].

« Et après, il fut résolu, dans un conseil, du 5° mars audit an [1414], que, si l'évêque vouloit remettre tous ses différans à des arbitres, sçavoir : qu'il nommât, de sa part, un ecclésiastique, que la ville nommeroit *unum alium, videlicet dominum advocatum delphinalem:* et que, s'il ne le vouloit pas faire, il le falloit poursuivre *civiliter*.

« Le 9° dudit mois, il fut encore résolu qu'on prieroit ledit sieur évesque de terminer les différans qu'ils avoient avec luy, par voye d'accomodement : et le 4° d'avril, il fut résolu, sur une lettre qu'ils receurent de Jacques de Saint-Germain, leur advocat à Grenoble [1]. qu'un desdits syndics iroit trouver ledit seigneur évesque, en Avignon, pour le prier de se porter à traiter à l'amiable de leurs différans [cf. BB, 3, p. 43 de l'*Invent.*].

« A la suitte, ayant fait un compromis, il fut délibéré, à un conseil du 14 septembre audit an, que les syndics iroient trouver ledit seigneur évesque, qui estoit alors à Chasteauvieux, pour le prier de prolonger ledit compromis [*ibid.*, p. 44].

« Et au livre du syndicat de l'an 1415, des susdits *Saureti* et d'Aspres, il est porté : *Die XI^a mensis aprilis, in consilio, ordinatum quod domino marescallo regis Ludovici, qui transire debet per presentem civitatem, presententur, nomine universitatis, ea que sequuntur: Et 1°, 4^{or} faus* [lire *fasces*] *quelibet 4^{or} librarum ; item, de confecturis, 4^{or} massapanos ponderis 4^{or} librarum : item, 4^{or} libras de tortissiis ceræ.* Ce qui fut payé le premier juin dudit an [*ibid.*, p. 45].

[1] Il était docteur ès lois, avocat fiscal et procureur général du Dauphiné, de 1382 à 1422, année de sa mort (*Arch. de l'Isère*, B. t. II, p. 55).

« Et au mesme livre, il est encore dit: *Die 15° julii, fuit in consilio ordinatum, quod d^s noster Vapin. Episcopus accedat apud Sistaricum, una cum D. Guillelmo de Ruffo, Arnaudo Baronis, Falcone Santelli, Gir. Lombardo, Petro Abonis, locutum cum D^o Senescallo Provinciæ, super dicta regis Ludovici et universitatis prædictæ* [ibid., p. 46].

« *Die penult^a julii, fuit in consilio ordinatum, quod dominus Joan. Saureti, syndicus, et Gabriel de Bona, notarius de S^{to} Boneto* [1]), *accedant, cum duobus famulis et 4^{or} equis, ad regem Ludovicum, cum D^o de consilio delphinali, qui ire debent cum ipsis, pro dicta arrestata tenenda octava die augusti...* [ibid., p. 46].

« Le 4 [5] mars, noble Arnoux d'Aspres requit Laurans de *Frontiniano*, vicaire du s^r évesque de Gap, en suite de la commission qui luy avoit esté donnée d'une assemblée de ville du 24 février auparavant, de contribuer, pour la part dudit sieur évesque, aux réparations et fortifications de la ville... » [ibid., p. 44]. (Juvénis, *Notes autographes*, p. 21 et suiv.).

1442. — « *In eodem Libro syndicatus* (P. Gruelli Joa. Grassi et Lantelmi Arnaudi[2]): *Anno incar. 1442, die 3^a aprilis, ordinaverunt quod Domini Arnaudus Baronis, Antonius de Domo et Stephanus Ysnardi, vadant Gratianopolim, pro loquendo cum D^o Vicegubernatore, super facto nundinarum, lesdarum, impositionis salis et diminutionis centum peditum; quod faciat nundinas Montis Alquerii mutari in presente civitate, lesdas affranchiri et impositiones salis, sub certa pensione, et centum pedites diminuari* (sic) *ad quinquagenta.* (*Ibidem*, page 32).

[1] Le trisaïeul du connétable de Lesdiguières, notaire de la cour delphinale du Champsaur le 30 oct. 1394 (*Arch. des Hautes-Alpes*, G. 1120).

[2] Ce registre des délibérations est aujourd'hui (1908) égaré ou perdu. Il devrait figurer après l'article BB, 6 (cf. *Invent.* imprimé p. 53).

XIXᵉ LETTRE.

XVᵉ SIÈCLE (1442 à 1484).

GAUCHER DE FORCALQUIER.

Gaucher de Forcalquier, 61ᵉ évêque de Gap. — Illustration de sa famille. — Sa nomination à l'évêché de Gap. — Prise de possession par ses procureurs fondés. — Consuls de 1443. — Origine de la famille Gruel. — Ordonnance de Louis XI sur la foire de Saint-Martin, les droits de leyde et de gabelle, et les hommes d'armes de la ville. — Lettres du gouverneur de Dauphiné sur le même sujet et sur les lods de la rue Droite. — Passage des troupes du roi de France dans Gap. — Elles y sont maltraitées. — Vengeance du Dauphin. — Le Pape termine ce différend. — Traité de Saint-Donat. — Lettres du Dauphin aux citoyens de Gap pour leur demander des subsides. — Remarques à ce sujet. — Incendie du monastère de Bertaud. — Traité relatif au canal d'irrigation dérivé d'Ancelle. — Reconnaissance générale des habitants de Châteauvieux et de Gap, arguée de faux par ces derniers. — Tentatives du Dauphin pour s'emparer de la souveraineté dans la ville. — Gui Pape à Gap. — Sédition. — Le roi René vient y mettre un terme. — Gui Pape s'en retourne à Grenoble. — Lettres du roi René pour demander des secours à la ville de Gap. — Réponse des consuls. — Saisie des biens possédés en Provence par les habitants de Gap. — Lettres du parlement de Dauphiné au sujet de cette saisie. — Tentatives de l'évêque sur les libertés de la ville. — Jean de Montorsier se déclare contre Gaucher. — Guerre entre le prélat et sa ville épiscopale. — Nomination d'arbitres. — Nouveaux consuls dévoués à Gaucher. — Sentence inique prononcée par les arbitres. — Exécution de cette sentence. — Potences élevées aux cinq portes de la ville. — Jean de Montorsier se réfugie dans l'église des chevaliers de Malte. — Échafaud dressé devant cette église. — Outrages subis par les habitants et la dame de Montorsier. — Répartition des 30.000 florins auxquels les habitants de Gap avaient été condamnés. — La ville recourt au Saint-Siége. — Poursuites dirigées contre les habitants. — La plupart quittent la ville et errent pendant l'hiver dans le Champsaur. — Désolation de

la ville. — Plaintes de Jean de Montorsier. — Il est protégé
par le parlement de Dauphiné. — Défense à l'évêque de mettre
l'inique sentence à exécution. — Un commissaire est député
par le Parlement. — Son entrée dans Gap avec les fugitifs. —
L'évêque refuse de le reconnaître. — Le temporel de l'évêché
est mis sous la main delphinale et l'évêque est assigné pour
comparaître devant la Cour. — Les habitants de Gap recou-
vrent la liberté. — Jean de Montorsier se réfugie dans l'église
des Cordeliers. — L'évêque fait dresser un échafaud au-devant
de cette église. — Le commissaire Jean de Marcoux enlève
Montorsier et l'emmène avec lui. — Nouvelle demande de
3.000 florins. — Louis XI met les habitants de Gap sous sa protection. — Il commet le bailli des Montagnes pour examiner la
sentence. — Protestation de Gaucher. — Débats entre le commissaire du Roi et le procureur de l'évêque. — Le bailli fait
ouvrir les portes de la ville et abattre les potences et les écha-
fauds. — Emprunt fait par la ville. — Bulle de Pie II sur les
libertés et les privilèges de la cité. — Autre bulle de ce pape
au sujet d'injures et de dommages causés aux habitants. —
Suite des différends élevés entre la ville et l'évêque. — Gaucher se met sous la protection du roi René. — Le Dauphin
cède ses droits à ce prince. — Opposition du gouverneur et du
procureur général du Dauphiné, ainsi que des habitants de
Gap. — Louis XI est rétabli dans ses droits sur la ville et le
territoire de Gap. — Son étendard est promené dans la ville et
arboré sur la tour épiscopale. — L'évêque y exerce toujours la
justice. — Revenus de la ville en 1473. — Persécutions exercées contre les Vaudois. — Sentence arbitrale entre la ville et
l'université de la cathédrale de Gap. — Lettres de Louis XI sur
les chevauchées. — Hommage rendu par Gaucher au nouveau
comte de Provence. — Réunion de cette province à la couronne de France. — Éloge de Louis XI par le P. Fournier. —
Ce prince et Notre Dame d'Embrun. — Testament de Gaucher
de Forcalquier. — Il veut être enseveli dans sa chapelle de
Sainte-Madeleine. — Les Frères Mineurs exclus de ses funérailles. — La peste ravage la ville de Gap. — Mort de Gaucher.
Diverses reconnaissances à lui passées. — Autres actes de son
épiscopat. — Cet évêque jugé par M. Rochas.

Gaucher de Forcalquier de Céreste [1442-1484].

1442. — Le terrible prélat que j'ai annoncé, en
terminant ma dernière lettre, se nommait Gaucher
de Forcalquier, seigneur de Céreste, et non Gautier,
comme l'ont écrit quelques auteurs, entre autres
Nicolas Chorier. Sa naissance était illustre, car il
descendait de Louis de Forcalquier, seigneur de

Céreste, qui justifia, en l'année 1310, être sorti en ligne directe de la troisième race des comtes de Forcalquier, nos anciens souverains ; laquelle race troisième portait les mêmes armes que les comtes de Toulouse. Le nom du père de notre évêque est inconnu ; mais nous savons qu'Angélique, sa mère, était fille de Buffile de Brancas, maréchal de l'Église romaine, et sœur du cardinal Pierre-Nicolas de Brancas : de sorte que, par ses ancêtres, le nouveau prélat que nous donnait le Saint Père, était un très illustre et très redoutable seigneur. Il avait la charge de protonotaire apostolique et d'administrateur de l'évêché de Sisteron en 1442, au moment où Guillaume VIII allait voir se réaliser, peut-être, la terrible menace de Raymond Juvénis, contre les souverains faibles et trop indulgents aux violences et à la corruption de leurs ministres. C'est alors que le pape Eugène IV pourvut Gaucher de l'évêché de Gap [1].

Au mois de décembre de la même année, notre évêque se trouvait à Florence ; c'est de cette ville qu'est datée la procuration par lui donnée à Barthélemy de Brancas, seigneur de Céreste, son oncle : à Jacques de Forcalquier, aussi seigneur de Céreste, son frère ; à Pierre Villon, prévôt de Barjols ; à Palamède de Carette, prévôt de Saint-Didier d'Avignon, et à quelques autres seigneurs, ecclésiastiques et séculiers, pour prendre, en son nom, possession de l'évêché de Gap.

Cependant, de tous ces illustres fondés de pouvoir, deux seulement se présentèrent aux portes de la ville, le 9 février 1443 ; c'étaient le prévôt de Barjols et Jacques de Forcalquier, qui furent reçus par les deux consuls, noble Raymond le Vieux et Jacques d'Obverche, assistés d'un traître qui, dans la suite, embrassa avec fureur la cause de Gaucher :

[1] Le 17 décembre 1442 (Albanés, Instr. LXXVIII).

mais, alors, il avait toute la confiance des habitants de Gap. Ceux qui connaissent nos annales ont déjà nommé Pierre Gruel, licencié en droit, avocat de la ville et communauté, et fils d'un mince notaire du Saix, qui devint juge de l'évêque ; qui poursuivit à outrance le seigneur de Manteyer, dont il se fit adjuger la terre, en récompense de ses poursuites ; qui, par la protection de Gaucher, fut conseiller au parlement de Grenoble, et président au même parlement, lorsque Guillaume de Corbie trépassa en 1462 ; qui fut l'un des exécuteurs des mandements de Louis XI en cette province, et qui, enfin, en 1484, se démit de sa charge en faveur de Jean Palmier, à cause de son extrême vieillesse. Telle est la tige honorable des futurs gouverneurs de la ville et cité de Gap !

Or, nos consuls et ledit Pierre Gruel, avant d'introduire dans ses murs les ambassadeurs de Gaucher de Forcalquier, les requirent, au nom de la *Grande Charte,* de jurer, sur les Saints-Évangiles, de maintenir et observer les libertés, les privilèges, les immunités et les franchises de la ville ; ce qui fut fait dans la nouvelle chapelle de la sainte Trinité de l'église des Frères Mineurs, en présence d'une foule de citoyens, tout radieux d'avoir vu se terminer un règne, dont les consuls signalèrent aux fondés de pouvoirs les troubles et les désordres ; lesquels, sans doute, ne pourraient plus se renouveler, sous l'administration d'un prélat d'une extraction aussi illustre que celle du révérend père en Dieu messire Gaucher de Forcalquier (1).

Je ne saurais vous dire précisément à quelle époque cet évêque fit son entrée dans la ville, et s'il s'y trouvait au mois de mai 1444, au moment où l'on reçut les lettres patentes données à Montils-lès-Tours, le 21 du même mois, par lesquelles le dau-

(1) Juvénis, *Mémoires inédits.* — *Abrégé historique de l'Église et des évêques de Gap,* p. 45.

phin Louis II, qui régna sur la France sous le n[om] [de] Louis XI, transférait dans Gap la foire de Sai[nt]-Martin, qui se tenait auparavant dans le terroir [de] Montalquier, avec promesse de n'en établir aucu[ne] autre, huit jours avant et huit jours après la Sa[int]-Martin, qui pût porter préjudice à la nôtre.

Cet aimable dauphin faisait, au surplus, rémissi[on] à la ville de la *leyde* et des gabelles du sel, et réduisait à cinquante les cent hommes de pied qu'e[lle] était obligée de fournir, à ses frais et dépens, d'après les anciens traités, auxquels elle n'avait pas toujours participé ; le tout, moyennant la bagatelle de mille écus d'or, une fois payés, et d'une rente annuelle de cinquante écus, payable à la fête de la Purification (1).

Le 28 août de la même année (1444), Rodolphe de Gaucourt, gouverneur de cette province, expédiait d'autres lettres, pour l'exécution de celles de Monseigneur le Dauphin : elles portaient quittance des mille écus d'or payés par la ville au trésor royal. Les lods des maisons situées dans la rue Droite, depuis la porte Lignole jusqu'au quartier des *Endaloses*, qui relevaient du Dauphin et qui payaient les lods au troisième denier, furent modérés à la cote neuvième; mais les propriétaires qui s'aviseraient de frauder ce droit seraient tenus de le payer à la cote 5°, sans qu'il pût tomber en commis. Enfin, les donations entre vifs, en faveur des enfants et autres descendants en ligne directe, faites par anticipation, constitution de dot ou autrement, ainsi que les donations à cause de mort, et les successions, soit par testament, soit ab intestat, soit par codicille, étaient exemptes du paiement de lods (2). Vive le

---

(1) Archives de l'hôtel de ville [AA. 16, p. 31 de l'Invent., cf. AA. 10], cassette des archives, sous le contre-scel de la bulle Pic II.— Rochas, *Mémoires inédits*, p. 62 et 63, 1ʳᵉ série.

(2) Archives de l'hôtel de ville, *Livre rouge*, p. 169 à 171 [*Invent.*, p. 10]. — Rochas, *loco citato*.

jeune dauphin Louis II, dut-on s'écrier à tue-tête, dans toutes les sinuosités de la rue Droite de la ville de Gap.

1447 à 1452. — Son père Charles, VII° du nom, après avoir conquis son royaume sur les Anglais, se trouva en mesure d'accorder au duc de Milan un secours de dix mille hommes, qui devaient entrer en Italie par le mont Genèvre. Quelques-unes de ces troupes prirent la route de Gap, en l'année 1447. Arrivées dans cette ville, elles y furent, dit-on, maltraitées par les habitants, à l'instigation de Gaucher de Forcalquier, leur évêque. Non seulement ils refusèrent de les recevoir et de les loger, mais ils tombèrent sur les soudards du roi et tuèrent un de leurs capitaines et plusieurs d'entre eux. Cette fois, le Dauphin se montra sensible aux intérêts de son père; il était, d'ailleurs, trop enclin à la vengeance, pour pardonner l'insulte faite par l'une de ses bonnes villes à des troupes qu'il devait ménager, car il espérait que bientôt elles seraient à son service. Aussi, le temporel de notre évêque fut-il saisi et arrêté. Le Dauphin mit garnison dans les châteaux et les places de ce terrible vassal, et en donna le gouvernement à Antoine de La Poipe, seigneur de Diesme¹). Gaucher fut même obligé de sortir de son diocèse, où il ne trouvait plus de sûreté, et les habitants de Gap et des terres épiscopales furent contraints de prêter serment au gracieux Louis II, et se trouvèrent, par conséquent, déliés de celui qu'ils avaient fait à l'évêque. Les plus zélés partisans de celui-ci, au nombre desquels figurent, en première ligne, Pierre Gruel et Jean Cottin, furent traités en criminels et enfermés dans les prisons du Dauphin; de sorte que notre prélat, pour se tirer de ce mauvais pas, fut obligé d'aller à Rome se jeter

¹) Et chambellan de Charles VII (Gui Allard, *Dict. du Dauphiné*, éd. Gariel, t. II, col. 393).

aux genoux du Souverain Pontife et implorer sa protection. Le Pape commit le cardinal de Foix[1] et l'évêque de Couserans[2], pour travailler à la réconciliation de Gaucher et de Louis II; ils y parvinrent, non sans peine; et le Dauphin voulut bien accorder, aux prières du Pape, la grâce du prélat et des autres personnes qui l'avaient offensé. Cottin et Gruel furent mis en liberté, et les citoyens de Gap déchargés de leur dernier serment. L'évêque recouvra son pouvoir temporel; tout ce qui avait été fait contre lui fut anéanti: sa juridiction, ses terres, ses châteaux lui furent rendus, sans avoir été déshonorés d'aucune marque de servitude; seulement le Dauphin exigea que, trois mois après son retour de Rome, il vint en personne lui demander pardon, en toute humilité. O honte pour le légitime descendant des princes de Forcalquier, pour le souverain de la ville de Gap et de douze châteaux épiscopaux, devant qui, autrefois, les prédécesseurs du Dauphin venaient, aussi en toute humilité, rendre foi et hommage, pour les terres qu'ils possédaient dans le diocèse! Mais, hélas! c'est ainsi que parle le traité conclu à Saint-Donat, le 5 avril 1452, pour le rétablissement de notre évêque dans ses droits temporels. Toutefois, Louis II permettrait que le fier Gaucher fût représenté par son frère, seigneur de Céreste, ou par son grand vicaire, pour satisfaire à la soumission exigée.

« Le Dauphin, ajoute Chorier, qui nous a trans« mis ces détails, avoit fait assez comprendre à
« l'évesque de Gap et aux habitans de cette ville,
« qu'encore qu'ils eussent la vanité de se croire
« indépendants, il les considéroit, néanmoins, com« me ses vassaux, et ne les distinguoit du nombre
« de ses autres sujets que pour la seule allodialité.

[1] Pierre de Foix, dit *l'Ancien*, cardinal dès 1409, archevêque d'Arles en 1450, mort à Avignon le 13 décembre 1464.
[2] Tristan d'Aure (1444-1461).

« qui n'étoit pas incompatible avec la supériorité
« souveraine » (1).

Ce qui m'étonne dans ce récit, c'est que les habitants de Gap eussent ainsi obéi aveuglément aux ordres de leur évêque, pour insulter et maltraiter les troupes du roi de France. Peut-être les partisans seuls de Gaucher se montrèrent-ils, en cette conjoncture, car la majorité des citoyens n'était guère disposée à une obéissance passive. Ce que je regrette, d'ailleurs, c'est que l'historien du Dauphiné ne nous ait pas fait connaître les causes de cette insurrection contre les soldats de Charles VII.

Quoiqu'il en soit, l'année qui suivit cette insulte, nous étions tout à fait rentrés en grâce auprès de son fils le Dauphin, qui, au mois de janvier 1448, avait convoqué à Bourgoin les trois états du Dauphiné et des comtés de Valentinois et Diois. Tous les allodiaux et même ceux de Gap avaient [été] mandés pour y assister ; mais ces derniers ne s'y rendirent pas. Aussi notre très gracieux suzerain Louis II écrivit-il à ses très chers et bien-aimés hommes et citoyens de Gap, la lettre suivante, signée de sa main :

« Chers et bien amés, à cette assemblée des Trois
« États de nostre Daulphiné et comtés de Valenti-
« nois et Diois, tenue en cette ville de Bourgoin, au
« mois de janvier passé, nous vous avons mandés y

(1) Chorier, *Histoire du Dauphiné*, tome 2, livr. 13, sect. II. — Archives de la préfecture, traité du 5 avril 1452, entre le Dauphin et l'évêque de Gap, ms. [cf. G. 1131]. — Nostradamus conteste les droits du Dauphin, de la manière suivante : « En cette année (1452), « la ville de Gap fut surprise, et Louis, dauphin, s'en empara sur « le roi René, comte de Provence et de Forcalquier, au grand « déplaisir de Gaucher de Céreste, issu du très illustre sang de « Forcalquier, qui, pour lors, en estoit évesque : car il faut sçavoir « que cette ville se contenoit, de ce temps, sous l'obéissance et « l'hommage de nos comtes, comme pièces qui étoient des appar- « tenances de Provence et de Forcalquier ; qui fut cause que Louis, « en estant adverti, la remit du despuis à René, comme à son « légitime souverain, avec tous ses habitans, pour n'entrer légè- « rement en quelque injuste et malheureuse altercation ».

« estre, comme les aultres allodiaux de nos di...
« pays, qui s'y sont trouvés en grand nomb...
« et lesquels, à nostre requeste, nous ont, p...
« cette fois, libéralement octroyé une aide de d...
« florins par feu. Sur ce, leur avons baillé nos l...
« tres patentes, pour ce ne leur puisse tourner en
« aucune conséquence, tailles ou aides qui nous
« pourront estre octroyés d'ores-en-avant. Si, vous
« prions et requerrons que vous nous vouliez faire
« semblable don et octroi, en tant qu'il vous en
« touche pour vostre lieu et ville de Gap; et sur ce,
« nous veuillez escrire et faire response, par ce
« message, qu'à cette cause nous envoyons par-
« devers vous, et volontiers le recognoistrons en
« vos affaires. Nostre Seigneur soit garde de vous.
« Escript à Bourgoin, le 26ᵉ jour de febvrier, l'an
« de Nostre Seigneur 1448. Signé : LOUIS; et plus
« bas, THOREAU » (1).

Cette missive était trop polie pour que les citoyens de la ville de Gap ne s'empressassent pas de satisfaire à la demande du Dauphin. Ainsi, bien que je n'en trouve nulle preuve, j'aime à croire que les deux florins par feu furent libéralement octroyés à Louis II, qui, dans la suite, voulut bien le reconnaître en nos affaires, ainsi que vous l'apprendrez dans le cours de cette lettre. Et sur ce, que croiriez-vous que pense Chorier ? « Les prières de nos souverains, dit ce perspicace historien, adoucissent le « commandement et imposent, néanmoins, la né-
« cessité d'obéir ». Je crois, moi, que nos pères prirent à la lettre les politesses du Dauphin, et que si, à travers ses paroles mielleuses, ils avaient entrevu un commandement, les deux florins par feu ne seraient pas recouvrés encore en l'an de grâce 1841... Au surplus, Chorier trouve fort heureux pour notre évêque que le Dauphin, en cette con-

(1) Juvénis, *Mémoires inédits*: Épiscopat de Gaucher de Forcalquier.

joncture, ne se soit pas attribué une souveraineté absolue sur le temporel de l'évêché et sur la ville de Gap. « Il nous resta, ajoute-t-il dédaigneusement, une ombre d'indépendance », bien que ce prince fût très disposé à tout soumettre à sa domination; qu'ainsi il fit fléchir devant lui des prélats, bien plus fiers que Gaucher, — où donc put-il en trouver? — et des villes bien autrement considérables que la nôtre, — l'insolent ! — qui auparavant ne reconnaissaient point sa souveraineté (1).

J'ajoute, en passant, que l'année suivante (1449), « les povres religieuses du monastère de Bertaud en Gapençoys » adressèrent une supplique au dauphin Loys-Anthoine, fils du roi de France, par laquelle elles l'informaient qu'un incendie venait de détruire leur couvent, ainsi que les titres et papiers, qui y étaient conservés. Par ses lettres, datées de Gap le 6 [7] juillet 1449, le Dauphin ordonna qu'il fût informé sur les causes et les auteurs de ce désastre; mais je n'ai rien trouvé qui pût me faire connaître le résultat de l'enquête (2).

1450. — Je ne m'étendrai pas davantage sur un sujet qui, dans les temps anciens, comme dans le nôtre, a constamment occupé les administrateurs et les habitants de Gap; je veux parler de l'irrigation de leur territoire. Le 10 juillet 1450, par une transaction, intervenue entre les communautés d'Ancelle et de La Rochette, et la ville de Gap, celle-ci pourrait prendre dans le torrent d'Ancelle autant d'eau qu'elle en pourrait consommer, pourvu qu'en passant, on en laissât à La Rochette une quantité suffisante pour faire tourner un moulin. Les deux communautés de Gap et de La Rochette devaient ouvrir le canal, à frais communs, et en

(1) Chorier, *Hist. du Dauphiné*, tom. 2, liv. 13, sect. dernière.
(2) Charte de Durbon [lire: Bertaud, n° 272]. A cet acte, qui est écrit en français, pend le sceau du Dauphin.

proportion de l'avantage que chacune d'elles en retirerait ; mais la première devait payer aux deux autres cent florins, et à Monseigneur le Dauphin, une obole d'or annuellement et perpétuellement, pour ses droits de ribeirage. Ce traité, dans lequel intervint le procureur général du Dauphiné, fut homologué, le 24 mars 1451, par le Conseil delphinal, dont les pouvoirs allaient s'éteindre, deux ans plus tard, et les lettres furent expédiées au nom de messire Louis de Laval, gouverneur de cette province (1). — Le canal d'Ancelle fut sans doute ouvert avant cette époque, et donna lieu à une nouvelle transaction, le 17 août 1776. Mais comment qualifier l'incurie qui le laissa détruire, quelques années avant la Révolution! Depuis lors, nous avons rêvé des canaux d'une plus grande importance, et la génération actuelle a été signalée à l'animadversion de la postérité, pour n'avoir pas accueilli les conseils et adopté les plans de l'un des plus habiles administrateurs des Hautes-Alpes. A qui la faute?(2).

Quelques jours après que Gaucher de Forcalquier eût été réintégré, par le Dauphin, dans sa juridiction et ses autres droits temporels, c'est-à-dire le 19 avril 1452, il exigea, dit-on, des syndics de Gap et de Châteauvieux et Lettret, une reconnaissance générale en sa faveur. Le titre existe encore ; mais nos consuls s'inscrivirent en faux contre cet acte, dans le procès qu'ils eurent à soutenir, au commencement du XVIIe siècle, contre Charles-Salomon du Serre, prélat qui en reconnut la fausseté et qui déclara ne vouloir pas s'en servir (3).

(1) Archives de l'hôtel de ville, sac coté C. — Rochas, *Mémoires inédits*, p. 61, 1re série.
(2) M. Ladoucette, *Hist., topographie, etc, des Hautes-Alpes*, 2e éd., p. 102. [Comme nous l'avons déjà dit (p. 45), le canal du Drac a été terminé en 1884 et il alimente, depuis lors, Gap et ses environs].
(3) Artus de Lionne, *Rolle des évesques de Gap*. — Juvénis, *Mém. inédits*. C'est la seule fois que Juvénis ait cité le *Rôle des*

Il paraît que, pendant les années suivantes jusques en 1455, notre ambitieux Dauphin ne se borna pas à exciter des troubles contre son père, mais qu'il traita sourdement, après avoir invoqué sa bonne patronne Notre-Dame d'Embrun, de s'emparer de tout pouvoir dans sa bonne ville de Gap. Aussi, vit-on, un beau jour du mois de juillet de l'année susdite, un fameux jurisconsulte, qui venait d'être fait conseiller au Parlement nouvellement établi en Dauphiné, faire son entrée dans la ville, où il venait exécuter une commission de notre bien aimé Louis II. Quelle était cette commission ? Gui Pape, car c'était lui-même en personne, Gui Pape ne le dit point ; mais quelques jours après son arrivée, une émeute soudaine éclata dans notre ville, avec accompagnement de charivari et peut-être de barricades.

Or, il y avait sur le trône de Provence un excellent prince, expulsé du royaume de Naples et de Sicile, expulsé de la Lorraine, expulsé de l'Anjou, qui se prétendait encore souverain de toutes les villes et communautés qui dépendirent, autrefois, de la comté de Forcalquier, et qui, en cette qualité, eut la fantaisie de se mêler des troubles que la présence de Gui Pape avait excités dans Gap. C'était vous le voyez bien, notre bon roi René, l'inventeur du roi d'amour, des *tirassons*, des *rascassettes* et des *chevaux-frus* [1]. Il venait de perdre Isabelle de Lorraine, son épouse, et il se disposait à franchir les Alpes, avec une armée de quatre mille Provençaux, pour aller au secours du duc de Milan, lorsque le bruit de la sédition gapençaise vint frapper

évêques de Gap par son contemporain M. de Lionne. — Archives de la préfecture, acte du 19 avril 1452, Ms. [On possède des reconnaissances des habitants de Châteauvieux à l'évêque de Gap, de 1422 (G. 1122)].

[1] Sur le sens de ces divers mots et les jeux dont ils rappellent le souvenir, voir Fréd. Mistral, *Lou tresor dou Felibrige*, 2 vol. in-4° [1878-90], *passim*.

ses augustes oreilles. *Qu'es aco ?* dit-il ; ces bonnes gens ont-elles donc oublié que, si leur évêque exerce sur eux un pouvoir immédiat, je n'en suis pas moins leur véritable souverain et seigneur suzerain, quoi qu'en dise notre cher et bien amé neveu le dauphin de Viennois! Alors, le roi de Sicile *in partibus* ajourne son départ pour l'Italie, confie ses troupes à des officiers dévoués, prend des mesures propres à apaiser la rebellion des habitants de Gap, et arrive dans cette ville, où, sans doute, il voit flotter le panonceau delphinal, sur la flèche de la cathédrale, sur la tour de la maison épiscopale, et à toutes les fenêtres des maisons sises en la rue Droite. Il apprend, bientôt, que tout ce tumulte n'a été occasionné que par les perfides manœuvres de son cher neveu, qui, à cette époque, exilé de la cour de France, cherchait tout bonnement à augmenter son apanage, en s'emparant, de nouveau, d'une cité, où des taxes nouvelles, imposées par le roi de Sicile, avaient quelque peu indisposé les habitants. Le Dauphin y avait excité de fréquentes émeutes, en engageant le peuple à se mettre sous sa protection ; il y avait même fait filer un nombre considérable de soldats, et il avait chargé Gui Pape de disposer de mieux en mieux les esprits à la réunion qu'il méditait. Ce que c'est, pourtant, que la légitimité sur des esprits droits et fermes, comme ceux des Gapençais ! A peine le bon roi René a-t-il paru dans la ville, avec une légère escorte, qu'aux cris de *Vive le Dauphin!* succèdent spontanément les cris de : *Vive Forcalquier et la Provence !* Des jeunes gens découvrent, je ne sais où, la bannière du roi de Sicile, et, au nombre de cent cinquante, ils la promènent dans la ville, en criant : *Voilà notre roi et non le Dauphin !* Saint-Arey, la rue Souveraine, la rue Peyrolière, la rue du Fraïsse, toute la ville enfin, sauf la rue Droite, se lève en masse et répète ce cri, avec enthousiasme, et Gui Pape, honteux et confus, remonte sur son âne et prend la route de Grenoble, l'oreille basse et ne sachant comment résoudre, à l'avantage de son seigneur et maître, cette question de fait et de droit (1).

1459. — Quatre bonnes années s'étaient écoulées depuis ces touchantes démonstrations en faveur du roi de Sicile. Les habitants de Gap craignaient même d'être effacés de sa mémoire, lorsque le bruit se répandit, dans la ville, que nos consuls avaient reçu de ses nouvelles. En effet, le bon roi René venait d'adresser à nos magistrats municipaux des lettres patentes, par lesquelles il implorait leur secours pour reconquérir le royaume de Sicile, qu'Alphonse d'Aragon lui avait escamoté. Le porteur de la dépêche ne demanda autre chose qu'une bonne somme d'argent, pour aider à équiper une flotte, et de mettre à sa disposition tous les hommes de la ville en état de se servir de l'arbalète, de la pique ou de l'arquebuse, pour garder les côtes de Provence, selon les traités intervenus entre la ville et les comtes de cette province. Nos consuls répondirent humblement au commissaire de sa majesté sicilienne qu'ils se trouvaient dans l'impuissance de lui compter la moindre somme, et, quant aux hommes d'armes, que, s'il voulait bien consulter les traités par lui invoqués, il y trouverait que, pour le cas présent, il n'était pas dû une seule lance. Le commissaire prit assez mal la chose ; il protesta contre la ville, qui s'en moqua et qui, sans doute, applaudit à la fermeté de ses magistrats ; et ceux-ci firent une réplique, dont ils deman-

---

(1) Gui Pape, question 560. — Villeneuve de Bargemont, *Histoire de René d'Anjou*, tome 2, pages 100 et suiv. Cet auteur place les événements que je viens de rapporter en l'année 1453, célèbre par la prise de Constantinople par Mahomet II, mais Gui Pape, qui fut acteur dans ce drame héroï-comique, dit positivement qu'il vint à Gap au mois de juillet 1455.

dèrent acte le 14 août 1459 (1). — Que firent alors les officiers de notre seigneur le roi de Sicile, comte de Provence et de Forcalquier ? Ils s'emparèrent tout bonnement des marchandises et des effets que les habitants de Gap avaient en Provence : mais, redevenus, tout d'un coup, dauphinois, nos consuls recoururent au parlement de Grenoble, en vertu de la sauvegarde que nos seigneurs les Dauphins avaient accordée à cette ville. Nosseigneurs du Parlement, au lieu de lettres de sauvegarde, nous expédièrent tout simplement des lettres exhortatoires, qui suppliaient humblement sa majesté sicilienne et son conseil de se désister de leurs entreprises. Le bon roi René et son conseil, sans égards pour les exhortations du parlement de Dauphiné, gardèrent ce qu'ils avaient fait saisir, et, sans respect pour le droit des gens, ils firent empoigner et renfermer, dans les prisons de la ville d'Aix, le député de la cour de Grenoble et le sieur Antoine Fogasse, citoyen de Gap, qui l'avait accompagné dans cette ville (2). Le Dauphin, dont nous avions relevé les bannières, sur nos tours et sur la flèche de la cathédrale, voulut bien ensuite accorder à nos consuls de bonnes lettres de représailles contre les habitants des comtés de Provence et de Forcalquier. — Quel usage en fit-on ? C'est ce qui restera ignoré jusqu'à la fin des siècles (3).

Mais, à cette époque, il y avait un troisième prétendant à la souveraineté de la ville de Gap, dont nous ne nous sommes guère occupés jusqu'à présent. Il semblait sommeiller, alors que le roi de Sicile st son tortueux neveu le dauphin de Viennois cherchaient à se l'approprier ; son réveil fut celui du lion. Non, le lion est généreux et Gaucher de Forcalquier ne le fut jamais. — Or, ce prélat, qui

(1) Archives de l'hôtel de ville, sac coté C.
(2) Gui Pape, *Questions* 551 et 560.
(3) Rochas, *Mémoires inédits*, page 86, 1re série.

croyait ses droits incontestables et imprescriptibles, en vertu des concessions faites à ses prédécesseurs, par les deux Frédéric, profita du moment où nos suzerains du nord et du midi nous laissaient en paix jouir de nos libertés et de nos franchises, pour les détruire et régner despotiquement sur la ville de Gap, malgré le serment prêté, en son nom, par le prévôt de Barjols et le seigneur de Céreste. Qui donc osera repousser les prétentions d'un prélat, si fier, si hautain, si dur, et qui pouvait disposer de forces considérables, à cause de son illustre parenté ? Tous les citoyens de la ville, et à leur tête le noble chevalier Jean de Montorsier, docteur ès lois et seigneur de cette terre, très haut placée dans les montagnes du Champsaur.

1460 à 1463. — L'évêque entreprit, vers l'an 1460, de nouveaux établissements, sous prétexte de la juridiction ecclésiastique, à laquelle il donnait une extension démesurée. Jean de Montorsier, se déclarant le chef des feudataires et des vassaux du Dauphin, devenu roi de France, résista fortement aux usurpations du prélat, et attira à lui, non seulement les consuls, mais presque tous les habitants de la ville de Gap. Des propos outrageants, d'une part, et peut-être fort insolents, de l'autre, on en vint aux armes. Bien des coups d'estoc et de taille furent portés et reçus ; bien des lances furent rompues ; bien des chevaliers furent désarçonnés ; bien des fantassins percés d'outre en outre, avant que Gaucher eût reconnu que les troupes, par lui tirées de la Provence, ne pouvaient soumettre à ses volontés l'indomptable milice de la vieille cité des Tricoriens. Alors il eut recours à la ruse. Par des paroles mielleuses et de faux témoignages d'estime, il parvint à suborner quelques-uns des plus courageux citoyens ; par de fallacieuses promesses, il entraîna les plus intéressés ; par des menaces hautaines, il subjugua les plus timides ; et la division régna dans le sein de la cité ! Profitant du trouble qu'il avait jeté dans les esprits, le prélat fit proposer à l'armée ennemie de recourir à des arbitres, qui auraient plein pouvoir de terminer leurs différends. Les habitants de Gap, ô trop aveugle confiance ! acceptèrent avec joie les démonstrations pacifiques de Gaucher, et deux arbitres furent nommés par les parties belligérantes. L'évêque fit choix du sénéchal de Provence, et les consuls, du gouverneur du Dauphiné, messire Jehan, bastard d'Armagnac, comte de Comminges.

Qui donc avait choisi l'arbitre de la cité ? Quelques traîtres, comme Gruel et ses pareils, ou plutôt les nouveaux consuls, tous dévoués à Gaucher : car — j'avais oublié de vous le dire — le prélat avait profité de l'absence des consuls en exercice, occupés alors de la poursuite du procès, pour en faire élire trois autres à sa dévotion. En effet, l'on vit, au mois de janvier 1462, quelques particuliers, poltrons ou mal famés, s'ériger en assemblée électorale, à la sollicitation de l'évêque, déposséder les légitimes magistrats de la ville et élire trois autres consuls, bien que, d'après les règlements, l'élection ne dût avoir lieu que le 1er mai (1).

Les arbitres eurent l'impudence de désapprouver l'honorable résistance des citoyens de Gap, et de la traiter de sédition et de révolte ; ils portèrent l'audace jusqu'à les condamner à une amende de douze mille florins d'or, que les habitants seraient contraints de payer à l'évêque, par la saisie de leurs biens et l'emprisonnement de leurs personnes, à la réserve toutefois de trente ou trente-six d'entre

---

(1) Archives de l'hôtel de ville, sac coté C. [Au sujet de ces divers événements, très peu connus, on pourra consulter les *Arch. de la ville de Gap*, AA, 9, p. 26 de l'*Invent.*; *Arch. de l'Isère*, B, 3755 et 3756 ; Pilot de Thorey, *Catalogue des actes de... Louis XI*, t. II (1899), n° 1932 et suiv.].

eux, au choix du prélat : enfin, ils poussèrent l'injustice jusqu'à prononcer que quinze des principaux citoyens seraient au pouvoir du terrible Gaucher, pour en disposer à sa volonté, à vie ou à mort ! — Ces arbitres, que la plupart de nos chroniques nomment les commissaires de Provence et de Dauphiné, obligèrent, en outre, les habitants de remettre à l'évêque toutes les clés de la ville, et leur enjoignirent d'élire annuellement pour consul un des officiers du prélat.

L'exécution de cette inique sentence ne se fit pas attendre. Aussitôt l'évêque choisit ses quinze victimes, parmi lesquelles nous trouvons, en première ligne, le noble chevalier Jean de Montorsier. Des potences furent élevées aux cinq portes de la ville, et un échafaud fut dressé au-devant de l'église de la commanderie de Saint-Jean-de-Jérusalem, dans laquelle Jean de Montorsier s'était réfugié, avec plusieurs autres gentilshommes, parmi lesquels se trouvaient des officiers du Dauphin, afin d'échapper à la peine de mort, pour laquelle Gaucher s'était prononcé. Nul n'abordait cette église et ne pouvait y pénétrer qu'il ne fût soigneusement fouillé par les gens de l'évêque ou par les soldats qu'il avait fait venir de Provence. Les dames et les damoiselles n'étaient pas à l'abri de pareilles recherches ; et l'on vit, s'écrie Juvénis, avec l'accent de l'indignation, l'on vit ces soldats dissolus *fouiller mesme, par un excès de cruauté inouïe, les parties honteuses des femmes !* Un jour, les gens de Gaucher ayant rencontré la dame de Montorsier qui portait des vivres à son noble époux, dans l'asile de la commanderie, lui enlevèrent les viandes dont elle s'était pourvue, la traînèrent par les cheveux, et lui firent subir mille iniquités !

Les autres habitants de Gap étaient traités avec la même rigueur. Les 12.000 florins, au paiement desquels ils avaient été condamnés *pour les frais de guerre*, dit la fameuse sentence, furent répartis sur tous les citoyens, à l'exception de trente-six, dont l'évêque fit choix. Ceux-ci étaient, sans doute, ses adhérents et les mêmes qui avaient procédé illégalement à l'élection consulaire du mois de janvier 1462, contre laquelle une délibération du grand conseil de la ville avait protesté, le 21 février de la même année, et contre tous les actes des consuls usurpateurs, principalement en désapprouvant le compromis par eux souscrit et la sentence arbitrale qui en avait été la suite. Le conseil général avait adhéré, en même temps, à l'appel que les consuls légitimes avaient interjeté de cette sentence à la cour du Souverain Pontife. — Les citoyens de Gap furent tous désarmés et poursuivis, pour leurs taxes, de la manière la plus cruelle, la plus violente et la plus injurieuse. On vit alors sept cents chefs de famille, et les familles les plus considérables, quitter leurs maisons au cœur de l'hiver, et sortir furtivement de la ville, pour éviter la honte et la rigueur des poursuites de leur..., j'allais dire de leur pasteur, mais le pasteur n'eut point ainsi dispersé le troupeau que le Sauveur avait confié à sa garde ; je parle de leur seigneur temporel, inflexible, autant par caractère que par les perfides conseils de Pierre Gruel et la faveur d'Aimon Alleman, seigneur de Champ, l'un, juge du prélat, et l'autre, lieutenant-général du Dauphiné. En peu de jours, l'on vit errer, dans le Champsaur et dans les contrées limitrophes, ces malheureux exilés, dont plusieurs périrent dans les neiges ; on était alors au mois de janvier 1463. — Les habitants qui n'avaient pas fui furent saisis et renfermés dans les prisons de la ville, à l'exception de quelques familles, qui avaient trouvé un refuge dans l'immunité des églises ; de sorte que tout commerce fut interrompu, dans la cité, devenue déserte. Aussi vit-on toutes les communautés d'alentour, depuis

Laffrey jusqu'à Gap, en porter, dans la suite, leurs plaintes aux commissaires envoyés par le Parlement.

Les cris des uns et des autres et la voix stridente du seigneur de Montorsier, qui invectiva fortement contre Pierre Gruel et Guillaume [*en blanc*], traités par lui de domestiques de l'évêque, parvinrent, enfin, aux oreilles du parlement de Grenoble. Jean de Montorsier exposait que, depuis un an, il s'était retiré dans l'église de la Commanderie, et que l'évêque de Gap, bien qu'il n'eût sur lui aucune juridiction, puisqu'il était vassal du Dauphin, avait cependant voulu le faire périr, ainsi que ses enfants, sa famille et un grand nombre d'autres personnes, qui avaient fui ou qui s'étaient réfugiées dans les lieux d'immunité; que ce prélat continuant ses violences et ses oppressions, il suppliait la Cour de lui inhiber et défendre de troubler, ni molester, en aucune façon, ni lui ni sa famille, ou bien de lui permettre d'assembler ses parents et ses amis, pour s'opposer à l'évêque et lui résister par la force des armes.

La Cour, par ses lettres du 5 février 1463, mit Jean de Montorsier sous sa sauvegarde, défendit au prélat de mettre la sentence à exécution, sous peine de privation de son temporel et d'une amende de cent marcs d'or, et ordonna qu'il serait ajourné en personne, pour comparaître, dans la quinzaine, à Grenoble, et y exhiber la prétendue sentence. Elle permit au seigneur de Montorsier de sortir de l'église de Saint-Jean-de-Jérusalem, ainsi qu'aux autres personnes qui s'y étaient réfugiées, et d'aller dans la même ville, sous le sauf-conduit du commissaire qu'elle envoya à Gap, pour arrêter les désordres qui désolaient cette cité. — Ce commissaire était Jean de Marcoux, l'un des conseillers du Parlement, qui emmena avec lui plusieurs personnes, pour l'assister en cette conjoncture.

Le 14 du même mois, Jean de Marcoux fit son entrée dans Gap, accompagné de La Bercherie et de Jean de Mareul, mistral du duché de Champsaur, et escorté d'une troupe d'officiers, au milieu des acclamations des malheureux fugitifs, qui, de Laffrey, de La Mure, de Corps et de Saint-Bonnet, avaient, dans le trajet, imploré sa protection, qui rentraient avec lui et qui le proclamaient leur sauveur et leur libérateur. Leur état était tellement pitoyable qu'ils inspiraient des sentiments de commisération à tout le monde, sans en exclure les partisans de l'évêque. Le conseiller de Marcoux descendit au palais que les Dauphins possédaient dans la ville ; il se rendit ensuite à la maison épiscopale, où il intima sa commission à Gaucher de Forcalquier, lui déclarant que la souveraine Cour de Parlement mettait les citoyens de Gap sous la protection du Roi-dauphin. — « Je ne reconnais pas le Roi-dauphin pour mon seigneur, répondit fièrement l'évêque de Gap ; mais seulement très haut et très puissant prince René d'Anjou, roi de Sicile et comte de Provence. Du reste, je n'ai fait qu'exécuter le jugement des commissaires du Dauphiné et de la Provence, qui, pour leur coupable rebellion contre mon autorité, ont condamné solidairement les habitants de cette ville à une amende de douze mille florins d'or, et ordonné que quinze d'entre eux me seraient livrés pour en disposer à vie ou à mort, selon ma volonté ». — Gaucher ajouta qu'il lui était bien dur de voir mettre son temporel sous la main delphinale, et finit par demander au commissaire de surseoir à l'exécution de son mandat. Loin d'y acquiescer, Jean de Marcoux l'ajourna pour comparaître devant la Cour. L'évêque protesta ; mais le commissaire répliqua avec tant d'éloquence que les prisonniers sortirent des prisons, les réfugiés des églises, et que les exilés purent rentrer dans leurs maisons : car leur liberté était presque indifférente à l'évêque, pourvu qu'il recouvrât les 12.000 florins d'or. Il n'en fut pas de même de Jean de Montorsier, considéré par Gaucher comme le chef de la rebellion. En le rendant à la liberté, il aurait craint de compromettre son autorité; aussi mit-il tous ses soins, non à le retenir captif, mais à s'emparer de sa personne, pendant que le commissaire du Parlement s'occupait à de vaines formalités.

Montorsier, instruit par ses amis des desseins de l'évêque, sortit furtivement, pendant la nuit, de l'église de Saint-Jean-de-Jérusalem, et alla se jeter dans celle des Cordeliers, où il crut être à l'abri de toute entreprise sur sa personne, à cause de la sainteté de l'asile. Aussitôt, de la rue de Saint-Jean-de-Jérusalem, l'échafaud qu'y avait fait dresser Gaucher de Forcalquier fut porté hors de la ville et placé au-devant de l'église des Frères Mineurs ! J'ignore toutefois comment l'évêque aurait pu violer l'immunité des Chevaliers de Malte, si le seigneur de Montorsier y était resté; car frère Jean, qui avait succédé à Guigues Flotte, dans la commanderie de Gap, favorisa de tout son pouvoir les habitants de cette ville; il parla même en leur faveur au roi René, auprès duquel il se trouvait alors, et il donna l'ordre aux chapelains de son église de veiller soigneusement à la sûreté de Jean de Montorsier. Cependant Jean de Marcoux, voulant mettre un terme à ces débats, aussi longs que cruels, arma les vassaux du Roi-dauphin et, suivi de ces braves habitants de la rue Droite et du mas de Montalquier, il alla tirer de son asile le malencontreux chevalier, et sortit de Gap, avec lui, pour ne plus y rentrer. La colère du prélat dut, alors, être élevée à son paroxisme. Du reste, son ressentiment contre les pauvres Frères Mineurs durait encore le jour de Sainte-Madeleine de l'an 1483, où il fit son testament, puisque, par cet acte de dernière volonté, il défendit expressément de les convier à ses funérailles.

Bien que rentrés dans une espèce de grâce, les habitants de Gap n'en furent pas moins requis de payer l'énorme amende à laquelle les arbitres les avaient condamnés. Alors, les consuls s'adressèrent à Louis XI lui-même, pour le supplier de révoquer la sentence ou, du moins, d'en modérer les dispositions. Le Roi-dauphin répondit à la supplique par ses lettres du 11 juin 1463, données à Toulouse la deuxième année de son règne, lesquelles mettaient les habitants de Gap sous sa sauvegarde, et donnaient commission à Guillaume de Venac, bailli des montagnes du Dauphiné, d'examiner le procès et la sentence. Louis XI permettait à tous les habitants, réservés ou non réservés, d'aller, de venir, de demeurer en toute sûreté dans la ville et dans tout le Dauphiné, malgré toutes les lettres que Gaucher pourrait avoir obtenues du lieutenant ou du parlement de cette province. Le bailli des montagnes avait plein pouvoir de révoquer ou de modérer la sentence arbitrale, ou bien de la maintenir, s'il la trouvait juste ; mais, dans ce cas, le Roi défendait expressément de faire supporter une portion quelconque de l'amende prononcée contre les habitants de Gap, à ses vassaux de la rue Droite et de Montalquier. Guillaume de Venac se rendit dans cette ville, au mois d'août suivant, et fit intimer sa commission à l'évêque, qui protesta, de nouveau, et donna procuration à Bertrand Chaix, bachelier en droit, pour protester plus amplement encore. Ce bachelier alla trouver le bailli dans la maison du Roi, où il était descendu ; il lui remontra pathétiquement que, non seulement l'évêque avait été en butte aux piquantes injures des habitants de Gap, mais que ces indignes vassaux de Sa Grandeur avaient eu l'audace de se soulever et de prendre les armes contre leur souverain seigneur ; ce qui l'avait forcé de recourir au cardinal de Foix, légat du Saint-Siège ; que le légat avait chargé l'évêque d'Amasie de prononcer sur cette affaire, et que la sentence arbitrale des commissaires du Dauphiné et de la Provence n'en était que la suite ; sentence, d'ailleurs, qui n'était rien moins que favorable au prélat, et à laquelle il n'entendait nullement s'en tenir ; que le Roi avait été mal informé ; que ses lettres blessaient le droit et la justice, puisque ce monarque n'avait aucune juridiction, ni sur sa personne, ni dans sa ville épiscopale ; et qu'ainsi, lui, bailli des montagnes, était requis de se dessaisir des informations et des procédures dont il avait été chargé par les lettres du Roi-dauphin. — Guillaume de Venac se tint-il pour battu ? Non ; car on trouve, dans une procédure du 3 octobre suivant, que ce commissaire du Roi fit ouvrir les portes de la ville par force, et abattre les potences élevées par ordre des juges-arbitres, ainsi que l'échafaud dressé au-devant de l'église des Cordeliers. — Mais l'inique sentence de 1462 fut-elle annulée ou maintenue par le bailli des montagnes ? Nos chroniqueurs et nos documents municipaux n'ont pu me l'apprendre (1).

1460. — Si j'avais voulu suivre exactement l'or-

(1) Juvénis, *Mémoires inédits.* — Chorier, *Hist. du Dauphiné*, tome 2, liv. 14, sect. 10. — *Abrégé historique*, p. 45. — Rochas, *Mémoires inédits*, p. 58 à 76, 1re série. — Archives de l'hôtel de ville, sac côté C.
Il n'était pas facile de coordonner les récits incohérents, et parfois contradictoires, de nos auteurs, sur les persécutions qu'eurent à éprouver nos ancêtres, sous le pontificat de Gaucher de Forcalquier. Par exemple, Juvénis et l'auteur de l'*Abrégé historique*, qui n'a fait que le copier, placent la commission donnée par Louis XI au bailli des Montagnes, avant la commission donnée par le Parlement à Jean de Marcoux, et rendent doubles, de cette manière, les violences du prélat. Les dates que j'ai rapportées, d'après Chorier et les documents de l'hôtel de ville, prouvent le contraire. Du reste, tous sont d'accord sur la teneur de la sentence arbitrale et sur les suites qu'elle entraîne. Juvénis dit avoir *baillé à M. de Lionne* un verbal, des 11 et 22 février 1463, où tous les désordres de cette époque sont particulièrement exprimés ; et cependant ce prélat ne dit mot dans son *Rolle des évesques de Gap :* il ne voulait pas marquer d'un fer rouge le front de son indigne prédécesseur.

dre chronologique et couper le récit des persécutions de Gaucher de Forcalquier, j'aurais mentionné un emprunt de 300 écus d'or, fait par la ville à Avignon, et destiné à suivre, en cour de Rome, le procès suscité par les vexations de cet évêque. La délibération par laquelle le conseil de la communauté ratifia cet emprunt porte la date du 8 décembre 1460 (1).

Le 15 mai de l'année suivante (1461), le souverain pontife Pie II donna cette fameuse bulle, tant de fois mentionnée et que nos ancêtres nommèrent la *Bulle d'or* : elle confirmait les libertés, les franchises et les privilèges de la ville de Gap, et rapportait textuellement les principaux traités intervenus entre elle et ses évêques. Mais n'était-ce pas du superflu, pour consacrer les droits de la cité, puisque déjà le pape Clément VII avait homologué la *Grande Charte* de 1378 ? Il paraît que nos magistrats voulurent prévenir toute objection contre l'élection, peut-être irrégulière, de ce dernier pontife, et posséder une arme défensive plus récente, contre laquelle viendraient se briser les traits de Gaucher. Néanmoins, vous avez vu que ce prélat, méprisant de toutes les autorités de cette époque la plus respectable et la plus respectée, n'en continua pas moins, malgré la Bulle d'or, de bouleverser la vieille constitution de la cité de Gap.

Nous possédons une seconde bulle d'Æneas Sylvius, donnée au mois d'août 1462, par laquelle ce pontife commit le prieur de Saint-André-lès-Gap et messire Jean Faucon, chanoine et official de l'église d'Embrun, pour connaître des plaintes portées par les citoyens de la ville de Gap contre des clercs et des laïques, au sujet d'injures graves et dommages causés aux habitants. Il était enjoint aux commissaires de faire exécuter leur sentence par censures

---

(1) Archives de l'hôtel de ville, sac coté C.

ecclésiastiques, sans égard à aucune appellation ; et c'est tout ce que je puis vous en dire (1).

Revenons, à présent, aux troubles qui ne cessèrent d'éloigner notre vieille cité de son seigneur spirituel et temporel.

Ce qui prouve que le bailli des Montagnes ne parvint nullement à y mettre un terme, c'est que, le 5 décembre 1464, Gaucher de Forcalquier fit signifier aux consuls un acte extrajudiciaire, portant qu'il consentait à ce que le Pape envoyât un commissaire, devant lequel il serait traité de tous leurs différends. Sur le rapport de ce commissaire, le Souverain Pontife serait prié de porter un jugement, auquel il était tout disposé à se soumettre. — Le 19 du même mois, on voyait affichés, aux portes des églises et dans tous les carrefours, des actes, en forme de monitoire, par lesquels l'évêque et la ville s'adressaient respectueusement de mutuels reproches, au sujet des troubles qui continuaient d'agiter la cité, tout en protestant de leurs dommages respectifs (2).

Nous voyons ensuite notre prélat se tourner vers le roi René, dont il s'était reconnu hautement le vassal, en présence des commissaires du Parlement et du Roi-dauphin, et inviter ce prince à acquérir les droits que ce dernier avait dans la ville de Gap et son territoire, pour en devenir exclusivement le seigneur suzerain. Le bon roi René avait été, dit-on, fort sensible au refus que les habitants de cette ville avaient fait, en 1460, de contribuer à son armement pour la conquête du royaume de Naples ; il avait vu, avec un extrême déplaisir, ces mêmes habitants se mettre sous la protection du Dauphin et porter leurs plaintes au parlement de Grenoble, où il fut résolu, contre l'avis de Gui Pape, de leur accorder la protection qu'ils demandaient, pour se

(1) Archives de l'hôtel de ville, coffre de bois coté A.
(2) Archives de l'hôtel de ville, sac coté C.

soustraire aux violences dont ils étaient menacés ; aussi ne laissa-t-il pas échapper l'occasion qui lui était offerte de se venger d'eux. L'affaire fut traitée si adroitement, à la cour de France, en l'année 1464, que l'échange des droits du Dauphin sur la ville et sur Montalquier contre la terre de *Vandolle*, située aux frontières du Dauphiné, était consommé, lorsque les intéressés n'étaient pas même avertis qu'il se négociait. Mais, lorsque les commissaires députés voulurent procéder à l'échange, on vit le gouverneur de la province et le procureur général du Parlement se joindre aux habitants de Gap, pour s'y opposer. Était-ce une ruse de notre bien-aimé Dauphin pour rompre ce traité onéreux ? C'est plus que probable. Quoi qu'il en soit, ils représentèrent au peu soigneux Louis XI que son revenu, dans notre ville, s'élevait à la somme énorme de sept cents francs, tandis que celui de la terre de Vandolle ne montait pas au tiers de cette somme ; qu'au surplus la ville de Gap lui fournissait annuellement cinquante bons soldats, entretenus à ses frais, durant trois mois, pour le servir courageusement dans toutes ses entreprises ; qu'elle était un lieu de passage très important pour se rendre en Italie ; qu'elle était *ancienne et célèbre ;* et que, par les traités faits avec les dauphins, ses prédécesseurs, elle s'était obligée à ne céder ses droits à nul autre prince et à ne pas se donner d'autre seigneur et maître.

Bien que le Roi-dauphin eût ordonné, par ses lettres de jussion du 1ᵉʳ juillet 1465, l'exécution de son traité avec le roi René, il ne put se raidir contre des motifs aussi puissants que ceux exposés par son gouverneur et son procureur général du Dauphiné, et que, peut-être, il leur avait soufflé à l'oreille ; il révoqua ses lettres de jussion et ordonna que les anciens traités des dauphins reçussent leur pleine et entière exécution. Louis XI fut donc

rétabli dans ses droits sur la ville et le territoire de
Gap. Un étendard, sur lequel ses armes étaient brodées, fut élevé en signe de souveraineté, sur la
plus haute tour de la maison épiscopale, et ensuite
porté triomphalement dans toutes les rues de la
ville, par Claude du Suau, seigneur de La Croix et
gentilhomme de Tallard, aux acclamations bruyantes des nobles vassaux de la rue Droite et de la
terre de Montalquier. Qu'en dirent messire Gaucher de Forcalquier et le cher oncle René, qui, lui
aussi, d'après les anciens traités, avait le droit d'arborer l'étendard de Provence sur la haute tour
épiscopale ? — Ce qu'ils voulurent. Le Roi-dauphin
ne s'inquiéta guère de leurs criailleries : il venait de
gagner la bataille de Montlhéri ! « Louis XI qui
« voulait se mettre hors de page, dans son royaume,
« comme il disoit, y mit véritablement son droit
« de souveraineté sur la ville de Gap, après l'évé-
« nement qu'on vient de rapporter » (1).

Toutefois, cette souveraineté n'était pas absolue ;
car, en l'année 1472, l'évêque y exerçait toujours la
haute, basse et moyenne justice, et nosseigneurs
du Parlement étaient obligés, comme déjà ils
l'avaient fait, en 1463 et 1464, d'adresser à ses officiers des lettres réquisitoires, par lesquelles ils les
suppliaient de permettre l'exécution de leurs mandements dans la ville de Gap ; ce qui ne leur fut
accordé que l'année suivante (2).

Le 23 mai de cette dernière année (1473), les consuls affermèrent, pour huit ans, à noble Antoine
Fogasse, marchand (le même dont s'était saisi le
roi René en 1459), les *rêves*, la boucherie, le vin, les
poids et usages, et le droit perçu sur les hôtes,
appelé *attache,* ainsi que les pâturages de Bayard,
de Glaize et du Forest ; le tout au prix de 2.027 écus

---

(1) Chorier, *Histoire du Dauphiné,* tome 2, liv. 14, sect, 11. —
Artus de Lionne, *Rolle des évesques de Gap.*

(2) Archives de la préfecture, Mss.

d'or et de 600 florins, délégués pour être payés à la chartreuse de Durbon et au trésorier delphinal (1).
— Je n'ai mentionné ce marché que pour vous faire connaître les revenus de la ville, dans la seconde moitié du XVe siècle, et pour montrer que chez nous la noblesse ne dérogeait pas en vendant de la *ratine* ou du *brigadis*. Du reste, au mois d'avril de l'année suivante (1474), au moyen de 14 gros, qui lui furent alloués pour ses frais de voyage, noble Antoine Fogasse accompagna à Embrun les consuls Lazare Artaud et Lantelme Rambaud, pour remplir je ne sais quelle mission, à eux confiée par le conseil de la communauté (2).

1473. — Il paraît que le grand saint Vincent Ferrier, quoiqu'en disent ses biographes, n'avait pas entièrement extirpé l'hérésie du sein de la *Val-Pute* ou *Val-Pure*, puisque les Vaudois de ces contrées, en fort grand nombre, furent encore poursuivis par l'inquisition et condamnés à des peines plus ou moins graves, en 1473. Par sentence du 20 juillet de cette année, un zélé catholique, Oronce Ème, vibailli de Briançon, n'en condamna qu'un seul à être brûlé vif ; mais plusieurs autres hérétiques virent confisquer la troisième partie de leurs biens et furent contraints à porter une croix jaune, sur la poitrine et sur le dos, et puis, les uns d'aller à Embrun, pour y faire amende honorable à Notre-Dame du Réal et au glorieux saint Marcellin ; les autres, de faire le pèlerinage de Saint-Jacques de Compostelle, de Notre-Dame d'Avignon ou de Montpellier ; d'autres encore, d'aller se prosterner devant les corps saints et le saint suaire de Toulouse, à charge de rapporter un certificat des curés de ces

(1) Archives de l'hôtel de ville, sac côté C. — Rochas, *Mémoires inédits*, p. 78, 1re série.
(2) Le P. Fournier, *Histoire des Alpes Maritimes*, p. 407. Note de Juvénis en marge [t. II (1890), p. 359].

villes. Il était enjoint à tous de s'abstenir de viandes, les lundis et les mercredis, de jeûner les vendredis et les samedis, de réciter trente fois le *Pater* et l'*Ave Maria*, et trois fois seulement le symbole des apôtres. Enfin, les chapeaux de ces tenaces Vaudois, condamnés par le vibailli de Briançon, furent suspendus aux portes de l'église de Vallouise, pour servir d'exemple ou plutôt d'épouvantail à ceux qui tenteraient de les imiter (1). Ainsi les habitants de Gap durent voir avec étonnement ces misérables Vaudois traverser leur ville, marqués de la double croix jaune, et récitant leurs patenôtres et leur credos du bout des lèvres, lorsqu'ils allèrent accomplir leur pèlerinage dans nos provinces méridionales et par-delà les Pyrénées.

1477. — La maison consulaire et la maison épiscopale vivaient-elles alors en bonne intelligence ? Il paraît que oui. Aussi voyons-nous, le 19 août 1477, nos consuls monter sur leurs chevaux de bataille, pour se rendre à La Bâtie-Neuve, dans le château du seigneur Gaucher, et là, entendre la lecture d'une sentence arbitrale, par laquelle l'université de l'église de Gap était autorisée à choisir deux de ses membres, pour assister aux délibérations du conseil général et voter en tous les conseils, généraux et particuliers, de la ville et communauté. Mais un seul député de l'université avait droit de se rendre aux assemblées tenues pour la rédition des comptes et pour l'imposition des tailles, ainsi que la chose s'était pratiquée de toute ancienneté. Dans le cas où l'on trouverait que les impôts tournaient à l'utilité des ecclésiastiques comme à celle des laïques, ou, comme l'on dirait aujourd'hui, étaient employés d'une manière reproductive pour les uns et les autres, alors messieurs de l'université, qui

(1) Le P. Fournier, *Histoire des Alpes Maritimes,* p. 409 de la traduction de Juvénis [t. II, p. 370 et suiv.].

vraisemblablement en étaient les juges, étaient tenus d'y contribuer pour leurs biens-fonds patrimoniaux et pour leurs terres cadastrées et allivrées, comme les autres habitants de la ville (1).

L'année suivante (1478), ces derniers recevaient avec reconnaissance les lettres données par le roi Louis XI, au mois de juin, par lesquelles il réduisait de nouveau à cinquante (comme il l'avait déjà fait en 1444, lorsqu'il n'était que Dauphin) les cent hommes de pied que la ville de Gap était obligée de fournir, chaque année, pendant trente jours, selon les anciens traités. Les mêmes lettres patentes fixaient aussi à cinquante les francs-archers que la ville de Grenoble était dans l'usage de mettre à la disposition du Roi-dauphin ; mais, dorénavant, ces archers pouvaient être employés dans toutes les guerres et dans tous les pays où le Roi voudrait les faire servir, tandis que les cinquante hommes de Gap ne sortaient pas du Dauphiné. — Vous croyez peut-être que notre gracieux souverain nous avait fait un don gratuit par les lettres patentes dont je viens de parler ? Désabusez-vous : la ville de Gap, pour les obtenir, avait dépensé mille florins en vacations ou en frais, à Paris, auprès du Roi. C'est ce que l'on voit énoncé dans une quittance du 14 février 1482, soigneusement conservée aux archives de l'hôtel de ville (2).

Cependant, l'un de nos grands suzerains était trépassé [à Aix] le 10 juillet de l'année 1480. C'était le bon roi René, qui ne nous fut guère favorable, et à qui succéda son neveu Charles d'Anjou, comte du Maine. Dix jours après, le fier Gaucher de Forcalquier se trouvait à Aix, pour lui rendre hommage, quoi qu'en pût dire le Roi-dauphin, qui, alors, plus

---

(1) Archives de l'hôtel de ville, sac coté C. — Rochas, *Mémoires inédits*, p. 78, 1re série.

(2) Archives de l'hôtel de ville, sac coté C. [AA. 10, p. 26-27 de l'*Invent.* imprimé]. Rochas, *Mémoires inédits*, p. 79, 1re série.

que jamais, croyait être le souverain seigneur de la ville de Gap. Ce fut hors des murailles de la ville d'Aix, en la salle de la maison appelée *le Jardin royal*, et en présence de François du Luxembourg, d'Olivier, archevêque d'Aix, et de Barré, seigneur d'Entrevennes, que notre évêque prêta serment de fidélité au nouveau comte de Forcalquier et fit hommage, pour la ville de Gap et les tours de La Bâtie-Neuve, La Bâtie-Vieille, Rambaud, Le Noyer, Poligny, Lazer, Châteauvieux, Sigoyer-de-Malpoil et Reynier; pour la part qu'il avait aux seigneuries de La Fare et du Glaisil, et généralement pour tout ce que possédait l'église de Gap, dans l'ancien comté de Forcalquier, avec les régales et la haute, moyenne et basse juridiction qu'il avait en la cité et aux lieux susdits, exceptant toujours le château de Redortier (1).

1481. — Louis XI n'eut guère le temps de se fâcher, car le nouveau roi de Jérusalem et de Sicile, comte de Provence et de Forcalquier, mourut à Marseille, le 11/12 décembre de l'année suivante [1481], après l'avoir institué son héritier, par un testament daté de la veille ²). Voilà donc la Provence réunie à la couronne de France, comme le Dauphiné, et partant la ville de Gap dispensée de reconnaître deux suzerains à la fois. Mais le rusé chanoine de Notre-Dame d'Embrun ne jouit pas longtemps de cet accroissement de puissance, puisqu'il trépassa lui-même [au Plessis-lès-Tours] le 30 août 1483.

Voulez-vous, malgré l'histoire et la morale, lire un éloge assez emphatique de ce prince? Ouvrez l'his-

(1) Artus de Lionne, *Rolle des évesques de Gap.* — Cet hommage est également rappelé dans un inventaire de production pour messire Pierre Marion, évêque de Gap, du mois d'avril 1663. Arch. de la Préfecture.

²) Voy. Albanès et Paul Meyer, dans *Revue des Soc. savantes*, 1874, p. 299-311.

toire du R. P. Fournier, à la page 406 et suivantes de la traduction de notre chroniqueur Raymond Juvénis, et vous le trouverez. Et, en effet, comment ne pas exalter un roi qui ne vint à bout de ses louables entreprises qu'après avoir invoqué les secours et les grâces de Notre-Dame d'Embrun; qui, en 1461, était venu en pèlerinage, de Paris dans cette ville, et avait ordonné à son trésorier de faire une offrande, en son nom, le mercredi de chaque semaine, à l'église métropolitaine des Alpes Maritimes; qui, en 1481, avait donné à cette même église une rente annuelle de 3.972 ducats, attendu que, par l'intercession de sa glorieuse mère Notre-Dame d'Embrun, il avait recouvré la santé; qui, enfin, lui avait fait présent d'un magnifique buffet d'orgues, dont les tuyaux étaient d'argent : lequel, à cause de la matière, tenta la cupidité des protestants, lorsqu'ils se rendirent maîtres de la ville et de la *Tour brune*, élevée par les Maures ? Mais le P. Fournier ne parle nullement de la haute entreprise de Louis XI, qui, fort peu scrupuleux sur les moyens, voulut abattre l'hydre féodale, au profit de la royauté ; entreprise continuée avec plus de succès par Richelieu, et consommée, au profit du peuple, par le comte de Mirabeau (1).

Notre évêque ne survécut guère à Louis XI. Le jour de Sainte-Madeleine de l'an 1483, il fit un testament ²) qui prouve, tout à la fois, une illustre parentèle, de grandes richesses, et une haine inextinguible. *Gaucherius de Forcalquiero, sanctæ et apostolicæ sedis gratia episcopus Vapincensis, dominus Cæsaristæ, Aptensis diocesis,* — telles sont ses qualités,— institua pour son héritier Georges de Castellanne, son neveu, fils de sa sœur Alix de Forcalquier,

---

(1) Le P. Fournier, *Histoire des Alpes Maritimes*, p. 406, 411, 412 et 417 de la traduction [transcription] de Juvénis [notre édition, 1890-92, I, xxxiii, 232-4 ; II, 343 et suiv. ; III, 388-405].

²) *Arch. de Vaucluse*, B, 13, fol. 255; Albanès, I, col. 514.

dame de *Monte Magno*, avec charge de substitution masculine, en faveur de son cousin Gaucher de Brancas ; et, si ces deux branches venaient à s'éteindre, il substituait son autre cousin Roux de Brancas, et, après eux, l'université de l'église cathédrale de Gap et la chapelle de Sainte-Marie-Madeleine, par lui fondée en la même église [1], entre la petite porte et l'angle méridional de la cathédrale, où l'on voyait, avant la Révolution, ses trois écussons, qui existent encore, les armoiries de la maison de Forcalquier, effacées, en 1793, par les ennemis de la science héraldique. Parmi un grand nombre de legs, on remarque celui par lequel il donna plusieurs terres, et, entre autres, celle de Robion, à Gaucher de Brancas ; il ordonna de l'inhumer dans sa chapelle de Sainte-Madeleine, et d'y apporter les restes de son frère Jacques de Forcalquier, alors défunt. A cet effet, il devait y être creusé deux tombeaux, dont les pierres seraient couvertes d'airain ou de cuivre, et que l'on trouverait, sans doute, si l'on fouillait dans l'emplacement où la chapelle était élevée [2]. Enfin, le testateur appelait à ses obsèques tous les corps ecclésiastiques de la ville, sous une rétribution ; mais son éternel ressentiment contre les Cordeliers, qui avaient donné asile à Jean de Montorsier, y était exprimé de la manière suivante : *Exceptis ecclesia et conventu Minorum, imo vocari prohibemus, nec in communi, nec in particulari, et, si in particulari, aliquis temerarie se injecerit, nihil sibi detur.*

1481 à 1483. — Ce testament, dont l'original était déposé aux archives du chapitre et qui peut-être s'y

[1] On trouvera copie de l'acte de fondation de cette chapelle aux *Archives des H.-A.*, G. 1778, *Inventaire*, G. IV, p. 432-4. Sa construction avait été commencée le 9 avril 1479 (ib.).

[2] Lors de la démolition de la cathédrale, en 1866, l'on n'a trouvé que des débris informes de son tombeau. Ils sont actuellement (1ᵉʳ octobre 1908) dans le jardin de l'évêché de Gap.

trouve toujours, nous apprend que, pendant trois ans, la peste avait affligé la ville de Gap et les pays circonvoisins, et qu'au moment où il fut rédigé, ce fléau en frappait encore les malheureux habitants ; ce qui n'avait pas permis à Gaucher d'accomplir le projet qu'il avait formé d'établir un service perpétuel dans sa chapelle de Sainte-Marie-Madeleine : service qu'il réglait et ordonnait par cet acte de dernière volonté (1).

Enfin, comme « il n'est pas de mal dont la Provi-
« dence ou la mort n'aient le remède », a dit, de nos jours, un auteur hermaphrodite (2), la mort et la Providence nous laissèrent la peste peut-être, mais elles mirent un terme aux longues calamités qu'eurent à éprouver nos ancêtres, en enlevant de ce monde, je ne sais quel jour de l'année 1484 [3]), messire Gaucher de Forcalquier, seigneur de Céreste et de Gap.

Vous êtes persuadé d'avance que, sous un prélat aussi soigneux de conserver ses droits temporels, les hommages durent être récoltés en abondance [cf. G. 1120] et les dîmes perçues avec exactitude. Indépendamment de la prétendue reconnaissance générale des habitants de Gap, du mois d'avril 1452, reconnue fausse par le plus processif de ses successeurs, je puis citer encore :

(1) *Livre des annales des Capucins*, p. 53. — Rochas, *Mém. inédits*, p. 159 à 162, 1ʳᵉ série. — Voici en quel termes Gaucher de Forcalquier parle de la peste de 1483: *Quamvis usque hodie pro viribus dederimus operam ad totale complementum dictæ capellæ, tamen temporis indispositione causante, maxime pestis, qua tribus annis, Proh dolor ! hanc civitatem, et fere totam hanc patriam detinuit infectam, prout et hodie detinet, non potuimus opus cæptum ad optatum nostrum perducere, agimus tamen gratias humiles et immensas omnipotenti Deo, qui tantum fuit gratiam ut opus mæcanicum usque ad finem perduximus et oculis nostris prospeximus finitum, etc.* [cf. G. 1778].

(2) M. George Sand, ou Madame Dudevant, à votre choix [née Aurore Dupin, à Paris, en 1804, † en 1876].

[3]) Le 6 octobre 1484, vers le soir, *hora vesperarum* (Albanés, I, 514).

1º Une reconnaissance passée en faveur de Gaucher, le 7 avril 1453, par Antelme Bonnet ;

2º Une obligation, du 7 avril 1455, souscrite par Guillaume *Faulio*, forestier, pour la dîme des agneaux ; laquelle dîme fut donnée à ferme, le 3 mars 1460, à Pierre Pugnat et à ..... Roux, par noble Jacques Mathieu, clavaire de l'évêque, au nom de celui-ci ;

3º Une reconnaissance, souscrite, le 25 avril 1483, par l'honnête épouse de Claude Arnaud, notaire de Gap ;

4º Une autre reconnaissance passée, le 2 avril 1484, par Jean Brunet-Blocard ;

5º Une quatrième reconnaissance souscrite, le 3 du même mois, par Guillaume Gautier, de Charance ;

6º Une cinquième reconnaissance, du 8 dudit mois d'avril, passée par Baudon Roger, forestier de Gap.

L'on trouve, au surplus, que Gaucher de Forcalquier assista plusieurs fois aux chapitres généraux de son église [1]) ; qu'il n'oublia jamais de percevoir la rente annuelle de 25 florins d'or à lui due par les chanoines ; que, le 20 juillet 1476, il fit l'acquisition d'une maison dans la ville ; et, enfin, que, le 27 mars 1483, il permit à noble Pierre de Montjeu, licencié en droit, de bâtir un four, au forestage possédé par sa femme, à cause de la peste qui régnait dans Gap, sous la cense annuelle d'un gros de monnaie, *ut cæteri qui furnos habent* (2).

Les faits rapportés dans cette lettre nous ont fait apprécier le caractère et la conduite de Gaucher de Forcalquier ; elle a excité l'indignation de nos deux chroniqueurs, Raymond Juvénis et Joseph-Domini-

---

[1]) Par exemple, le 7 oct. 1476, jour où les anciens statuts du chapitre, modifiés et amendés, furent rédigés en 71 articles (G. 1674).

(2) Artus de Lionne, *Rolle des évesques de Gap*.

que Rochas, l'un et l'autre écrivains très religieux, mais fort jaloux des droits de la cité; et la pitié d'Artus de Lionne qui a envoyé son âme à Dieu (1). M. Rochas débute de la manière suivante dans le chapitre de ses *Mémoires,* consacré à l'évêque qui, durant 42 ans, pesa sur la ville et sur le diocèse de Gap :

« A Guillaume VIII avoit succédé Gaucher de
« Céreste dès l'an 1446 (erreur de quatre ans). Cet
« évêque étoit de l'illustre maison de Forcalquier et
« de la branche des seigneurs de Céreste ; il étoit
« sacristain et archidiacre de l'église de Fréjus.
« (Juvénis dit qu'il était administrateur de l'évêché
« de Sisteron,) lorsqu'il fut fait évêque de Gap, mais
« aussi rempli des idées de sa naissance qu'il étoit
« vide de l'esprit de son estat. Il devint le tyran le
« plus cruel que cette ville ait *peut-être* jamais eu !
« Gaucher vouloit se rendre souverain dans Gap;
« c'étoit là son unique objet, qu'il tâchoit d'avancer,
« de jour en jour, sous prétexte des droits de sa
« juridiction ecclésiastique, à laquelle il donnoit
« une étendue sans bornes. Jean de Montorsier
« rompit ses mesures, en devenant son ennemi,
« etc... » (2).

Acquiesçons à ce jugement en effaçant le mot *peut-être* que j'ai souligné ; et terminons, enfin, cette interminable lettre.

Gap, le 9 juillet 1841.

---

(1) « Je n'ai pu apprendre en quel temps précisément Gaucher
« de Forcalquier de Céreste, évêque de Gap, alla à Dieu ». (Artus de Lionne).

(2) Rochas, *Mémoires inédits,* p. 58 et suiv. 1re série. Voir la note A à la page suivante.

NOTE A, *de la page précédente.*

Quelque long que soit le chapitre consacré à Gaucher de Forcalquier, je ne puis me dispenser de consigner ici quelques actes survenus pendant son épiscopat, qui n'ont point été insérés dans le texte, et que Raymond Juvénis nous a conservés.

« J'ay vu un instrument de donation, passée *Vapinci, in aula domus domini Jacobi Abonelli, vice-bayllivi*, de l'an 1458, le 26 juin, à laquelle donation ledit *vice-bayllivus suam interposuit auctoritatem pariter et decretum.* Cet instrument, reçu par François Farelli, *notario publico de Vapinco authoritate imperiali ».*

Ce François Farel serait-il le père ou l'aïeul de notre fameux hérésiarque? M. Audin, *Vie de Calvin,* dit positivement que Guillaume Farel était fils d'un notaire de Gap[1]).

« J'ay veu un acte de vente, receu par Chérubin Jaudreau, notaire de Veynes, le 19 septembre, l'an de la Nativité 1472, passée par Pons Pellegrin, notaire dudit Veynes, à Guillaume *Honorati*, d'une terre située au terroir de La Roche-des-Arnauds, lieu dit *campum de Barraba, que terra tenetur sub dominio et seignoria præceptoriæ S^{ti} Joannis Hierosolimitani,* franche de taisse, disme et tout autre service. Ce acte porte investiture en cette sorte : *Hinc est quod venerabilis et religiosus vir frater Petrus Martini, præceptor præceptoriæ sancti Joannis de*

[1]) Guillaume Farel était fils du notaire Antoine Farel et d'Anastasie d'Orsière (cf. G. IV, p. 5, note ; G. de Manteyer, *Bull. Soc. d'étud. des Hautes-Alpes,* 1908, p. 79).

*Ruppe Arnaudorum, eundem Guillelmum Honor...
investivit, etc. Actum Vapinci, in apoteca ...
notarii, etc.* — Le quartier du terroir de La Roche,
où est cette terre, s'appelle encore *le Temple*, et ne
relève aucunement de la directe du seigneur de La
Roche.

« L'année de la Nativité 1484, 20° *februarii*, R. P.
en Dieu Gaucher de Forcalquier, évesque et seigneur
de Gap, Gabriel Clémens, sacristain, Robert Lesar
et Louis *Salvanhi*, chanoines en la cathédrale de
Gap, donnèrent procuration au sieur Martin An-
deyer, jurisconsulte, de Die, et à noble Guillaume
Abon, citoyen dudit Gap, sans déroger à l'injure
dudit sieur évesque et de son église, et sans approbation de l'appel interjecté, comparoistre et se présenter, au nom desdits constituants, par-devant
*venerabili et egregio viro D. Antonio de Ravena, in
decretis licentiato, officiali Diensi, judice et commis-
sario assumpto a R. P. D. Juliano, miseratione
divina, episc. Sabinens. etc., domini nostri Papæ
penitentiario, apostolicæ sedis legato, specialiter
deputato;* et encore pour poursuivre la révocation de
certaines lettres, censures et sentences, fulminées
par le susdit juge et commissaire, à l'instance de
Pierre et Jacques Richier et de Robert *de Salice*,
chanoines à ladite église, contre les susdits évesque
et chanoines, contre toute justice et les formes du
droit, qui avoient été exécutées en cachète, par un
nommé *de Bosco*, homme de néant de la ville de
Gap, quoyqu'il ne fût pas difficile de le faire ouvertement, à cause que ledit sieur évesque estoit fort
accessible et n'apportoit point d'obstacle à l'exécution de la justice. Ils les constituoient leurs procureurs, pour faire révoquer lesdites censures, sentences et lettres par le susdit juge et commissaire,
les casser et révoquer, comme ayant esté faites
contre la forme du droit et sans observer les solem-
nitez de la justice ; condamner les impétrants aux

despens, renvoier absoubs purement et simplement lesdits sieurs constituants, et faire encore toutes les poursuites qui seront nécessaires en cest affaire, et mesme d'appeler, s'il est besoin. L'acte signé par Antoine *Gontaudi*, notaire de Gap, receu en la chambre cubiculaire dudit seigneur évesque (1).

(1) Juvénis, *Notes autographes*, p. 74, 38 et 23.

XXᵉ LETTRE.

XVᵉ ET XVIᵉ SIÈCLES.

RÉUNION DE GAP AU DAUPHINÉ (1484 à 1515).

La Pragmatique Sanction. — Nomination de Thibaud de La Tour
à l'évêché de Gap, par le clergé. — Gabriel *de Sclafanatis*,
62ᵉ évêque de ce diocèse, nommé par le Pape. — Famille et
armoiries de ce prélat. — Lettres du Souverain Pontife et du
collège des cardinaux au peuple et aux consuls de Gap, pour la
réception *de Sclafanatis*. — Bulles contre Thibaud de La Tour.
— Elles sont affichées à Avignon et déclarées nulles par le
Grand conseil de Provence et de Forcalquier. — Le diocèse
est administré par un vicaire général. — Saisie du temporel
de l'évêché de Gap. — Thibaud de La Tour est nommé à l'évêché de Sisteron. — Paix entre les deux prétendants. — Passage
de Charles VIII à Gap. — Cause du gain de la bataille de Fornoue. — Entrée de Gabriel *de Sclafanatis* dans le diocèse. —
Il augmente les libertés et les franchises de la ville de Gap,
par le traité du 21 mars 1496. — Consuls et notables gapençais
de cette époque. — Teneur du traité. — Bréviaire imprimé en
1499. — L'évêque y prend le titre de Comte de Charance. —
Son projet d'aller à Rome pour le Jubilé. — Produit des revenus du diocèse. — Gabriel *de Sclafanatis* chargé d'en évaluer
les bénéfices. — Foi et hommages dus à l'évêque pour la terre
de Sigoyer-de-Malpoil. — Statuts synodaux de 1506. — Empié-
tements des officiers delphinaux sur la justice épiscopale. —
Plaintes de l'évêque. — Tentatives pour la réunion de Gap au
Dauphiné. — Les panonceaux delphinaux arborés aux portes
de la ville. — Arrestation des neveux de l'évêque. — Saisie du
temporel de l'évêché. — Gabriel *de Sclafanatis* se retire à
Tallard. — Il s'oppose à la réunion de sa ville épiscopale au
Dauphiné. — Délibération du grand conseil de la ville de Gap
à ce sujet. — Consuls de 1511. — Traité entre la ville et le
Roi-dauphin. — Édit du Roi portant réunion de Gap au Dauphiné. — Causes de cette réunion. — L'évêque est ajourné
pour prêter foi et hommage au Roi-dauphin. — Traité entre

RÉUNION DE GAP AU DAUPHINÉ. 487

Gabriel *de Sclafanatis* et Louis XII. — Noms des chanoines de Gap et des témoins du traité de 1513. — Dispositions de ce traité. — Observations à ce sujet. — Second traité entre l'évêque, assisté de son chapitre, et le procureur général du Dauphiné. — Édit de Louis XII sur les deux transactions. — Toutes les terres épiscopales en deçà de la Durance sont réunies au Dauphiné. — Transport du bailliage de Serres à Gap. — Réunion de la vicomté de Tallard au Dauphiné. — Possesseurs divers de cette vicomté. — Édit du Roi sur cette réunion. — La ville de Gap comprise au rôle des subsides, contrairement au traité de 1511. — Réclamation suivie de succès. — La ville donne trois cents florins, pour se dispenser de fournir ses hommes d'armes au Roi-dauphin. — Antoine Faure, de Gap, auteur d'une *Histoire des Vaudois*. — Note A. Texte des lettres du Pape et des cardinaux, de l'année 1484. — Note B. Détails sur les droits de *leyde* perçus dans la ville de Gap.

Gabriel de Sclafanatis [1484-1526].

Vous savez qu'en l'année 1438, après avoir consulté l'illustre assemblée réunie à Bourges, le roi Charles VII fit un règlement propre à mettre un terme aux abus qui s'étaient glissés dans l'Église, principalement pour l'élection des évêques et des abbés. Ce règlement, connu sous le nom de *Pragmatique Sanction*, qui rétablit le clergé dans son vieux droit d'élection, fut enregistré au Parlement, et accepté avec reconnaissance par les prélats de l'Église, qui, tous, avaient assisté à l'assemblée de Bourges ou s'y étaient fait représenter.

1484. — Si le clergé de Gap n'usa point du droit que lui donnait la Pragmatique lorsque le siège du diocèse devint vacant par la mort de Guillaume VIII, c'est qu'alors il considérait le Gapençais comme faisant partie du comté de Provence. Mais, après le décès de Gaucher de Forcalquier, ce comté étant uni au royaume de France, le chapitre de notre église cathédrale s'empressa de nommer un évêque, et son choix tomba sur Thibaud de La Tour, qui, je pense, ne prit jamais possession de son siège ; car

Innocent VIII, qui venait d'être élu souverain pontife, en nomma un, de son côté, malgré la Pragmatique Sanction et les décrets du concile de Bâle. C'était Gabriel *de Sclafanatis*, appartenant à une famille illustre de Milan (d'autres disent de Parme) d'où elle avait été chassée à cause de la part qu'elle avait prise aux intérêts de la France. Juvénis n'avait pas une grande connaissance de sa famille ; mais il savait, par des actes qu'il avait en son pouvoir, que les *Sclafanatis* d'Italie et ceux qui s'établirent dans Gap avaient toujours pris la qualité de nobles italiens. D'ailleurs, ils portaient d'argent à un pont cantonné de deux tours de gueules, maçonné et crénelé de sable, surmonté d'un bouclier d'azur chargé d'or à deux fasces de sinople en pointe. C'était magnifique ! « Et leur bouclier fait voir, ajoute Juvénis, que cette maison estoit sortie de Corsaires ». Illustre origine en vérité (2).

Or, le Souverain Pontife, prévoyant bien que la réunion de la Provence à la couronne de France, où la Pragmatique et le concile de Bâle avaient force de loi, apporterait quelque empêchement à la promotion de Gabriel *de Sclafanatis*, écrivit, le 3 des ides [13] d'octobre de l'année 1484, à ses chers fils, le peuple de la cité et du diocèse de Gap, pour les prier de faire une honorable réception à cet évêque. D'une autre part, le 22 décembre suivant, le collège des cardinaux adressa une lettre aux magnifiques seigneurs les consuls de la ville et communauté, leurs très chers amis, dans laquelle ils exaltaient les mérites du nouveau prélat, honoré par eux du titre de *viri singularis doctrinæ et integritatis* (3).

¹) Jean-Jacques *de Sclafanatis* ou *Sclafinato*, de Milan, évêque de Parme le 1ᵉʳ septembre 1482, cardinal-prêtre du titre de Ste-Cécile en 1483, mourut à Rome le 8 déc. 1496.

(2) Juvénis, *Mém. inédits*. — Chorier, *Histoire du Dauphiné.* — *Abrégé historique*, p. 48.

(3) Voir le texte de ces deux lettres ; note A, à la suite de celle-ci, p. 511 et suiv.

Malgré d'aussi puissantes protections, Gabriel de Sclafanatis n'osa pas s'avancer vers son diocèse, car Thibaud de La Tour, soutenu par le chapitre de Gap, le lui disputa hautement, jusques en l'année 1493, où il fut pourvu de l'évêché de Sisteron. Dans cet intervalle qu'advint-il ?

D'abord, le prélat pontifical obtint d'Innocent VIII des bulles fulminantes contre son compétiteur, le prélat capitulaire. Puis, un beau jour du mois de septembre de l'année 1486, l'on vit placardés sur tous les murs des carrefours d'Avignon, à la requête d'un certain *de Sclafanatis,* dit l'historien Nostradamus, des affiches noires de censures et de malédictions contre Thibaud de La Tour et contre Saint-Vallier, sénéchal de Provence et lieutenant de Charles VIII dans les comtés de Provence et de Forcalquier, lequel ne pensait à rien moins que de se voir foudroyer par le Pape. Le juge mage et le procureur général de ces comtés, éveillés par les éclats de la foudre pontificale, s'en rendirent appelants comme d'abus, et assemblèrent le Grand conseil, qui déclara nulles et sans force les bulles d'Innocent VIII, attendu qu'elles n'étaient pas dans la forme des brevets apostoliques, forme requise en telles et si chatouilleuses procédures. L'arrêt de la Cour « fut bien et beau exécuté en Avignon, avec
« contre-affiches et anti-placards emplastrés aux
« mesmes cantons qui en avoient esté tapissez par
« les officiers de Provence et de Charles, en barbe
« de ceulx du Pape et de la cité » (1).

« Avec quelle irrévérence parle des Dieux ce maraud » !

On voit par un acte d'arrentement de la dîme de l'hortolage et du chanvre, passé le 8 juillet 1486, qu'à cette époque l'un des deux évêques nommés avait, dans Gap, un procureur fondé. Celui-ci donne

(1) Nostradamus, *Histoire de Provence*, 6ᵉ partie, année 1486. — Artus de Lionne, *Rolle des éevesques de Gap*.

l'arrentement, mais l'évêque qu'il représente n'y est pas nommé. Du reste, le diocèse était administré par un vicaire général nommé par le souverain pontife (1).

Je ne sais trop ce qui se passa d'extraordinaire dans le diocèse jusques en l'année 1491, où il plut à Charles VIII, tout à la fois comte de Provence, dauphin de Viennois et roi de France, d'adresser à sa cour de parlement de Grenoble des lettres patentes, données à Nantes le 11 avril, par lesquelles il ordonne de faire saisir et mettre sous sa main le temporel de l'évêché de Gap et des places fortes en dépendant, à charge d'en rendre compte et de payer le reliquat, si reliquat il y avait, à l'expiration de la saisie. Savez-vous pourquoi ? C'est que l'évêque, — j'ignore lequel des deux, — n'avait pas prêté au Roi le serment qui lui était dû, à raison de ce temporel, et, de plus, pour autres grandes causes et considérations. Le Parlement s'empressa de nommer des commissaires qui se rendirent à Gap. Messire Michel .... (le nom patronymique est indéchiffrable), docteur en droit canon, vicaire en l'évêché et député par notre S. P. le Pape, les procureurs, révérendissimes seigneurs Thibaud de La Tour et Gabriel *de Sclafanatis,* et plusieurs officiers de l'évêché comparurent devant eux et furent ouïs dans le jardin de la maison épiscopale. A la suite de quoi, un bel et grand procès-verbal fut dressé, et le temporel bien et dûment saisi, au nom du jeune fils de Louis XI (2).

Le roi-dauphin, ou le roi-comte de Forcalquier

---

(1) Artus de Lionne, *Rolle des évesques de Gap.*
(2) Archives de la préfecture, actes Ms. [G. 1205]. — Artus de Lionne, *Rolle des évesques de Gap.* — [Par lettre, de Paris 13 mars 1492, Charles VIII « persiste à s'opposer à ce que G. de *Sclafanatis* soit pourvu de l'évêché de Gap », etc. (Supplément aux *Lettres de Charles VIII*, publiées par B. de Mandrot, dans *Annuaire-Bulletin de la Société de l'histoire de France,* 1906. Paris, Renouard, t. XLIII, p. 232-233].

s'en dessaisit pourtant, en l'année 1493 [3 sept.], époque à laquelle le Pape mit un terme aux débats qui s'étaient élevés entre les deux évêques de Gap, en nommant Thibaud de La Tour au siège de Sisteron. Pour indemniser celui-ci des frais que lui avait occasionnés le procès, le Pape lui assigna tous les revenus du diocèse, échus pendant la vacance jusques à la fête de la Nativité de saint Jean-Baptiste de la présente année. — Le Roi approuva cet arrangement, par ses lettres patentes du 25 juin. Thibaud de La Tour et Gabriel *de Sclafanatis,* en bons chrétiens, levèrent les excommunications qu'ils s'étaient réciproquement jetées à la tête et rédigèrent un traité de paix que Sa Sainteté approuva ; et, dès lors, le dernier demeura paisible possesseur et seul titulaire de l'évêché de Gap (1).

1494. — Il n'avait pas encore pris possession du siège épiscopal, lorsque notre ville vit affluer dans son sein tous les grands et petits barons du royaume de France, ayant à leur tête le jeune roi Charles VIIIe, qui, au mois de juin de l'année précédente, avait bien voulu sanctionner les bulles du Pape, qui rétablissaient l'harmonie entre nos deux évêques. En qualité d'héritier du comté de Provence, ce prince s'en allait, sans argent, avec peu de troupes, mais avec force gentilshommes, à la conquête de son royaume de Naples, occupé alors par Alphonse d'Aragon. Le samedi 30 août 1494, il partit de Corps, après avoir ouï la messe, vint dîner à Saint-Bonnet,

---

(1) Archives de la préfecture, actes Ms. [G. 1205] — Artus de Lionne, *Rolle des évesques de Gap.* [« Un abominable pamphlet fut composé contre lui par un de ces officiers, qui l'incriminait sous tous les rapports (Arch. de l'Isère, B. 3248, fol. 328). et avait la prétention d'énumérer les usurpations de l'évêque de Gap à l'encontre des droits du Dauphin. L'histoire exige que cette phrase soit changée et qu'on mette, à la place, les usurpations du Dauphin sur les droits indéniables de l'évêque de Gap » (Albanès, I, col. 516)].

et, ensuite, coucher à Gap. « Le Roy, dit Juvénis, « y feut honorablement receu par les seigneurs de « l'église, nobles du pays et autres gens, et feut « logé en l'hostel de l'évesque, près de la grande « cathédrale; et, en icelle maison, fut trouvé un « scorpion estant en une vieille muraille. Il partit le « dimanche 31, d'où il alla disner à Chorges, et cou- « cher à Ambrun » (1). En effet, s'étant fort heureusement tiré des griffes du scorpion, « Charles VIII, « dit de son côté le P. Fournier, suivy et devancé « d'une puissante armée, et accompagné d'une cour « superbe et magnifique, passa par le pont de « Savine et alla à Ambrun, le dernier aoust 1494 » (2).

Maintenant, laissons ce vaillant prince combattre et triompher en courant, et retrouvons-le à Fornoue où, avec huit mille hommes, il défait trente mille combattants. « Ce seroit faire injure à la glorieuse « mère de Dieu et à la protection qu'elle a toujours « donnée à la France, si en cet endroit de cette his- « toire l'on pouvoit taire la grâce qu'elle fit à ce « Roy dans la journée de Fornoue. L'on sçait assez « la nécessité dans laquelle ce prince fut réduit, « par la ligue des Italiens, qui avoient conspiré sa « perte; toutefois, il sortit victorieux et passa sur « le ventre de ses ennemis, par le secours qu'il « receut de Nostre-Dame d'Ambrun, à laquelle il « avoit recouru en ce péril, dans le souvenir qu'il « eut des faveurs que le roy son père en avoit « reçues ». Le P. Fournier ajoute que Charles VIII accomplit le vœu de venir en pèlerinage à N.-D. d'Embrun, qu'il avait fait en cette conjoncture.

(1) Juvénis, *Mém. inédits*. Par une inadvertance inexplicable, notre chroniqueur fixe au 30 août 1483, le jour même où mourut Louis XI, le passage de Charles VIII à Gap. N'ayant jamais vu le manuscrit autographe de Juvénis, j'aurais pu croire que c'était erreur de copiste, si, après avoir écrit le mot évesque, il n'avait ajouté entre parenthèses: c'était Gaucher.
(2) *Histoire des Alpes Maritimes*, p. 423 de la traduction [copiée de Juvénis, qui, cette fois, écrit exactement le millésime.

Après avoir couché à Chorges, la veille, et vraisemblablement dîné à Gap, il se trouvait à Embrun le 3 novembre 1495, où il fut récité des vers à sa louange que je n'ai pas le courage de transcrire [1]; car j'ai hâte de revenir à Gabriel *de Sclafanatis,* notre évêque définitif (2).

Bien que tous les différends entre lui et son compétiteur eussent été terminés en 1493, ce prélat ne fit son entrée dans la ville de Gap que le 22 avril 1495, après avoir juré d'en observer les libertés et les privilèges (3).

1496. — Au lieu de chercher à les restreindre, comme l'avaient fait la plupart de ses prédécesseurs, Gabriel *de Sclafanatis* en augmenta l'étendue, lorsqu'il en fut requis par les consuls et les députés de la ville, par un acte solennel, qui porte la date du 24 mars 1496, et dont je ne puis me dispenser de vous faire connaître les dispositions principales :

1° Le seigneur évêque confirme, de nouveau, les anciens privilèges de la cité, dont il avait déjà juré l'observation avant d'entrer dans Gap.

2° Les foires de la Saint-Martin, de Carnaval, de Saint-Jacques et Saint-Philippe, et de Saint-Arnoux, sont déclarées franches.

3° La ville a le droit de lever toutes sortes d'impôts, pour faire face à ses dépenses, sans en demander la permission à l'évêque ou à ses officiers.

4° Pour le recouvrement des tailles, des rêves, des emprunts, des censes, des services et autres choses, il est permis à la ville d'exercer des poursuites, comme le fisc, ou de toute autre manière; à cet effet, de fermer les portes de la ville à ceux qui refuseraient de s'acquitter, ou de leur défendre

---

[1] On les trouvera en entier dans l'*Essai historique sur la ville d'Embrun,* par l'abbé Sauret, Gap, 1860, in-8°, p. 532-533.

(2) *Hist. des Alpes Maritimes,* p. 423 de la traduction de Juvénis p. 436 et 437.

(3) Archives de l'hôtel de ville, *Livre rouge* [p. 179. Voir p. 11 de l'Invent.], et traité du 24 mars 1496, cité plus bas.

d'entrer dans Gap, pour y introduire leurs fruits, jusqu'à ce qu'ils aient payé les droits d'entrée; ayant recours préalablement à la justice ordinaire.

5° La liberté individuelle est hautement proclamée, par l'art. 5. Aucun citoyen ne pouvait être arrêté et retenu prisonnier, à moins que ce ne fût pour un crime qui entraînait la peine capitale ou une peine corporelle.

6° Les consuls avaient demandé que le seigneur évêque n'achetât pas le poisson, destiné à sa table, à plus bas prix que les autres habitants, attendu que cette mode, toute nouvelle, éloignait de la ville les marchands de poisson. Cette demande fut-elle octroyée ? Non ; messire Gabriel crut devoir la rejeter.

7° Le septième article du traité nous montre que, dans le gouvernement de la cité, l'élément aristocratique dominait sur l'élément démocratique. En effet, les clercs, les nobles, les notaires, les officiers de la ville, les marchands et les autres citoyens n'exerçant aucun art mécanique, étaient déclarés exempts des patrouilles, lesquelles ne devaient commencer qu'au son de l'*Angelus* et de l'*Ace Maria* du soir.

8° Le seigneur évêque s'obligeait à ne confier les clés de la ville qu'à une personne probe. Son gardien était tenu d'ouvrir les portes à toute heure, lorsque le besoin des habitants le rendait nécessaire, et lorsque le gardien de la ville demandait qu'elles fussent ouvertes.

9° La piété du seigneur *Sclafanatis* lui fit rejeter le neuvième article, par lequel nos consuls indévôts demandaient qu'il fût permis aux boutiquiers de vendre, d'acheter et de tenir leurs boutiques ouvertes les jours de fête, à l'exception toutefois des saints jours de Pâques, de Pentecôte et de la Nativité de Notre-Seigneur ; voire des quatre fêtes de la très sainte Vierge.

10° Le salaire des officiers du prélat, pour la capture et l'emprisonnement d'un criminel, fut réglé à un gros.

11° L'évêque confirma la donation et rémission faite, en son nom, à la ville, par Antoine Blaise, son procureur et grand vicaire, au sujet des enquêtes et des statuts ; ce qui restera à peu près inintelligible pour la postérité.

12° Il confirma également tous les articles qui lui furent présentés au sujet du droit de *leyde*, perçu au profit de la ville et de l'évêque. — Si vous désirez savoir ce que c'était que ce droit, sur quels objets il portait et dans quelle proportion le prélat et la cité en jouissaient, tournez quelques feuillets et vous le trouverez (1).

J'aurais vivement désiré, pour l'honneur de la ville de Gap, vous taire le nom de ces magistrats utilitaires, qui, au XV° siècle, penchaient si évidemment vers la morale des intérêts, en demandant la profanation des fêtes consacrées par l'Église et chômées dans toute la chrétienté ; mais l'implacable histoire me force à vous apprendre que les syndics ou consuls de l'an de grâce 1496 se nommaient : Elzéar Arthaud, Benoît Olier et Jean Blanchet. Ce turent ces consuls, assistés de Pierre de Montjeu, cencié ; de Claude Arnaud, notaire ; de Raymond Barthélemy ; de Jacques Chappon, et de Jacques Nouvelli-Garcin, conseillers et citoyens de la ville de Gap, qui requirent de Gabriel de Sclafanatis la confirmation et l'approbation des articles qui lui étaient présentés. Ils furent donc tous approuvés, moins les deux qui blessaient la cuisine du prélat ou les droits de l'Église, et ensuite rédigés en acte public, dans la salle basse peinte, au-dessus de entrée de la maison épiscopale, par M° Jean Charbaillat, clerc du diocèse de Lyon, secrétaire de la ville et notaire apostolique et impérial, en présence

(1) Voir la note B, à la fin de la lettre.

de Pierre Gandelin, seigneur des Piles ; de Guillaume Gandelin, seigneur de Rousset ; de Jacques Jaquet, ami du seigneur évêque ; de Jean du Roy, et d'Antoine Buzet, notaire de Gap (1).

Ainsi, depuis les deux Frédéric, jamais plus heureux accord ne s'était montré entre cette ville et son seigneur spirituel et temporel.

1499. — Après avoir réglé ses rapports avec la cité épiscopale, Gabriel de Sclafanatis s'occupa de l'administration spirituelle de son diocèse. Il fit imprimer, en 1499, par Bertrand de Champsaur, ce bréviaire dont je vous ai déjà parlé, au sujet de saint *Demetrius*, et, en tête duquel, il prit le titre ordinaire de seigneur de Gap, en y ajoutant celui de comte de Charance, qui lui a été si amèrement reproché par notre docte Juvénis, dont je rapporterai plus loin les paroles (2).

L'année suivante (1500), qui fut celle du grand jubilé, notre évêque témoigna le désir d'aller à Rome, pour gagner les indulgences : c'est ce que témoigne un acte du 17 juillet 1500, par lequel il afferme à noble Sixte *Sciafanatis,* son frère, et à Sébastien Finet, les fruits à percevoir dans le diocèse, au prix de deux mille écus par an ; s'obligeant, en outre, les fermiers, de lui fournir le blé et le vin nécessaires à sa maison, à raison d'un écu pour chaque sommée de blé, et le vin, au prix courant au temps des vendanges. L'évêque se réserva sa vigne de Lettret, le pré de porte Colombe, ainsi que les prés, les bois et autres terres de Charance, par lui érigées en comté. Mais il est peu probable que Gabriel *de Sclafanatis* ait visité, en l'année 1500, la

---

(1) Archives de l'hôtel de ville, *Livre rouge,* p. 179 et suivantes (Inv. imprimé, p. 11]. — Rochas, *Mémoires inédits,* p. 80 à 85, 1re série.

(2) Artus de Lionne, *Rolle des évesques de Gap.* — Juvénis, *Mémoires inédits.* Voir la lettre suivante.

ville éternelle, puisque, le 1ᵉʳ décembre de cette année, il représentait le fameux cardinal Georges d'Amboise, en vertu de lettres patentes du Roi, pour l'évaluation de tous les bénéfices du diocèse, excepté des commanderies de Saint-Jean de Jérusalem (1). Il remplit, sans doute, sa mission d'une manière fort paisible et sans exciter les murmures du clergé, n'étant pas de mode alors, comme aujourd'hui, de s'insurger, d'élever des barricades et de maugréer contre le fisc, lorsqu'il s'agit de faire des évaluations analogues.

Le 21 mai 1501, il fit reconnaître, dans une transaction, à noble Antoine Albert et à François Leydet, de Sisteron, coseigneurs de Sigoyer-de-Malpoil, qu'ils lui devaient foi et hommage pour cette terre (2).

Enfin, avant les grandes tribulations qu'il allait bientôt essuyer, notre prélat dressa des statuts synodaux pour son diocèse. Il y multiplia les excommunications et les amendes, à la manière des ultramontains, dit le gallican M. Rochas, qui en avait lu, dans la bibliothèque des PP. de la Doctrine Chrétienne, le manuscrit en caractères gothiques, portant la date de l'année 1506 (3).

Vers ce temps-là, les officiers delphinaux commencèrent à empiéter, dans la ville de Gap, sur la juridiction épiscopale, en poursuivant la répression de crimes ou de délits commis par quelques habitants. Cette usurpation excita le courroux de Gabriel *de Sclafanatis*, qui en porta ses plaintes au Procureur général et, ensuite, au Grand conseil du Roi, ainsi que l'attestent les mémoires qu'il adressa à messire Jean Chodon, conseiller ordinaire du

---

(1) Artus de Lionne, *Rolle des évesques de Gap* [cf. G. 2317. Les revenus de l'église de Gap, à cette époque (1500), sont affermés 5.000 florins. Le doyen perçoit 400 fl., etc.]

(2) Artus de Lionne, *Rolle des évesques de Gap* [cf. G. 2317].

(3) Rochas, *Mémoires inédits*, p. 85, 1ʳᵉ série.

Grand conseil et commissaire de Louis XII ; les diverses procédures et informations qui eurent lieu en l'année 1510, contre les officiers delphinaux qui s'étaient permis d'exploiter dans cette ville ; les inhibitions qui leur furent faites, le 20 mars 1511, et une protestation, en date du 21 du même mois, contre un officier royal qui avait également exploité, sans demander le *pareatis* à la cour du seigneur évêque, par laquelle celui-ci s'opposait à l'exécution des poursuites dirigées par cet officier, et le prenait même à partie (1).

D'un autre côté, vous saurez, qu'au mois de février de cette même année (1511), messire Jacques de Bouchon, conseiller au parlement de Dauphiné, et Jean Sauvage, auditeur des Comptes, étaient venus à Gap, avec le Procureur général, et que, malgré les oppositions des officiers de l'évêque (celui-ci était absent, depuis la Chandeleur, pour affaires de son diocèse), ils avaient fait appliquer aux cinq portes de la ville les panonceaux aux armes delphinales, fait publier, dans tous les carrefours, que le bailliage serait transféré à Gap, et que défenses étaient faites à tous les habitants de ne relever les appellations du juge de l'évêque que devant le parlement de Grenoble. Sur la fin du mois, ils firent même arrêter et conduire à Grenoble, sous l'escorte de 25 ou 30 hommes d'armes, deux des neveux du prélat, dont l'un, Vincent *de Sclafanatis*, était abbé de Saint-Eusèbe de Canobie, au diocèse de Milan. « J'ai ouï dire, — c'est Juvénis
« qui parle ainsi, — qu'ils étoient accusez d'homi-
« cide et que cela fit condescendre cet évesque à
« consentir à ce transport (de Gap au Dauphiné) en
« 1513 et 1514 ».

L'on vit encore, le 21 mars 1511, un huissier et sergent d'armes au Grand conseil, nommé Thomas

---

(1) Archives de la préfecture. Mss. au nombre de neuf.

Grudin, informer, dans la ville, contre certains officiers du prélat, que le Parlement avait fait emprisonner, vers l'année 1508, ce qui avait forcé Gabriel *de Sclafanatis* de recourir au Grand conseil du Roi, duquel il avait obtenu, tant pour sa personne sacrée que pour ses serviteurs, officiers et familiers, une sauvegarde, qui fut mise aux portes de la maison épiscopale et à celles de la ville. L'évêque, voyant ainsi violer sa sauvegarde, et son temporel passer aux mains du Roi-dauphin, se retira au château de Tallard, où le fils de M. de Morges, commissaire du Parlement, tâcha de se saisir de lui, pour le conduire à Grenoble. On suscita même contre notre prélat un homme qui l'accusa de trahison envers le Roi; mais, dans la suite, ayant été confronté avec l'évêque, il confessa qu'il avait été induit à porter cette accusation (1)

Ces tentatives d'usurpation sur la puissance épiscopale n'avaient d'autre but que d'amener Gabriel *de Sclafanatis* à consentir à la réunion de la ville de Gap au Dauphiné; réunion à laquelle il s'opposait vivement, et que la ville allait demander avec instance, je ne sais trop pourquoi, puisque, comme cette province, la Provence faisait partie intégrante du royaume de France.

En effet, la veille de la Saint-Louis de l'année 1511, le beffroi de la maison consulaire et le crieur de la cité de Gap appelaient, à la maison de l'école, tous les citoyens ayant droit de suffrage au grand conseil de la communauté. Il ne s'agissait pas, comme vous pourriez le croire, d'arrêter le programme de la fête de notre bon roi-dauphin Louis XII, ou de prendre des mesures pour que, le dimanche suivant, les bois, les jardins et les prairies du seigneur évêque fussent respectés à la bastide de Charance, par le commun populaire, qui, chaque année, se

(1) Juvénis, *Mémoires inédits*.

portait en foule dans cette résidence épiscopale, pour y célébrer à sa manière la fête du saint roi Louis IX. Des intérêts d'une plus haute importance devaient être soumis au grave conseil, comme la suite va vous l'apprendre. Toutefois, il ne parut à l'assemblée que 170 citoyens, y compris les manants et habitants de la banlieue. Le premier consul Pierre de Montjeu, bachelier en droit, présidait l'assemblée, mais ce fut noble Antoine de Saint-Germain, second consul, qui porta la parole et qui exposa combien il serait avantageux à la ville et au seigneur évêque de consentir aux propositions faites, de la part du roi très chrétien, dauphin de Viennois, pour que la supériorité et la temporalité de la ville et communauté vinssent au pouvoir de ce monarque. Après de vifs débats et une opposition assez soutenue de la part des partisans de la puissance épiscopale, la majeure et la plus saine partie de l'assemblée décida qu'il fallait accepter les propositions du roi Louis XII, le père du peuple. En conséquence, le grand conseil municipal nomma, pour représenter la ville, les trois consuls Pierre de Montjeu, Claude Olier, avocat, et Antoine de Saint-Germain ; auxquels furent adjoints Pierre Lovain, Jean Chomel, notaire, et Pierre Buisson.

Ces députés, s'étant rendus à Grenoble, eurent de longues conférences avec messire Jehan Matheron, procureur général du Dauphiné, à la suite desquelles il fut convenu, arrêté et accordé ce qui suit, le 8 septembre de ladite année 1511, en présence de Nosseigneurs du Parlement et de la Chambre des comptes :

1° La ville et cité de Gap reconnaît le Roi-dauphin pour son souverain et maître. En conséquence, les députés lui prêtent hommage et serment de fidélité, en la personne de messire Jehan, son procureur général.

2° Elle reconnaît le parlement du Dauphiné pour

son juge en dernier ressort, dans les causes d'appel, sans préjudice de la justice immédiate et inférieure du seigneur évêque.

3° Elle consent, en tant que de besoin, que ledit seigneur évêque reconnaisse, comme elle, la supériorité du Roi-dauphin.

4° De son côté, le Procureur général promet, au nom du Roi-dauphin, de soutenir, défendre et protéger les habitants de Gap envers et contre tous; de leur rendre et faire rendre bonne justice, de garder et faire observer leurs privilèges, leurs libertés, leurs franchises, leurs usages et leurs coutumes.

5° Nul citoyen de la ville et communauté de Gap ne sera tenu de contribuer aux tailles et fouages delphinaux, ni de se rendre aux assemblées des trois états de la province qui se tiennent pour la levée des impôts.

6° Quant au droit de *cosse*, perçu par le Dauphin sur les grains qui se vendent dans Gap, les habitants de la ville et de la banlieue resteront dans l'état où ils se trouvaient avant le jugement rendu par la cour de Parlement et dont le recours est encore pendant au Conseil; c'est-à-dire qu'ils continueront de jouir de la faculté de ne pas le payer.

7° Pour l'utilité de la ville et des sujets du Roi-dauphin, Sa Majesté tranférera à Gap le siège du bailliage de Serres, auquel il unira la châtellenie du Champsaur, sans préjudice, toutefois, de la juridiction ordinaire, temporelle et spirituelle, du seigneur évêque.

8° Les officiers delphinaux, qui, à l'avenir, seront envoyés dans la ville de Gap, seront tenus de jurer l'observation de ses libertés et de ses privilèges (1).

---

(1) Archives de la préfecture, Traité du 8 sept. 1511. Ms. — Archives de l'hôtel de ville, *Livre rouge*, p. 228 et suiv. [Inv. imprimé, p. 13]. — Artus de Lionne, *Rolle des évesques de Gap* — Rochas, *Mém. inédits*, p. 85 et suiv. — *Livre des annales des Capucins*, p. 53 et suivantes.

Tel est ce fameux traité, par lequel nos ancêtres voulurent bien seconder les intentions du Roi-dauphin, et dont peut-être ils ne virent pas toute la portée. Louis XII le confirma, par ses lettres patentes, données à Blois au mois de décembre suivant, enregistrées au Parlement le 16 janvier 1512, et à la Chambre des comptes, le 7 février 1513 [1512].

En conséquence, par une déclaration en forme d'édit perpétuel, en date du 11 février 1512, le Roi réunit au Dauphiné la ville et cité de Gap. Les habitants, en qualité de vassaux delphinaux, furent tenus de lui prêter foi et hommage, comme à leur unique souverain temporel; et il fut ordonné que toutes les sentences d'appel ressortiraient au parlement de Grenoble, sans préjudice à la juridiction de l'évêque, avec défense au parlement de Provence de connaître des causes des habitants de Gap. Cet édit fut ensuite enregistré au Parlement et à la Chambre des comptes de Dauphiné le 5 avril 1513 (1).

Le préambule de cette déclaration royale dit-il vrai, lorsqu'il énonce des remontrances des habitants de Gap, par lesquelles ils auraient demandé, eux-mêmes, pour leur singulier profit et utilité, la réunion définitive de cette ville au Dauphiné ? Ou plutôt le Père du peuple, en opérant cette réunion, n'a-t-il pas continué l'œuvre de Louis XI, en abaissant ainsi la puissance féodale, au profit du pouvoir royal, puisqu'il enlevait aux juges d'appel de nos évêques le droit de prononcer en dernier ressort; qu'il établissait, à côté de leur juge ordinaire, une juridiction royale, qui, même dans la ville, devait bientôt empiéter sur la leur ; et qu'il semblait délier les habitants de Gap du serment de fidélité, dû à ce

(1) Archives de la préfecture. Ms. — Archives de l'hôtel de ville, *Livre rouge*, p. 251 à 257 [Inv. imprimé, p. 14]. Toutes les pièces concernant la réunion de Gap au Dauphiné se trouvent aussi attachées sous le contre-scel de la bulle de Pie II, dans la cassette des archives [de la ville de Gap, AA. 14]. — Artus de Lionne, *Rolle des évesques de Gap*.

dernier, en vertu de la charte de 1378, en ordonnant de le reconnaître pour leur unique seigneur et maître.

Quoiqu'il en soit, le seigneur Gabriel *de Sclafanatis*, qui s'était ligué avec le procureur général de Provence, pour disputer sa ville épiscopale à la province du Dauphiné, et pour faire déclarer qu'elle dépendait du comte de Provence, fut ajourné par cri public, — étant alors absent de Gap, — à comparaître devant le parlement de Grenoble, pour y prêter foi et hommage au Roi-dauphin, comme venaient de le faire les habitants de Gap, en vertu de l'accord du 8 septembre 1511 (1).

Alors messire Jean de Matheron vint à Gap et, le 19 août 1513, après avoir conféré avec messire Gabriel *de Sclafanatis* et s'être mis d'accord sur les articles du traité, ils se rendirent, l'un et l'autre, dans la maison du chapitre, où déjà se trouvaient les deux notaires delphinaux, Antoine Farel et Jehan Vernin, ainsi que les nobles et vénérables Antoine *Palmerii*, docteur ez droits, doyen du chapitre ; Robert *de Salice*, licencié et prévôt ; Claude de Saint-Marcel, sacristain ; Pierre Bonnet, précenteur ; les chanoines Jacques Tibaud, Jean de Bellevue [Beauvois], Antoine de Rosset, François *Burgaudi*, Antoine *Leutherij*, et Jacques Martin, [prêtre].

Dans la maison capitulaire se trouvaient encore les témoins requis et appelés par les parties contractantes, à savoir : les nobles et puissants hommes Pierre de Rame, seigneur du Poët ; Aynard de Rosset, seigneur de Rosset ; Honoré de Bonne, coseigneur de La Rochette ; Jehan Poncet, coseigneur de Laye ; Jehan de Moustier, de Ventavon ; Jehan *de Herbesiis*, seigneur de Châteauneuf de Val d'Oze ; Claude d'Orcière, d'Ancelle, vice-châtelain moderne du Champsaur ; Sadon Eyme, vibailli

(1) Juvénis, *Mémoires inédits.*

du Gapençais ; Pierre de Montjeu, licencié, et Claude Olier, bachelier ez lois [Inv. imprimé, p. 1..

Hommage et serment de fidélité de l'évêque. — Maître Antoine Farel, tenant la plume, écrivit d'abord sur son parchemin, que le seigneur évêque de Gap, après avoir pris connaissance de l'édit du Roi-dauphin, en date du 11 février de l'année précédente, n'entendait nullement résister aux volontés et au bon plaisir de Sa Majesté, bien au contraire : il reconnaissait, par les hommages-liges rendus par ses devanciers aux prédécesseurs du Roi-dauphin pour la temporalité de l'évêché de Gap, hommages produits, en dernier lieu, par le procureur fiscal général noble Jehan de Matheron, qu'il devait, lui-même, faire le même hommage et prêter le serment de fidélité, pour le temporel de la ville de Gap, de son territoire et des châteaux épiscopaux, qu'il tenait en deçà de la Durance, du côté du Dauphiné ; mais sans préjudice de sa juridiction haute, moyenne et basse ez ville et terres dont il était seigneur, pour l'exercice de laquelle il aurait toujours son juge ordinaire, qui connaîtrait de toutes les causes, tant au civil qu'au criminel, qui pourraient s'élever entre ses sujets, de même qu'entre des étrangers, à l'exception toutefois des officiers delphinaux, ce qui lui fut accordé. Maître Farel écrivit, ensuite, qu'il était loisible au seigneur évêque de faire son hommage et de prêter son serment par procureur ; que ce devoir étant rempli, il se trouverait délié du serment que lui et ses prédécesseurs avaient prêté aux comtes de Provence ; qu'à cet effet, il lui serait délivré gratuitement des lettres patentes ; et que le Roi-dauphin et ses successeurs seraient tenus de le protéger et le défendre, tant dans sa personne que dans ses biens et ceux de l'église de Gap.

Droit de cosse. — Mais, comme le bon roi Louis douzième désirait augmenter les droits de l'Église, plutôt que de les diminuer, il consentit à ce que ce vieux droit de *cosse* ou de consolat sur les blés, les autres grains et les légumes, qu'il percevait dans la ville épiscopale, en vertu de la cession qui en fut faite par les consuls à la dauphine Béatrix, au temps d'Othon II, fût cédé et transporté au seigneur évêque et à ses successeurs. Il fut convenu, au surplus :

Juge ordinaire. — 1° Que la connaissance des contestations qui pourraient s'élever sur ce droit appartiendrait désormais au juge ordinaire du prélat, et non au juge qui en connaissait auparavant, sauf appel au Parlement, et le droit d'hommage et de supériorité au Roi-dauphin et à ses successeurs, pour ce même consolat.

Juge d'appel. — 2° Que le seigneur évêque aurait un juge d'appeaux, devant lequel seraient, d'abord, portées les causes d'appel, avant de recourir au Parlement.

Appelants. — 3° Que, dans les causes criminelles, les appelants des juges épiscopaux seraient conduits à Grenoble, à leurs frais, s'ils avaient de quoi payer le voyage, et, dans le cas contraire, aux frais du Roi. Si la sentence du juge ordinaire était confirmée, les appelants devaient être renvoyés à Gap, pour y subir leur peine.

Hommes de La Fare et du Glaisil. — Le Roi-dauphin voulut bien céder encore à messire Gabriel *de Sclafanatis* et à ses successeurs le droit qu'il avait sur les hommes, bourgeois et habitants de La Fare et du Glaisil, ou aucuns d'iceux. En conséquence, le vibailli de Gap ne pourrait exercer sur eux aucune juridiction, non plus que sur les autres sujets de l'évêque, si ce n'est en vertu de submissions, *nisi per viam submissionis,* faites par eux ; cas auquel le vibailli et ses officiers seraient tenus de requérir les juges et les officiers du prélat, comme l'avait déjà fait, selon la coutume, le vibailli de Serres. Au surplus, la cour de parlement du Dauphiné devait connaître de leur cause en dernier appel.

Enfin, le Roi-dauphin confirma les privilèges de l'évêché et de l'église de Gap ; et, en son nom, messire Jehan de Matheron consentit à la main-levée du temporel saisi delphinalement contre messire Gabriel *de Sclafanatis* (1).

« Ainsi, dit un auteur ecclésiastique du diocèse,
« ce transport déchargea heureusement cet évêque
« et ses successeurs de l'embarras des affaires
« d'État, qui ne sont ni de leur profession ni de leur
« génie, pour les obliger de se renfermer dans l'ap-
« plication de leurs devoirs, qui regardent le salut
« des âmes de leurs diocésains. En effet, nous
« avons vu, jusqu'ici, combien de troubles s'étoient
« donnés les évêques de cette ville, pour conserver
« cette espèce de juridiction souveraine. Ces recon-
« noissances à différents princes nous font voir que
« ces évêques avoient le sort de ces souverains qui,
« ne pouvant pas se défendre, étoient forcés de
« céder au plus fort, et de se conformer au cours
« des affaires du temps » (2).

Pourquoi donc cet auteur, dans sa dédicace à M. de Malissoles, ouvre-t-il une bouche immense, pour vanter, avec tant d'emphase, le pouvoir temporel, dont furent investis les évêques de Gap ? — « Vos prédécesseurs, s'écrie-t-il, ont eu entre leurs
« mains les deux glaives, spirituel et temporel ; ils
« ont fait des traités avec les têtes couronnées ; ils
« ont vu, à leurs pieds, les dauphins de Viennois et
« les comtes de Forcalquier, qui leur ont rendu

---

(1) Archives de la préfecture, Traité du 19 août 1513, Ms. Il en existe plusieurs copies. — Archives de l'hôtel de ville, *Livre rouge*, p. 288 et suiv. — Artus de Lionne, *Rolle des évesques de Gap*. — *Livre des annales des Capucins*, p. 55. — Rochas, *Mémoires inédits*, p. 85 et suiv., 1re série.

(2) *Abrégé historique des évêques et de l'église de Gap*, p. 50.

« hommage pour les terres qu'ils possédoient
« dépendantes de leur église » (1).

Sans relever l'erreur que commet ici l'auteur de
l'*Abrégé historique* relativement aux comtes de Forcalquier, lesquels reçurent l'hommage des évêques
et ne le prêtèrent à aucune époque, il me sera permis de faire remarquer que, par le traité de 1513,
Gabriel *de Sclafanatis,* à qui il devait fort peu importer de rendre hommage au roi-dauphin ou au
roi-comte de Provence, ne vit diminuer son autorité
temporelle que par l'établissement du bailliage dans
la ville épiscopale, et par le recours, à un tribunal
supérieur, des sentences et des jugements prononcés par son juge ordinaire et son juge d'appel. Mais
ne fut-elle pas augmentée par l'abandon qui lui fut
fait des hommes-liges de La Fare et du Glaisil? Et,
ce qui devenait bien plus important, à une époque
où la féodalité commençait à courber la tête devant
le pouvoir royal, ses droits utiles ne furent-ils pas
considérablement augmentés par la cession qui lui
fut faite du *consolat* de la ville de Gap ?

Le traité que je viens de rapporter, dans toutes
ses parties, fut suivi d'un autre, deux jours après
(21 août 1513), par lequel Gabriel *de Sclafanatis,*
assisté des chanoines de son église, et le procureur
général du Dauphiné, ratifièrent le premier et
déclarèrent que les habitants des terres épiscopales,
situées en deçà de la Durance, étaient exempts des
charges et des subsides delphinaux, comme ils
l'avaient été jusqu'alors, et, qu'ainsi, ils ne seraient
pas tenus d'assister aux assemblées des trois états
de cette province. Au surplus, les lettres de l'official de Gap furent déclarées exécutoires pour tout
le diocèse. Dans ce complément du traité du 19 août,
l'on voit figurer les mêmes personnes que dans
celui-ci, et, de plus, Pierre *Mutonis,* juge de l'évê-

(1) *Abrégé historique des évêques et de l'église de Gap.* Dédicace.

que ; Jean Clary ; Jean *Gastaudi* et Étienne *Patrus*, prêtres de l'église de Gap (1).

Du reste, ni dans l'un, ni dans l'autre, le seigneur évêque messire Gabriel n'ose prendre le titre de comte de Charance !

Par suite de ces traités, Louis XII donna de nouvelles lettres patentes, le 20 octobre de la même année, dans lesquelles il est déclaré que, pour mettre un terme au procès porté devant le Grand Conseil entre le procureur général du Dauphiné, d'une part ; le procureur général de Provence et l'évêque de Gap, son adhérent, d'autre part ; au sujet des droits de la temporalité de l'évêché, les places de La Bâtie-Neuve, de La Bâtie-Vieille, de Rambaud et autres maisons, terres et seigneuries quelconques dépendant dudit évêché et situées en deçà de la Durance, seraient du ressort du parlement de Dauphiné, et que tout le temporel de l'évêché serait tenu du Roi, comme dauphin, en foi, hommage et serment de fidélité ; avec défense au Parlement et à la Cour des comptes de Provence de contraindre le seigneur évêque de Gap à faire le même hommage et prêter le même serment à la cour de cette province (2).

Une autre conséquence de tous ces pactes et conventions fut le transport du bailliage de Gapençais, de la ville de Serres à la ville de Gap. Il fut opéré, dans le courant de la même année, par le ministère de messire Jacques Berchoux, conseiller au parlement de Dauphiné, de Jehan Sauvaige, auditeur à la Chambre des comptes, et du représentant du roi Louis XII, Jehan de Matheron, son procureur général, tous commissaires nommés pour

---

(1) Les mêmes documents et les mêmes autorités que pour le traité du 19 août 1513.

(2) Archives de l'hôtel de ville, *Livre rouge*, p. 293 et suiv. [Inv. imprimé, p. 16]. — Arlus de Lionne, *Rolle des évesque de Gap*. — Rochas, *Mémoires inédits, loco citato*.

cet objet et pour recevoir le serment de fidélité des habitants de Gap (1).

Cependant une vicomté voisine, enclavée dans le diocèse dont elle faisait partie, et dont la capitale avait servi de refuge à notre évêque, au temps de ses grandes tribulations, était toujours unie au comté de Provence : c'était l'illustre vicomté de Tallard. Je vous ai déjà dit, je crois, que, dès l'origine de la féodalité, elle avait appartenu à la famille des princes d'Orange, qui, en l'année 1215, en fit don aux nobles chevaliers de Saint-Jean de Jérusalem, lesquels l'échangèrent contre le comté d'Alife, en Sicile, possédé par Arnaud de Trian, qui devint ainsi souverain de Tallard et de ses dépendances. Je dois ajouter, à présent, que la vicomté de Tallard passa de la possession d'Arnaud de Trian en celle de Louis, et qu'ensuite elle devint la propriété d'Anne de Trian, sa fille. Cette noble damoiselle épousa Antoine de Sassenage, presque aussi noble qu'elle, je ne sais en quelle année ; mais de ce mariage naquit Françoise de Sassenage, qui s'étant mariée, en 1439, avec Antoine de Clermont-Tonnerre, la vicomté de Tallard devint la propriété de cette illustre maison ; elle la possédait encore à l'époque où nous sommes parvenus.

Or, le vicomte Bernardin de Clermont, désirant, comme nous, voir ses terres plus particulièrement unies au Dauphiné et soumises à la juridiction du parlement de Grenoble, obtint, du roi Louis XII, des lettres patentes, données à Amiens, au mois d'octobre 1513, dans lesquelles ce monarque, considérant que la vicomté de Tallard, éloignée de Gap de deux lieues seulement, était de la même qualité que les autres terres du diocèse situées en deçà de la Durance; qu'il en était souverain absolu, en sa

(1) Archives de la préfecture. Procès-verbal de la translation dans la ville de Gap du bailliage établi à Serres, Ms [cf. Inv. imprimé, p. 13 et suiv.].

qualité de dauphin, et que le dernier ressort de la justice d'icelle vicomté appartenait au parlement de Dauphiné, il l'unissait, lui-même, en tant que de besoin, à cette province. Pour ne pas blesser les droits du seigneur de Tallard, le Roi voulut bien lui permettre d'exercer les deux premiers degrés de juridiction, c'est-à-dire, d'avoir, non seulement un premier juge, mais encore un juge d'appeaux ; ce qui l'élevait à la hauteur du seigneur de Gap, si déjà il ne l'avait dépassée. L'exécution des lettres patentes de Louis XII fut confiée à Bertrand Rabot, conseiller au parlement de Grenoble, et à Louis Portier, auditeur à la Chambre des comptes, qui étant venus à Tallard, le 19 décembre suivant, y reçurent le serment de fidélité de Bernardin de Clermont et de ses vassaux (1).

Mais un fait, bien plus étrange que la réunion de la vicomté de Tallard au Dauphiné, vint, dans le cours de la même année, échauffer la bile et allumer le courroux des habitants de Gap et de leurs magistrats. Je ne sais par quel inconcevable oubli ou par quelle ruse coupable, messieurs des États de la Province, au mépris des dispositions de l'art. 5 du traité du 8 septembre 1511, avaient compris notre bonne ville dans le rôle des subsides et impositions du Dauphiné ! Le grand conseil, le petit conseil et les consuls de la communauté firent entendre de si justes plaintes, que le nom auguste de la cité de Gap fut effacé du rôle. Seulement, pour tenir lieu des terribles francs-archers qu'elle devait fournir au Roi-dauphin pour exterminer les Suisses, avec lesquels il était en guerre, la ville de Gap fut cotisée à 300 florins, par lettres patentes du 12 juillet 1513 (2).

Maintenant que la réunion des villes de Gap et de Tallard au Dauphiné est consommée, je me serais

(1) Chorier, *Histoire du Dauphiné*, tome 2, liv. 15, sect. 15.
(2) Archives de l'hôtel de ville, *Livre rouge*, p. 330 et 331 [Inv. impr., p. 18].

arrêté pour prendre haleine, si je n'avais eu à vous
signaler un de nos petits grands hommes qui florissait vers cette époque. C'est messire Antoine Faure,
natif de Gap et chanoine d'Embrun, lequel est auteur d'une *Histoire des Vaudois*, qui se trouvait manuscrite dans les archives de l'évêché de Valence,
ainsi que l'assure Gui Allard, à la page 157 de sa
Bibliothèque du Dauphiné.

Gap, le 23 juillet 1841.

NOTE A, *de la page 489.*

1° **Lettre du pape Innocent VIII, au peuple de Gap** [1]

SUSCRIPTION :

« *Ad populum, pro receptione Reverendi domini
Gabrielis in episcopum.*

« Innocentius, episcopus, servus servorum Dei,
dilectis filiis populo civitatis et diocesis Vapincensis, salutem et apostolicam benedictionem. Hodie
ecclesiæ Vapincensi, tunc per obitum bonæ memoriæ Gaucherii episcopi Vapin. extra Rom. curiam
defuncti, pastoris solatio destitutæ, de persona
dilecti filii Gabrielis, electi Vapin. nobis et fratribus

[1] Voir la bulle d'institution de Gabriel de *Sclafanatis* du 13 oct.
1484, d'après les archives du Vatican, dans Albanès, Instr. n°
LXXXI.

nostris et suorum exigentiam meritorum, accepto de eorumdem fratrum consilio, Apostolicæ auctoritate providimus, ipsumque eidem Ecclesiæ præfecimus in episcopum et pastorem, curam et administrationem ejusdem ecclesiæ sibi in spiritualibus et temporalibus plenarie commitendo, prout in nostris inde confectis literis plenius continetur. Quocirca universitatem vestram rogamus et hortamur attente per apostolica vobis scripta mandantes quatenus eumdem Gabrielem, electum, tanquam patrem et pastorem animarum vestrarum, devote suscipientes et debita honorificentia prosequentes, ejus salubribus monitis et mandatis humiliter intendatis, ita quod ipse in vobis devotionis filios, et vos in eo per consequens patrem invenisse benevolum gaudeatis, nosque proinde devotionem vestram dignis possimus in domino laudibus commendare. Datum Romæ, apud Sanctum Petrum, anno Incar. Dominicæ 1484, 3 idus octobris, pontif. nostri anno primo.

2ᵉ Lettre du Collége des Cardinaux.

SUSCRIPTION :

Magnificis dominis consulibus et communitati civitatis Vapincensis, amicis nostris carissimis, episcopi presbyteri, domini S. R. E. Cardinales.

Miseratione divina episcopi, diaconi S. R. E. cardinales magnificis dominis consulibus et communitati civitatis Vapincensis, post sinceram in domino caritatem ; quod rite et mature sanctissimus D. N. Vapincensi ecclesiæ sedi apostolicæ immediate subjectæ, de persona Reverendi patris domini Gabrielis Sclafanati, viri singularis doctrinæ et integritatis, providerit, suis litteris vobis significat.

Quare hortamur et quanto possumus studio vos rogamus curetis, ut provisio tam juste et solemniter facta omnino suam sortiatur effectum, utrumque procuratoribus prefati domini Gabrielis possessio istius ecclesiæ tradatur, et ad perceptionem fructuum, juriumque et pertinentiarum omnium admitantur; ut que in hoc voluntatem summi pontificis et nostram facietis plurimum commendationis et gratiæ apud suam sanctitatem et sacrum collegium nostrum vobis comparabitis. Datum Romæ, die XXII^a decembris, anno a Nativit. Domini 1484.

Subsignatis nostrorum trium in ordine priorum.

En tête et en marge de cette lettre, il y a trois sceaux : le premier est du premier cardinal-évêque ; le second, du premier cardinal-prêtre ; et le troisième, du premier diacre.

« Ces deux lettres, ajoute Juvénis, qui les a
« copiées dans ses *Mémoires*, sont dans les archives
« de la ville de Gap. La première est en parchemin,
« scellée de plomb, aux lacs de chanvre ; et la
« seconde, en papier. » — Y sont-elles toujours ? Je l'ignore ; mais je ne le crois pas, puisque le grand investigateur, M. Rochas, ne les a pas citées.

(Juvénis, *Notes autographes*, p. 43 et suivantes.)

NOTE B, *de la page 495.*

Articles présentés par les consuls de Gap à Gabriel de Sclafanatis, au sujet des droits de leyde perçus dans la ville, et par lui approuvés :

1º Tous les habitants de la ville et de son territoire sont exempts du droit de leyde.

2º Les vendeurs et revendeurs étrangers sont soumis à ce droit, ainsi que les acheteurs, lorsque les choses leur sont vendues par les habitants.

3° La leyde appartient au seigneur évêque, depuis le sacre de la grand'messe du dimanche, jusques au premier de vêpres du mercredi. Elle appartient à la ville, depuis le premier de vêpres du vendredi jusqu'au sacre de la grand'messe du dimanche. Les jours de foire, il n'est dû aucun droit de leyde.

4° Il est dû, pour chaque gros animal, comme bœuf, âne, veau, génisse, un demi-patac, ainsi que pour chaque peau de ces animaux.

5° Pour un cochon, gros ou petit, ou pour une truye, un demi-patac.

6° Pour chaque mouton, brebis, bouc et autres bêtes à crin ou à laine, un denier, dont trois valent un patac. Pour chaque peau, un denier jusqu'au nombre de six. Les peaux vendues en ballots ou en trousseaux doivent un liard ; mais les ballots ne peuvent être plus forts que de deux pour la charge.

7° Il n'est rien dû pour les agneaux et les chevreaux, ni pour leurs peaux, à moins qu'elles ne soient vendues en ballots, auquel cas le droit est d'un liard, *sive quartus,* par ballot.

8° Toutes les marchandises vendues ou reçues en temps de foire sont exemptes de droits de leyde.

9° Si, en temps de foire, quelqu'un achète des peaux ou d'autres marchandises, non encore en état d'être livrées, et les reçoit après les jours de foire, il doit la leyde, à moins que la marchandise ne soit au péril et fortune de l'acheteur.

10° Il est dû pour chaque cheval, mulet, jument, âne, ânesse, un liard.

11° Pour chaque peau de mouton, brebis, bouc ou veau accommodée ou non, et au-dessous de douze, un petit denier, dont trois font le patac ; depuis douze peaux et au-dessus, un liard pour chaque paquet ou ballot.

12° Pour un quintal, un demi-quintal ou un quart de quintal de fromage, un patac ; et rien pour une moindre quantité.

13° Pour une charge ou une demi-charge de vin, un demi-patac, par les acheteurs qui le portent hors la ville, soit qu'il ait été ou n'ait pas été acheté dans la ville et la banlieue, et que la charge soit ou ne soit pas complète.

14° Pour chaque aune de drap fin, un patac payé par les vendeurs étrangers.

15° Pour chaque aune de serge (toile moitié fil et moitié laine blanche ou noire), un denier de trois au patac.

16° Pour chaque quintal et demi-quintal de laine ou de bourre, un patac.

17° Tout mercier qui déploie sa marchandise pour la vendre doit payer une aiguille.

18° Pour les écuelles, les tranchoirs, les cuillers et les autres marchandises de bois, tournées ou non tournées, il est dû deux pièces médiocres, toutes les fois qu'on en vendra.

19° Pour chaque charge de verres, toutes les fois qu'on étalera, un verre de médiocre grandeur. Les marchands de verres qui portent leur marchandise sur le cou ne doivent rien.

20° Pour chaque charge de pots de terre, un pot toutes les fois qu'on étalera.

21° Tout étranger qui achète du sel dans la ville ou dans son territoire doit payer un demi-patac par émine ; s'il en vend, il doit le même droit.

22° Les perdrix, chapons, lapins, lièvres et autres victuailles et gibier ; les œufs, le beurre et les autres menues denrées ne doivent rien.

23° Les autres marchandises, non mentionnées aux précédents articles, ne doivent non plus aucun droit de leyde.

24° Le seigneur évêque est tenu de donner ses officiers, pour procurer aux commis de la ville le paiement des droits de leyde, comme s'il s'agissait des droits du fisc, toutes les fois qu'il en est requis par les consuls ou par les receveurs de la ville.

25° Il n'est rien dû pour le sceau à l'égard des assignations verbales devant l'official.

26° Enfin, on ne doit pas plaider pour le salaire des journaliers ; mais en ordonner sommairement le paiement, sans formalité de justice.

Archives de l'hôtel de ville, *Livre rouge*, pag. 179 et suivantes. [Inv. impr. p. 11].

XXIe LETTRE.

XVIe SIÈCLE (1514 à 1526).

GABRIEL DE SCLAFANATIS *(suite)*.

Hommage rendu à Gabriel *de Sclafanatis* par Guillaume Abon. — Bienfaits de cet évêque à l'égard de La Bâtie-Neuve. — Hommage par lui prêté au nouveau roi-dauphin. — François Ier à La Rochette. — Il est harangué par le vibailli de Gap. — Le Roi à Embrun. — Causes de la perte de la bataille de Pavie. — Passage de François Ier à travers les Alpes. — Il est vainqueur à Marignan. — Différends entre la chartreuse de Durbon et les habitants de Trabuëch, condamnés à faire amende honorable. — Derniers moments de Gabriel *de Sclafanatis*. — Mort du prélat. — Hommages à lui rendus et autres actes de son épiscopat. — Le comte de Charance, par Raymond Juvénis.

Suite de l'épiscopat de **Gabriel de Sclafanatis**.

1514. — Après avoir rendu ses hommages au Roi-dauphin, Gabriel de Sclafanatis en recevait encore de ses vassaux, afin de montrer que toute puissance temporelle ne lui avait pas été ravie. Ainsi, noble Guillaume Abon, citoyen de Gap et coseigneur de Reynier, lui prêtait serment de fidélité, le 9 mars 1514, pour sa part dans cette seigneurie (1).

Le 20 juin de l'année suivante (1515), il accordait aux habitants de sa terre de La Bâtie-Neuve une réduction sur la dîme des agneaux. Sur douze, il n'en prenait plus qu'un seul, et, lorsque le vassal

(1) Artus de Lionne, *Rolle des évesques de Gap.*

n'en possédait pas douze, il se libérait au moyen d'un denier ou d'un œuf ; mais, à la suite d'une enquête, le prélat leur avait déjà fait grâce du trentième du gros bétail, si, toutefois, le document amphibologique que je consulte peut recevoir cette interprétation (1).

Le bon roi Louis XII étant mort le 1er jour de l'an 1515 (pour avoir regardé de trop près sa nouvelle épouse, Marie d'Angleterre), notre évêque s'empressa de faire hommage et de prêter serment de fidélité à son successeur, sur la réquisition qui lui en fut faite par Louis d'Orléans, duc de Longueville, gouverneur du Dauphiné, qui s'était rendu à Gap. La cérémonie en fut faite dans la chapelle de Sainte-Madeleine de l'église cathédrale : Gabriel *de Sclafanatis* reconnut de nouveau le Roi-dauphin pour son souverain temporel, à l'égard de toutes les terres de l'évêché situées en deçà de la Durance, à savoir : la cité de Gap et les châteaux et seigneuries du Glaisil, du Noyer, de Ville-Neuve, de Poligny, de La Bâtie-Neuve, de La Bâtie-Vieille, de Rambaud et de Lazer. Vous voyez que dans cette nomenclature ne figurent plus, comme dans les anciens hommages, ni la terre de Reynier, ni celle de Sigoyer-de-Malpoil, parce qu'étant situées au-delà de la Durance, l'évêque ne devait en faire hommage qu'au roi-comte de Provence. Mais je suis étonné de ne pas y trouver sa vieille seigneurie et le château de Tallard-le-Vieux, dont le prélat était toujours en possession. Quoiqu'il en soit, Gabriel *de Sclafanatis* reconnut encore la juridiction du parlement de Dauphiné, en vertu du traité de 1513 et du serment prêté en son nom par Pierre *Mutonis*, avocat, son procureur-fondé ; il ratifia ce serment, sans préjudice, toutefois, de sa juridiction particulière et des privilèges et libertés de son église (2).

(1) Artus de Lionne, *Rolle des écesques de Gap*.
(2) Archives de l'hôtel de ville, sac coté D. — Artus de Lionne,

A peine le nouveau roi de France avait posé son pied sur les marches du trône, qu'il rêvait la conquête du Milanais. Mais, dites-moi, pourquoi, en s'en allant en Italie, dans cette même année 1515 où notre vieux prélat lui rendit hommage, il osa se permettre de laisser de côté la pauvre ville de Gap, pour suivre le chemin qui conduit directement de Saint-Bonnet à La Bâtie-Neuve, par le revers de la montagne de Bayard ?

« Sous ce rocher pelé, qui s'élève au-dessus du village de La Rochette, disait en 1744 le premier consul, messire François Barbier, au prince de Conti, un monarque tout brillant de jeunesse, de santé et d'espérance, non moins présomptueux que Charles VIII, partant également pour l'Italie, fut harangué par l'un de nos plus fameux orateurs, en l'année 1515. François Ier, moins courtois que son devancier, évitait de traverser notre ville, en suivant le chemin direct de Saint-Bonnet à Embrun, qu'il faisait réparer et élargir par les trois ou quatre mille pionniers qui le précédaient ; mais toute la population s'était portée à La Rochette, au-devant de lui. Le fameux Claude Olier, vibailli de Gap, ayant à ses côtés les docteurs ès arts et en médecine Jean André *de Flandria* et Bernard de Cazeneufve, qui, en 1531, se joignit à ses deux amis, pour transiger, au nom de la ville, avec l'évêque ; qui, plus tard, la représenta dans une assemblée provinciale, et qui, en 1560, plaida contre elle relativement aux honoraires des médecins ; Claude Olier, dis-je, porta la parole, au nom de tous les ordres de la ville. Le monarque galant et chevaleresque leur fit l'accueil le plus gracieux et promit de passer dans leurs murs à son retour de Milan.

« Ce Claude Olier était un célèbre jurisconsulte et l'un des hommes les plus éloquents de son temps ;

Rolle des évesques de Gap. — Rochas, *Mémoires inédits*, p. 94 et 95, 1re série.

les harangues qu'il a laissées sont des meilleures du XVIe siècle. Jean André *de Flandria,* son ami, lui dédia les oraisons doctes et élégantes, que, plus tard, il composa en latin contre le luthéranisme : on y voyoit les soins de notre digne vibailli, pour s'opposer à l'introduction de l'hérésie dans cette contrée et les mesures qu'il adopta pour y étouffer cette damnable secte à sa naissance » (1).

Suivrai-je le restaurateur des lettres et d'autres choses encore à travers les monts et les vallées des Hautes-Alpes ? Vous dirai-je les difficultés qu'il eut à vaincre, les périls qu'il eut à braver dans cette brillante campagne, dont vous avez vu une répétition, en la dernière année du dernier siècle, lorsque le plus fameux des trois grands capitaines « qu'un siècle au siècle annonce », avec autant de difficultés et beaucoup plus de moyens pour les surmonter, s'ouvrit une route par le mont Saint-Bernard, surprit Mélas et le vainquit à Marengo ?

C'est donc au village de La Rochette que les citoyens nobles, bourgeois et manants de la ville de Gap, virent défiler devant eux les 2.500 lances, les 40 mille hommes de pied et les 3.000 pionniers qui composaient l'armée de François Ier, ainsi que ses équipages d'artillerie et de munitions, et le train des vivandières et des pourvoyeurs. Le connétable de Bourbon qui commandait l'avant-garde, le Roi qui se trouvait au centre, le duc d'Alençon qui marchait le dernier, et le duc de Gueldre, qui commandait les lansquenets et les routiers, n'échappèrent pas, sans doute, à leurs regards.

Arrivé à Embrun, le lendemain, le jeune François Ier fut reçu par l'archevêque Jules de Médicis [2].

---

(1) Juvénis, *Mémoires inédits.* — Rochas, *Mémoires inédits,* p. 97 et 102, 1re série.

[2] Non par l'archevêque Jules de Médicis (1510-1511), plus tard pape sous le nom de Clément VII et qui n'est jamais venu à Embrun, mais par Nicolas *de Flisco* ou de Fiesque, élu en 1510,

et conduit processionnellement dans l'église de Notre-Dame, où l'on chargea ses royales épaules d'une chappe, en sa qualité de premier chanoine de la métropole. « Je doute, dit le P. Fournier, si alors
« on osta à cette église la rente de 3.972 ducats, que
« Louis XI luy avoit donnez et dont elle avoit joui
« paisiblement prez de quarante ans. L'on tient
« pour certain à Ambrun que le malheur qui arriva
« à ce roy, à la journée de Pavie, fut en punition de
« la révocation qu'il fit de ce don. Ce qu'on donne à
« Dieu est toujours bien employé ; c'est une avance
« qu'on luy fait de ses biens, qu'il rend toujours
« avec usure ; et la soustraction qu'on luy en
« fait est suivie infailliblement de malheur et de
« perte » (1).

Une petite inconséquence est échappée, en cette occasion, au R. P. Fournier, puisqu'il n'a pas conclu, du principe par lui posé, que le vainqueur de Marignan n'avait dû annuler le don de Louis XI que dans l'intervalle qui sépare cette bataille de celle de Pavie. Du reste, si François I⁰ʳ enleva à l'église d'Embrun les ducats du dévot Louis XI, le maréchal de Trivulce, *cet homme incomparable,* lui fit de très riches présents, en compensation. Ils consistaient en *deux images* de M. le comte, son fils, l'une d'argent, très belle et de grand prix, et l'autre de bois, pour être placée au-devant de Notre-Dame du Réal, — ainsi que l'on nommait N.-D. d'Embrun, — *avec les accoustrements dudit M. le comte revestue* (2).

C'est après avoir quitté Embrun que les inconvénients se présentèrent. Les Suisses, commandés par le cardinal de Sion, gardaient les passages du Mont-Cenis et du Mont-Genèvre, et il fallut cher-

encore archevêque le 8 février 1518 (Fornier, *Hist. génér. des Alpes,* II, 481-95.)

(1) Le P. Fournier, *Histoire des Alpes Maritimes,* traduction [copie] de Juvénis, p. 447.

(2) Le P. Fournier, *Histoire des Alpes Maritimes,* traduction de Juvénis, p. 448.

cher une autre route pour pénétrer en Italie. L'armée prit celle de Guillestre et de Vars. Des montagnes de cette commune, elle descendit à Saint-Paul, suivit ensuite l'extrémité de la vallée de Barcelonnette et arriva enfin par celle de L'Argentière. « Par-dessus le dos de ces effroyables montagnes, « dit Mézeray, par lesquelles il faut grimper, non « pas marcher, dans une continuelle frayeur de la « mort, par ces détroits horribles, non seulement à « passer, mais encore à regarder, les François « guindèrent leur artillerie et leurs charrois à force « de bras et de poulies, et les traînèrent de rocher « en rocher avec une peine incroyable et un ardent « travail, car les soldats mettoient la main à l'œu- « vre, aussi bien que les pionniers, et les capitaines « mêmes ne s'épargnoient pas à remuer ni la pio- « che ni la coignée, à pousser aux roues et à tirer « sur les cordages. Tantôt ils dressoient des espla- « nades et cassoient de gros rochers, tantôt ils se « servoient de ceux qui ne se pouvoient briser, en « manière de cabestans pour tirer leurs fardeaux, « et en d'autres lieux ils couvroient les précipices « avec de grands arbres, qu'ils renversoient de « travers, jetant des fascines par-dessus ; en telle « sorte que le premier du mois d'août, après quatre « ou cinq jours de fatigue, ils eurent passé toute « leur armée dans la vallée d'Argentière, tandis « que quelques-unes de leurs troupes paroissoient « sur le haut du Mont-Cenis et du Mont-Genèvre, « pour tromper la vigilance des Suisses, par leur « brave contenance » (1).

Ayant ainsi pénétré en Italie, François Ier arrive à Marignan, livre bataille, le 13 septembre 1515, au cardinal de Sion ; il en sort vainqueur, et il reçoit l'accolade et l'épée nue de notre chevalier Bayard.

Pendant que la France tout entière célébrait les

(1) Mézeray, *Histoire de France*, tome VIII, p. 10 et 11, édition de 1830.

triomphes éphémères de son jeune souverain, la chartreuse de Durbon rendait grâces à Dieu, dans son âpre désert, de la victoire, moins sanglante, qu'elle venait de remporter sur les habitants de *Trabuëch*, qui, malgré une transaction de 1469, s'étaient permis de faire saisir aux bergers de Provence, fermiers de la Chartreuse, le bétail qui paissait dans les pâturages de Chamousset et de Garnésié. Le Parlement fit justice de tant d'outrecuidance, et, par un arrêt de 1515, il condamna les auteurs de la saisie à venir, tête nue, à genoux et un flambeau de quatre livres à la main, en demander pardon aux vénérables religieux de Durbon, et à promettre de ne plus commettre à l'avenir de pareil attentat (1)...

Le 11 novembre de l'année suivante (1526), ce prélat termina sa longue carrière, chargé d'ans et d'ennuis, et eut, pour successeur au siège de Gap, le premier évêque que le Concordat nous ait donné; lequel, dit Artus de Lionne, l'un de ses successeurs, fut « un des anges qui n'ont pas gardé leur principauté et l'excellence de leur origine » (2).

J'ai déjà cité un hommage rendu à Gabriel *de Sclafanatis* par un gentilhomme gapençais. Il en est quelques autres que je ne puis passer sous silence, à cause des noms qui s'y trouvent mentionnés.

D'abord, le 11 août 1495, il donna l'investiture à noble Jacques de Saint-Germain, d'une propriété par lui acquise de noble Pierre Abon (3).

En 1498, noble Albert de Briançon, seigneur de Reynier, lui rendit hommage pour cette terre (4).

(1) Archives de la préfecture, chartes de Durbon; arrêt de 1515. [Ici divers détails, qu'on trouvera dans la lettre suivante.]

(2) Artus de Lionne, *Rolle des évesques de Gap*. — Chorier, *État politique du Dauphiné*, dit que cet évêque mourut le 10 octobre et non le 11 novembre 1526. [C'est cette dernière date qui paraît être la bonne (G. 1500). Il mourut « en Italie » et non à Gap].

(3) Archives de la préfecture. Ms.

(4) Artus de Lionne, *Rolle des évesques de Gap*.

Le 7 février 1521, noble Sixte *de Sclafanatis*, en qualité de procureur du seigneur évêque, permit à Martin Philibert, forestier de Charance, de faire bâtir un four, moyennant un mouton et la rente annuelle d'un gros de monnaie, payable aux fêtes de Noël. Cet acte mentionne une calamité que l'on ne trouve nulle autre part. Il y est dit que, l'année précédente (1520), la peste avait causé des ravages, tant dans la ville que dans la banlieue (1).

Le 21 avril de la même année 1521, noble Jean de Poligny vendit à notre prélat les censes, les services, les lods, les fiefs, les corvées et la juridiction qu'il avait ez terres de Poligny, de Villeneuve et du Noyer, j'ignore à quel prix (2).

Enfin, en la dernière année de l'épiscopat de Gabriel Ier, l'on trouve encore des reconnaissances et investitures passées par Jacques de Sclafanatis, *procureur et régent du R. P. évesque de Gap* (3).

Je vous ai déjà annoncé une sortie virulente faite par le docte et excellent patriote Raymond Juvénis contre ce prélat, qui mit une épée dans ses armoiries et osa s'intituler *comte de Charance*, non dans les traités qu'il passa avec sa ville épiscopale : elle ne l'eût pas souffert ; mais dans le bréviaire qu'il publia en 1499. Je vous la présente dans toutes ses parties, sans y ajouter, Dieu m'en préserve ! un mot d'approbation ou d'improbation.

« Cet évesque fut le premier qui usurpa, sans
« aucun titre, la qualité de comte de Charance, que
« ses devanciers n'avoient jamais porté ; car Gau-
« cher et les autres évesques, devant luy, s'étoient
« seulement contentés de se dire évesques et sei-
« gneurs de Gap, et n'avoient nullement usé de cet
« ambitieux titre, qui, pour parler avec un concile,
« introduit dans l'ordre ecclésiastique *fumosum*
« *seculi typum ;* en quoy on peut dire qu'il fut extrê-
« mement dissemblable, en cette rencontre, de ses

(1-2-3) Artus de Lionne, *Rolle des évesques de Gap.*

« prédécesseurs : car ils furent si modérés, qu'ils
« ne prirent jamais la qualité de prince, que l'empe-
« reur Frédéric 1ᵉʳ avoit donné à Grégoire en 1178,
« croyant qu'ils ne devoient rien ajouter au titre
« d'évesque, qui, leur communiquant le nom de
« voyant, leur doit faire connoistre la vanité du
« monde et de ses titres. Ce mesme prélat ajouta,
« dans ses armoiries, une épée en pal, au costé
« gauche, pour signe de la juridiction temporelle
« que les évesques ont dans la ville de Gap, quoique
« cette fatale marque de sang et de courage ne
« s'accorde jamais bien avec une crosse et une
« mitre. Celui-ci néanmoins n'appréhenda pas de
« devenir irrégulier par leur union, et de souiller la
« sainteté de son ministère, qui est, selon la parole
« sainte, pour édifier et non pour détruire ; et bien
« que l'évesque de Vorms aye droit, ainsi que l'a
« escrit Munster, de porter cette marque, en qua-
« lité de duc de Franconie, on ne la fait jamais
« pourtant paroître qu'en sa main gauche dans la
« cérémonie de ses obsèques, pensant qu'il est seu-
« lement loisible aux prélats, qui ont quelque juris-
« diction temporelle, d'en porter le symbole après
« leur mort, et de s'en parer en un temps auquel ils
« sont du tout incapables de souiller leur volonté par
« cet instrument de carnage, de peur que l'église,
« leur épouse, qui abhorre si fort la violence et
« l'homicide, ne leur fît ce piquant reproche : « Vous
« m'estes des époux de sang » ! En quoy l'on voit
« que cet évesque fit une chose peu séante à sa
« profession et contraire à ce que ses devanciers
« avoient fait : car Gaucher et les autres qui l'avoient
« précédé ne s'étoient jamais avisés de se parer de
« cette marque cruelle et homicide, quoiqu'ils fus-
« sent seigneurs temporels de cette mesme ville,
« estimant, suivant la parole de l'évesque Othon au
« séneschal de Gonesse, que la sainteté de leur
« emploi devoit désarmer leur esprit et ne leur lais-

« ser en partage que la gloire du pardon ; partage,
« certes, plus glorieux que toutes ces vaines mar-
« ques de sang et vengeance, puisqu'il les rend
« serviteurs de Dieu et cohéritiers de son fils, qui
« n'eut d'autre glaive que celui de sa parole
« sainte » (1).

Gap, le 27 juillet 1841.

Renvoi de la page 33.

Depuis que j'ai écrit la IIIe lettre sur l'histoire de la ville de Gap, il m'est tombé sous la main un petit cahier contenant des notes écrites par Juvénis, dont la plupart sont reproduites dans ses *Mémoires*. L'anecdote suivante relative aux croyances populaires sur les eaux bourbeuses de la montagne Saint-Philippe et les *Casses de Faudon* ne s'y trouve point, bien qu'elle ait été racontée par Juvénis dans son *Histoire du Dauphiné*. Je la transcris en entier, pour rectifier les inexactitudes que renferme la note mise au bas de la page 33º de ce volume, car, alors, je citais de mémoire :

« Il y a, proche de La Bastie-Neuve, une montagne qui est appelée Saint-Philippe, mandement d'Ancelle, au haut de laquelle il y a comme un gouffre,

---

(1) Juvénis, *Mémoires inédits*. — Cet auteur n'avait pas prévu que l'un de nos évêques, et le plus modeste d'entre eux, prendrait le titre de « prince de Saint-Empire romain ». C'est pourtant ce qui arriva, en 1727, au concile d'Embrun.

rempli de terre et de pierres, duquel sort une source noire et lumineuse. Ce gouffre est appelé *les Casses de Foudon*. Les gens qui sont en ce quartier font plusieurs récits de ce lieu et disent qu'un homme de La Bastie-Neufve, ayant perdu trois cavales, alla à Avignon pour consulter un devin sur sa perte ; lequel estant venu audit La Bastie, l'évesque de Gap nommé Gaucher de Forcalquier, eut la curiosité de le voir, et l'ayant fait appeller dans son chasteau, il l'obligea de luy faire voir l'armée du Grand-Turc ; et ce magicien, ayant usé des cérémonies accoustumées, fit paroistre, aux aisles de la cheminée de la chambre où ils étoient, un grand nombre de figures de gens en armes, en petit, ayant le général et chefs tout en ordre, qui commençoient mesme à remuer ladite chambre ; lesquels, se rangeant sur ces aisles, donnèrent de frayeur à cet évesque, qui luy fit dire, à ce devin, de les faire disparoître ; mais il luy répartit que cela ne se pouvoit, à moins qu'on leur assignât un lieu pour les renvoyer.

« Comme on estoit dans cette inquiétude, il y eut un homme dudit La Bastie, appellé communément *Jean de Tube*, qui dit de les envoyer aux casses de Faudon, et que, devant qu'ils fussent arrivez à son verger, dit le *pré de Tube*, qui est au chemin droit desdites casses, ils auroient pris envie de boire. Cela fut cause que cet évesque et les autres, qui y estoient et qui avoient une peur étrange, leur dirent d'y aller. Ce qu'ayant fait, ils arrachèrent les arbres dudit verger et pré, en telle sorte que la racine resta en haut et la terre fut toute bouleversée. Ce pré n'a, depuis, rien produit, et, depuis ce temps-là, on entendit remuer, dans cet abysme desdites casses, et les bouleverser tellement que la terre s'abysme, et la source qui en sort devenir noire. Il y eut des assistans qui en moururent de peur ; l'évesque en eut une fièvre de deux mois, dont il fallit à mourir et l'on croit que, pour ce, il fit de grands biens à son église. Neuf ans après, cette ruine continuant au pays, il fallut qu'on y allât en procession, l'évesque et clergé, et qu'on arrestât cette ruyne par la vertu des exorcismes et prières de l'Église ». (Juvénis, *Notes autographes,* p. 50.)

Il paraît que le nom de l'évêque qui figure dans cette relation a été trouvé par Juvénis tout seul : car il avait d'abord écrit *Sclafanatis,* qu'il a effacé pour lui substituer Gaucher de Forcalquier.

Supplément a la XXIe Lettre.

1522. — « Il appert par une reconnoissance passée par noble Jacques de Bone, fils de noble Jean de Bone, de Saint-Bonnet, passée en faveur de l'église et université de la cathédrale de Gap, l'an de l'incarnation 1522, le 14e may, que ladite église et université sont héritiers universels de messire Robert *de Salice,* vivant prévost et chanoine en ladite église, fondateur de la chapelle de la Sainte-Trinité, qui est à main gauche, entrant par la grande porte de ladite église ; cet acte de reconnoissance, receu par Antoine *Gontardy,* notaire public de Gap. Ce qui se justifie encore par un autre acte de reconnoissance, passée par Jacques *Boneti,* mareschal de Gap, en l'an susdit, le 19° de février, en faveur de ladite université, receu par messire Foasse, chanoine, qui avoit esté nommé procureur et administrateur des biens de ladite chapelle de la Sainte-Trinité ; ledit compte conclu et arresté le 5 novembre 1524.

« C'est pour cela peut-estre que dans le tableau aux quatre coins, en haut, et à [gauche] de ladite chapelle, il fit mettre une ceinture d'or dans un escu de synople, pour donner un tesmoignage visible de l'abandonnement qu'il avoit fait à Dieu et à l'église de tous ses biens ; car, anciennement, tous ceux qui donnoient à Dieu tous leurs biens, mettoient leurs ceintures aux édifices qu'ils faisoient construire à son honneur, ainsy que le monstre doctement l'autheur des antiquitez de Besançon » [1]). (Juvénis, *Notes autographes*, p. 24).

---

[1] Le tombeau de Robert du Sauze († 7 oct. 1521) a été découvert le 15 janv. 1903. Son caveau, orné de fresques assez bien conservées et représentant la crucifixion et plusieurs apôtres, était rempli de débris archéologiques, de diverse nature, d'un réel intérêt. Ils seront transportés au Musée départemental (cf. *Annales des Alpes*, t. IX, 1905-1906, p. 194-197).

XXIIe LETTRE [1].

DÉBUTS DE LA RÉFORME A GAP (1515-1562).

Singulier privilège relativement au chemin de Lettret à La Bâtie-Neuve. — François Ier à La Rochette, harangué par le vibailli. — Écrits de ce dernier et du docteur *de Flandria* contre le luthéranisme. — Gabriel de Clermont, évêque de Gap, favorise la réforme religieuse. — Lansquenets luthériens dans cette ville. — Événement miraculeux. — Prédications d'un religieux italien. — Guillaume Farel. — Déluge de Sainte-Marthe. — Faits et gestes de Farel représentés dans un tableau. — Fête des Fous. — Farel s'empare de l'église de Sainte-Colombe. — Il y est arrêté. — Son emprisonnement. — Sa délivrance. — Les huguenots occupent la ville. — Farel y rentre triomphant. — Apostasie de l'évêque. — Les catholiques expulsent les protestants. — Dernier mot sur Farel. — Observations et éclaircissements.

Enfin, Monsieur, nous voilà parvenus à une époque où les parties rivales auraient dû s'unir étroitement pour combattre l'ennemi commun : je veux parler de l'hérésie, qui s'introduisait furtivement dans Gap par les cinq portes de la ville, débarrassées des potences du seigneur de Céreste. Toutefois, avant d'esquisser l'histoire de cette période, qu'il me soit permis, pour clore le moyen âge, de parler de l'un de ces privilèges que nos ancêtres

---

[1] Les neuf lettres qui suivent ont été déjà publiées par Théodore Gautier, dans la *Revue du Dauphiné*, en 1837-1838, et tirées à part à 10 exemplaires, in-8°, mais sans nouvelle pagination. Elles sont numérotées *Lettre I à IX*, et se rapportent à l'histoire de Gap pendant le XVIe siècle.

défendaient avec tant de soin et de persévérance. Celui-ci n'était pas de nature à être contesté par les évêques de Gap, car il émanait de leur libéralité.

1317-1529. — En la bienheureuse année 1317 et le 16 du mois d'octobre, messire Bertrand de Laoncel ou *de Lorincello,* s'écartant de la route suivie par quelques-uns des évêques ses prédécesseurs, donnait gracieusement et généreusement des lettres patentes, par lesquelles il était permis aux habitants de la ville et communauté de Gap *de faire rompre le chemin* qui passe par Lettret et qui conduit à La Bâtie-Neuve, par Valserres et par Avançon ; de telle sorte que les gens à pied et à cheval fussent obligés de passer par icelle ville de Gap ; et ce, dans le noble but d'y attirer exclusivement le commerce de toute la contrée, et d'y assurer le débit de ses blés de *Parasac,* de ses vins de *Colombis* et de son huile de *Tournefaves* : privilège confirmé par le Dauphin, en 1336, moyennant le prix et somme de cent florins d'or payés par la ville, et reconfirmé encore *gratis pro Deo,* en 1332, 1357, 1390, 1401, 1428, 1429, 1471, 1484 et 1529 ; le tout sur beaux et bons parchemins, réunis dans le sac des archives coté B, et dont on trouve une copie à la page 43 et suivantes du fameux *Livre rouge,* sur lequel s'est arrêtée déjà notre attention.

Qu'ils devaient être fiers les consuls de Gap alors qu'ils allaient planter sous Montgardin, au lieu appelé Saint-Giraud [1], et à Lettret, au-dessous du château de Tallard-le-Vieux [2], les panonceaux aux armes delphinales, attachés au bout d'une perche,

---

[1] St-Géraud de La Rovière ou de La Rivière, prieuré de la dépendance de St-Géraud d'Aspres-sur-Buëch, qui lui-même dépendait de l'abbaye de St-Géraud d'Aurillac. Le prieuré de St-Géraud de La Rovière, situé en deçà de la Vance, appartenait au diocèse de Gap (G. t. VI, p. CXL-CXLI).

[2] Aujourd'hui *Ville-Vieille.*

ce qui disait énergiquement au voyageur : *On ne passe pas !* — alors qu'ils faisaient publier par le juge-mage du Gapençais, à la foire de Veynes du 25 juillet, les lettres du prince Charles, premier Dauphin, de la maison de France, données le 2 août 1357 ; — alors qu'ils envoyaient un huissier delphinal à la foire de Lagrand, pour y publier et proclamer les lettres de 1411, obtenues de Boucicaut, gouverneur du Dauphiné, y faire défense d'introduire dans le susdit chemin les dindons de la foire, et y poser les panonceaux près de la Bégude dudit lieu ; — alors qu'à leur réquisition on publiait dans tout le Gapençais les lettres données le 24 janvier 1484 par Jean, comte de Dunois et gouverneur de la province, et que l'on plantait les panonceaux auprès de la chapelle de la Magdelaine dans le terroir de Jarjayes, sur le chemin royal d'Orpierre, à l'auberge de la Queylane-sous-Ventavon, et enfin au lieu de Chorges ès endroits accoutumés ; — alors qu'ils pouvaient contraindre « par toutes sortes de voies ceux qui tiennent ladite route de passer par la ville de Gap, et d'établir des gardes, pour empêcher qu'ils ne prennent le susdit chemin de traverse, à peine d'amendes et confiscation des animaux et marchandises qu'ils pourraient avoir ! »

Quel n'eût pas été l'étonnement de ces dignes consuls et de ceux de 1744, voire des soixante membres formant le grand conseil de la communauté, s'ils avaient vu le susdit chemin de traverse de Lettret à La Bâtie se restaurer sous le nom pompeux de chemin vicinal de grande communication, où tous et un chacun peuvent passer à pied, à cheval et en tilbury, sans respect pour le panonceau delphinal, sans crainte desdites amendes et confiscations, et sans regret de la perte de nos cent florins d'or !

En conscience, lorsque cet honnête privilège fut aboli, on aurait bien dû nous les restituer, ainsi que Humbert II l'avait stipulé sur ses lettres du 24 novembre 1336 (1).

1515. — Malheureusement le chemin de Saint-Bonnet à La Bâtie-Neuve n'était pas frappé de la même interdiction ; aussi le restaurateur des lettres et d'autres choses encore se permit-il de le suivre en allant à la conquête du Milanais ; et la pauvre ville de Gap fut laissée de côté.

« Sous ce rocher pelé qui s'élève au-dessus du village de La Rochette, disait, en 1744, le premier consul, messire François Barbier, au prince de Conti, un monarque tout brillant de jeunesse, de santé et d'espérance, non moins présomptueux que Charles VIII, partant également pour l'Italie, fut harangué par l'un de nos plus fameux orateurs, en l'année 1515. François 1er, moins courtois que son devancier, évitait de traverser notre ville en suivant le chemin direct de Saint-Bonnet à Embrun, qu'il faisait réparer et élargir par les trois ou quatre mille pionniers qui le précédaient ; mais toute la population s'était portée à La Rochette au-devant de lui. Le fameux Claude Olier, vibailli de Gap,

(1) Au moment où j'écris cette lettre (juillet 1841), quelque agitation règne dans Gap et dans quelques communes intéressées, sur le projet d'ériger en route départementale le chemin vicinal, pour l'interdiction duquel les bons aïeux, qui n'étaient pas non plus étrangers à la morale des intérêts, avaient pris tant de peine. Une pétition, couverte d'une foule de signatures, a été rédigée et doit être soumise au Conseil général du département dans sa prochaine session (23 août 1841), non pour que ce fameux chemin soit interdit de nouveau, mais pour qu'il reste chemin vicinal de grande communication. Le privilège de 1317 était, il faut en convenir, aussi injuste que ridicule ; mais ériger aujourd'hui le chemin de Tallard à Montgardin en route départementale ce serait isoler la ville de Gap de toute communication, elle qui devrait en être le centre dans les Hautes-Alpes. Déjà l'ouverture des routes royales de La Croix-Haute et de Briançon à Grenoble, par le Lautaret, l'ont assez frappée dans son commerce et ses relations avec les départements du nord et du midi de la France, sans y ajouter le chemin interdit dans les temps féodaux. C'est le chemin de Gap qui alors se trouverait interdit de fait, sinon de droit.

ayant à ses côtés les docteurs ès arts et en médecine Jean André *de Flandria* et Bernard de Caseneufve, qui, en 1531, se joignit à ses deux amis pour transiger au nom de la ville avec l'évêque, qui plus tard la représenta dans une assemblée provinciale, et qui, en 1560, plaida contre elle relativement aux honoraires des médecins (1); Claude Olier, disons-nous, porta la parole au nom de tous les ordres de la ville. Le monarque galant et chevaleresque leur fit l'accueil le plus gracieux et promit de passer dans leurs murs à son retour de Milan.

« Ce Claude Olier était un célèbre jurisconsulte et l'un des hommes les plus éloquents de son temps ; les harangues qu'il a laissées sont des meilleures du XVIe siècle. Jean André *de Flandria,* son ami, lui dédia les oraisons doctes et élégantes que, plus tard, il composa en latin contre le luthéranisme ; on y voyait les soins de notre digne vibailli pour s'opposer à l'introduction de l'hérésie dans cette contrée et les mesures qu'il adopta pour y étouffer cette damnable secte à sa naissance » (2).

1525-1560. — Les harangues de messire Claude Olier et les oraisons du docteur *de Flandria* ne parvinrent que bien imparfaitement à faire triompher le catholicisme, comme nous le prouveront les événements ; surtout elles n'eurent aucune influence sur les sentiments et les opinions de l'évêque qui, dès l'année 1527, occupa le siège de Gap ; car, au lieu d'oublier ces vieilles querelles si souvent renouvelées entre la ville et ses prédécesseurs et celle qu'il avait suscitée lui-même en 1531, au lieu de se rallier fortement aux habitants qui repoussaient la nouvelle doctrine, le prélat favorisa en secret l'introduction de l'hérésie dans le chef-lieu de son diocèse, comme si, par une répugnance invinci-

(1) Rochas, *Mémoires manuscrits*, pag. 97 et 102, 1re série.
(2) Juvénis, *Mémoires manuscrits*.

blé, le pouvoir municipal et l'autorité épiscopale n'avaient jamais dû marcher d'accord.

Cependant aucune manifestation hostile de la part des novateurs n'éclata jusqu'en l'année 1560. Il paraît que la grande majorité des habitants de Gap était restée fidèle à l'ancienne croyance et n'éprouvait nullement ce profond besoin d'émancipation intellectuelle qui, dit-on, à cette époque, se faisait sentir de toutes parts, puisque, en 1536, ils refusaient le reste des viandes que dix mille lansquenets luthériens, se rendant en Italie pour le service de François Ier, n'avaient pas craint de manger la veille de l'Annonciation de la Sainte Vierge. *Ce reste fut jeté aux chiens qui, par un merveilleux secret de la Providence, n'y touchèrent en aucune manière* (1). En l'année 1546, nous voyons encore les habitants de la contrée accourir en foule aux sermons d'un prédicateur italien qui ne mangeait jamais de viande, l'excellent homme ! et qui avait de plus le don de prophétie. L'affluence du peuple était si grande que l'église cathédrale ne pouvait le contenir ; aussi le religieux, dont il sera question encore dans le cours de ce récit, était-il obligé de prêcher sur la place de Saint-Arnoux.

Nous voilà définitivement arrivés au commencement de ces longues et cruelles dissensions qui, pendant près de trente ans, désolèrent la ville et la province. J'en puiserai les détails dans un document inédit qui nous peindra le courage et la constance de nos pères durant cette lutte terrible (2).

1560. — « Sur un monticule qui se trouve à l'embranchement du chemin que nous venons de par-

---

(1) Juvénis, *Mémoires manuscrits.*
(2) *La procession du Saint-Sacrement,* chronique gapençaise du XVIIIe siècle, extraite des mémoires de l'un des continuateurs de Raymond Juvénis, 1744. J'ai découvert cette relation, qui était jusqu'à ce jour restée inconnue.

courir (celui de La Blache) et la route qui, de la ville, conduit au village de Rambaud, on avait, dans les temps anciens, établi un calvaire, où l'on voyait un grand nombre de croix et autres pieuses représentations de la passion de N.-S. Jésus-Christ. C'est dans ce lieu vénéré que, le samedi 20 juin de l'année 1560, les ennemis de la Sainte Église commencèrent les hostilités, en renversant et brisant ces pieux monuments de la foi de nos ancêtres, et en les livrant aux flammes qu'un souffle infernal semblait attiser. La piété de leurs descendants venait de les rétablir avec plus de magnificence ; et le Mont-Calvaire présentait en ce jour solennel un spectacle dont jamais il n'avait été témoin.

« L'histoire nous a laissé ignorer les suites de cette grande profanation. L'indignation des véritables Gapençais dut être grande si nous en jugeons par l'esprit de résistance qui se manifesta dans la ville pendant la longue série de calamités qu'elle eut à supporter dans la suite. Toutefois, une année entière s'écoula encore dans une morne tranquillité ; la ville termina même avec messire Gabriel de Clermont une vieille querelle relative à la propriété des fours, laquelle se renouvelait à chaque épiscopat depuis l'époque orageuse de l'évêque Othon (1). Mais l'apparition de l'un des plus fameux prédicateurs de l'hérésie vint tout à coup changer l'état des choses... ».

1561. — L'auteur de la *Procession du Saint-Sacrement* continue :

« Le triomphe de la religion catholique sur l'hérésie du XVI° siècle était plus spécialement représenté au moulin de Burle, où allait avoir lieu la quatrième station. Cette chétive masure, située sur la rive de Bonne, près du pont en maçonnerie qui

---

(1) Transaction du 1ᵉʳ février 1561.

sert à franchir ce torrent dévastateur, fut jadis le théâtre où le frénétique Guillaume Farel fit entendre pour la première fois, dans son pays natal, ses blasphèmes contre la présence réelle de N.-S. dans l'eucharistie, l'assomption de sa glorieuse Mère dans le ciel, l'intervention salutaire des Saints auprès du Tout-Puissant, et sa désolante doctrine sur la prédestination au salut et à la perdition, sur la chute du premier homme et la dépravation du genre humain, sur les mérites du Sauveur, applicables seulement, d'après lui, aux péchés des élus, et enfin sur l'état de grâce qui ne peut manquer d'être donné à ces derniers et duquel ils ne sauraient jamais déchoir.

« Vous trouverez sans doute à propos, ami lecteur, que je vous fasse connaître les faits et gestes de ce turbulent hérésiarque, afin d'être à portée de saisir les emblèmes qui figuraient au reposoir du moulin de Burle. A cet effet, suivez-moi sur la montagne de Bayard : plaçons-nous sur les gazons fleuris qui en tapissent le plateau vers le point culminant, au bas duquel le Buzon prend sa source. Maintenant voyez-vous vers le nord-ouest ce groupe de maisons caché à demi par le vert bocage qui l'entoure, et situé sur les confins du territoire de la ville de Gap, au bas de la montagne d'Aiguille, et non loin du col de Glaize où finit celle de Charance ? Apercevez-vous dans ce groupe une maison isolée, un peu plus élevée que les maisons voisines, dont elle est séparée par un verger ? Eh bien ! c'est sous le chaume qui la couvre que naquit, en 1489, non de parents nobles, comme quelques-uns l'ont prétendu, mais de simples *ménagers* [1]), ce Guillaume

---

[1] M. G. de Manteyer semble avoir établi d'une façon définitive la naissance de Guillaume Farel, non au hameau des Fareaux, mais à Gap même, *place St-Étienne*, actuellement place *Jean-Marcellin*, nos 3 ou 4. Mais les ancêtres de Guillaume Farel étaient incontestablement originaires du village des *Fareaux*, qui rappelle leur nom. (*Bull. soc. d'étud. des Htes-Alpes*, 1908, p. 51 et 79-81, note 111).

Farel qui, dès son jeune âge [1509-21], fut régent à Paris au collège du cardinal Lemoine, qui plus tard sema les principes de Luther à Meaux, à Bâle [1524], à Berne, à Montbéliard, à Strasbourg, à Neufchâtel, à Metz, à Morat [1532], à Gorze et principalement à Genève, où il attira le fameux Calvin [1]); qui partout montra un zèle fanatique pour la destruction des images et des monuments élevés par la foi catholique. C'est à Genève surtout qu'il fut trop bien écouté lorsqu'il annonça l'abolition des cérémonies romaines et une prétendue simplicité évangélique qui imposait à la multitude. Le peuple se levait pour l'entendre, alors qu'il portait la parole à Saint-Gervais, à Sainte-Magdeleine ou Saint-Pierre, au son de la grosse cloche. Ses prédications eurent un résultat si puissant que le peuple de Genève se livra aux plus violents excès contre les images des saints et les châsses bénites; les croix, les tabernacles, les statues, les tableaux, tous les monuments des arts ne purent être sauvés de cette rage frénétique, et la grande figure de Charlemagne ne fut pas même épargnée. Enfin, le Sénat déclara que la religion prétendue réformée serait établie dans le canton de Genève et que chacun serait forcé de la professer. Les moines et les religieuses furent expulsés de la ville; et les magistrats, pour leur éviter l'insulte, les accompagnèrent jusque sur les frontières de la Savoie, tandis que Farel leur prêchait sur ce verset de saint Luc: *En ce temps-là, Marie s'en allait en promptitude au milieu des montagnes.*

« Un sinistre présage des maux que la ville de Gap aurait bientôt à souffrir par la rage des hérétiques vint jeter l'épouvante au sein de la cité. Le 29 juillet, jour de Sainte-Marthe de l'an 1561, entre cinq et six heures de l'après-midi, un orage ou plutôt un déluge épouvantable vint fondre sur la montagne de Charance, sur les coteaux qui s'élè-

---

[1]) Cf. G. de Manteyer, *loc. cit.* surtout p. 52 et suiv.

vent à sa base et dans les vallons qui coupent dans toutes les directions la grande vallée de la Luye. Le torrent de *Grosse-Vache*, au couchant de la ville, déborda sur les Sagnières, entraînant les débris de la montagne, dont la terre est encore couverte de nos jours, et où l'on fut contraint, pour la rendre à la culture, de planter ces méchants ceps de vigne qui donnent l'aigre vin blanc de l'Paluel. Dès lors, ce torrent, resté béant dans les flancs de Charance, prit le nom de Malle-Combe. A l'autre extrémité de la montagne, le torrent de Bonne tombe avec fracas de Bayard, roulant des blocs énormes qui, vers le monastère de Saint-André, le font dériver à travers champs, de droite et de gauche. La ville, dont les remparts résistent au choc des quartiers de montagne charriés par le déluge, est presque entièrement inondée, surtout les rues aboutissant à la porte Lignole que l'on n'avait pas eu le temps de fermer. Les maisons, les caves, les boutiques, les écuries voisines, restent remplies de sable au moment où le torrent s'écoule dans la Luye par deux embouchures nouvelles, l'une au pont du Mont-Calvaire, l'autre vers le moulin Borel.

« C'était le dernier jour du mois de juillet, deux jours après cet immense désastre et au milieu de la consternation générale, que l'esprit de ténèbres poussa Farel dans notre ville et qu'il commença à publier ses impies nouveautés au moulin de Burle, où il avait réuni les hugenots, en bien petit nombre encore, si cet édifice si frêle et si exigu pouvait les contenir tous. Il avait atteint alors la 72e année de son âge [1]).

« Bien qu'un espace de près de deux cents ans

---

[1]) Guillaume Farel, fils d'Antoine, notaire de Gap (1470-1520) et d'Anastasie d'Orsière (1470-15...), était né à Gap vers 1490 (Alfred Covelle, *Le livre des bourgeois*. Genève, Jullien, 1857, p. 216, G. de Manteyer, *Bull. soc. d'étud. des Htes-Alpes*, p. 51 et 87. Cf. G. 1557, p. 5, note).

nous sépare de cette époque désastreuse, les prédications de Guillaume Farel et les suites qu'elles eurent ne sont point encore éteintes dans la mémoire des Gapençais ; aussi le peintre s'était-il surpassé dans l'exercice de son art sublime, en représentant dans un vaste tableau la plupart des événements qui signalèrent la vie de notre compatriote. L'autel du reposoir établi au moulin de Burle était adossé à cette usine, dont le mur, dans toute sa largeur, était masqué par l'œuvre de Bruno Blachon.

« D'abord, à la gauche du spectateur, il avait représenté dans un premier compartiment Farel dans son jeune âge, alors qu'il étudiait la théologie, la philosophie et les langues grecque et hébraïque sous maître Jacques Faber, [ou Lefebvre,] d'Étaples, et maître Girard Rouf. On le voyait, en compagnie dudit maître Faber, à genoux devant une image de la bienheureuse vierge Marie, priant dévotement l'un et l'autre et disant leurs heures devant icelle ; car alors, pour nous servir des expressions de notre hérétique, *ils étoient encore en lacqs du pape et tenoient les choses les plus détestables de la papauté, comme est la messe et toute idolâtrie papale*. Ceci se passait ès années 1519 à 1522[1]).

« Dans le second, Farel paraissait entouré de graves personnages, presque tous d'un âge mûr ; c'étaient les pasteurs de Strasbourg Wolgang Capito et Martin Bucer; Zuingle, de Zurich ; Œcalampade, de Bâle, Berthold Haller, de Berne, réformateurs de l'Alsace et de la Suisse allemande, qui, voyant la singulière érudition, *la piété, courage, zèle et suffisance* du Gapençais, et reconnaissant qu'il était bien

---

[1]) Devenu maître ès-arts, Farel s'inscrit en janvier 1517 « sur le rôle des gradués qui ont droit à un bénéfice ecclésiastique. Il obtient une place de régent au collège du cardinal Le Moine » (Herminjard, *Correspondance des Réformateurs*, t. I, p. 178 ; G. de Manteyer, Bull. cité, p. 51 et 81, note 112).

exercé *ès saintes escritures, de bon conseil et d'exécution, ferme comme un rocher à la vérité et d'une vie totalement chrestienne,* lui donnaient la main d'association et l'invitaient à porter leur doctrine dans la Suisse française dont ils ignoraient la langue. C'était vers l'année 1524 que les graves sectaires l'associaient à ce qu'ils appelaient « l'œuvre du Seigneur ». Déjà, à cette époque (que Dieu me pardonne de répéter ainsi les damnables expressions de l'audacieux et téméraire apostat !), *il avait renoncé à ce songe papal du Dieu de paste. Le bon Père de miséricorde à la fin l'avoit retiré d'une si dangereuse idolâtrie et abusion.*

« Le cadre suivant représentait la ville de Montbéliard dans laquelle on célébrait la fête de saint Antoine. C'était le moment où, dans une procession en désordre, Guillaume Farel arrachait des mains de deux prêtres vénérables la châsse du saint ermite pour la jeter dans la rivière. On lisait au bas de cette représentation les mots adressés par notre hérétique au peuple de la ville : *Povres idolâtres, ne lairrez-vous jamais vostre idolâtrie!* Ceci avait lieu en l'année 1527.

« Le quatrième compartiment du tableau avait plutôt l'air de reproduire une mascarade qu'une prédication du Saint-Évangile. Farel y était revêtu d'un surplis semblable à ceux que portent les prêtres catholiques ; c'était le loup sous la peau de l'agneau. Il fuyait à tire d'ailes, suivi d'une grande foule qui semblait le huer et le honnir ; et, dans le lointain, on apercevait la ville de Neufchâtel où, d'abord, il lui avait été donné licence de prêcher ; mais voulant entrer en chaire, il fut connu d'aucuns, malgré un travestissement qu'il croyait pouvoir faire sans idolâtrie. Alors, il fut contraint de quitter la ville et de se réfugier en la bourgade d'Aigle, où il se fit maître d'école, apprenant aux petits enfants à ses propres dépens, et croyant, par ce moyen subtil, de parvenir à y prêcher l'Évangile.

« Ensuite, l'on voyait l'intérieur de l'église du bourg de Tavannes, voisin de Bienne, où Farel avait porté la parole après avoir quitté Aigle et ensuite Morat [1]). Par une bizarrerie assez commune en ces temps où la nouvelle doctrine cherchait à supplanter l'ancienne croyance, un prêtre était encore à l'autel où il célébrait le saint sacrifice de la messe, lorsque notre zélé compatriote se démenait en chaire. Il prêchait avec tant de véhémence et d'efficacité, qu'incontinent le peuple mettait bas les images ; de manière que le *povre prestre qui chantoit sa messe ne la put parachever, mais tout estonné s'enfuit en sa maison, estant encore revestu de ses habits avec lesquels on chante messe.*

« Le peintre n'avait pu faire entrer dans son cadre les nouvelles prédications de Farel dans cette même ville de Neufchâtel, d'où il avait été chassé quelques années auparavant; mais il n'avait eu garde d'omettre le succès qu'il obtint à Valangin, *le jour qu'on appelle Nostre-Dame d'Aougst*, étant accompagné d'un jeune ministre nommé Saunier, né, comme lui, dans la communauté de Gap [2]). Le lieu de sa prédication était, comme à Tavannes, l'église de la paroisse, et, comme en cette bourgade, le prêche avait lieu en même temps que la célébration de la sainte messe. Le jeune Gapençais voyant que le peuple de Valangin reste attaché à son curé, se sent ému d'un faux zèle, et profitant du moment où celui-ci élevait l'hostie consacrée, il s'élance sur lui, arrache de ses mains vénérables le corps de N.-S., et, se tournant vers le peuple, il s'écrie : *Ce n'est pas icy le Dieu qu'il vous faut adorer ; il est là sus au ciel en la majesté du Père, et non entre les mains des prestres, comme vous cuidez et comme ils donnent à entendre.*

[1]) Farel était à Morat en 1532 (A.-L. Herminjard, t. II, p. 405 et suiv.; G. de Manteyer, p. 52 et 83).

[2]) Cf. la lettre d'Antoine Saunier à Farel du 22 sept. 1533 (Herminjard, t. III, p. 82).

« Le Raphaël gapençais, à défaut d'espace, n'avait pu représenter la position critique où se trouva Farel le jour même de la sacrilège action du jeune Saunier. Il s'en retournait à Neufchâtel, en passant par la ville qui porte le même nom que la bourgade qu'il venait de quitter, lorsque tout à coup il est assailli avec son compagnon dans un lieu étroit, près du château de Valangin, par une vingtaine de personnes, hommes, prêtres et femmes, qui les accueillent d'abord à coups de pierres, et les rouent ensuite de coups de bâton. *Alors*, dit l'historien de notre hérétique, *les prestres n'avaient pas les gouttes aux pieds et bras;* aussi s'en fallut-il de peu qu'ils ne perdissent la vie l'un et l'autre. Ils furent enfermés comme prisonniers au château de la dame du lieu, après avoir été conduits dans une petite chapelle, où l'on ne put jamais les faire consentir à se prosterner devant l'image de la Sainte Vierge.

« Le peintre n'avait pas oublié la scène imposante qui eut lieu à Genève quelques jours après l'arrivée de Farel et de son jeune compatriote dans cette ville; il s'y était rendu après avoir perverti toute la Suisse et au retour de l'assemblée de toutes les églises vaudoises qu'il venait de présider dans la vallée d'Angrogne [1]. On voyait donc, dans le septième compartiment, Farel et Saunier devant le conseil épiscopal et le chapitre, ayant à leurs côtés les syndics de la ville Guillaume Hugues et Jean Ballard. La contenance des deux ministres était calme; mais l'agitation des chanoines était vivement représentée. On croyait entendre sortir de la

---

[1] En septembre 1532, « en la bourgade de *Chanforans*, au milieu d'Angrongne,... il y en avoit un qui s'appeloit M. Farel, qui avoit la barbe rouge et un beau cheval blanc, et deux autres en sa compagnie » etc. (Pierre Gilles, *Hist. ecclésiast. des Eglises réformées*. Genève, Jean de Tournes, 1644, p. 40. Emilio Comba, *L'introduction de la Réforme dans les vallées Vaudoises du Piémont*, 1894, p. 7-35). Saunier et Olivétan, cousin de Calvin, y avaient accompagné Farel (Jean Jalla, *Hist. populaire des Vaudois des Alpes*, Torre Pellice, 1904, p. 108).

bouche du grand vicaire ces pressantes interpellations : *Farel, es-tu baptisé ?... Pourquoi troubles-tu toute la terre ?... Qu'es-tu venu faire ici ?... De quelle autorité prêches-tu ?...*

« Et Farel de répondre : *Je suis baptisé au nom du Père, du Fils et du Saint-Esprit. Je ne trouble point la terre ni cette ville ; c'est vous qui avez troublé le monde entier par vos inventions humaines, vos vices et vos dissolutions. Je prêche Jésus-Christ mort pour nos péchés à tous ceux qui viennent m'ouïr. Mon autorité vient de Dieu dont je suis serviteur et non pas des hommes, et je suis prêt à exposer ma foi devant vous et à la maintenir jusqu'à la dernière goutte de mon sang.*

« Le cadre suivant nous montrait la ville de Genève dans la plus grande agitation. Farel et Saunier étaient battus, renversés, foulés aux pieds par une populace en délire, excitée par le chanoine Dom Bergery, qui, sur la plainte de notre ministre d'avoir été condamné à sortir de Genève sous peine de la vie, sans avoir été admis à discuter sa croyance, s'écriait : *Blasphemavit, reus est morte.* — Servez-vous des paroles de Dieu, répliquait Farel, et non de celles de Caïphe. — Et alors de toutes parts : *Frappez, frappez ! au Rhône, au Rhône !*

« La seconde entrée de Guillaume Farel dans la ville de Genève, en 1534, ainsi que ses prédications dans l'église des Cordeliers de Rive, qui, cette fois, obtinrent le plus étonnant succès, avaient échappé au peintre, ou bien ne lui avaient pas présenté un intérêt assez dramatique pour être transportées sur la toile ; mais il avait montré, dans le neuvième compartiment du tableau, l'hérétique gapençais entouré d'un peuple innombrable au-devant de la principale église de Genève, où l'on apercevait çà et là des débris d'autels et de saintes images [1]). Sur

---

[1]) Farel prêcha pour la première fois dans l'église de St-Pierre de Genève, le 8 août 1535 ; les images furent détruites et la messe

une échelle qui atteignait le frontispice de l'église de Saint-Charlemagne, l'on voyait encore notre zélé iconoclaste arrachant avec effort de sa niche la statue du plus grand de nos rois. La figure colossale du saint empereur d'occident chancelait sur son piédestal et menaçait d'écraser la foule qui s'agitait au-devant du portique.

« Enfin la révolution tentée par Farel était consommée à Genève. Notre novateur s'était emparé successivement de toutes les églises; sur ses instances réitérées, le Grand conseil avait décidé le changement de religion. Ce fut son tour alors de citer devant sa personne les prêtres et les moines pour rendre compte de leur opposition. Le 27 août 1535, l'exercice de la religion catholique fut entièreproscrit et les images enlevées de toutes les églises de cette capitale du culte prétendu réformé. Ainsi, de tous les faits et gestes remarquables de notre grand réformateur, l'artiste n'avait plus eu à reproduire que son entrevue avec Jean Calvin, usurpateur d'une partie de la gloire que notre compatriote s'était acquise dans les premiers temps de la réforme, et qui avait porté son nom jusqu'aux extrémités de l'Europe.

« La ville de Genève était reproduite pour la dernière fois dans la dixième division du grand tableau de Bruno Blanchon. Un ministre revêtu, comme le grand nombre de ceux qui le suivaient, du simple ornement qui les distinguait de la foule, allait audevant d'un jeune homme, en habit de voyage, qui s'avançait vers la cité radieuse. L'un était notre Farel, et le second le chef célèbre du grand parti qui agita la France durant de si longues années. A son retour de Ferrare, diverses circonstances l'amenaient, contre sa volonté, dans les murs de Genève; et c'est alors que Farel, tout brûlant de zèle, l'exhor-

abolie (Herminjard, t. III, p. 333; G. de Manteyer, Bull. cité, p. 87).

tait à s'arrêter dans cette ville pour lui prêter l'appui de ses lumières, ce qu'il n'obtint pourtant qu'après avoir fait succéder aux prières les menaces et les imprécations. Voilà donc Jean Calvin professeur de théologie à Genève, où *il a plus fait et plus promptement que personne aie fait, surpassant non pas les autres seulement, mais soy-mesme*, ainsi que Farel l'écrivait au ministre Fabry, après la mort de Calvin qu'il assista dans ses derniers moments.

« Le peintre aurait dû peut-être nous montrer encore Farel assistant, le 27 octobre 1553, au supplice de Servet et l'accompagnant jusqu'au bûcher qui le réduisit en cendres : car il était venu à cette époque de Neuchâtel à Genève, pour soutenir Calvin contre le parti des libertins ; mais l'artiste avait hâte de reproduire les prédications de notre hérétique dans sa ville natale ; ce qu'il avait exécuté d'une manière aussi vraie que bouffonne.

« On voyait dans le onzième compartiment du tableau ce même moulin de Burle aux murs duquel il était attaché ; il paraissait rempli, au rez-de-chaussée et dans la chambre supérieure, d'hommes à figure menaçante, parmi lesquels on remarquait un vieillard à qui un diablotin, tapi dans un coin, faisait un signe d'une main, en montrant de l'autre la jeune femme que Farel avait épousée à l'âge de soixante-neuf ans. L'édifice était entouré de tous les enfants de la ville qui, selon l'expression du docte Juvénis, *allaient ruer des pierres sur le couvert du moulin ;* ce qui donna lieu à de grandes plaintes et à des menaces de sédition de la part des huguenots, si l'on ne contenait ces enfants.

« L'artiste gapençais aurait bien représenté en son tableau Guillaume Farel s'emparant de l'école de l'illustre Honorat Rambaud (1), si cette usurpation audacieuse n'avait rappelé en même temps les

(1) Né à Gap en 15.., il enseignait en 1578 la langue française à Marseille ; il essaya de réformer l'orthographe dans un ouvrage

abus énormes signalés par les hérétiques ; abus qui furent réprouvés par les consuls et le grand conseil de la communauté, et ensuite interdits par un arrêt de la Cour de parlement. Comment montrer aux regards du sévère Caritat de Condorcet, notre évêque, des de l'Isle, des Pina, des Tardieu, des Pascal, des Nas de Romane, des Bondilh, de tous ces austères chanoines de nos jours, les chanoines de cette époque qui, prenant des habits de cavaliers ou de bergers et des masques, s'en allaient, ainsi accoutrés, dans les assemblées de danses, armés de pistolets et autres armes défendues ; qui faisaient mille actions ridicules dans la ville, dansant et folâtrant sur les places publiques et dans toutes les rues, voire jusque dans l'église, où ils interrompaient le service divin par leur bruit et leurs danses sacrilèges! Ces profanations, auxquelles nous refuserions de croire si elles n'étaient attestées par notre véridique chroniqueur et par l'arrêt de 1561, avaient lieu depuis la veille de Noël jusqu'aux Rois inclusivement.

« Le tableau représentait ensuite la ville de Gap du côté du couchant. Une grosse tour élevée près le rempart, entre la porte Saint-Arey et la porte Colombe, annonçait, par les barreaux de fer dont les fenêtres étaient garnies, qu'elle servait de prison. A l'une de ces fenêtres on voyait des barreaux brisés et une corde à laquelle était suspendue une corbeille d'osier renfermant un ministre du saint évangile. Au bas de la tour se montraient divers personnages agités par la crainte et l'espérance. Vous comprenez déjà, cher lecteur, que le peintre avait voulu représenter la fuite de Guillaume Farel des prisons de la ville, où il avait été enfermé par ordre de La Motte-Gondrin, lieutenant général de la province, ainsi qu'on le voit en la lettre par lui

intitulé : *La desclaration des abus que l'on commet en escrivant,* etc. Lyon, 1578, in-8°.

adressée à Nosseigneurs les consuls, le 24 novembre 1561, attendu que le novateur s'était emparé, quelque temps auparavant, de la chapelle de Sainte-Colombe pour y prêcher sa damnable doctrine.

« Enfin, et c'est le mauvais compte, le treizième et dernier compartiment du tableau révélait tout le génie de l'artiste : Satan lui-même y figurait en personne. Un peintre ordinaire n'eût pas manqué de représenter le prince des ténèbres avec de grandes cornes sur la tête, la bouche fendue jusqu'aux oreilles, des mains crochues, des pieds de bouc, des ailes de chauve-souris et une queue recourbée en spirale ; sous de pareils traits, il n'eût pas été fort séduisant et n'eût pu tromper personne. Mais Blachon avait peint le démon sous les traits d'une jeune fille parée de toute la fraîcheur de la jeunesse. Au premier aspect, sa figure paraissait candide et naïve ; un examen plus attentif décelait l'origine infernale du monstre. Sa taille était peu élevée, mais elle était bien prise ; sa bouche, d'un rose tendre, voulait sourire, mais on voyait que ce sourire était faux, méchant et sardonique ; ses yeux petits et scintillants brillaient d'un feu extraordinaire, mais ils ne regardaient pas en face ; ils lançaient des regards obliques et perçants comme ceux de l'épervier qui va fondre sur sa proie, et n'exprimaient que la lubricité et une haine invétérée contre les enfants d'Adam ; son front, ombragé par des cheveux blonds, était beau, mais il annonçait l'archange déchu ; un peu d'attention faisait découvrir, sur ce front élevé, des rides longitudinales qui décelaient un cerveau en perpétuelle incandescence, et la rage intérieure qui dévorait le tentateur alors qu'il ne pouvait nuire au gré de ses désirs. Considérée de ce point de vue, la figure de la jeune personne n'inspirait plus que le dégoût et l'horreur. Sa robe, couleur de soufre, noircie par la fumée des flammes éternelles, était serrée autour d'une taille élégante et au-dessous d'un sein qui paraissait flétri. On croyait voir sous ce vêtement des serpents s'agiter, et l'on apercevait même, sous le voile ondoyant jeté sur les épaules, la tête de l'une de ces vipères qui vont couvrant toute une ville de noirceurs, de mensonges, de médisances et d'atroces calomnies !

« Le démon semblait fuir d'un pas léger vers les ténèbres extérieures, emportant dans une large corbeille les écrits de Farel, dont les titres apparaissaient aux spectateurs de la manière suivante :

« *Le vrai usage de la Croix et de l'abus d'icelle ;*

« *Traité de la parole de Dieu et des traditions humaines ;*

« *De la Sainte Cène ;*

« *Du glaive de l'Esprit ;*

« *Traité du Purgatoire ;*

« *La Confession de l'Église de Genève.*

« Le pasteur calviniste courait après le fantôme infernal pour rattraper ses livres immondes ; mais Satan, qui lui souriait d'un rire à faire reculer d'horreur, semblait l'inviter à le suivre dans le gouffre qui, quelques années plus tard, s'ouvrit réellement sous ses pas dans la ville de Neufchâtel, où il mourut le 13 septembre de l'année 1565.

« Tel était le tableau que notre grand peintre Bruno Blachon, sur la prière et réquisition de Monseigneur de Caritat de Condorcet, avait peint pour être étalé au moulin de Burle, en ce jour solennel...

« Permettez, cher lecteur, que je revienne sur l'avant-dernière scène qu'il y avait représentée, et que je vous montre les suites des prédications de Farel dans son pays natal.

« Notre entraînant réformateur, enhardi par les succès qu'il avait obtenus au moulin et à la maison d'école, dont il s'était emparé le 8 octobre 1561, et peu touché des plaintes et des menaces du corps ecclésiastique et du grand conseil de la communauté, se rendit audacieusement, le 16 novembre de la même année, dans la chapelle de Sainte-Colombe, sur les ruines de laquelle vous voyez maintenant la maison du bailliage. Le lendemain, sa voix redoutable y prêcha ouvertement la fausse doctrine, tantôt expliquant au menu peuple la Bible en français et en son mauvais sens, tantôt s'emportant contre les richesses du clergé catholique, tantôt s'égayant sur les mœurs et sur l'ignorance des prêtres, les réguliers comme les séculiers, tantôt se livrant à des invectives contre le saint sacrifice de la messe et les autres cérémonies de notre religion. Les suites en furent si funestes que nos consuls en informèrent le lieutenant général de la province, et signalèrent cette téméraire infraction à l'édit du Roi qui défendait aux hérétiques, sous peine de la vie, de prêcher dans les églises consacrées à la vraie religion. Quelques jours après, ils reçurent de sa part la lettre suivante :

« Messieurs les consuls, j'ai reçu vostre lettre par
« ce porteur. Ne suis point accoustumé de croire
« sans jugement tout ce que l'on m'escrit ; mais
« puisque Monsieur le vibaly de Gap et vous vous
« accordez à cela que Farel s'est saisi d'une église
« ou chapelle, et qu'il y presche publiquement là-
« dedans ; cela est directement contre l'ordonnance
« et l'édict du Roi qui le défend sous peine de la
« vie. A cette cause, j'écris présentement audict
« sieur vibaly qu'il aie à se saisir de lui et lui faire
« son procès selon iceluy édict, non point comme
« ministre ni pour doctrine qu'il ait preschée, mais
« pour la rebellion et désobéissance par lui com-
« mise ; et là où justice en cet endroit auroit besoin
« de force ou de faveur, je vous ordonne et com-
« mande, pour le service de Sa Majesté, que vous
« assistiez audict vibaly, en lui faisant faire main-
« forte par les manans et habitants de vostre ville
« de Gap, tant et si avant que la force en demeure

DÉBUTS DE LA RÉFORME A GAP. 551

« au Roi et à sa dicte justice. Et à cela je vous prie
« de ne faire faute, sous peine de m'en prendre à
« vos propres personnes. Et sur ce, je me recom-
« mande à vos bonnes grâces.

« De Valence, le vingt-quatriesme jour de novem-
« bre 1561.

« Signé, Motte-Gondrin ».

« Le zèle de nos consuls n'avait nul besoin d'être
excité d'une manière aussi impérieuse, non plus
que celui de la plus grande partie des manants et
habitants à qui la secte nouvelle inspirait alors
beaucoup plus de mépris que de crainte. Le vibailli,
assisté de ses sergents, accompagné de nos magistrats et d'une partie de la milice urbaine, s'empara
de Farel dans cette même église de Sainte-Colombe
qu'il continuait de profaner par l'impureté de sa
doctrine, et le fit enfermer dans une prison qui touchait aux murailles de la ville. Ses partisans parvinrent à l'en tirer dans les premiers mois de l'année
1562, en le plaçant dans une corbeille que l'on fit
glisser le long du rempart. Pendant quelque temps,
il fut obligé de se cacher dans les environs ; mais
les huguenots, s'étant soulevés dans tout le Dauphiné, s'emparèrent de La Motte-Gondrin, qu'ils
pendirent à Valence, aux fenêtres de son hôtel, le
27 avril 1562, et se rendirent maîtres de Gap le 1er du
mois de mai suivant.

« Pouvons-nous rappeler sans gémir profondément qu'alors les hérétiques y trouvèrent une
grande créance parmi le peuple et même parmi le
clergé. Notre turbulent ministre, alors en pleine
liberté, se hâta de rentrer dans la ville pour y chanter le triomphe de sa secte et charger de mille imprécations aussi ridicules qu'inconvenantes son
juge qui était au lit de la mort. Aussi zélé pour la
défense de la religion que pour le maintien des
bonnes mœurs, le vibailli avait été atteint par le pis-

tolet de Jean de Champoléon, en haine d'une prise de corps lancée contre ce gentilhomme hérétique, à cause du ravissement qu'il avait fait d'une pauvre et jeune fille, merveilleusement belle, qui gardait le troupeau de son père dans les pâturages de Prapic.

« Voyez-vous, ami lecteur, ce vieillard parcourant les rues de la ville, le teint animé par un faux zèle, à qui les années n'ont rien fait perdre de l'activité de son esprit, de la force de son corps, et qui paraît toujours doué de cette volonté indomptable qui lui fit jadis surmonter tant d'obstacles pour retirer *des lacqs du pape*, comme il le disait lui-même, ou plutôt pour attirer dans les filets du démon cette foule ignorante, intéressée ou fanatique, qui accourait à ses prédications ?... Le voilà arrivé dans la rue Droite, se dirigeant vers l'église de Sainte-Colombe, suivi d'une foule immense attirée par la nouveauté du spectacle plus que par l'éloquence vive et saisissante du grand réformateur !...

« Mais, au milieu des prédicateurs subalternes qui l'entourent, quel est cet homme de haute stature qui marche tête levée, et sur le visage duquel on voit un peu de honte mêlée à beaucoup de fierté ?... Son front est orné de la mitre épiscopale ; ses épaules sont couvertes de la chape aux franges d'or ; sa main gauche s'appuie sur le bâton pastoral, mais la droite a cessé de bénir le peuple. Farel aurait-il violé le sanctuaire de Notre-Dame comme celui de Sainte-Colombe ? en aurait-il enlevé les ornements pontificaux, pour en revêtir, par dérision, l'un de ses sectateurs ?... Non, c'est le seigneur de Celles lui-même, c'est le fils dégénéré de Bernardin de Clermont, vicomte de Tallard, et le frère d'Antoine de Clermont qui fut naguère lieutenant général de la province de Dauphiné ; en un mot, c'est Gabriel, deuxième du nom, évêque et seigneur de Gap, et de plus, à ce qu'il prétend, comte de Charance ! C'est le seul pontife que, depuis *Demetrius* jusqu'à nos jours, à travers les hérésies d'Arius, des Pétrobusiens et des Vaudois, l'église de Gap ait eu à rejeter de son sein ; le seul qui jamais ait erré dans la foi. Et c'est de Tallard, notre éternelle rivale, que nos ancêtres tenaient ce présent funeste : car, c'est du donjon de l'orgueilleux château aux douze tours que ce prélat s'était lancé sur eux, crossé et mitré comme saint Grégoire d'Amnice au jour de sa fête, alors qu'il est montré aux peuples d'alentour accourus en foule pour le contempler et se guérir de la peur.

« Écoutez, cher lecteur, les lamentations de notre religieux et savant historien Raymond Juvénis, sur cette grande apostasie :

« Gabriel de Clermont, abandonnant son troupeau
« et la foi de ses pères, se révolta malheureuse-
« ment contre sa mère et son épouse tout ensem-
« ble. Et pour insulter davantage cette désolée, il
« alloit lui-mesme, avec les ornements de son
« ordre, ouïr les faux prédicateurs et assistoit à
« leurs assemblées avec ces gages précieux qu'elle
« lui avoit donnés au jour de son mariage ».

« Cependant nos ancêtres forcèrent les huguenots d'abandonner la ville le 24 septembre 1562 [G. 1160 et 1499]. Guillaume Farel la quitta à la même époque. L'évêque apostat le suivit et n'osa plus reparaître dans son diocèse ; il se retira dans sa seigneurie de Celles en Berri, où il fit son séjour ordinaire, *avec sa femme*, le reste de ses jours, continuant néanmoins d'administrer le temporel de l'évêché de Gap par le moyen d'un vicaire et d'autres officiers de cet évêché, jusqu'à ce qu'il eût donné sa démission, mais sous la réserve d'une pension en faveur de Pierre Paparin de Chaumont [1], dont les méchantes langues prétendaient qu'il avait épousé la sœur » [2].

[1] Le 11 novembre 1571 (G. 1244 et 1247).
[2] Gabriel de Clermont vivait encore en 1590 (G. 1262). Il mou-

Il est temps, après une citation aussi démesurément longue, que je reprenne la parole. Au risque de vous ennuyer complètement, je reviendrai encore sur Farel, dont l'histoire a déjà singulièrement grossi les pages de cette lettre.

Une erreur sur son origine a été commise par Chorier d'abord, et ensuite par tous les biographes qui l'ont suivi ou qui se sont copiés les uns les autres. Ils ont prétendu que notre ardent réformateur était issu d'une famille de gentilshommes du Gapençais; mais les Farel, des *Fareaux*, hameau où naquit le plus illustre d'entre eux [1], n'ont jamais montré le désir de nier leur honorable roture: ils ne sont pas plus nobles que les Rostan *des Roustans*, les Basset *des Bassets*, les Bumat *des Bumats*, les Brunet *des Brunets*, les Meyer *des Meyères*, les Robert *de Villar-Robert*, dont les ancêtres allèrent s'établir, à une époque inconnue, sur les divers points du territoire de Gap, auxquels ils imposèrent leurs noms. Au surplus, on trouve expressément, dans le vieux registre tenu jadis au couvent des Capucins de cette ville, que Guillaume Farel était issu des *ménagers* de ce nom qui habitaient alors le hameau des Fareaux, et qui l'habitent encore de nos jours. Voilà donc une preuve historique qui vient à l'appui de cette conjecture.

Je dois relever une seconde erreur, *commise à notre préjudice,* et bien involontairement sans doute, par M. le baron de Ladoucette, ancien préfet de ce département. Il a dit deux fois, dans son ouvrage sur les Hautes-Alpes, que Farel était né dans la commune de Laye. Il suffira de répondre que le hameau des Fareaux, bien que rapproché du territoire de cette dernière commune, ne lui a jamais appartenu, et qu'il a toujours fait partie de la com-

---

rut, ce semble, vers 1592. Louise de Clermont, comtesse de Tonnerre et « duchesse d'Uzais », fut son héritière (G. 1253).

[1] Voyez, ci-dessus, la note de la p. 539.

munauté de Gap ; ce qui pourrait être prouvé par les vieux cadastres de la ville et par une foule d'autres documents anciens et nouveaux, s'il vous restait quelque doute à ce sujet.

Mais il n'y a pas diversité de sentiment sur le caractère violent et irascible de notre réformateur. Un zèle fanatique, que ses partisans ne parvinrent jamais à modérer, le poussa plusieurs fois jusqu'à apostropher dans les rues les prêtres qui portaient le viatique aux malades, à insulter publiquement en chaire les prédicateurs catholiques, à interrompre leurs sermons et à se livrer à toutes sortes de violences ; le tableau de maître Bruno Blachon vous a dit le reste. Farel, sorti de l'unité catholique, subit toutes les conséquences du principe de la réformation ; son esprit tourbillonna dans les variations signalées plus tard par Bossuet. Une dispute sur la Cène le fit chasser de Genève en 1538. Il changea si souvent le symbole de ses croyances qu'il fut accusé tour à tour d'arianisme, de sabellianisme, et de vouloir renouveler les erreurs de Paul de Samosate ; accusations dont il se justifia cependant aux synodes de Lausanne et de Berne. Mais, pour finir par un éloge qui convient aux exaltés religieux et politiques de toutes les époques, Farel fut toujours parfaitement désintéressé, et sa famille resta pauvre sur le plateau de Bayard. On dit, au surplus, que, par une prévention injuste, ceux des membres de cette famille qui, dans la suite, voulurent entrer dans les ordres sacrés en furent repoussés par le clergé de Gap, et que ce n'est qu'au bout d'un siècle que les Farel purent être admis au sacerdoce catholique.

Je laisse à d'autres le soin de signaler les causes qui amenèrent ce grand mouvement social qu'on appelle la réformation [1]), et au milieu duquel nous

---

[1]) Cf. l'article, déjà cité, de M. G. de Manteyer : *Les Farel, les Aloat et les Riquet. Milieu social où naquit la Réforme dans les*

nous trouvons encore après trois siècles de luttes, de controverses et de lassitude. Le libre examen, substitué à l'autorité en matière de foi, a fait naître l'époque critique; je ne sais trop par quelle issue nous en sortirons, nous, courbés sous le joug du doute ou de l'indifférence, pour rentrer dans l'organisme qui doit la suivre et qui constituera le nouvel état normal de la société.

Ce n'est, vous l'avez vu, Monsieur, que bien des années après le cri de Luther, que le plus ardent de ses imitateurs vint le faire retentir dans nos montagnes, avec les modifications que le temps, sa raison ou son caprice y avaient apportées. Dans ma prochaine lettre, j'aurai l'honneur de vous en montrer les suites déplorables, je dis déplorables, mais seulement pour ceux qui en furent les acteurs ou les témoins : car il est écrit aux livres de la perfectibilité indéfinie que l'organisme nouveau est toujours supérieur à l'organisme ancien. C'est ce que je souhaite de tout mon cœur à la génération future, laquelle parviendra, je l'espère, à ressaisir l'unité par le panthéisme, ou par le néo-christianisme, ou mieux encore par l'ancien.

N'est-il pas de mon devoir, avant de terminer cette longue lettre, d'attester l'exactitude des faits rapportés par l'auteur de la *Fête du Saint Sacrement*, et de justifier, autant que faire se pourra, les termes méprisants et même les invectives qu'il s'est permis de lancer contre l'*illustre* Guillaume Farel et ses sectateurs?

En 1744, époque à laquelle écrivait cet auteur inconnu, la mémoire des excès auxquels se livrèrent les protestants dans toute la contrée n'était pas encore éteinte. Les principes philosophiques n'avaient point encore pénétré dans notre petite ville, si éloignée du centre des lumières. De là ces

Alpes (dans *Bull. soc. d'ét. des Htes-Alpes*, 1908, p. 33-89, et tirage à part, avec de nombreux documents inédits).

expressions intolérantes qui se montrent dans sa relation et que, le plus souvent, il n'a fait qu'emprunter à Juvénis, fidèle représentant de la dernière moitié du XVII° siècle ; expressions qui, à juste titre, blessent notre apathie religieuse, et nous font sortir de cette léthargie qui est le dernier symptôme du temps de transition qui sépare l'une de l'autre deux époques organiques.

Lorsque la *Relation de la fête du Saint Sacrement* parvint à ma connaissance, j'éprouvai quelques doutes sur la véracité et l'exactitude des faits qu'elle contient ; je voulus n'en conserver aucun, et, après d'exactes recherches, je parvins à découvrir que rien n'était de l'invention de l'auteur ; tout se trouva justifié, jusqu'aux détails renfermés dans le tableau de Bruno Blachon, dont le nom aussi se trouve mentionné dans divers actes authentiques passés sous l'épiscopat de M. de Condorcet. Dès lors, j'aurais pu couper chaque ligne par des renvois à des notes qui auraient indiqué l'auteur, la page des livres que j'avais consultés, et même la date de l'impression et les caractères dont on s'était servi ; mais, craignant de vous voir éprouver la répugnance que j'éprouve moi-même lorsque de trop fréquentes interruptions viennent me séparer du texte pour me jeter dans les notes, j'ai mieux aimé vous dire, en terminant, que l'auteur de la susdite relation est d'accord avec le docte Juvénis, ce qui coule de source, ensuite avec Chorier en son *Histoire du Dauphiné,* les archives de l'hôtel de ville de Gap, le registre des *Annales des Capucins,* surtout avec une *Vie de feu heureuse mémoire de Mons. Guillaume Farel,* pasteur de l'église de Neufchâtel en Suisse, manuscrit n° 147 de la bibliothèque de Genève, et de plus avec l'excellent mémoire de M. Mignet sur la réformation de Genève, dont à coup sûr notre historien n'avait nulle connaissance.

Si vous me demandez maintenant ce qu'il est advenu du moulin de Burle et de la chapelle de

Sainte-Colombe, témoins l'un et l'autre des prédications de Farel, je vous dirai que la mémorable usine est toujours debout sur le torrent de Bonne, près du pont en maçonnerie de moëllons qui servait à franchir ce torrent, avant l'établissement de la grande route ; qu'elle prit, plus tard, le nom de moulin des Cordeliers, et qu'elle a conservé ce nom, quoique bien des fois elle ait changé de propriétaire (1). Quant à l'église de Sainte-Colombe, après avoir été successivement transformée en temple protestant, en hôtel du bailliage, en palais de justice, c'est aujourd'hui une belle et confortable maison, appartenant à M. Élisée Roubaud, maire de la ville de Gap ; nous aurons occasion de la voir reparaître dans la suite, à trois époques diverses ²).

Gap, le 20 février 1837.

---

(1) Les dimensions de ce moulin vont être doublées par les constructions que l'on exécute en ce moment (juin 1837).

²) D'après une bulle que nous a bien voulu communiquer naguère (25 août 1904) le docteur Wilhelm Wiederhold, le pape Alexandre III, étant au palais de Latran, à Rome, le 26 mai 1166-79, donna au prieur et aux religieux de Ste-Colombe de Gap *(priori et fratribus Sancte Columbe Vapincen.)*, entre autres facultés, celle de pouvoir accorder la sépulture ecclésiastique dans leur église *(ecclesie vestre)* à tous ceux qui voudraient y être enterrés (Annales des Alpes, I, vIII, 1904-1905, p. 87-91). Or, cette *église de Ste-Colombe*, — qu'il ne faut pas confondre avec la chapelle de Ste-Colombe située près de la place actuelle de ce nom, au sud des jardins de la préfecture —, se trouvait sur la place St-Étienne ou place Jean-Marcellin, « au centre même de la ville » de Gap, en face exactement de la maison où Guillaume Farel avait vu le jour (cf. p. 537). C'est là que Farel, en septembre 1561, établit son prêche (Voy. Charronnet, *Les guerres de religion ... dans les Hautes-Alpes*, 1861, p. 20). L'église de Ste-Colombe fut démolie par les Réformés en 1567 *(Bull. soc. d'étud.,* 1886, p. 59). En 1893, on en a retrouvé les substructions considérables (G, t. II, p. 189), et, récemment encore (sept. 1908), lors de la construction de la canalisation des fontaines de Gap, plusieurs tombes qui entouraient l'ancienne église du prieuré de Ste-Colombe, *alias* l'église de St-Étienne, ont été mises à jour, et précisément le long des maisons nᵒˢ 3 et 4, qui, au XVIᵉ siècle, appartenaient à la famille Farel (Cf. Annales des Alpes, t. vIII, p. 87-91).

XXIII° LETTRE.

1515-1563.

ÉVÉNEMENTS REMARQUABLES.

Retour vers l'année 1515. — Privilèges de la ville confirmés par François Ier. — Les poires *glouttes*. — Réunion à Gap d'une partie des gentilshommes du Dauphiné. — Derniers moments de Gabriel *de Sclafanatis*. — Procès entre cet évêque et la ville. — Année 1531. Noms des familles les plus distinguées de cette époque. — Transaction entre la ville et Gabriel de Clermont. — Charance érigé en comté par cet évêque — Transaction et sentence arbitrale entre l'université de l'église cathédrale et la ville. — Procès entre le pontonnier de Saint-Bonnet et les habitants de Gap. — Henri II confirme les privilèges de la ville. — Procès entre la ville et les habitants de Montalquier et de Colombis et entre ces habitants et les chanoines prébendés. — Procès relatif aux cas royaux. — La ville est soumise aux tailles pour la première fois en 1558. — Privilèges confirmés par François II. — 1561. Sédition à l'occasion d'une cotisation municipale. — Dernière transaction entre la ville et Gabriel de Clermont. — Noms des officiers de l'évêque, des consuls et des conseillers municipaux de cette époque. — Procès entre la ville et les médecins. — 1562. Préparatifs de guerre par les consuls de Gap. — Mention du siège de Tallard par les calvinistes.— Exploits du capitaine Furmeyer, de Gap, et de ses compagnons. — Il fait lever le siège de Grenoble. — La Casette, gouverneur de Gap, s'empare de La Mure. — Combat et prise de Romette par Furmeyer, en 1563. — Noms des gentilshommes qui s'étaient joints à ce capitaine. — Causes de leur changement de religion.

Le désir de vous faire connaître les faits et gestes de notre grand réformateur et de vous mettre en face du grand tableau qui les reproduisait (dont, par parenthèse, je n'ai jamais pu trouver le moindre lambeau, malgré les sévères et minutieuses investigations auxquelles je me suis livré depuis la découverte du précieux manuscrit de 1744), ce désir, dis-je, m'a fait glisser sur divers événements survenus dans notre ville pendant l'époque signalée dans ma dernière lettre ; j'ai même passé sous silence des faits historiques que je ne puis me résoudre à laisser dans l'oubli. Permettez-moi donc de revenir en l'année 1575, où le grave Claude Olier alla complimenter le jeune roi de France au village de La Rochette, au nom de tous les ordres de la ville.

1515. — Je ne doute nullement que, dans le discours qui fut adressé à François Ier par notre éloquent vibailli, ce magistrat ne lui témoignât la reconnaissance que durent éprouver les habitants de Gap, lorsque, étant à Lyon au mois de juin, il voulut bien confirmer par des lettres particulières les privilèges et les libertés de la ville (1).

J'ignore si le vainqueur de Marignan fut harangué de nouveau à son retour d'Italie ; peut-être même me contestera-t-on qu'il ait passé par notre ville à cette époque ; mais, en premier lieu, j'ai pour garant la promesse qu'il avait faite à La Rochette. Je vois, d'un autre côté, qu'après le fameux concordat intervenu à Bologne entre lui et le pape Léon X, il rentra en France par le Briançonnais et le Gapençais, et qu'il se rendit en Provence ; de sorte qu'en suivant cette route, il ne put éviter de passer par Gap, puisque le chemin de Tallard par Montgardin, Avançon, Valserres et Lettret, était toujours frappé d'une juste interdiction (2). Enfin, s'il faut en croire une tradition orale, un repas aurait été offert au prince, à son passage à Gap. Il trouva délicieuses les poires

(1) Cassette des Archives de l'hôtel de ville. *Livre rouge,* pages 246-249.
(2) Chorier, *Histoire du Dauphiné,* tome II, livre XV, section 18.

gloutles qui, au dessert, furent servies avec profusion sur sa table. Oubliant dans la suite le nom qu'elles portaient dans le pays, mais se souvenant de l'agréable saveur de ce fruit, il lui donna le nom de *poires de Gap,* que l'on trouve dans les vieux traités d'horticulture, et auquel on a substitué, dans la suite, celui de *cramoisine* ou de *blanquette.*

Mais, ce qui est hors de doute, c'est qu'en l'année 1524, le redoutable ennemi de François Ier ayant manifesté le dessein de porter ses armes en France et de l'attaquer par le Dauphiné, toute la noblesse de cette province se leva spontanément et promit de la défendre par ses propres forces. Antoine de Clermont, premier baron du Dauphiné, fut envoyé à Gap avec une partie de ces braves gentilshommes comme à un poste d'où il pourrait, avec plus de facilité et de promptitude, se porter dans les vallées de la Durance, du Guil ou d'Ubàye, si elles étaient attaquées ; mais le projet de Charles-Quint n'eut aucune suite, car le roi pénétra lui-même en Italie, où, peu de temps après, il perdit tout *fors l'honneur* (1).

Gabriel *de Sclafanatis,* qui avait tant résisté à la réunion de Gap au Dauphiné, siégeait encore dans cette ville en 1525. Il ne voulut pas terminer sa longue carrière sans avoir eu quelques démêlés avec les manants et habitants de sa ville épiscopale, crainte de prescription ; il refusa le paiement de la moitié des dépenses faites par les consuls pour les réparations des portes de la ville, et de fournir aux portiers leur entretien en pain et en vin, selon l'ancien usage. Les querelles de cette espèce n'étaient déjà plus alors soumises au jugement de Dieu ; elles étaient portées devant le parlement de la province. Par arrêt du 23 juin 1525, l'illustre compagnie condamna cet évêque à payer

---

(1) Chorier, *Histoire du Dauphiné,* tome II, livre XVI, section 3.

la moitié des dépenses, et, de plus, il lui fut enjoint de ne pas laisser mourir de faim et de soif les honnêtes portiers de la ville (1).

Gabriel de Clermont (1527-1568).

Le 11 octobre [novembre] de l'année suivante (1526), Gabriel *de Sclafanatis* mourut [en Italie] dans une très profonde vieillesse, et eut pour successeur au siège de Gap ce Gabriel de Clermont, fils de Bernardin et d'Anne de Husson d'Usès, dont je vous ai déjà longuement entretenu (2). Il faut pourtant vous en parler encore, car des différends plus graves que ceux terminés par l'arrêt de 1525 s'élevèrent entre cet évêque et la ville, et donnèrent lieu à une transaction dont les témoins méritent de figurer dans l'histoire... de la ville de Gap ; car leurs descendants, s'il en existe encore, verront avec plaisir leurs noms dans cette lettre, si jamais elle devient publique. Il s'agissait cette fois d'une aumône que les évêques étaient tenus de faire le dimanche et le jeudi de chaque semaine aux pauvres de la ville et de sa banlieue, et, ce qui est bien plus important, des libertés et des privilèges de la ville, que l'évêque et ses officiers s'étaient permis d'enfreindre.

1531. — Or, par une de ces belles matinées d'automne, si communes dans les vallées des Alpes, l'on voyait chevaucher sur le chemin de Gap à La Bâtie-Neuve : messire Claude Olier, le vibailli, les docteurs ès arts et en médecine Jean André *de Flandria* et Bernard de Caseneuve ; Baudon Rostaing, licencié en droit, assesseur et procureur de

---

(1) Archives de l'hôtel de ville, *Livre rouge*, p. 237.
(2) Chorrier, *État politique du Dauphiné*, tome II [Gabriel de Clermont obtint ses bulles pour l'évêché de Gap le 18 février 1527. Il était simple clerc et n'avait que 22 ans. Albanès, *Gallia,* col. 516].

la ville: Lovan [*Lovani*], procureur du roi au bailliage; Jean Fabre, consul moderne; Gratien de Faudon, Gaspar Fabre, Jacques *Reynetti* [Reyvelin], Jacques Gautier, Jean Dupuy, Jean Velin, Jacques Fogasse, François Giraud et Pierre Vernille, tous nommés par la ville de Gap pour la représenter dans le traité qu'il s'agissait de conclure avec le révérendissime Gabriel de Clermont. Les témoins appelés de part et d'autre se rendaient également à La Bâtie-Neuve, en la compagnie des notables Gapençais que je viens de nommer, les uns à pied, les autres sur de vigoureux destriers; c'étaient noble George de Saint-Marcel, conseiller au parlement et seigneur d'Avançon; Jacques Reynier, docteur en droit; le viguier de Tallard, noble François Duplaissis, Gabriel d'Orcière, d'Ancelle, puis un gentillâtre de Saint-Bonnet, nommé Jean de Bonne, coseigneur de Laye, moins connu et moins digne de l'être que le fils que devait lui donner plus tard Françoise de Castellane, son épouse. Venaient ensuite Louis de Baron, du mandement de Malibes, diocèse de Vienne, et frère du seigneur d'Avançon; Jacques Bonardel, Guillaume Salvand et Pierre Guigues. La marche était fermée par maître Antoine *Olphi*[1], notaire apostolique et delphinal, et par maître Pierre Gontard, notaire apostolique et impérial, l'un et l'autre habitants de Gap.

L'évêque les attendait dans son château de La Bâtie-Neuve, où il les avait précédés. Il ne tardèrent pas à s'y rendre, car ils ne s'étaient pas détournés de leur route, bien que le sieur de Bonne les eût invités à aller rendre leurs hommages, en passant, à son Éminence Monseigneur Augustin de

---

[1] Sur cette ancienne famille gapençaise, dont l'un des représentants les plus distingués, Léon Olphe-Galliard a fait naguère don au département des Hautes-Alpes de ses collections ornithologiques, — occasion de la construction du musée de Gap, — voir *Annales des Alpes*, t. VI, 1902-1903, p. 97 et suivantes.

Trivulce, prieur du monastère de Romette, emploi que lui avait procuré le roi Louis XII, comme une marque de sa reconnaissance pour l'attachement que ce cardinal et sa famille lui avaient montré à Milan, où elle occupait un rang distingué (1). Les nobles témoins et les représentants de la ville de Gap furent reçus par le prélat dans la grande salle peinte ; et, après de vives discussions, l'on convint des articles suivants :

1º L'évêque se soumet à faire l'aumône aux pauvres de la ville et de son territoire, le dimanche et le jeudi de chaque semaine, selon les anciens usages et la coutume immémorée ;

2º Défense aux officiers de l'évêque de faire emprisonner aucun habitant de Gap qu'après informations et copie de l'accusation donnée aux consuls, qui auront à examiner s'il ne s'agit pas de quelque cas excepté ;

3º Défense audit seigneur évêque de vendre les greffes ou de les affermer, selon les précédentes transactions ;

4º L'évêque, non plus que ses officiers, ne pourront imposer aucunes charges ni tailles sur les habitants, qui seuls ont le droit d'aviser aux voies et moyens de faire face à leurs dépenses ;

5º Les officiers et officiaux du prélat jureront l'observation des libertés de la ville avant d'entrer en exercice, à peine de nullité de leurs jugements ;

6º L'évêque ne pourra nommer pour ses officiers que des hommes de bonne science et de bonnes mœurs ; et lui-même, il ne s'ingèrera en aucune manière dans l'exercice de la justice, tant spirituelle que temporelle, envers les habitants ;

7º Enfin, les citoyens de Gap ne pourront être détenus pour des crimes légers, mais seulement

---

(1) Chorier, *État ecclésiastique du Dauphiné* [cf. G, t. VI, introduction, p. CLXX].

pour des crimes capitaux qui mériteraient peine corporelle (1).

Ce traité de souverain à souverain était conforme et ne dérogeait nullement aux anciennes transactions, et nous laissait soumis à la juridiction de l'évêque ; mais une innovation que Gabriel de Clermont voulut y introduire excita les plus justes réclamations de la part des députés de la ville. Maître Antoine *Olphi* avait à peine tracé les premières lignes du contrat, que les cris du consul Jean Fabre vinrent tout à coup l'interrompre. Le révérend père en Dieu, messire Gabriel de Clermont, issu des vicomtes de Tallard, voulait faire ajouter à sa qualité de seigneur de Gap celle de *comte de Charance*. Le consul jurait qu'il s'opposait à une semblable usurpation : « Jamais, disait-il, les devanciers de messire Gabriel n'ont pris la qualité de comte ; le fier et terrible Gaucher de Céreste lui-même et tous ses prédécesseurs se sont contentés du titre d'évêque et seigneur de Gap, et n'ont nullement usé du titre ambitieux de comte, qui, pour parler comme le concile, introduit dans l'ordre ecclésiastique *fumosum seculi typum*. Ils furent si modérés qu'ils ne prirent jamais la qualité de prince, que l'empereur Frédéric Ier avait donné, en 1178, à l'évêque Grégoire, pensant qu'ils ne devaient rien ajouter au titre d'évêque, qui, leur communiquant le nom de voyant, doit leur faire connaître la vanité du monde et de ses titres » (2). Les témoins restaient neutres dans le débat ; les députés de la ville soutenaient leur consul ; mais le viguier de Tallard, messire François Duplaissis, ayant fait observer que déjà le prédécesseur immédiat de Monseigneur de Clermont avait pris le titre tant contesté, ainsi qu'il

---

(1) Transaction du 10 octobre 1531. Archives de l'hôtel de ville, sac coté D. *Livre rouge*, pages 198 et suivantes [p. 11-12 de l'*Invent.* imprimé].

(2) Paroles de Juvénis. *Mémoires inédits*.

apparaissait de divers actes de son épiscopat ; que le prélat actuel s'était dit comte de Charance le 30 mai 1528, le jour même où il fit son entrée dans la ville, ainsi qu'il conste du *Livre rouge* déposé aux archives de la maison consulaire, à la page 195, le consul et ses adhérents se virent forcés de consentir à l'insertion du titre de comte de Charance dans le traité qui mit un terme à cette importante querelle, et qui fut homologué par le Parlement le 21 mars de l'année suivante.

Vous parlerai-je maintenant d'un procès porté devant la même cour au sujet des tailles, dont l'université de l'église cathédrale prétendait être exempte en vertu des canons et des indults des papes ? Eh bien ! une seconde transaction du 20 octobre 1531, sous le consulat du même Jean Fabre, de Guillaume Fortune et de Jean Meyer, déclara les canons sans force et les indults sans valeur, soumit les biens de l'université aux charges de la ville, et renouvela les dispositions d'une sentence arbitrale du 19 août 1477, qui permettait à deux ecclésiastiques d'assister aux assemblées de la communauté. Les mêmes députés figurent dans ce traité, ainsi que le conseiller Saint-Marcel, dont les nobles ancêtres soutinrent les droits de la ville en diverses circonstances, et dont les descendants pourront plus tard nous occuper encore (1). Cependant cette transaction ne fit pas cesser la contestation, car, le 22 décembre 1544, une sentence arbitrale entre l'université et les consuls la condamna au paiement de sa quote-part de la contribution dont étaient frappés par la ville tous les biens-fonds enregistrés et cadastrés ; laquelle contribution était destinée à solder les dépenses qui se faisaient *pour la gendarmerie aux dits lieu et terroir de Gap* (2).

(1) Archives de l'hôtel de ville, sac coté D. *Livre rouge*, p. 212 et suiv. [p. 12 de l'*Invent.* imprimé].
(2) Archives de l'hôtel de ville, sac coté D.

Je pourrais bien vous entretenir encore des dernières tentatives qui furent faites en 1534, et auxquelles mit un terme l'arrêt du Conseil du mois d'août de l'année suivante, pour faire déclarer que le bailliage de Gap ressortirait du parlement de Provence; mais il est important de ne point séparer les faits et les actes relatifs à la réunion de cette ville au Dauphiné.

Je ne m'étendrai pas davantage sur un tout petit procès intenté par le pontonnier de Saint-Bonnet aux habitants de Gap, pour les contraindre à payer un droit de péage, et dont une transaction du 29 juin 1545 les déclara exempts; non plus que sur des lettres royales données par Henri II en 1548, et portant confirmation des libertés et privilèges de la ville; ce qui n'empêchait nullement l'inquisiteur Joachim de La Palisse et le vice-inquisiteur Olivier Textor, l'un docteur en théologie, l'autre savant canoniste, d'intenter des procès aux habitants de la contrée pour je ne sais quel objet (1).

Je terminerai la nomenclature de ces petits intérêts par la mention d'un acte de rébellion qu'osèrent se permettre, en 1551, nos vassaux des quartiers de Montalquier et de Colombis. Peut-être se croyaient-ils encore les sujets du Dauphin ou du comte de Provence, à qui, par nécessité, nous les avions cédés en 1271 et en 1282; mais, le 19 juillet de cette même année (1551), ils reconnurent la souveraineté de la ville, dans un acte authentique passé à Grenoble devant Jehan Bernard, notaire de Gap, et promirent de garder et observer ses libertés, et tout ce qui serait ordonné par les conseils généraux et particuliers de la communauté. Antoine Gallabrun et Jehan Eymar-*Colombis* stipulèrent pour les habitants des deux quartiers, et messire Jehan Chalvin, tout à la fois chanoine et consul de Gap,

---

(1) Juvénis, *Mémoires inédits.*

représenta le corps municipal (1). J'ignore si les habitants de Montalquier et de Colombis se soumirent également à l'église, à laquelle ils avaient eu la sacrilège audace de refuser le paiement de la dîme. Une procédure fut dirigée contre eux, à la même époque, de la part de vénérables Hugues de Saint-Marcel, Loys de Rosset et Jacques Thibaut, chanoines de Gap et prébendiers de la dîme des deux hameaux. Jehan Barbier, massier au bailliage de Gap, en fut chargé par le vibailli, escrivant Barthélemy du Mazel, clerc et substitut du greffe dudit bailliage. L'année suivante, il fut encore fait une enquête par Gaspar Queyrel, notaire royal de la même ville, toujours pour le paiement de la dîme aux trois vénérables chanoines susnommés (2) ; et sans doute qu'ils finirent par se libérer avant d'avoir été frappés d'excommunication pour cette violation des lois de l'Église.

L'année 1558 mérite de figurer dans nos annales d'une manière plus particulière. D'abord messire Benoît Olier, fils de Claude et vibailli du Gapençais, comme l'avait été son père, se joignit au procureur du Roi pour intenter un grand procès à l'évêque et aux habitants de Gap, unis cette fois dans la défense, relativement aux cas royaux, que messire Gabriel de Clermont soutenait appartenir à la juridiction de son juge particulier. L'issue en est restée inconnue.

Mais une étrange nouvelle, qui circula dans la ville le 14 août de la même année, y causa une rumeur dont on n'avait pas vu d'exemple depuis l'emprisonnement d'Othon II (3) ; le premier consul venait de recevoir la notification d'une délibération

---

(1) Archives de l'hôtel de ville. *Livre rouge*, p. 267 [p. 14-15 de l'*Invent.* imprimé].

(2) Archives de la préfecture.

(3) Lequel, soit dit en passant, était évêque de Gap et non empereur, comme on l'a imprimé par erreur dans l'*Histoire, antiquités, etc. des Hautes-Alpes*, par M. Ladoucette, p. 373.

prise quelques jours auparavant par les États de la province ; elle soumettait, pour la première fois, les habitants de la ville libre de Gap aux tailles et aux autres charges ordinaires et extraordinaires du Dauphiné ; le rôle en était même dressé. Aussitôt le son lugubre du beffroi se fait entendre ; les soixante membres du grand conseil ou plutôt du sénat de la communauté s'assemblent en la maison consulaire. Tous protestent contre cette insultante innovation, tous invoquent les transactions et les privilèges de la ville, ses coutumes, ses franchises, tant de fois reconnus et confirmés par les papes, les empereurs, les comtes de Forcalquier, les dauphins de Viennois, les évêques de Gap, les rois de France et autres, qui, tour à tour ou simultanément, ont prétendu à la souveraineté de notre ville ; tous écoutent avec attention la lecture de l'antique et vénérable parchemin sur lequel est couché le fameux traité du 7 mai 1378, où le droit d'imposer la communauté est dévolu aux consuls et aux conseillers de la ville, sans qu'aucun potentat civil ou ecclésiastique ait à s'ingérer dans nos finances et à régler notre budget ; leur attention redouble en entendant le secrétaire de la communauté appuyer sur chaque mot des pactes et conventions faits avec le Roi-dauphin le 8 septembre 1511, où il est dit que les habitants de la ville et de son terroir ne seront point soumis aux tailles et fouages delphinaux, et par conséquent de se rendre à l'assemblée des trois ordres de la province qui se tient pour l'imposition des tailles. On tire enfin de la cassette des archives, où elle reposait à côté de la bulle d'or du souverain pontife Pie II, la lettre du roi Louis XI adressée, le 26 février 1448, *à ses très chers et bien-aimés hommes et citoyens de Gap*, pour les prier de lui faire *don et octroi* de deux florins par feu ; ce qui prouvait péremptoirement que nul n'avait le droit de les imposer sans leur libre consentement. Il est donc résolu à l'unanimité de se pourvoir au Roi contre la décision des États de la province ; ce qui apaise quelque peu les bourgeois et le peuple de la cité, espérant que justice leur serait rendue (1). Mais le XVIe siècle était supérieurement progressif dans tous les genres : Sa Majesté passa outre, et dès lors nous fûmes contraints, comme nous le sommes encore aujourd'hui, de contribuer aux charges de l'État, nonobstant les transactions, immunités, privilèges, coutumes et franchises, invoqués par le grand conseil municipal de 1558.

C'était bien la peine, en vérité, de faire confirmer par François II, au mois de janvier de l'année suivante, ces mêmes privilèges, lorsque le plus important venait de nous être enlevé, et de faire ensuite enregistrer au Parlement, le 29 janvier 1561, les lettres du Roi portant cette confirmation (2).

Aussi ne faut-il pas s'étonner si, au mois de juillet de cette dernière année (1561), un grand nombre d'habitants refusèrent le paiement de la cotisation d'un sou par florin, que le conseil de la communauté avait votée, pour solder les dettes de la ville. Les poursuites amenèrent un soulèvement, pour la répression duquel les consuls, sans préjudice des us et coutumes, se virent obligés de se pourvoir à la cour. Le Parlement rendit un arrêt, le 30 juillet, qui permit et autorisa la cotisation ; ce qui était conforme, d'ailleurs, à un règlement du 1er février 1560, dans lequel il avait été reconnu que la ville avait toujours joui du privilège de s'imposer, sans la permission ni l'autorité d'aucun magistrat ; et il accorda commission pour informer contre les perturbateurs et les séditieux (3).

A cette époque, Farel arrivait dans sa ville natale

---

(1) Juvénis, *Mémoires inédits*.
(2) Archives de l'hôtel de ville. Ces lettres sont sous le contre-scel de la bulle d'or.
(3) Archives de l'hôtel de ville, sac coté D. Les pièces attachées à cet arrêt portent que le cadastre de la ville montait alors à 124.929 florins 3 liards et 1 patac (*Mémoires inédits* de M. Rochas, page 103, 1re série).

et entraînait à sa suite, comme nous l'avons vu, ce mauvais pasteur *qui abandonnait son troupeau et la foi de ses pères.*

Chorier prétend qu'en l'année 1559 [1]) Gabriel de Clermont fut dépossédé de son siège pour avoir donné dans les erreurs de Calvin ; qu'il eut pour successeur Étienne d'Estienne, lequel fut reconnu dans sa ville épiscopale, et que jamais il ne voulut donner sa démission en faveur de ce dernier (2). Juvénis a soutenu le contraire, comme nous le verrons dans la suite (3) ; mais ce qui prouve que l'évêque apostat occupait encore le siège de ce diocèse en 1561, c'est une transaction intervenue cette même année *entre les consuls, manans et habitants de Gap, d'une part, et le révérend père en Dieu messire Gabriel de Clermont, évêque et seigneur temporel dudit Gap, d'autre,* relativement aux fours que la ville prétendait lui appartenir *jure dominii et proprietatis,* et qui lui avaient été violemment enlevés par un roi de Sicile, comte de Provence, à qui l'évêque Oddo (Othon II) les avait cédés, mais qui lui furent restitués par Raymond de Mévouillon, successeur de cet évêque. Clermont, qui, cette fois, avait oublié de prendre le titre de comte de Charance, soutenait le contraire, et il finissait par rendre les fours à la ville (4).

L'évêque était d'assez bonne composition, comme on le voit par cette transaction, qui terminait encore d'autres différends et réglait, entre autres, les frais du procès soutenu en commun contre le vibailli

---

[1]) C'est par erreur que Chorier fixe cet événement en 1559, il eut lieu en 1568 (G. t. III, p. xv-xvi).

(2) Chorier, *État politique du Dauphiné,* tome I.

(3) Juvénis. *Mémoires inédits.*

(4) Transaction du 1ᵉʳ février 1561, Archives de la préfecture. — Dans l'exposé des motifs, les consuls se plaignent de ce que les fourriers exigent six deniers tournois par sestier, *et ce néanmoins faut bailler une poignée de paste nommée pompe.* Il paraît qu'alors on nommait *pompe* ce que, depuis, on appela *foissou,* et ce qui aujourd'hui n'a plus de nom, car la chose est disparue avec les fours banaux.

relativement aux cas royaux. Toutes les notabilités de l'époque y figurent. L'évêque est assisté de ses officiers, parmi lesquels on trouve Aymar Gautier, son juge ordinaire, Simon Davin, son juge d'appeaux, et Esprit Girard, son procureur d'office. Les trois consuls, *honorables hommes* Antoine Gaillard, procureur, Nicolas Cappel, marchand, et Étienne Philibert-Caresme, laboureur, sont, de leur côté, assistés des conseillers municipaux ordinaires.

Vous me permettrez, je pense, de citer les noms de ceux dont les familles existent encore dans Gap. D'abord, on voit les sire Jehan de Caseneufve, Nicolas Gautier, Charles Finette, apothicaire, Jehan Davin, chirurgien, et Furmin Rochas, avocat ; vient ensuite un Raymond Juvénis, bis ou trisaïeul de notre historien ; je trouve enfin Jehan et Ariey Blanc, Arnoux Giraud, Jehan-Antoine Gautier, Démètre Combassive et Georges Colomb. Leurs descendants me sauront peut-être quelque gré de leur avoir fait connaître, s'ils l'ignoraient, que leurs ancêtres faisaient partie du sénat électif de la ville de Gap.

Enfin, pour ne rien omettre d'essentiel sur les notabilités gapençaises du milieu du XVIᵉ siècle, je terminerai cette longue nomenclature par un procès que j'aurais dû placer quelques pages plus haut, puisqu'il fut terminé par un arrêt du parlement de Grenoble de l'année 1560. Il paraît qu'à cette époque les docteurs en médecine exigeaient des honoraires trop élevés des malades qu'ils avaient sauvés de la tombe, car il est à présumer que les héritiers des défunts n'auraient pas autant marchandé ; or, la ville obtint de la cour que le vieux Bernard de Caseneufve, ainsi que Bernard *de Flandria,* et Jehan Subé, comme lui docteur ès arts et en médecine, guériraient désormais leurs malades à un taux plus modéré que par le passé (1).

(1) Archives de l'hôtel de ville, coffre de bois côté A.

ÉVÉNEMENTS REMARQUABLES. 573

Maintenant longue suspension d'hostilités entre la ville et ses évêques, car l'une et l'autre des parties ont des intérêts plus graves à soutenir en commun. Les procès ne reprendront leur cours que lorsque le sang répandu dans les guerres civiles aura abondamment coulé dans les champs du Buzon ou sur le coteau de Puymaure.

1562. — Nous en étions restés, je crois, dans ma dernière lettre, au moment où Guillaume Farel et Gabriel de Clermont abandonnaient la ville pour n'y plus reparaître ; c'était vers la fin de l'année 1562, époque à laquelle nos consuls, prévoyant de nouveaux troubles, se préparèrent sérieusement à la guerre. Au mois d'octobre, ils empruntèrent à l'église cathédrale une image de la Madeleine, une statuette de saint Jean et une crosse à quatre pièces, le tout en argent fin et pesant 25 livres. Au mois de décembre, ils empruntèrent encore une Notre-Dame et un bassin d'argent du seigneur de Claret, deux cents écus d'or du seigneur de La Bâtie-Montsaléon, et enfin huit cents écus d'or de je ne sais qui, pour les donner à Georges, gouverneur de Tallard, en vertu d'un traité par lequel ce gouverneur avait promis à la ville son secours contre les rebelles et les factieux, et de nous faire tenir quittes par les consuls et les habitants de Tallard des dommages par eux soufferts à l'occasion du siège qu'ils avaient soutenu, *par amitié pour Gap*, contre les calvinistes, au moment, sans doute, où ceux-ci s'étaient rendus maîtres de cette ville (1). Nos consuls s'imposaient ainsi une tâche qu'il leur serait bien difficile de remplir au moment du remboursement ; mais il s'agissait de défendre la religion de leurs pères, et leur zèle se trouvait au-dessus de leur prévoyance. Si, dans les premiers mois de

(1) Juvénis. *Mémoires inédits.* — Archives de l'hôtel de ville, transaction du 27 avril 1611.

l'année suivante, ces précautions parurent inutiles. cette même année ne s'écoula pas sans que les craintes de nos magistrats ne vinssent à se réaliser. Malheureusement, leurs préparatifs de guerre se trouvèrent insuffisants pour fixer la victoire sous le drapeau de la ville.

Il vous souvient qu'au mois de septembre 1562 les habitants de Gap parvinrent à chasser de leurs murs les protestants, qui s'en étaient emparés le 1er mai précédent. Antoine Rambaud, de cette ville, plus connu sous le nom de capitaine Furmeyer, en fut banni à cette époque, avec quatre cents hommes qui, comme lui, professaient la religion de Farel. Nos aventuriers se dirigèrent du côté de Montélimar, pénétrèrent dans le Vivarais, firent le siège de La Chapelle, y tuèrent Batazu, et revinrent dans cette première ville. Ils se rendirent ensuite à Romans, où Montbrun les attendait et où ils furent attaqués le lendemain par le duc de Nemours, qui déjà avait défait le baron des Adrets ; ils manquèrent d'être tous tués ou faits prisonniers, mais ils parvinrent à s'échapper pendant la nuit. Au point du jour, ils arrivèrent à La Côte-Saint-André. Après s'y être repus à la hâte, ils marchèrent pendant toute la journée dans les bois et dans les montagnes et finirent par rentrer dans Romans (1).

La ville de Grenoble, occupée par les protestants et assiégée par le baron de Sassenage, était sur le point de capituler vers le milieu du mois de novembre, lorsqu'un secours inespéré vint délivrer les assiégés du péril qui les menaçait. C'était le capitaine Furmeyer, qui, à la tête de ses Gapençais, réduits alors à trois cents, suivi de 400 mousquetaires, de 80 cavaliers commandés par Térendel, et de quelques gentilshommes, venait faire lever le siège au péril même de sa vie, car il avait beaucoup

(1) De Thou, livre XXI, IIe volume, page 449.

d'obstacles à surmonter. Le premier qu'il rencontra fut une muraille de pierres sèches établie dans une gorge entre la montagne et l'Isère, dans l'endroit appelé *les Échelles*. Les paysans qui gardaient ce passage faisaient rouler des pierres sur les soldats qui tentaient de le franchir; néanmoins, Furmeyer tente le passage et l'effectue presque sans perte, taille en pièces les villageois et arrive le 15 novembre à Sassenage, où il devait passer le Drac pour se rendre à Grenoble. Le baron de Sassenage en étant informé, y envoie 400 cavaliers avec l'élite de son infanterie. Arrivés sur les bords du Drac, ils se divisent : une partie franchit ce torrent sous la conduite de La Roquette, bâtard de cette maison, pour se tenir en embuscade dans un bois au bord de la rivière et attaquer les gens de Furmeyer, lorsqu'ils seraient parvenus sur l'autre rive, croyant alors pouvoir les tailler en pièces après les avoir enfermés à dos et de front. Mais le courage de notre capitaine rendit ce dessein funeste à ceux qui l'avaient conçu : car ayant aperçu de grand matin l'ennemi, de l'autre côté du Drac, il se disposa à le passer. Il était déjà dans l'eau, lorsque les soldats de l'embuscade se montrèrent inopinément. Furmeyer ne s'épouvante point, et, avec sa présence d'esprit ordinaire, il retourne sur ses pas, les attaque, les bat et les met en fuite, à la vue de leurs gens restés de l'autre côté de la rivière ; ensuite il franchit le Drac avec le même sang-froid et le même courage pour combattre la seconde division, déjà épouvantée de la fuite de la première, et qui, bien que plus forte en nombre, songe plutôt à se sauver qu'à combattre et se disperse de tous côtés. Ainsi fut levé le siège de Grenoble (1).

Je laisse maintenant à mon très honoré ascen-

(1) De Thou, livre XXIII, II° volume, pages 543-544. [Cf. A Prudhomme, *Hist. de Grenoble*, 1888, p. 368-369].

dant (1) le soin de raconter la suite des prouesses du capitaine Furmeyer et de ses vaillants compagnons de fortune. Maître François Barbier, le consul de 1744, est toujours sur le monticule de Saint-Mens et continue de s'adresser au prince de Conti :

« Ces deux groupes de maisons situées sur le penchant de l'amphithéâtre qui, du chemin de Gap à La Bâtie-Neuve, s'étend jusqu'au point culminant de la montagne de Bayard, et que vous apercevez dans la direction de Chaillol-le-Vieil ; cette église rapiécetée placée dans l'intervalle qui les sépare, et qui conserve encore quelques restes d'une belle architecture ; cette maison spacieuse recouverte en ardoises et que l'on nomme *le Château*, parce qu'elle est bâtie sur l'emplacement du château féodal qui jadis élevait ses tours jusqu'à la flèche de l'église gothique, dont elle n'est séparée que par le cimetière ; tout cela forme aujourd'hui le village de Romette. Les murs à moitié détruits, les débris de matériaux qui entourent et encombrent ce village vous annoncent qu'il était autrefois entouré de remparts, comme son nom indique qu'il doit son origine à la puissance romaine, et que, dans son sein, à côté des chaumières qui seules à présent se montrent à vos regards, s'élevaient des édifices somptueux, dont la destruction, commencée au temps des guerres de religion, fut consommée en 1692 par l'armée du duc de Savoie. Alors c'était la petite ville de Romette, qui, vous le voyez, n'est point à trois lieues de Gap, comme l'a dit M. le président de Thou, mais qui en est à peine éloignée d'une petite lieue. Là se trouvait un fameux monastère qui, d'après Chorier, dépendait de l'abbaye de Saint-Victor de Marseille, et, selon Juvénis, de l'abbaye de Cluni. A présent, ce n'est plus qu'un prieuré considérable par ses revenus et par la

(1) François Barbier était le bisaïeul maternel de l'auteur de la présente lettre.

nomination à plusieurs bénéfices, desservi par ces deux religieux, dont l'un est sacristain et l'autre pitancier, que vous avez pu voir figurer hier avec nos ordres monastiques dans la procession du Saint-Sacrement. Les habitants de Romette, jadis dans la dépendance et sous la protection des moines, se livrent aujourd'hui avec succès à la culture de leurs jardins ; ils fournissent les marchés de notre ville de toutes sortes de légumes et surtout d'excellents et gros raiforts, qui semblent ne pouvoir croître et prospérer que dans le terroir de cette communauté, laquelle s'étend de cette grande excavation causée, du côté de Gap, par le torrent du *Buzon*, à cette autre et plus profonde excavation qu'ont produite à la longue les eaux du torrent de *Combe-Noire*, qui le sépare de La Rochette.

« Nous étions parvenus, sans de nouveaux troubles, aux premiers mois de l'année 1563, lorsque le bruit des exploits du capitaine Furmeyer et de ses compagnons d'armes retentit dans notre ville. Tout en blâmant le mauvais emploi que nos bannis faisaient de leur valeur, il n'était pas un Gapençais qui ne s'enorgueillît du courage qu'ils avaient montré dans leurs rencontres avec les catholiques, et surtout au passage du Drac, dont le résultat fut la levée du siège de Grenoble par le comte de Sassenage ; il n'en était pas un non plus qui craignît de les voir se diriger vers leur ville natale, et tourner leurs armes contre leurs concitoyens ; mais alors on ne se battait plus pour la cité, mais pour la nouvelle croyance, que les uns avaient embrassée, et la foi catholique, à laquelle les autres étaient restés fidèles.

« Laborel, gouverneur de Gap, et La Casette, gouverneur de Briançon, aussi cruel dans la guerre que le premier était doux et humain, n'étaient point encore de retour de leur expédition dans les montagnes qui nous séparent du Graisivaudan ; ils venaient de réduire en leur pouvoir la place de La Mure, où ils avaient pris quelques gentilshommes et entre autres Bérenger de Pipet, qui fut passablement rançonné (1) ; mais Laborel avait laissé le valeureux Chaudan pour le remplacer dans Gap.

« Cependant les gaillards qui accompagnaient le capitaine Furmeyer, désireux de revoir la flèche de l'église cathédrale, qu'ils devaient abattre dans la suite, le forcèrent de prendre la route de notre ville. Furmeyer résolut alors de surprendre Romette, honorée comme Tallard de la qualité de petite ville par le respectable président de Thou. Feignant d'avoir été envoyé par Chaudan, il s'approcha des habitants du lieu et les avertit que l'ennemi n'était pas loin. Tandis qu'il leur parlait, ses soldats se saisirent des armes du corps de garde établi près de la porte, tuèrent quelques-uns de ceux qui la défendaient et mirent les autres en fuite. Mangin, qui commandait dans la place, se retire aussitôt dans le clocher de l'église, mais avec peu de monde, et met en branle toutes les cloches pour avertir les habitants de la ville voisine de venir promptement à son secours. Le tocsin fait lever en masse tous ceux qui, dans notre cité, sont en état de porter les armes ; ils courent à Romette par le chemin le plus court, et entourent cette colline étroite que vous apercevez au-dessus du village, et par laquelle Furmeyer menait ses gens, pour les faire entrer dans la place. Tout à coup il se voit presque entouré par la multitude des combattants de Gap ; alors, prenant courage de la nécessité, il se met avec quinze hommes d'élite entre Romette et ceux qui venaient l'attaquer, non dans l'espoir de vaincre, mais pour détourner le péril qui menaçait sa troupe en se sacrifiant lui-même comme un nouveau Décius. Furmeyer, vaillamment secondé par ses

---

(1) De Thou, livre XXIV, IIe volume, page 578.

quinze chevaliers bardés de fer, tombe avec furie au milieu des guerriers gapençais qu'il rencontre dans ce chemin creux qui conduit de Buzon à Romette, renverse d'abord cinquante salades, c'est-à-dire cinquante hommes de guerre qui portaient cette sorte de casque, taille les autres en pièces, et s'étant lassé de tuer, il poursuit les fuyards jusqu'aux portes de la ville ; puis il s'en retourne à Romette, et le château se rend aussitôt par composition. Deux jours après, la milice gapençaise, commandée par ce valeureux cadet de Charance, sieur de Montalquier, qui dans la suite mérita à si juste titre l'animadversion de ses concitoyens, revint à la charge avec le même courage et la même résolution ; mais la fortune ne seconde nullement un si beau zèle ; ils sont repoussés de nouveau par les vingt maîtres que Furmeyer envoie à leur rencontre, et Romette reste au pouvoir du vainqueur jusqu'à l'exécution de l'édit d'Amboise (1).

« Vous désirez connaître, sans doute, le nom de ces quinze gentilshommes qui sauvèrent le capitaine Furmeyer des mains de ses compatriotes : je vous dirai donc avec M. le président de Thou, qui a bien voulu nous les transmettre, parce qu'ils lui ont paru dignes d'être conservés dans l'histoire, que l'on voyait parmi eux : Saint-Germain, Albert et Martin de Champoléon, François de Bonne, seigneur des Diguières, les deux Chapans, Guy de Veynes, David de La Roche, tous braves soldats du pays ; Jean Bontoux, de Corps, Claude de Vallog, et deux de Gap appelés *les Parisiens* (2). Ajouterai-je, avec le vieux Mézeray, historien tout aussi judicieux, mais un peu plus mordant que le président

---

(1) De Thou, livre XXXIV, II° volume, pages 580 et 581. — Videl, *Histoire du connétable de Lesdiguières*, livre I°', chapitre V, pages 19 et 20, édition de Grenoble de 1649. [Cf. Charronnel, *Les guerres de religion*, 1861, p. 39-40].

(2) De Thou, *loco citato*.

de Thou, que tous ces braves gentilshommes, et ceux que dans la suite nous verrons déserter la foi catholique, étaient bien moins choqués des mœurs déréglées et de l'ignorance du clergé qu'ils n'*aboyaient* après ses richesses ? Dans le siècle suivant, la plupart d'entre eux ne revinrent-ils pas au giron de l'Église; et leur chef futur n'échangea-t-il pas sa nouvelle croyance contre l'épée de connétable » ?

Tel fut le commencement de la lutte terrible, longue et sanglante, qui s'engagea entre les catholiques de Gap et les protestants de la contrée, et dans laquelle l'historien de Lesdiguières nous fait toujours succomber. Cependant la vive résistance de nos ancêtres lui arrache parfois des aveux pénibles et des cris d'admiration, que je n'aurai garde de passer sous silence lorsque l'occasion de les mentionner se présentera.

Gap, le 30 mai 1837.

XXIVe LETTRE.

1563-1568.

DÉBUTS DE LESDIGUIÈRES.

Exécution de l'édit d'Amboise. — Règlement entre les catholiques et les protestants de Gap. — Sédition dans cette ville. — Mort du capitaine Furmeyer. — François de Bonne, sieur des Diguières. — Sa naissance. — Il s'empare des biens d'église dans le Champsaur. — Célébration de son mariage. — Embuscade de Laye, où sont défaits deux cents jeunes Gapençais. — Croix blanche des catholiques de Gap. — Elle excite la fureur des protestants. — Ceux-ci dominent dans Gap. — Le bailliage est transféré à Serres. — Description de la petite ville et du château de Tallard. — Histoire abrégée de son saint patron. — Prise de Gap par les huguenots de Tallard. — Ils quittent la ville après l'avoir pillée. — Secours tardifs. — Examen critique de la relation faite par le consul de 1744. — Aliénation du temporel de l'évêché de Gap.

1563. — L'édit d'Amboise du mois de mars 1563, qui, sans doute, ne fut connu dans le Gapençais que postérieurement à la prise de Romette, rendit pour quelque temps la paix à ces contrées. Le baron de Bressieux et le conseiller Lamagne, envoyés à Gap par le maréchal de Villevieille, parvinrent à faire signer aux deux partis, le 16 septembre de la même année, une espèce de transaction, qui, tant bien que mal, fut observée de part et d'autre jusqu'au mois d'août de l'année suivante, époque à laquelle un nouveau règlement vint établir les droits des protestants et ceux des catholiques (1). Je ne

---

(1) Juvénis, *Mémoires inédits.*

saurais m'empêcher d'en reproduire les principales dispositions, car il fait connaître l'esprit du temps, le nombre des officiers municipaux et la forme de nos élections municipales.

Or, le 25 avril de l'année 1564, ceux de la religion catholique et les habitants qui professaient la religion réformée s'assemblèrent en la maison consulaire, pour faire cesser définitivement les troubles causés par la diversité des croyances ; il fut convenu :

1° Que tous les habitants de la communauté, quel que fût le culte auquel ils étaient attachés, se réuniraient, suivant la coutume, le premier dimanche du mois de mai, à l'effet d'élire quatre consuls, *dont deux de la ville et deux forestiers;*

2° Que le premier consul de la ville serait pris parmi les catholiques romains, et le second parmi ceux de la religion prétendue réformée ;

3° Que le premier consul de la banlieue, lequel se trouvait le troisième de la communauté, serait catholique, et le quatrième protestant ; sans que l'un de ces consuls forestiers pût assister sans l'autre aux diverses assemblées.

Le conseil municipal se composait de vingt-six membres, savoir : vingt-quatre laïques et deux ecclésiastiques ; mais l'élection n'en était pas dévolue, comme celle des consuls, à la généralité des habitants ; elle devait être faite, à la manière accoutumée, par les quatre consuls modernes, auxquels se réunissaient les quatre consuls anciens. Il fut convenu en outre qu'il resterait, selon l'usage, douze des anciens conseillers, au nombre desquels seraient les deux ecclésiastiques, et que, parmi les quatorze nouveaux conseillers à élire, quatre devaient appartenir à l'église romaine et dix à l'église réformée (1).

(1) Archives de l'hôtel de ville. *Livre rouge,* page 295 et suiv.

Ce règlement, qui n'était que provisoire et qui fut homologué par le Parlement le 26 avril, démontre qu'en ce moment la grande majorité des habitants de Gap, restée fidèle à l'église romaine, exécutait franchement l'édit de pacification et ne cherchait nullement à abuser de la force pour inquiéter les réformés dans le libre exercice de leur religion et de leurs droits politiques : car, il y est dit que le nombre des catholiques pouvait être de six à sept mille, et celui des calvinistes de deux à trois cents seulement. Indépendamment des raisons qui se montraient à *priori*, car *item, choau vioure* (1), comme dit le vieux Cadastre de Gap, le règlement de 1564 accuse en outre d'erreur les personnes, fort judicieuses d'ailleurs, qui ont élevé à seize mille âmes la population de cette ville avant les guerres de religion, puisque, comme vous venez de le voir, elle ne dépassait pas 7.300 âmes (2).

1565. — Ni la paix assurée par l'édit d'Amboise, singulièrement restreint par celui de Roussillon, ni le traité intervenu entre les catholiques et les protestants de Gap, n'assurèrent pour longtemps la tranquillité de cette ville. Ce ne fut, dans le fait, qu'une trêve de courte durée, car l'année suivante ne s'écoula point sans que de nouvelles brouilleries ne se manifestassent dans le Gapençais. Vous dire

(1) *Item, il faut vivre.*
(2) J'ai lieu de craindre qu'en cet endroit le fidèle *Livre rouge* ne s'écarte de son exactitude accoutumée, et que le copiste du règlement de 1564 n'ait écrit *trois cents* pour *trois mille ;* car si le nombre des protestants n'avait été que de trois cents, il n'est pas vraisemblable qu'ils eussent pu obtenir d'entrer au conseil municipal et au pouvoir exécutif de la communauté en nombre égal à celui des catholiques. Dans cette hypothèse, la population se serait élevée de huit à dix mille âmes. Cependant, je le répète, le *Livre rouge*, à la page 296, porte en toutes lettres, dans une requête présentée au Parlement par les consuls à l'occasion du règlement du mois d'avril, que « le nombre de ceulx de la religion qu'on dist réformée ne pourroyt estre de deux à trois cents, et de ceulx de l'encienne de six à sept mille ». *Signé :* Benoist Gellin, consul.

comment et pour quel motif il s'éleva une sédition dans la ville épiscopale et par qui elle fut suscitée, c'est ce qu'il ne m'a pas été possible de découvrir. En résultat, le capitaine Rambaud-Furmeyer en fut la victime ; il périt dans la ville où il avait pris naissance [1]. Sa maison fut rasée et, de plus, s'il faut en croire Chorier, la peste vint se joindre dans Gap aux horreurs de la guerre civile (2).

Vers ce temps-là, on célébrait des noces magnifiques dans le bourg de St-Bonnet ; mais avant de vous y faire assister et de vous dire comment elles furent troublées, il me paraît nécessaire de revenir à ce Jean de Bonne, témoin du traité de 1531, dans lequel il ne prit d'autre titre que celui de coseigneur de Laye, bien qu'il fût encore seigneur des Diguières, lieu où se montrait l'antique manoir de ses ancêtres, et, en outre, propriétaire du *Pré-la-Grange* et de *La Blache-Chastelle,* aux environs de St-Bonnet, et d'une grande et belle maison à perron féodal, située dans ce bourg, lequel, de tout temps, a été considéré comme la capitale du duché de Champsaur.

C'est dans cette maison que naquit, le 1er avril 1543, François de Bonne, son fils, qui, depuis, fut duc, pair et connétable de France, et le sujet des plus virulentes diatribes comme des éloges les plus outrés, selon les lieux, le temps, les personnes et les croyances. Louis Videl, de Serres, son historien, assure gravement que la naissance du célèbre guerrier fut suivie de deux circonstances extraordinaires qui annonçaient son élévation future. En premier lieu, le bourg de Saint-Bonnet fut, en ce

---

[1] D'après les *Mémoires* de Juvénis (G. 1513), que Gautier n'a pas connus, Furmeyer fut tué aux *Cesaris,* hameau de La Bâtie-Neuve, en 1564 (pour 1565), et, d'après les *Mémoires pour l'advenir* (n° 5), cet événement eut lieu au mois de janvier, tandis que Furmeyer se rendait à Montgardin *(Bull. soc. d'étud.,* 1886, p. 58).

(2) *Histoire de Dauphiné,* livre XVIII, sections 9 et 10.

jour, consumé par les flammes, comme il le fut, de nouveau, le jour de sa mort; ce qui, d'après Videl, le place à côté d'Alexandre le Grand, à la naissance duquel le temple de Diane à Ephèse fut réduit en cendres. Les noms des Érostrates de St-Bonnet ne sont pas venus jusqu'à nous. J'ignore également si les habitants de ce bourg eussent souhaité de voir souvent de grands hommes de cette trempe naître et mourir dans son sein à des conditions pareilles, et si l'incendie de leurs maisons n'annonçait pas plutôt ce guerrier infatigable, au cœur d'airain, qui requérait ses vassaux d'une manière si acerbe lorsqu'il avait des châteaux à édifier, des ponts à élever, des digues à construire, des canaux à creuser ou des chemins à réparer, et qui terminait ses invitations à se rendre à la corvée par ces mots devenus célèbres dans nos contrées : *Venez, si non brûlerez!* La seconde circonstance signalée par son historien fut le pronostic d'un voyageur logé à Saint-Bonnet, chez la sage-femme de Françoise de Castellane, mère de notre héros. « Ma bonne dame, dit-il à l'accoucheuse, si cette dame se fût délivrée un peu plus tard, l'enfant qu'elle a fait aurait un jour été souverain, mais assurez-la pourtant qu'il sera un des plus grands et des plus heureux hommes de son siècle » (1).

Je ne suivrai point François de Bonne, sieur des Diguières, comme on disait alors, ou de Lesdiguières, comme on l'a écrit plus tard, chez les Jésuites d'Avignon qui procédèrent à son éducation, et qui, sous le rapport religieux, répondit si bien à leur attente, non plus que dans les exercices de sa première jeunesse [2]. Je ne vous en par-

(1) *Histoire du connétable de Lesdiguières*, p. 8 et 9, éd. de Grenoble, 1649.

[2] Il n'est pas hors de propos de noter ici un petit fait, fort peu connu : Lesdiguières était d'église; il reçut la tonsure le 28 décembre 1553, à Gap (G. 833, f° 11 v°; *Annales des Alpes*, I, 1897-98, p. 48).

lerai que dans les points de contact qu'il eut avec nos ancêtres et qui, malheureusement pour eux, furent assez fréquents depuis le jour où, à peine âgé de vingt ans, il aida le capitaine Furmeyer à les mettre en déroute sous les murs de Romette, jusques et compris l'exécution de l'édit de Nantes, où il semblait encore dicter des lois à l'évêque, *comte* et seigneur de Gap, réintégré dans ses fonctions épiscopales.

Déjà, à l'époque où nous sommes parvenus, François de Bonne faisait parler de lui dans les montagnes du Dauphiné, où il commandait pour les protestants. Tous les actes de justice se faisaient en son nom et en celui d'Imbert ou Albert de Champoléon, sous le titre de « commandants pour la liberté de conscience et pour la conservation des biens de ceux professant la religion réformée », sans oublier les propriétés de l'évêché de Gap situées dans le Champsaur, dont ils perçurent longtemps les revenus, lesquels devaient être considérables, puisque l'évêque était seigneur de La Fare, de Poligny, du Glaisil et du Noyer (1).

Lesdiguières venait d'épouser Claudine de Bérenger, fille de Georges du Gua, gentilhomme de notre province. Il convoqua ses amis à Saint-Bonnet pour se réjouir avec lui et célébrer les fêtes de son mariage ; il prit en même temps toutes les précautions que lui suggéra sa prudence, pour qu'ils ne fussent pas inquiétés par les ennemis, dans un lieu tout ouvert comme l'était Saint-Bonnet. Les jeunes gens de Gap les plus déterminés, qui sans doute n'avaient pas reçu l'invitation de se rendre à la fête, prirent la résolution de la troubler. Ils partent de nuit, au

---

(1) Juvénis, *Mémoires inédits*. Plusieurs quittances concédées à divers consuls du Champsaur par M. Mathieu Lagier, de La Motte, agissant au nom de Lesdiguières et de Champoléon, prouvent que ces derniers percevaient tous les revenus de l'Église dans les lieux soumis à leur obéissance.

nombre de deux cents, et arrivent sans encombre jusqu'aux limites de la communauté, ne songeant nullement que leur marche pût être retardée, et croyant déjà tenir les pâtés de chamois, les *tomes* fraîches et la soupe de *creusets* que le nouveau marié devait faire servir sur sa table. Mais le rusé gentilhomme, qui avait eu vent de leur entreprise, s'était embusqué dans les taillis qui bordent le ruisseau de Laye. Tout à coup il en sort et tombe à l'improviste sur nos jeunes gourmands, en défait une grande partie, éparpille le reste sur la montagne de Bayard, enlève le butin qu'ils avaient fait en venant, s'en retourne à Saint-Bonnet et apprend à ses conviés l'heureux succès de *sa courvée,* ajoutant qu'à l'avenir Messieurs de Gap seraient sans doute mieux avisés. Cependant, comme il redoutait leurs entreprises audacieuses, il se saisit, quelques jours après, du bourg de Corps, situé à la tête de la vallée du Champsaur, du côté de Grenoble, pour avoir au besoin un lieu de retraite. Ce qu'il y a de déplorable dans la malencontreuse équipée de nos deux cents jeunes gens, c'est que leur défaite fut consommée par cinquante soldats seulement, à ce qu'assure Louis Videl; et je suis forcé de le croire sur parole, car je n'ai trouvé aucun document qui m'autorise à le contredire (1).

1566. — Il paraît que la paix jurée à Moulins, au commencement de l'année 1566, eut du retentissement dans nos contrées, puisqu'en cette année rien n'indique qu'elle ait été troublée. On crut apparemment à la sincérité de la réconciliation des Guise et des Châtillon, et que l'amiral était innocent du meurtre de François de Guise, exécuté par Poltrot. On ignora sans doute que, l'assemblée à peine finie, le duc d'Aumale, frère de l'assassiné, défiait les

(1) *Histoire du connétable de Lesdiguières,* liv. I, chap. VI, pages 22 et suiv.

Coligny à un combat singulier, et que la deuxième guerre civile était imminente. En effet, elle éclata dans tout le royaume vers l'automne de l'année suivante.

Au mois de novembre 1567, Bertrand de Simiane, seigneur de Gordes, lieutenant général de la province de Dauphiné, avait ordonné aux catholiques de porter, comme au temps des croisades, une croix blanche sur leurs habits, pour se distinguer des huguenots. Cette mesure imprudente ne servit qu'à augmenter la haine des deux partis. Durant cette seconde prise d'armes, qui dura jusqu'au printemps de 1568, les calvinistes de Gap, en vrais disciples de Farel, montrèrent une audace peu commune ; ils couraient sus aux catholiques qui paraissaient dans la ville avec leur croix blanche, en criant : *A bas les idolâtres !* Mais Vinay ayant été envoyé en cette ville pour y commander, modéra quelque peu par sa sagesse cette ardente frénésie (2).

Les réformés étant devenus les plus forts dans Gap, en l'année 1568, portèrent la terreur dans tous les environs ; ils publiaient qu'ils voulaient seulement se mettre à couvert des desseins de leurs ennemis et qu'ils ne songeaient point à enfreindre le second édit de pacification. Rosset, que nous retrouverons plus tard, se rendit en toute hâte dans la ville, mais il y trouva peu d'esprits disposés à goûter à ses exhortations, et le vibailli fut obligé de se retirer à Serres, où le siège de sa juridiction fut momentanément rétabli par les ordres du lieutenant général. « La justice, dit Chorier, de qui j'emprunte ces faits, est en opprobre aux séditieux qu'elle menace, et dans son impuissance elle ne laisse pas de les faire trembler. Jusques-là, effectivement, les huguenots s'en tinrent à la défensive ;

---

(2) Chorier, *Histoire de Dauphiné*, liv. XVIII, sect. 18.

ce ne fut que désobéissance et non rébellion ouverte » (1).

J'ai lu quelque part que, l'année précédente 1567, la ville de Gap avait été prise par les troupes de Montbrun. Ne se serait-on pas mépris sur le temps et sur la personne ? J'ai tout lieu de croire qu'elle ne fut réellement occupée et pillée par les protestants qu'en l'année 1568 [2]). J'hésite à vous raconter l'inconcevable humiliation que nos ancêtres eurent à subir à cette époque. La postérité n'aurait eu garde d'y ajouter foi, si elle n'avait eu d'autre garant que la parole de Louis Videl ; mais notre honte est malheureusement écrite dans une histoire que nous devons croire impartiale.

Il ne s'agit de rien moins que de la prise de Gap par les Tallardiers !!!

Si vous doutez de l'authenticité de la relation qui va suivre, cherchez-en la preuve au livre IV de l'*Histoire des troubles* depuis 1563, et vous l'y trouverez. Pour moi, je n'aurais pas eu la force de reproduire cet étonnant fait d'armes, si je n'en avais trouvé les détails dans le manuscrit de la *Fête du Saint Sacrement*. Voici les termes dans lesquels le premier consul de 1744 en parle au prince de Conti (3) :

(1) Chorier. *Histoire de Dauphiné*, livre XVIII, sect. 18 et 19. — Il semble que c'est plutôt la justice qui trembla, puisqu'elle fut obligée de céder la place aux séditieux.

[2]) Jean Buysson, secrétaire de l'université de l'église de Gap, après avoir fait le récit de l'assemblée du « samedy 27ᵉ septembre 1567 », ajoute aussitôt après : « Je fus mis en prison par les Huguenaulx le 1ᵉʳ octobre 1567 » (G. 1628). Suivant les *Mémoires pour l'advenir* (n° 6), la cathédrale et les églises de Gap furent ruinées en 1567 (*Bul. soc. d'étud. des Htes Alpes*, 1886, p. 59. Cf. G. 1331).

(3) Une crainte plus sérieuse que celle qui vient d'être exprimée m'a réellement fait hésiter à reproduire le dédain, l'ironie et le sarcasme dont le récit du consul de Gap se trouve entaché. Je serais désespéré si les habitants de Tallard, pour lesquels j'ai toujours montré une haute estime et un véritable attachement, éprouvaient la peine la plus légère en lisant ce récit, et y voyaient

« En cet endroit de son récit, M⁰ Barbier s'arrêta tout à coup ; puis, se rapprochant du prince et regardant, à droite et à gauche, si aucune figure tallardière ne se montrait sur la sommité de Saint-Meins, il lui dit à voix basse :

« Ce vallon, couronné d'un côté par le vignoble de la Tour-Ronde, de l'autre par les taillis de Cristaye, et qui s'allonge au midi de la ville, vous conduit en droite ligne dans le territoire qui, jadis, formait la communauté de Tallard-le-Vieux et qui, à présent, porte le nom de Château-Vieux. Après une course d'une heure et demie à travers des chemins rocailleux, coupés à chaque pas par des ravins, vous arrivez à la cime d'un rocher que l'on nomme toujours Ville-Vieille, et vous vous trouvez au milieu des ruines d'un château, qui, au temps dont nous parlons, fut incendié par les hérétiques, car c'était l'un de ceux que possédaient nos évêques. De ce point élevé qui domine le bassin de la Durance, abaissez vos regards jusqu'aux bords de cette rivière, et vous voyez à vos pieds quelque chose qui ressemble à une ville. De vieux remparts flanqués de quelques vieilles tours renferment en cet endroit deux ou trois cents cabanes que, de cette distance, vous prendriez encore pour des maisons. Eh bien ! cette bicoque, c'est Tallard ! Tallard, la capitale de l'ancienne vicomté de ce nom ! Tallard, érigé en duché-

---

autre chose que la représentation fidèle de la jalousie réciproque qui, dans un temps si éloigné de la génération actuelle, animait le peuple et les bourgeois des deux cités rivales. Ce n'est plus aujourd'hui qu'un fait historique et une mauvaise plaisanterie sans portée, car la prééminence de saint Arnoux sur saint Grégoire, ou de saint Grégoire sur saint Arnoux, n'est plus mise en question dans ce siècle d'égalité ; ils ont, l'un et l'autre, les mêmes droits à nos respects et à notre vénération. Du reste, en véritable enfant de la vicomté, j'ai tâché d'atténuer le dénigrement de M⁰ Barbier dans la dernière partie de cette lettre, en présentant sous leur véritable aspect Tallard, son château et sa riante campagne, et la ville de Gap, telle qu'elle se montrait vers le milieu du XVIIIᵉ siècle.

pairie vers le commencement de ce siècle ! Tallard, qui à cause de son château démantelé comme ceux de notre évêque, de son juge qui, comme celui de notre ville, ressortit directement du parlement de Grenoble, de saint Grégoire, son patron, qu'elle a l'audace d'opposer au grand saint Arey et même au glorieux saint Arnoux, a osé jadis rivaliser avec nous, et qui montre encore aujourd'hui la ridicule prétention de marcher notre égale, depuis surtout que notre antique et vénérable cité a été ruinée de fond en comble par le duc de Savoie !

« Savez-vous ce que c'est que son château, son juge et son saint ?

« Les tours du grand édifice portant vers le ciel leurs têtes orgueilleuses, attestent que les habitants de Tallard étaient tenus en servitude, alors que les citoyens de Gap raffermissaient leurs libertés et conquéraient des privilèges par des combats glorieux et sans cesse renouvelés. Ce château si vénéré à vingt lieues à la ronde, qui comptait autant de marches dans ses tortueux escaliers que l'année compte d'heures, autant de fenêtres qu'elle compte de jours, autant de portes qu'elle compte de semaines, autant de tours qu'elle compte de mois, fut mis dans l'état délabré où nous le voyons aujourd'hui le 11 septembre 1692 ; il fut brûlé vif à cette époque par Victor-Amédée, duc de Savoie, en représailles de quelques fredaines que Camille d'Hostun, maréchal de Tallard, s'était permises dans le Palatinat. Pour rehausser ce grand holocauste, les Piémontais allumèrent en même temps les bourgs de Chorges et de Veynes, ainsi que l'antique et trop malheureuse capitale des Tricoloriens, l'éternelle et impuissante rivale de Tallard, la ville épiscopale de Gap en un mot, qui ne s'est pas relevée encore de la ruine totale qu'elle éprouva en ce jour néfaste. Oh ! *que du firmament les écluses ouvertes* seraient venues alors nous inonder à propos !

« Son juge, à la vérité, pourrait marcher à côté du nôtre, puisqu'il jouit des mêmes prérogatives, si, parfois, il n'avait la distraction de casser les arrêts de la cour souveraine.

« Quant au saint patron, M. le premier consul de la ville de Tallard, qui ne marche jamais sans avoir dans sa poche le chaperon de velours cramoisi, marque de sa haute dignité, dont un bout est toujours laissé dehors comme par distraction, M. le consul de Tallard vous dira que de tous les saints du paradis nul ne peut être égalé à saint Grégoire, né dans le IVe siècle sur les bords de l'Euphrate, dans la ville d'Amnice, en Arménie, dont ensuite il fut évêque. Il vous apprendra que l'illustre patron de son illustre ville, après avoir converti l'Inde entière et ressuscité le fils d'un roi idolâtre, fit un voyage à Jérusalem avec une demi-douzaine de princes, à qui il avait fait connaître les grandeurs de Dieu, et qu'il vint ensuite en France visiter le tombeau de saint Martin de Tours. Il vous apprendra comment, à son retour, saint Grégoire s'arrêta à Tallard, où il trouva l'évêque de Gap et une foule d'autres évêques ou d'abbés qui s'y étaient rendus pour faire la dédicace de l'église du lieu et la sacrer ; comment, enchanté de la beauté du site, le grand saint y fixa sa demeure et y mourut d'une attaque d'apoplexie, le 21 septembre de l'an 404, jour auquel on promène ses reliques dans les rues de la ville ; lesquelles reliques guérissent de la peur les femmes et les enfants qui ont le bonheur de passer en courant sous la vénérable châsse qui les renferme, alors qu'elle est portée par quatre pénitents blancs, pourvu qu'auparavant ils aient déposé leur offrande en blé ou en avoine dans les greniers du saint ; comment les susdites reliques furent sauvées du feu allumé par les hérétiques au temps des guerres de religion : *car Dieu, voulant faire éclater sa puissance dans une si fatale conjoncture, arma l'air* d'éclairs, de tonnerres grondants et craquetants de toutes parts, qui causèrent un effroi non pareil à ces misérables supposts de l'enfer qui exerçoient leur insolence avec tant d'impiété ; — miracle éclatant qu'ils ont fait célébrer en vers et en prose par un poète d'emprunt, qui, dans un sonnet riche de rimes, suivi de quatrains, de sixains et d'octaves, embouche la trompette héroïque et fait entendre en débutant les sons moelleux qui vont chatouiller vos oreilles :

« Heureux, cent fois heureux, cent fois digne d'envie,
Tallard ! de posséder le trésor précieux
Qu'un surprenant miracle a fait voir à tes yeux,
Et qui t'est consacré tout le temps de ta vie !

« C'est l'illustre prélat, dont la mort fut suivie,
Au milieu de ton sein, d'un sort prodigieux,
Lorsque l'impiété, frondant contre les cieux,
Exerça contre lui sa cruelle manie.

« Au milieu d'une place, ô funeste mémoire !
Les supposts de Calvin s'en prennent à Grégoire,
Ravissant comme loups ces riches monuments.
Sur un ardent bûcher, dans un feu sacrilège,
Comme s'il eust esté atteint de sortilège,
Crurent de consommer ses sacrez ossements.

« Le grand Dieu qui forma le ciel, la terre et l'onde,
Qui seul conserve l'être à tous les animaux,
Qui préside dans l'air, comme il fait sur les eaux,
Et qui gouverne enfin toute la masse ronde,

« Fait voir que les desseins qu'on forme dans le monde,
Pour y troubler les gens et procurer leurs maux,
Sont *des* faibles projets ou *des* petits ruisseaux
Qui ne peuvent s'enfler que lorsque le ciel gronde.

« Car lorsque ces méchants, ces pervers, ces infâmes,
Exposèrent ses os à la merci des flammes,
Le ciel par mille éclairs leur fit voir son courroux,
Cent tonnerres grondants, suivis de coups de foudre,
Les alloient menaçant de les réduire en poudre ;
Cet horrible fracas les épouvanta tous.

« On vit du firmament les écluses ouvertes,
Une soudaine pluye inonder tout le lieu ;
Et dans très peu de temps, par l'ordre du Grand Dieu,
Les rues de Tallard demeurèrent désertes :

Les reliques du saint parurent découvertes ;
L'abondance de l'eau éteignit ce grand feu ;
La rage du démon ne fut qu'un faible jeu,
Et sembloit que le Ciel les eust tenu couvertes.

« Une femme dévote, en voyant ce spectacle,
Adorant dans son cœur l'auteur de ce miracle,
Enlève du bûcher ces restes précieux :
Et comme chacun voit que le Ciel l'autorise,
On la suit pas à pas jusques dedans l'église,
Admirant d'une femme un zèle si pieux ».

« Le magistrat municipal de Tallard vous dira encore comment, ès années 1629 et 1630, la peste, qui désolait nos contrées, épargna leur petite ville protégée par son grand patron, tandis que les victimes de ce fléau tombaient par milliers dans la cité voisine. O Louis le Juste et vous, Monsieur le Cardinal, qui ne saviez où vous loger dans Gap pour en éviter les atteintes, que ne couriez-vous à Tallard, vous mettre sous la protection du grand Grégoire, *comme le firent un grand nombre de personnes qui, au lieu d'infecter la petite ville, y eurent une entière et parfaite guérison par l'intervention de cet illustre prélat !* Il vous dira comment les saintes reliques guérirent un autre premier consul de Tallard qui s'était laissé tomber de sa grange, et qui s'était brisé les os, nonobstant le chaperon municipal dont il était pourvu en ce moment ; comment, enfin, elles opérèrent grand nombre d'autres merveilles, alors que Notre-Dame d'Embrun restait muette, qu'une puissance rivale apparoissait sur les bords de la Vance, et que, des contrées environnantes, on commençait à courir en foule à Notre-Dame du Laus, afin d'y obtenir les faveurs du Ciel par l'intercession d'une simple bergère, toujours vénérée sous le nom de Benoîte Rencurel (1).

(1) *Abrégé de la vie du bienheureux saint Grégoire, évêque d'Amnice, en Arménie, patron de Tallard*, par le sieur Dupille, docteur en théologie, Grenoble, 1680. — J'apprends qu'en ce moment on imprime à Gap, chez J. Allier, une nouvelle histoire

« Quel était cet évêque de Gap, flanqué de tant de prélats et de tant d'abbés, qui, en l'année 402, allait sacrer l'église de Tallard en présence de saint Grégoire d'Amnice ? Mon esprit flotte entre les saints martyrs Tigide, Remedius, Eredius, Fredius, et Territus, qui, à cette époque, ont pu occuper le siège du diocèse. Mais l'histoire du patron de Tallard est-elle bien authentique? Ni le martyrologe romain, ni les hagiographes que j'ai pu consulter n'ont pu me l'apprendre. Je ne saurais vous dire non plus quelles furent les mains sacrilèges qui allumèrent le feu destiné à réduire en cendres les ossements du saint évêque d'Amnice, ni à quelle époque ils furent ainsi profanés. Peut-être faut-il se reporter à l'année 1561, où le plus fameux destructeur de reliques des temps modernes, le célèbre Guillaume Farel, qui, de plus, portait dans son cœur le venin gapençais, vint prêcher l'hérésie dans sa ville natale.

« Or, pour revenir à notre histoire, les habitants de Tallard s'aperçurent un jour que l'illustre cité renfermait dans son sein des sectateurs des idées nouvelles. Comme chez nous, les vrais fidèles s'y trouvaient en majorité, que font-ils ? Les bourgeois et les vignerons vont prendre des piques et des hallebardes au château de leur suzerain, le vicomte de Clermont, qui pourtant n'était pas très catholique ; mais, en son absence, et protégés par le gouverneur de la citadelle, ils purent agir en maîtres. Ils entrent ensuite dans les maisons des hérétiques, prennent les hommes, les femmes et

de saint Grégoire de Tallard, laquelle n'est peut-être qu'un abrégé de l'abrégé du s^r Dupille ; mais les vers héroïques et ronflants transcrits ci-dessus n'y sont pas reproduits. On imprime également chez M. Allier une nouvelle édition de la *Tullardiade*, augmentée de deux chants. Ce charmant poème, plus que l'illustre patron, portera le nom de Tallard jusqu'au prochain et quatrième cataclysme, et même au-delà, si quelque juste, quelque nouveau Noë, échappe à la catastrophe universelle (août 1837).

les enfants qui avaient déserté la bannière de saint Grégoire, les mettent hors du bourg et leur ferment la porte au nez. On fit alors des réjouissances publiques, à cause de l'extirpation de l'hérésie du sein de la fidèle cité ; on dansa pendant huit jours dans la *garenne* et sur l'esplanade, on dédaigna l'eau bienfaisante du *puits sans fond* et de la *pouseraque*, pour boire à longs traits et sans mélange le vin pétillant de Tresbaudon et de Ville-Vieille ; tous les soirs les fenêtres de la ville étaient illuminées avec des branches de pin tirées du bois de Venterol, et le gouverneur du château donnait le signal de la retraite par vingt décharges de sa petite artillerie, auxquelles la population enthousiasmée répondait par ce cri mille fois répété : *Vivo sant Gargori !*

« Les huguenots expulsés de Tallard errèrent pendant quelques temps dans l'étendue de l'évêché de Gap, sans savoir où planter la crémaillère ; mais, en l'année 1568, ils apprirent malheureusement que le prince de Condé avait levé l'étendard de la révolte. Alors ils s'adjoignirent des Provençaux, hérétiques comme eux et comme eux chassés de leurs foyers, et tous ensemble ils vinrent se présenter en bataille dans les prairies de Camargues, qui vous apparaissent verdoyantes sous le coteau de Puymaure. Nos consuls se disposaient sans doute à punir cette bravade ; mais, sans leur donner le temps de respirer, les huguenots entourent la ville, escaladent les remparts et pénètrent dans la place, où ils égorgent impitoyablement près de cent catholiques qu'ils trouvent en armes *sous l'enclos des murailles* (1).

« O honte ineffaçable !!! Où étiez-vous donc, vous redoutable Suisse, vous valeureux Étienne Comte, et vous surtout, bouillant chanoine La Palu, pour laisser ainsi assommer vos frères d'armes par des huguenots... de Tallard ! Quelle terreur panique

---

(1) Juvénis, *Mémoires inédits.*

s'était emparée de vos esprits ! Aviez-vous oublié que les Démètre, les Arigius, les Arnoux de Vendôme et tous nos grands pontifes étaient là pour vous protéger ! Ne saviez-vous pas que ces hérétiques avaient cessé d'invoquer non-seulement le patron de leur capitale, mais encore Notre-Dame de Neffes, saint Pierre de Lardier, saint Jean de La Saulce, saint Sévère de Pelleautier, et les autres saints de la vicomté ? Mais non, vous ne restâtes pas enfermés en vos logis durant cette fatale journée. Vous étiez sans doute sortis de la ville avec le sire de Rosset, votre gouverneur, pour l'aider à installer le vibailli dans le nouveau ou plutôt dans l'ancien bailliage de Serres !

« Cependant, le 10 novembre de la même année, Messieurs les huguenots de Tallard et leurs auxiliaires de Provence abandonnèrent en troupe la ville de Gap, après s'être saisis de tous les biens des catholiques, les fruits comme les meubles, et laissant les maisons tellement vides qu'il n'en restait aucune de logeable ; ils prirent le chemin de Veynes et séjournèrent dans ce bourg jusqu'au 12 ; ensuite, ils en partirent pour se rendre à Die.

« Les habitants de Gap apprirent, le 13 novembre, que de Gordes venait à leur secours avec sept compagnies d'infanterie. Il était bien temps, vraiment ! Aussi les consuls envoyèrent-ils des émissaires au-devant du lieutenant général pour le prier de s'en retourner, puisque la ville avait été abandonnée par les hérétiques, et que, d'ailleurs, elle ne présentait plus que ruine et désolation ; que, s'il doutait de notre situation malheureuse, il vînt lui seul pour s'en assurer, car ses soldats n'auraient fait qu'accroître l'extrême misère des habitants.

« Ce jour même, les consuls et le conseil de la ville écrivirent à messire Étienne d'Estienne, nommé par le Roi évêque de Gap, ainsi qu'au vibailli, pour les inviter à se rendre dans cette ville, afin de remédier, s'il était possible, au désordre et à la désolation qui s'y montraient. L'évêque répondit, le 10 décembre, qu'il lui était impossible de se rendre à Gap dans ce moment, mais que, dans sa sollicitude pour le troupeau qui allait lui être confié, il avait invité le comte de Tende, gouverneur de Provence, à nous secourir et nous délivrer de la servitude sous laquelle nous gémissions, aussitôt qu'il avait appris que les hérétiques s'étaient emparés non seulement de sa ville épiscopale, mais encore de Tallard et de quelques autres lieux circonvoisins. Enfin, M. de Rosset, gouverneur de la ville, y arriva quelques jours après et remit les anciens officiers dans leurs charges, ainsi que le Parlement l'avait ordonné (1), et jamais, depuis cette funeste époque, nul Tallardier, de quelque religion qu'il fût, calviniste ou luthérien, catholique ou socinien, n'a fait le maître dans Gap! »

Voilà, Monsieur, l'histoire de l'occupation de cette ville par les hérétiques de Tallard, telle que le consul de 1744 la raconta à Louis-François de Bourbon.

Mais, avant de continuer la relation de nos sanglants démêlés avec François de Bonne et de vous montrer les nouvelles calamités qui en furent la suite, l'impartialité et la conscience de l'historien me portent à vous mettre en garde contre le dénigrement et le sarcasme que maître Barbier s'est complu à déverser sur nos estimables voisins. Ne devait-il pas se souvenir, le digne consul, que la légende de saint Arey, plus que les miracles dus à l'intercession de saint Grégoire, pouvait fournir un sujet à la raillerie des habitants de Tallard, si leur respect pour la tradition et leur vénération pour l'un de nos plus grands pontifes n'avaient retenu une juste récrimination. Si, dans la dernière moitié du XVIII° siècle, un savant évêque de Gap, Pierre-

---

(1(Juvénis. *Mémoires inédits.*

Annet de Pérouse, abandonnant une tradition respectable et cédant trop au rationalisme de son temps, voulut rayer du catalogue des saints l'illustre patron de Tallard, ne fit-il pas tomber dans la même disgrâce les Demetrius, les Tigide, les Remedius, les Fredius, les Terrilus et les Constance, ses saints prédécesseurs ? Put-on jamais réhabiliter ces vénérables fondateurs de l'église de Gap et les faire de nouveau figurer dans la liturgie de cette église, comme les habitants de Tallard l'obtinrent pour saint Grégoire du pape Clément XIII ? La bulle du 5 septembre 1768 ne l'a-t-elle pas réintégré dans ses droits, ses honneurs et ses prérogatives ?

Les vénérables restes de l'antique manoir élevé sur le roc de Tallard, bien qu'inférieur par sa position au château de Tallard-le-Vieux, possédé par nos évêques, ont toujours excité l'admiration des amis des arts et porté à la rêverie les âmes mélancoliques qui aiment à méditer sur la poussière des grandeurs humaines. Sous les voûtes à demi brisées du château féodal ont résonné les pas pesants et les lourdes armures des princes d'Orange et, successivement, des nobles chevaliers de Saint-Jean-de-Jérusalem, des Arnaud de Trian, des vicomtes de Sassenage, des Clermont-Tonnerre, des Bonne d'Auriac, des La Baume d'Hostun. Cette salle d'armes vit peut-être réunie dans son sein, pour punir quelque chevalier félon ou pour réprimer l'audace de quelque troubadour insolent, la fameuse cour d'amour de Romanin, présidée par Stéphanette de Baux, fille du comte de Provence, et, en son absence, par Anne de Trian, vicomtesse de Tallard.

« Les siècles sont venus pour son apothéose » (1).

Tours qui s'écroulent, chapiteaux brisés, lichen sur les murs crevassés, vieux dallage aux vieilles

(1) Victor-Hugo. *Les Voix intérieures.*

portes, mousse sur les créneaux, vieux meubles pur moyen-âge, rien n'y manque ; et pas une pierre neuve! Aussi la poésie et l'éloquence ont célébré à l'envi les ruines magnifiques du château de Tallard, et le crayon, le burin et la lithographie les ont reproduites sous toutes leurs faces (1).

Quant à la description grotesque que le consul fait de la petite ville des Tallardiens, il n'avait qu'à baisser les yeux sur celle qui étalait sa misère à cette époque au-dessous du point élevé où il se trouvait avec le prince de Conti, pour être convaincu que les prétendues *cabanes* de Tallard étaient des palais auprès des véritables *chaumières* qui montraient l'état de dégradation matérielle où était tombée notre malheureuse ville, par suite de la peste de 1630, des guerres de Louis XIV, de la révocation de l'édit de Nantes, du vaste embrasement de 1692 et de l'horrible fléau qui venait de la frapper à cette époque même en lui enlevant plus de 1200 de ses habitants, sans compter 10.000 soldats environ des troupes françaises et espagnoles campées sous ses murs [2]).

A la vérité, depuis l'année 1744, nous avons singulièrement *progressé;* mais Tallard est-il resté en arrière ? Ne s'est-il pas *perfectibilisé*, de son côté, dans une proportion au moins égale, si toutefois il n'a dépassé son ancienne rivale ? Des hôtels élégants s'élèvent sur la grande esplanade ornée aujourd'hui d'une fontaine qui laisse couler en abondance une eau fraîche et limpide, et d'une belle

---

(1) Voyez le second chant de *la Tallardiade* et la notice sur le château de Tallard, dans l'*Album du Dauphiné*, tome I, page 60, notice due à la plume élégante d'un jeune magistrat qui s'est caché sous les initiales Th. M., lesquelles pourraient bien désigner M. Théodore Massot, avocat général à la Cour royale de Caen.

[2]) On a retrouvé leurs ossements, en 1908, en refaisant la canalisation des fontaines et des égouts, au couchant de l'école de Porte-Colombe (rive gauche du Turclet), rue Carnot, devant l'hôtel de la Poste, et boulevard de la Liberté, en face du lycée.

plantation qui promet un salutaire ombrage aux générations futures ; ses champs sont couverts de riches moissons ; ses coteaux abondent en raisins succulents ; ses vergers des bords de la Durance, après avoir étalé au printemps les plus riantes couleurs, sont courbés en automne sous les fruits de la plus agréable saveur. Et sous le rapport intellectuel, qu'avons-nous à opposer à ses poètes ? La littérature y est tellement florissante, que les tailleurs d'habits de la célèbre bourgade, au lieu de s'amuser, comme Monsieur Dimanche, à faire des enfants, laissent couler de leur plume des poèmes didactiques ou satiriques devant lesquels pâliraient et *Vert-Vert*, et *le Pauvre Diable*, et *la Tallardiade* elle-même, cette railleuse spirituelle, dont l'auteur peut se tenir ferme sur son roc de Challiol-le-Vieil, s'il ne veut voir son dur épiderme entamé par la flèche acérée que va décrocher sur lui le poète qui chanta naguère *le Villageois intrépide*, et qui, tout à la fois, est le Gresset et le Béranger de la cité de saint Grégoire (1).

Pendant la courte période que nous venons de parcourir, on commença à débarrasser le clergé d'une partie de ses richesses. Le 21 décembre 1563, messire Gaspar Gautier, *docteur ez droits*, lieutenant particulier et juge royal au siège et bailliage de Gap, agissant au nom du Roi-dauphin, passa vente à Pierre Gaillard, *escuyer* de cette ville, de la juridiction haute, moyenne et basse, ainsi que des droits de pulvérage et de fournage que l'évêque de Gap *avait pouvoir au lieu, terre et paroisse de Chasteau-Vieulx ; et ce en vertu des lettres patentes du Roy-dauphin, nostre souverain seigneur, Charles*

---

(1) Voyez *le Villageois intrépide*, poème précédé de trois épîtres au curé, sujet du poème, par J.-B. Reynier, tailleur de Tallard. Grenoble, Prudhomme, 1837.

L'auteur de ce poème a, dit-on, en portefeuille des chansons dignes du chantre de *la Marquise de Prétintaille*.

neufcième. Claude Armand, procureur du roi au bailliage, Jean Gueydan, délégué du clergé, Barthélemy Bernard et François Bernard-Gari, figurent comme témoins dans cet acte, qui fut reçu par Arnoux Vachier, notaire royal delphinal et greffier de la Cour royale du bailliage de Gap (1).

Je vous ai déjà fait connaître que Gabriel de Clermont continuait à administrer le temporel de l'évêché de Gap, nonobstant son apostasie. Les officiers de cet ancien prélat, pour satisfaire au paiement de la taxe en numéraire frappée sur les biens de l'église de Gap, vendirent, de leur côté, la terre de Lettret aux enchères. Les consuls de cette communauté en furent déclarés adjudicataires au prix de cinq cents livres, qu'ils s'obligèrent de payer au receveur du roi à Grenoble. Enfin, par acte du dernier jour de novembre 1564, *ledit Gabriel de Clermont, estant à Celles en Berry, dont il estoit seigneur et où il fit son séjour ordinaire avec sa femme le reste de son apostasie*, passa procuration à noble Jean Gaillard, de Gap, pour racheter les fonds les plus spécieux de l'évêché qui avaient été aliénés par suite de l'édit du Roi (2). Nous apprendrons peut-être dans la suite l'usage que ce noble gapençais fit des pouvoirs qui lui avaient été conférés.

Gap, le 18 juillet 1837.

(1) Acte du 21 décembre 1563.
(2) Juvénis, *Mémoires inédits*.

XXVe LETTRE.

1569-1575.

GUERRES CIVILES.

Drapeau du baron Dacier. — Préparatifs de guerre de la part des consuls de Gap. — Nouveaux troubles dans cette ville. — Cruautés commises par les catholiques. — La Saint-Barthélemy. — Sagesse et humanité de Gordes. — Étienne d'Estienne, nommé évêque de Gap, ne peut recevoir l'institution canonique. — Il vient dans cette ville, mais il est obligé d'en sortir. — Pierre Paparin de Chaumont, 68e évêque connu, usurpe le titre de comte de Gap. — Il se rend directement en son château de La Bâtie-Neuve, qu'il met en état de défense. — Combat du Buzon. — Siège du château de Serres défendu par Beauregard et Cadet de Charance. — Défaite de Laborel par Montbrun et Lesdiguières. — L'évêque se rend à Gap. — Le sieur du Monestier, nouveau gouverneur de la ville et des montagnes, favorise les protestants. — Plaintes de l'évêque. — Il reçoit un coup de pistolet dans les rues de Gap et accuse de cet attentat les chefs catholiques. — Monestier s'empare du château de La Bâtie et le conserve, malgré les ordres de Gordes et du Parlement. — Assemblée du clergé à Gap. — L'évêque veut quitter la ville et le diocèse. — Noms des chanoines de cette époque. — Plaintes portées au Roi par l'évêque. — Jacques Hugonis, savant cordelier, né à Gap. — Note sur la date précise de l'arrivée de Pierre Paparin et sur celle du combat du Buzon.

1569. — Vous savez, Monsieur, qu'en l'année 1569 furent livrées les fameuses batailles de Jarnac et de Moncontour, et que, durant cette troisième guerre, il n'est pas de cruautés auxquelles ne se livrassent les deux partis. L'année précédente, le baron Dacier avait recruté dans notre province, et l'avait parcourue avec ce singulier et emblématique drapeau de tafetas vert, sur lequel on voyait une hydre dont toutes les têtes étaient diversement coiffées en cardinaux, en évêques et en moines, que le baron exterminait sous la figure d'Hercule. Les hostilités commencèrent dans le Dauphiné par la surprise d'Exiles, mais dans la ville de Gap tout se passa en préparatifs de guerre. Au mois d'avril 1569, nos magistrats, toujours vigilants et infatigables, firent provision de poudre et de toutes sortes de munitions pour la garde de la ville et la défense du Gapençais. Dès le mois de février de l'année suivante (1570), ils achetèrent encore un grand nombre d'arquebuses et de bouches à feu, qui restèrent pour le moment sans emploi, car la troisième paix fut publiée le 2 août de la même année (1).

Cependant le peuple de Gap, *toujours fier et turbulent* (2), ne laissa point passer l'année 1571 sans exciter des troubles et se livrer à des excès que les cruautés commises dans la dernière guerre ne sauraient justifier. Si l'apostasie de Gabriel de Clermont avait affaibli les catholiques, la paix les avait enhardis. Les deux partis usèrent d'abord d'une égale retenue; mais l'union n'était qu'apparente; ils se regardaient toujours comme ennemis; les querelles devinrent fréquentes, et le président de Portes et le conseiller Francaïes furent envoyés à Gap pour informer et se saisir des séditieux. A cette époque, l'exercice de la nouvelle religion se faisait à Chorges; les calvinistes de Gap s'y rendaient, et les catholiques de Gap en étaient irrités outre mesure. Des querelles particulières on en vint aux séditions: Chorier assure même que ces derniers attaquèrent les huguenots dans leurs maisons, en égorgèrent plusieurs et chassèrent le reste (3). Gordes, pour les

(1) Juvénis, *Mémoires inédits*.
(2) Expressions de Chorier, *Histoire du Dauphiné*, tome II, livre XX, sect. 6.
(3) *Histoire du Dauphiné*, tome II, liv. XX, sect. 6.

satisfaire, et après avoir consulté le Parlement, ôta Chorges aux hugenots et leur assigna Saint-Bonnet pour leurs exercices religieux. Il passa dans ce bourg quelques temps après, dans un voyage qu'il fit en Provence. Lesdiguières, Saint-Graven et quelques autres l'accompagnèrent jusqu'auprès de Gap, où il acheva de calmer les esprits par des discours affables et judicieux. Toutefois, il ne laissa pas impunie l'insolence de quelques catholiques, plus furieux que zélés, qui avaient renversé la maison du capitaine Furmeyer; mais il eut beau faire, ajoute l'historien du Dauphiné, le désordre était au comble (1).

Hélas! il dut l'être bien davantage l'année suivante (1572), lorsque l'affreux massacre de la Saint-Barthélemy fut connu dans notre ville. J'aime à croire cependant qu'il n'y trouva aucun apologiste, qu'il n'y fut invoqué aucune de ces maximes épouvantables à l'usage de toutes les tyrannies (2), et que l'horreur qu'en ressentirent les protestants fut partagée par les catholiques. Cependant ce grand forfait eut ailleurs des approbateurs, comme les massacres de septembre et le régime de la terreur en ont trouvé dans la suite. De nos jours même, un protestant, Coblett, n'a vu dans la Saint-Barthélemy qu'une représaille méritée par les calvinistes et une vengeance dont ils ne pouvaient se plaindre. Il est vrai que, dans le dernier siècle, on s'est complu à passer sous silence les torts des protestants et à grossir ceux des catholiques, à représenter toujours les protestants comme persécutés et les catholiques comme persécuteurs; tandis que, presque partout et dans notre ville surtout, ils ont été des agresseurs, comme je l'ai montré dans ma pre-

---

(1) *Histoire du Dauphiné,* tome II, livre XIX, sect. 6.
(2) Telles que celle-ci, que l'on voyait écrite en caractères sanglants dans les journaux de 1793 : « La moitié plus un a le droit de tuer la moitié moins un, lorsque cette moitié est dissidente ».

mière [XXIIe] lettre. Il n'en est pas moins du devoir de tout honnête homme, et surtout de tout chrétien, de détester le massacre de la Saint-Barthélemy et de signaler comme de grands coupables ceux qui en ont conçu l'idée et ceux qui l'ont exécutée. Bertrand de Simiane, sieur de Gordes, qui exerçait encore à cette époque les fonctions de gouverneur du Dauphiné et qui avait été élevé dans la maison de Montmorency, éluda les ordres qu'il avait reçus de la Cour; il présenta pour excuse le pouvoir dont Montbrun et les autres chefs protestants jouissaient dans la province, et ce qu'il y avait à craindre du désespoir des calvinistes, si l'on exerçait quelque violence. Néanmoins, quelques religionnaires furent tués à Valence et à Romans (1). La ville de Gap n'eut à déplorer aucun excès à cette époque; mais on y prit les armes, comme dans tout le royaume, dès le commencement de l'année 1573.

Avant de vous en présenter les suites, il paraît nécessaire de revenir sur nos pas, pour voir à qui fut confiée l'administration du diocèse après la fuite de Gabriel de Clermont, et annoncer l'arrivée d'un homme qui eut à lutter jusque vers la fin de sa carrière apostolique, non seulement contre les ennemis de sa religion, mais encore contre les personnes qui auraient dû le seconder, puisqu'elles partageaient ses croyances, et qui furent les premières à le persécuter et à l'accabler d'outrages.

Il vous souvient que l'évêque apostat quitta la ville, avec ses prédicateurs hérétiques, au mois de septembre 1562. Cependant Étienne *de Stephanis* ou d'Estienne, chanoine de l'église cathédrale d'Aix, de la maison des seigneurs de Saint-Jean de la Salle et Montfuron en Provence, ne fut nommé par le Roi à l'évêché de Gap qu'en l'année 1568. Chorier prétend que Gabriel de Clermont avait constamment refusé

---

(1) De Thou, livre LII.

de donner sa démission ; mais notre savant Juvénis, plus à portée que son confrère de consulter les documents, assure qu'Estienne fut nommé par le roi Charles IX sur la résignation de Gabriel, et que jamais il ne put obtenir du Pape l'institution canonique[1], « car en ce temps la cour de Rome, avec raison, marchoit avec des pieds de plomb à accorder des bulles aux François, prenant auparavant bien des précautions et d'instructions sur les sujets qui lui estoient proposez, à cause de l'apostasie et du naufrage que plusieurs avoient fait en la foy » (2).

Nous avons déjà vu que, sur la fin de l'année 1568, messire d'Estienne avait sollicité du gouverneur de Provence des secours pour délivrer les catholiques de son diocèse du joug que faisaient peser sur eux les protestants, alors en possession de Gap, de Tallard et de quelques autres places du Gapençais. A cette même époque, il demanda au clergé et aux notables habitants de notre ville des lettres pour Rome, dans lesquelles on supplierait Sa Sainteté de hâter l'expédition de ses bulles ; il se rendit même à Gap en 1569; mais il y reçut tant d'injures et d'affronts de la part des hérétiques, qu'il fut obligé de s'en retourner à Aix, après avoir établi pour ses vicaires généraux Gaspar Finette et Jean Spié, le premier chanoine et l'autre bénéficier de l'église de Gap (3).

Leur administration dura jusqu'après la Toussaint de l'année 1573. Alors on vit arriver dans le diocèse un gentilhomme, né à Montbrison, homme de cœur

[1] Il fut pourvu en cour de Rome le 7 janvier 1563. Il se déclare lui-même, le 27 juin suivant, « évêque de Gap par la grâce de Dieu et du St-Siège » (G. 1140. Cf. *Inv. som.*, série G, t. III, p. xv-xvi).

(2) Juvénis, *Mémoires inédits*.

(3) Juvénis. Acte du 22 février 1569, reçu par Chérubin Rambaud, notaire à Gap. — M. d'Estienne mourut en 1570 *(Annales des Capucins de Gap*, page 57*).* [Il vivait encore le 4 avril 1576 (G. 1141)].

et d'une prudence consommée, qui, sans négliger les belles lettres, avait occupé des emplois importants dans les armées catholiques, dont la valeur était connue, et qui s'était distingué dans plusieurs combats et principalement à la bataille de Moncontour, sous le nom de sieur de Chaumont (1). Ses diocésains le connurent sous celui de Pierre Paparin de Chaumont, et sous les titres d'évêque, *comte* et seigneur de Gap ; titres reconnus par les habitants de cette ville, à l'exception du second, qu'il osa prendre dans les assemblées de son clergé, qui fut vivement contesté dans les assemblées municipales et qu'il ne lui fut jamais permis d'insérer dans les traités intervenus entre lui et la communauté : car nos consuls ne reconnaissaient alors pour comtes de Gap que les rois-dauphins, et justifiaient leur prétention par plusieurs documents anciens et nouveaux, et principalement par l'acte de réunion du Dauphiné au royaume de France.

Tel fut l'évêque guerrier commis à l'administration du diocèse pendant l'époque la plus orageuse de l'existence de la ville de Gap. Jamais prélat n'y subit autant d'humiliations et d'outrages que Paparin de Chaumont, même de la part de ses coreli-

(1) Paparin de Chaumont s'occupa d'abord de l'étude des belles lettres ; il fut ensuite guidon d'une compagnie de gendarmes de M. d'Alençon, son oncle, lieutenant du Roi en la province de Forez, où il *fit des merveilles contre les hérétiques*. Le roi Charles IX lui donna un régiment, qu'il mena au siège de La Rochelle : là, Paparin acquit la réputation de l'un des plus braves capitaines de son temps. Il commanda ensuite une compagnie de chevau-légers aux guerres contre les hérétiques : il se trouva en plusieurs combats, et notamment à la bataille de Moncontour, où il rendit de très grands services, tant de sa personne que par les conseils qu'il donna au Roi (ou plutôt au duc d'Anjou). Sa Majesté lui donna le doyenné de Montbrison, lieu de sa naissance, ainsi qu'un autre prieuré, et l'envoya à l'Empereur pour lui faire la relation, comme témoin oculaire, de cette mémorable bataille. Maximilien lui fit de très grandes caresses, et écrivit au roi que, si ses armées étaient remplies d'officiers du mérite et de la valeur du sieur de Chaumont, le parti des hérétiques serait bientôt réduit aux abois (*Livre des Annales des Capucins de Gap,* page 58).

gionnaires. Les causes en sont restées voilées, mais il est facile de les entrevoir dans les plaintes qu'il adressa aux divers pouvoirs de cette époque, et qui sont écrites avec le ton mâle et fier de l'homme de guerre, plutôt qu'avec l'onction et la charité du pasteur des hommes. Les originaux que j'en ai retrouvés nous serviront de guides, avec d'autres documents non moins authentiques, pour rapporter divers événements survenus pendant ces temps d'exaltation, de trouble et de désordre.

[Pierre Paparin de Chaumont (1572-1600)].

La sixième paix avait été publiée lorsque Paparin se présenta devant le roi Charles IX pour prêter serment de fidélité. Ce prince l'avait nommé à l'évêché de Gap le 3 juin 1570, au préjudice d'Étienne d'Estienne, qui mourut dans le courant de cette même année, et le pape Grégoire IX l'avait pourvu de ce siège le 15 septembre [lire 13 août] 1572. Ce ne fut pourtant que vers la fin de l'année suivante qu'il arriva dans son diocèse (20 novembre 1573[1]), après avoir reçu du Roi des instructions particulières, *pour essayer de rétablir ce qui y estoit dissipé* en la religion, et contenir ce qui y estoit encore entier (2).

La guerre y était encore allumée, nonobstant la paix publiée, ce qui fit prendre à l'évêque la résolution de se rendre en son château de La Bâtie-Neuve, qui, comme vous le savez, n'est distant de Gap que de deux lieues, afin d'empêcher que l'ennemi ne

[1] On rencontre, cependant, l'évèque *élu* de Gap à La Bâtie-Neuve dès les 5 mai et 10 juin 1572 (G. 485. Cf. *Inv. som.*, série G, t. III, p. XVI-XVII).

(2) *Discours pour présenter de la part de l'évesque de Gap en l'assemblée des estats du Daulphiné, d'ung succés advenu aux montagnes du Daulphiné, qui est une estrange monstre que les mizères des temps y ont faict naistre.* Manuscrit, signé P., *évesque de Gap*, et écrit vers la fin de 1574. — Voyez la note A à la fin de cette lettre.

s'en rendit maître. Cependant, malgré la vigilance du prélat, les calvinistes pénétrèrent dans la vallée de l'*Avance* ou de la *Vence,* comme on l'écrit de nos jours, et parvinrent à s'emparer du château d'Avançon, distant de La Bâtie d'une petite lieue. Aussitôt Paparin en informa M. de Gordes, qui lui ordonna de *faire dresser* dans sa résidence de La Bâtie-Neuve jusqu'à cent arquebusiers, afin d'empêcher les entreprises de l'ennemi de ce côté-là. Cet ordre fut incontinent exécuté par l'évêque ; ce qui, ajoute-t-il dans le mémoire qu'il adressa dans la suite aux états du Dauphiné, *a bien servi à la ville de Gap, lorsqu'il fut question de la trahison qu'on y brassoit, alors que les ennemys tuèrent auprès de Romette quatre-vingts ou cent hommes de la dicte ville.*

Nous voilà parvenus au printemps de l'année 1574, où s'éteignit, à la fleur de l'âge, le violent et faible Charles IX, prince que de judicieux historiens ont trouvé autant à plaindre qu'à blâmer, mais sur qui pèsera à jamais la fatale journée de la Saint-Barthélemy, à laquelle son nom demeure irrévocablement attaché. Nous allons voir maintenant de quelle utilité fut à la ville de Gap la garnison de La Bâtie-Neuve, lors du combat de Romette, que Louis Videl a nommé et que la postérité nommera le combat du Buzon.

En cette année mémorable et même pendant les années précédentes, les catholiques de Gap parcouraient le Champsaur sans trop d'obstacles, allaient jusqu'à Saint-Bonnet et y faisaient toujours quelques prisonniers ; mais Lesdiguières, de retour de sa brillante expédition de Freyssinières, envoie le capitaine Anthoine, d'Embrun, commandant à la tour de Laye, pour nous faire une querelle ; il trouve notre bétail paissant paisiblement autour de la ville, s'en saisit et l'emmène. C'était le saint jour de la Pentecôte que le capitaine Anthoine osait se livrer à cette rapine, pensant que la milice gapençaise, occupée à célébrer une fête solennelle, et n'étant nullement préparée à combattre, donnerait étourdiment dans le piège qui lui était tendu. En effet, aussitôt que cette insolente bravade est connue dans la ville, la brillante jeunesse, parée de ses plus beaux habits, se lève et court après le ravisseur, qui fuyait du côté de Lara ; elle se divise en deux troupes commandées, l'une par Étienne Comte, résolu soldat, l'autre par le courageux chanoine La Palu. Tout promettait une vengeance éclatante. Nos jeunes gens, bouillant d'ardeur et de courage, étaient sur le point d'atteindre le ravisseur et croyaient ramener en triomphe leurs moutons dans leurs étables, quant tout à coup François de Bonne, qui s'était rendu sur ce point avec le chevalier La Croix, de Tallard, l'un des plus braves de son parti, marche à leur rencontre et s'écrie, d'après son fade historien : *Messieurs de Gap, n'attendez plus vos gens ; ils sont à nous.* Bastien, l'un de ses capitaines, s'avance derrière un coteau qui le protège et cherche à tourner les Gapençais. Ceux-ci voient le danger, s'arrêtent, font une courte oraison, *selon la bonne coustume d'alors*, reçoivent la bénédiction du valeureux chanoine et fondent sur l'ennemi. Hélas ! le Ciel est resté sourd à leur prière ! L'homme le plus robuste de ce temps, l'Achille des Gapençais, *le Suisse,* en un mot, avait désarçonné La Croix d'un coup de sa pique redoutable ; mais le chevalier de Tallard, se relevant promptement, le terrasse à son tour et finit par lui ôter la vie. D'un autre côté, les deux commandants avaient succombé sous la lance de Lesdiguières ou de ses hommes d'armes ! Toutefois, point de déroute : tous combattent vaillamment et opiniâtrement jusqu'à la mort ; et leur sang précieux se mêle aux eaux limpides du Buzon, torrent vers lequel ils s'étaient retirés et où finit le combat, faute de combattants du côté des catholiques de Gap !... Le véridique Videl a le front d'assurer que du côté de Lesdiguières il n'y eut de perte qu'un seul homme... (1).

C'était, comme je l'ai déjà dit, le jour de la Pentecôte de l'année 1574 que les jeunes Gapençais, vêtus de neuf, ayant le pourpoint blanc et le haut de chausses rouge, comme s'il s'était agi d'aller à la fête de Saint-Pierre de Romette ou à la *vogue* de Saint-Pancrace de La Bâtie-Neuve, mouraient pour la défense de leur religion et de leurs libertés municipales. « Ainsi mouraient les Spartiates aux Thermopyles, pour défendre leur liberté et le sol de la patrie envahi par les hordes asiatiques, » disait, en 1744, le premier consul de la ville de Gap au prince de Conti, en lui montrant le champ de bataille où fut livré ce combat meurtrier.

« Voilà le Buzon ! s'écriait-il. C'est dans la petite plaine qui le borde qu'une colonne aurait dû être élevée pour perpétuer la mémoire des jeunes hommes qui y périrent glorieusement au temps des guerres de religion, et sauver leur nom de l'oubli dans lequel il est tombé.

« Au faîte du monument, un drapeau rouge, constamment déployé, aurait présenté aux quatre coins le château à trois tours d'or qui décorait l'ancienne bannière de la ville, et au milieu l'inscription suivante brodée en lettres majuscules : *Tigide Boyeri, fils du premier consul Bernardin Boyeri, sauva l'étendard de la ville de Gap, le saint jour de la Pentecôte de l'année de l'Incarnation 1574* (2).

« Sur le fût de la colonne auraient été gravés les noms des Gapençais qui succombèrent, après avoir fait mordre la poussière à un grand nombre de huguenots.

(1) *Histoire du connétable de Lesdiguières*, livre 1, chap. IX, pag. 37, 38 et 39 de l'édit. de Grenoble de 1649.
(2) On voit, en effet, dans un acte passé à cette époque pour l'arrentement des fours, que le capitaine Bernardin *Boyeri* était consul de la ville. D'un autre côté, Videl assure que deux ou trois jeunes gens échappèrent au massacre du Buzon.

« Le piédestal eût retracé sur ses quatre faces les faits d'armes du chanoine La Palu, du valeureux Étienne Comte et surtout de ce bouillant guerrier qui ne nous est connu que par le surnom de *Suisse*, et qui fit vider les arçons au gentilhomme de Tallard.

« Ainsi serait venu jusqu'à nous le nom des martyrs d'une si sainte cause ».

Je crains bien, Monsieur, que dans son enthousiasme pour les hauts faits de nos ancêtres, Me Barbier n'ait quelque peu embelli l'histoire ; mais ce qui n'est que trop avéré, c'est que nos bons et loyaux Gapençais donnèrent comme des étourneaux dans le piège que leur avait tendu M. de Bonne, et qu'en 1574 la milice urbaine *perdit son printemps*. Du reste, nous ne trouvons nulle part que les arquebusiers enfermés avec Paparin de Chaumont au château de La Bâtie-Neuve soient venus au secours de notre brillante jeunesse.

Cette même année (1574), deux des plus braves gentilshommes de la ville, les capitaines Beauregard et Cadet de Charance, défendirent vaillamment le château de Serres, assiégé par Montbrun. Laborel, gouverneur de Gap, qui, sur l'ordre de Gordes, était allé à leur secours avec 1.500 hommes, fut défait par Montbrun et par Lesdiguières dans cette même plaine de *Mons Seleucus*, où, douze siècles avant, avait succombé l'usurpateur Magnence ; il perdit 1.200 hommes et ne dut la vie ou la liberté qu'à la vitesse de son cheval. Les assiégés, désespérant dès lors d'être secourus, se rendirent à honorable composition, toutefois, après avoir épuisé leurs munitions et leurs vivres ; ils étaient réduits à une telle extrémité, qu'ils dévorèrent un fidèle barbet qui se trouvait dans la place. Cet innocent animal devait, lui aussi, périr victime de nos discordes civiles. Quelque temps après, Lesdiguières s'empara du château de La Roche, situé à deux lieues de notre ville, après quelques jours de siège.

Les soldats qui le défendaient et les habitants du village, qui s'y étaient retirés, se rendirent par composition, et il y laissa le capitaine Arabin pour commandant de la place (1).

Cependant, après le désastre du Buzon, les consuls de Gap invitèrent l'évêque à se rendre dans sa ville épiscopale, craignant sans doute qu'enhardi par sa victoire, Lesdiguières ne tentât de s'en emparer. Paparin s'y rendit aussitôt et y demeura jusque vers la Saint-Jean, époque à laquelle le nouveau gouverneur, Balthazar de Comboursier, sieur du Monestier, vint prendre le commandement de la ville et des montagnes.

Ce gouverneur favorisa-t-il les huguenots, comme l'évêque l'en accusa violemment dans la suite, ou bien enleva-t-il à Paparin l'exercice de cette autorité qu'il prétendait toujours avoir dans la ville et les châteaux épiscopaux ? La mésintelligence qui se montra d'abord entre l'évêque et le gouverneur peut être attribuée à l'une ou à l'autre de ces causes, ou même à ces deux causes réunies. Les consuls se rangèrent du parti de l'évêque, ainsi que le corps de la ville, mais les officiers royaux et surtout le viballi embrassèrent celui du gouverneur.

Paparin prétendait que M. du Monestier avait laissé surprendre sa maison de La Mure par les huguenots, et que ceux-ci veillaient à la conservation de cette maison, comme si elle leur eût appartenu en propre; il ajoutait que lorsque la dame de Comboursier s'était rendue à Gap, auprès de son époux, elle avait été accompagnée jusqu'aux portes de la ville par ceux qui détenaient sa maison, et que depuis cette époque le gouverneur et les protestants avaient toujours agi de concert, car il leur donnait la permission de venir prendre des vins et des vivres dans l'étendue de son commandement,

(1) *Histoire du connétable de Lesdiguières*, liv. I, chap. IX, pag. 39 et 40.

et jusqu'au blé des ecclésiastiques, qui, pour la plupart et dans tout le diocèse, en étaient réduits à mendier leur pain.

L'ancien officier supérieur de Jarnac et de Moncontour, qui avait si souvent conduit à la victoire les chevau-légers ou les régiments qu'il commanda tour à tour, ne pouvait voir sans frémir un lieutenant du Roi favoriser ainsi ces hérétiques qu'il avait vaincus tant de fois et qu'il considérait comme les plus cruels ennemis de son souverain et de son église. Ses plaintes, hautement exprimées, arrivèrent jusqu'aux oreilles du gouverneur, et la vengeance ne se fit point attendre.

M. du Monestier s'était rendu à Lyon, au mois de septembre 1574, pour complimenter le roi de Pologne sur son avènement à la couronne de France. L'évêque, profitant de son absence, quittait de temps à autre son château de La Bâtie-Neuve et venait relever à Gap l'esprit un peu abattu des catholiques. Le jour de Saint-Luc (18 octobre), il est accablé d'injures *dans la dicte ville de Gap, et il lui est tiré proditoirement un coup de pistolet qui lui donne près la joincture du genou, pensant bien tirer en aultre endroit.*

Immédiatement après cet attentat, messire Paparin fut porté dans la maison de noble Gaspar de Saint-Germain, seigneur de La Villette, où il se trouvait encore au mois de janvier suivant, comme nous allons bientôt l'apprendre. Savez-vous quels sont, d'après l'évêque, les instigateurs de cet assassinat ? Il en accuse, non seulement le vibailli Benoît Olier, fils de ce Claude qui avait écrit si éloquemment contre le luthéranisme au temps de François Ier, mais encore Étienne de Bonne, seigneur d'Auriac, qui, quelques années après, défendit si brutalement le château de Tallard contre les entreprises ouvertes et les ruses de François de Bonne, son cousin ; il en accuse enfin le gouverneur de la ville, bien qu'il se trouvât encore à Lyon au moment de l'attentat.

Le meurtrier immédiat et les autres *assassinateurs* subalternes furent arrêtés aussitôt et conduits dans les prisons de la ville ; mais, à son retour de Lyon, où, d'après l'évêque, il n'attendait que la nouvelle de sa mort pour demander son évêché au Roi, Balthazar de Comboursier embrassa cette querelle ; les prisons furent violées et forcées la nuit par ses gens ; les assassins en furent tirés, et celui qui avait lâché le coup de pistolet sortit de la ville et se retira chez les ennemis. Ce qui porta au plus haut point l'exaspération de Paparin de Chaumont, ce fut de voir le gouverneur de Gap s'emparer, au nom du Roi, du château et du bourg de La Bâtie-Neuve, d'en chasser les arquebusiers et autres hommes de guerre que l'évêque y avait établis de l'autorité du gouverneur de la province, et d'y mettre *qui bon lui sembla ; lesquels lui pillèrent son argent, tiltres et biens.* Jugez si, tout gisant qu'il était dans un lit, l'ancien compagnon d'armes du roi de France oublia de porter ses plaintes à son lieutenant général. Gordes ordonna deux fois au gouverneur de Gap de rétablir l'évêque *en sa maison et ville de La Bastie ;* celui-là n'en tint compte, et alors Paparin s'adressa au Parlement pour obtenir justice *sur la spoliation et vol de ses biens, et ravissement des prisonniers, oultre les ordonnances que M. de Gordes feist pour rendre sa maison et biens de La Bastie au dit sieur évesque, à quoy le dit sieur du Monestier ne voulust obéyr.* Des informations furent ordonnées et prises ensuite au mois de janvier 1575. La Cour rendit un décret contre le gouverneur de Gap, *qui s'en mocqua et ne fist que pis ;* alors l'évêque fut conseillé par ses amis d'abandonner ses poursuites et d'attendre *une meilleure saison* (1).

(1) *Sommaire de ce qui doit résulter du rapport du procès du sieur évesque de Gap, à l'encontre du sieur du Monestier, du*

Dans les premiers jours du mois de janvier 1575, on vit arriver dans la ville de Gap et de toutes les parties du diocèse, les prieurs des divers monastères, les curés de la plupart des paroisses, enfin *la plus seyne et graiynaire partie des prestres et bénéficiers qui se peurent rassembler dans cette ville sans danger de leurs personnes, et eu esgard aux troubles de guerre civile qui ont régné et règnent puys longtemps en ce païs.* [Cf. G. 849 et 1146.]

Le 12 du même mois, ils assistèrent à une messe solennelle qui fut célébrée dans l'église cathédrale. Les voyez-vous maintenant sortir de l'église et se diriger silencieusement vers la maison de noble Gaspar de Saint-Germain, ayant à leur tête messire Guillaume Baile de La Tour, prévôt du chapitre, François d'Hugues, prieur du Monêtier-Allemont, et frère Jacques Brulinel, vicaire du prieur de Romette? *Là estait gisant au lict, malade et blessé d'ung coup de pistolle à ung genoul, sont troys moys passez ou environ,* monseigneur messire Pierre Paparin, évêque et seigneur de Gap, et comte de Charance. Ils sont introduits dans la chambre du milieu et du derrière, dans laquelle se trouvait le prélat. Celui-ci leur parle des mauvais traitements qu'il avait reçus et de ceux auxquels chaque jour il était exposé, non point de la part du corps de la ville, *dont il n'a receu que tout honneur et courtoysie,* mais de ceux qui auraient dû le protéger et qui lui en préparaient de pires pour l'avenir. « Je suis donc résolu, ajouta l'évêque, de me retirer en Provence aussitôt que ma santé le permettra. J'éprouve un regret infini de m'éloigner de vous : car j'aurais désiré assister cette ville et son clergé durant les misères et les calamités qui nous assiègent ; mais ma sûreté personnelle et le service du Roi l'exigent impérieusement. J'aurais pu vous faire con-

vibaly de Gap et leurs complices. Document inédit, 1576. [Cf. G. 1216-7, 1219, 1227.]

naître ma résolution dans vos résidences, mais mon départ peut être si prompt que j'ai craint de ne pouvoir vous en donner avis assez à temps ; je vous invite même à ne point parler de mon voyage, afin que les rebelles n'en soient point instruits, non plus que la gendarmerie établie en cette ville, laquelle, vous ne l'ignorez point, doit aussi m'inspirer des craintes. Je vous ai donc assemblés pour vous dire adieu et vous embrasser tous ; je vous donne l'assurance que, si Dieu nous donne la paix, je m'empresserai aussitôt de revenir. Je vous ferai connaître le lieu de ma retraite, afin que vous puissiez me faire part de vos doléances. J'offre de m'employer pour vous, Messieurs, et pour tout le clergé, soit auprès du Roi, soit auprès de messeigneurs de son conseil, soit partout ailleurs, autant qu'il me sera possible. Je vous exhorte et vous admoneste de garder la fidélité à Dieu et à notre prince naturel, comme vous l'avez gardée jusqu'ici : ce faisant, vous ne *pourrez faillir et desflorir, mais prospérer*. Je désire, en outre, que vous certifiiez comment je me suis conduit en ce pays, soit dans mes fonctions épiscopales, soit à l'égard de ma fidélité à Sa Majesté, soit en la garde qui m'avait été confiée du château de la ville de La Bâtie-Neuve, et comment, dans toutes les occasions, lorsque la ville de Gap a été menacée, je m'y suis rendu pour assister *les citoyens d'icelle*, puis après, tous ensemble avec M. de Laborel, leur gouverneur, essayer de résister aux menaces et entreprises des huguenots. Je ne vous demande autre chose, Messieurs, pour toute récompense ».

Le clergé se retira dans une salle voisine pour délibérer. Une heure après, messire de La Tour rentra seul dans la chambre où reposait l'évêque, et d'une voix émue il fit connaître au prélat la délibération prise unanimement par l'assemblée, *et tout d'une voix, tant en général qu'en particulier.*

« Le clergé de votre diocèse, dit le vénérable prévôt, a vu avec un sentiment bien pénible la résolution prise par votre seigneurie de se retirer du milieu de ses ouailles : car votre assistance leur était aussi utile que nécessaire en ces temps de désolation. Toutefois, les considérations que vous avez présentées ont paru si puissantes, que l'assemblée n'a pas osé vous prier de renoncer à votre projet, bien que votre départ lui cause le plus vif regret ; elle vous remercie de votre bon vouloir et vous prie de le lui continuer. Tous les membres de votre clergé vous offrent leurs personnes et leurs biens pour aider à votre retraite ; ils certifient à Sa Majesté, à messeigneurs de son Conseil privé, à messeigneurs des États et à tous autres qu'il appartiendra que, si Dieu nous avait fait la grâce de vous avoir pour évêque et seigneur au temps des premiers troubles, nous eussions évité la plupart des maux que nous avons soufferts ; ils attestent que depuis votre arrivée en ce diocèse, laquelle eut lieu environ la Toussaint de l'an 1573, vous avez bien et dûment rempli vos fonctions épiscopales, *chose qu'ils n'avoient veu faire de leur vye à leurs évesques en ce païs ;* que vous vous êtes montré grandement affectionné et zélé au service du Roi et au bien du peuple ; que vous avez conservé intacts le lieu et château de La Bâtie pendant qu'ils étaient en votre pouvoir, résistant à toutes les entreprises, à tous les efforts des ennemis, et leur faisant souvent éprouver des pertes ; que, toutes les fois que des craintes se sont manifestées en cette ville de Gap, vous vous y êtes rendu pour en affermir, assister et favoriser les habitants, qui toujours ont trouvé en leur pontife appui et consolation ; ils attestent, enfin, qu'ils n'ont vu en votre seigneurie que générosité et fidélité entière au service de Sa Majesté. Et toutes ces choses, ils les certifient *en loyaulté de cœur, conscience et parolle de vérité* » (1).

Me permettrez-vous, Monsieur, de faire connaître le nom des vénérables chanoines qui, à cette époque, composaient le chapitre de Gap, qui, pour la plupart, occupaient leur place au moment de l'apostasie de Gabriel de Clermont ; que tous restèrent fidèles à leur religion, malgré un si funeste exemple et les persécutions qu'ils eurent à essuyer pendant un si grand nombre d'années ? Les voici tels que les donne l'acte authentique dont j'ai extrait les doléances qui précèdent :

Guillaume Baile de la Tour, prévost et chanoine: Benoît Burgaud, Baudon Garcin, Jean Buysson, Antoine Espagne, Jean Spié, Sixte Constans, Gaspar Olier et Arnoux Hullier, précenteur ; François d'Ollive, curé de Gap et bénéficier de la cathédrale, assistait à cette assemblée, avec Claude André, sacristain de St-André-lès-Gap, Claude Blanc, autre bénéficier, et Georges Giraud, prêtre du sieur prieur de St-Arey-lès-Gap.

Malgré cette touchante résolution et la triste adhésion de son clergé, l'évêque ne quitta point encore la ville, soit qu'il fût retenu par sa blessure, soit que le désir de faire punir ses assassins et les spoliateurs de ses biens le portât à différer son départ. Croyant, pour me servir de ses expressions, que la saison était devenue meilleure pour être réintégré en son château et ville de La Bâtie-Neuve, il renouvela ses plaintes et s'adressa directement au Roi, son ancien compagnon d'armes, à celui qui lui avait montré jadis tant de confiance en l'envoyant en ambassade auprès de l'empereur Maximilien, pour lui annoncer le succès obtenu par

---

(1) *Procès-verbal du 12 janvier 1575, dressé par Jean Benoît Muton, notaire et secrétaire du clergé de Gap* — Les discours cités sont exactement reproduits, seulement on a mis à la première personne ce qui, dans l'acte, se trouve à la troisième.

l'armée catholique à la bataille de Moncontour. Le gouverneur de Gap en eut sans doute connaissance, et il laissa les huguenots s'emparer de la place, sans y porter le moindre secours. Je vous dirai plus tard en quels termes le prélat raconta cet événement à l'assemblée des états du Dauphiné.

L'assassinat d'un évêque, en plein midi, dans les rues de sa ville épiscopale, ne saurait nous étonner en ces temps d'exaltation et d'un fanatisme aveugle, s'il avait été conçu et exécuté par un religionnaire, non plus que celui d'un ministre protestant sur le seuil de son temple par la main forcenée de quelque catholique. Les exemples de ces meurtres exécutés au nom de la religion ne sont pas rares à cette époque. En 1563, François, duc de Guise, est assassiné par Poltrot, gentilhomme protestant, qui donne ainsi le premier exemple du meurtre comme un acte de religion, et qui accuse l'amiral de Coligny, Théodore de Bèze et quelques autres calvinistes de l'y avoir sollicité. La bataille de Jarnac est gagnée par les catholiques en 1569 ; le prince de Condé rend les armes et il est tué de sang-froid par Montesquiou, gentilhomme catholique. On voit ensuite, après la bataille de Coutras, livrée en 1587, tomber le duc de Joyeuse sous les coups des protestants, alors qu'il était resté sans défense. Et par une horrible inconséquence, ces actions infâmes sont exaltées, dans les églises catholiques comme dans les prêches protestants, par les ministres d'une religion dont les immuables préceptes sont mis, de cette manière, dans un inconcevable oubli. Mais notre ville, en ces temps déplorables, a seule, peut-être, donné l'exemple de l'assassinat d'un évêque orthodoxe par les personnes qui professaient la même religion, qui partageaient sa croyance, si toutefois Paparin de Chaumont a deviné juste en accusant de cet attentat les personnes qui auraient dû le protéger et le défendre.

Durant la période que nous venons de parcourir, frère Jacques *Hugonis*, cordelier, mourut à Paris d'une attaque d'apoplexie. C'est en vain que vous chercheriez le nom de ce religieux dans les biographies, et je l'aurais laissé moi-même dans l'oubli où il est tombé, s'il n'avait été un homme d'une grande probité, d'une rare vertu, d'une éminente doctrine, grand théologien, versé dans toute sorte d'érudition, docteur de la faculté de Paris, et surtout s'il n'était pas né à Gap et ne s'était opposé *extrémement en l'hérésie qui nacquit de son temps*. Or, frère Jacques *Hugonis* était fils d'un marchand de cette ville qui, tout marchand qu'il était, n'en descendait pas moins de l'une des plus nobles et des plus anciennes familles de ce pays, car il était issu de Guillaume d'*Hugonis*, l'un de ces nobles chevaliers qui suivirent le parti de la dame des Baux, de la famille des Estienne de Provence, en la guerre qu'elle eut à soutenir, en 1140 et 1141, contre Raymond Bérenger, deuxième du nom, comte de Barcelone et de Provence. A cette famille appartiennent encore Pierre Hugon, fameux troudabour provençal et tout à la fois gentilhomme et valet de chambre de Pierre Ier, roi d'Aragon, en l'année 1300, ainsi que plusieurs autres personnes dont je ne puis vous dire les noms, mais que vous trouveriez peut-être dans la deuxième partie de l'*Histoire de Nostradamus*, si vous éprouvez le désir de les connaître. Je termine, enfin, par vous dire que frère Jacques *Hugonis* mourut dans le mois de décembre de l'année 1574, année mémorable par la mort de Charles IX, et surtout par la glorieuse défaite du Buzon.

Gap, le 1er août 1837.

NOTE A, *page 609.*

L'exactitude historique me force à me livrer à une dissertation sur l'époque précise à laquelle Paparin de Chaumont fut promu à l'évêché de Gap, sur celle de son arrivée dans le diocèse, et par suite sur la date d'un événement remarquable de l'histoire de notre ville, je veux parler du combat du Buzon. Les documents inédits que j'ai consultés auraient dû dissiper tous les doutes ; ils n'ont fait, au contraire, qu'embrouiller la chronologie de cette époque. Jugez donc de ce qui advient lorsque les temps sont éloignés et que les pièces originales ont disparu.

Un auteur anonyme, qui cite en marge MM. de Sainte-Marthe, prétend que Henri III, revenant de Pologne en 1574, pour prendre possession du royaume de France, envoya Paparin en ambassade vers l'empereur Maximilien, de laquelle notre prélat s'acquitta avec tant de fidélité et de conduite que, par reconnaissance, le Roi lui offrit l'évêché de Gap.

La pièce dont le titre est transcrit au bas de la page 609 porte expressément et en toutes lettres que messire Pierre Paparin fut pourvu *de la dite évesché* en l'an 1572, et que *l'année ensuivant il se vint retirer en son diocèse*. Cette pièce est dressée par l'évêque lui-même et revêtue de sa signature. Elle parle d'un combat livré près de Romette, lequel ne peut être que celui du Buzon, qui, alors, n'aurait été livré qu'au printemps de 1574, bien que l'édition de Paris de l'*Histoire de Lesdiguières* indique en marge l'année 1573.

(1) Juvénis, *Mémoires inédits.*

Le procès-verbal d'une assemblée du clergé tenue à Gap, le 12 janvier 1575, porte encore en toutes lettres que *le dict sieur évesque est arrivé en ce païs environ la Toussaints de l'an mil cinq cent soixante-treize.* Or, le combat du Buzon eut lieu le jour de la Pentecôte et, par conséquent, le jour de la Pentecôte de l'année suivante, puisque l'évêque se trouvait en son château de La Bâtie-Neuve au moment où il fut livré.

Chorier *(Estat politique du Dauphiné*, tome II) assure, de son côté, que Paparin fut pourvu de l'évêché de Gap en 1572, et qu'il en prit possession le 20 novembre de l'année suivante.

Enfin, je trouve dans le *Livre des Annales des Capucins de Gap,* écrit en l'année 1658 (p. 58), qu'il fut fait évêque par le pape Grégoire XIII, le 17 septembre 1572, et qu'il prit possession de son évêché le 20 novembre 1573.

Voilà donc deux historiens et deux pièces authentiques qui contredisent formellement et MM. de Sainte-Marthe et la date du combat du Buzon mise en marge de l'*Histoire du Connétable.* Du reste, cette date n'est nullement indiquée dans le texte de Videl; l'édition de Grenoble de 1649 n'en porte aucune, et quant à ces chiffres écrits en marge de l'édition in-folio, j'ai la certitude que pour beaucoup de faits, et entre autres pour la surprise de Gap par Lesdiguières, il y a erreur d'une année. L'ambassade de notre évêque auprès de l'empereur eut lieu immédiatement après la bataille de Moncontour, c'est-à-dire en l'année 1569. Le duc d'Anjou (depuis Henri III) l'envoyait auprès de Maximilien pour lui en porter la nouvelle (Chorier, *loco citato*).

Mais ce qui est vraiment désespérant, c'est un acte reçu par M° Jean-Benoît Molon (qui signe *Mutonis*), notaire et secrétaire du clergé et de l'évêque. J'en transcris le commencement : « L'an mil cinq cent soixante *trèse* et le second jour du moys de janvier, soyt notoire que establys en leurs personnes révérend père en Dieu monseigneur messire Pierre Paparin, par la grâce de Dieu et du Sainct Siège apostolique, évesque et seigneur de Gap, comte de Charance, etc. ». Cet acte, dont je tiens l'original dans la main, est revêtu de la signature, non seulement des témoins et du notaire, mais encore de celle de l'évêque et des trois chanoines prébendés qui, comme lui, donnent procuration à une personne, dont je n'ai pu déchiffrer le nom, de retirer des mains de messire d'Estienne certains revenus par lui exigés pendant qu'il était évêque nommé de Gap. Il serait donc évident, d'après cet acte, que Paparin aurait pris possession de l'évêché de Gap vers la fin de l'année 1572, si deux pièces non moins authentiques, un respectable historien et un fidèle chroniqueur, ne reculaient cette époque jusqu'au mois de novembre 1573.

La contradiction peut s'expliquer, si l'on admet que M. *Mutonis* ou Moton, nonobstant l'édit donné au château de Roussillon en 1563, continuait de faire commencer l'année au jour de Pâques, ou bien qu'au second jour de l'année 1574 il n'avait pas perdu l'habitude d'écrire 1573, ce qui arrive à toutes les personnes constamment occupées à écrire des dates, soit *dans la boutique* des notaires, comme on disait alors, soit dans les bureaux des diverses administrations où l'indication de l'année est si souvent répétée.

Choisissez maintenant. Quant à moi, j'ai dû me tourner du côté de la majorité, c'est-à-dire adopter l'année 1573 à l'égard de l'arrivée de Pierre Paparin de Chaumont dans le diocèse, et, par suite, le printemps de l'année 1574 pour le célèbre combat du Buzon, assimilé à celui des Thermopyles par le respectable consul de 1744. Et, en effet, supposez qu'on ait autant parlé dans ce bas monde du Gapençais que de la Grèce, de la ville de Gap que de Sparte, que l'événement eût été raconté par un Hérodote, au lieu d'avoir été sabré par un Videl, et la comparaison de messire François Barbier n'est plus autant ridicule.

XXVIe LETTRE.

1575-1577.

PRISE DE GAP PAR LES PROTESTANTS.

Prise de la ville et du château de La Bâtie-Neuve par les protestants. — L'évêque se retire en Provence. — Il adresse ses plaintes au Parlement. — Suite de l'aliénation du temporel de l'évêché de Gap. — Consuls de l'année 1575. — Lesdiguières et les frères Champoléon. — Élection des consuls et des conseillers de la ville en 1576. — Le gouverneur et le vibailli se rendent en armes à l'assemblée électorale. — Rentrée de Paparin dans son diocèse. — Sa vigilance. — Ses plaintes contre les *mauvais* catholiques alliés aux *bons* huguenots. — Le procureur de la ville et l'un de ses consuls se rendent secrètement au château de Lesdiguières. — Surprise de Gap par ce dernier le 3 janvier 1577. — Récit de Videl. — Relation de l'évêque. — Excès commis par les protestants. — Ils renversent les monastères, les églises et la maison épiscopale.

1575. — Dans ma dernière lettre, j'ai promis de vous faire connaître les détails de la prise du château et de la ville de La Bâtie-Neuve par les protestants. Voici, Monsieur, de quelle manière Pierre Paparin de Chaumont raconte cet événement.

Vers la Toussaint de l'année 1575, l'on vit passer tout près de la ville de Gap un corps de troupes calvinistes, emmenant trois petites pièces d'artillerie et se dirigeant du côté de La Bâtie. Le gouverneur de Gap sortit alors, *avec nombre des siens*, non point pour combattre, *mais pour faire épaule à un sien parent nommé La Grange*, le même qui leur avait laissé prendre La Mure. Cependant, pour écarter tout soupçon de connivence, les huguenots firent une charge contre le gouverneur, qui s'enfuit à toutes brides jusqu'aux portes de la ville. Arrivés devant la place de La Bâtie, dont la garnison n'avait pas été renforcée, bien que le s^r du Monestier l'eût écrit à M. de Gordes, les ennemis firent jouer leur artillerie contre les remparts et causèrent moins de dommage en un jour que les assiégés n'eussent pu en réparer dans une heure ; ils parvinrent à faire une brèche de six pas de large, mais à une hauteur considérable du fossé, lequel n'eût pu être traversé sans que l'ennemi eût de l'eau et de la boue jusqu'au-dessus de la ceinture. Poligny, qui commandait dans la place, eût pu la défendre avec dix hommes résolus ; *et si le dict évesque eust été dedans avec ses gens et douze de ses amys, ils n'y feussent jamais entrés qu'il ne leur eust cousté la moytié de leur armée.* Au lieu de se battre à la brèche, Poligny fit mettre le feu aux quatre coins de la ville, et se retira, avec les habitants, au château, qu'il rendit ensuite sans coup férir ; *et pourtant, il y avait là une tour qui eust enduré mille coups de leurs pièces!* Vous savez, Monsieur, qu'elle est encore debout, bien qu'elle soit dépourvue des trois quarts de sa base et qu'elle menace d'ensevelir sous ses ruines les enfants et les jeunes hommes qui joueront autour d'elle le jour où le vent du nord la renversera [1]).

A leur retour, les huguenots passèrent de nouveau près de Gap et saluèrent de quelques coups de canon M. du Monestier, qui leur envoya du vin, au lieu de leur donner la chasse avec les quatre compagnies de gens de pied et les trois compagnies de cavalerie qu'il avait alors à sa disposition, et même avec la milice bourgeoise, s'il en était resté un seul homme debout après le désastre du Buzon. Poligny vint ensuite à Gap et n'y fut point mal

[1]) Cette tour s'est écroulée en 1902, et ses débris ont servi à la construction de l'école communale de La Bâtie-Neuve.

accueilli par le gouverneur. Le commandant en second de La Bâtie-Neuve, nommé le capitaine Esprit, se retira avec les ennemis ; mais ne pouvant s'empêcher de témoigner son regret d'avoir si mal défendu cette place et de signaler les moyens par lesquels elle était tombée au pouvoir des huguenots, il reçut d'eux, quinze jours après, cent coups de poignard pour lui apprendre à retenir sa langue (1).

Le jour même où le château de La Bâtie-Neuve tomba au pouvoir des calvinistes, l'évêque quitta la ville de Gap et se retira en Provence, *aymant mieulx se mettre en danger d'estre prins des ennemys que de demeurer plus en la puyssance du sieur du Monestier, qui avoit ainsi oblyé son honneur* (2).

De la retraite qu'il avait choisie, Paparin adressa aux États du Dauphiné un long mémoire où sont reproduites toutes les plaintes par lui portées précédemment contre le gouverneur de Gap et ses adhérents ; il y parlait de la prise de La Bâtie en termes fort amers. Le sieur du Monestier, disait le prélat, avait *excogité* ce pernicieux moyen de couvrir la *volerie* qu'il avait faite de cette place. Les environs de Gap avaient été pris et étaient tenus par les ennemis, de sorte que, si le gouverneur des montagnes ne rentrait sous l'obéissance de M. de Gordes, l'on ne pouvait attendre que la ruine entière de cette ville, dont les habitants, cruellement tyrannisés par le sieur du Monestier et les siens, n'osaient se plaindre en public, *pour leur estre incontinent la vindicte préparée*. L'évêque terminait son mémoire par trouver bien déplaisant que la sûreté des chemins ne lui eût pas permis de se rendre aux États,

(1) *Discours pour présenter de la part de l'évesque de Gap en l'assemblée des Estats du Daulphiné, qui est une estrange monstre que les mizères du temps y ont faict naistre.* Signé P., évesque de Gap. Ms. [G. 1216 et 1217].

(2) Sommaire de ce qui doibt résulter du rapport du procès du sieur évesque de Gap à l'encontre du sieur du Monestier, du vibaly de Gap et leurs complices. Ms. [G. 1216].

pour leur faire entendre ses plaintes de vive voix et leur montrer le zèle dont il avait toujours été animé pour le service de Dieu, du Roi et de la province de Dauphiné, comme avec le temps, *aydant Dieu, il espère effectuer, voyre jusques au hazard et péril de sa propre vie* (1).

Vers le commencement de la même année (1575), l'évêque de Gap avait éprouvé des chagrins d'une autre espèce et non moins cuisants, puisqu'il s'agissait de l'aliénation du temporel de son évêché, laquelle, disait Henri III dans sa lettre du 19 mars, *importe grandement à mon service et au repos de mes subjects.* Mais il n'y avait pas moyen d'éviter la vente de ces biens jusqu'à concurrence de la somme imposée au diocèse, puisqu'elle avait lieu de l'autorité du Pape; seulement, les réclamations sur la quotité de la taxe étaient admises et étaient jugées par le Conseil du roi, en présence des cardinaux de Bourbon et de Guise, délégués de Sa Sainteté (2).

Tels sont les faits mémorables survenus dans la ville de Gap en l'année 1575, sous le consulat du capitaine Bernardin *Boyeri*, de maître Jacques Velin, de sire Jacques Clavel et de sire Antoine Gallabrun, élus, sans doute, dans les formes voulues par le règlement de 1564.

A l'époque où nous sommes parvenus, les protestants dominaient entièrement dans la vallée du Drac; Lesdiguières et les Champoléon continuaient de prendre le titre de *commandans aux montagnes du Dauphiné*; ils publiaient des proclamations sur la gestion des biens d'église dont ils s'étaient emparés dans le Champsaur, contrée dont la plupart des habitants avaient embrassé la religion réformée, *tellement que nul catholique du party du Roy n'ausoyt*

(1) Discours pour présenter de la part de l'évesque de Gap, etc.
(2) Lettres du Roy des 19 mars et 25 avril 1575. — Lettre des délégués de N. S. P. le Pape du 25 avril, même année.

fréquenter le dict païs, pour aller exécuter les mandemens, ny y faire aucun exploit de justice sans la licence et permission de ceulx de la dicte prétendue religion (1).

Ce qui dut blesser singulièrement les susceptibilités des citoyens de Gap, ce fut de voir, au mois de mai 1576, époque de l'élection annuelle des consuls et des conseillers de la communauté, le gouverneur et le vibailli se rendre en armes dans le sein de l'assemblée électorale, pour intimider le peuple et faire nommer des officiers municipaux qui fussent à leur dévotion. Ainsi, pour la première fois depuis l'existence de la république municipale, fut violée la liberté du vote, et cela, ajoute l'évêque, dans un de ses mémoires, dans le but de l'empêcher de revenir dans sa ville épiscopale. — De nos jours, les lois électorales nous ont remis en possession d'élire nos magistrats, et grâce au perfectionnement social, le scandale donné en 1576 ne saurait plus se reproduire dans notre paisible cité. Tout s'y fait consciencieusement, sans intrigue, sans cabale, sans esprit de parti, sans tricherie aucune, nonobstant tout malin propos et toute complainte satirique à ce contraires.

Cependant l'évêque rentra dans sa ville épiscopale, je ne sais précisément à quelle époque ; ce fut peut-être immédiatement après le départ du gouverneur, qui, avant de la quitter, « dressa une faction de laquelle il feist chef le dict vibaly, et l'accompagna des dicts consuls et officiers et de touts aultres qui lui estoient affectionnés, et mesme de ceulx qui estoient de la compagnie de Mgr de Genevoys ; lequel vibaly, pour se fortifier, s'alla incontinent allier avec le sieur des Diguières, et enfin luy livra la ville, à l'adveu du dict sieur du Monestier, pour y penser faire mourir le dict sieur

(1) *Certificat du 23 août 1576, délivré par Eynard Davin, lieutenant particulier au siège royal présidial de Gap.*

évesque à ladicte poursuitte, d'où Dieu le préserva comme miraculeusement » (1).

Beati qui faciunt justiciam in omni tempore! s'écrie messire Pierre Paparin, en terminant le mémoire d'où sont extraits les faits que je viens de rapporter, et dont les derniers anticipent un peu sur les événements bien autrement importants qui vont suivre.

La reine-mère avait proclamé la cinquième ou la sixième paix; elle fut publiée dans notre ville le 27 juin 1576, et les états du royaume, convoqués à Blois, s'ouvrirent au mois de décembre suivant. Le vigilant évêque de Gap, *grandement hay de ceulx de la prétendue religion refformée, pour avoir esté ferme et n'avoir point esté inutille pour le service de Sa Majesté, et que les dicts de la religion préténdue luy avoyent ruyné ses chastaulx de Poligny et de La Basti-Neufve et bruslé celui de Chasteau-Vieulx, qui lui est une perte inestimable* (2), l'évêque de Gap ne s'endormait point sur la foi des traités. Il savait combien peu ils avaient été respectés depuis le commencement des guerres civiles, et il ne cessait de veiller à la garde de *sa ville,* d'exciter le zèle des consuls et de leur donner les conseils que son expérience lui suggérait, et surtout de demander à tous les pouvoirs de l'époque sa réintégration dans sa ville et château de La Bâtie-Neuve, tout ruinés qu'ils étaient, ainsi que la restitution de l'argent et autres choses précieuses qui en avaient été enlevés. Le Parlement pouvait bien rendre des arrêts en sa faveur; mais les faire exécuter, au milieu de ce désordre, de cette confusion, de ces troubles incessants, n'était pas trop en son pouvoir.

Paparin allait bientôt subir des épreuves plus cruelles et plus rudes à supporter que celles qu'il avait essuyées jusqu'alors : il avait remarqué que

(1) *Sommaire de ce qui doibt résulter, etc.*
(2) *Certificat d'Eynard Davin* du 23 août 1576.

les principaux magistrats de la ville de Gap et autres zélés catholiques, d'une haine invétérée contre les calvinistes, étaient passés à une amitié toute fraternelle; ils allaient visiter les chefs des huguenots dans leurs châteaux et leurs maisons, et ils y étaient toujours bien venus et bien choyés. Dans les premiers jours du mois de décembre 1576, on avait vu avec étonnement des personnes influentes de la ville qui s'étaient rendues à Grenoble, en revenir dans la compagnie d'un sieur Le Chastelet et d'un prétendu secrétaire du maréchal Damville, nommé Charestier, s'arrêter dans la maison du sieur des Diguières, et arriver ensemble à Gap, où Chastelet séjourna huit jours durant, pour former une association entre les bons protestants et les mauvais catholiques. Dans une assemblée générale qui y fut convoquée, l'on proposa de laisser exclusivement aux premiers la garde de la ville et même de tout le bailliage du Gapençais: car, lors même que la guerre viendrait à éclater de nouveau sur d'autres points du royaume, l'on était sûr, disait-on, d'en éviter les atteintes dans les montagnes, puisque le chef du parti protestant, Lesdiguières, avait assuré, sans restriction mentale, qu'il ne voulait plus guerroyer avec ses bons voisins, et qu'il demanderait à être employé ailleurs avec les princes; *ce qui feust receu par le bon peuple d'icelle assemblée, pensant que le tout feust la volonté du sieur de Gordes et que c'estoit pour se conserver selon le bénéfice des Édicts.*

Avant cette époque, l'évêque avait été sollicité, par un conseiller au Parlement qui se trouvait à Gap, de se réconcilier avec ses anciens ennemis. Paparin y avait consenti; mais, après le départ du magistrat, l'amitié jurée avait été considérée comme non avenue, car le prélat les ayant admonestés sur leurs liaisons avec les religionnaires. Ils avaient répondu que, pour se venger de leur ennemi, ils *s'ayderoient du diable.* Cependant l'évêque paraissait avoir tout oublié, mais on ne pardonne guère à ceux que l'on a assassinés. Pendant son séjour dans Gap, Chastelet avait tenté de faire entrer Paparin dans l'union contractée avec les personnes qui y avaient autorité : le prélat avait rejeté avec dédain une proposition qu'il regardait comme attentoire au service du Roi ; *et despuys ont dict ceulx de la dicte religion qu'ils aymoient mieulx le dict sieur évesque que de prendre la dicte ville, pour l'empeschement que leur faict audict païs.* Enfin, Le Chastelet, dont la mission était d'opérer des unions semblables dans les autres *bonnes* villes du Dauphiné et de la Provence, après avoir été bien caressé et bien traité par les *mauvais catholiques,* après avoir fait bonne chère ès maisons de ces derniers, partit de Gap pour se rendre à Sisteron, accompagné par un de leurs domestiques, nommé *Sambayn,* qui fut ensuite arrêté par ordre du parlement de Provence ; et l'évêque continua d'exciter la méfiance des magistrats de sa bonne ville, *les mandant avertyr de faire faire garde à la dicte ville pour les advis qu'il avoyt à toutes heures, et qu'ils ne se fiassent de cette façon à ceulx de la dicte religion, autrement la dicte ville seroyt ruinée.*

Ces avis étant mal accueillis par les personnes auxquelles ils étaient donnés, l'évêque s'adressa aux consuls et aux notables de la ville et leur *prescrivit* d'en faire garder les portes, à l'exemple de leurs voisins. Les notables et les consuls firent part de cet ordre à ceux qui commandaient réellement dans la ville, et qui, loin de consentir à ce qu'il fût exécuté, les menacèrent d'informer contre eux, s'ils attentaient ainsi à l'édit de pacification ; défenses leur furent faites d'obtempérer en aucune manière aux injonctions de l'évêque, et le guet que celui-ci faisait faire la nuit dans la ville, pour que l'ordre n'y fût pas troublé, fut même interdit ; de sorte que les portes restaient sans gardes la nuit comme le jour.

Et voilà ce qui se passait aux yeux du sieur de Chaumont, de cet évêque guerrier, dans une ville qu'il tenait à arrière-fief du Roi-dauphin, dans une ville où il avait de droit toute juridiction haute, moyenne et basse, et un magistrat pour l'exercer ! *et de ce en est possesseur paysible de tous temps, qu'il n'est mémoyre du contraire et par bons et valables tittres à desclarer en temps et lieu.* Il ne s'était pas aperçu, le bon prélat, que ses titres commençaient à s'user, que Louis XI en avait rogné une bonne partie, et que tout tendait à le dépouiller du reste de souveraineté que les traités avaient laissé à ses prédécesseurs immédiats.

Ce fut encore en vain qu'il informa les magistrats royaux et les officiers municipaux que des réunions clandestines avaient lieu dans un *grangeage* qu'un calviniste nommé Chapan avait fait construire tout près de la ville, que l'on y faisait dresser un mouton, des échelles et autres *instruments belliques*. Ces actes étaient contraires aussi à l'édit de pacification, et, cependant, au lieu d'informer, comme la charge de quelques-uns d'entre eux le requérait, ils semblaient au contraire favoriser la faction et ses conspirations, et s'associer ainsi à ceux de la religion prétendue réformée.

Ne vit-on pas même, ô honte pour la ville de Gap ! ne vit-on pas maître Benoît Baud, l'un de ses consuls, et maître Hugues Buysson, qui en était le procureur, s'associer aux *mauvais catholiques !* et la veille du jour *où la dicte ville fut occise*, n'entendit-on pas ce même Hugues Buysson qui se rendait secrètement au château des Diguières, où déjà il avait été envoyé plusieurs fois pour porter les nouvelles au chef des huguenots et prendre langue de lui, ne l'entendit-on pas dire tout haut : *On dict que je va querre une garnison à Grenoble ; je vas bien aultre part et querre d'aultres gens !*

Le fidèle prélat, qui soupçonnait le but de ce voyage et qui avait eu connaissance de diverses réunions formées par les hérétiques dans l'étendue de son diocèse, n'avait-il pas sommé de nouveau les personnes chargées de la garde de la ville d'y faire bon guet? Ne lui avait-on pas répondu que l'on y songerait le lendemain, et que l'*abbé de la jeunesse* était chargé, en attendant, de veiller à la sûreté de la ville? (1).

Hélas! tout dormait le lendemain, voire l'abbé de la jeunesse et ses hardis compagnons, fors certains catholiques suspects, qui veillaient, eux, sachant bien ce qui allait advenir!

Il fut un temps, Monsieur, où, n'ayant d'autre guide que le Thucydide de Serres, pour me conduire dans le dédale de nos guerres civiles, je me serais écrié avec le consul de 1744, parlant au prince de Conti, relativement à la surprise de Gap par ce loyal M. des Diguières, qui ne voulait plus guerroyer contre ses bons voisins.

1577. — « Je ne sais quel esprit infernal, quel ennemi de notre repos alla l'informer que l'on ne prenoit nul soin de se garder à Gap, où l'on célébroit une grande fête, qui devoit durer un jour encore, et que les habitants passoient des festins aux danses et des danses aux festins. Lesdiguières part, sur la nuit, avec ses beaux-frères et ses amis, accompagné de 400 hommes de pied, ayant à ses côtés et dans son intimité, devinez qui... ? le trop célèbre Cadet de Charance, sieur de Montalquier, qui, oubliant les combats de Romette et la glorieuse défense du château de Serres, reniant son Dieu et sa ville natale, traître à l'un comme à l'autre, s'étoit voué

(1) *Faicts et briefs intendis véritables, proposés en justice pour estre sur iceulx informé, suivant la comission taxée par Monsieur le lieutenant général au siège de Forcalquier, sur l'obcidion, trahison, viollences, multes, saccagements perpétrés à la ville de Gap, contre les coulpables, leurs associés, alliés et adhérents.* Manuscrit signé P., évesque de Gap.

au gentilhomme de Saint-Bonnet, et conduisoit le guerrier cauteleux à travers les sentiers des Lunels, des Serigues et de Charance, jusques sous les murs de la ville. S'il faut en croire maître Videl, les habitants de Gap étoient plongés dans un profond sommeil, par suite des débauches de la veille. Montalquier, qui connoissoit tous les coins et recoins de la ville, puisqu'il étoit né dans son sein, dresse une échelle près la porte St-Arey, franchit le rempart, court chez un maréchal du voisinage, prend dans sa forge des tenailles et un marteau, vient à la porte, en rompt ou en arrache les énormes verroux, et l'ouvre à deux battants à une partie de la troupe de Lesdiguières, qui entre ainsi dans la ville, tandis que l'autre y pénètre par l'hôtellerie des *Trois Rois,* dont les fenêtres donnoient sur les murs d'enceinte.

« Pendant que tout cela se passoit à la sourdine, que faisoient nos truands ? Ils dormoient, sans doute, ainsi que le rapporte l'honnête Videl. Toutefois, les habitants de Gap n'étoient pas tellement engourdis par la débauche qu'ils ne s'éveillassent en sursaut, aux cris poussés par les huguenots du Champsaur; cris aigus et perçants que vous pourrez encore entendre de nos jours à la première fête patronale de La Fare ou de L'Aulagnier, alors que *tout roule* (1). Mais il n'étoit plus temps de faire les braves ; il fallut se soumettre au fin renard, sauf à maudire tout bas et danses et festins, à envoyer à tous les diables le cher compatriote Cadet de Charance, et à obtenir, enfin, à force de supplications, qu'il ne seroit commis aucun désordre dans la ville. L'évêque et son clergé se voyant entre les mains de leurs ennemis naturels, et ne se croyant plus en

(1) C'est-à-dire alors que toutes les communes des environs sont admises à la danse. Les exceptions amènent des combats, et le violon est alors mis en pièces par la jeunesse non admise, si toutefois elle parvient à s'en emparer.

sûreté dans une ville tombée au pouvoir des hérétiques, aimèrent mieux en sortir et se retirèrent à Jarjayes, village qui est distant de deux petites lieues. Lesdiguières commit la garde de la ville à Champoléon, son beau-frère, et rentra dans Saint-Bonnet, au bruit des fifres et des musettes champsaurines » (1).

Vite, rectifions ce récit au moyen de documents authentiques échappés aux investigations de maître Barbier, et qui ne parlent nullement des débauches auxquelles on prétend que les habitants de Gap s'étaient plongés la veille du jour néfaste où cette ville fut livrée à Lesdiguières, comme si les saturnales déjà signalées et qui se renouvelaient, chaque année, depuis les fêtes de Noël jusqu'aux Rois, n'avaient pas été interdites par la Cour souveraine de notre province plus de quinze ans avant la surprise de notre ville.

Le mercredi 2 janvier de l'année 1577, les habitants de la ville de Gap, soit qu'ils se fussent livrés, dans la soirée, à quelques jeux innocents, à quelques joyeux repas, à quelques danses licites, soit qu'ils eussent passé l'après-midi à jouer à la boule ou à la paume au rempart de porte Colombe, entre la tour de Saint-Jean de Jérusalem et le tripot de Saint-Arey, se retirèrent paisiblement dans leurs logis, aussitôt que le soleil eut disparu derrière le sommet de Céüse. A huit heures précises, le père Brunache sonna le couvre-feu *ou la barloque,* pour parler le langage du temps, et un instant après les lumières étaient éteintes, depuis la porte Colombe jusqu'à la porte Jaussaude, et depuis la porte Chauchières jusqu'à la porte Garçine. Chaque citoyen jouissait d'un doux repos dans la vieille cité des Tricoloriens; mais Lesdiguières veillait en ce moment ; il traversait sans tambour ni trompette la montagne de

---

(1) *Histoire du connétable de Lesdiguières,* liv. 1, chap. 12.

Bayard, avec trois ou quatre cents hérétiques, tant à pied qu'à cheval, *troupe ramassée des lieux de Serre, Veyne, Chansaur et aultres lieux par eulx détenus, et armés de bastons à feu et aultres armes.*

Trois heures sonnaient à l'horloge de la maison consulaire, lorsque l'évêque et ses chanoines, l'abbé de la jeunesse et sa troupe, les bons et les mauvais consuls, la population entière enfin, sauf Monsieur le vibailli et ses adhérents, sont réveillés en sursaut par des vociférations épouvantables, au milieu desquelles perce ce cri terrible : *Tue ! tue ! ce qui estoit une chose fort effroyable et scandaleuse* ¹).

Ce tumulte était causé par les protestants qui venaient de pénétrer dans la ville, les uns « par un trou faict en la muraille d'ung logis où pend pour enseigne les *Trois-Roys*, tenu en arrantement par un nommé Robert de Gandalle, qui a ung frère de la dicte religion demeurant hors de la dicte ville, qui vint le jour auparavant dans la dicte ville de Gap et alla visiter ceulx qui avoyent tel pouvoir privément et familièrement dedans leurs maisons (2) ; et les aultres, par escalade, qui vinrent enfoncer les portes par l'une desquelles toute la troupe entra » (3).

Paparin de Chaumont ne songe nullement à son autorité spirituelle, ni à ses ornements pontificaux ; il revêt à la hâte l'ancienne armure de Moncontour, sort de la maison épiscopale, à la tête de ses gens, combat dans les rues, et ne pouvant résister au grand nombre de huguenots qui fondent sur lui de toutes parts, il se retire près de la porte Colombe, où il élève une barricade *pour y ramasser gens de deffense et conserver la dicte ville en l'obéyssance de Dieu, du Roy et de sa justice.*

¹) Cf. Dufayard. Le connétable de Losdiguières, 1892, p. 46.
(2) *Faicts et briefs intendis véritables, etc.* [Cf. G. 1593, 1220 et suiv.].
(3) *Charges et informations prises à la requeste du sieur évesque de Gap, par le juge de Sisteron.* Ms.

Cependant, les habitants de Gap sont bientôt debout ; les uns restent dans leurs maisons et se cachent dans les caves et les réduits secrets ; les autres, nullement effrayés de la confusion qui règne dans la ville et des cris de mort vociférés par l'ennemi, prennent leurs piques et leurs hallebardes, et, à demi-vêtus, cherchent à seconder et à secourir leur pasteur. Quelques-uns d'entre eux se séparent de leurs concitoyens, se joignent aux huguenots, qui d'abord s'étaient rendus *en la place maistresse* pour les y recevoir, et combattent avec eux, disant que leurs maisons sont lieux de sûreté et qu'ils sont amis et confédérés. La maison de l'évêque et celles des ecclésiastiques sont bientôt entourées et forcées. Les chanoines, qui n'avaient pas eu le temps d'en sortir, sont faits prisonniers. La maison épiscopale est livrée au pillage, et les soldats de Lesdiguières *volent* à l'évêque tout ce qu'il possède, *comme bagues, joyaulx, meubles, ornements d'église, habits, bleds, vins, fruicts et aultres denrées à plus de quatre mille escus, sans y comprendre les ruynes et démolitions de ses maisons ;* lesquelles démolitions, ajouterai-je, ne purent être consommées le jour même de la surprise de Gap[1]).

Des combats partiels sont livrés en plusieurs endroits de la ville ; un grand nombre de catholiques sont blessés ; quelques-uns trouvent la mort dans la rue où est situé le logis de *Saint-Georges*, dont ils défendent les approches, afin de donner aux étrangers qui y ont trouvé un asile le temps de fuir. En effet, le sieur de Claret, à qui les huguenots en voulaient particulièrement, parvient à s'échapper avec plusieurs autres personnes, au moyen d'une

---

[1]) Alors le palais épiscopal fut complètement démoli (G. 1220), et le clocher de l'église cathédrale « une des plus belles pièces de France », renversé (G. 1499. Cf. G., t. III, introd.). C'est bien alors que furent commis ces « actes de vandalisme » qu'on a voulu attribuer au cap^t Furmeyer.

corde qui fut jetée par-dessus les murailles de la ville. Ceux qui, plus confiants aux paroles d'Antoine Vivian, traître qui tenait le logis de *Saint-Georges,* consentent à rester, tombent bientôt au pouvoir des huguenots, qui plus tard les mettent à rançon. Jean de Genêt, l'un de ces derniers, armé d'un pistolet *et blasphémant le sainct nom de Dieu,* veut ôter la vie au sieur de Claret ; mais, apprenant qu'il est sorti de l'hôtellerie, il saisit au collet un commis-voyageur de Lyon, nommé Claude Ranissac, lui met le pistolet au visage, le renverse, le fait prisonnier et demande pour sa rançon trois cents écus que celui-ci ne peut lui livrer. Là furent occis le capitaine Puy, le sergent-major et plusieurs autres braves catholiques, dont le courage ne put sauver la ville du pillage et de la dévastation.

Lesdiguières, à la tête de sa cavalerie, se dirige vers la porte Colombe, où Pierre Paparin *s'était baricqué* et faisait une noble résistance. En passant devant la maison du vibailli, située dans la rue Droite, le chef des huguenots lui crie : *Benoît Olier, dors-tu ? Sus, debout, la ville est à nous.* Aussitôt le magistrat paraît à la fenêtre et lui répond : *Vous plaist-il que je vous accompagne ? — Non,* dit Lesdiguières, *ne bouge de ta maison et ne crains rien* (1).

Décrirai-je le combat de géants qui se livra près de la porte Colombe ? Hélas ! les détails n'en sont pas venus jusqu'à nous ; mais reportez-vous au combat d'Achille contre Hector, de Turnus contre Énée, d'Argant contre Tancrède, de Satan contre l'archange Michaël, et vous pourrez vous faire une idée de l'assaut livré par Lesdiguières à Paparin de Chaumont retranché derrière ses *baricques !* Le héros de La Rochelle et de Moncontour ne mit bas les armes qu'après avoir vu quelques chanoines tomber à ses côtés et avoir reçu lui-même une bles-

(1) *Faicts et briefs intendis véritables,* etc. — Charges et informations prises à la requeste de l'évesque, etc.

sure dangereuse de la main de celui que sa lance avait peut-être abattu lors de la célèbre bataille de 1568 (1). Il se retira, en effet, à Jarjayes (G. 1220) ; mais bientôt il fut contraint de quitter ce village, parce que sa personne n'y était pas en sûreté ; il se rendit à Sisteron, et de cette ville il porta sa plainte devant le lieutenant général au siège de Forcalquier, qui commit le juge de Sisteron pour informer sur la trahison des *mauvais* catholiques de Gap, qui avaient livré cette ville aux huguenots et qui ne manquèrent pas de décliner la juridiction des magistrats provençaux. Dans la suite, l'évêque passa la Durance et fixa sa résidence à La Baume-lès-Sisteron, village situé à l'extrémité de son diocèse et qui, pendant plusieurs années, devint le siège de l'évêché de Gap.

Les catholiques *gens de bien* se virent contraints alors de quitter également cette ville, à cause des dangers qu'ils y couraient et de laisser leurs maisons et leurs familles à la merci de leurs ennemis (2). Les huguenots en gardèrent seuls les portes, la fortifièrent et firent abattre plusieurs maisons situées près des remparts, qui peut-être étaient un obstacle à la défense de la place (3).

Avant de terminer cette lettre, il me reste à signaler des actes d'un fanatisme aveugle qui firent disparaître pour toujours de notre ville les monuments qui l'embellissaient et qui avaient fait son orgueil durant bien des siècles.

Lors de leur première occupation de la ville et du diocèse de Gap, en l'année 1562, les calvinistes « jouirent des biens des ecclésiastiques dudict diocèse, et iceulx volèrent, et saccagèrent ce qui leur

---

(1) Chorier. *Hist. du Dauphiné*, tome II, liv. 19, sect. 21. — Lesdiguières combattit à Moncontour sous les ordres de Montbrun.
(2) Cinq cents catholiques accompagnèrent l'évêque à Sisteron. (*Annales des Capucins*, page 59.)
(3) *Faits et briefs intendis véritables*, etc. [G. 1220 et suiv.].

vint à l'encontre par l'espace de deux ans, et ainsi prindrent et se saysirent de tous et chascun les joyaulx, ornements et cloches de leurs églises, ensemble de leurs livres, papiers, documents, instruments et reconnaissances concernant les droits, devoirs et revenus à eux dus. Despuis, aux seconds troubles, qui survinrent en l'an 1577, les mesmes de la prétendue religion réformée achevèrent de rompre et démolir toutes les églises dudict diocèse, et notamment l'église cathédrale de Gap, avec la maison dudict Chapitre, et aultres appartenant au corps uni de la dicte église furent ruynés de fond en comble et réduits piteusement à ung monceau de pierres ; comme de mesme a esté faict aux couvents de Sainct-Dominique, Sainct-François, Sainct-Anthoine, Sainct-André, Sainct-Arey et la commanderie de Sainct-Jean de Jérusalem » (1).

Ce que les dévastateurs précédents avaient laissé debout ou n'avaient pas entièrement détruit finit donc de tomber, en 1577, sous la main sacrilège des compagnons de François de Bonne, après qu'il se fut emparé de la ville de Gap de la manière rapportée dans les pages qui précèdent.

« Ils abattirent, dit de son côté l'auteur de la *Procession du Saint Sacrement*, cet ancien temple payen de forme sphérique, d'une structure merveilleuse, en pierres de diverses couleurs, où l'on voyait une ouverture par laquelle s'échappait la fumée des sacrifices, dont l'autel, également de forme ronde, étoit placé au centre de l'édifice, et qui fut depuis changé en cathédrale, lorsque les lumières de l'Évangile vinrent éclairer nos ancêtres. Là, reposoient les restes de nos martyrs et de nos premiers

(1) *Mémoire présenté à la Cour par le clergé de Gap*, le 18 décembre 1582, aux minutes de M⁰ *Mutonis*, déposées chez M⁰ Prosper Disdier, notaire à Gap, qui a bien voulu m'aider à déchiffrer quelques vieux manuscrits du XVIᵉ siècle, relatifs aux guerres de religion et, entre autres, l'enquête faite à Sisteron au mois de janvier 1577 sur la prise de Gap.

évêques, et particulièrement de saint Demetrius, dont le corps fut découvert un peu avant les guerres de religion. Une nouvelle cathédrale établie à une époque bien reculée fit changer en paroisse le temple sphérique qui, de sa forme, prit le nom de Saint-Jean-le-Rond, et sur ses ruines s'éleva, au commencement du XVIIe siècle, la chétive chapelle que nous y voyons aujourd'hui [1]).

« C'est encore aux Vandales du XVIe siècle que nous devons la destruction de cette magnifique cathédrale, dont la structure, la forme, l'architecture élégante et surtout le clocher d'une élévation prodigieuse et qui étoit posé sur le presbytère, annonçoient l'ouvrage d'un monarque puissant ; aussi croyoit-on que cette superbe église étoit due à la munificence de Charlemagne » (2).

L'historien du Dauphiné, Nicolas Chorier, qui parle également de la surprise de Gap par Lesdiguières, ajoute que l'église et le palais épiscopal furent exposés à toutes sortes d'injures, et que leur ruine en fut la moins indigne ; il fait observer que le noble guerrier, étant l'ennemi personnel de l'évêque Paparin, donna contre lui plus de liberté à sa vengeance qu'il n'avait accoutumé, et qu'il fit renverser de fond en comble toutes les maisons et les châteaux de ce prélat, non seulement dans Gap, mais encore à Poligny, à La Bâtie-Neuve et à Château-Vieux (3).

Enfin, « les pauvres bénéficiers furent chassés de leurs maisons, et leurs titres et documents brûlés

---

[1]) Et qui a servi de cathédrale provisoire de 1866 à 1895, époque de sa démolition (cf. G. t. III, introduction, p. XL-XLI).

(2) Juvénis. *Hist. du Dauphiné*, page 93 et suiv. du manuscrit de Grenoble. [Cf. G, 1499.]

(3) *Hist. du Dauphiné*, tome II, liv. 19, sect. 21. — Ce passage de Chorier ferait croire que les châteaux de l'évêque ne furent renversés que postérieurement à la prise de Gap, en 1577, si le certificat d'Eynard Davin, du 23 août 1576, ne prouvait qu'ils l'étaient déjà à cette époque. (Voyez ci-dessus page 632).

au-devant de la grande église, qui fut en même temps abattue avec la maison de l'évêque » (1).

Il me reste encore à rechercher l'origine de ces anciens couvents, de ces vieilles églises, de cette antique maison épiscopale, renversés par les protestants, à découvrir l'emplacement qu'ils occupaient dans la ville et à signaler les diverses métamorphoses subies par ceux de ces monuments qui furent bien ou mal restaurés dans la suite. Ce sera le sujet de ma sixième lettre [2]).

Gap, le 28 novembre 1837.

---

(1) *Mémoire présenté le 22 décembre 1605 par le clergé de Gap à l'assemblée du clergé à Paris.* Ms.

[2]) Afin de ne pas interrompre le récit des événements, nous omettons de reproduire ici cette Lettre; elle sera donnée plus tard.

XXVIIe LETTRE.

1577-1587.

DOMINATION DES PROTESTANTS.

Gap et le Gapençais sous la domination des protestants. - Bonne d'Auriac, gouverneur de Tallard. — Manière dont les calvinistes exécutent l'édit de Poitiers, à Gap. — Le prince de Condé se rend en cette ville et fait reconnaître Lesdiguières comme capitaine général des protestants du Dauphiné. — Guet-apens du château de Tallard. — Générosité de Lesdiguières envers Le Moulin et Bajole. — Embuscade de Blosset à la ferme de La Croix et à celle de Chapau. — D'Auriac, prisonnier de Lesdiguières. — Le duc de Mayenne en Dauphiné. — Tallard bloqué par Lesdiguières et ravitaillé par Tavannes. — L'évêque Paparin à La Baume-lès-Sisteron. — Il y assemble le clergé de son diocèse et rédige des statuts synodaux. — Grand éloge du Roi et de la Reine-mère. — Le revenu de l'évêque réduit aux dîmes de La Baume. — Le duc de Mayenne contraint Lesdiguières à accepter la paix. — Il vient à Gap et rétablit en leurs maisons les catholiques qui en avaient été expulsés, et Paparin dans l'exercice de ses fonctions épiscopales. — Nouveaux troubles suscités par les hérétiques. — Fuite de l'évêque par l'égout de Porte-Colombe. — Il se retire de nouveau à La Baume, où il paraphrase les psaumes de David. — Projets de vengeance des catholiques de Gap déjoués par le lieutenant du gouverneur. — Poursuites dirigées par l'évêque contre les habitants de Lettret. — Ses derniers traités avec Gabriel de Clermont. — Procès par lui intenté aux consuls de Gap. — Cette ville se déclare pour la Ligue. — Prise de Chorges et d'Embrun par Lesdiguières. — Cruautés exercées par les protestants dans la ville et le diocèse d'Embrun. — Cadet de Charance au pont de Brion. — Reprise de Chorges par d'Épernon et La Valette. — Encore Cadet de Charance. — Divers exploits de Lesdiguières.

1577. — La ville de Gap, tombée au pouvoir de Lesdiguières, en 1577, de la manière dont Paparin de Chaumont l'a raconté dans ma cinquième [XXVI°] lettre, resta sous la domination des protestants jusqu'au mois de septembre de l'année 1581, époque à laquelle un grand personnage, qui fut dans la suite le dernier soutien de la Ligue, vint la faire rentrer sous le service du Roi, ou plutôt sous la domination de son frère, le duc de Guise, bien plus puissant alors dans une grande partie du Royaume que ne l'était le faible, le dévot et tout à la fois le voluptueux Henri III.

L'année même de la surprise de notre ville (1577), l'édit de Poitiers assura aux protestants, non seulement l'exercice public de leur culte et leur rétablissement dans tous les droits de citoyens, mais il approuva leurs prises d'armes et tout ce qu'ils avaient fait, comme très utile à l'État. De sorte que, dans nos contrées, ils purent jouir paisiblement et presque légalement de toutes leurs conquêtes, lesquelles s'étendaient sur tout le Gapençais, à l'exception de la ville et du château de Tallard, où commandait un pauvre gentilhomme du voisinage, signalé bien des fois comme mauvais catholique par l'évêque Paparin ; le seul cependant qui sut balancer la fortune de son cousin, le seigneur des Diguières, et résister vaillamment aux entreprises de ses capitaines. Son nom était Étienne de Bonne, et sa seigneurie le petit fief d'Auriac, dans la communauté de La Rochette [1]), où vous voyez encore, au-dessus de la route de Gap à Embrun, les restes de son maigre château, flanqué d'une grosse tour qui, en hauteur, a perdu la moitié de la dimension qui jadis en faisait une forteresse assez respecta-

---

[1]) Étienne de Bonne, fils de Charles et Jeanne de Varey, sgr d'Auriac et de La Rochette, gouverneur de Tallard (1577) et de Gap (1585), chef de la Ligue en Gapençais, puis (1600) vicomte de Tallard, colonel du régiment de ce nom, maréchal de camp (1620), mort en 1643 (G. 1168, cf. G. 1150, 1902 ; *Arch. de Gap*, BB, 12 et 28). Il avait épousé Madeleine de Rousset, fille d'Albert, sgr de Rousset et de Prunières, et de Louise de Grimaldi (G. 855).

ble. Il vous souvient, sans doute, de l'avoir vu figurer parmi les instigateurs du meurtre tenté contre l'évêque, lorsqu'un coup de pistolet lui fut tiré dans les rues de notre ville.

Voici comment les calvinistes, qui en étaient devenus les maîtres, exécutèrent l'édit de pacification. En premier lieu, le substitut du procureur général au bailliage d'Embrun, étant venu à Chorges pour le publier, fut arrêté par les protestants, et de là conduit à Gap, où il fut jeté dans une basse-fosse comme un criminel. La personne qui avait eu la même mission pour cette ville y fut insultée et chassée. Quelques soldats de d'Auriac s'étant présentés pour y entrer, en furent repoussés comme ennemis, et seize d'entre eux y perdirent la vie. Enfin, les catholiques qui l'avaient quittée, au moment où elle était tombée au pouvoir des protestants, et qui s'étaient retirés à Embrun, crurent pouvoir rentrer dans leur ville natale, à la faveur de la paix de Poitiers [sept. 1577], mais on leur fit connaître qu'ils devaient y renoncer, et que leur patrie les désavouait pour siens. Nous verrons bientôt les sanglantes représailles qu'ils préparèrent, après que le duc de Mayenne leur en eut ouvert les portes. Le maréchal de Bellegarde[1], qui commandait par delà les monts, eut le dessein de se rendre à Gap, pour punir les auteurs de tous ces désordres; mais, sur l'avis que son autorité y serait méconnue par les calvinistes, il renonça à son projet, dans la crainte de compromettre l'autorité du Roi en exposant la sienne au mépris d'une population mutinée (2).

Cependant le Roi s'était déclaré le chef de la Ligue. Pendant qu'il s'amusait à parcourir les couvents de sa capitale pour escamoter les jolis petits chiens des nonnes, qu'il se livrait à d'indécentes

[1] Cf. Dufayard, *op. cit.*, p. 47.
(2) Chorier. *Histoire du Dauphiné*, tome II, liv. 19, sect. 23 et 24.

mascarades, qu'il appuyait l'insolence de ses mignons, la ville de Gap restait forcément tranquille sous la domination des huguenots, et ne prenait même aucune part à la septième guerre civile, dite *des Amoureux*. Le prince de Condé, qui venait de recruter en Allemagne et se rendait en Languedoc, s'y arrêta quelque temps, en 1577, pour faire reconnaître Lesdiguières comme chef des protestants dans la province. Il convoqua à Gap les gentilshommes du Bas-Dauphiné qui, après la mort de Montbrun [13 août 1574], avaient refusé de se réunir à lui, et ordonna de le considérer désormais comme leur capitaine général ; mais à peine le prince avait quitté la ville, que l'autorité de Lesdiguières fut de nouveau méconnue par ces gentilshommes, bien qu'il eût obtenu, en même temps, du roi de Navarre, le pouvoir de commander en son absence dans le Dauphiné (1).

1577 à 1579. — D'Auriac, *le Pompée de cet autre César,* tenait toujours le château de Tallard. Sans cesse il était aux aguets pour prendre quelque avantage sur Lesdiguières, tantôt par force, tantôt en usant de stratagèmes ; et il savait les pratiquer fort adroitement.

C'est dans l'intervalle de 1577 à 1579 que fut commis un de ces actes de barbarie trop communs dans les temps de troubles et d'exaltation politique ou religieuse, où, de part et d'autre, on cherche à s'étourdir sous le prétexte du bien public, comme si la loi suprême de justice et d'humanité devait fléchir jamais devant ces fatales maximes, invoquées pour justifier les excès commis ou les excès à commettre.

Étienne de Bonne s'avise un jour de faire sortir de sa brillante forteresse deux officiers de la garni-

(1) *Histoire du connétable de Lesdiguières,* liv. I, chap. 12. [Dufayard, *op. cit.,* p. 48].

son, l'un habitant et l'autre originaire de Gap ; c'étaient Le Moulin et Bajole, qui, comme déserteurs, s'en vont offrir à Lesdiguières de le rendre maître du château de Tallard ; ils prétendaient en avoir un moyen infaillible : car, disaient-ils, la garnison leur était dévouée, puisqu'ils l'y avaient introduite. Il s'agissait seulement de distribuer quelque argent aux soldats, pour leur faire trahir son cousin d'Auriac, et alors ils l'introduisaient dans le château. Afin d'éloigner tout soupçon, Bajolle et Le Moulin proposèrent à Lesdiguières d'envoyer avec eux quelques-uns des siens à Tallard pour reconnaître les soldats qui leur étaient dévoués, lesquels portaient une aiguillette sur l'épaule gauche, signal convenu pour le succès de l'entreprise. C'est un double plaisir, dit le proverbe, de tromper un trompeur ; et cette fois les Sinon gapençais et le gouverneur de Tallard durent l'éprouver, car Lesdiguières ne se douta nullement de la supercherie ; il leur donna deux hommes, qui, voyant les compagnies gardiennes du château rangées sur la place d'armes, sous le prétexte d'une revue, avec la fatale aiguillette, s'en revinrent tout joyeux à Gap auprès de leur maître, qui s'empressa de livrer la somme promise, c'est-à-dire sept à huit cents écus.

Au jour marqué pour l'exécution de son projet, Lesdiguières se rend furtivement à Tallard avec l'élite de ses troupes, s'établit dans une vigne située au-dessus de l'immortelle *garenne,* et qui porte encore aujourd'hui le nom de *Muscadelière;* puis il s'approche tout à fait de la forteresse et commence à y faire entrer ses soldats, un à un, par une fenêtre basse qui lui avait été promise, et à laquelle on parvenait facilement au moyen d'une échelle : il avait eu la précaution d'ordonner que, lorsque vingt soldats auraient été introduits dans le château, l'un d'eux en sortît pour l'informer de ce qui s'y passait. Mais à mesure qu'ils mettaient le pied dans la chambre, on s'en emparait, on les traînait au fond de la grande galerie qui touche à la chapelle, et là ils étaient inhumainement égorgés, et leurs cadavres jetés dans une cave, et non dans la Durance, comme le raconte à tout venant le *cicerone* femelle du château de Tallard. Lesdiguières ne voyant revenir aucun des siens, commence à soupçonner quelque fourberie ; l'hésitation de Broussailles, l'un de ses plus braves soldats, augmente sa défiance ; enfin, il acquiert la certitude d'une infâme trahison et de l'horrible massacre de ses soldats. Voici de quelle manière :

Le château de Tallard renfermait l'un de ces hommes doués de grands sentiments d'humanité et de ces principes religieux inflexibles, qui leur font repousser ces ruses cruelles, ces actes atroces que les guerres civiles semblent souvent autoriser ; c'était le seigneur de La Rochette, le père d'Auriac, à qui cette boucherie fit horreur, et qui voulut la faire cesser. Il obtint seulement de son fils de ne pas en être témoin, et celui-ci, pour se délivrer de ses remontrances, le conduisit dans sa chambre, où il l'enferma. Le brave gentilhomme, se trouvant seul, court à une fenêtre de laquelle il pouvait être entendu de Lesdiguières, déplace son plastron et en frappe plusieurs fois la muraille, afin d'attirer l'attention du guerrier ; ensuite il crie de toute la force de ses poumons : *Vous êtes trahi ; retournez-vous-en !* Le bon La Rochette répète cinq à six fois l'avis salutaire ; alors Lesdiguières, ne doutant plus qu'il ne fût donné de bonne foi, se retire avec le regret d'avoir perdu force braves hommes.

Videl n'en dit pas le nombre ; et si cet historien s'est complu à rapporter en détail un événement qui ne fait pas briller la perspicacité de son héros, c'est uniquement pour exalter outre mesure sa générosité envers les deux traîtres auxquels, non seulement il pardonna, lors de la soumission de la ville de Gap en 1589, mais dont il fit deux capitaines de quartier, qui, avec d'autres notables habitants, devaient répondre de la ville au roi Henri IV, moins jaloux de se venger que de prescrire à ses lieutenants *l'union et l'oubli*. Dans son enthousiasme, Videl s'écrie : « Que le lecteur qui a la liberté de donner à ces belles actions l'éloge qu'elles méritent, juge s'il en fut jamais de plus généreuse, et s'il remarque aux héros de l'antiquité de plus signalés traits d'une excellente vertu qu'on en trouve en celui-ci » (1).

Comme l'heure de l'oubli n'avait pas encore sonné à l'époque du guet-apens du château de Tallard, Lesdiguières rechercha l'occasion de se venger du cruel affront que son cousin lui avait fait subir : au lieu d'un piège, il en tendit deux à Bonne d'Auriac. Quelque temps après, il ordonne à Blosset, maréchal des logis de sa compagnie de gendarmes, de s'avancer sur Tallard, en faisant paraître dans la campagne une troupe assez nombreuse pour servir de leurre, d'en renvoyer ensuite une moitié vers Gap et de s'embusquer avec l'autre dans la métairie du capitaine La Croix, située sur le torrent de Rosines. D'Auriac donna d'abord dans le piège ; il sort du château et se jette aux trousses des soldats qui avaient paru dans la plaine de Tallard ; mais, averti de l'embuscade par quelques coureurs, il s'en retourne dans sa noble forteresse, et Blosset, l'oreille basse, prend le chemin de Gap, après avoir couché par terre huit à dix des donneurs d'avis, lesquels lui avaient tué Jacques Platel, ce valet de chambre de Lesdiguières, qui avait tenté de l'assassiner, à l'instigation, dit Videl, de Guillaume d'Avançon, archevêque d'Embrun.

Blosset, bien marri d'avoir manqué l'occasion de battre le *Pompée* de Tallard, et ne voulant pas

(1) *Histoire du connétable de Lesdiguières*, liv. II, chap. 1.

encourir la disgrâce du *César* de Saint-Bonnet, se hâta de mettre en usage le second moyen inventé par celui-ci. Le lendemain, sur le soir, il se rend à Veynes, d'où il part, *après une légère repue,* feignant d'aller à Serres. Arrivé au pont d'Oze, il remonte le long du Buëch et dresse une embûche dans la ferme du capitaine Chapan, quartier visité souvent par d'Auriac, et dont il ne revenait pas toujours les mains vides. Il s'y morfond pendant trois jours ; enfin, le quatrième, il voit arriver le gouverneur de Tallard avec sa troupe, tombe sur lui, le contraint de se rendre prisonnier, malgré sa courageuse résistance, et rentre triomphant dans la ville, qui, quelques jours auparavant, avait souri clandestinement de sa déconvenue devant Tallard. D'Auriac ne resta pas longtemps au pouvoir de son bien aimé cousin ; la paix, survenue quelque temps après (celle de Nérac, sans doute), le mit en liberté et fit changer de face à toutes choses (1).

Et ce ne fut pas pour longtemps, car, l'année suivante (1580), la guerre vint de nouveau exercer ses ravages dans le Dauphiné. Le duc de Mayenne s'y rendit, avec une armée de vingt mille hommes de pied et de deux mille chevaux, pour contraindre les protestants à exécuter le dernier traité de paix. Tallard, bloqué à cette époque par Lesdiguières, était réduit à la dernière extrémité. La garnison avait épuisé les vivres qu'Alphonse d'Ornano, colonel corse, y avait introduits, en s'y rendant de nuit, par le chemin de Valernes, de La Motte-du-Caire, de Faucon, de Gigors et le col de Venterol. Le Grand-Prieur, gouverneur de Provence, avait tenté vainement de faire lever le blocus ; mais, sur les ordres de Mayenne, le marquis de Tavannes étant venu, avec quatre cents chevaux, le joindre à Sisteron, où il se trouvait avec Ornano, il put ravi-

(1) *Histoire du connétable de Lesdiguières,* liv. II, chap. 1.

tailler de nouveau la célèbre forteresse, malgré Lesdiguières, qui s'était avancé sur la route de Sisteron et qui fut obligé de battre en retraite jusqu'à Gap, et peut-être même jusqu'à Chorges, où il rencontra et battit, à son tour, le capitaine Mures, l'un des chefs catholiques. Tallard fut ainsi débloqué, et les valeureux soldats qui le défendaient eurent de quoi manger jusqu'à la paix nouvelle que le duc de Mayenne imposa aux protestants du Dauphiné en l'année 1581 (1).

Pendant ce temps, que faisait messire Pierre Paparin de Chaumont dans sa retraite de La Baume ? L'année même de la surprise de Gap par Lesdiguières, il avait publié une bulle pour l'établissement d'un collège et d'un séminaire dans cette ville ²); mais les malheurs d'une guerre si souvent quittée et reprise en avaient empêché l'exécution. Au commencement de l'année 1579, il avait convoqué dans l'asile qu'il s'était vu forcé de choisir tous les ecclésiastiques de son diocèse. A la suite des conférences qui eurent lieu dans cette assemblée, l'évêque rédigea des statuts synodaux, contenant, dit le préambule, « plusieurs exhortations et excitations pour la révérance, intelligence et réception des Saincts Sacrements, la forme que les pasteurs et curez de l'Église ont à tenir en les administrant et faisant leurs prosnes et prières publiques, aveq la visitation des malades ; et preuves de la vérité du sacré corps et sang de Jésus-Christ en la saincte hostie, confirmée encore par miracle de nostre temps au royaume de Poloigne; de la saincte messe ; du purgatoire ; de l'authorité des conciles, de nostre Sainct Père le Pape et prélats de l'Église ; de la révérance qu'on doit porter à la croix de Jésus-

---

(1) *Histoire du connétable de Lesdiguières*, liv. II, chap. 3. [Dufayard, p. 66].

²) G. 2689 et G. 794, p. 65-66 ; cf. *Annales des Alpes*, t. I (1897-98), p. 33.

Christ ; des reliques des Saincts, et aultres choses concernant la piété catholique contre les erreurs et malversations de ce temps. Le tout recueilly de plusieurs bons autheurs catholiques apreuvez, reveu et augmenté par le dict sieur évesque, pour servir à ceulx de son diocèse et aultres qui ont si longtemps esté persécutez par les hérétiques, et à esmouvoir les princes et tous fidèles chrestiens et catholiques qui auront désir de prendre la cause en main pour la deffense de la vraye Église de Jésus-Christ et du pauvre peuple, oppressez par les hérétiques et malvivants »[1]).

Messire Paparin prend le titre de seigneur de Gap et comte de Charance ; il s'adresse *à ses frères et amys en l'Église de Dieu assemblés en son synode, qui ont entendu ce que doctement leur a esté dit et proposé par M. le prieur de Volonne sur le faict de leurs charges.* Il s'excuse de n'avoir pas suivi l'ancien langage de l'Église et d'avoir écrit en langue vulgaire ; mais, ajoute le prélat, *le temps et la nécessité que chascun voit aujourd'hui, et aussi la curiosité que nous voyons estre en infinité d'hommes qui ne se veulent accommoder qu'à la nouveauté et délicatesse de leurs oreilles, nous y ont poussé.* Après cette concession faite à l'esprit du siècle, il retrace les désastres causés par les guerres de religion, et sans s'inquiéter du jugement de la postérité, il fait le plus grand éloge du roi régnant, qui est *prince magnanime, vertueux, dévot et plein de piété et bon, zèle en la religion catholique, comme nous l'avons veu en estant auprez de Sa Majesté dès sa jeunesse, et nous en sommes bien d'ailleurs certifiez.* Il renchérit encore en parlant de Catherine de Médicis, *ceste excellente princesse la Royne-mère du Roi, estant telle qu'elle n'est pas seulement digne de commander en tout grand et ample royaume, mais en toute la terre.* Il ajoute que plusieurs hérétiques, méchants et

[1]) Cf. G. 778, 913 et 1146.

pleins de rage, se sont efforcés d'écrire tout autrement et avec autre révérence de Sa Majesté ; mais il espère bientôt mettre en lumière un petit traité pour les bien rembarrer, encore qu'il n'en soit pas besoin, parce que la vérité, connue de tous les gens de bien qui sont sans passion, les dément assez. *Gardons-nous*, dit encore le prélat, *de cheminer en orgueil, avarice, détraction, blasphèmes, gourmandise, ivroignerie, paillardise, volupté charnelle, vanités mondaines, usant de mots dissolus, vilains, déshonnestes, fols, vains, sans discipline ou doctrine, offensant et scandalisant nostre prochain duquel nous avons le régime...*

Les longs statuts dont je viens de vous faire connaître seulement une petite partie de l'introduction devaient être publiés par Pierre Chevalier, prêtre du diocèse, qui en avait écrit la préface (1). De son côté, cet ecclésiastique s'était complu à faire ressortir les vertus de Paparin de Chaumont, de ce prélat qui, toujours, avait su résister aux avanies comme aux avances des ennemis de la religion catholique ; qui avait mieux aimé transférer le siège de son évêché à La Baume que de rester dans une ville occupée par ses ennemis personnels, bien qu'ils lui eussent offert d'augmenter ses revenus, s'il avait voulu se joindre à eux (2). Il y avait d'autant plus de mérite de la part du révérendissime évêque de Gap à refuser les offres des hérétiques ou des *mauvais catholiques* qui dominaient dans sa ville épiscopale, qu'alors il n'avait pour tout revenu et toute subsistance que les dîmes de la paroisse où il s'était retiré (3).

(1) Le savant M. de Laplane, de Sisteron, auteur d'une *Histoire municipale* de cette ville, qui vient d'être couronnée par l'Institut, m'assure que les statuts synodaux de Paparin de Chaumont ont été imprimés [cf. G. 913]. — Note écrite en novembre 1838.
(2) *Ordonnances et statutz sinodaux faicts par Monseigneur le révérendissime éveseque de Gap, en son assemblée tenue à La Baulme-lez-Sisteron, le VII may 1579.* [Cf. G. 913].
(3) *Annales des Capucins de Gap*, page 58.

DOMINATION DES PROTESTANTS.

Ainsi Paparin de Chaumont s'occupait déjà de la véritable réforme qui s'accomplit dans le siècle suivant, et dont le dernier terme fut l'illustre école de Port-Royal, école austère qui amena peut-être la réaction de ce XVIII⁰ siècle, qui accomplit sa mission en balayant toute croyance religieuse. L'évêque de Gap ne toucha nullement à ce qui est immuable de sa nature ; mais, sentant la justesse des reproches faits jadis à son clergé par Guillaume Farel, il cherchait à réformer ses mœurs, à éclairer son intelligence et à le ramener à l'antique discipline ecclésiastique.

1581. — Si le Dauphiné ne jouissait pas du repos que la sixième paix aurait dû lui assurer, la faute en était à Lesdiguières. Nous avons vu qu'il avait repris les hostilités, ou plutôt qu'il n'avait pas cessé de guerroyer, jusqu'au moment où le duc de Mayenne l'avait contraint de mettre bas les armes, ce qui arriva vers le commencement du mois de septembre 1581[1]. La ville de Gap qui, pendant près de quatre ans, avait été le refuge des protestants des Montagnes, échappa alors à la domination de leur chef, qui fut forcé de se contenter de Nyons et de Serres, places de sûreté que lui avait assignées l'édit de pacification. Lesdiguières jura solennellement de l'observer, et, dès lors, le duc de Mayenne put se rendre à Gap et dans les autres villes des Hautes-Alpes, où il semblait naguère que la paix ne dut jamais aborder. Le frère de Henri *le Balafré*, comme disaient les huguenots, fit son entrée dans Gap le 10 du mois d'octobre suivant ; il y trouva ces derniers en possession de toutes les charges, et il s'empressa d'ordonner qu'à la prochaine élection des officiers municipaux, les consuls et les conseillers seraient choisis en nombre égal parmi les

[1] Voir *Mémoyres de l'an 1580*, dans *Bull. soc. d'étud. des Hautes-Alpes*, 1886, p. 62 et suiv.

protestants et les catholiques, ce qui nous ramenait à l'exécution du règlement de 1564. Le port de toutes armes offensives fut défendu dans la ville, excepté aux gentilshommes, qui, par droit de naissance, étaient en usage de ne jamais les quitter, et aux personnes, qui, à cause de leurs charges, pouvaient toujours marcher avec l'épée[1]).

Le duc de Mayenne avait rappelé l'évêque et son clergé, qui s'empressèrent de se rendre dans l'ancienne ville épiscopale. La joie que dut ressentir Paparin de Chaumont en se trouvant toujours à la gauche du prince lorrain, lorsqu'il fit son entrée solennelle dans Gap, fut un peu troublée sans doute lorsqu'il le vit s'installer chez son plus cruel ennemi. Ce ne fut pas non plus sans éprouver une amère douleur qu'il se rendit ensuite, à travers des ruines, dans sa cathédrale remplie de décombres ; mais il dut éprouver quelque soulagement en voyant que le duc avait fait ruiner, par l'entremise de Saint-Jullin, le fort que Lesdiguières avait fait bâtir sur la sommité de Puymaure, et lorsqu'il l'entendit ordonner au chef protestant de ne plus troubler l'évêque dans l'exercice de sa charge et de ses fonctions épiscopales. Enfin, le duc de Mayenne se conduisit de manière qu'il fut obéi des uns et des autres, et que, sans contrainte, il put remettre en leurs' maisons les catholiques qui en avaient été expulsés en 1577. *Ainsi la ville de Gap sortit de la tyrannie de Lesdiguières, qu'on appeloit le* RENARD DES MONTAGNES *et qui méritoit bien mieux le nom de* BRIGAND (2). Il est superflu de vous prévenir que ce n'est ni Videl ni moi qui avons ainsi stygmatisé le célèbre guerrier, qui, plus tard et à plus juste titre fut surnommé le *héros du Dauphiné.* Cependant le

---

[1]) Voir le *Registre du bailliage de Gapençois*, de 1554 a 1592 (Arch. des Hautes-Alpes, B, 1, *passim*, surtout fol. 148 et suiv.). Cf. *Mémoires pour l'advenir*, nos 18 et 19.

(2) *Annales des Capucins de Gap*, pag. 58 et 59.

mot, plus que dur qui lui est ici appliqué, appartient à un chroniqueur qui écrivait bien des années après les troubles du XVIe siècle, et alors que les passions qu'ils avaient soulevées auraient dû ne plus exercer la moindre influence.

Selon l'historien de Lesdiguières, la paix de Mayenne dura trois ans sans interruption en Dauphiné ; nos annales disent le contraire, et une circonstance particulière me fait pencher de leur côté. A peine le duc avait quitté la province, que les hérétiques se mirent de nouveau en campagne dans le diocèse de Gap ; ils s'emparèrent de rechef de tous les revenus de l'évêché et de tous les biens ecclésiastiques du diocèse, et conçurent même le dessein d'enlever, pendant la nuit, le prélat, tant bien que mal installé dans sa ville épiscopale. Paparin en fut averti par un de ses amis et se vit contraint, pour leur échapper, d'en sortir la nuit même où le complot devait éclater. Dirai-je par quel moyen il parvint à se soustraire à leurs embûches ? Hélas, ce front où brilla jadis un casque étincelant, ce front sur lequel se posait avec tant de dignité la mitre épiscopale, ce front ceint des lauriers de La Rochelle et de Moncontour, fut obligé de se courber d'une manière humiliante sous le joug de la nécessité. Ce fut en s'introduisant dans l'aqueduc par où s'écoulent les eaux de la ville, près de cette porte Colombe qui, en 1577, avait été le témoin de sa noble résistance et de sa glorieuse défaite, que le fier Paparin de Chaumont put se soustraire à la rage de ses ennemis ! Pour la troisième fois, il se retira à La Baume-lès-Sisteron, seul asile qui lui restât dans son diocèse; là, il parut d'abord ne plus s'occuper que des affaires du Ciel, en écrivant un livre de *Paraphrases sur les psaumes de David*, qu'il livra ensuite à l'impression (1).

(1) *Annales des Capucins de Gap*, pag. 58 et 59.

1582. — Cependant les catholiques, se voyant en plus grand nombre dans Gap que les calvinistes, cherchèrent l'occasion de se venger d'eux en les chassant de leurs maisons, comme par eux ils avaient été chassés pendant les guerres antérieures.

Dans la nuit du 2 au 3 février 1582, les uns, armés d'épées et de dagues, se réunirent dans la maison de Moulin, l'un des plus zélés et des plus ardents de son parti, tandis que les autres occupaient les carrefours et les places, avec leurs arquebuses. Les moins courageux ou *les politiques,* s'il en était déjà à cette époque, n'attendaient que le son du tocsin pour se joindre à eux. Peut-être la ville de Gap eût vu dans son sein une cruelle parodie de la Saint-Barthélemy, si les conjurés avaient trouvé quelque résistance ; mais de Lay-Crussilieu, qui commandait dans la ville en l'absence de Saint-Jullin, prévint l'exécution de leur dessein, dont il fut averti assez à temps pour le dissiper, et faire arrêter une partie des catholiques qu'il trouva en armes. Aucun d'eux ne fut autrement puni, car Maugiron, qui, à cette époque, remplissait les fonctions de lieutenant général de la province, jugea à propos de ménager par la douceur l'esprit de *ce peuple fier et turbulent,* et de le châtier plutôt par la peur que par des peines sévères, tant qu'il n'y aurait que de l'emportement plutôt que des crimes effectifs (1). Toutefois, l'intention des catholiques, sinon d'égorger les protestants, du moins de les chasser de la ville, paraissait évidente ; mais peut-être le lieutenant général trouva-t-il leur excuse dans le souvenir encore tout récent des maux qu'ils avaient éprouvés ; dans le refus injurieux fait par les protestants, lors de l'édit du mois de septembre 1577, de les recevoir dans la ville, et enfin dans la fuite honteuse à laquelle les

(1) Chorier, *Histoire du Dauphiné,* tome II, liv. 20, sect. 6.

hérétiques avaient contraint de se livrer le valeureux Paparin de Chaumont.

En cette même année (1582), l'évêque de La Baume recevait du Roi des remontrances, sur le retard qu'il apportait au paiement des décimes imposés au clergé de son diocèse. C'était bien prendre son temps, en vérité ! J'ignore si c'était pour satisfaire aux exigences de la Cour ou pour augmenter quelque peu ses moyens d'existence que Paparin faisait signifier aux consuls de Lettret, le 27 juillet 1582, l'arrêt par lui obtenu du Conseil contre l'apostat Gabriel de Clermont, lequel lui permettait de prélever les dîmes et autres droits que les évêques étaient en possession d'exiger dans cette petite paroisse. Les consuls, Germain Morest et Honoré Forou, demandèrent du temps pour assembler le conseil de la communauté ; mais l'huissier, considérant que cette matière était privilégiée, puisqu'il s'agissait d'aliments, constitua les arrêts au consul Morest pour être détenu dans les prisons de Gap jusqu'à paiement définitif, avec inhibition de s'évader. Le consul obéit, après avoir exigé pour sa décharge une copie de l'arrêt du Conseil et du *pareatis* du parlement du Dauphiné, laquelle lui fut baillée en présence des nobles capitaines à cheval La Roque et Esprit Michel de Beauregard (1). Voilà donc où en était réduit le seigneur suzerain de Gap et de neuf à dix châteaux épiscopaux, dont les revenus considérables passaient dans les mains profanes des ennemis de sa religion !

L'année suivante (1583), rien de remarquable ne se montra dans nos contrées. Paparin assembla à La Baume le clergé de son diocèse pour délibérer sur les décimes qui lui étaient demandés. C'est la première fois, je pense, qu'en l'absence des consuls de Gap, qui ne l'auraient pas souffert, il osa prendre

(1) *Lettre du Roi à l'évêque de Gap, du 4 février 158?. — Commandement signifié aux consuls de Lettret le 27 juillet même année.*

le titre de *comte* de cette ville, auquel nos magistrats attachaient l'idée d'une souveraineté absolue que, dans tous les temps, ils avaient disputée aux évêques (1).

En traitant, quelques mois auparavant, avec son prédécesseur immédiat, toujours retiré dans sa seigneurie de Celles, Paparin s'était contenté de s'intituler comte de son châtelet de Charance, titre qui, depuis un demi-siècle, avait acquis la force de la chose jugée. Dans ce traité, où nous voyons encore apparaître le descendant de cet Aynard de Clermont, à qui le pape Calixte II avait permis de prendre pour devise les paroles de saint Pierre à Jésus-Christ : *Etiamsi omnes te negaverint, ego non te negabo ;* dans ce traité, dis-je, il s'agissait de fruits perçus à Lazer, seigneurie dépendante de l'évêché de Gap, que les deux évêques se disputaient. Il fut convenu que les consuls de Lazer se dessaisiraient des choses séquestrées en leurs mains, pour passer en celles d'un noble personnage dont les parties conviendraient, et y resteraient en dépôt jusqu'à ce qu'il fût décidé quel en était le légitime propriétaire. Gabriel de Clermont était toujours représenté par noble Pierre Gaillard, sieur de Châteauvieux et de Montmorin, son fondé de pouvoirs. Paparin de Chaumont, qui stipulait en personne, n'avait pas craint de quitter La Baume et de rentrer momentanément dans Gap, non par l'égout de porte Colombe, mais par la porte elle-même, qu'il put, sans doute, franchir sans obstacle. L'acte, reçu par Grégoire Jullien, notaire royal et delphinal, fut publié dans la basse-cour du logis de messire Benoît Olier de Montjeu, avec qui l'évêque avait fait sa paix, et qui servit de témoin, avec Esprit Girard, juge de Champsaur et de la vicomté de Tallard, Jean Figuet, avocat, et Armand Manuel, praticien (2).

(1) *Procès-verbal du 31 août 1583.* Ms.
(2) *Convention et accord du 29 mai 1583.* Ms. [Cf. G. 1145].

DOMINATION DES PROTESTANTS. 663

1584. — Pendant que le capitaine Beauregard allait joindre le roi de Navarre dans le Béarn, qu'il lui faisait connaître la ligue formée entre le duc de Savoie et la maison de Guise, ligue secrète qu'il avait découverte en feignant d'être toujours fortement attaché au catholicisme, et que le futur roi de France donnait des lettres de noblesse à cet ancien défenseur du château de Serres, devenu protestant comme Cadet de Charance, son ancien frère d'armes ; pendant que Lesdignières, reconnu de nouveau comme capitaine général des protestants du Dauphiné, se rendait à Montauban, où il avait été appelé par le même prince [1]), Paparin de Chaumont, voyant que l'on commençait à jouir de quelque repos dans notre ville, renouvelait les vieilles prétentions de ses prédécesseurs et faisait ajourner les consuls de Gap devant le Parlement, pour régler certains droits toujours contestés, parce qu'ils étaient toujours contestables ; ensuite, il traitait de nouveau et pour la dernière fois avec le seigneur de Celles, et s'engageait à lui servir une pension pour les sommes qu'il avait perçues dans le diocèse et qui appartenaient au ci-devant évêque de Gap (2).

Et voilà, je vous jure, tout ce que j'ai pu recueillir sur les événements de l'année 1584.

Mais l'année suivante (1585) présentera peut-être quelque intérêt, soit par une détermination prise par les habitants de Gap, et qui, pour eux, eut des suites funestes ; soit par la reprise des hostilités, laquelle amena sous le joug de Lesdiguières la partie supérieure des Hautes-Alpes.

---

[1]) Cf. Dufayard, *Le connétable de Lesdiguières*, 1892, p. 81.
(2) *Histoire du connétable de Lesdiguières*, liv. II, chap. 5. — *Requête des consuls de Gap du 22 février 1584*. — *Concordat entre Paparin de Chaumont et Gabriel de Clermont du 11 octobre 1584*. Ms. [G. 1252.]

Nous avions toujours pour gouverneur La Poipe Saint-Jullin, guerrier valeureux et sincèrement attaché à *la Sainte Union catholique*. Soit par zèle véritable, soit par ignorance, soit à l'exemple du gouverneur, dit Chorier, les habitants de Gap se déclarèrent pour la Ligue en 1585 (1). Chorges et Embrun suivirent l'exemple de cette ville ; mais bientôt les deux dernières vont recevoir la loi de François de Bonne, peu disposé à courber la tête sous la domination des princes de Lorraine.

A la tête de deux cents hommes de pied et de cent vingt chevaux, il sort, un matin, de Saint-Bonnet et vient attaquer Chorges, l'ancienne capitale des Caturiges, où Despraux, seigneur de Laye et parent d'Auriac, commandait cent hommes catholiques. Au lieu de veiller à la défense de la place, les soldats et les habitants s'amusaient à danser. Lesdiguières l'entoure, y plante ses échelles et s'en empare [23 juin 1585]: il laisse la vie sauve à ses prisonniers, car il était venu pour danser avec eux, et pardonne à Despraux, son voisin, qui avait naguère enlevé le chaperon de la dame de Lesdiguières, son épouse ; il fait ensuite terminer les fortifications de Chorges, se rend à Seyne, et, de là, il va s'emparer de Montélimar [25 août], où notre bouillant capitaine Cadet de Charance entre le premier à la tête des arquebusiers à-cheval. Après diverses courses dans le Bas-Dauphiné, il rentre dans l'Embrunais et défait à La Couche cinq cents arquebusiers catholiques qui venaient s'établir à Gap, et qui étaient sortis d'Embrun sous l'escorte de trois compagnies de lances italiennes ²).

Alors le désir de se rendre maître de la *Souveraine des montagnes* s'empare de Lesdiguières (c'est ainsi qu'au détriment de Gap maître Videl qualifie la ville d'Embrun). Il trouve un second Cadet de

(1) *Histoire du Dauphiné*, tome II, liv. 20, section 10.
²) Cf Dufayard, *op. cit.*, p. 82-85.

Charance dans des Orres, gentilhomme d'Embrun, qu'il envoie reconnaître la place. Le 19 novembre 1585, il part de Chorges, arrive devant Embrun, se rend maître de la citadelle, attaque ensuite la ville, et s'en empare, malgré Mathieu de Rame, seigneur des Crottes, qui y commandait et qui se sauve dans la *Tour Brune,* avec le juge de la ville, et d'où ils sortent par composition. Les habitants se sauvent du pillage au moyen d'une promesse de dix mille écus. Les vainqueurs entrent ensuite dans le palais archiépiscopal et dans l'antique église métropolitaine, s'emparent de toutes les richesses qui s'y trouvent et ne le rasent pas, comme ils avaient fait à Gap huit ans auparavant; mais si ces beaux monuments sont respectés [1]), les personnes ne le sont guère. L'archevêque Guillaume d'Avançon, de l'ancienne famille gapençaise des comtes de Saint-Marcel, se sauve avec ses chanoines ; les prêtres d'une partie de son diocèse errent çà et là, en mendiant leur pain; un ecclésiastique qui, malgré la présence des huguenots, veut célébrer la messe dans la métropole, est tué au moment où il était à genoux ; noble Honoré Goulier de L'Ange est chassé à coups de pied de la salle d'audience, meurt dans l'exil et va figurer dans le martyrologe romain ; noble Albert de Champcella éprouve le même sort, mais son nom ne se trouve pas au martyrologe; on en prépare autant au procureur du Roi, noble de Levézie, que l'on trouve à table ; l'exil ou le prêche lui sont offerts; il n'hésite pas, il prend ses bottes et sort d'Embrun avec toute sa famille. Léal, fameux disciple d'Hippocrate, est attaché à la queue des chevaux et traîné dans les rues de la ville, mais Lesdiguières lui accorde sa délivrance. Enfin, l'église Notre-Dame d'Embrun, cette ancienne mé-

---

[1]) D'après les *Mémoires pour l'advenir* (n° 25), cela n'est pas tout à fait exact: alors fut « mis le feu aux esglieses et à l'esvéché », etc. (*Bull. soc. d'études des Hautes-Alpes,* 1886, p. 66-67).

tropole des Alpes Maritimes, devient le temple des huguenots, bien désappointés, sans doute, de ne pas y trouver cette grille d'argent promise par le bon chanoine Louis XI, lorsqu'il se trouvait sous la griffe de son bon cousin de Bourgogne (1).

Nous laisserions maintenant le héros de Saint-Bonnet poursuivre ses conquêtes dans le reste du diocèse d'Embrun, pour en revenir à la ville de Gap, que nous avons trop longtemps perdue de vue, si quelques actes d'une cruauté inouïe, cités par le P. Fournier dans ses *Annales*, peut-être exagérés par ce savant jésuite et passés sous silence par Louis Videl, ne méritaient une mention particulière.

Vous savez, Monsieur, avec quelle barbarie furent traités, à diverses époques, les hérétiques de Freyssinières, de L'Argentière, de la Val-Pute (Vallouise) et du Queyras, et principalement dans le XIVe siècle, où notre compatriote François *Borelli*, grand inquisiteur de la foi dans les diocèses d'Arles, d'Aix, de Vienne et d'Embrun, en livra un si grand nombre au bras séculier, c'est-à-dire à la mort. Aussi, lorsque Farel alla prêcher les nouvelles doctrines du luthéranisme dans ces vallées de l'erreur, y trouva-t-il les restes des Sarrasins, des Pétrobusiens et des Vaudois, que le bienheureux Vincent Ferrier n'avait pu amener au giron de l'Église catholique vers le commencement du siècle suivant, tout disposés à embrasser ces nouvelles doctrines, d'ailleurs si conformes aux enseignements de Pierre de Bruys, sorti des montagnes de la Vallouise au commencement du XIe siècle, et tout

(1) *Histoire du connétable de Lesdiguières*, liv. II, chap. 6 et 7. — *Annales ecclésiastiques du diocèse d'Embrun du P. Marcellin Fournier, citées par le curé Albert, dans son histoire du même diocèse*, tome 1, pag. 68 et suiv. — Par une bulle de 1482 (23 janv. 1483), le pape Sixte IV créa le roi de France et ses successeurs protochanoines de l'église d'Embrun (Fornier, *op. cit.*, t. II, p. 389 ; t. III, p. 392-394).

prêts à venger leurs aïeux des persécutions auxquelles ils avaient été en butte. « Les nouveaux ministres de l'erreur, s'écrie le sensible curé Albert, y commirent des excès dont le seul souvenir est capable d'arracher des larmes. Les églises profanées, les autels renversés, les prêtres massacrés, les vierges violées, un grand nombre de catholiques dépouillés de leurs biens et ignominieusement traités : voilà en abrégé ce qu'on entendait dire chaque jour » (1).

A Molines, dans l'étroite vallée du Queyras, le curé est écorché vif, comme saint Barthélemy ; on lui fait une chasuble de sa peau ; il est enterré jusqu'au menton ; sa tête sert de but aux assistants qui jouaient au palet ; elle est ensuite tranchée et l'on s'en sert comme d'une boule.

Enfin, pour en finir avec toutes ces horreurs, le curé de Réotier est mis dans un tonneau, garni en dedans de pointes de fer, et lancé dans la Durance le long des rochers et des précipices. « Son corps dut être percé et déchiré mille et mille fois. C'est là, sans doute, un martyre qui doit être mis au rang de ceux qu'on imaginait dans les premiers siècles pour faire souffrir les chrétiens. Quelle réforme ! ou plutôt quel esprit de charité pour une religion réformée » (2) !

Hélas ! le bon curé de Seyne, à qui appartiennent encore ces touchantes exclamations, avait oublié les treize années de persécution de François *Borelli*, et surtout la nuit épouvantable du 24 août 1572, où la charité chrétienne s'était trouvée si malheureusement éteinte dans le cœur de tant de catholiques !

C'est en Provence que Lesdiguières porta ses armes vers le commencement de l'année 1586, pour secourir le baron d'Allemagne, et qu'il vainquit De Vins, l'ennemi de ce baron. Un gentilhomme des

(1) *Histoire du diocèse d'Embrun*, tome II, page 231.
(2) *Ibid.*, tome I, pages 71 et 72.

environs d'Embrun, le seigneur de Verdun, qui servait volontairement dans la petite armée de Lesdiguières, y gagna six drapeaux. Le duc d'Épernon, gouverneur de Provence, entra ensuite dans le Dauphiné avec La Valette, son frère aîné. Ce dernier s'étant présenté au pont de Brion, et croyant l'emporter de force, y trouva Cadet de Charance, qui le défendait avec les gardes de son illustre chef. Après un combat meurtrier, il se vit forcé de se retirer à Grenoble, bien que le fameux baron des Adrets, *qui avait fait les huguenots et qui voulait les défaire,* combattît dans les rangs de l'armée catholique. « Vers la fin de l'année, dit Videl, La Valette vint établir à Gap Tajan, son cousin, après en avoir tiré le seigneur d'Auriac qui y avait été placé par la Ligue » (1). Cependant Saint-Jullin en était toujours gouverneur, et ce ne peut être qu'en sous-ordre et pendant son absence que d'Auriac et Tajan ont pu y commander.

Dans les mois de novembre et de décembre [1586] eut lieu le siège de Chorges par les ducs d'Épernon et de La Valette : leurs armées réunies s'élevaient à près de quinze mille hommes. Là, nous voyons encore reparaître le sieur de Montalquier, qui, malgré l'investissement de la place, s'y jette avec cent vingt arquebusiers et quarante hommes armés. De part et d'autre eurent lieu des actions mémorables, et quoique pût faire notre Cadet de Charance, les assiégés furent contraints de capituler ; ils sortirent avec leurs chevaux, leurs armes et leurs bagages, mais sans tambour et les enseignes ployées, et la place fut démantelée le 14 décembre 1586. D'Épernon et La Valette se retiraient ensemble en Provence, lorsque, arrivés dans la plaine de Ventavon, mon redoutable aïeul, le seigneur de Verdun, qui était sorti de cette petite ville, avec treize maîtres,

(1) *Histoire du connétable de Lesdiguières,* liv. II, chap. 9 [Dufayard, *op. cit.*, p. 88-89].

que Saint-Martin, bâtard de la maison de Ventavon, avait mis à sa disposition, choque rudement les premiers qu'il rencontre et rentre dans la place avec vingt chevaux et force butin. Après cet échec, les troupes du favori d'Henri III filent vers la Provence, et La Valette, son frère, prend ses quartiers d'hiver dans le Dauphiné (1).

1587. — Nous laisserons, si vous le voulez bien, Lesdiguières séduire le baron de La Roche, perdre Saint-Jean, son neveu, dans le Briançonnais, qui refusait de lui payer ses contributions, prendre et démolir le château de La Mure appartenant au sieur du Monestier, notre ancien gouverneur, détruire la muraille du Pertuis-Rostan, traiter secrètement avec La Valette, enlever à ce dernier Guillestre et le Château-Queyras, tandis que le gouverneur de Briançon s'empare du fort du Monestier, défendu par ses capitaines, pour en revenir définitivement à la ville de Gap et aborder les années 1588 et 1589, où elle eut à supporter tant de privations et à soutenir la dernière et la plus rude des épreuves auxquelles elle fut soumise durant les guerres de religion.

Gap, le 5 janvier 1839.

---

(1) *Histoire du connétable de Lesdiguières*, liv. II, chap. 10 et 11 [*Mémoires pour l'advenir*, nos 26 et suiv.; Dufayard, p. 91].

XXVIIIᵉ LETTRE.

1588-1595.

CRUELLES ÉPREUVES.

Valeur des habitants de Gap reconnue par l'historien de Lesdiguières. — Prédications d'un moine italien et ses prédictions sur la ruine de la ville de Gap. — Le fort de Puymaure relevé pour la première fois en 1577 et pour la seconde en 1588. — Le moine italien prêchant à Tallard. — Ses prédictions sur le château. — Conjecture sur ce moine. — Combats entre Lesdiguières et la ville de Gap. — Rencontre de Saint-Jullin et de Lesdiguières à Curban et à Claret. — La Valette vient au secours de la ville. — Il s'en retourne et est accusé de trahison. — Gap réduit à l'extrémité. — Nouvelle industrie pour échapper à la famine. — Mort de La Marcousse, gouverneur de Tallard. — Exploits du chevalier de La Croix. — Trêve entre Gap et Puymaure. — Union de Lesdiguières et de La Valette contre les Guises. — Danse champêtre des dames de Gap. — Courtoisie de Lesdiguières. — Reprise des hostilités. — Nouvelle suspension d'armes. — Mort d'Henri III. — La ville de Gap se soumet à Henri IV. — Décimes imposés au clergé et recouvrés par Lesdiguières. — Assemblée du clergé du diocèse. — Noms des principaux chanoines et bénéficiers de 1590. — Nouvelles foires établies à Gap. — Vente de la terre épiscopale de La Bâtie-Neuve. — Assemblée du clergé à La Baume-lès-Sisteron. — Mariage célébré à Puymaure entre Magdeleine de Bonne et Charles de Créqui.

La constance inébranlable que montrèrent nos ancêtres durant les luttes cruelles du XVIᵉ siècle, et surtout pendant les années 1588 et 1589, qui les virent se terminer dans le Gapençais, arrache à l'historien de Lesdiguières les paroles suivantes que j'aurais vivement désiré de voir graver en lettres d'or sur toutes les portes de la ville et sur la façade de tous nos monuments, si les religionnaires nous avaient laissé des monuments, et si les embellissements de la ville ne menaçaient d'enlever les restes de nos vieilles portes : « *Quelques avantages que Lesdiguières eût remportés à diverses fois sur la ville de Gap, il n'y en avoit point qui lui résistât avec plus de vigueur que faisoit celle-là, et c'étoit une pierre d'achoppement à la pluspart de ses entreprises* » (1).

1588. — Le héros du Champsaur voulant, à tout prix, écarter cette pierre d'achoppement, cherchait le moyen d'imposer à la ville un joug qu'il ne lui fût pas possible de secouer ; il le trouva en relevant une forteresse jadis établie sur le monticule de Puymaure, qui domine la ville du côté nord-ouest. Mais, avant de vous parler de l'exécution de ce projet funeste, je me permettrai, Monsieur, de revenir sur la prédiction singulière dont je vous ai déjà entretenu dans ma première [XXIIe] lettre, et qui fut faite bien des années avant que Lesdiguières occupât cette éminence. La relation en est empruntée à l'auteur de la *Fête du Saint Sacrement,* déjà tant de fois citée dans ma correspondance.

« Ce coteau que nous avons en face, et sur le penchant duquel la vigne étale sa verdure, présente encore à sa sommité les restes d'un château et de fortifications qui furent rasés en 1633 ²), en vertu de l'édit de Louis XIII du mois de novembre 1627. Ah ! puissent ces ruines être éternelles, puisque la durée de notre ville est attachée à la non réédification de la forteresse de Puymaure ! Prêtez votre attention au récit d'une terrible prophétie.

« En l'année 1546, apparut tout à coup dans nos murs un grand serviteur de Dieu, italien de nais-

---

(1) *Histoire du connétable de Lesdiguières,* liv. III, chap. 3.

²) *Annales des Alpes,* t. VII (1903-4), pp. 157-175 et 205-224.

sance, grand prédicateur et parfaitement entendu du peuple, bien qu'il ne prêchât qu'en sa propre langue. Son éloquence était grande, et, avec la rapidité de l'éclair, la renommée en publia les effets dans toute la contrée. L'église cathédrale ne pouvant plus contenir le grand nombre d'auditeurs accourus des villages voisins, le prédicateur s'établit sur la place Saint-Arnoux, où il tirait des larmes des yeux de tous les assistants, en leur parlant du royaume de Dieu et de la nécessité de faire pénitence. Il prédit plusieurs malheurs qui ne tardèrent pas à s'appesantir sur notre ville, entre autres les grands troubles des guerres civiles, et la peste qui la ravagea l'année suivante, et qui fit périr un grand nombre de ses habitants.

« Un jour, qu'il était placé au-devant de la merveilleuse église de Saint-Jean-le-Rond, il porta ses regards sur Puymaure : une sueur froide coula de son front, et étendant les bras vers la sommité du monticule, il s'écria, par trois fois : *Malheur!!!* Il ajouta d'une voix sombre et fortement accentuée : — « Habitants de Gap, écoutez mes paroles. Une forteresse fut élevée sur ce mont, au IXe siècle, par ces hordes sorties de l'Arabie, avec une religion nouvelle, qu'ils ne purent faire embrasser à vos ancêtres, malgré un siècle et demi de ravages et de persécutions. Les Sarrasins furent ensuite exterminés sous vos murs par Guillaume, comte de cette contrée, le 3 des kalendes de janvier, indiction cinquième, ce qui tombe en l'année 992. Le reste des infidèles, poursuivi l'épée dans les reins jusqu'à la forteresse de *Fraxina,* qui fut rasée, se répandit ensuite dans les plus hautes vallées des Alpes, où le temps les a confondus avec les indigènes, dont ils finirent par embrasser la croyance. Délivrés de ce terrible fléau, vos pères détruisirent les fortifications des Maures, et le lieu où elles s'élevaient prit dès lors le nom qu'il a conservé jusqu'à ce jour.

Eh bien! ces fortifications se redresseront encore trois fois. N'appréhendez pas trop les désastres qui surviendront après les deux premières; mais, malheur à la génération qui verra la forteresse de Puymaure s'élever dans les airs pour la troisième fois! Cette cité antique sera alors détruite jusqu'en ses fondements, car vos saints patrons l'auront entièrement délaissée; les habitants en seront exterminés, depuis le centenaire jusqu'à l'enfant nouveau-né; le noyer, que trois siècles ont vu croître sur le penchant de vos coteaux, sera arraché et réduit en cendres, comme l'aubépine qui borde vos chemins; en un mot, vos descendants éprouveront une ruine totale, et les enfants de la Provence chercheront vainement le lieu où la ville de Gap montre aujourd'hui les vingt tours qui flanquent ses murs d'enceinte, et la flèche de sa cathédrale si fortement élancée vers le ciel » (1).

« A ces mots, la multitude consternée se prosterna et joignant sa voix à celle du saint prédicateur, elle fit retentir la place de Saint-Arnoux de cris de miséricorde, afin d'obtenir du Tout-Puissant la réformation de cet arrêt terrible, si sa justice ne l'avait pas rendu irrévocable.

« Les deux premières parties de cette désolante prophétie s'accomplirent vers la fin du XVI° siècle, et Lesdiguières en fut l'exécuteur. En l'année 1577, il fit acheter les champs qui se trouvaient sur le coteau de Puymaure, sous le prétexte d'y vouloir bâtir une ferme. Il y forma, d'abord, une enceinte de palissades, afin de dérober aux habitants la vue des véritables constructions qu'il y faisait élever; Champoléon, son beau-frère, termina ensuite les travaux; et ce qui ne présentait, au commencement, qu'une clôture, devint une fortification impo-

(1) Juvénis, *Mémoires inédits.*

sante, qui fut démolie à l'époque où le roi eut traité de la paix avec le duc de Mayenne, et que celui-ci l'eut imposée à Lesdiguières. Mais ce vaillant capitaine, profitant de l'absence de Saint-Jullin, gouverneur de Gap, rétablit cette forteresse en 1588, malgré les fréquentes sorties des habitants et les escarmouches qui, commençant avec le jour, ne finissaient qu'avec la nuit. Il parvint en dix jours [1] à établir un fort, composé de cinq bastions et de courtines hautes de quinze pieds aux endroits les plus bas; d'autres édifices y furent ajoutés dans la suite, et le tout fut rasé, ainsi que je l'ai déjà dit, en l'année 1633 (2). Maintenant, quelle sera la main sacrilège qui, en relevant de nouveau le fort de Puymaure, consommera la ruine de l'antique et noble cité de Gap? (3).

« Le moine italien, que nous avons perdu de vue, prêcha aussi dans la petite ville de Tallard, au moment où l'on réparait le superbe château dont je vous ai déjà entretenu. Il dit, un jour, aux habitants de l'imperceptible cité, qu'ils voyaient s'élever un grand édifice, mais qu'il ne resterait pas longtemps dans la famille du seigneur qui le faisait construire (4). Et, en effet, c'est ce qui arriva. Depuis l'année 1439, la vicomté de Tallard était possédée par l'illustre famille de Clermont-Tonnerre; mais, en l'année 1600, Henri de Clermont la vendit à cet Étienne de Bonne, seigneur d'Auriac, qui en avait si vaillamment et si cruellement défendu le château

---

[1] Du 5 au 14 avril 1588 (cf. *Mémoires pour l'advenir*, n° 45; Dufayard, p. 103).

(2) Juvénis, *Mémoires inédits*. — *Histoire du connétable de Lesdiguières*, liv. III, chap. 3.

(3) Ce n'a pas été celle de M. le vicomte Colomb, qui devenu possesseur de Puymaure, a détruit naguère jusqu'en leurs fondements les constructions sarrasines et huguenotes.

(4) Juvénis, *Mémoires inédits*. — On présume que c'est à l'époque des prédications du moine italien que fut construite l'élégante chapelle, encore intacte, du château de Tallard.

pendant les guerres de religion, et l'on vit ainsi s'accomplir la prédiction du religieux italien (1).

« Quelques années avant son apparition dans nos contrées, de jeunes espagnols, peu familiers avec la langue italienne, prêchaient également dans les rues et sur les places publiques, et attiraient la foule dans plusieurs villes d'Italie. C'étaient les disciples et les compagnons d'*Inigo Lopez de Recaldo*, de la maison de Loyola, dont le nom figure au calendrier sous celui de saint Ignace. On remarquait parmi eux François-Xavier, de Pampelune, Pierre Fabre, de Savoie, Salmeron, Lainez et Robadilla. Pleins de zèle et d'enthousiasme, ils faisaient le vœu d'obéissance passive et d'entière soumission au siège de Rome, et se consacraient entièrement au service du Pape, alors que de tous côtés on commençait à se séparer de Sa Sainteté ²). N'est-il pas vraisemblable que l'un des disciples d'*Inigo* (si ce n'est le fondateur lui-même de la célèbre société de Jésus, ou tout au moins le grand apôtre du Japon) avait franchi les Alpes, afin de prémunir nos ancêtres contre les nouvelles erreurs qui déjà s'étaient glissées dans nos vallées, et qu'il était l'auteur des funestes prédictions dont la plupart de ses auditeurs virent, en partie, le funeste accomplissement? C'est une conjecture que je livre à vos méditations ».

Si vous le permettez, Monsieur, j'ajouterai quelques détails à la relation faite, en 1744, par le consul de Gap au prince de Conti.

Ce fut pendant la nuit du 4 avril 1588 que Lesdiguières arriva au bas du coteau de Puymaure, avec Montbrun, *très digne fils de celui dont l'histoire rend*

(1) *Mémoire sur les divers possesseurs de la vicomté de Tallard*, Ms.
²) Sur cette question, on pourra lire un savant article de Fr. van Ortroy, *Manrèse et les origines de la compagnie de Jésus* (vers 1539), dans *Analecta Bollandiana* (Bruxelles, 1908), t. XXVII, p. 393-418.

de si bons témoignages, et, de plus, avec Grignan, Gouvernet, Morges, Champoléon, Beaumont et Briquemaut, qui s'étaient joints à lui avec leurs troupes et celles que lui avaient envoyées les sieurs de Cugie, de Blacons et de Vachères. Il l'investit d'abord, s'empara des moulins situés sur les torrents de Bonne et de la Luye, et les détruisit, pour commencer à donner à la ville de Gap toutes sortes d'incommodités. Les habitants, nullement intimidés par ces préparatifs hostiles, ni de la présence du ban et de l'arrière-ban de la noblesse huguenote du Dauphiné, sortent avec la garnison commandée par L'Épinay et par Bombain, cadet de Pâquiers, le premier, lieutenant, et le second, enseigne du gouverneur absent, et donnent avec tant de force et de persistance sur la troupe ennemie, qu'il fut impossible à celle-ci de les faire rentrer dans la ville. Le lendemain et les jours suivants, eurent lieu ces combats brillants qui commençaient dès l'aurore et ne finissaient qu'avec le crépuscule.

Cependant Lesdiguières avait tracé le fort de Puymaure, et y faisait travailler sans relâche. Chaque compagnie de gens à cheval élevait le bastion qui lui avait été assigné, et lui-même, à la tête des fantassins, leur portait le gazon nécessaire. Arabin et le *traître* Beauregard avaient la conduite de cet ouvrage, qui, au bout de dix jours, apparut avec ses bastions et ses courtines aux regards stupéfaits des intrépides Gapençais.

Saint-Jullin, instruit de ce qui se passait autour de la ville confiée à sa bravoure et à sa vigilance, se hâte de quitter la Provence. Il atteignit le village de Curban, lorsque Lesdiguières, qui était allé à sa rencontre, y arrivait de son côté. Le combat s'engage entre les cinquante maîtres qu'il avait amenés et la compagnie de gens à cheval que Saint-Jullin avait à ses ordres ; le gouverneur de Gap est repoussé jusqu'à Claret, laisse ses chevaux dans ce village et s'enferme au château. Lesdiguières se saisit des chevaux abandonnés, attaque le château, y perd quelques-uns des siens, ne peut le forcer et se voit contraint de s'en retourner à Puymaure ; alors Saint-Jullin revient à Curban, et sachant que Gap est investi de toutes parts, il implore le secours de La Valette, qui aussitôt se met en chemin avec les compagnies de gendarmes du duc d'Épernon, d'Alphonse d'Ornano, de Tournebon, de Ramefort, de Montclus, la sienne propre et quelque infanterie, et parvient à les introduire dans la place. Les habitants sentent redoubler leur courage en voyant dans leurs murs l'élite des soldats de la Sainte-Ligue ; ils font une sortie et attaquent Lesdiguières en une grande escarmouche en laquelle ils sont battus... *à leur accoustumée,* ajoute l'insolent historien qui, quelques lignes plus haut, avait été forcé de signaler leur courage, leur constance et leur inébranlable fermeté. La Valette passe quelques jours à examiner le fort de Puymaure, ne voit ou ne veut voir aucune possibilité de s'en emparer, s'en retourne en Provence, et livre Gap à ses propres forces. A tort ou à raison, cet abandon précipité fit accuser La Valette d'être d'intelligence avec Lesdiguières ; mais toujours est-il certain que, laissant le sieur de Poligny à Puymaure, Lesdiguières le poursuit ou fait semblant de le poursuivre jusqu'à Ventavon, qu'il ne peut ou ne veut pas l'atteindre, et qu'en s'en retournant, il s'empara du château de Jarjayes (1).

Vous croyez peut-être que nos ancêtres, consternés du départ de La Valette et des brillantes compagnies de gendarmes qui l'accompagnaient, vont perdre leur courage et livrer au plus cruel ennemi de leur religion une place aussi importante pour l'union catholique que l'était la ville de Gap. Non !

(1) *Histoire du connétable de Lesdiguières*, liv. III, chap. 3. [Dufuyard, p. 103].

non! Leur ardeur se ranime ; de plus grands périls leur assurent une gloire plus grande. Chaque matin, sans qu'il soit besoin d'en renouveler l'ordre, sans aucun de ces rappels qui, de nos jours, ne peuvent parvenir à rassembler un piquet de garde nationale, tout piquier, tout arquebusier de la milice urbaine, qui connaît le poste que son patriotisme lui assigne, s'y rend exactement. La destruction de leurs moulins leur impose de cruelles privations. N'importe ! L'industrieuse nécessité leur suggéra un moyen infaillible, quoique lent, d'échapper à la famine. Il leur reste deux moulins à bras qui ne peuvent suffire à moudre le grain nécessaire à leur subsistance ; ils suppléent à l'insuffisance des deux usines à l'aide de moutardiers : chaque chef de famille prend le sien et s'en sert pour avoir de la farine, le pain ne leur manque pas ; « et Lesdiguières, n'en pouvant deviner la cause, y envoya un homme exprès pour l'apprendre, comme il fit, *avec autant d'admiration que de déplaisir* » (1). Grâces vous soient rendues, honnête et véridique Louis Videl !

L'intérêt que nous inspire la ville de Gap n'aurait pas dû me faire oublier sa *microscopique* rivale, comme dirait le digne consul de 1744, s'il vivait encore de nos jours. Je me hâte d'y revenir, pour vous apprendre que le comte de Grignan, en se rendant à l'appel de Lesdiguières, avait pris le chemin de Tallard. La Marcousse y commandait, à la place du seigneur d'Auriac, que La Valette en avait mis dehors, je ne sais trop pourquoi. Ce nouveau gouverneur s'étant avancé, tout seul, pour reconnaître les troupes de Grignan, deux arquebusiers suscités par Saint-Martin, bâtard de Ventavon, qui se trouvait dans les rangs du gentilhomme provençal, se glissèrent le long du chemin, et, cachés derrière une haie épaisse qui les dérobait à sa vue,

---

(1) *Histoire du connétable de Lesdiguières*, livre III, chapitre 3.

firent feu sur La Marcousse, l'atteignirent, le tuèrent, et son cheval s'en retourna vers Tallard à toute bride. Il fut universellement regretté, comme l'un des hommes les plus vaillants et les mieux faits de son temps ; mais il fut blâmé d'être sorti seul du château de Tallard, pour une occasion qui paraît assez peu importante aux yeux de l'historien du connétable.

J'aurais dû ne pas omettre non plus, qu'à son retour de Claret, Lesdiguières, apprenant que Maugiron, lieutenant du Roi en Dauphiné, faisait fourrager le pays de Trièves, y envoya La Croix, de Tallard, avec les arquebusiers de Morges. Le noble chevalier arrive, surprend les troupes de Maugiron au grenier de Gresse, démonte et fait prisonnier le capitaine Disimieu et cinquante maîtres, tombe sur l'infanterie et fait mordre la poussière à Bouvert, sergent-major de Grenoble, qui la commandait, ainsi qu'à deux capitaines ; ce qui peut échapper gagne la montagne ; et le chevalier de La Croix n'a que trois hommes blessés. Vers la fin de l'année, ce capitaine sauve, par son courage, l'armée de Lesdiguières engagée de nouveau dans un combat meurtrier, près de Bourg-d'Oisans, contre les soldats de Maugiron ; et Lesdiguières rendit publiquement à La Croix le témoignage qu'il devoit à sa valeur (1). Gloire à la petite ville où il prit naissance, quoiqu'en aient pu dire les consuls passés et présents de la ville de Gap.

Cependant, toutes les escarmouches, tous les petits combats entre cette ville et le fort du Puymaure n'avançaient guère les affaires de l'un et de l'autre parti, et l'on commença, sur la fin de l'été, de parler d'accommodement. Ce qui engagea les habitants de Gap à y consentir, ce fut la perte qu'ils éprouvèrent au célèbre moulin de Burle, un jour

---

(1) *Histoire du connétable de Lesdiguières,* livre III, chap. 3 et 5.

qu'ils attaquèrent les barricades que Lesdiguières y avait fait élever, afin de leur ôter toute communication avec la ville d'Embrun ; ils y perdirent beaucoup de leurs meilleurs hommes ; et, d'ailleurs, les troupes de M. de Bonne avaient, selon leur louable coutume, ravagé la campagne autour de la ville et enlevé la moisson. Une trêve fut alors convenue pour six mois, au moyen de dix mille écus que les habitants de Gap s'engageaient à payer, sous le cautionnement du baron de La Roche qui, peut-être, n'était ni protestant, ni catholique, mais du tiers-parti. Nos voisins de Tallard voulurent obtenir le lendemain une trêve semblable : de si grandes difficultés s'y opposèrent que les députés de ce bourg s'en retournèrent sans rien conclure (1). Est-ce faute de pouvoir trouver une caution ? Videl ne le dit pas, et je me garderais bien de le présumer.

A l'abri des engagements contractés, nous pourrons sans doute reprendre avec nos voisins des relations trop longtemps suspendues. Nos pères auraient pu l'espérer si, à la même époque, les sieurs de La Valette et de Lesdiguières n'avaient fait un traité d'alliance offensive et défensive contre le duc de Guise, fondé sur les sinistres intentions de ceux de cette maison, lesquelles ne tendaient rien moins, dit le traité, qu'à la subversion du Royaume, la perte des princes du sang et celle de leurs parents, de leurs alliés et de leurs serviteurs. Les plénipotentiaires des deux illustres seigneurs s'étaient rendus à Montmaur, baronnie située à trois lieues de Gap. La Valette fut représenté par un gentilhomme provençal, nommé Le Buisson, et Lesdiguières par le sieur de Gouvernet ; et là, se conclut cette ligue qui fut ratifiée par les hautes parties contractantes, à Castel-Arnoux, le 14 août 1588 (2).

(1) *Histoire du connétable de Lesdiguières*, liv. III, chap. 4.
(2) *Ibid.*, liv. III, chap. 4.

1589. — Malgré la suspension d'armes convenue entre Lesdiguières et les habitants de la ville de Gap, ceux-ci ne purent voir sans un secret déplaisir un vieux soutien de la religion catholique s'unir ostensiblement au plus ferme appui de la religion réformée. La trêve était sur le point d'expirer lorsque les magistrats de cette ville montèrent à Puymaure pour voir Lesdiguières, de retour d'une course qu'il venait de faire jusqu'à Nyons, et s'entretinrent avec lui comme s'ils n'avaient jamais été ennemis. M. de Bonne fut sensible à cette prévenance et descendit souvent dans la ville. Un dimanche, par une belle soirée de printemps, il remontait au fort, lorsqu'il aperçut dans un verger, qui devait être situé près de la porte Saint-Arey ou vers le chemin d'Eyserennes, des dames qui dansaient *le rigodon*, *le branle* ou *la gaillarde*, tandis que l'une d'elles *touchait*, c'est-à-dire chantait l'air sur lequel les autres dansaient. En galant chevalier, noble François de Bonne s'arrête, en les saluant; nos dames lui font une profonde révérence, et la moins timide d'entre elles, enhardie par le sourire gracieux et bienveillant du guerrier, lui adresse les paroles suivantes : « Monsieur des Diguières, nous passons ici le temps à danser ; mais, comme vous le voyez, notre danse est toute rustique, puisque nous n'avons pas de violons. — Messieurs de Gap sont peu galants, répondit Lesdiguières, d'un ton un peu caustique ; je vous promets, Mesdames, que la journée de demain ne se passera pas que je ne vous fasse entendre les miens ». Ces bonnes dames ne s'apercevant nullement de l'ironie que renfermaient les paroles de Lesdiguières, le remercièrent de son extrême obligeance et de sa noble courtoisie, et continuèrent leurs innocents ébats, sans s'inquiéter de la présence du guerrier. C'était quelque peu traître de la part de celui-ci de faire pointer, dès le même soir, ses canons contre une ville qu'il venait de quitter amicalement, où il avait été bien choyé, où il s'était sans doute bien repu, et de les faire tirer le lendemain à l'aurore, *avec grand bruit et force ruines de cheminées*, parce que la trêve avait expiré cette nuit même (1).

Il paraît que les habitants de Gap avaient perdu le souvenir de la durée de la suspension d'armes ; ils furent encore cette fois réveillés en sursaut par le bruit éclatant de l'artillerie de Puymaure. Les consuls s'empressèrent de vêtir leur pourpoint des dimanches et leur haut-de-chausses de velours noir, et de monter à la forteresse pour demander à Lesdiguières raison de sa brutalité. Le guerrier leur répondit en ricanant qu'il avait promis des violons à leurs dames, et qu'en homme de parole, il les avait fait jouer dès le point du jour; puis, changeant tout à coup de visage, et d'un ton de voix sentant la menace, il ajouta : « Ne savez-vous pas que la trêve est rompue ? Si vous ne vous résolvez à embrasser mon parti, assurez-vous que je vous ferai danser un mauvais branle... ». — Son parti !... Ombre du chanoine La Palu, combien vous dûtes frémir d'une proposition aussi insolite ! Cependant, comme les habitants de Gap se trouvaient moins que jamais en état de lui résister, ils lui donnèrent des ôtages, et la trêve fut prolongée encore pour un mois (2).

C'était au printemps de l'année 1589 que les élégantes de la fin du XVI° siècle s'ébattaient innocemment dans les prairies de Camargues ou de la porte Saint-Arey, et que monseigneur des Diguières abattait les cheminées de la rue Souveraine ³).

---

(1) *Histoire du connétable de Lesdiguières*, liv. III, chap. 6.
(2) *Histoire du connétable de Lesdiguières*, liv. III, chap. 6.
³) Suivant Dufayard (p. 110), cette anecdote est « plus que suspecte », car la trêve, signée le 14 juillet 1588, expirait le 14 janvier 1589, et Lesdiguières n'arriva à Puymaure que le 28 février.

Le 1ᵉʳ août de la même année, frère Jacques Clément, parricide ou martyr, selon l'opinion qui a raconté son action infâme, plongeait son couteau dans le flanc d'Henri III, *de cet excommunié, de cet assassin des martyrs de Lorraine, de cet homme distrait et séparé de l'Église, qui bouffoit de tyrannies exécrables, qu'il étoit très saint et très recommandable de mettre à mort, comme fit jadis Judith à Olopherne, attendu que l'homicide délivroit un grand peuple de l'oppression tyrannique d'icelui* (1).

La doctrine contenue dans ces dernières lignes nous paraîtrait bien étrange, si, de nos jours, le fanatisme politique n'en avait émis d'aussi condamnables. Du reste, ce n'est pas dans le parti de la Ligue seulement qu'elle trouvait des apologistes : les protestants furent les premiers à déclarer *qu'il étoit licite de tuer un roy et une royne qui s'opposent à la réformation de l'Évangile*. Jusque dans le sein de son palais, Catherine de Médicis était menacée du poignard avec lequel ils s'étaient débarrassés du duc de Guise et du président Minard ; et l'amiral de Coligny lui-même, qui, le premier aussi, appela l'étranger en France, n'avait-il pas dirigé l'arquebuse de Poltrot devant Orléans ? Ainsi s'exprime un nouvel historien de la réforme, qui, à l'appui de ses assertions, a produit un grand nombre de pièces restées inédites jusqu'à ce jour et qui semblent les justifier (2).

A l'époque où la nouvelle de la mort du Roi se répandit dans le Gapençais, si le courage de nos ancêtres ne fut pas abattu, du moins leur intelligence fut prise en défaut : Lesdiguières leur fit entendre que la mort d'Henri III, ayant appelé à la

(1) *Discours véritable de l'estrange et subite mort de Henry de Valois, advenue par permission divine le mardy 1 aoust 1589* [ou, plus exactement, le lendemain 2 août].

(2) Capefigue (*Histoire de la Réforme*, tome II, page 423 et suiv.), qui, à l'appui des mots soulignés, cite un pamphlet attribué au ministre des Roziers et publié en 1566.

couronne le roi de Navarre, son légitime successeur, toute querelle de religion avait cessé. Les bourgeois de notre bonne ville hésitèrent quelque temps ; puis, voyant qu'il n'y avait pour eux d'autre salut que l'obéissance, ils se soumirent. Hélas ! les volontés tenaces, les têtes ardentes avaient succombé dans les mille combats livrés aux hérétiques ! D'ailleurs, Alphonse d'Ornano, nouveau gouverneur du Dauphiné, avait reconnu Henri IV pour son légitime souverain, et il était sur le point de traiter avec Lesdiguières pour conserver cette province *à son naturel seigneur*. Bombain, qui fut depuis vicomte de Pâquiers [1]), sortit de Gap, et, d'après le traité [2]), la garde en fut confiée à la fidélité des habitants, bien que de fraîche date. Ceux de Tallard suivirent notre exemple, et le capitaine Genton fut commis par Lesdiguières pour garder la ville et le château. C'est en cet endroit de son livre que Louis Videl raconte l'action généreuse de son héros envers Le Moulin et Bajole. Il nous apprend que les consuls et les plus considérables de la ville de Gap étant montés à Puymaure, pour reconnaître le Roi en la personne de son représentant, Davin, l'un des consuls, commença sa harangue par protester qu'ils n'étaient pas venus dans l'intention d'intercéder en faveur de personnes qui l'avaient trop cruellement offensé, pour espérer qu'une si faible entremise pût faire obtenir leur pardon ; mais Lesdiguières, interrompant l'orateur, le pria de passer au véritable objet de la réunion. Enfin, le traité fut fait et parfait entre les consuls et François de Bonne, dans les premiers jours du mois de septembre 1589. Les plus notables habitants furent

---

[1]) Charles Allemand de Pasquiers, dit le *Cadet de Pasquiers*, et aussi le capitaine *Bombain*, lieutenant de St-Jullin, gouverneur de Gap (cf. *Mém. pour l'advenir*, n° 49).

[2]) Le traité du 24 août 1589 a été publié, en 1848, par Ladoucette (*Hist. des Htes-Alpes*, p. 717).

nommés capitaines de quartier, et répondirent de la cité. Le Moulin et Barjole, qui leur furent adjoints, se vouèrent dès lors entièrement au service de Lesdiguières, et furent des premiers à faire retentir la ville de ce cri naguère si réprouvé, si malsonnant, si hérétique : *Vive le Roi! A bas la Ligue!* (1)...

Mais lorsque les candides habitants de Gap apprirent, quelques mois après, que la *Sainte Ligue* était toujours fidèlement représentée par les *Seize*, et qu'elle avait proclamé roi de France [le 21 nov. 1589] le cardinal de Bourbon, sous le nom de Charles X, combien ne dut-il pas s'en trouver parmi eux qui maudirent leur soumission à l'hérétique relaps, et qui, avec une rage concentrée, durent s'écrier en cachette : *A bas Henri! Vive la Ligue!*

Lesdiguières se trouvait encore à Gap vers la fin de décembre ; il s'occupait alors du recouvrement des décimes imposés au clergé, lesquels étaient affectés au paiement des ministres protestants, ainsi qu'on le voit par une lettre qu'il écrivait à Montbrun le 30 de ce mois. Nous le laisserons courir à de nouvelles conquêtes dans le Dauphiné, et recevoir un échec à l'île de Crémieu, où notre ancien gouverneur La Poëpe Saint-Jullin s'était cantonné avec un régiment de dix enseignes, commandé par Bombain, qui était allé le joindre après la réduction de notre ville (2). Mais nous le retrouvons bientôt occupé plus que jamais de la perception des décimes dans le diocèse de Gap.

Les chanoines et les bénéficiers cherchèrent les moyens de le satisfaire, dans une première assemblée tenue dans cette ville le 12 mars 1590. Une requête qu'ils lui adressèrent pour le supplier de leur dire quelles sommes devaient être versées entre les mains de son receveur, tant pour l'année

(1) *Histoire du connétable de Lesdiguières*, liv. III, chap. 7 [Dufayard, p. 114].
(2) *Histoire du connétable de Lesdiguières*, liv. III, chap. 8.

expirée que pour l'année présente, *afin qu'ils y pourvoyent si bien que sa seigneurie soyt contente*, pour le prier de ne contraindre que le receveur des décimes et ses cautions, etc., fut répondue de la manière suivante : « *Est ordonné que le clergé de Gap satisfaira entièrement à leur cotte part des vingt mil escus accordés par le traité de tresve, et à laquelle gratuitement et par espécial nous les avions receus, pour aussy tost leur estre ottroyée main-levée de tous leurs biens ecclésiastiques. Pour l'année prochaine, ils y pourvoiront come ils verront à faire, déclarant, quant à nous, de vouloir observer le contenu en lad. tresve. Faict à Serres, ce 17 de mars 1590.* LESDIGUIÈRES.

La *dicte tresve* ne m'est pas connue ; mais Pierre Paparin, apprenant, dans sa retraite de La Baume, qu'une seconde assemblée du clergé devait avoir lieu à Gap, sans pouvoir du Roi ni autorité de l'évêque, et que l'on pourrait y faire assister messire Jehan du Figuet, l'un de ses vicaires, et faire sous son nom quelques ordonnances contraires aux délibérations des assemblées tenues légitimement, ordonna à ce vicaire de notifier à l'assemblée future un arrêt du bureau de Lyon et un autre du Conseil privé, sur l'*esgalation* des décimes du clergé.

La réunion eut lieu le 28 mars, dans la *nef sainte* de l'église cathédrale. L'assemblée était composée des vénérables ecclésiastiques qui avaient survécu aux guerres civiles, tels que les chanoines Sixte Constans, Jehan Buisson, Arnoux Hulliet, avec qui nous avons déjà fait connaissance. On y voyait encore les chanoines Benoît Olier de Montjeu, Jacques Thomé, Guillaume Burgaud, et ce Paul de Beauvais, dont la vie devait se prolonger jusqu'au règne de Louis XIV [et jusqu'en 1652], pour transmettre à la génération suivante, et principalement au docte Raymond Juvénis, les détails de la grande révolution religieuse qui s'était opérée sous ses yeux. Enfin, siégeaient dans l'assemblée ecclésiastique noble Loys de Revillasc, sieur de Chabestaing (Chabestan), comme représentant de noble Jehan-Claude de Revillasc, prieur d'Aspres, Upaix et Montbrand; noble Guillaume Flotte, prieur de Manteyer; noble Antoine d'Aiguebelle, au nom de Michel d'Aiguebelle, son frère, prieur de Saint-André-en-Rosanais; noble Loys d'Aiguebelle, prieur de Saint-Jacques d'Upaix, et noble Charles d'Aiguebelle, prieur de Saint-Géraud de Montgardin et de Clamensane. Après des noms aussi illustres, il est presque honteux de nommer Dominique Beraud, prieur de Saint-Mens; Jehan Barban, curé de Saint-André-lès-Gap; Jehan Boyer, curé de cette ville, et Lagier Morel, curé de la cité de Tallard. Cette réunion, comme les précédentes, avait pour objet *de satisfaire à la partie due au sieur des Diguières, pour raison de laquelle les dits bénéficiers estoient en la peyne*, bien qu'ils pussent produire des quittances dont le montant était plus élevé que la somme due. Il fut résolu néanmoins d'imposer trois décimes sur les biens ecclésiastiques, pour satisfaire au paiement de ce qui était encore dû à Lesdiguières sur le montant de l'assignation sur le clergé, dont il était porteur.

L'assemblée régla la manière dont le rôle serait établi, la perception faite et les poursuites dirigées, et nomma le seigneur de Chabestaing pour se rendre auprès du décimateur huguenot, à l'effet d'obtenir quelque soulagement. A ce qu'il paraît, l'ambassadeur des bénéficiers ne fut pas très favorablement accueilli: car, le même jour, les membres de l'église cathédrale se réunirent encore dans la maison du doyenné, pour aviser aux moyens de faire entendre à monseigneur des Diguières *que, sy son bon plaisir estoit d'accepter leur montagne de Chaudun pour gaige et asseurance des promesses qui luy seront faites, ils luy en passeront les actes;* il était en outre prié *d'avoyr pitié des pauvres rantiers dudict chapitre, quy sont détenus aux arrests en ceste ville pour la rante de Savornon, nonobstant qu'ils n'en doivent rien, pour l'avoir payée à leurs principaulx, et commander de les eslargir de leur longue détention.* C'est dans cette dernière réunion que messire Jehan Figuet protesta au nom du révérendissime évêque de Gap (1); ce qui, sans doute, n'empêcha pas le seigneur des Diguières de percevoir les trois décimes imposés sur les bénéficiers, et, sur la fin de la même année, de faire entrer Grenoble sous l'obéissance du Roi, de s'emparer ensuite du gouvernement de cette ville et de contraindre Henri IV à sanctionner cette petite usurpation (2).

1592. — Les habitants de Gap jouissaient enfin des douceurs de la paix ; ils laissaient le clergé s'entendre comme il le pourrait avec le seigneur des Diguières ; ils exécutaient franchement le traité qu'ils avaient fait avec ce dernier ; mais ils ne languissaient pas dans une molle oisiveté. Quittant les abstractions pour les réalités, et considérant que, si l'homme ne vit pas seulement de pain, ce complément ne lui est pas moins nécessaire, ils s'occupaient alors de leur bien-être matériel.

Le 1er juin 1592, ils obtinrent d'Henri de Bourbon, prince des Dombes et gouverneur du Dauphiné, l'établissement dans leur ville de deux nouvelles foires et d'un nouveau marché. La première fut

---

(1) *Procès-verbaux dressés par Jehan-Benoist Mutonis, notaire, secrétaire de l'évêque et du clergé, en date des 15 et 28 mars 1590. — Requête présentée par le clergé de Gap à Lesdiguières, le 17 du même mois.— Protestation de l'évêque de Gap, faite à La Baume, le 24 aussi du même mois.* **Ms.**

(2) *Articles accordés et convenus sur le faict de la réduction de Grenoble sous l'obéyssance du Roy*, du 22 décembre 1590. Dans cet acte, Lesdiguières prend les titres de conseiller du Roy en son Conseil d'Etat et privé, de capitaine de cent hommes d'armes de ses ordonnances, et de commandant en l'armée de Sa Majesté ès pays du Daulphiné. **Ms.** — *Histoire du connétable de Lesdiguières*, liv. III, chap. 12.

fixée au lundi qui suit les fêtes de Pâques, et la seconde au premier lundi du mois d'août, avec franchise de neuf jours, suivant la coutume ; le marché devait être tenu le mercredi de chaque semaine, indépendamment de celui du samedi dont l'origine remontait à une époque très reculée (1). Ce marché fut dès lors fréquenté, mais les deux foires tombèrent en désuétude. Cependant, la dernière s'est relevée toute brillante sous la Restauration, au moyen d'une ordonnance royale qui l'a rétablie, sauf les franchises qui sont passées de mode de nos jours.

1594. — L'évêque boudait toujours à La Baume. Toutefois, il avait fini par reconnaître en Étienne de Bonne, seigneur d'Auriac, par lui accusé jadis d'avoir dirigé le pistolet qui lui fracassa un genou en 1574, un brave gentilhomme, exerçant franchement la religion catholique, apostolique et romaine; ce qui se trouve littéralement constaté dans un acte passé à *La Baulme-les-Sisteron, dans la maison de l'évesque,* le 28 janvier 1594.

Par cet acte, Pierre Paparin de Chaumont, conseiller et aumônier du Roi, évêque, comte et seigneur de Gap, vendit à d'Auriac, représenté par Hugues Davin, médecin et chirurgien de ladite cité, la terre de La Bâtie-Neuve, y compris ce château qui lui avait été si brutalement enlevé dans les premières années de son épiscopat, sous la réserve de la majeure directe, des droits de lods, investiture et autres droits seigneuriaux, et moyennant la rente annuelle et perpétuelle d'une charge de bled-froment et d'un écu d'or de l'ordonnance (2).

La terre de La Bâtie-Neuve resta dans la famille

(1) Archives de l'hôtel de ville, *Livre rouge,* pag. 1 et 2.
(2) *Acte reçu par Jean-Louis Castagni, notaire à Sisteron, le 28 janvier 1594, en présence de Jehan Arthemale, praticien de Gap, et de Thomas Queyrel, marchand de la même ville.* Ms.

d'Auriac jusqu'en 1663, bien qu'en l'année 1641 M. de Lionne eût obtenu une sentence qui condamnait M. d'Auriac à la rendre à l'évêché, en remboursant le prix de l'aliénation. A cette première époque, elle fut acquise, avec les seigneuries d'Auriac et de La Rochette, de la succession vacante d'Alexandre de Bonne, comte d'Auriac et de Tallard, sous la garantie de Roger d'Hostun, marquis de La Baume, par le maréchal de Villeroy. Le fils du maréchal, Louis-Nicolas de Neufville, duc de Villeroy, vendit ensuite, en 1732, la terre et seigneurie de La Bâtie-Neuve, avec le fief de Mont-Reviol, les terres et seigneuries d'Auriac et de La Rochette, à messire Mathieu de Lovat, avocat général au parlement de Grenoble, au prix de quatre-vingt-dix mille livres (1). J'ignore comment ces terres et seigneuries passèrent dans la famille d'Agoût, qui les possédait encore au moment de la Révolution ; mais je sais qu'elles furent sequestrées et vendues nationalement après l'émigration du chef de cette famille [2]).

J'ai oublié de vous dire que, le 3 janvier de cette même année 1594, l'évêque avait assemblé son clergé à La Baume, pour s'occuper de l'affaire des décimes, et surtout pour faire tenir compte à Lesdiguières de huit cent cinquante écus, que, dans un pressant besoin, il avait exigés du receveur du prélat. Le clergé de Gap fut représenté, en cette circonstance, par Jacques Gavier, prévôt de la cathédrale de Sisteron ; Jehan Tartonne, prieur de Volonne ; Galéas Codur, secrétaire et chanoine régulier de la prévôté de Notre-Dame de Chardavon,

(1) *Acte du 1ᵉʳ février 1732, reçu par deux notaires de Lyon.* Ms.
[2] François-Édouard-Vinceslas-Augustin-Hippolyte, marquis d'Agoult ou d'Agoût, colonel d'infᵉ, qui possédait divers domaines à La Bâtie-Neuve, à Romette et à La Rochette (domaines du Grand-Logis, d'Auriac, de Rauffes, du Tablot), etc., vendus au prix de 19.898 l. (Arch. des Hautes-Alpes, Q, 204, 13 avril 1793). Le 20 juil. 1825, il habitait Grenoble, et il vivait le 18 sept. 1829 (Q. 205). J'ignore la date de sa mort.

et Antoine Richaud, prieur de Melve et Saint-Domnin de Barras (1).

Le 22 mars suivant, Henri IV, qui avait abjuré le protestantisme dès le mois de juillet précédent, entrait dans Paris, aux acclamations de ce peuple qui, naguère, ne cessait de le maudire.

Lesdiguières n'abjurait pas encore et s'alliait à l'une des plus illustres familles du Royaume. Son séjour ordinaire était à Puymaure. C'est dans le château qu'il y avait fait élever que fut conclu et arrêté, l'année suivante [16-30 mars 1595], le mariage de Magdeleine de Bonne, sa fille aînée, avec Charles de Blanchefort de Créqui, fils de la comtesse de Sault, qui avait eu le bonheur d'être préféré au duc de Bouillon, au comte de Grignan et au maréchal de Biron.

Je termine ma lettre par ce mariage, tout en regrettant de ne pouvoir vous faire assister aux noces qui, probablement, furent célébrées sur notre monticule, car il n'a pas convenu à maître Louis Videl de nous y convier (2).

Gap, 13 janvier 1839.

---

(1) *Procès-verbal du 3 janvier 1594*. Ms.
(2) *Histoire du connétable de Lesdiguières*, liv V, chap. 8. — Chorier, *Histoire du Dauphiné*, tome II, liv. XX, section XXIV. [Dufayard, p. 188].

XXIXe LETTRE.

1596-1601.

L'ÉDIT DE NANTES.

Autorité de Lesdiguières dans le Dauphiné. — Règlement qui fixe les gages des consuls de Gap et des officiers de la communauté. — Édit de Nantes. — Gap devient place de sûreté pour les protestants. — La Tour du Pin-Gouvernet, gouverneur de la ville et de Puymaure. — Transaction entre l'évêque et la ville. — Autre transaction entre les chanoines prébendés et les habitants de Montalquier, de Colombis et des Meyères. — Visite pastorale de Paparin dans son diocèse. — Les gentilshommes usurpateurs des bénéfices ecclésiastiques. — Gouvernet incorpore divers prieurés à ses seigneuries. — Plainte contre un ministre protestant de Veynes. — Mémoire adressé par l'évêque aux commissaires nommés pour l'exécution de l'édit de Nantes. — Réponse des commissaires. — L'exercice public de la religion réformée est permis dans Gap. — Les ecclésiastiques du diocèse soumis à l'impôt de deux et demi pour cent. — Mort de Paparin de Chaumont. — Maisons religieuses détruites dans le diocèse pendant les guerres de religion. — Assemblées auxquelles l'évêque avait assisté pendant son séjour à La Baume. — Son traité avec Lesdiguières. — Il lui cède les seigneuries du Noyer et du Glaisil. — Restriction secrète au sujet de cette cession. — Son dernier traité avec la ville de Gap. — Canal d'irrigation de La Baume entrepris par cet évêque. — Il assiste à l'assemblée générale du clergé de France. — A son retour, il reçoit la visite du pasteur de Gap et le jette par la fenêtre. — Charles-Salomon du Serre lui succède. Règlement du 16 avril 1601 pour l'exécution de l'édit de Nantes dans la ville de Gap. — Auteurs gapençais du XVIe siècle.

1596-1598. — Lesdiguières n'avait point encore la qualité de lieutenant général de la province, mais parfois il en exerçait l'autorité à l'insu ou peut-être du consentement d'Alphonse d'Ornano, qui ne voulait pas lui céder cette charge. Le 20 mars 1596, il mandait à du Villar, commandant à Gap pour le service du Roi, que l'on ne pourrait lui donner que cinquante hommes pour la ville et Puymaure (1), ce qui fait présumer que la milice urbaine continuait son fidèle service, en exécution du traité de 1589.

Le 28 novembre de la même année, le président Fustier, commissaire nommé par le Parlement, expliquait, corrigeait et augmentait le règlement de 1560, qui avait déterminé les droits des protestants et des catholiques dans la ville de Gap, fixait *les gages* des consuls de l'intérieur à trois cent vingt sous, ceux des consuls de la banlieue ou *comput forestier* à cent soixante sous, et les gages du procureur et du secrétaire de la communauté au *maximum* de vingt francs pour chacun d'eux (2).

Deux ans après, le fameux édit de Nantes fut publié. Le Roi ayant permis aux calvinistes de garder pendant huit ans les places de sûreté par eux tenues au moment de la publication de l'édit, la ville de Gap reçut une garnison de vingt-un hommes, et le fort de Puymaure, de soixante, aux frais de Sa Majesté. La Tour du Pin-Gouvernet eut alors sous sa dépendance, non seulement la ville et la forteresse, mais encore les places d'Embrun, de Serres et d'Exilles. Paparin de Chaumont gouvernait toujours spirituellement le diocèse de Gap.

1598. — Enfin, nous respirons plus librement sous la charte de la Réformation ; chacun rentre dans la plénitude de ses droits et dans le libre exercice de son culte ; nous finissons comme nous aurions dû finir quarante ans plus tôt, si la raison entrait pour quelque chose dans les affaires de ce

---

(1) *Lettre autographe de Lesdiguières* déposée à la bibliothèque de Gap.
(2) *Règlement du 26 novembre 1596.* Archives de l'hôtel de ville, *Livre rouge,* pages 305 et suiv.

monde : les protestants font publiquement leur prêche dans le temple de Sainte-Colombe, et, le bâton à la main, ils ne contraignent plus les catholiques d'y assister ; monseigneur de Chaumont chante paisiblement le *Te Deum* dans sa cathédrale quelque peu restaurée ; et la persécution cessant, le protestantisme cessera, non seulement de faire des prosélytes, mais nous verrons les gentilshommes qui avaient si longtemps combattu pour sa cause l'abandonner peu à peu.

Au mois d'avril 1598, époque à laquelle Henri IV dressait son fameux édit, l'évêque avait quitté La Baume-lès-Sisteron pour se rendre dans le sein de sa ville épiscopale, et transigeait sur les droits de fournage et sur le consulat avec les consuls Gaspar de Rostain, Arnoux de Bardonnesche et Georges Philibert, assistés de Jacques de Grilh, seigneur de Chaillol, et autres députés de la communauté ; il s'engageait à nommer six greffiers pour la judicature de Gap, et s'abstenait de prendre le titre de comte de cette ville. Quelques mois plus tard, les habitants des quartiers de Montalquier, de Colombis et des Meyères traitaient, de leur côté, pour la dîme avec les chanoines prébendés, messires Jean Buisson, Arnoux Hulliet et Paul de Beauvois ; ils promettaient, pour en tenir lieu, de payer à leurs suzerains ecclésiastiques une pension annuelle et perpétuelle de deux cent quarante écus. — Tout paraissait donc tranquille au sein des Alpes, si ce n'est que la peste ou plutôt une maladie contagieuse moins redoutable, mais embellie de ce nom, régnait dans Gap (1). Paparin de Chaumont put dès lors, sans être inquiété par les religionnaires, parcourir les diverses paroisses de son diocèse.

(1) *Transactions des 15 avril et 22 juillet 1598.* Ms. — Au bas d'une copie *parte in qua* de la première transaction, on lit : *Il y a dans la ville de Gap et son terroir trois mille cinq cents âmes.* Combien les guerres civiles en avaient diminué le nombre, si la note est exacte.

Il n'exécuta le projet qu'il en avait formé que vers la fin de l'été de l'année suivante (1599); et, malgré son grand âge, il visita deux cents églises dans la partie du diocèse située dans le Dauphiné [1]. Il trouva, *par la grâce de Dieu*, qu'en général la réforme y avait fait peu de progrès, car sur onze parts dix avaient persévéré dans la foi catholique ; mais ces catholiques n'en étaient pas moins en grande partie *délaissez de la pasture spirituelle*, car les bénéfices étaient tombés aux mains des gentilhommes de la religion prétendue réformée, lesquels n'étaient nullement disposés à s'en dessaisir. Les gentilshommes catholiques qui en avaient également occupé quelques-uns par force, afin de les soustraire aux nobles protestants, trouvaient, de leur côté, que ce qui était bon à prendre était *bon à garder*, suivant une maxime qui devait être proclamée deux siècles plus tard. L'évêque signala M. de Gouvernet comme ayant incorporé plusieurs bénéfices à ses diverses seigneuries, entre autres les prieurés de Mévoillon, de La Chaup, de Ballons et de La Charce-Rosans. Les ecclésiastiques avaient été chassés des lieux où ils voulaient exercer leur ministère ; on laissait tomber en ruines les églises des bénéfices envahis, et l'on faisait démolir celle de Mévoillon, au grand scandale des catholiques.

Arrivé au bourg de Veynes, Paparin de Chaumont ne put voir sans indignation un nommé Barbier, se disant ministre protestant, faire ensevelir dans le cimetière catholique, en plein jour, comme pour le braver, un calviniste qui s'était cassé le cou en travaillant à sa maison le jour de la fête de l'Ascension, malgré la teneur de l'Édit, qui défendait aux protestants de travailler les jours de fête ; aussi s'empressa-t-il de poursuivre devant le Parlement cette infraction à l'Édit. Mais le ministre Barbier,

[1] Voir le procès-verbal de cette visite, *Arch. des Hautes-Alpes*, G. 779 (grand in-4° de 555 feuillets).

loin d'être intimidé par les poursuites de l'évêque, eut l'audace de venir prêcher à Gap, où il se trouvait encore au moment où Paparin terminait sa visite pastorale et rentrait dans la ville. Barbier, accompagné d'un autre ministre et de huit ou dix membres du consistoire, se rendit, sur les huit à neuf heures du soir, au logis de l'évêque, *son seigneur temporel et spirituel, pour penser mouvoir une sédition ; ce qui feust advenu sans l'ayde de Dieu, au grand scandale de tout le peuple catholique qui est encores, par la grâce de Dieu, en tel nombre qu'il y en a cent pour ung qui ose directement offenser les édicts du Roy et contrevenir à la volonté de Sa Majesté.*

Au mois de novembre, Paparin adressa un mémoire aux commissaires nommés pour l'exécution de l'édit de Nantes et pour terminer les différends qui pourraient s'élever entre les protestants et les catholiques. Parmi eux et à leur tête se trouvait l'ancien ennemi du prélat, ce petit gentillâtre de Saint-Bonnet devenu l'un des plus grands seigneurs du royaume, Lesdiguières, en un mot, à qui l'évêque ne craignit pas d'exposer les griefs qui précèdent, et de demander : 1º le rétablissement de la religion catholique, apostolique et romaine, en tous les lieux de son diocèse où l'exercice en avait été suspendu, avec défense de le troubler dans la perception des fruits des bénéfices, lesquels seront employés au rétablissement du service divin, au paiement des pasteurs et à l'achat ou à la réparation des ornements sacerdotaux, jusqu'à ce que de vrais pasteurs, autres que ceux introduits dans la bergerie par les religionnaires, aient été canoniquement institués ; — 2º qu'il fût enjoint aux personnes qui troublent les ecclésiastiques, dans la jouissance de leurs bénéfices, de leur en laisser désormais la libre possession ; — 3º qu'il fût prescrit au sieur de Gouvernet de payer les décimes imposés sur les bénéfices dont il s'était emparé : car ses gens menaçaient les receveurs de les jeter dans les citernes lorsqu'ils venaient les percevoir, bien que ledit sieur de Gouvernet dût environ mille écus ; *chose qui revient au grand dommage du clergé et retardement du secours du Roy, paiement de ses deniers et contravention à son édict ;* — 4° qu'il fût fait inhibitions et défenses aux calvinistes de prêcher et de faire aucun exercice de leur religion dans les églises et les maisons ecclésiastiques, ni en aucun lieu du diocèse, si ce n'est aux lieux déterminés par l'Édit ; — 5° que les personnes qui ont fait démolir des églises depuis l'avènement du Roi à la couronne, telles que Mévoillon et autres, fussent tenues de les rééditier et de les délaisser à leurs pasteurs légitimes ; — 6° que l'exercice de la religion prétendue réformée fût interdit et défendu dans la ville de Gap, ainsi que dans les terres et places où l'évêque a haute juridiction et plein fief ; — 7° que les cimetières sacrés fussent remis aux catholiques, sans que les protestants pussent y enterrer leurs morts ; devant se contenter des cimetières qui leur ont été donnés précédemment et dont ils n'ont pas été dépossédés ; — 8° qu'il fût permis à l'évêque de faire informer, par ses justices temporelles et spirituelles, sur l'infraction des fêtes et l'exercice de la prétendue religion réformée par les *prétendus* ministres, ainsi que sur la vente des livres prohibés et censurés, excepté aux lieux où l'Édit a permis d'en vendre ; — 9° enfin, que l'évêque et les ecclésiastiques de son diocèse fussent déchargés de toutes impositions, péages et droits perçus sur les blés, les vins et les autres denrées à eux appartenant (1).

Vous voyez, Monsieur, que messire Paparin de

(1) *Requête de l'évêque de Gap aux commissaires députés pour l'exécution de l'édit de Nantes*, avec la réponse desdits commissaires sur tous les articles de cette requête, en date du 8 novembre 1599. Ms.

Chaumont, bien que parvenu aux confins de la vie, bien que sa santé fût, dès lors, très languissante, soutenait encore avec énergie les droits de son église, en demandant l'exécution de l'édit de Nantes, et surtout en l'interprétant de la manière la plus favorable aux catholiques. L'inculpation la plus grave tombait sur le gouverneur de Gap ; aussi les commissaires s'empressèrent-ils de lui renvoyer la requête de l'évêque avant de faire leurs réponses. Celle de M. de Gouvernet ne se fit pas attendre. En voici quelques fragments qui méritent d'être rapportés textuellement : *Le sieur de Gouvernet ayant veu la requeste présentée à vous, Messeigneurs les commissaires, par le sieur évesque de Gap, pleyne de mots picquants, proteste de la calomnie et injure que le dict sieur évesque luy faict par lad^e requeste, et d'en poursuivre réparation en temps et lieu par-devant qui appartiendra : car il dict n'avoyr oncques usé d'aucune force et violence à l'encontre des titulaires des bénéfices.* Il ajoutait que l'église de Mévoillon s'était *d'elle mesme ruynée par vieillesse et caducité*, et qu'il l'avait fait réparer en certains endroits, etc.

On ignore si, dans la suite, la menace de la plainte en calomnie à diriger contre l'évêque reçut quelque exécution ; mais, le 8 novembre 1599, les commissaires Lesdiguières, d'Yllins et de Vic, statuèrent sur sa requête. Trouvant la réponse du sieur de Gouvernet quelque peu évasive, ils lui ordonnèrent de répondre catégoriquement s'il tenait les prieurés mentionnés dans la requête et s'il les avait incorporés aux seigneuries qui lui appartenaient. Puisque l'affaire du ministre Barbier avait été portée au Parlement, l'évêque fut renvoyé à se pourvoir devant ce grand corps de magistrature. Il obtint, d'ailleurs, presque toutes les fins de sa demande ; mais en ce qui concernait la prohibition de l'exercice de la religion réformée dans la ville de Gap, il eut la douleur de voir dire et prononcer que l'exercice de cette religion ayant été fait en l'année 1596, avant et après cette époque, il n'y avait pas lieu d'en ordonner l'interdiction ; ce qui était conforme aux dispositions de l'article 9 de l'Édit. Il en fut de même du dernier article de la requête, lequel tendait à soustraire les ecclésiastiques au paiement de l'impôt. Les commissaires, considérant que l'imposition de deux et demi pour cent avait été ordonnée pour le bien du service de Sa Majesté, et pour subvenir aux dépenses que le pays avait été contraint de supporter, déclarèrent que nul ne pouvait en être exempté (1). Ensuite ils continuèrent, dans les autres parties de la province, la pénible mission d'adoucir les esprits, de démêler les chicanes et d'aplanir tous les obstacles que pouvait présenter l'exécution de l'édit de Nantes ; et l'évêque, peu satisfait sans doute de n'avoir pas obtenu tout ce qu'il avait demandé, s'en retourna à La Baume-lès-Sisteron, où il termina sa longue et orageuse carrière le 1er août 1600, étant dans la soixante-et-dixième année de son âge. Ses restes furent déposés dans un caveau de l'église des Pères Prêcheurs de La Baume, près du maître-autel, du côté de l'Évangile, où l'on voyait encore son épitaphe avant la Révolution de 1789 (2).

Je suis étonné que, dans la requête, si longuement analysée dans les pages qui précèdent, Paparin de Chaumont n'ait pas mentionné l'antique abbaye de Clausonne, qui tenait le premier rang parmi les maisons religieuses de son diocèse. Le monastère fut incendié pendant les guerres de religion, les moines dispersés, et les seigneurs du voisinage ne manquèrent pas de se saisir de tous les biens et de tous les revenus qui en dépendaient. En l'année 1570, l'abbaye de Clausonne, située dans un vallon environné d'une belle forêt et de la montagne de ce

---

(1) *Réponse en marge de la requête citée.*
(2) Juvénis, *Mémoires inédits.* — *Annales des Capucins de Gap*, page 59.

nom, non loin des vallées de Vitrolles et de Ventavon, était encore debout et desservie par douze religieux de l'ordre de Saint-Benoît, non compris les frères convers. Il y eut dans la suite un abbé commandataire nommé par le Roi, lequel était grand vicaire-né du diocèse pendant la vacance de l'évêché. Le dernier qui a occupé cette charge et joui du peu de revenus qui y étaient attachés est l'abbé de La Villette, qui vivait encore pendant les premières années de la Révolution, mais qui, je pense, n'a jamais porté ni mitre ni crosse, à cause de sa taille si tortueuse et si extraordinairement exiguë [1]).

Paparin eût également pu rappeler aux commissaires la destruction du prieuré de Romette, dont j'ai déjà eu occasion de vous entretenir, et du monastère des Bénédictins, situé au sommet de la montagne de Saint-Maurice, dans la paroisse de Valserres, et sur laquelle les processions des paroisses voisines se rendaient le second jour de la Pentecôte, avant que Notre-Dame du Laus les eût attirées dans son sein ; monastère qui jouissait de plusieurs droits seigneuriaux dans le voisinage, et qui fut ensuite érigé en prieuré et mis sous la dépendance de l'abbaye de Boscodon, dans le diocèse d'Embrun.

Il eût pu mentionner encore les pertes éprouvées par les Dominicains de La Baume, où l'on voit encore quelques restes d'une ancienne église, élevée par les soins de la reine Béatrix, au commencement du XIIIe siècle ; par le couvent du Pin, situé entre Claret et Curban ; par le prieuré d'Or-

---

[1]) Guillaume Pompée de La Villette, né à Veynes le 15 févr. 1732, nommé prieur de Tuoux le 3 déc. 1747 (G. II, p. 245), de Montbrand le 2 juil. 1750 (ib., p. 248), vic. général le 29 juil. 1764 (ib. p. 260), abbé de Clausonne le 19 mai 1767 (ib., p. 261), jouissant, en 1791, d'un revenu de 2.022 l. 10 s., réduit, en 1793, à 1.000 l., insermenté, incarcéré à Gap le 22 nov. 1794 (L. 204), retiré en 1802 à Veynes, où il est mort en 1809. (Cf. G. t. VI, p. LXIX.)

cières ; par les Bénédictines de Souribes et les Bénédictins de Valernes ; par les prieurés de Saint-Marcellin et de Saint-Disdier ; par la prévôté de Chardavon, et peut-être même par le couvent de Durbon, caché dans un désert qui ne resta pas inaccessible aux investigations des seigneurs protestants. Enfin, il n'eût pas dû oublier la destruction des couvents, des églises et des maisons religieuses situés dans Gap ou dans les environs de cette ville, qui ont fait l'objet de ma sixième lettre (1).

Pendant son séjour à La Baume, notre évêque assista à toutes les assemblées du clergé tenues à Aix, et particulièrement au concile qu'il avait provoqué et qui eut lieu dans cette ville métropolitaine en l'année 1585. Il se rendit également aux assemblées des trois ordres et les présida fort souvent, car il jouissait de la réputation bien méritée de grand politique, de grand homme d'état et de grand prélat. Le duc d'Épernon, gouverneur de Provence, et La Valette, son frère, lieutenant du Roi en cette province, allaient souvent le visiter à La Baume, lorsque les circonstances les obligeaient de faire de Sisteron le lieu de leur résidence, afin d'obtenir ses conseils sur les affaires épineuses qui se présentèrent si fréquemment pendant les guerres de religion. Si, après l'avènement d'Henri IV, il fit sa paix avec Lesdiguières, ce ne put être qu'en vue du bien de son diocèse et afin de pouvoir y exercer librement ses fonctions épiscopales. Le traité qu'il fit avec son vainqueur renfermait une clause désespérante et contraire, peut-être, aux saints canons et à la discipline ecclésiastique : car il se soumit à lui céder les seigneuries du Noyer et du Glaisil dépendant du domaine de l'évêché ; mais sa présence d'esprit ne l'abandonna pas dans cette fatale conjoncture ; il tâcha de rendre, pour l'avenir, cette

(1) Chorier, *Estai ecclesiastique du Dauphine*. [On trouvera, plus tard, cette lettre.]

clause illusoire, en rédigeant secrètement une protestation contre cette partie du traité, dans laquelle il déclarait qu'il n'entendait nullement faire la cession des deux seigneuries au préjudice de ses successeurs ; et vous conviendrez que ce n'est pas ici la plus belle page de son histoire. Il eut, vous le savez déjà, quelques affaires temporelles à démêler avec diverses communautés qui se trouvaient dans sa dépendance, et particulièrement avec la ville de Gap, dont il s'était aliéné l'esprit en usurpant le titre de comte ; il traita pour la dernière fois avec elle, par le moyen de ses officiers, le 24 mars 1600, relativement à sa juridiction et à celle du courier ou juge de police. Enfin, notre évêque fut nommé député, par l'assemblée provinciale du clergé d'Aix, à l'assemblée générale du clergé de France qui se réunit à Paris le 15 mai 1599 (1).

Paparin de Chamont avait pris en grande affection le lieu de sa retraite, et il s'occupait, autant que les troubles incessants de cette époque pouvaient le permettre, à améliorer le sort des habitants de La Baume. Le premier, il conçut un dessein qui, plus tard, reçut son entière exécution par la constance et la fermeté d'un évêque de Sisteron, et qui, d'un pays agreste et improductif, en a fait un jardin riant et propre à tous les genres de culture. Le Roi avait permis à Paparin de dériver l'eau du torrent de Sasse pour arroser les coteaux et la plaine de La Baume ; il commença par faire percer un rocher de trois mille pas de long, qui devait servir d'aqueduc pour amener les eaux dans le territoire de cette paroisse; mais son grand âge, la maladie à laquelle il succomba et qui durait depuis un an, le dégoût qu'elle lui inspira pour les choses de ce monde, et qui ne lui permit plus que de *s'occuper de Dieu et des joies du paradis,* suspendirent l'exécution du

(1) *Livre des Annales des Capucins de Gap,* page 59. — *Transactions du 24 mars 1600.* Livre rouge, pages 309 et 310.

canal de La Baume (1). Pourquoi le nom de notre prélat ne se trouve-t-il pas gravé à côté de celui de M. de Saint-Tropez, sur le monument élevé à ce dernier par la reconnaissance des habitants de La Baume et de Sisteron ?

La fierté, et je dirai même la rudesse de son caractère, vous a été dévoilée dans mes précédentes lettres ; en passant brusquement du camp au sanctuaire, ses défauts ne reçurent que de faibles adoucissements. Sur la fin de sa vie, il montrait encore une énergie, une irritabilité qui ne s'alliaient guère avec les fonctions épiscopales. Il osa prendre le titre de comte de Gap, qui toujours lui fut dénié par nos magistrats municipaux ; et il fut le premier de nos évêques à usurper ce titre, quoiqu'en aient pu dire des écrivains de la capitale, copistes d'un ouvrage remarquable sur les Hautes-Alpes, qui fait remonter cette usurpation au XII° siècle (2). Enfin, pour vous donner une idée complète du caractère de Pierre Paparin de Chaumont, je terminerai son histoire par un dernier acte de violence dont le récit nous a été transmis, sans malice aucune, par un vénérable père de l'ordre de Saint-François, qui écrivait en l'année 1658. Je craindrais d'en altérer la fraîcheur et surtout de ne pas rendre convenablement la douce et presque imperceptible satisfaction qu'éprouve ce bon père, en voyant notre prélat châtier, comme elle le méritait, l'insolence d'un ministre huguenot, si je ne copiais exactement ses propres paroles :

« A son retour (de l'assemblée du clergé de France), tout le corps de la ville de Gap l'alla visiter. Le ministre crut qu'il en devoit faire de mesme, et

---

(1) *Livre des annales des Capucins de Gap*, loco citato.
(2) Voy. *Histoire, antiquités, etc. des Hautes-Alpes*, page 78, édition de 1820. — Voyez aussi l'*Ermite en province*, la *France pittoresque*, etc., où cette erreur est reproduite, comme tant d'autres sur l'histoire de la ville de Gap.

y estant allé, se promenant avec ledit seigneur évesque dans sa salle, il feut si téméraire que de luy dire que la ville de Gap recevoit, ce jour, le grand honneur de voir leurs deux pasteurs ensemble. Ce seigneur fut si offensé de cette insolence, et qu'un petit ministre osât s'esgaler avec luy, qui estoit son prélat et son seigneur, n'estant que son subject, comme il estoit robuste, d'une riche taille et bien proportionnée, il saisit cet insolent et le jetta par la fenestre » (1).

Pendant sa maladie, Paparin de Chaumont avait demandé pour coadjuteur Charles-Salomon du Serre, qui lui succéda en effet le 22 août 1600, et qui prit possession de l'évêché de Gap le 21 mars 1602, après avoir été sacré à Aix le 28 mai de l'année précédente. Ce prélat nous arriva gros de procès, de chicanes, de prétentions ridicules ; il les mena de front avec le rétablissement de la discipline ecclésiastique, et la création de nouveaux monastères dans le sein de sa ville épiscopale ; il eut la douleur de voir s'y tenir sous ses yeux un synode où affluèrent, de tous les coins de la France, les ministres protestants des deux confessions, et il regretta peut-être de ne pas jouir de la force musculaire de son prédécesseur pour les faire tous sauter par la fenêtre. Avant de développer les divers actes de son épiscopat, permettez-moi de revenir à l'édit de Nantes, dont l'exécution fut réglée par les commissaires royaux, le 16 avril 1601, de la manière suivante :

Il fut enjoint aux protestants comme aux catholiques d'observer strictement les édits du Roi, de demeurer unis, de ne jamais se provoquer de fait ni de paroles, sous peine, pour les contrevenants, d'être déclarés perturbateurs du repos public et punis comme criminels de lèse-majesté. On leur

(1) *Livre des annales des Capucins de Gap*, page 60.

recommanda également l'observation des ordonnances qui prohibaient les duels, les jeux et les blasphèmes. Nous verrons comment ce premier article fut interprété en faveur des Capucins, quelques années plus tard, et à l'égard des pénitents vers le milieu du XVII° siècle. Immédiatement après sa publication, il dut se commettre bien des crimes de lèse-majesté, si nous en jugeons par analogie avec ce qui s'est passé sous nos yeux après la tourmente révolutionnaire.

Passons maintenant à l'organisation municipale de la ville de Gap et au mode d'élection de ses consuls. Le conseil particulier était composé de vingt-quatre citoyens, savoir : deux ecclésiastiques, onze catholiques et pareil nombre de protestants. Les conseillers de l'une et de l'autre religion devaient désigner, chacun de leur côté, six habitants de leur croyance pour le premier, le second et le troisième ordre de consuls en tout douze candidats. Ensuite, la nomination des consuls était soumise au suffrage du peuple en assemblée générale, qui procédait à l'élection, en choisissant un consul catholique pour le premier ordre et un consul protestant pour le second. L'année suivante, l'élection était faite de la même manière, excepté que, pour le premier ordre, il était nécessaire que l'élu professât la religion prétendue réformée, et, pour le second, la religion catholique ; et ainsi alternativement d'année en année. Le troisième consul pouvait être pris indifféremment parmi les sectateurs de l'une et de l'autre croyance, et l'élection en était laissée au libre suffrage du peuple. Le procureur, le secrétaire et le receveur de la ville devaient être choisis, une année parmi les catholiques, et l'année suivante parmi les protestants.

Les revenus de la commune étaient distribués par le conseil, et les paiements effectués sur mandats signés de tous les consuls, à peine de concussion : les comptes en étaient rendus devant des auditeurs, pris en nombre égal dans l'une et l'autre religion. Après deux siècles révolus, les choses se passent à peu près de la même manière, sauf la différence de religion qui est effacée, et l'intervention de l'autorité supérieure pour approuver les budgets et régler la comptabilité.

Les religionnaires devaient entretenir leurs ministres à leurs frais, et l'imposition de six cents écus, levée sur les habitants pour secourir les pauvres des deux religions, était supprimée. Il fut permis aux catholiques de fondre, dans un an, autant de cloches qu'ils le désiraient pour le service de leur église ; pendant ce temps, ils purent se servir de la cloche de l'horloge ; mais à l'expiration du terme, la cloche susdite ne devait plus retentir que pour signaler les incendies, pour convoquer les conseils municipaux, ou pour les autres affaires civiles et politiques de la communauté.

L'instruction publique n'était pas salariée à frais communs ; les régents et les maîtres d'école étaient entretenus par la religion qui les instituait ; mais il était permis aux élèves, ainsi qu'aux régents, sans distinction de croyance, d'assister aux leçons publiques et d'ouïr les professeurs que bon leur semblerait, ou plutôt qui leur sembleraient bons. Selon les dispositions de l'article 20 de l'édit de Nantes, les fêtes de commandement, d'après l'usage du diocèse, devaient être observées par tous les habitants ; ainsi les protestants étaient tenus de chômer les fêtes de la Sainte Vierge et celle du glorieux patron de Gap. Les catholiques pouvaient continuer de faire leurs processions aux jours, lieux et heures accoutumés, en ayant soin de ne pas troubler les protestants dans l'exercice de leur culte. L'abbaye de *Malgouvert,* dont je ne puis vous donner les statuts, faute de les connaître, ainsi que les charivaris, qui depuis ont repris leur cours dans la ville d'une manière aussi intense qu'avant les guerres de religion, furent défendus jusqu'à ce que le Roi en eût autrement ordonné ; mais les commissaires se gardèrent bien de prohiber les bals, car vous savez qu'au XVI° siècle l'on dansait toujours, en temps de paix comme en temps de guerre, dans le salon comme sur la brèche, dans la ville comme à la campagne ; témoins : la fête du 2 janvier 1577, qui précéda la surprise de Gap par Lesdiguières ; la *gaillarde* dansée par nos dames dans les prairies de Saint-Arey, au printemps de 1589, et le divertissement que prenait la garnison de Chorges au moment où le héros champsaurin s'en emparait en l'année 1585. Seulement les propriétaires des maisons où se tiendraient les bals demeuraient responsables des scandales qui pourraient s'y commettre. Le sergent-major devait continuer ses fonctions jusqu'à ce que M. de Lesdiguières, lieutenant général pour Sa Majesté, l'eût révoqué. Enfin, il fut expressément défendu aux religionnaires de s'assembler sans la permission du magistrat, hors les cas mentionnés en l'article 34 de l'Édit.

Telle est la constitution qui nous fut octroyée, le 16 avril 1601, par les seigneurs de Lesdiguières et d'Yllins, commissaires du Roi. Déjà, au mois de novembre 1599, ils avaient rendu deux ordonnances provisoires, l'une portant défense aux citoyens de l'une et de l'autre religion de se provoquer par injures ou voies de fait, et la seconde contre les blasphémateurs, les taverniers qui donnaient à boire pendant le service divin, et les joueurs qui se permettaient de déployer les cartes ou de faire couler les dés pendant le même service (1).

Vous venez de voir que, quant à l'administration de la ville et aux droits politiques de ses habitants,

(1) *Règlement du 16 avril 1601,* au bas duquel sont inscrites deux ordonnances du 12 novembre 1599. *Archives de l'hôtel de ville, Livre rouge,* pag. 315 et suiv.

le règlement de 1601 différait peu de celui de 1564 ; que les fonctions municipales, au commencement comme à la fin de nos discordes civiles, étaient également départies aux protestants et aux catholiques, les droits des uns et des autres également garantis, et leurs croyances également respectées. Et puis allez vous ruer les uns sur les autres, vous battre, vous déchirer, vous injurier, vous calomnier pendant trente ans ; prenez et reprenez la ville ; pillez-la et la repillez ; détruisez ses monuments, abattez les maisons des vaillants capitaines qui sont nés dans son sein, assassinez son évêque, dévastez, ravagez sa campagne, pour arriver tout juste au point d'où vous étiez partis ! Convenons cependant que le règlement de 1564 était inexécutable, parce qu'à cette époque la révolution du XVI° siècle en était à son aurore, et que les principes en étaient vivement contestés ; tandis qu'au commencement du XVII° siècle, elle était consommée, et que la charte de Henri le Grand était devenue une nécessité, que la lassitude des partis devait faire accueillir avec empressement, sinon avec reconnaissance,

Cette immense révolution, mère de toutes celles qui l'ont suivie, a eu ses apologistes et ses détracteurs ; elle les a encore. Les premiers lui attribuent, en grande partie, les progrès rapides de la civilisation et des formes de gouvernement plus rationnelles et moins imparfaites que celles du moyen âge ; les seconds y aperçoivent en germe la philosophie corrosive du XVIII° siècle, l'égoïsme de notre temps et ce mal moral qui travaille la société et l'ébranle jusqu'en ses fondements. Peut-être que les uns ont raison, et que les autres n'ont pas tort. Quoiqu'il en soit, passons à d'autres objets, et voyons si, pendant ce siècle immense, que j'ai dépassé d'une année, afin de ne point séparer de son principe la conséquence des guerres de religion ; voyons, dis-je, si la ville de Gap n'a pas eu quelques petits grands hommes à signaler à la postérité, et dont vous chercheriez vainement les noms dans les nombreuses biographies qui ont été publiées depuis le savant abbé Ladvocat, jusqu'aux élucubrations des érudits qui ont concouru à l'interminable collection de Michaud. La liste n'en sera pas longue, puisque déjà je vous ai parlé de Guillaume Farel, de Claude Olier, de Jean André *de Flandria* et de frère Jacques *Hugonis*.

I. Le premier qui se présente, non dans l'ordre des temps, mais dans l'ordre alphabétique, est Ignace Armand, né dans la ville de Gap en 1562. Il entra chez les Jésuites à l'âge de dix-sept ans, et professa la philosophie pendant deux années et la théologie pendant six autres années ; il fut ensuite tour à tour recteur du collège de Tournon et du collège de Paris ; il devint plus tard supérieur de la maison professe de Champagne, contribua, sous Henri IV, au retour des Jésuites en France, et mourut à Paris le 8 décembre 1638. Indépendamment de divers discours qu'il fit imprimer, il a laissé une *Épître contre le ministre Chamier*, une *Paraphrase sur les épîtres des Apôtres* et une autre *Paraphrase sur les psaumes* (1).

II. Antoine Faure, chanoine d'Embrun et natif de Gap, vivait au commencement du XVIe siècle. L'époque de sa naissance, comme celle de sa mort, me sont inconnues. Il a laissé, dit-on, une *Histoire des Vaudois* qui se trouvait manuscrite dans les archives de l'évêché de Valence (2). De ces archives serait-elle passée dans la bibliothèque de la ville ? C'est ce que j'ignore, ce que je ne devrais pas ignorer, et ce que je pourrai sans doute vous dire dans la suite.

III. J'ignore également à quelle époque a vécu un

(1) *Bibliothèque du Dauphiné*, de Guy-Allard, édition de 1797, page 50.
(2) *Ibid.* édition de 1797, page 157.

moine augustin, nommé Claude Hilaire, qui a donné une traduction de l'*Exposition des mystères et des canons de la messe*. J'en parle à tout hasard, parce qu'il naquit dans le fief de La Saulce, dépendant de la vicomté de Tallard, dont l'histoire se rattache si étroitement à celle de la ville de Gap (1).

IV. Louis Saunier le Gapençais publia en 1584 des odes, des hymnes, des sonnets et d'autres pièces de vers français, dont je ne connais ni le nombre ni la valeur (2).

V. Je termine ces courtes notices par l'éloge de notre grand pédagogue Honorat Rambaud, qui enseigna pendant trente ans la langue française à Marseille. Il publia en 1578 un livre singulier autant que progressif ayant pour titre : *La desclaration des abus que l'on commet en escrivant et le moyen de les éviter et représenter nayvement les parolles ; ce que jamais homme n'a faict* (3). Cet ouvrage, dédié aux consuls de la ville de Marseille, ne tend à rien moins qu'à changer tout le système de l'orthographe, à rendre les émissions de la voix avec le moins de signes possible, et à substituer aux caractères romains des caractères bizarres, moitié grecs moitié barbares, inventés par l'auteur, et qu'il avait fait fondre exprès pour son livre. Notre compatriote était aussi pieux que savant, car le premier chapitre de son ouvrage est consacré au développement de cette proposition : *Qu'il faut bien user des grâces qu'il a pleu à Dieu nous donner, et qu'il nous en demandera compte*. Dans les suivants, se montre une érudition peu commune, même parmi les maîtres d'école sortant des institutions normales de notre temps. Le but qu'il veut atteindre est parfaitement exposé dans une préface où il soutient avec raison que *l'escriture est le double de la parolle, et que le*

---

(1) *Bibliothèque du Dauphiné*, de Guy-Allard, édition de 1797, page 185.
(2) *Ibid.*, édition de 1797, page 286.
(3) Lyon. 1578, in-8°.

double doit estre de tout semblable à l'original, tellement que tout ce qui se treuve en l'original se doit treuver en la coppie, et rien plus..., comme disent fort bien Quintilien, Nébrisse et plusieurs autres, lesquels se faschent de ce que ne représentons pas les parolles comme les prononçons. Or, ajoute notre auteur, *pour ce que Raison, dame et princesse des hommes, approuve et nous commande de représenter les parolles très nayvement et tout ainsi que la bouche les prononce, luy voulant obéïr, come humble et très obéissant serviteur, me suis efforcé, selon mon petit pouvoir, d'accomplir son commandement.* Hélas ! malgré la princesse Raison et les rhéteurs Nébrisse et Quintilien, ses contemporains et leur postérité ont dédaigné cette importante réformation de l'alphabet. Du reste, pas un mot dans le titre, le texte, la préface ou la dédicace qui annonce l'origine gapençaise de l'auteur. Craignait-il, l'humble grammairien, d'être traité de *gavaou* par les fières poissardes du quartier de Saint-Jean ?

Si Honorat Rambaud trouva de dignes appréciateurs de sa découverte, la critique ne s'exerça pas moins sur le *rare œuvre* de ce digne maître d'école. L'exemplaire qui se trouve à la bibliothèque publique de Gap contient un sonnet manuscrit d'un M. Bleyn, de Lyon, portant la date du dernier septembre 1578, et précédé des mots suivants : « J'ai receu en don le présent livre de l'auteur mesme, homme honorable par sa blanche vieillesse et grandement louable par le bon vouloir qu'il a de profiter à tous ». Voilà qui honore le caractère de maître Honorat. Voyons maintenant comment M. Bleyn apprécie dans ses rimes le talent de notre compatriote :

« Pelletier et Meigret, poussés d'un bon vouloir
De voir correctement nostre françoys escrire,
Qui estoit corrompu plus qu'on ne sçauroit dire,
A le bien corriger ont mis peine et devoir.

> L'un et l'autre a monstré qu'il ne nous doit challoir
> Mettre plus d'éléments qu'il ne faut, ce qu'empire
> La vraye diction : et la raison nous tire
> A leur opinion et advis concevoir.
>
> Mais (le grand bien) RAMBAUD non seulement prent peyne
> L'escriture amender, mais encore nous ameine
> Charactères nouveaux, comme Cadme autre-foys ;
>
> Mais avec plus d'égard, car surtout il procure
> Diligent reformer si très bien l'escriture,
> Qu'elle soit à peu près respondante à la voix ».

Je ne sais quel détracteur s'avisa de trouver impraticable la méthode du Cadmus gapençais, et d'exprimer son opinion dans un quatrain rocailleux qui se trouve en regard du sonnet de l'honorable M. Bleyn. Malheureusement pour ce *haineux de la vertu* et de la perfectibilité, la censure tomba sous les yeux d'Honorat Rambaud, qui écrasa l'homonyme dans une octave que vous trouverez à la suite du quatrain et qui terminera ma lettre.

LE CENSEUR.

> « Rambaud, la curiosité
> Ne nous est guère profitable,
> Car il n'y a rien d'imitable
> Puis qui l'a jamais usité » ?

RÉPONSE DE RAMBAUD.

> « Censeur, je n'ay prins tant de peyne
> Pour les haineux de la vertu :
> Il ne me chaut pas d'un festu
> De ta bravade folle et vaine.
> Il n'y a dedans ce mien livre
> Rien qui ne doibve estre imité ;
> Mais tu as trop de vanité
> Qui te rend indigne de vivre ».

Gap, le 25 janvier 1838.

Extrait d'un cahier de M. François Vallon-Corse,
de la ville de Gap.

(*Note de la page 56 et suivantes ci-dessus.*)

Ire PARTIE.

ANTIQUITÉ DE LA VILLE DE GAP ET QUELS ONT ÉTÉ SES FONDATEURS.

Les pays situés entre les Alpes et Marseille, ou plutôt l'ancienne Narbonnaise, furent, d'abord, habités par des peuples qui se donnaient le nom de Celtes, et que les Romains appelaient Gaulois. Il paraît évident, d'après plusieurs anciens auteurs, que les peuples des Alpes, et ceux de cette province romaine, étaient également Celtes ou Gaulois et qu'ils n'avaient pas une origine différente (1).

Ces anciens auteurs semblent n'avoir point osé décider si les Gaulois étaient les premiers auteurs des Alpes, ou si, au contraire, ceux-ci avaient donné leur origine aux Gaulois ; cependant, lors de la bataille remportée à Aix par Marius contre les Ambrons, les Alpes étaient habitées par le peuple qui n'était point différent des Ombriens ou Liguriens d'Italie, car ils s'y reconnurent ; ils tiraient les uns et les autres leur nom du mot grec ὄμβρος qui signifie *pluya*, et cela parce qu'ils passaient pour des restes échappés au déluge (2).

----
(1) Cœsar, *de Bello Gall.* lib. I, *initium* ; — Tacite, *de Moribus Germ.*, p. 411 ; — Pline, *Hist. nat.*, lib. III, 61.
(2) Plut. *in Mario* ; — Rollin, *Hist. romaine*, tome 9, p. 391-392 ; — Gibert, *Hist. des Gaules*, p. 65 ; — Pline, lib. III, ch. 14.

On ne saurait faire remonter plus loin l'origine d'un peuple, et Gibert (pag. 68) croit que les Ambrons ont dû leur établissement dans les Alpes à quelqu'une des peuplades sorties des champs de Sennaar, d'où l'on peut conjecturer que ce fut sous la conduite de Javan ou de l'un de ses enfants; car ces patriarches peuplèrent, selon la remarque du P. Calmet, les Espagnes, les Gaules, l'Italie, etc.

On ne sait point l'époque où les Liguriens se séparèrent des Ambrons et si c'est longtemps après leur arrivée dans les Alpes ; on sait seulement que les Liguriens fondèrent des colonies, qui s'étendirent jusqu'au Rhône et même jusqu'en Espagne (1).

Les principales habitations des Ambrons étaient au nord des Alpes, c'est-à-dire en Suisse. Ils eurent, près d'Orange, le principal honneur de la défaite de deux armées romaines ; ils y étaient au nombre de 30 mille (2).

Rien n'indique quelle limite se donnèrent les deux peuples en se séparant, par conséquent quelles villes doivent leurs premiers habitants aux colonies des Ambrons. Cependant, Strabon assure que les Liguriens venaient jusques au Rhône et au Durion, qui, selon lui, est Sisteron ; ce qui laisserait croire que les Ambrons venaient jusqu'à la Durance, et qu'ils ont peuplé tous les pays situés le long de cette rivière, jusqu'à la Suisse (3).

On le prouve par l'identité des mœurs, de la religion et du langage, et surtout par la conformité du nom des villes.

On trouve effectivement, dans les principales habitations des Ambrons ou de la Suisse, les villes de Brégents, Yverdun et Avenche, qui, en latin,

---

(1) Strabon, lib. 4. Le géographe Sylax.
(2) Rollin, *Hist. rom.*, tome 9, p. 374.
(3) Il dit, dans sa *Méthode pour étudier la Géographie*, t. 7, p. 76, que *Durio* était une ville des Mimasses, qui a été nommée depuis *Segusterio* ; — Samson et Bouche, *Hist. de Provence*, tome I, p. 15.

portent les noms de *Brigantium, Eberodunum* et *Aventicum*, qui répondent à ceux de Briançon, Embrun et de Gap, dont les peuples s'appelaient *Aventici, Gabentici* ou *Gapentici*.

Ce n'est pas à dire, cependant, que les habitants de ces villes aient fondé, le long de la Durance, celles dont le nom répond au leur ; mais on veut prouver que Gap, Embrun et Briançon ont dû leur nom et leur établissement aux Ambrons, par cela même qu'ils étaient dans l'usage de donner au pays qu'ils fondaient une dénomination dérivant de la position.

Ainsi *Broga, Brega* ou *Breda*, signifie, en langue celtique, un pont, et l'on remarque que tous les lieux où ce mot entre dans leur nom sont placés près des rivières. Allobroges, selon M. de Boissieu, vient des ponts que ces peuples avaient sur le Rhône et sur l'Isère : Amiens, *Somonobriga* ; Briançon, *Brigantium, quasi Briga antiœ,* auront pareillement pris leur nom, celle-là d'un pont sur la Somme, celle-ci d'un pont sur l'Ance, l'une des deux rivières de la Durance (1).

Ebrodunum, Lugdunum, Embrun, Lyon, tiraient leur nom de leur situation sur un lieu élevé. C'est de là qu'est encore venu le mot *dunes*, pour exprimer des monticules de sable, en Flandres, sur les bords de la mer (2).

Divona, Dionia ou *Dinia*, Digne, tirait son nom de ses eaux ; car *Divona* signifie fontaine de dieux (3).

Ainsi, on ne craint pas d'assurer que la ville de Gap est redevable de son établissement aux Celtes ou Gaulois.

Alba longa, Alba Julia, Alba Pompeia, Alba Hel-

---

(1) Boissieu, *Droits seigneuriaux*, p. 3 ; — Boulain, *État de la France*, tome I; — Samson, *Remarques sur la carte de l'ancienne Gaule.*

(2) Boulain, l. 3, p. 454, tom. 2, p. 401 ; — Pasquier, *Recherches de la France*, liv. 8, ch. 2, art. 1ᵉʳ, p. 758.

(3) *Dionia celtarum lingua, fons addite divis* (Poète Ausone).

viorum, Vivica Albigum, Albi, ont été ainsi appelées à cause de leur position dans les montagnes. L'on peut en dire autant de Gap, dont le nom a beaucoup de ressemblance avec ceux-là.

Ainsi, on peut avancer que la ville de Gap est redevable de son établissement aux Celtes ou Gaulois, non seulement parce que son nom est tiré de sa position, comme nous l'avons prouvé, mais encore parce que le nom d'*Alpe* ou *Alpée,* dont il se compose, est tiré de la langue celtique ou gauloise.

Le mot *Albe* ou *Albi* servait aux premiers Celtes ou Gaulois pour exprimer toutes sortes de montagnes ; on le donna même à toutes leurs villes de leurs dépendances ou de leurs colonies, situées dans les pays qui en étaient environnées. C'est de là que l'Angleterre était appelée Albion (1) ; mais ce terme s'employa moins génériquement, lorsque d'autres nations se mêlèrent à la Celtique, et le mot *Alpe,* qui avait suivi les colonies gauloises, fut forcé par la suite de se renfermer de nouveau dans les montagnes, d'où il était parti, et s'y fixa.

Ces remarques servent à montrer l'antiquité de la ville de Gap : car, puisqu'elle doit son origine aux Celtes, elle doit être antérieure aux Grecs, qui vinrent s'établir à Marseille sous le règne de Tarquin l'ancien, en la 65e olympiade, environ 600 avant Jésus-Christ ; mais elles ne suffisent pas pour démontrer en quel temps les Celtes l'ont fondée.

Ici M. Vallon entre dans une fort longue discussion pour donner une nouvelle preuve de l'antiquité de Gap. Cette preuve, il l'a tirée du déluge : il prétend, qu'après ce désastre, les hommes durent être, pendant longtemps, saisis d'effroi ; qu'ils durent craindre surtout le retour d'une semblable catastrophe. Dès lors, leur premier soin fut de s'établir sur des montagnes ou aux environs des

---

(1) Buchanam, *Scolies,* lib. I, p. 13.

montagnes. Il en conclut que les Alpes ont dû être les premières habitées ; que les lieux de plaine ne l'ont été que successivement et petit à petit, c'est-à-dire, au fur et à mesure que la frayeur du déluge disparaissait. La séparation des Liguriens avec les Ambrons, et leur établissement sur les bords de la mer viennent à l'appui de son raisonnement. On sentira facilement que M. Vallon pense, d'après cette opinion, que Gap, étant au pied des Alpes, a dû être établi bien avant une foule de villes dont l'existence remonte à la plus haute antiquité (1).

De plus, lors de l'expédition en Italie de Bellovèse, neveu d'*Ambi* et roi de Berry, en l'an 165 de Rome, des Voconces, des Allobroges, des Caturiges se trouvaient parmi les 300 mille hommes qui y furent transportés, ou en Germanie, sous la conduite de Sigovèse. Or, une transmigration semblable suppose nécessairement un excès de population. Comment, dès lors, croire qu'avec une si forte population dans les Gaules, le Gapençais fût demeuré inhabité et que la ville de *Vapingum* ne fût pas déjà établie ? Il a été d'usage, chez tous les peuples, qu'ils n'ont fondé de colonies que lorsque leur territoire ne fournissait plus, au nombre des habitants qu'il renfermait, des moyens de subsistance.

2º PARTIE.

DU NOM DE LA VILLE DE GAP ET DES PEUPLES DU GAPENÇAIS.

De même que nous avons vu qu'en langue celtique on disait indifféremment *Alpe* et *Albe*, ainsi la ville de Gap a été appelée *civitas Gapicencium, Vapacensium, Vapincentium, Vapacensium, Wapincen-*

(1) Gibert, *Histoire des Gaules*, p. 67.

sium, *Vaprugensium*, *Vapincensium*, *Vapensium*, *Vapitensium*, *Apencensium*, *Apencension*, qui ont également leur racine dans les différentes façons d'exprimer le mot d'Alpin.

Les lettres V et G qui précèdent la plupart de ces noms n'en empêchent point l'analyse, parce qu'il paraît par celui d'*Apanensis* et d'*Apencensis*, que la Notice donne à la ville de Gap, que l'addition du V et du G est purement arbitraire, ainsi que M. Vallon en donne plusieurs autres exemples.

Il ne met donc aucun doute que les *Vapitenses* de la Notice, ou bien les *Alpetences*, *Albetences*, *Alvetences*, *Alvetici* et *Alvetoi*, pour signifier des *Alpicenses*, *Alpençois* et *Alpentiques*, ou *Avençois* ou *Aventiques*, ne soient les peuples du Gapençais, dont les noms façonnés sur ceux donnés sur ceux ci-dessus à leur ville, sont devenus *Avantiques*, dans la bouche de Pline, et étaient dans la prononciation du pays des *Gaventiques* ou *Gapitecenses*.

Mais ce qui détermine précisément à croire que Vapençais ou Gapentiques sont les mêmes que les Aventiques, c'est la circonstance où Pline parle de ces peuples : *Adjecit formulæ (sive provinciæ Narbonensi) Galba imperator ex inalpinis Aventicos atque Ebroduntios, quorum oppidum Dinia* (Pline, *Hist. nat.* lib. 3, ch. 4).

Quelques auteurs ont paru croire que la capitale des Avantiques était le village d'Avançon ; mais comme *Aduetuca* (Tongres) n'est point la capitale des *Adualuci* ; comme *Limonus* n'est point la capitale des *Lemovices*, de même Avançon, qui paraît avoir tiré son nom de la Vence, et celle-ci des Avantiques, n'est point leur ville principale (1).

Quelques personnes ont cru que le mot *Vapingum* tirait son origine de *Val pinguis*, Vallée grasse ; mais, d'une part, ce mot n'est pas latin. Si

(1) Samson, *Remarq. sur la Carte de l'ancienne Gaule.*

M. Vallon avait partagé cette opinion, il aurait préféré tirer l'étymologie de *Galba* qui, en celtique, signifie extrêmement gras (1).

Il pourrait même l'attribuer à *Japiga* ou *Japix*, c'est-à-dire, à la bise qui a reçu ce premier nom des Grecs, et le second des latins, qui, d'ailleurs, l'ont appelée *Clarinicam ventorum*. Ainsi, comme Gap est singulièrement exposé à ce vent, auquel les peuples des Gaules rendaient des actions de grâces, à cause de sa pureté, et auquel Jules César fit élever un temple, il serait permis de croire qu'on eût donné à ses habitants le nom de *Bizards*, ou bien *Japiges* et *Gapiges* (2).

NOTA. — L'extrait qui précède m'a été communiqué par M. de Ladoucette, ancien préfet des Hautes-Alpes. Il est de la main de M. Farnaud, ancien secrétaire général de ce dép!, qui paraît en être l'auteur (mars 1845).

(1) Suétone, *in Vita Galba*, n° 3.
(2) Seneca, lib. 5, *Natur. quest.*

TABLE DU TOME Iᵉʳ

DE

L'HISTOIRE DE GAP & DU GAPENÇAIS.

(Voir les Sommaires en tête de chaque Lettre.)

		Pages.
	Note de l'éditeur............................	v
	Préface de l'auteur.........................	xvii
Iʳᵉ Lettre.	Introduction.................................	1
IIᵉ Lettre.	Description de la ville de Gap et de son territoire, avant et depuis la Révolution de 1789...	9
IIIᵉ Lettre.	Gap et son territoire...........................	32
IVᵉ Lettre.	Étymologie. Origine de Gap.................	56
Vᵉ Lettre.	Temps mythologiques. Période Gallo-Romaine...	77
VIᵉ Lettre.	Du Iᵉʳ au IVᵉ siècle de l'ère chrétienne. Saint Demetrius, premier évêque de Gap.	94
VIIᵉ Lettre.	IVᵉ, Vᵉ et VIᵉ siècles. Évêques divers (saint Tigide, saint Remède, saint Constantin, saint Constance, Vellesius). Les Burgondes..	1
VIIIᵉ Lettre.	Suite du VIᵉ siècle. Les Lombards. Sagittaire..	131
IXᵉ Lettre.	VIᵉ et VIIᵉ siècles. Saint Arey...............	145
Xᵉ Lettre.	VIIᵉ, VIIIᵉ, IXᵉ et Xᵉ siècles. Les Sarrasins et les rois de Bourgogne.....................	189
XIᵉ Lettre.	XIᵉ siècle. Les vicomtes de Gap. Saint Arnoux..	214
XIIᵉ Lettre.	XIIᵉ siècle. Évêques de Gap. Seigneurs temporels...	242
XIIIᵉ Lettre.	XIIIᵉ siècle. Dauphiné et Provence........	266
XIVᵉ Lettre.	XIIIᵉ et XIVᵉ siècles (1289 à 1315). Geoffroi de Lincel...	306

		Pages
XV⁰ Lettre.	XIV⁰ siècle (1316 à 1369). Le Dauphiné à la France...	336
XVI⁰ Lettre.	XIV⁰ siècle (1366 à 1379). Jacques Artaud de Montauban.....................................	363
XVII⁰ Lettre.	XIV⁰ et XV⁰ siècles (1380 à 1407). Traités divers..	394
XVIII⁰ Lettre.	XV⁰ siècle (1407 à 1442). Démêlés municipaux..	421
XIX⁰ Lettre.	XV⁰ siècle. Gaucher de Forcalquier (1442 à 1484)..	446
XX⁰ Lettre.	XV⁰ et XVI⁰ siècles (1484 à 1514). Réunion de Gap au Dauphiné. Gabriel *de Sclafanatis*....................	486
XXI⁰ Lettre.	XVI⁰ siècle (1514 à 1526). Gabriel *de Sclafanatis* (suite)..................................	517
XXII⁰ Lettre.	Débuts de la Réforme à Gap (1515 à 1562).	530
XXIII⁰ Lettre.	Événements remarquab'es (1515 à 1563)...	559
XXIV⁰ Lettre.	Débuts de Lesdiguières (1563 à 1568)......	589
XXV⁰ Lettre.	Guerres civiles (1569-1575)....................	603
XXVI⁰ Lettre.	Prise de Gap par les Protestants (1575-1577)	627
XXVII⁰ Lettre.	Domination des Protestants (1577-1587)....	646
XXVIII⁰ Lettre.	Cruelles épreuves (1588-1595)................	670
XXIX⁰ Lettre.	L'édit de Nantes (1596-1601)	692
Extrait d'un cahier de M. François Vallon-Corse, de la ville de Gap..		713
1° Antiquité de la ville de Gap et quels ont été ses fondateurs..		713
2° Du nom de la ville de Gap et des peuples du Gapençais..		717

FIN DU TOME Iᵉʳ.

GAP. — IMPRIMERIE & LIBRAIRIE ALPINES, RUE CARNOT, 13.

www.ingramcontent.com/pod-product-compliance
Lightning Source LLC
Chambersburg PA
CBHW070055020526
44112CB00034B/1273